读行者

从阅读走进现实

knowledge-power

knowledge-power

读行者

德国人的战争

1939—1945纳粹统治下的全民意志

[英]尼古拉斯·斯塔加特(Nicholas Stargardt)/著
宋世峰/译

THE GERMAN WAR

民主与建设出版社 博集天卷 CS-BOOKY

图书在版编目（CIP）数据

德国人的战争 /（英）尼古拉斯·斯塔加特著；宋世峰译. —北京：民主与建设出版社，2017.6
ISBN 978-7-5139-1563-2

Ⅰ. ①德… Ⅱ. ①尼… ②宋… Ⅲ. ①第二次世界大战–史料–德国 Ⅳ. ①K152

中国版本图书馆CIP数据核字（2017）第 114470 号

著作权合同登记号：图字01–2017–4090

德国人的战争
DEGUOREN DE ZHANZHENG

出 版 人　许久文
著　　者　［英］尼古拉斯·斯塔加特
译　　者　宋世峰
责任编辑　刘　芳
监　　制　于向勇　秦　青
选题策划　森欣文化
特约编辑　康晓硕
营销编辑　刘晓晨　罗　昕
封面设计　天行健设计
出版发行　民主与建设出版社有限责任公司
电　　话　（010）59417747　59419778
社　　址　北京市海淀区西三环中路10号望海楼E座7层
邮　　编　100142
印　　刷　北京京都六环印刷厂
开　　本　700mm × 995mm　1/16
印　　张　31.5
字　　数　480千字
版　　次　2017年7月第1版　2017年7月第1次印刷
书　　号　ISBN 978-7-5139-1563-2
定　　价　58.00元

注：如有印、装质量问题，请与出版社联系。

目 录

CONTENTS

第二部分
1812年阴影

第三部分
彻底失败

○ 绪论

第二次世界大战对德国来说，与以往的战争截然不同。纳粹政权把它挑起的冲突转变成欧洲历史上最骇人听闻的战争，早在占领波兰并建立起第一个毒气室之前，它就开始使用种族屠杀手段。第三帝国在1945年走向“全面崩溃”时也与众不同，它垂死挣扎，耗尽了德国社会的全部精神和物质积蕴。德国人在柏林为了保卫帝国总理府而战斗，而日本人却没有像他们那样，顽抗到东京帝国皇宫大门前。为了实施如此规模的战争，纳粹所需要的社会动员和个人奉献必须远超战前岁月。然而，70年过去了，虽然关于战争的起源、具体进程和种种暴行的书籍已经汗牛充栋，但我们仍然不知道德国人对他们亲身参与过的战争持什么看法，不知道他们是怎样把战争坚持到底的。这本书研究的是德国人如何经历和承受这场战争。

第二次世界大战非但没有随着经历这场战争的几代人逐渐凋零而黯淡，反而一直受到公众的关注。在德国更是如此，过去15年来，我们已经看到相关电影、纪录片、展览和书籍泛滥如洪水。然而，无论是学术式还是大众式的表述，对这场战争都有两种截然不同的观点，它们要么把德国人描绘成受害者，要么说他们是加害者。过去10年中，受害者叙述极为突出，著述者专注于挖掘曾经被埋藏的普通民众的记忆，这些民众经历过英国皇家空军和美国空军对德国城市的大轰炸、苏联红军到达前的大逃难和红军到达后频频发生的屠杀和强奸。很多德国老人一再叙述他们最为痛苦的记忆，只是想让人听到，想在身后留下记录。媒体把战争时期德国平民遭受的痛苦转化成当代人关注的议题，不吝篇幅描述他们的失眠、焦虑和反复做的噩梦。很多人自发成立“战争儿童”组织，评论家们用滥的“创伤”和“集体创伤”等词语，全部套用在这类经历上。不过，他们谈论这些创伤时，总想强调受害者是被动和无辜的，并且希望在道德上取得共鸣：在20世纪八九十年代，“集体创伤”的概念主要用在大屠杀幸存者的记忆方面，把政治认同赋予德国“受害者”，有望使他们更有影响力。

只有在极右派占据的政治边缘地带，才把德国平民遭受的痛苦与纳粹种族灭绝政策受害者画等号，这些人在每年的2月份都会举着“大轰炸大屠杀”的标语游行，纪念1945年的德累斯顿大轰炸。不过即使这些煽动性的活动，也远远不能和20世纪50年代西德支持的僵化的民族主义相提并论，这种民族主义崇尚德国士兵做出的“英雄主义牺牲”，把一切德国暴行归咎于一小撮顽固的纳粹分子，特别是党卫军（SS）。这种轻描淡写的冷战借口给德国国防军贴上“好”的标签，给党卫军贴上“坏”的标签，为20世纪50年代中期西德以北约正式成员的身份重新武装提供了支持。不过到了20世纪90年代，随着“国防军罪行”巡回展览的有力揭露，这种借口再也站不住脚。在这个展览中，可以看到由普通士兵实施的公开绞刑和集体处决。关于群众参与德国战争罪行的这段灰暗历史，随着学术研究深入进行，至少自20世纪80年代开始，人们越来越了解到这一真相。但是，把士兵们藏在制服口袋里的私人照片和他们的妻儿照片摆在一起公开展出，引发了强烈反应，在奥地利和前东德地区尤其如此。在这些地方，大多数人直到20世纪90年代还不愿公开讨论这类问题。展出引发一些反作用，随着焦点转到德国妇女和儿童成为英美轰炸和苏联强奸的受害者这个问题，一些评论家担心会回到20世纪50年代盛行的比赛谁的民族痛苦更深重这个老路上来。

然而，这两种感情色彩强烈的战争叙事平行发展，轨迹完全没有相交。它们有着相同的道德意识，在当代柏林的市中心为大屠杀遇难者竖立纪念碑就是证明，然而在谈论那段历史时，它们仍存在巨大的分歧：德国人要么是受害者，要么是加害者。在第二次世界大战结束60周年的2005年，当我在关注德国公众的自我反省时，意识到学者和媒体只关注从那段历史中吸取正确教训的这种当代社会需求，忽略了历史研究的一个基本任务，而且是最重要的任务，即理解历史。关键问题在于，没有人向历史学家探询德国人如何谈论和思考他们在那个时代所扮演的角色。例如，他们谈过多少自己曾为一个实施种族灭绝政策的政权而战这个事实吗？他们认识到这个问题后，有没有改变对这场战争的总体看法？

人们可以假设在一个处于战争状态的警察国家里，不会出现这类谈话。但实际上，德国人在1943年的夏季和秋季，已经开始公开谈论屠杀犹太人的问题，并把这一行为和盟军轰炸德国平民相提并论。在汉堡，有人注意到“平民、中产阶级和其他人都在私密圈子和大型集会上一再提出，盟军袭击德国是报复我们对犹太人的迫害”。在巴伐利亚的施韦因富特（Schweinfurt），人们的说法也一样：“这些恐怖袭击是反犹政策招来的后果。”1943年10月，美国空军第二次空袭施韦因富特后，人们的情绪低落消沉，公开抱怨说，“如果我们不那么残酷地对待犹太人，就不会遭受这些恐怖的袭击。”当此之时，柏林有关当局得到报告说，不仅德国所有的重要城市都出现这类观点，就连没有直接遭受轰炸的穷乡僻壤也是如此。

当我初次了解到这个情况时，感到非常震惊。德国人在战后普遍宣称不知道或者没参与那些犯罪，但我已经知道，这只是糊弄人的借口。现有研究表明，早在战争没结束时，德国就已经流传着大量关于种族灭绝的消息。通过前线的书信和照片、士兵在火车上和回家探亲时的谈话，这类新闻已经通过党卫军家属、铁路工人、其他目击者及BBC（英国广播公司）德语广播和中立媒体流传回德国。但像其他历史学家一样，我以为这类信息大多只是在密友和家人之间小心翼翼地传播，在私密圈子以外，只有匿名的流言。大屠杀怎么可能成为大庭广众之下的话题呢？此外，这些讨论是受秘密警察当局监控和分析的，在此前两年中，正是这些秘密警察机构对犹太人进行了流放和屠杀。更诡异的是警察和党卫军首脑海因里希·希姆莱（Heinrich Himmler）收到这些报告一两个月之后，仍然向第三帝国的领袖们断言，只能他们才能担当灭绝欧洲犹太人的责任，“我们要把这个秘密带到坟墓里去”。那么这个所谓的秘密是怎样泄露的呢？近25年来，当我们思考纳粹时代和第二次世界大战时，大屠杀已经成为一个焦点问题。但这种观点出现的时间相对不算太久，而且对于德国人如何看待他们在那个时代所扮演的角色这一问题，我们无法从中了解。

1943年11月18日，奥古斯都·托波韦恩（August Töpperwien）博士在他的日记中写道，“听到我们在立陶宛灭绝犹太人的消息，从婴儿到老人都没放过，内容很可怕，但显然又极为准确！”他之前曾经记录过有关屠杀的流言，最早是在1939年和1940年，但没有写过这么多。这一次，托波韦恩努力想给这个可怕的事实寻找道德依据。他问自己，战争中杀掉什么人是合法的？他把可以合法杀掉的名单从敌方士兵、在德国战线后方活动的游击队员，扩展到对资敌平民进行有限的集体报复，这些确实都有某种法律依据。但是4天过去后，即11月22日，他自认如此对待犹太人是一种完全不同的命令：“我们不仅在消灭与我们作战的犹太人，实际上我们想把他们灭绝掉。”

奥古斯都·托波韦恩是一位虔诚的新教徒和保守的校长，他从一开始就对希特勒发动的空前残酷的战争心存疑虑。托波韦恩看上去想在道德和政治上保持疏离，以显示自己不苟同于纳粹主义，这种疏离没有任何具体的反抗行为，而是在一定程度上不服从这个政权、并在“内心里”保持冷淡态度。但是，这种精神上的安全港湾存在吗？能把家书和个人日记里表达出的疑虑说成是内部反抗，而不仅仅是透露作者在两难处境中的无所适从吗？实际上，直到战争结束的最后日子，奥古斯都·托波韦恩依然忠诚服役。得出“实际上我们想把他们灭绝掉”这个重要认识后，托波韦恩沉默了。他无法使这种观点和他的民族主义思想共存，他相信德国在东线的任务是文明的，相信德国是为整个欧洲反抗布尔什维克主义。

直到1945年3月，他才再次提到屠杀犹太人的事，当时他第一次意识到，德国正面临无可避免地彻底失败：“发动这种战争的人是邪恶的。俄罗斯人在德国东部的残暴行为、英国人和美国人的恐怖袭击、我们的反犹斗争（对健康妇女实施绝育术、枪毙从婴儿到老妇的每一个人、向运送犹太人的列车注入毒气）！”德国的失败已为期不远，如果托波韦恩把这个命运视为反犹政策的惩罚，那么他也清楚，德国屠杀犹太人和盟军袭击德国人实际上性质相同。

回想1943年春夏，从汉堡（Hamburg）到施韦因富特，大后方的德国平民都在毫无顾忌地谈论德国屠杀犹太人应负什么责任，显示德国在劫难逃。1943年7月25日到8月2日，汉堡市遭到轰炸，引发规模空前的大火，半个城市被毁，34 000人死于非命。很多德国人把这场轰炸和大火视作末日劫难。帝国保安总局（SD）报告说，由于大城市面临显而易见的威胁，“安全感”在整个德国都“骤然坍塌”了，取而代之的是“盲目的愤怒”。7月25日，即大火燃起的第一天，在德国之外又发生一件事：意大利独裁者墨索里尼当权21年后，在一场不流血政变中被推翻。德国人迅速把这两件事联系起来，在接下来的5个星期中，有报告说人们公开谈论追随意大利模式、用军事独裁取代纳粹政权的话题，认为这可能是与西方单独媾和的“最好”方法，甚至是“最后”的方法。对纳粹领导层来说，这些报告似乎表明民众士气的再次崩溃，1918年的投降和革命又要重演。实际上，这次危机并没有持续多长时间，随着当局对民防系统投入资源，在城市组织大规模疏散，到1943年9月初就平静下来了。随着意大利的大部分地方被德国占领，国防军的战线也稳定了，盖世太保最终对这类“失败主义”论调实施了有选择的打击。英国皇家空军轰炸机司令部发动的无差别袭击让德国人感到无助，就连广大未遭袭地区也受到影响，他们身心俱疲，没有心思公开议论德国屠杀犹太人该负什么责任，托波韦恩等人私下里也没有时间关注这个问题。汉堡轰炸引发短暂的政治危机，其意义在于让这些恐惧浮出了水面：未来的危机将会唤起类似的公开议论，德国人将他们焦虑的罪恶感和受害感混杂其中。

对德国犹太人来说，大屠杀日益逼近，无可避免地影响到他们对战争的理解，但是其他德国人对一切事物则有着完全不同的看法：他们最关心的是战争，因此他们也从战争的角度来理解大屠杀。由于双方在力量和选择上极度不平等，对于同一个事件，产生了两种截然不同的观点，也导致了极为不同的希望和恐惧。这个问题影响到我撰写战时德国历史所使用的方法。其他历史学家们强调的是大规模杀戮机器，并且讨论大屠杀为何及如何发生，而我发现自己更关注德国民众是怎样把这个大屠杀当作既成事实接受和消化掉的；它是怎样影响到德国人，使他们逐渐认识到自己正在参加一场种族灭绝战争，或者换句话说，这场战争是怎样影响到他们对种族灭绝的看法。

1943年七八月间，战时德国显然一度遇到深度危机，从汉堡到巴伐利亚，人们都把盟军对平民的无限制空袭视作报复“我们对犹太人所做的那些事”。

这类关于盟军惩罚或者“犹太报复”之类的言论证实，把空袭描绘成“犹太恐怖轰炸”的无休止宣传总的来说被大众接受了，这种宣传在1943年上半年鼓噪得尤其激烈。但是，这些看法带有一种奇怪的自我谴责之意，让戈培尔和其他纳粹领导人感到惊恐。这些说话方式有暗含着想停止这种冤冤相报的战争，因为德国的各个城市正在被战火抹掉。但是，帝国保安总局通信员委婉所称的“针对犹太人所采取的措施”已经是既成事实：在欧洲范围驱逐犹太人已是此前一年的事。随着空袭不再受任何限制，汉堡大火使德国人意识到，现在面临的是一种新型的全面战争。

“是或否”“生存或毁灭”“全部或全无”“胜利或毁灭”等摩尼教二元论式的观念在德国源远流长。自从1918年德国战败后，它们就构成希特勒的中心思想，1914年8月6日，德皇发表《告德国人民书》后，它也成了德国的主要宣传论调。不过在20世纪30年代甚或战争开始的最初几年，使希特勒的统治受到欢迎的并非这种末世景象。在第二次世界大战后半期，德国社会发生变化，更易于接受这类思维方式。德国的气数渐尽，极端言辞慢慢没了市场，德国人的头脑开始冷静下来。随着盟军发动“恐怖轰炸”，“生存或毁灭”这个根本性的问题前景极为惨淡。在1943年的夏天，有一种恐惧广泛散播，它认为德国人无法逃脱由他们自己发动的无情的种族战争所带来的后果，更为这种危机感火上浇油。为了度过这个危机时刻，人们不仅必须放弃早先对战争进程的期待和预测，还要抛掉传统的道德顾虑，突破尚存的体面和廉耻观念。德国人不一定必须是为希特勒而战的纳粹分子，但他们发现，面对无情的战争和它带来的末世心态，他们不可能一直无动于衷。

战时危机使社会价值发生转变或者更趋激进，当我们思考纳粹政权与德国社会的关系时，便受到它的深刻影响。近30年来，大多数历史学家认为，汉堡大火之后或者第6集团军在斯大林格勒覆灭之前数月发生的危机，让德国社会陷入不可逆转的失败主义之中：绝大多数德国人与纳粹政权日益疏离，只是在纳粹的恐怖压迫下，才不得不跟着他们往前走。实际上在战争中期，不断降低的支持和日益强化的压制之间并没有直接联系：法院判决的死刑从1941年的

1292起猛增到1942年的4457起，时值德国在斯大林格勒[①]战役失败前夕。德国的法官们不是主动以严刑打击下层民众越来越强烈的反抗和不满，而是在上层（尤其是希特勒）的施压下，对一些惯犯判决更为严厉，实际上这些人通常并没有犯什么大罪。这也是一个种族司法体系，在它所判决的死刑犯中，被迫到德国工作的波兰人和捷克人的比例远超德国人。直到1944年秋天，盟军已经攻进德国本土，“普通德国人”才受到越来越强烈的压制，但是最恐怖的压制只局限于1945年3月、4月和5月的第一周这段最后的战争期间。即使在最后阶段的大规模暴力中，恐怖统治也没有使德国社会分裂和沉默：相反，很多德国公民认为，作为忠诚的爱国者，有权对纳粹的失败进行公开批评。直到战争的最后一刻，他们大多依然自认为是在为国奉献。

人们从常识出发，长期以来认为德国人成了失败主义者：历史学家把纳粹政权的成功与民众的支持画等号，把它的失败归咎于民众的批评和反对。在和平年代，这种看法的确基本上没什么问题，但在世界大战的背景下就不行了。从1943年到1945年，德国人是如何一边克服日益严重的战争创伤和损失，一边继续坚持战斗的？对于战时的失败和危机给德国社会带来的影响，《德国人的战争》提供了一个大不相同的理解。在特殊时期，恐怖无疑有它自己的作用，但它不是驱动德国人前进的唯一原因，也不是最重要的原因。德国人既无法摆脱法西斯主义，也无法摆脱战争，因为他们面对失败的命运时无法脱离所处的历史环境。他们的战况越糟糕，战争的“防御性”就越加明显。当德国人竭力想掌握主动，重新思考可能面临的命运时，后续危机不仅根本不会让纳粹政权崩溃，而且成为更加激进化的催化剂。斯大林格勒战役和汉堡轰炸这类大灾难确实使纳粹政权的支持率大幅下降，但是没有让德国人对“爱国主义奉献”产生疑问。战争压力在德国社会以不满和抵触的方式全方位表现出来，很多时候纳粹政权必须出面斡旋，消除不利影响。然而，不管这场战争如何不受欢迎，它依然比纳粹主义本身还具有合法性。德国在战争中期遇到的危机没有让德国人陷入失败主义，而是使其社会态度更趋顽固。我在这本书里关心的内容，就

---

① 今伏尔加格勒。——编者注

是德国人的战争反应里所包含的更加复杂、多变和令人沮丧的因素。

当动员令于1939年8月26日颁布后，德国人对未来的道路并没有概念。不过大多数人都明白，战争不可避免。他们知道过去发生过什么：最近那场战争（即第一次世界大战）有180万军人丧生；1917年经历的“芜菁之冬”；1918年的西班牙流感；英国皇家海军为了逼迫德国政府签订屈辱的“强制性”和平协议，直到1919年依然维持封锁德国，孩子们因此忍饥挨饿的面孔让他们记忆犹新。在20世纪20和30年代，德国政治的主题就是设法摆脱《凡尔赛和约》的约束，不过即使如1938年的慕尼黑会议这种希特勒外交政策的最大胜利，也因民众普遍害怕战争而显得黯然失色。德国人在1914年到1918年那段历史中学到的首要教训，就是不要重蹈覆辙。当战争和配给制到来后，德国人极其沮丧地接受下来。在战争的第一个冬天，民众缺衣少吃，燃煤尤其匮乏，城市居民们联想起1916年到1917年的那个冬天，对物资长期供应不足抱怨不已。党卫军情报机构“帝国保安总局”在其关于公众情绪的每周报告中向纳粹领导人一再发出的警告说，这对德国人的“坚持”能力来说尤其不是好兆头。

对纳粹党而言，他们自1933年上台后建立起来的稳定统治在战争的最初几个月时间里遇到了大麻烦。表面上，他们在战前岁月里迅速获得成功。1932年年底，纳粹党成员有85万人，到战争开始前夜，党员人数增加到550万人。而“国家社会主义妇女联盟”（National Socialist Women’s League）成员为230万人，“希特勒青年团”（Hitler Youth）和“德国少女联盟”（League of German Girls）的成员达870万人，这些团体都利用晚间聚会和为期大约一周的夏令营等手段，举办意识形态训练课程。“国家社会主义人民福利”（National Socialist People’s Welfare）和“德国劳工阵线”（German Labour Front）作为工薪阶层福利和贸易联盟组织的继任者，分别增加了1400万和2200万成员。更值得关注的是这些组织的工作人员基本上都是志愿者。到1939年，总的来说德国三分之二的人口都加入了纳粹党的至少一个群众组织。

德国社会具有“双重人格”，既对权力被动服从，又具有主动性，纳粹的这种成功就是以此为基础的。1933年，纳粹党结束了街头战争，开始着手消灭政治左派。在警察、军队甚至消防队的积极帮助下，冲锋队（SA）和党卫军队员查封“红色”房产，逐屋进行搜查，恐吓殴打住户，逮捕地方活动分子和公职人员。多次进行这类突袭后，他们正式取缔了左翼政党：3月份共产党被禁，5月份解散贸易联盟，最后到1933年6月，社会民主党也遭受到同样的命运。当年5月，已经有5万反对者被投入集中营，他们大多是共产党员和社会民主党员。到1934年夏，当反对左派的恐怖行动顺势向前发展时，可能至少已有20万人被新上台的纳粹恐怖机构剥夺了自由。为了迫使囚犯们服从、让他们意志崩溃，纳粹在集中营里采取公开惩罚的手段，同时还有一整套的羞辱方法和无谓的折磨。随着这些备受恐吓和惩戒的囚徒大规模获释回家，这种“再教育”计划取得了真正的胜利：到1935年夏，集中营里的囚犯只剩下不到4000人，由左派代表的“另一个德国”在政治上不复存在。

当德国于1939年8月发布动员令以后，作为预防措施，盖世太保再次逮捕了前社会民主党领导人。自19世纪60年代起，德国工人阶级的亚文化在政治上就倾向于左翼，而纳粹政权成功将其摧毁，这一点容易被人忽视。工人阶级亚文化组织的支持者确实变了。1933年以前，足球由工人运动俱乐部和天主教俱乐部主导，前者有70万成员，后者成员也超过24万。尽管“德国劳工阵线”迅速吸收了这些俱乐部，而且纳粹党对足球联盟的整个结构都进行了重组，使他们更有竞争力、更加刺激，但他们无法真正控制球迷。1940年11月，在维也纳举行的一场友谊赛以全面骚乱而告终。当终场哨吹响后，当地球迷涌进球场，向还没逃走的客队球员投掷石块。他们的巴士车窗被打破，甚至连维也纳地方长官的轿车也被砸坏。尽管“安全警察”主要把这场骚乱视作政治示威，但他们几乎错了。实际上，这两个俱乐部在传统上都有工人阶级基础，极为忠诚，原来都是“红色”。在1939年的德国杯决赛上，阿德米拉队以0：9的大比分耻辱地输给沙尔克队，阿德米拉队球迷不可避免地把原因归结于柏林裁判的偏袒，无视来自鲁尔的沙尔克队此前获得的一连串不可思议的成功。因此这场比赛本身虽然被定为友谊赛，但被维也纳地方俱乐部的所有支持者视为报仇的机会。这场骚乱有两层含义，它既是一批男性忠实球迷对邻近地区和城市表达的不满，又是奥地利人对1938年3月德奥“合并”后傲慢的“普鲁士人”涌入维也纳进行的抗议。

这种残存的工人阶级认同已经没有什么力量。社会民主党人通过互助会、合唱团、体育俱乐部、帛金会、幼儿园和自行车俱乐部苦心建立的世界或者被纳粹组织吸收，或者被压制。1936年7月，流亡的社会民主党人哀叹他们所代表的集体认同传统已崩溃，承认“（工人）作为一个阶级，其利益在很大程度上已经彻底消失，取而代之的是目光短浅的个人和家庭利己主义”。当左派在战后进行重组时，迅速拉到选票，却无力再造1933年以前曾经拥有的组织性极强的亚文化和认同感。战争爆发后，帝国保安总局和盖世太保当然不了解他们软硬兼施的手段有多么成功，他们继续监控工人阶级活动的威胁。

在农民、个体经营者、熟练工匠、受过教育的专业人士和管理人员这些中产阶级中，纳粹党所获得的支持可能更为牢固。新教徒热烈欢迎纳粹党的“民族革命”，希望实现可以与他们在1914年支持开战的那种热情相媲美的精神复兴。他们团结起来，拒绝魏玛“不敬神”的现代主义，将其与“1789年思想”[①]、和平主义、民主主义、犹太人和其他失败主义者相联系。这种新教牧师和神学家的宽泛联盟在20世纪20年代就已形成，他们宣扬创造一个新的“民族社会”，在政坛极具号召力。前自由主义者、保守主义者、天主教中央党成员，甚至还有前社会民主党支持者都记得，他们曾经在第一次世界大战和魏玛时期支持过“民族社会”思想，那时它还没成为纳粹的主要口号。甚至像历史学家汉斯·罗特弗尔斯（Hans Rothfels）和恩斯特·坎托洛维奇（Ernst Kantorowicz）这样的保守犹太民族主义者，也想拥抱这种“民族革命”，但他们发现自己很难投身到这种“革命”中，因为他们是“非雅利安人”出身，不得不移民海外。

这类非纳粹党成员认为，他们的同胞要想“拯救国家”，关键在于需对1918年的失败进行“全民忏悔”。很多完全适合纳粹党的论调都是由其他人发明的，如青年神学家和前随军牧师保罗·阿尔托依兹（Paul Althaus）。他在1919年就开始谴责和平主义，声称德国人需要起来反对《凡尔赛和约》，以证

① 即法国大革命。——译者注

明他们值得再次受到神的信任。阿尔托依兹把神学观点同好战的民族主义巧妙混合起来，成为保守路德派和德国天选论的一个强大且日益重要的宣传家。不过德国人要想证明自己值得神的信任，必须进行自我救赎。更多激进纳粹分子可能想让德国人摆脱宗教，虽然没有获得成功，但他们满腔热情地赞同“让国家获得再生”这类号召。此外，其他和平主义者的观点受到阿尔托依兹这类非纳粹神学家的孤立和诋毁，如由保罗·田立克（Paul Tillich）所代表的思想。

当纳粹党取得政权后，他们决心反对大规模的社会工程，第一个目标就是要在感觉上掀起革命。上台后，他们设计出有着准军事队列、旗帜、皮靴和制服等元素的流行戏剧。纳粹的野心深入到资产阶级的核心圈子——市政剧院，在那里，他们用宣传鼓动性的戏剧替代了19世纪的传统保留剧目，歌颂20世纪20年代“自由军团”（Freikorps）①反抗法国占领鲁尔的事迹。1933～1934年，纳粹党通过排演“露天大戏”（Thingspiele），把舞台规模发展到极致，这种新式的道德教育剧在户外演出，有着宏伟的“活画”（tableaux vivants），参演人员可达1.7万人，能吸引多达6万观众。很多大型场景表现的是战死的德国人复活过来，挽回了第一次世界大战的失败结局。在理查德·奥伊林格（Richard Euringer）的戏剧《德国热情》中，大战中牺牲的士兵一个个站了起来，在舞台上列队行进，他们苍白、幽灵般的面孔在钢盔下闪耀，呼喊着渴望团结和重生的口号。

到1935年，露天大戏不再流行，市政剧院里也不再演出纳粹宣传鼓动剧。戈培尔遇到季票观众的反抗，这些人不再订购门票。他迅速改辙换道，炒掉新的纳粹剧院导演，取而代之的是有能力的传统派。绝大多数中产阶级观众想看古典戏剧，戈培尔满足了他们的愿望：1933年11月，纳粹庆祝慕尼黑“啤酒馆政变”十周年时，演出的是纳粹戏剧；10年后，变成了莫扎特歌剧。戈培尔虽

---

① 亦即民兵，原指志愿军。首批自由军团是在七年战争中由腓特烈二世招募。拿破仑战争中，普鲁士将领路德维希·阿道夫·威廉·冯·吕佐夫也曾用自由军团对抗法军。1918年后，它是魏玛时代半军事组织之一，曾残酷镇压共产党起义。某些军团成员于波罗的海、西里西亚与苏联作战，有时候甚至能战胜正规军。军团在1920年被正式解散。部分军团成员为后起之纳粹党要员，包括冲锋队首领恩斯特·罗姆和奥斯威辛集中营指挥官鲁道夫·胡斯。——译者注

然在演出内容上做出这类让步，但他继续为戏剧投入巨量资源——他在这方面花的钱实际上比用在宣传本身上的都多。

纳粹党成功终结大萧条所带来的极度贫穷和动荡，为德国人支持第三帝国提供了有力的论据，但是其中也有风险，这个党派及其国家机构担心，他们的成功或将被证明是短命的：他们在衡量纳粹的价值和信仰是否成功灌输给德国人时遇到严重的困难。在“民族社会”这把伞下，对于经济再分配和社会政策、生活改革（life reform）、教育学等问题存在争论，甚至就连妇女能否穿裤子而非裙子也有不同看法。希特勒小心谨慎，从不公开做出“宣教”式的发言。纳粹党的首席意识形态专家阿尔弗雷德·罗森堡（Alfred Rosenberg）确实发布过教条式言辞，他因为表现出极度反基督教的立场而名声败坏，在新政权内明显失去政治权力。

在战争开始前夜，大多数德国人既属于是某个基督教派的信徒，又加入了某个纳粹党组织。他们中的绝大多数（94%）依然是天主教或新教教会成员，加入纳粹组织的人占三分之二。在德国，教会是最重要的独立民间机构，不少顽固的神父和牧师因为在布道坛上批评纳粹，被送入集中营。1937年7月，柏林最敢言的牧师马丁·尼莫拉（Martin Niemöller）被盖世太保逮捕。在第三帝国余下的岁月中，他一直被关在集中营里。1945年4月，年轻的新教神学家迪特里希·朋霍费尔（Dietrich Bonhoeffer）[①]在佛罗森堡集中营里被处以绞刑。这两人以后都成为纳粹压迫时期公民勇气的有力象征，但这都是后来的事了：朋霍费尔代表一种自由主义和人道主义神学，随着保罗·田立克流亡海外，这种思想已经被边缘化。在战后的西德，这种思想和朋霍费尔的名字一直被埋没，直至20世纪50年代末到20世纪60年代初才重新受到关注。尼莫拉则完全不同，他不是自由民主派，而是持反犹立场的保守民族主义分子，在第一次世界大战期间，他是一位潜艇舰长，1919～1920年还曾经加入“自由军团”，在1924年到1933年间的选举中，他虽然是神职人员，却积极支持希特勒。当战争于1939年爆发后，尼莫拉还从达豪集中营给海军司令雷德尔上将写信，自愿再

① 又译作潘霍华。——译者注

次为国尽忠。尼莫拉在20世纪30年代表现出的异议主要是出于宗教原因，而非政治原因，他所支持的教派当时正在德国新教中争取自己的地位。

1933年，新教徒们热烈支持纳粹的“民族革命”，他们不久分裂成三种。很多牧师加入了“德国基督教运动”（German Christian Movement），他们想把精神复兴进一步发展成礼拜式和神学式运动——取缔旧约，消除新犹太（New of Jewish）的影响，禁止犹太人在新教牧师那里改宗。正统主义者想捍卫《圣经》和礼拜仪式，防止国家干涉教会，他们先创建了“牧师紧急联盟”（Pastors' Emergency League），后来又在1934年5月成立“宣信会”（Confessing Church）[①]。这种分裂被误解和歪曲成自由主义者和纳粹分子为了争夺教会精神而斗争。实际上并非如此，尽管《巴门宣言》（Barmen Confession）的主要作者卡尔·巴特（Karl Barth）[②]对纳粹独裁政权持批评立场，并离开德国回到瑞士，但是，即使宣信会的牧师们也很少读他的作品：巴特和大多数德国新教徒不同，他不是路德派，而是加尔文派。包括尼莫拉在内，这两派的很多牧师信奉同样的民族主义、独裁主义和社会统一政治价值观，这给了第三种中立的路德派神学家以空间，他们团结在保罗·阿尔托依兹周围，施展出巨大的影响力。阿尔托依兹没有加入纳粹党，但他称赞希特勒就任总理职位是“上帝的神迹和礼物”。尽管阿尔托依兹从来没有参加焚烧禁书的仪式，但他称焚书是正当的。纳粹于1938年11月开始屠杀德国犹太人之后，他指出，自上帝指引历史以来，他们近来遭受的苦难就证明了犹太人的罪恶。

德国天主教世界也出现分裂，不过原因在于代沟。天主教的主教们都是60到80岁的男性，他们这代人比新教的主要神学家和纳粹领袖们都老。大多数主教早在第一次世界大战爆发前数十年就已获得任命，接受的是极端保守的新亚里士多德主义神学训练，遵从其逻辑分析方法，遣词造句用语抽象。他们把自由主义、社会主义、共产主义和无神论的不足归因于现代性。老主教们和年轻的教士与信众之间存在一条鸿沟，在交流方式和具体政策方面都让教会内部感

---

① 亦译“认信教会”或“明认信仰教会”。——译者注

② 瑞士籍新教神学家，新正统神学的代表人物之一。——译者注

到不安。主教们以极其狭窄和保守的观点看待社会改革，而很多年轻的天主教徒则把1933年的“国家革命”视为机遇，更加致力于塑造德国社会。保守派和改革派的这种代沟将被战争进一步扩大。

纳粹也在施加压力，查禁了天主教青年运动，竭力让教育进一步世俗化，针对“明爱协会”（Caritas）[①]创办的精神病院网络制定强制绝育的新法律。1938年暑假期间，纳粹激进分子把巴伐利亚的学校里的十字架都拆掉了，激起巴伐利亚村镇居民的强烈不满，他们谴责那些本来相熟的党卫队员、地方长官和纳粹党的意识形态领袖阿尔弗雷德·罗森堡。但是，天主教徒并没有反对纳粹的所有运动，很多人依然是纳粹组织的活跃成员，寻求其他更具同情态度的领袖支持，如赫尔曼·戈林（Hermann Göring）。希特勒表面上不对宗教表示看法，以至于慕尼黑大主教、枢机主教福尔哈伯（Faulhaber）和德国教会大主教、布列斯劳枢机主教伯特伦（Cardinal Bertram）都深信元首是极其虔诚的信徒。他们共同为国奉献，使天主教会和纳粹政权在战争期间结成近来历史学家所称的一种尴尬的“敌对与合作”关系。

天主教徒和新教徒们失去了明确的精神领袖，他们只能在私人日记和信件中为自己遇到的道德问题寻找解答，这个“民族社会”中一些更具有自由主义和人道立场的成员也给历史学家们留下了无价的道德记录。

当战争于1939年9月开始后，它在德国是极不受欢迎的。然而，德国人并没有深刻反省为什么战争会发生。在英国和法国看来，希特勒无故入侵波兰，不证自明正在发动一场征服战；而大多数德国人则坚信，这场战争是国家保卫战，是由盟军的阴谋和波兰的侵略强加给他们的。长期以来，这种观点是严肃历史研究的禁区，只在新纳粹主义的网站中才能看到。对当代读者来说，当时竟然有这么多德国人真心实意地相信这样的说法，似乎非常奇怪，要知道，这些德国人并不是彻头彻尾的纳粹分子。他们怎么能把这样一场蓄意和残暴的殖民侵略战争胡说成国家保卫战呢？他们怎么能把自己当成受到围困的爱国者，

① 天主教慈善组织。——译者注

而非希特勒的“优等民族”战士呢?

第一次世界大战期间经历的物资匮乏和苦痛磨难让德国人没齿难忘，以后遇到类似情况，都以第一次世界大战为标准来衡量。德国人在理解为何不到30年又遇到第二次战争时，第一次世界大战也是最重要的考虑因素。1939年9月3日，英国和法国向德国宣战，这就像1914年8月俄罗斯首先进行动员，然后入侵东普鲁士一样。1914年8月，德国被外国敌对势力长时间“包围”后，战争终于到来，据说这一切都是英国精心策划的，目的是保卫其世界帝国，并削弱德国。同样的论调在1939年又浮出水面，就连语句都一模一样，德国人在他们的日记中记录波兰危机的进展时就是这样写的。英国的帝国主义野心再一次成为一切问题的根源，希特勒征服波兰和1940年攻陷法国后，都曾一再提出和平条件，却被英国生硬拒绝，为英国的好战性提供了注脚。认为德国打的是防御战争这种观点不只是纳粹宣传的结果，很多对纳粹持批评立场的人也是这样看的。每一个德国人都从第一次世界大战的角度看待第二次世界大战，不管他们有没有亲身经历过。不过德国在最后一分钟与苏联缔结了互不侵犯条约，至少使德国人在战争开始时不会遇到1914年的那种两线作战的噩梦。但是到1941年圣诞节，德国又一次同时与英国、俄罗斯和美国作战，正如1917年时经历的一样。

对“前线一代”（指经历过第一次世界大战的那代人）的崇拜和描绘第一次世界大战的文学作品，都把经历了1914～1918年的那代人视作独一无二的，不管是埃利切・玛丽・雷马克（Erich Maria Remarqu）的批判性作品《西线无战事》（*All Quiet on the Western Front*）还是恩斯特・荣格（Ernst Jünger）歌颂战争的《钢铁风暴》（*Storm of Steel*）都是如此。首先，这一代人被认为与他们的父辈截然不同，因为老一代都是在和平年代成长起来的。不管父辈与他们这一代是否真正有矛盾，人们都是以这样的眼光来看待第一次世界大战的。对第二次世界大战来说，这种看法并不正确。为了相同原因陷入恐怖的战争循环，这种感觉突破了代沟隔阂，营造出兄弟般的战友情谊。当赫尔穆特・保卢斯（Helmut Paulus）于1941年被派往东部前线时，他的父亲开始像战友一样给他写信，这位父亲是一位GP，第一次世界大战时曾担任预备役军官。当赫尔穆特的部队通过罗马尼亚推进到乌克兰南部时，他们发现父亲在上一场战争中也随德军占领过儿子现在占领的地方，而赫尔穆特的父母很快找到返回普福尔茨海姆（Pforzheim）的邻居和熟人，根据他们所描绘的地形或在老版军事地图上指出的位置，推算出他们的儿子必定会在哪里战斗。男人们以在堑壕中经过“战火洗礼”为荣，把炮火袭击与1916年打了10个月的凡尔登战役相比较。德国指挥官们也因上一场战争而感到恐惧，当他们在1941年11月逼近莫斯科时，萦绕于心的是重蹈27年前在马恩河战役中突然遇到的意外命运转折，当时巴黎也是近在咫尺。

把父子们联系在一起的不只是共同经历，还有一种跨越两代人的责任感。儿子们必须实现父辈未竟的事业，必须打破命运循环，这种循环让在俄罗斯打仗的每一代人都备受谴责。左派和自由主义思想家以进步的眼光看历史，然而很多保守派则相信，历史是循环重复的，就像生命轮回一样。在20世纪20年代早期，德国文化中充斥着关于战后腐朽、衰败和堕落的预言，对此奥斯瓦尔德·斯宾格勒（Oswald Spengler）在他的名作《西方的没落》（*Dcline of the West*）有过概括。这些可怕的预言在1933年被“民族复兴”（national rebirth）驱散，但其轮回式论调根基深厚，一直没有消失。德国与苏联的战争使其成为现实，再遭毁灭的空洞威胁变成了直接的生存斗争。在东线遇到的无比残酷的战争只是让德国人急切感到，需要彻底打破这种循环，否则它又将驱使下一代人重复这样的屠杀。

这种考虑自一开始就令人关注。当士兵们在1939年秋季等待开战时，有人深思后认为，“我们最好现在做好准备，然后期待不要再次卷入战争”。德国学童们世代受到的教育是把法国当作宿敌，但内心更感性的看法是把俄罗斯当作头号对手。从19世纪90年代起，即使社会民主党反对派也誓言，如果德国受到沙俄袭击，他们将在东线保卫祖国不受野蛮的俄罗斯侵犯。1914年8月，俄罗斯入侵东普鲁士，德国报纸刊发了一波极度夸大的恐怖报道，名不见经传的普鲁士将军保罗·冯·兴登堡（Paul von Hindenburg）击败俄罗斯，因而成为一位不朽的民族英雄。1941年，纳粹毫不费力就使德国人相信，必须把新的德俄战争打到底，这样下一代人才不会再重复同样的命运。从1914年到1917年在东线打过仗的老兵，到刚离开学校参军的年轻士兵，再到还在家里的青少年，这些德国人不认为自己在为纳粹政权而战，他们认为自己是为跨越辈分的家族责任而战。这是他们的爱国主义的最强根基。

这种完全彻底的献身承诺要具有可行性，不能无休无止，必须让人看到有结束的希望。如一个士兵在1940年2月向他的妻子保证说，“明年我们来弥补这一切，好吗？”两年后，另一个士兵发誓“以后我们要把眼下错过的事情全补上……”对战后生活的梦想是他们的最大希望，对他们个人来说，获得胜利或者为不投降而战的意义就在于此。不管有多么正当和必要，战争岁月只是虚耗时光，真正的时间只能在战争结束后才能开始。一个男人多次向他的妻子许诺，“然后我们的生活就会真正开始了”。但战争绵延不绝，让一切观点都发生了改变。就在1944年圣诞节前，一个东部前线的年轻坦克指挥官给住在柏林的未婚妻写信，抱怨自己的艺术家梦想落空，担心这场战争无法打破冲突的无尽循环：“这场战争结束后，或许再过20年，很快就有另一场战争，现在几乎可以这样说了。”他警告未婚妻说，“在我看来，这一代人的生命充满了灾难。”

事实证明，这场战争对家庭和个人来说极其漫长。德国人被卷入许多重大事件，战地邮局每天寄发成千上万封信件，记录下他们为了应对战争的无尽需求而采取的计谋，描绘出各个方面出现的越来越多的自发转变。很多夫妇为了让彼此放心，回避了夫妻关系中出现的越来越多的困难，没有谈战争使他们发生了多少转变，但当他们战后重聚，一切都暴露出来。在战后最初那几年，离婚率飙升。本书写的是这场漫长的战争，它记录了德国社会的转变，以及个人为了适应日益不受他们控制的战争，而采取的细微且经常无法逆转的方法。本书通过研究那些对德国人产生影响的事件，追踪他们生活的发展、期望的变化、希望与恐惧的游移。对一个走向自我毁灭道路的社会来说，他们的生活既是这一经历的情感衡量器，也是道德晴雨表。

第一部分

为进攻辩护

第一章

不受欢迎的战争

希特勒提议的主要内容依然是 假装和平，真正的目的是把德国人民进一步拖入战争之路。然而帝国保安总局认为，关于停战的流言显示“公众渴望和平之心是多么强烈”。

“不要等我了，不会再有假期了，”一位年轻士兵匆忙潦草地给他的女友写信，“我要直接去兵营装车，动员令响了。”他只有一些时间把自己的东西放到位于李比希大街（Liebigstrasse）的伊琳的姑姑家，但是那天是周末，年轻的花匠女友早已回父母家了。他未能向女友说再见，只好在信封上潦草写下他们的地址，“收信人：伊琳·赖茨（Irene Reitz）小姐，劳特巴赫市，班霍夫街105号”。这位年轻的职业士兵叫恩斯特·贵肯（Ernst Guicking），两年前签约成为下士，他是第一批受命加入驻在埃施韦格（Eschwege）的第163步兵团的士兵之一。

第二天，即1939年8月26日，德国正式发布动员令。塔劳（Thalau）的乡村校长威尔姆·欧森菲德（Wilm Hosenfeld）到富尔达（Fulda）河谷另一边的女子高中报到。如同德国的很多学校一样，这所高中在那天也成为军事集合地点，欧森菲德重新获得他在第一次世界大战时拥有的军士长军衔。在他的预备役步兵连，很多人也都是上一次战争的老兵，当他向他们发放武器装备时，断定士兵们的心情“严肃而坚定”。他认为，士兵们都坚信“不会发生战争”。

在弗伦斯堡（Flensburg），一位年轻的消防队员把吊车开到容克霍韦克（Junkerhohlweg）兵营，他在那里被任命为“装备士官”，还配备一辆自行车。第26步兵团当晚11点向火车站进发，虽然已是午夜，弗伦斯堡的街头依然挤满送别的人群。在第12连，格哈特·M不知道部队要开向哪里，他们乘坐的是运牲口的货车，他在车厢长凳下找到个地方，当列车终于开动后，他“呼呼大睡了”。

在树木茂盛的柏林郊区尼古拉斯湖（Nikolassee），约亨·克莱普（Jochen Klepper）感觉自己已经神经衰弱。他对避免战争还抱有一线希望，虽然局势越来越无望，但从街道官员到报纸编辑，每个人都在向他重复乐观的传言。克莱普之所以对战争怀有莫名的恐惧，是担心犹太裔妻子约翰娜（Johanna）和17岁的继女莱娜（Renate）未来的命运。这时他们收到一封从英国克罗伊登（Croydon）寄来的信，发信人是约翰娜的大女儿碧姬，她在年初就已移民英国：她告诉他们，伦敦已经开始疏散。在接下来的几个月里，克莱普会自责当时没让约翰娜和莱娜随同碧姬一起离开德国。他找到一些慰藉：德国报纸和广播的声调没有去年捷克斯洛伐克危机期间那么强烈，而且自从8月23日与苏联签订互不侵犯条约后，没有像以往那样老是提及“煽动战争的犹太人”这类话。

在1939年春季到夏季，德国政府一直抗议波兰的日耳曼少数民族受到暴力袭击。随着危机发展，中立的自由市但泽扮演了主角。这个城市的大多数居民都是日耳曼人，却与德国相分离，所以这里集中了所有对一战解决方案的异常的怨恨，而在整个夏天，德国一直在小心谨慎地指示但泽的纳粹党地方长官艾伯特·福斯特（Albert Forster）如何让局势更紧张而又不使冲突爆发出来。他把焦点放在波兰有能力通过控制海关检查站而切断但泽的食品供应，使这个问题一直占据着媒体的头条位置。8月30日，事件急剧激化了，德国外交部部长约阿希姆·冯·里宾特洛甫（Joachim von Ribbentrop）在午夜突然召见英国大使，要求向波兰传递他的政府为了解决危机提出的最后条件。英国大使尼维尔·亨德森爵士（Nevile Henderson）在将德国的要求发送给伦敦之前，一直没收到书面文件。德国发出最后通牒的文件，波兰大使馆和政府根本没有得到。希特勒提出的条件是就波兰走廊和位于波兰西部的前德国领土举行公投，一旦付诸实施，引发第一次世界大战的种族-民族主义内战将再次爆发。波兰如果遵从希特勒的要求，将会被分割开来，毫无抵抗能力。

但泽问题是那一年里遇到的第二次国际危机，前一年夏天，苏台德地区的日耳曼人在公投中压倒性地支持希特勒，这个地区的人口占捷克斯洛伐克的三分之一。1938年9月在慕尼黑达成的协议避免了战争，捷克斯洛伐克和苏联没能用协议内容插上一句话，但那场危机迫使英国和法国重新武装起来。在6个月内，希特勒打破了他许下的苏台德是他“最后的领土要求”这个庄重的承诺，派遣德军越过新的捷克国境，把整个捷克变成“帝国保护地”（Reich Protectorate）。即使鸽派的英国保守党也无法忽视这个违约行动，可是英格兰银行还是为德国提供了最后一次服务，把捷克的黄金储备从伦敦送到德国。对英国和法国来说，1939年3月15日德国占领布拉格表明了《慕尼黑协定》毫无用处。

在德国国内，对同样的事件有着完全不同的解读。特别是在奥地利，新的“波希米亚和摩拉维亚帝国保护地”思想勾起了回忆，让人们感觉在德国控制下，哈布斯堡王朝恢复了原有的领地。在德国其他地方，这种旧王朝遗产没有太多意味，人们的思想更为不同。煤矿产业带鲁尔有很多波兰和捷克移民，这里的一些人对捷克表示同情。在1938年危机期间，包括政治和军事精英在内的几乎整个国家的人都确信，德国无法打赢战争。这种被称为“战争精神病”的思想影响力极大，当《慕尼黑协定》达成后，宣传家们的胜利骄傲论调几乎被公众倾泻出的释然态度压倒：戈培尔不得不提醒报纸去庆祝德国的胜利。希特勒曾经感到沮丧，认为自己“受到欺骗才发动战争”，这时即使在纳粹精英阶层中，他也是孤独的。

到1939年夏，公众情绪发生变化。1938年，无数民众在慕尼黑欢迎张伯伦，把他视为使者。一年后，这位英国首相成为笑柄，象征着西方民主国家的腐朽和无能。张伯伦此时已经年届70，比元首老了整整20岁，德国的儿童们模仿他的步态，尤其是他随身带着的那副贵族派头的雨伞。恩斯特·贵肯的女友伊琳·赖茨也使用流行话语，把张伯伦的政府称为“雨伞政府”。德国于1939年3月占领布拉格，这如同前一年希特勒进入维也纳一样，看来又是一个不流血的胜利，证明法国和英国不愿采取行动。

希特勒成功地把自己打扮成受到伤害和包围的日耳曼少数民族的保卫者，在1918年后的和平解决方案中被从德国分割出的土地上，他调动起得不到宣泄的不满情绪。从前社会民主党人，到天主教中心党的前支持者，再到新教保守主义者，对很多德国人来说，战后的波兰是苛刻的《凡尔赛和约》制造的又一个肿瘤，德国是被迫签署和平协议的，甚至根本没有机会商谈一下条件。流亡的社会民主党在德国安插的秘密报道员们都确信，希特勒要是想对波兰动武，在国内已经没有障碍："如果对波兰采取行动，将会受到绝大多数德国人的欢迎。由于战后安排问题，德国民众对波兰人极为痛恨。"他们得出结论：即使在社会民主党传统的工人阶级支持者中，人们也相信"如果希特勒决定打击波兰，绝大多数德国人都会支持他"。纳粹的宣传机器尤其把波兰的不妥协立场归罪于英国，声称英国以"围困"政策阻止德国复苏。早在初夏时分，一位社会民主党的报道员就注意到，"煽动反英的论调极为强烈，此时我确信，人们互相打招呼时想必会像一战时期那样，更爱使用'上帝惩罚英国'这个口号，而非'希特勒万岁'这个官方词语"。希特勒慢慢重建起曾经在1914年覆盖了整个德国社会的爱国主义大联盟，从温和的社会民主党左派，到保守的民族主义分子，这个联盟无所不包：原来的那些政党可能已受到压制，但是纳粹政权知道，这些政党的各种亚文化还存在，把它们控制住还不算迟。

1939年8月，德国政府行动起来，要发动一场有限的闪电征服战。8月15日，军事指挥官们受命准备入侵波兰。8月22日，希特勒在他的阿尔卑斯隐居处向军方高级官员下达简令，此时希特勒依然相信，英国和法国不会同德国开战，这一天里宾特洛甫飞到莫斯科，与斯大林和莫洛托夫达成协议。希特勒的将军们虽然极为反共，但都如释重负，对《苏德互不侵犯条约》的签署都表示欢迎，因为这个条约有效解除了两线作战的威胁。如今看来，似乎可以在有限的波兰境内展开一场短期而胜利的军事行动，这将使德国的军事力量重获声望。根据其内部评估，纳粹政府仍然需要数年时间进行武装，才能与英国和法国进行希特勒认为不可避免的对决。

8月31日上午9点，德国广播改变原有节目安排，播送元首提出的解决危机的16点提议。希特勒外交翻译保罗·施密特博士（Dr Paul Schmidt）曾经听到这位独裁者后来承认，这次广播“特别为德国人民提供了证据，向他们表明我为了维护和平已经竭尽全力”。对于亨德森大使在伦敦和柏林之间疯狂进行的穿梭外交，国际社会依然在注视。而在幕后，希特勒确信戈林和墨索里尼已经起不了什么作用，虽然在苏台德危机期间这两人曾是斡旋英法的主要调停人，不过他还是担心“某些蠢猪可能在最后时刻给我提出一个调解计划”。

9月1日上午10点，约亨和约翰娜·克莱普收听希特勒演讲的广播。“昨天夜晚，波兰正规军士兵首次向我们的领土开火。”元首在紧急召开的国会会议上说。他宣布“自早上5点45分（实际上是4点45分），我们已经开火还击”。希特勒还对欢呼雀跃的议员们表示，他将“穿上深灰色军服，战争不结束就不脱下来”。这不是战争宣言，波兰不值得希特勒发表这样的宣言。更确切地说，这是为德国自卫进行辩护，“还击”这个词语进入了纳粹的官方词典。

为了提供波兰的“挑衅”证据，党卫军和赖因哈德·海德里希（Reinhard Heydrich）掌控的警察机构得到当地日耳曼人的帮助，这些日耳曼人获得装有定时器的炸弹和一个列了223个日耳曼人报纸、学校、剧院、纪念碑和新教教堂的名单，意图把炸弹安放在这些目标，以证明他们是波兰袭击的受害者。不过他们很不走运，波兰警察设法挫败了多数阴谋，只有23个目标被炸毁。为了劝说英国不要动用军队援助波兰，海因里希还受命制造边境事件，为此他精心策划，意欲迷惑波兰军队，诱使他们越过霍恩林登（Hohenlinden）附近的边界线进入德国。这个计划没有得逞，因为德军已经摧毁了波兰的边境据点。于是在8月31日夜，党卫军突击队穿着波兰军服，袭击位于格莱维茨[①]（Gleiwitz）的德国电台，一名波兰成员用波兰语和德语宣读了一份声明，结束语是“波兰万岁！”然后此人被其他突击队成员打死，尸体留在现场作为证据。格莱维茨电台距边境线有5公里，波兰军队竟然能穿越国境走这么远而不被德国发现，这一情况很难解释。更糟糕的是，电台的发射功率太小，海德里希在柏林无法收听到广播内容。要是把这个事件当作发动战争的理由，实在难以说服国际社会，甚至不足以派出德军战争犯罪调查员去现场调查。只有那些

① 格莱维采的旧称。——编者注

已经先入为主的德国人才会把德国认作受害方。

1939年9月1日，威尔姆·欧森菲德还在富尔达的女子中学，他的部队已经集结。他抽空给大儿子赫尔穆特（Helmut）写了一封信，后者刚在一个农场开始为期6个月的“帝国劳动服务队”（Reich Labour Service）工作，欧森菲德在信中说：“现在一切已成定局，什么都无法确定的那种可怕局面不复存在，我们知道会面对什么，风暴正在东面升起。”欧森菲德相信，这场战争本来是可以避免的：“元首的提议并不过分，是值得接受的，本来可以用于维持和平。”

欧森菲德是农村手艺人出身，家里人都是虔诚的天主教徒。1914年第一次世界大战爆发时他19岁，被征召服役，一直在前线作战，直到1917年受了重伤。20世纪20年代，他着迷于“流浪鸟”（Wandervogel）①青年运动的那种自由的同志关系。他喜爱有组织的体育运动，并受“流浪鸟”运动影响，于是加入了纳粹暴风突击队，他在塔劳这样的传统村落中是“现代”价值的代表。1936年和1938年、欧森菲德曾参加纳粹党纽伦堡大会，这使他有了与日耳曼民族神秘结合在一起的强烈感觉。作为受过教育的进步论者，他没有接受传统天主教老师那种棍棒之下的机械式教育，不过他的宗教思想依然很浓厚，1938年时，他对纳粹运动中的激进分子攻击宗教感到警觉。威尔姆·欧森菲德既是一位虔诚的信徒，思想中又充满矛盾冲突。

在9月1日星期五这个决定性的日子里，当欧森菲德继续给儿子写信的时候，他感觉1914年的那个夏天又重演了。如今和那时一样，德国又一次被迫卷入战争，而根源还是英国的包围；他确信不管哪个政府在台上，最终都会“与英国开战”。“现在又一次命中注定，”他写道，“领袖们既然身居高位，就必须负起责任。国内必须停止一切意识形态和政治纷争，人人都是德国人，都要保卫德国人民。”他的信中回响着德皇威廉二世25年前说过的话语，“不再知道什么政党，只知道德国人”。

约亨·克莱普是反纳粹的虔诚新教徒和普鲁士人，不过他和身为纳粹分子

---

① 1896年起自柏林兴起的一种青年运动，提倡健身与活力的概念。——译者注

的天主教黑森人欧森菲德一样，都对这场新的战争不抱什么好的期望。“波兰的日耳曼人所受到的一切痛苦为战争提供了理由，”他推想道，“这些痛苦会以同样的尺度落到德国的犹太人头上。”他对仅仅发生在10个月前的反犹大屠杀还有着痛苦而鲜活的记忆，为他的犹太妻子和继女担惊受怕。一个月之后，约亨让约翰娜在教堂接受了洗礼，让他们的婚姻接受圣祝，力图保护妻子。他选择的教堂是位于马林道夫（Mariendorf）的新落成的马丁·路德纪念堂（Martin Luther Memorial Church），这个教堂的门厅上挂着路德、兴登堡和希特勒的半身画像。教堂的中殿使用的800片陶瓦上交替使用着纳粹和基督教图案，同时一名希特勒青年团员、一名暴风突击队员和一名士兵共同簇拥着讲道坛。克莱普因为在1937年写作了一部歌颂霍亨索伦王朝奠基者威廉腓特烈一世的小说而成名：这部小说因把普鲁士王国的加尔文主义当成典范，被列入军官团的必读书目，惹恼了很多纳粹分子。得益于这本小说，保守派圈子接纳了克莱普，愿意忽略他那不幸的犹太婚姻，给他提供一定程度的保护。虽然怀有不祥的预感，克莱普还是完全相信德国对但泽的要求是正当的，德国需要通过波兰走廊把领土联结起来：“东部德国对我们太重要了，对于现在那里正在决定的事件的意义，其实毋庸赘言。”当约亨和约翰娜焦急地等待局势发展时，他们也感觉被自己的忠诚感束缚住了：“我们不能像很多人那样，因为自己的苦难就希望第三帝国崩溃。这是极不可能的。在外患威胁之际，我们不希望发生叛乱或者政变。”

1939年9月1日，德国没有像1914年8月那样出现爱国主义游行和群众集会。相反，大街小巷安静得有些怪异。预备役人员到征召点报道，平民们忙着自己的事，默不作声。《德意志汇报》（*Deutsche Allgemeine Zeitung*）不得不评论说，每个人都在为“未来即将发生的事”而奔波。在尼古拉斯湖郊区，约亨·克莱普读到这篇文章后感到疑惑，“人们怎么对这场战争没有一点热情？太可悲了！”人们似乎都在屏住呼吸，等待英国和法国对德国“反击”波兰做出回应。很多人都和希特勒几乎一样，判断西方列强不大可能为了但泽而开战，因为这些国家在苏台德已经做过让步。虽然如此，他们还是明显担心会再次发生世界大战。

那一天即将过去时，柏林拉响了突袭警报，年轻的报纸摄影师丽丝洛塔·伯普尔（Liselotte Purper）正在公寓的窗格上粘贴防空纸。她和邻居们用力关上门窗，匆忙跑下楼，躲入潮湿而且充斥着土豆味道的公寓大楼地下室。他们一起等待着，很多人脸上挂着泪水，还有一位年轻妈妈怀抱着出生才三个星期的婴儿。警报吓住了丽丝洛塔，她给男友库尔特写信说，尖锐的警报声“唤醒了儿时深藏在心底的恐惧”。她的西班牙邻居平日里衣冠楚楚，而这次因为担心会有毒气袭击，用湿毛巾掩住了口鼻，几乎让人有点不敢相信注重仪表的他会这样做。没过多久，警报解除。丽丝洛塔后来听说，波兰飞机曾经深入德国领空15公里。当整个公寓大楼都在认真防备空袭时，她在思索自己的生活是怎样在这短短几天时间里发生变化的：她认识的所有男人都被征召到前线服役，这位27岁的女孩决定志愿去红十字会服务。

在柏林郊区，约亨·克莱普也听到了防空警报声，他爬上床，心里猜想轰炸机可能会在夜里飞过来，不过他因为担心约翰娜和莱娜的安全而身心疲惫，这一晚反而睡得很香。他觉得他的妻子“又和犹太人遭迫害之后的那个11月一样，状态很糟糕”。他们相互支持，等待被迫分开的那一天到来，此时她的继女莱娜“特别温柔”。在德累斯顿，维克多·克兰普勒（Victor Klemperer）作为一战老兵和18世纪法国文学研究者，知道自己不会被征召：1935年通过的种族法排除了这位一战老兵的公民义务。作为一个犹太人，他在战争的头一个星期里等待着被枪决或者被送进集中营。不过他惊讶地发现，武断的“犹太人诱导战争”论调在报纸上迅速消失不见了。当两个友善的警察来搜查克兰普勒的公寓时，还热心地询问，“为什么你还不出国？”

从弗伦斯堡出发一个星期之后，第26步兵团终于在9月3日早上5点越过德波边境。正午刚过，他们通过第一个人已跑光的村庄，他们看到很多被埋了地雷的桥梁，并在干涸的黄沙里跋涉。一辆辆卡车挤成一团动弹不得，马匹拉着车疲惫不堪。格哈特·M不得不长时间带着他的自行车，这位25岁的消防员意外成了自行车通信员，这对他来说很合适，因为他的父母就在弗伦斯堡开了一家自行车商店。这是战争开始后的第一个星期天。

9月5日，格哈特·M和他的弗伦斯堡战友们越过位于波兰境内的1914年之前的德波旧边界，他有一种进入截然不同的非德国世界的强烈感觉。向着他们逃来的波兰平民是极为贫穷和悲惨的，他们的被褥、自行车和小孩都堆到小小的木制农车上，仅由一匹马拉着，对此格哈特印象深刻。在卡利什市外围，他们第一次受到火力袭击，于是他们隐蔽起来，用步枪和机枪还击。他们的炮兵消灭掉了设在一个旧工厂的波兰机枪阵地，把整个工厂建筑变成一团火球。格哈特看到德军士兵把一群波兰平民从一所房子里赶出来——“该死的狙击手”，他在日记里这样写道。他没能看到这些波兰平民后来遇到什么命运，注意力完全转移到如何撬开一家被遗弃的巧克力商店的门闩上去了。格哈特在他的日记中得意地记下了他们在夜间行军之前，是怎样“把那家商店赎空”的。

9月3日下午，奥古斯都·托波韦恩博士正在索林根市（Solingen）的后花园里打瞌睡，被妻子和一位邻居压抑着的说话声吵醒。英国政府宣战了，傍晚5点钟，法国政府也随之宣战。托波韦恩虽然是高级中学老师，而且还是已有资格领养老金的公务员，但他念念不忘自己的公民责任，于是冲到当地军方办公室表示志愿从军，只是又被打发回家。对他这样的德国新教徒来说，新的战争立刻唤醒了对于1918年的民族灾难的记忆。现在处于危急关头的不仅是政治，德国人还必须从革命的原罪和自己招致的失败中解救自己。托波韦恩考虑在战争开始后的第一次宗教研究课上该讲什么的时候，从神学家伊曼纽尔·赫奇（Emanuel Hirsch）的作品中寻找灵感，并且选用了雕刻在德军士兵的皮带铜扣上的话作为他的主题：“Gott mit uns”——即“上帝与我们同在”。

新教教会的官方公报立即发出号召：“此时此刻，我们与我们的人民团结一致，为元首和帝国祈祷，为所有军人和所有在祖国尽职尽责的人祈祷。”汉诺威主教向上帝祷告：“神佑元首，让所有为人民服务的人、陆海军部队的所有军人、在祖国尽职的所有人更加坚强。”梅森主教因为拒绝纳粹强迫巴伐利亚新教徒加入统一的帝国教会的行为，自1934年就遭到软禁，此时他提醒巴伐利亚牧师们说，战争给他们提供了为德意志民族的精神复兴而工作的机会，为“我们的人民和神发生新的接触而工作，这次我们的人民不会再失去隐藏的祝福”。

与1914年相比，天主教的主教们热情不是很高。25年前，当时的科隆大主教曾经请求上帝“保佑德国武装部队，引导我们取得胜利……”并且还说了一番他们的新教同行们说过的民族精神复兴之类的话语。如今的科隆大主教只向本区教徒和一系列为战争而祈祷的人发布了行政指示。少数主教们走得远了一些，如弗赖堡的（Freiburg）“棕色”主教康拉德·格律博（Conrad Gröber），还有明斯特主教、保守派贵族克莱门斯·奥古斯都·冯·加伦（Clemens August von Galen of Münster），他号召低级教士们不要只作为牧师为战争努力，也要作为“德国男人”去参战。不过他们这样的声音非常少见，天主教高级教士们总的来说小心谨慎，对这场战争能否带来精神复兴没抱太大希望，因为他们在上一场战争中已经失望过一次。相反，他们把这场战争解读为对现代社会的世俗唯物主义进行的惩罚。天主教会作为无神论布尔什维主义的死敌，对希特勒与斯大林签订条约感到沮丧，担心会在德国引发新的教会-国家冲突。

当德军主力部队在波兰参加战斗时，恩斯特·贵肯被派驻在德国西部边境，是防范法国袭击的骨干部队成员。9月5日，他第一次在战斗部署完成后给伊琳写信。虽然部队行动非常紧张，但他还有时间注意到葡萄园里的葡萄有多么成熟——“不然信里也没什么可写的了”。伊琳的第一封信早已在寄给他的路上，部队向前线开进时政府实施的禁邮令刚取消，她就写了这封信。“我们希望你能作为一个得胜的士兵，健康愉快地再次归来。”她对恩斯特说。这位年轻的女花匠还承认，“我老是想到战争的恐怖”。她为彼此打气：“我们不要惹麻烦……当你头痛欲裂时，让我们都想一下快乐时光，当你和我能相伴天荒地老的时候，还有更美妙的日子等着我们。”这对年轻的情侣依然关注着他们俩的家人、她的温室工作和他在部队里的生活，但这根本不能减轻心中不祥的预感。战争已经到来，和很多人一样，伊琳断定英国“也会参战”。1939年9月3日，英国和法国向德国宣战，在接下来的6年时间里，所有德国人都在日历上和日记里把这一天当作战争的开始。对于9月1日的行动，德国人只是把它看作反击波兰。

与大多数同乡一样，伊琳·赖茨和恩斯特·贵肯、奥古斯都·托波韦恩和约亨·克莱普、丽丝洛塔·伯普尔和威尔姆·欧森菲德等人都希望战争不要发生。伊琳和恩斯特没有什么明显的政治观点。克莱普、欧森菲德和托波韦恩对纳粹运动中的某些东西很反感，尤其是反宗教方面。大多数德国人或许都相信，入侵波兰是正当的，但几乎没有人认为值得因为波兰而与英法开战。上法兰克尼亚（Upper Franconia）的一份报告简约概括了德国人在这个夏天的看法：“关于如何解决‘但泽和波兰走廊’的问题，公众的答案没有什么变化：纳入帝国境内吗？对。用战争的手段吗？不。”

希特勒对这种观点并不感到惊讶，他知道，自己的好斗本能足以压倒治下的子民。他曾经愉快而坦诚地向一位德国著名记者表示，他知道持续了5个月的苏台德危机把“胆小如鼠的国人”吓坏了。他甚至吐露说，“环境几乎迫使我孤身谈了几十年和平”，并补充说，“只有不断强调德国渴望和平，一心想实现和平，我才有可能……重新武装德国人民，而这是进行下一步行动的必要基础。”他说这些话是在1938年11月，到1939年7月，宣布年度纽伦堡纳粹党大会将于9月2日至11日召开，大会名称是“帝国党和平大会”。到8月底，随着德国开始动员，大会突然被取消，对此纳粹党领袖是有意这样做的。让韩德森大使去伦敦进行最后时刻的假意穿梭外交，是希特勒假扮和平使者编排的最后一支舞蹈。这样的表演可能不会使很多外国人信服，但对影响国内民意挺有用。9月初，威尔姆·欧森菲德、奥古斯都·托波韦恩、伊琳·赖茨或者约亨·克莱普都断定，“英国人也会参战”，他们指责英国不仅没有迫使波兰接受德国的“合理”条件，而且继续“包围”德国，意图使他们的国家一直被束缚在1918年后的解决方案里。当德国人已经整军待发时，他们依然相信这场战争是强加在他们头上的。

弗伦斯堡第26步兵团隶属于第30步兵师，该师于9月7日进抵瓦尔塔（Warthe）河，通过德军工兵搭建起来的贝雷桥①，穿越空无一人的波兰军队防御工事。他们遇到波兰村民的武装抵抗，这些人想保卫自己的家乡。格哈特·M看到他的战友们把20个年轻男子带走，他认为这些人是“胆小的狙击手”。“燃烧的房屋、哭泣的妇女、号啕的孩子，看到这些真让人绝望。但

① 即装配式钢桥，由英国工程师贝雷设计，主要特点为钢结构模块化设计。——译者注

是，”格哈特在日记里提醒自己，“波兰人这是自作自受。”一位妇女从一所简陋的农舍里用机关枪向他们开火，格哈特的部队包围了那座房子，并点燃了它。当这个妇女想逃出来时，“我们不让她出来，这真残酷……她的惨叫声很长时间一直回响在我的耳朵里”。两边的房子陷入一片火海，烤得人受不了，德国人不得不沿着街道中间走。夜晚降临以后，他们在东方地平线上看到其他村庄也是火光冲天。格哈特最大的心思放在骑好自行车上，这辆车的轮子老是陷在满是泥浆的路上，黑暗中还把泥水甩到他的脸上。而这个来自弗伦斯堡的年轻人也知道，他已经从消防员变成了纵火犯。

9月9日夜，第30步兵师受到波兰骑兵的袭击，当恐慌逐渐向后传递时，格哈特·M的连队正处于队伍的后部。在接下来的两天时间里，约翰内斯·布拉斯格维茨（Johannes Blaskowitz）指挥的第8集团军被迫向南后撤20公里，直接进军华沙的攻势受挫。当他们撤退时，把沿途认为有枪声出现的房屋都点燃起来。“很快，我们经过的道路两旁都是燃烧的房屋，大火中还能听到躲藏在屋子里的人发出的哭叫，不再可能去救他们了，”格哈特·M在日记中写道，“牲口恐惧哀鸣，一条狗狂吠不已，直到被烧死，但最糟的还是人的哀号。不过他们向我们开枪，所以该死。”他承认，从军官到士兵，人人都极为紧张。

第二天，他发现自己身处一条德军步兵的薄弱防线中，趴在匆忙挖出来的浅坑里，参与了第一场正规战斗。他们受命保护身后的炮兵阵地，等待波兰步兵慢慢逼近。他们越来越紧张，上级要求当敌人前进到300英尺左右的距离内时才能开火。瞄准、射击、装弹，格哈特·M形容自己的动作“就像在训练场上一样机械”。不过德国人还是伤亡惨重，被迫后撤。他的连队有140人，只有格哈特·M和另外6个人在一个树林里和他们营的其他人重新汇合。次日，援兵到了，另两支部队和一队缓慢推进的坦克赶过来支撑第30步兵师千疮百孔的战线。

格哈特·M参与了这场军事行动的主要战斗，当德军于9月1日侵入波兰时，发现波兰军队还在动员过程中。波兰军队得到的命令是保卫国界不受侵犯——这是不可能完成的任务，德军从三个方向进攻：北面从东普鲁士突击、南面越过斯洛伐克领土进兵、西面从西里西亚到波美拉尼亚还有一条宽大的战线。波兰人把希特勒的要求当真了，相信德军的意图是收回东西普鲁士之间的普鲁士-波兰旧边疆。实际上，德军前进时基本忽略了这一地区，集中兵力从北方和南方两个方向猛攻华沙。第8集团军从布列斯劳出兵，已经于9月7日占领重要的纺织业城市罗兹（Łódź）。次日，第4装甲师抵达华沙外围。

与此同时，两支在波兰走廊被包围的波兰军队力图从边境地区撤出来，在塔德乌斯·库特雷兹巴（Tadeusz Kutrzeba）将军的指挥下组成一支有战斗力的部队。德军已经占领维斯图拉河（Vistula）[①]北岸和布楚拉河（Bzura）南岸，库特雷兹巴的军队被夹在中间，但他抓住了一个有利机会。此时德军彼此失去联系，不知道他要袭击暴露出来的第30步兵师战线，这支部队的防线拉了30公里长，而布拉斯格维茨的第8集团军其余部队还在继续向华沙推进。9月10日，格哈特·M和他的战友们就在这条薄弱的战线上抵挡波兰军队的攻击。德军指挥官被迫叫停第4装甲师对华沙的进攻，将它调回来，并重新调整主力第10集团军和作为预备队的南方集团军群的进攻方向，以增强薄弱的战线。9月12日，波兰军队发起的攻击逐渐消退，库特雷兹巴开始把波兹南军团（Poznań Army）撤出来去保卫华沙，而波莫查军团（Pomorze Army）则发现自己被包围，受到德军火炮和亨克尔Ⅲ（Heinkel Ⅲ）轰炸机的袭击，波兰军队想依靠森林保护自己，但是树木已变成火海。

当布楚拉战役还在激烈进行时，波兰政府和波军司令部向罗马尼亚边境方向退却。他们撤向后方的计划根本无望实现，9月17日，苏联红军从东部侵入波兰，最终完成与德国签订的秘密协定。由于已经无路可退，波兰总统莫希奇茨基（Mościcki）决定在巴黎建立一个流亡政府，并越境进入中立的罗马尼亚。两天后，布楚拉战役中幸存的波军士兵向德军投降。这场战役给波兰加强华沙的防御提供了时间，这座首都虽然已被政府抛弃，并且受到德军的大规模空袭，但依然坚持抵抗到9月28日。

德军神速的行动似乎对西部的生活没有造成什么影响，威尔姆·欧森菲德在一名士官和六名士兵陪伴下，驱车来到罗兹西南10公里处的帕比亚尼采

---

① 又译作维斯瓦河。——编者注

（Pabianice），为他的连队寻找驻扎地点。他们虽然一路畅行无阻，却被弄得满身尘土，停车后他们都跳下来，到一个院子里的压水井下洗漱。欧森菲德拿出了牙刷，真的引起围观的孩子们的瞩目，他给了为他们压水的男孩10个芬尼。然后这些德国人四处闲逛，在公园的一个摊点买巧克力冰淇淋吃。第二天，欧森菲德出来买东西。这个地方几乎没有受到战争破坏，只见到一些从边境地区逃过来的难民，这些人用羸弱的马拉着满载物品的马车，很多妇女和儿童光着脚走在尘土里，拿着沉重的包裹，推着手推车或者拉着婴儿车。

欧森菲德和他的连队得到命令，去保卫设在这个城镇的一个纺织厂里的大型战俘营。每天都有数千囚犯被送过来，在波兰军队里服役的日耳曼人立即被释放回家，犹太士兵也被挑出来。“这些人受到粗暴对待，使我感到愤怒。”欧森菲德写道。不过他也注意到波兰囚犯是怎样饶有兴致地旁观这一切的，向每个愿意听他们说话的人讲犹太人如何剥削他们。欧森菲德没有在这个城镇发现有钱的犹太人，他推断道，由于“犹太富人都想办法跑了，后果只能由犹太穷人来承担”。帕比亚尼采的犹太人迅速被派去劳动，填平前几个星期被挖出来的防御堑壕。在战俘营里，欧森菲德很敬佩波兰军官们的临时晚祷与合唱，每当这时，这位天主教徒就主动摘下军帽。由于这座纺织厂被塞进了10 000名囚犯，食品供应严重短缺，饥饿和拥挤使囚犯们难以安宁。欧森菲德受命维护战俘营的安全，用铁丝网、观察哨和机枪进行守卫。

波兰行动取得迅速而决定性的胜利。1939年9月，德国军队找到了如何进行一种新的“全面”战争的方法：向难民队伍进行俯冲轰炸，向城市无限制投掷炸弹，对战俘和平民进行不受规范约束的大规模报复。希特勒在8月22日向军方高级官员讲话时，毫不掩饰地表示要打一场种族战争。他的主要观点被记录在图文并茂的每日备忘录中：

> 摧毁波兰是最重要的任务，目标是消灭其有生力量，而不是划定一条特别的界线……一定要铁石心肠，不能滥施同情。8000万（德国）人民一定要获得他们应有的权利，他们的生存必须得到保障。强权就是公理，必须采取最严厉的手段。

像格哈特·M这样的普通士兵，不会知道希特勒在他的贝希特斯加登（Berchtesgaden）山间别墅里说的话。但他们清楚地看到，德军采取的一切手段都是为了迅速彻底地消灭敌军。自从战争爆发，关于“狙击手”“游击队”“小股敌军”和其他活动在德军后方的“非正规”平民的报告就像洪水般涌过来。这些威胁报告缺乏细节，德军宪兵部队受命调查，发现这些说法都毫无根据。第1集团军团承认，他们第一次与敌军接触时，“部队草木皆兵，惊慌失措”；对没有什么经验的德军士兵来说，“一次空袭、一个敌对分子或一名非正规军都肯定会增强”这种倾向。

入侵波兰的行动开始一个星期之后，很有声望的柏林日报《德意志汇报》发表一篇关于国际法的长文，确认“德国有权采取严厉却有效的手段，不过要局限于公认的国际法界限内”。为了保卫一个小村庄，波兰士兵有时开了几枪，这对神经质的德军来说已有充足理由，经常对平民展开猛烈报复。对此格哈特·M已经直白记录下很多例子。高层也发布命令，对德军这种自发行为表示认可。9月10日，费多尔·冯·博克（Fedor von Bock）将军向北方集团军群发布命令：“如果前线后方村庄有枪击，如果不能确认枪击来自哪所房屋，那么就把整个村庄烧成平地。”其他指挥官也开始这样下令。这样的行为，不只是格哈特·M和他的战友干过。德军在波兰的4个星期战斗加4个星期军管过程中，处决了1.6万到2.7万波兰人，531个村镇被烧掉。到1939年10月26日军方向平民管理者移交权力时，他们担心该怎样才能维持军纪，承认他们的手下被非正规军搞得有点神经质了。这种担心并非空穴来风。德军对波兰人使用“波佬”（Polacks）的蔑称，老是担心背后会遭到枪击，打心眼里就认为敌人野蛮而胆小。

在帕比亚尼采，欧森菲德发现当地的日耳曼人“对波兰人极为痛恨”。在9月中下旬，他越来越对读到和听说的东西感到震惊。据欧森菲德了解，一切本来都很正常，但从1939年年初开始，事情有了变化，出现了反德骚动。“我已经和那么多人交谈过，而你听到的一直是老一套。”欧森菲德9月30日在写给大儿子赫尔穆特的信中说。他似乎想衡量对比一下人性，又补充说：

“自从我目睹我们的士兵犯下的暴行后，我相信关于波兰人野蛮行为的说法都是不负责任的煽动。”不管德国人多么强有力，他认为波兰人会笑到最后。

在有争议的波兰西部边境地区，如波兹南的原普鲁士省，情况更为糟糕。预备役士兵康拉德·雅豪士在肯彭（Kempen）一家日耳曼酒店里坐下来吃饭时，听当地的日耳曼难民诉说他们的故事。这些难民从托伦（Thorn）跋涉到沃维奇（Lowicz），他们的手腕两两被绑在一起，掉队的人被枪杀。在沃维奇，5000难民被赶进教学广场，那里已经架设起机枪，准备处决他们，千钧一发之际，德军解放了他们。这些难民虽然衣衫褴褛，却使雅豪士印象深刻。对这位来自马格德堡（Magdeburg）的很有思想的体育老师来说，“从来还没有人这样闪亮着眼睛用希特勒举手礼向他致意”。雅豪士不是纳粹党员，不过是保守主义的新教民族主义者，他认为难民们使用举手礼，是想拥抱“一切与大日耳曼有关的东西”。这些难民都把遭受的暴行归罪于“天主教徒和犹太人”，显示出不祥的兆头。

1939年夏天，陆军总司令部（the Army High Command）同意为5个用于入侵波兰的集团军都配备一支由党卫军安全机构帝国保安总局领导的特别行动队（Einsatzgruppe），用于在后方“镇压一切敌对分子”。不久又增加了两支特别行动队。这个特别部队人数不超过2700人，他们人手严重不足，缺乏任务所需的当地知识：他们迅速拉拢起100 000名当地的日耳曼人，这些人都热切渴望志愿服役。甚至在布楚拉战役还没结束的时候，这些地方日耳曼民兵就在比得哥什（Bromberg）及其周围的波兰走廊闹事。

他们一心要进行复仇，为的不只是前几个星期和前几个月的事，还要为一战刚结束时受到的欺侮算账。在1919年到1921年间，从“继承国”到多民族帝国，敌对民兵势力为了决定种族-民族公投结果，都在边境地区混战：美国总统伍德罗·威尔逊的“民族自决权”给恐怖和内战提供了广阔空间。例如，日耳曼人占压倒性多数的城镇柯尼兹（Konitz）在一战后被划归波兰，这个地方的民事和宗教机构都以民族和种族界线相分离。在这个原来属于西普鲁士地区的城镇里，宗教成了民族的替代标志，新教徒被视为日耳曼人，天主教徒则成为波兰人。尽管西普鲁士的犹太人社区早在1919年就宣布，他们坚定不移地拥护“大日耳曼主义”，谴责“波兰人偏狭专横”，但他们的忠诚没能在20年后挽救他们的命运。当日耳曼民兵于1939年进入柯尼兹时，立即把目标对准波兰天主教徒和犹太邻居。9月26日，他们枪杀了40人，次日一名波兰牧师被杀，又过一天，柯尼兹医院里的208名精神病人遭处决。到1940年1月，当地民兵在国防军和盖世太保的帮助下，在柯尼兹及其周边村庄杀害了900名波兰人和犹太人。

一些民兵再也找不到波兰男人时，就追捕波兰妇女和儿童。很多人这样做只是为了报私仇，还有一些人模仿德国军队的绥靖手段。在比得哥什，他们让为波兰军队担任过通信员的童子军和那位想给这些孩子做临终仪式的牧师靠墙站成一排，然后执行枪决。很多当地民兵指挥官把用作临时监狱的地下室和院子改成拷问室，囚徒们在里面受到鞭子抽打、后背穿钉和刺刀挖眼等酷刑。

这就像地方纳粹、SA和SS部队1933年在德国建立的私办集中营——只有一点不一样：在德国，那场暴力风暴是受限制的，大多数囚犯到1934年夏天就被释放了。在波兰被占领土上，一旦“日耳曼秩序”被确立，恐怖就进一步深化了。希特勒不让波兰统治阶级再建立一个独立国家，党卫军头目海因里希·希姆莱和他的副手赖因哈德·海德里希抓住机会，发动了“反知识分子行动”，其目标是清洗波兰精英阶层。他们的主要目标是教师、牧师、学者、军民官员、地主、政治家和记者。这些人往往被逮捕，有的被当场处决，有些被投入集中营，之后在里面被大规模处决。民兵和特别行动队为了追求意识形态同一，还照常吸收犹太人和精神病人参加行动，不对他们进行仔细甄别。

最大规模的屠杀都是日耳曼民兵在西普鲁士的城镇中干的，他们经常接受帝国保安总局和盖世太保的领导。在皮亚斯尼卡/诺伊施塔特（Piasnica/Neustadt）的森林中，6000人被射杀；在斯泽皮达斯克（普鲁士斯塔加德）［Szpedawsk（Preußisch-Stargard）］，7000人遭处决；在科波罗沃（Kocborowo），1692名救济院中的精神病患丧生。6500名格鲁登茨（Graudenz）的波兰人和犹太人在格拉帕（Gruppa）阅兵场遭杀害。在利兹科沃（Lszkówko），遇害者有3000人。在姆尼谢克（Mniszek），一万到1.2万来自希维切（Schwetz）地区的波兰人和犹太人在采石坑里遭枪决。在福登（Fordon）的飞机跑道和米德恩（Miedzyn）的沙丘里，盖世太保、党卫军和民兵屠杀了3000名犹太人和波兰人。民兵在鲁辛诺沃（克莱斯里朋）［Rusinowo（Kreis Rippin）］的林地中射杀了4200人，11月15日，国防军在卡尔赦弗（Karlshof）附近的森林里处决了8000人。因为缺乏完整的数字，只能从事实来判断一些屠杀规模。在单次遇害者达千人以上的屠杀中，受害者总数超过65 000人，其中23 000万人被当地民兵杀害。在德国占领的最初几个月中，遇难总人数肯定非常高。这些屠杀为早就浸透了鲜血的希特勒政权又开了一个先例，它们将成为德国未来在东线行动的起始点。

很多处决行动是在森林里或者空军基地中执行的，避开了公众的注视，不过也有不少吸引了众多看客。10月7日星期六夜里，驻扎在希维切的士兵们谈起那天执行的枪决命令，次日他们还要在犹太公墓继续执行这样的行动。下士保罗·克卢格（Paul Kluge）星期天一大早就赶到那里，在靠近壕沟的地方选好阵地。和往常一样，给人印象最深刻的是他们看到的第一批受害者。一位妇女带着3个孩子从运送犹太囚徒的巴士上下来，走向30米外的壕沟。她抱着最小的孩子，努力爬进壕沟，然后把另一个孩子抱进去，这时一个党卫队员拎起剩下的小男孩递给她。然后，这位妇女让孩子们面朝下趴在她身旁。克卢格起身设法靠近4人行刑队，向壕沟底下看，观察这些人如何把枪口端到距离受害者后颈大约20厘米的地方开火。行刑结束后，他受命铲土把尸体埋起来，克卢格毫不犹豫地遵令而行。

有些士兵不忍看到儿童遭枪决而走开，不过当行刑队开始枪毙第二辆巴士运来的波兰男人们时，他们又走回来了。士官保罗·罗辛斯基（Paul Roschinski）注意到，一些围观者靠壕沟太近了，以至于他们的制服都溅上了“血肉、脑浆和尘土”。很多在波兰各地目睹这些事件的士兵拍下一卷卷照片寄回家乡，然后被冲洗出来。一种视觉记录就通过这样的方式，在寄回给这些“刑场游客”之前，在他们的父母、妻子和摄影助理手上传递。在大多数地方，国防军与警察和党卫军合作，有时还提供人手进入行刑队。

在有些目击者看来，这些处决在道德上是不可接受的。第4集团军的首席军医极为愤怒，他整理了关于目击者陈述报告的档案，直接发给了“国防军总司令、德意志国家和人民的元首阿道夫·希特勒”。他的报告注定只会在档案堆里生尘，不过波兰占领军司令约翰内斯·布拉斯格维茨将军也提出这样的问题。作为虔诚的路德教徒，布拉斯格维茨被他接到的报告惊呆了，他一再向陆军总司令瓦尔特·冯·布劳希奇（Walther von Brauchitsch）陈情，并且向希特勒写信，抗议党卫军、警察和行政当局的暴行，强调这种屠杀对军队的士气有着极坏的影响。希特勒无视他的抗议，宣称“不能用救世军（一种基督教慈善组织）的方法去打仗”。布拉斯格维茨继续抗议，在1940年2月发出警告说，越是残暴占领，越会有更多德国军队陷在波兰。经过5个月的纠缠后，希特勒最终撤换了布拉斯格维茨，不过没有让他永久退役。

在党卫军的恐怖屠杀中，受害牧师多达1000人，波兰枢机主教何隆德（Hlond）在伦敦发文谴责德国的占领。梵蒂冈试图通过外交渠道干涉，德国方面回复说教会的宗教协定不适用于德国的新领土；对于梵蒂冈就波兰教士的待遇问题所做的抗议，德国外交部国务秘书恩斯特·冯·魏茨泽克（Ernst von Weizsäcker）直接拒绝接受。尽管德国天主教会做了一些努力，为波兰战俘提供帮助，但没有一个德国主教曾站出来，就屠杀波兰天主教牧师的暴行与何隆德枢机主教一起抗议。

作为天主教徒，威尔姆·欧森菲德发现，行事必须遵循自己的道德准则。1938年11月发生的犹太大屠杀使他感到震惊，很快他认识到，波兰人所遭受的暴力冲击与他听说到的当地日耳曼人经受的痛苦相比，根本不是一个档次。“这不是报复，”1939年11月10日，他在给妻子的信中写道，“看来这是在追随俄罗斯人，想灭绝（波兰）知识阶层。”他不知道，他的猜测是多么精确。“谁能想到这是一个极度仇恨布尔什维克的政权……”他继续写道，“我曾经多么高兴成为一名士兵，但是今天我宁愿把深灰色军服撕成碎片。”在波兰的最初几个月里，欧森菲德曾经出过一两次面，把被德国人关押的波兰人释放出来，结果和这些人的家人成了朋友。在后来的岁月里，欧森菲德和这些人一直没断联系，妻子从塔劳赶过来时，甚至把她安排在他的波兰朋友家里，无视一切象征德国占领的公开隔离规范。

欧森菲德的天主教信仰为占领者和被占领者之间的鸿沟架设了一座桥梁。

他不能公开表达自己的震惊和憎恶，更无力改变事情的发展方向，只能把情绪反应憋闷在心里，于是有了一种极为痛苦的羞愧感。他把写给妻子的信变成了个人告白。“我们毕竟还有这些信，” 11月10日，欧森菲德给安妮玛丽写了一封开战以来最为悲伤的信，结尾这样说，“现在我要去睡了，如果我能哭泣，我宁愿在你的怀里哭泣，这会让我能感到慰藉。”战争持续的时间越长，他就感觉越来越孤独。欧森菲德依然相信，德国有权占领波兰，和大多数德国人一样相信“高等文化权利”这种传统观念；而他这种道德约束感和人道主义信仰越来越罕见了。

对另一个虔诚信仰天主教的士兵来说，一切则大不相同。即使在波兰人战败并受到威吓后，海因里希·伯尔（Heinrich Böll）观察波兰人的面孔，还能从中发现隐藏在“他们悲伤的眼睛后面的敌意和真正的狂热”。伯尔出生在科隆的一个天主教木匠家庭，排行第八。当战争爆发时，他刚刚进入大学读文学，并开始试着写作。他与欧森菲德等年轻一代，在夏天被征召。“如果这里没有军队，不出3个星期，没有一个日耳曼人能活下来。从这些人的眼睛里可以很清晰地看出，他们注定会发动革命。”这位21岁的年轻人从比得哥什给家里人写信说。他们需要德国的铁腕，而他则需要母亲给他寄来最新的万灵药（Pervitin），以便时刻保持警觉，这种药其实是甲基苯丙胺（即冰毒），第三帝国健康部门主管曾想限制使用这种药物，但没有成功。

伯尔的想法比欧森菲德更典型，而德国媒体也全力让人相信，要对波兰人心怀戒备。8月中旬，德国媒体曾经报道说，波兰把边境地区的日耳曼人大规模驱赶进内地的集中营，战争发生后引发一系列屠杀事件，日耳曼妇女和儿童是主要受害者。每周在电影院播放的新闻短片对这类事件进行影像化报道，把被俘的波兰士兵和平民“非正规军”描绘成堕落的“劣等人类”罪犯，称这些人执行的命令是灭绝日耳曼少数民族。国防军战争罪调查办公室被派过去，寻找波兰由上而下企图有意进行种族灭绝的证据。

德国外交部在战争开始前的几个月里就很忙碌，一直在收集为入侵行动正名的证据。在战争的第一个星期，边境地区自发涌现的种族暴力活动给他们提供了切实证据，可以进行放大和操纵，以满足德国的需要。1939年11月，外交部匆忙推出一本带有数百页证词和超过一百张档案照片的书。这些内容都经过精心挑选，力图营造出有冲击力的情感故事，书中有痛苦的妻子和母亲们在家里或者在装满遇害者尸体的车辆旁静静哭泣的特写；有妇女被肢解或以暗示曾遭强奸的姿势而杀害的呈堂照片；有脑浆迸裂的儿童图像；有赤身裸体躺在停尸台上的一战老兵遗体，死者的假肢还装在腿上，脸上血肉模糊无法辨认；其中一张特别恐怖的照片展示的是一位妇女正在分娩时，连刚出生的孩子带大人一同被谋杀，能清楚看到母子两人还被脐带联结着。外交部出版这本书，意在证明德国的占领合法，想影响中立国家的民意，尤其是美国民意。1940年2月，推出第二个德语版，5月，推出英语版。

暴力事件确实非常多，特别是在波兹南（Posen Poznan）北部的比得哥什，很多当地的日耳曼人被撤退下来的波兰士兵杀害，因为这些士兵相信有人从日耳曼人的房屋里向他们开枪，或者在日耳曼人的房屋里搜到纳粹的旗帜和标志。这和德军起初在波兰人的村庄里犯下的暴行是一样的逻辑，只是规模比较小：虽然德国宣传说，他们是在反击由波兰政府为主导策划的放逐和种族屠杀图谋，但是国防军战争罪调查员们只发现一些自发和无序的暴力，一些波兰部队甚至向日耳曼人发出警告，要他们小心后面过来的部队的情绪。

德国外交部推出的两版德语本《波兰暴行文件》还有一个重要区别：在1939年11月版的书中，日耳曼人遇害者的数量为5800人，这个数字现在还为学者们广泛接受。而在1940年2月版中，这个数字剧增10倍，原因可能是基于希特勒的命令。戈培尔命令报纸重点强调新的发现，新一轮媒体报道使用“5.8万波兰恐怖遇害者”和“波兰20年屠杀统治”这类标题进行宣传。在大后方，媒体只批评德国对波兰展开的“正义”报复手段过于和缓。不管人们是不是完全相信波兰对日耳曼少数民族有意执行灭绝政策这样的国家行为，他们是绝对不会忘记这些事件的。的确，当戈培尔于1943年春天首次也是唯一一次试图动员民意向波兰人表示同情，意在展示更为显著的苏联恐怖时，民众对于1939年的普遍记忆让他无所适从。人们指出60 000德国人被波兰人杀害这个“事实”，询问为什么他们比（苏联）内务人民委员部（NKVD）更值得德国同情。宣传部无法再随意制造公众同情。

这种论调迎合了受害感，为德国的一切后续行为提供了理由。媒体不否认德国制造的暴力活动，但把它们大事化小。只有日耳曼牺牲者的数字才值得关注，因为只有日耳曼人的权利才是最重要的；为了制造恰当的道义压力，他们必须把伤亡数字予以10倍夸大。最初两部德国战争纪录片《波兰行动》和《战火洗礼》不约而同，都以日耳曼人面临大屠杀的威胁作为开头。生死存亡的威胁激发出的情感还促使他们拍摄故事片，一部这样的电影于1940年最先公映，名字就叫《敌人们》。当波兰工人在1939年夏天杀害了日耳曼锯木厂主后，电影明星碧姬·霍妮（Brigitte Horney）和威利·比格尔（Willy Birgel）扮演的男女主角救出他的孩子，和其他日耳曼难民一起越过边境，逃到德国。执导这部电影的是著名俄罗斯流亡导演维克多·陶尔扬斯基（Viktor Tourjansky），影片把霍妮描绘成从凶恶的敌人手中把日耳曼同伴拯救出来的女英雄。第二年，在资金投入更大的电影《归家》中，又采用了类似的情节主线和日耳曼女英雄的角色。在这部电影中，一群日耳曼人躲在谷仓里，偷偷收听希特勒在1939年9月1日发表的演讲，不幸被波兰人发现，于是被关进水牢般的地下室。他们以为自己随时可能被波兰人清除掉，不料被葆拉·韦斯利（Paula Wessely）扮演的热情而勇敢的青年纳粹教师所搭救，她引导他们穿越国境，不过这次是俄德分界线。电影末尾不是女主角的个人独白，而是这样一个镜头：她汇入难民人群，迎接他们的是边境站悬挂的巨幅希特勒画像。这部电影把日耳曼人的生存威胁提升为准宗教体验，符合纳粹美学标准。当影片中的人物意识到殉难迫在眉睫时，他们面对牺牲大义凛然，这使得他们得到升华，制作者也希望通过影片使观众出现转化。这部电影在帝国开映后，受到热烈欢迎。在外交部推出的纪录片中，妇女和儿童是被动的受害者，与之相比，电影中的日耳曼女英雄能给人们提供道德指引。她们虽然不能拿起枪参加战斗，却是精神上的斗士，她们与被格哈特·M及其战友活活烧死的波兰女性邪恶非正规军不同。

路德教会表达出盛行的普鲁士-日耳曼民族主义。“旧普鲁士新教教会联盟”（the Protestant Church of the Old Prussian Union）与波兰“福音堂”（Evangelical Consistory）正式与致问候时，欢迎这些宗教同行重归全国性教会，承认“在波兰和西普鲁士等现在被解放的教区，福音堂从未停止斗争，这几个星期来的事件让21年来的斗争合法化……”不管在短暂的军事行动和占领期间发生过什么，都有正当理由。教会为感恩节丰收庆典发表的公报说，“感谢您，古老的日耳曼领土获准重归祖国，我们的日耳曼兄弟又一次得到自由……感谢您，在您的慈悲关怀下，数十年的不公已成过去，您为新的民族秩序、荣耀的和平和公正开辟了道路。”

波兰话题在德国迅速消失，到1939年10月中旬，一位流亡的德国社会民主党秘密报道员发现，“几乎没有哪个人还谈论在波兰取得的‘胜利’”，此时距希特勒在华沙检阅胜利部队才两个星期，距教堂不再敲钟庆祝才一个星期。由于波兰已被侵害，如今与波兰的争执已经获得解决，人们再次希望与西方强国重建和平关系。

10月6日，希特勒在国会发表讲话。CBS驻柏林记者威廉·夏伊勒（William Shirer）注意到，这是“一个宜人的秋天，气候凉爽、阳光明媚，让每个人的心情更加愉快”。希特勒强调他的和平意愿，再次坚持宣称对英国和法国没有领土要求，再次向西方国家提议和平。他甚至提出在波兰残余土地上建立一个国家。希特勒老调重弹，指责“某些国际犹太资本主义和新闻媒体”是战争贩子，让英国人感受到如果继续选择战争，得到的将是死亡和毁灭。他强调，无论结果如何，德国永远不会投降，“1918年11月在德国历史上再也不会重演”。

在这个由歌剧院改成的会堂里，夏伊勒和其他媒体都在顶层楼座。他有一种似曾相识的感觉，注意到希特勒“自从1936派兵进驻莱茵兰地区后，每遇一次征服就在这同一个讲台上说出几乎完全一样的话语……尽管这已经至少是第五次了，尽管说的内容和诚挚的语气都差不多，但如果向大多数我接触到的德国人说，他们给很多人带来痛苦而不自知，因此外界不会再相信他们时，他们竟然感到无比惊讶”。德国报纸充分利用希特勒的演讲，纳粹党的党报《人民观察家报》（*Völkischer Beobachter*）[①]用通栏大标题呼喊，“德国希望和

① 这份报纸始创于1887年，原名《慕尼黑观察家报》（*Munchner Beobachter*）。1923年，濒临破产的《慕尼黑观察家报》被希特勒买下来，并改名为《人民观察家报》，用于宣传纳粹党的极端民族主义。它是第三帝国第一大报，是帝国最具权威性、最有影响力的全国性报纸，被认为直接传达着元首、帝国政府的声音。——译者注

平——对英法没有战争企图——除了殖民地以外，德国不再提出修正（凡尔赛和约）要求——裁减军备、欧洲所有国家合作、提议举行会议”。或许吧，夏伊勒厌烦地评论说，“如果纳粹是真诚的，他们应该在发动‘反击’之前来说这些甜言蜜语。”

10月9日那个星期一，部分军队自波兰返回维也纳，此时传来英国政府辞职和战争结束的新闻。第二天早上，当军列驶过伯林近郊时，激动的平民向车上的士兵们报告这个美妙的消息：“你们能回家了，战争结束了！”当新闻在首都传播时，人们跑到大街和广场上庆祝。学生们从教室冲出来，自发举行会议。在柏林郊区普伦茨劳贝格（Prenzlauer Berg）的每周农民市场上，商贩们拒绝在他们的官方名单上添加新顾客，深信配给制马上会结束。在股票交易市场，这个消息抬升了公债价格。人们向德国电报电话官员询问，并得到再次证实，到10月10日上午10点30分，流言沿着布拉迪斯拉发（Bratislava，德国称Pressburg）、莱克伯格（Reichberg）、伦布尔克（Rumburg）、伊达尔-奥伯施泰因（Idar-Oberstein）、巴登-巴登（Baden-Baden）和格拉茨（Graz）的电线，已经传到全国各地。

英国和法国立即拒绝了德国的“和平条件”，德国儿童在大街上模仿电台播放的圣诞颂歌“哦圣诞树，哦圣诞树”，唱起新歌谣：“哦张伯伦，哦张伯伦，你到底要怎么办？”一道打油主祷文也传遍德国，表达了德国人的挫折和失望感：“主父张伯伦，那个在伦敦的人/愿你的名字受到诅咒/愿你的国度消失不见……”希特勒提议的主要内容依然是假装和平，真正的目的是把德国人民进一步拖入战争之路。然而帝国保安总局认为，关于停战的流言显示“公众渴望和平之心是多么强烈”。占卜算命的人生意红火，在巴伐利亚，据说孔纳斯罗伊特（Konnersreuth）的著名通灵者泰蕾兹·诺伊曼（Therese Nemann）预言，战争不久就会结束。

虽然在波兰获得胜利，不过真正的战争还没开始。纳粹政权把所有责任都归结到英国头上，提醒民众将面临英国的强力反击。另外，法国军队依然比德军庞大，装备也更精良，法国把南部边境的防御工事建成不可摧毁的马其诺防线。没有人知道怎样才能打败法国和英国，8月末和10月初遭遇的外交失败使全国人进一步陷入忧郁。陆军司令部深信至少两年内无法在西线发起攻势作战，于是在9月17日发出指令，准备打一场静态防御战。10天后，希特勒突然否决这个命令，在一场会议上亲自告诉他的将军们说，德国要在这年秋天发动进攻，此时即使最忠诚的纳粹分子瓦尔特·冯·赖歇瑙（Walther von Reichenau）也认为，他的领袖“简直就是罪犯”。帝国实际上的二把手赫尔曼·戈林在指挥德国空军轰炸波兰城市的同时，还加倍努力寻找外交解决方案。10月10日，希特勒向军方领袖们施压，提出从比利时发动进攻。面对希特勒提出的强硬要求，总参谋长弗朗茨·哈尔德（Franz Halder）毫无选择，只好对1914年的施利芬计划进行他后来所形容的“毫无想象力的修改”。

在绝望的气氛中，军事反情报机构（军事谍报局）首脑卡纳里斯海军上将（Admiral Canaris）及其副手汉斯·奥斯特（Hans Oster）再次图谋推翻希特勒的统治。在寻找傀儡军事领袖时，他们想拉拢哈尔德，并向西线的三个集团军群指挥官格尔德·冯·伦德施泰特、费多尔·冯·博克和里特尔·冯·莱布透了口风。这些人都不相信借道比利时的攻击计划会成功，不过他们都没有其他选择，只能坚守岗位。当卡纳里斯和奥斯特还在寻找愿意参与政治的将军时，希特勒继续通过国防军最高统帅部参谋长威廉·凯特尔（Wilhelm Keitel）将军、（最高统帅部）作战局局长阿尔弗雷德·约德尔（Alfred Jodl）及其副手瓦尔特·瓦利蒙特（Walter Warlimont）和陆军总司令布劳希奇（Brauschitsch）控制军队。不过对于新计划，这些将军都兴致不高。11月7日，由于天气不佳，德国的进攻计划被推迟，多数军方指挥官都松了一口气。那年冬天进攻命令被取消了29次，这是其中第一个。

圣诞节前夕是演出的旺季，1939年12月9日 ，古斯塔夫·格鲁根斯（Gustaf Gründgens）在菩提树大街的国家剧院开演新排演的作品《丹东之死》。这部戏用绘画和雕刻来表现法国大革命时期的美丽夜色，场景华丽。剧院新启用的旋转舞台为25幕舞台转换提供了很大的便利， 而且剧院遵循纳粹党执政之前已经存在的传统，把全体演员、灯光、布景和音乐整合成一体。革命恐怖这个主题太具颠覆性，以至于格奥尔格·毕希纳（Georg Büchner）创作的这部戏剧直到1902年才在德国首次上演，此时离剧本问世已经有67年了。柏林最近一次演出该剧是在1916年，当时是由如今已经流亡海外的马克斯·莱因哈特（Max Reinhardt）担任导演。格鲁根斯和席勒剧院的海因里希·乔治（Heinrich George）及德意志剧院的海因茨·希尔佩特（Heinz Hilpert）一样，都是戈培尔和戈林请来管理柏林剧院的明星演员经理，意在让帝国首都的光辉盖过维也纳。在选择保留剧目和作品时，他们老是坚持自己的硬性要求，尽管戈培尔及其手下软硬兼施、连哄带吓，最后还是让演员经理们自己管理剧院。戈培尔在1933年曾吹嘘说，随着纳粹掌权，“1789年已经被从历史记录中抹去了”，而他们的演出内容对此构成挑战。纳粹党的《进攻报》（*Der Angriff*）也被惊呆了，发文询问是否值得为这出带有缺陷的戏“付出这么多努力”。

格鲁根斯避开一切宣传性的解释，把两个主角丹东和罗伯斯庇尔描绘成悲剧性角色，其中一个人摆脱抑郁的沉默，站出来批判敌人，另一个人被燃烧在心里的真理信仰之火静静毁灭。古斯塔夫·克努特（Gustav Knuth）扮演的丹东对革命法庭发表演讲，把自己从被告转化成原告，预言独裁、恐怖和战争——“你们想要面包，他们就扔到你们头上”，引起全体观众的热烈鼓掌。《德意志汇报》的评论员布鲁诺·韦尔纳（Bruno Werner）注意到，这部戏剧虽然在抒情时很克制，女性角色的空间也不多，但是最后一幕却摆脱了束缚，奥菲利亚腔调的玛丽安·霍普（Marianne Hoppe）爬向被处决的丈夫卡米尔·德穆兰（Camille Desmoulins），在断头台的木梯上来回摇晃：

> 亲爱的摇篮，谁把我的卡米尔哄睡了，还用玫瑰花把他覆盖
> 死亡的钟声，谁在用甜美的歌声在他的坟墓前歌唱
> （她开始唱）
> 成千上万的人都死了
> 数不清的人都倒在屠刀之下

观众看到的最后场景是断头台和整整一代人在恐怖和革命战争中要面临的屠杀，此时大幕落下。观众们被震撼了，长时间陷入沉默，之后才站起来热烈鼓掌。

第二章

消除等级

德国人愿意做出爱国主义奉献，也认为德国的行动是正义的。但是以为几个仪式性动作就能把一个差异极大而且经常存在冲突的现代社会转变成亲如一家的前现代“共同体”，未免想得过于简单，那种“共同体”只存在于对工业化之前就已不存在的“黄金时代”的浪漫想象中。

1939年9月，德国如机器般精确地进入战时体制，这让奥古斯都·托波韦恩印象深刻。实际上，很多让他感到惊诧的措施都是临时制定出来的。托波韦恩的妻子格雷特尔到索林根的商店添置盘子和勺子，好让从萨尔兰州（Saarland）疏散过来的人吃饭。当局为了撤离与法国接壤的西部边境地区百姓，特别为没有交通工具的人提供了列车。“德国少女联盟”（Bund Deutscher Mädel，简称BDM）和希特勒青年团的少男少女们在车站迎接这些背井离乡的人，“国家社会主义人民福利”组织在临时铁路餐厅给他们提供汤汤水水，把他们安顿在刚刚用于当作军事集结地点的学校里。这些行动能否成功，取决于当地人的善心。

农民们赶着车离开萨尔兰向东撤，他们的车上堆满被褥，用马和其他牲口拉着，随着这些人的到来，街道上乱成一团，并在当地人和这些外来客之间自发激起一种亲如兄弟的感觉。在黑森州的阿尔滕伯希拉村（Altenburschla），恩斯特·贵肯的父亲把一位母亲和她的四个孩子迎进他们的农舍，他在给萨尔兰州前线驻守的儿子写信时，明白表示这是一种交换：“只要你能尽快回家，我们乐于去做一切力所能及的事，愿上帝保佑我们。”不过他心中虽然长存爱国主义，但容忍度有明显的界限。当两个月后逃难者终于回家时，这位老人感到一切总算结束了："我们终究不能把她们一直收留在这里，只要想一想床被他们弄得有多可怕，我们实在扛不住了，她们太脏了。"主人们责怪难民把村子搞得到处是虱子跳蚤等寄生虫，天主教会则报怨没地方让虔诚的萨尔兰州人在新教占主流的图林根（Thuringia）做礼拜。安全警察在11月初估计，大约80%的难民都很不喜欢得到的接待，他们要么自己想办法找地方安顿，要么转头回家。

与以后即将发生的动荡相比，萨尔兰州疏散规模很小，它即使没被人忘掉，至少很快也被其他战争经历掩盖住了。爱国主义善行的确被激发出来，它有助于动员青少年志愿者，如那些夜晚到火车站为难民提供热饮的德国少女联盟成员，还促使当地人打开家门，接纳脏乱穷困的陌生人。早在战争开始之前，纳粹党就通过各种手段来培育这样的爱国主义，如让中产阶级专业人士和经理人与他们手下的工人在同一个锅里吃饭的"星期天热锅"（Hot Pot Sundays）运动，还让青年组织到帝国不同的地方活动，以克服地域矛盾和歧视。德国的"民族共同体"观念在上一次战争中受过磨炼，如今自发形成的民族团结受到它的支持，被视为对国家能力的一种检验 ，看德国能否以坚定团结的行动迎接新的挑战。

不过德国社会从来没有真正通过这个检验。德国人愿意做出爱国主义奉献，也认为德国的行动是正义的。但是以为几个仪式性动作就能把一个差异极大而且经常存在冲突的现代社会转变成亲如一家的前现代"共同体"，未免想得过于简单，那种"共同体"只存在于对工业化之前就已不存在的"黄金时代"的浪漫想象中。为了维持难以长期存在的民族团结，战争持续的时间越长，中央机构、纳粹党、地方政府和教会就得付出越多努力。

纳粹政权知道，让德国人吃饱，并且一碗水端平，是军事胜利和政治存续的关键。在第一次世界大战期间，食品分配成为灾难，当时物价如火箭般飞涨，无法无天的黑市使城市工人阶级几乎陷入饿死的边缘。英国皇家海军的封锁行动、饮食供应危机和1916～1917年的"芜菁之冬"结合在一起，最终促成1918年11月革命的爆发。到1916年，鲁尔地区儿童的发育迟缓状况让人震惊。

1917年和1918年，柏林平民的死亡率超过该市应征入伍士兵的死亡率。在缺乏取暖物资的城市工人阶级居住区，由于肺结核盛行，年轻女性的死亡率尤其高。德国当局下定决心不让这样的状况重演，希特勒对德国人民忍受苦难的能力特别担心，帝国保安总局的报告也证实，对民众情绪影响最大的就是食品供应问题。

1939年8月27日，食品配给制开始实施，前一天，德国刚刚开始动员军队。“我的胃这两天不舒服，现在我们必须节省食物，所以更是雪上加霜。”伊琳·赖茨不情愿地告诉男友恩斯特·贵肯，她知道不该让士兵们总挂念着老百姓。在战争开始的第一个星期，伊琳虽然看到人人都像仓鼠一样竭力储藏面粉、糖和油，但她没有着急，只是去文具店买了“各种颜色的丝纸，你知道，以后能用它们漂漂亮亮地包装礼物，这不是个好主意吗？” 到9月下旬，当她的一位园艺业同事在吉森（Giessen）被征召后，一切都不一样了：这位同事以前总是从自己的村子里多带来一些面包和香肠，给伊琳当午餐。“我现在很想念他，特别想念他的三明治。”伊琳承认。

由于担心商店被买光，政府规定布料、鞋靴和衣服只能卖给有官方许可的人。不过当民众涌入配给办公室时，由于人手不足，里面的工作人员也没有办法调查每个人是否真的需要某些配给物品。尽管民众在申请购买许可时，必须签署声明，同意住所接受检查，但这样的规定并不能完全吓住担心发生物资供应恐慌的人。“如果谁有两双鞋子，就无权得到买新鞋的许可，”伊琳在信中告诉恩斯特，“所以每个人都在申请报告上说，自己只有一双鞋。感谢上帝，我还不需要去配给办公室。到那里申请许可，排队两小时是小意思。”与此同时，帝国保安总局报告说，店主们不知道是否该申请布料做手套，还是该在皮革手套或是布手套中做个选择。当局花了两个月时间对配给体系进行检查，后来开始采用衣物卡制度，自9月1日起的一年时间里，大多数人获得100个衣物点。例如，长袜和短袜需要5个点，而且一年不得超过5双；买一套睡衣需要30个点，而外套需要60个点。

由于德国所需要的皮革一半都需要进口，所以鞋靴生产立即遇到危机，就连修鞋用的皮革都不够用了。在德国各地，消费者即使想用人造革修鞋，也得等上6到8个星期。然而在过去6年中，德国消费者实际上已经生活在战时经济中了。德国经济恢复充分就业之后，人们的实际薪水并没能恢复到1929年经济危机爆发前的水平，只是因为更多家庭成员找到工作，总收入才有了提高。多年的重整军备运动，在和平时期消耗掉了20%的国内生产，比例之大前所未有，服装、家具、轿车和其他很多家用产品的生产都受到抑制。为了节约宝贵的外汇储备，政府出台的专制性经济政策限制进口天然咖啡等物品，导致咖啡在1939年之前就变成了珍贵的奢侈品。为了储备羊毛并限制进口棉花，开始用人造丝当替代品，冬季外套尤其以这种材料为主，这种料子潮湿后会越拉越长，而且绝缘性非常差。

战争让生活质量雪上加霜，居民消费水平在开战第一年就下降了11%。老百姓的食物越来越单调，主要是面包、土豆和腌制食物。啤酒味道淡了，香肠里添加了其他成分充数。法国人曾在德军的波兰行动期间短暂占领过克尔镇（Kehl）附近的莱茵河地区，当他们撤退后，恩斯特·贵肯搞到一些法军丢弃的补给，给住在吉森的伊琳和她的姑妈寄去一包天然咖啡。她们很高兴终于不用老是喝俗称为“霍斯特·威塞尔咖啡”①的人造咖啡了，因为这种人造咖啡豆和被塑造为烈士的那位纳粹党党歌作者一样，“只能在精神上随我们的队伍迈进”。

肉类更加短缺。德国依靠从北美洲进口动物饲料，现在海上航线由于被英国皇家海军封锁，这条途径已经中断。由于养殖成本升高，早在初秋民众已经被迫大量宰杀猪。德国和英国不同，很多产业工人为了补贴家用，工作之余也种地，还饲养兔子甚至猪，在煤矿工人中这种做法尤其盛行。如今城市居民不分阶级，都开始种菜、养鸡或兔子，但是养猪的没有那么多了，其原因除了饲料太贵，还因为如果能自给自足，就无法获得肉类配给，所以养猪不太划算。由于缺乏冷藏手段，牛奶、鸡蛋和肉类的运输在整个德国都遇到问题，柏

---

① 《霍斯特·威塞尔之歌》由纳粹激进主义分子霍斯特·威塞尔创作，1930年1月，威塞尔被暗杀，戈培尔将他塑造成纳粹运动的头号烈士，这首歌成为纳粹党党歌。歌中有一句歌词是“在精神上随我们的队伍迈进”，德国民众以此调侃这种由大麦、菊苣等制成的人造咖啡。——译者注

林的牛奶供应很快出现短缺。在德国西部，由于牲口存栏数量大降，只能提供35%～40%的肉类配额，而在南部，肉类供应反而一度大量增加，一位老社会民主党屠户加班加点出售“不用配给票的培根”。

食品部推行了四个星期的食品配给卡，尽最大可能采取灵活措施：如果供应出现问题，就用面包或者不太受欢迎的大米替代土豆；因为食品票当月用不完，不能延续到下个月使用，所以购买要求不会大量累积。另一方面，由于供应能力不停地出现波动变化，很快使人们对食物异乎寻常地关心起来。有些食物短缺是真实的，有些短缺是想象出来的，它们叠加在一起，有了超现实般的影响力。一位社会民主党报道员挖苦地说，不管什么行业，“谈食物的时间都比谈政治的时间多得多，每个人都绞尽脑汁想着怎样用足配给额，怎样能搞到一些额外的东西”。一到星期天，当地的火车上都坐满了人，穿着希特勒青年团制服的青少年也不例外，这些人的目的是到乡下搜寻食物弄回家储存，这种情况和上一次战争时期几乎一模一样。因为担心德国再次发生通货膨胀，人们急忙把现金换成任何日后能用来交换的东西：没有配给限制的奢侈品如毛皮制品、瓷器和家具很快被抢购一空。

到1939年10月，很多人都相信，德国没有能力打一场和上次时间一样长的战争，“因为已经没有什么吃的了”。人们都承认，只有士兵才能吃饱。民众对纳粹官员享受的特权感到愤慨，编了尖酸的打油诗进行讽刺。在科隆，纳粹党地方长官约瑟夫·高仪（Josef Grohé）成为笑柄，早在10月初，就有人把这位圆脸官员的照片从当地报纸上剪下来，贴到一个工厂的黑板上，下面潦草地写着：

一个民族，一个领袖，一个国家
法律面前人人平等
高仪和我们一样在挨饿
他是全体同志的模范

盖世太保派出4名官员调查这一事件，但是无法找到肇事者。到11月初，一些地方纳粹党官员很怕被人叫做胆小鬼和逃兵，纷纷要求去前线服役。

希望和现实之间的距离被社会不满填平。配给体系的本意是通过分配食物来平衡人们的价值（通常用工作去衡量）和社会需求，却演变成一套精密的特权体系。最赤裸裸的区别是种族。在战争开始时，帝国境内还有185 000登记犹太人，这个数字大约是1933年犹太人口的40%。1939年11月大迫害发生后，大部分年轻犹太人都移民了，留下的主要是老年人和穷人，主要居聚在城市里，特别是柏林和法兰克福。德国政府禁止犹太人购买内衣、鞋靴和其他服装，甚至连正在长身体的青少年也不例外。最初犹太人的食物配给和其他人处于同一水平，克莱普夫妇曾对此感到安慰，不过犹太人的配给卡上印着红色的“J”或“Jude”，意在提醒邻居、顾客和销售员执行犹太人限购新规定，这些规定对于犹太人能在哪里购物以及不得购买哪些食物都有说明。不同的地方政府还自行规定了禁购时段，不让犹太人妨碍到日耳曼顾客。当波兰战俘和平民劳工被送到德国企业工作时，他们的权利也比不上德国同事。

即使对“雅利安民族同志”来说，也不存在简单的一刀切配给制，和英国一样，德国也对第一次世界大战期间无效和不公的配给制造成的影响难以忘怀。于是，德国的新配给制划分三个基本类别，主要包括正常消费者、重体力工人和特重体力工人。对于轮班和夜班工人，还提供补充配给。幼儿和6 ~ 18岁的青少年、孕妇和哺乳期妇女、病患也都有补贴。到1945年4月，配给类别扩展到16种，这个体系以是否有用来决定配给标准，在城市中有10 000多居民（甚至还有狗）只配获得残渣。

这个配给体系是根据营养学研究来制定的。1937年，有人对350个工人家庭进行研究，建立了每人每天2750卡路里的平均参照标准。通过进一步的研究和游说，这个标准后来又有了很多调整。柏林有警告说，蛋白质和脂肪摄入量如果不足，青春期女孩可能会不育，由此削弱纳粹政权推行的鼓励生育政策。妇女也想方设法利用配给制度，声称如果连养孩子都养不起，想多生几个孩子就更难了。“国家社会主义人民福利”机构的领导人埃里希·希尔根费尔特（Erich Hilgenfeldt）成功促使当局引入家庭资助支付方式，以帮助较为穷困的家庭积累他们有权获得的食物配给。不过在实践中，“家庭资助”作用有限，目的只是让比较穷困的德国人不至于饿死，不能扰乱精英社会选择的自然秩序。这个配给体系是国家规则，它既要满足社会需要，又不能有过于明显的社会主义或平等主义色彩。

不可避免地，德国很快意识到这个体系存在的不公。从事极重劳动的产业工人得到的配给最多，每天的标准是4200卡路里。他们是煤矿和大型兵工企业的熟练工，由于不可替代，被豁免兵役。这些企业是德国劳工阵线和地方长官的重要支持者，因此它们可以毫无困难地把自己的工人放在配给名单的最前列。办公室里的白领、零售和贸易从业者在军工部门缺乏支持者，被列为正常消费者，每日标准是2400卡路里，中产阶级专家们也是这种待遇。德国劳工阵线的研究者早在1939年9月就警告说，配给制会使一半人口所获更多，另一半人口得到的更少，还会把资源从老年人转移给青壮年：比较1774名成年工人在1937年12月和1942年2月的数据可以发现，55～60岁的男性工人和60～65岁的妇女的体重都降低了，而20～30岁的男性和20～35岁的女性体重在增加。社会和家庭的控制力越松弛，年轻人的物质供给越丰富。

另一个研究得出惊人的结论：在体重下降最多的6500名男性产业工人中，竟然有重体力或最重体力工人，这类工人的配给标准本来是最高的。显然，这些男人把自己的配给补贴分给家里人了。为了扭转这一倾向，当局鼓励企业管理人员在厂里开餐厅，好让工人们中午能吃上热饭。不过在这些餐厅吃饭也需要食品票，而工人们想省下点票留给家人，所以到那里吃饭的不多。只有在加班时额外供应的“赫尔曼-戈林三明治”受欢迎，因为这种食物是在配给之外的。到1941年底，食品部怀疑很多煤矿报的矿工上班时数日记都在弄虚作假，目的只是想证明对工人额外照顾是正确的。

1939年9月4日，严厉的《战争经济法令》付诸实施，该法律规定星期天实行义务劳动、冻结工资、削减加班费、提高税率等措施，企业警察数量即刻增加。即使在战争开始之前，长时间劳作的工人对当局就感到不满。军备大发展导致劳动力不足，工人不得不超时工作，休息时间越来越少。煤炭产量下降了，到1939年1月，铁路运输量和家庭取暖用煤量都在减少。虽然纳粹的车间监督手段能够压制一切集体行动，但到1939年夏天，有人已把鲁尔重工业核心区的劳工纪律形容为灾难。工人们加强使用各种低级反抗回应新的战时法令，这些反抗手段早在战前就已行之有效。旷工率上升，星期一旷工的尤其多，请病假和拒绝加班的人也在增加。帝国保安总局敦促纳粹政权进行让步，当局只好不再降低工资待遇，恢复加班和星期天劳动的奖金。

1939年11月，严冬提前到来，铁路运输迅速瘫痪。德国铁路系统被支持波兰行动、萨尔兰疏散和战争经济折腾得疲惫不堪，无法找出足够的列车把鲁尔矿区的煤炭运出来。就在那个月，莱茵和威斯特伐利亚煤业辛迪加被迫贮存了120万吨煤炭。这种情况导致了严重的煤荒，即使在鲁尔区附近的城镇，企业也不得不缩短工作时间，或者提前放圣诞假。德国各地的人们在家里也不得不穿上厚厚的外套。曾被用于当军事集合点、疏散难民安置点和秋收库房的学校重新开学后，很快又因为没有暖气而放假。在一些城市，人们聚集在煤场外面，警察不得不出面保护运煤卡车，否则就会受到哄抢。当1月初水路运输因为冰冻而停顿后，运煤船无法进入柏林。随着气温降到-15ºC，美国记者威廉·夏伊勒觉得德国人很可怜，他看到“人们用婴儿车或者肩膀驮着一包煤回家……人人都在发牢骚，没有什么能比持续不断的严寒更能降低士气了”。

随着危机进一步发展，地方官员们开始突袭经过他们辖区的运煤列车，为自己的百姓抢煤。如格洛高（Glogau）①市长授权可以从“车轮过热”的火车皮上卸货。副元首鲁道夫·赫斯对这种自私自利的行为感到非常愤怒，提醒地方官员说，全国各地要同甘共苦，配给制度才能正常运作。各个地方大体上服从了大局，部分原因在于战前采取的措施远比一战时有力，推行这些措施的目的就是为了重整军备、控制物价和分配物资。在以后的岁月中，人们经常批评配给制度（尤其是食物分配制度）过于集权化，缺乏弹性，不能照顾到各地区的实际情况，地方饮食传统就更不用提了。不过配给制度受到这类批评，也表明它算是取得了胜利。除了一些危机时刻，地方特殊主义没有压倒配给制度，至少到1945年初都是如此。

在以后的寒冬里，燃煤供应不足更是经常发生，学校不断给学生放煤炭

---

① 格洛古夫的旧称。——编者注

假。不过由于人们的预期值每况愈下，这类事件不像起初那般重要了。战争导致的第一次燃煤危机又让人们触景生情，回想起对于上次战争的记忆和怨恨。纳粹当局和社会大众都担心历史会重演。在以前经常发生劳工运动的德国心脏地带，在多特蒙德（Dortmund）、杜塞尔多夫（Düsseldorf）、德累斯顿、比勒费尔德和普劳恩等城市，“红色阵线”和“打倒希特勒”等共产主义口号又开始出现。在工作场所和信箱中，有人发现了马克思主义传单，由于德国和斯大林签署了互不侵犯条约，这种传单倾向于托洛茨基主义。在维也纳和林茨，有报告说又有人重新鼓吹奥地利独立和恢复哈布斯堡王朝统治。政治不满不仅显露在德国和奥地利街头，在布拉格也同样如此，1939年10月28日，大批民众云集在这个城市的盖世太保总部外示威。在波希米亚和摩拉维亚帝国保护区的其他地方，学生和知识分子举行沉默抗议和守夜活动。纳粹政权决心让非日耳曼国民知道什么是秩序，对这类活动予以严厉打击，不过对于德国和奥地利“民族同志”的尖酸幽默和涂鸦没有采取政治行动。流亡在外的社会民主党人在之前的6年纳粹独裁统治时期一直希望德国发生革命，但到1939年10月末不得不承认，德国不可能发生反抗行动，他们的结论是：“只有发生饥荒，让德国人失去最后的耐心，更重要的是，西方列强要在西线取得胜利，并且占领德国的大部分领土，革命的时机才会成熟。”

鉴于上次战争的先例，警察和福利机关做好了应对少年犯罪危机的准备。帝国保安总局在1939年11月初已经确信，德国法律秩序面临的“清楚而又最难解决的问题”就是出现了问题少年。年轻人不分男女，都聚集到重新开张的舞厅里。在小城镇和农村，他们躲进酒馆里无节制地喝酒、抽烟、打牌，就像根本没有发生战争一样。在科隆，有报告称“越来越多的年轻女性”聚在火车站内外找士兵搭讪，“她们的最终目的不言自明……这些随便找男人的女孩都没在风化纠察队挂过号，10个里面有5个患有性病”。

引起警察、地方青年管理部门和社会福利官员关注的问题少年的第一个苗头，就是街头上旷课逃学、游手好闲的年轻人多起来了。女孩不学好，免不了滋生出乱交、卖淫和性病等问题；男孩无所事事，容易变成小偷，最终沦为习惯性罪犯。不只是纳粹认为，性早熟的青春期少女和骑着偷来的自行车兜风的男孩性格特别善变。自19世纪晚期到20世纪50年代，北美、西欧和澳洲对于“问题”行为的定义都是相同的，都认为需要把“困难”儿童关进收容所，才能使他们和社会不至于都陷入道德坠落的恶性循环。

虽然社会开支因战争而受到削减，被送进少年感化院的儿童和青少年数量却在增长。到1941年，这个数字达到10万人，各个感化院已经人满为患，因此当局开始对送多少年轻人进入教化机构做出限制。什么人可以待在家里，什么人要被送走，基本上要看运气，而经常与福利官员打交道的城市穷困儿童处境不利。他们大多数并没有犯罪，却以预防性目的被剥夺自由，或者只是有官员认为他们对社会有害，就把他们关进感化院。

贝太奥（Breitenau）的前本笃会修道院被改造成黑森的一个严厉的少年感化院。这个修道院坐落在黑森北部的农村地区，富尔达河在这里拐了一个弯。它采用巴洛克式的建筑风格，屋顶高耸，院落紧闭，气势森然逼人。这里的儿童和青少年都是因为在其他比较开放的收容所里难以管束，才被送来的。他们来到这里后，与成年囚徒和劳教人员住在一起，享受同样的待遇。这些成年人是刑期即将结束的乞丐、流浪者、失业人员和罪犯，在获准重返“民族共同体”之前，到劳教所接受道德、纪律和艰苦工作的锻炼。儿童和青少年来到这里后，衣服和财产都被没收，只能穿棕灰色的粗布服装。在这里，每个人一天至少得工作11到12个小时，如果有迟到、逃跑或其他违规行为，会受到法外殴打；如果受到官方正式惩罚，后果更严重，会被关单人禁闭或者延长刑期。

在被关在这里的儿童和青少年中，有几个女孩本来是性侵案的受害者。14岁的罗纳德和他13岁的妹妹英格博格被送到这里接受18个月的“矫正教育”，原因是他与他的朋友们一起强迫妹妹与他们发生性关系。判决书说：“罗纳德和英格博格已经过于任性，他们的父亲在军队服役，母亲必须工作，因而在他们父母的家中无法杜绝儿童堕落，必须实施惩治教育。”

15岁的安妮·N在1940年7月生下一个私生子，之后她被送入贝太奥少年感化院。她曾向当地一位妇女社会工作者透露说，她的继父曾在半夜爬到她床上，强行与她发生关系，而她的母亲就睡在同一个房间里。处理她这个案件的男警官不相信她，青少年福利委员会（Youth Welfare Board）认为，“她没有任何职业，撒谎成性，生活放荡”。

安妮的例子极为典型：她被赶离学校和街头，当局这样做不是为了帮助性侵受害者，而是要保护同龄人不被她们带坏。纳粹的政策符合德国既有的一套思想观念：无论宗教保守分子和自由派改革者，还是法学家和心理学家，都不愿意接受儿童关于性侵的证词，认为他们在说谎，将其视为问题。

1942年2月，贝太奥少年感化院主管建议阿波尔达（Apolda）的青少年福利委员会不要太早让安妮·N到外面工作：“对这种女孩来说，正常情况下一年的约束是必要的，这样她才会对这里产生一定程度的恐惧，只有这种（恐惧）才能让她成为民族共同体的有用成员。”1942年6月1日，安妮死于肺结核。死在这里的不止她一个，一个月后，瓦尔特劳德·法伊尔（Waltraud Pfeil）随安妮而去，他是因为那年夏天想逃到卡塞尔（Kassel）而被送回贝太奥的。几个月后，接受了两个星期单人禁闭的露丝·费尔斯曼（Ruth Felsmann）也死了。1944年8月，梅尔松根（Melsungen）的地方医院发现，利斯洛蒂·舍尔茨（ieselotte Schmitz）的体重从62公斤降到38公斤。她和安妮一样，在贝太奥染上了肺结核，不久后也去世了。这些十几岁的女孩因为囚禁而死的事实表明，纳粹国家的典型惩戒措施可以不受机制性约束。不管德国政府多么担心食物短缺会动摇民众的士气，在战争的作用下，却能几乎不受限制地把那些年轻人从“民族共同体”中剥离出来，投进没有自由的机构里，让他们挨饿。

想从矫正教育机构中获得自由，过程十分漫长，先要干一些缓刑工作，一般是去偏僻的农场干活。当局想让“问题少年”通过这样的教育学会辛勤工作、举止稳定和服从权威。不管出现什么争执，农场主及其妻子立即都会提醒这些儿童和青少年说，他们是从少年感化院出来的，不好好干就让政府再把他们关起来。女孩们如果和士兵谈恋爱，就得接受性病检查；男孩们要是星期天下午忘记喂牛，官方会警告他们说，这是破坏作战能力。感化院的污点会一直伴随着他们。利斯洛蒂·S在12岁的时候就开始接受“教育”，6年后她给她几乎不认识的母亲写信，力图为自己辩解：

> 我离开您的时候还是个孩子，现在我已经长大了，您不知道我是什么样的人……忘掉所有我对您做过的事吧，我的命运您来决定，在这里我向您承诺，出于对您的爱，我将改正自己的行为。

利斯洛蒂与世隔绝，担心社会上的人都站在专家和管理者那边，事实上也正是如此。她根本无法确知自己遭受的社会轻蔑会不会累及家里人。对她这样的女孩来说，行事必须勤劳、坚忍和不越线，才能回归“民族共同体”。这对其他人也是一个提醒，即不劳动者不得食。

在德国各地，孩子们发现自己突然有了更大的自由，十几岁的青少年们肩负起更多照看弟弟妹妹的责任。随着男人们被征召入伍，妇女成为单亲家长，她们为孩子们的学校不时放假而头疼，为了争抢供应不足的物资经常排长队，还要把大把时间浪费在地方政府办公室里。在大多数家庭里，妇女面对越来越大的经济压力，只能出去工作。妇女们接管家族事业，或者回到教室接替达到从军年龄的男老师的职位。工人阶级家庭中的妇女到兵工厂上班，在农业和家政等传统且待遇极低的女性工作领域，劳动力突然变得稀罕了。

父亲们在外从军，他们离家愈远，就愈加无法担当家庭全能领导的角色。在两个星期的入侵波兰行动中，来自图林根的木匠弗里茨·普罗斯特（Fritz Probst）劝诫他那十几岁的儿子卡尔-海因茨（Karl-Heinz）说，“你的一举一动要符合日耳曼男孩的样子，不要只想着玩，努力帮忙工作，想想我们军人正在和敌人拼搏……那么以后你也能说：‘德国今天没有遭到毁灭，这里也有我的贡献。’”普罗斯特和其他很多父亲一样，知道自己无法直接管住大儿子，他与卡尔-海因茨的矛盾很快再也掩盖不住了。战争开始3个月后，普罗斯特责骂儿子：

> 卡尔-海因茨！你这次竟然对你妈妈这么粗鲁，你应该有点羞耻感。我想去年圣诞节前妈妈在商店买东西那次我就对你说过，你必须如何对待

你妈妈！我希望你没忘记，当时你保证会一直做个有教养的人。你食言了吗？好，请尽快给我回信。

普罗斯特建议妻子对孩子“要严格教育，这样对品德塑造有好处”作为个体木匠，他加入的是工程部队，专门在西线建桥。9月19日，他有些骄傲地给家里人写信说：他们完工了第一座长415米宽10米的桥梁。不过他不知道这座桥什么时候会被启用，也不知道如何启用。

对大多数德国人来说，战争远在天边。波兰行动已被西线连月的僵持所取代，媒体报道的唯一战争行动是反对英国皇家海军封锁的潜艇战。1914年的时候，急切希望了解信息的民众涌到报摊，买光了报道开战新闻的特刊。1939年9月，收音机的需求量与前一年相比，剧增75%，私人拥有的收音机数量达到13 435 301台。收听新闻变得无比重要，不过迟迟没见军事行动，人们开始担心政府可能隐瞒了不利消息，特别是封锁了空军和潜艇部队损失的情况。根据帝国保安总局的报告，民众由于得不到足够的信息，就发牢骚说他们“在政治上已经足够成熟，政府觉得他们会被消极事件和负面发展吓倒，实在是多虑了”。

《前线之声》（Voice of the Front）的星期天广播节目告诫老百姓，要尊重正在保卫他们的军人：“全民族必须团结一致共同奋斗，塑造一个命运共同体，生死与共……看看这位军人，他双手紧握钢枪，双目向堑壕外凝视……身在家乡的每一位男男女女都应该学习这种态度。”与这种理想化的战时日耳曼人形象相对照，德国的敌人被刻画成谎话连篇、邪恶放荡、不讲道义、残忍野蛮的样子，他们由犹太好战分子领导，把犹太好战性置于其本国的和平利益之上。在英国，“犹太好战分子”的典型是陆军大臣莱斯利·霍尔-贝利沙（Leslie Hore-Belisha）；在法国，是莱昂·布鲁姆[1]（Léon Blum）和乔治·曼德尔[2]（Georges Mandel）。每天为BBC监听德国广播的流亡者们敏锐

① 法国第一任犹太人总理。——译者注

② 战前曾任法国邮政部长及阿尔萨斯和洛林地区高级专员。——译者注

地表示，“全面战争演变成全面的道德和邪恶的斗争，其结果是德国广播成为世界上最能说教的通信系统”。通过强调在大后方做出牺牲，并对德国民众进行仇恨教育，在战争开始的第一个月里，德国广播就逐步确立了在以后的艰难岁月里将要采用的报道主题。

情感上黑白分明的广播宣传虽然道德要求比较多，不过在形式上却是轻松娱乐的。戈培尔早在1933年就对德国广播系统领导人做出指示：“首要规则是：不要单调无聊。我认为这一点最重要。不管播出什么节目，都不要太沉闷，别把自己期许的态度随随便便表达出来，不要觉得每天夜里播放雷鸣般的军队进行曲最符合民族政府的要求。”如果说现代独裁政权面临的真正危险是很快对“流行什么不再敏感”，那么广播节目主管欧根·哈达莫夫斯基（Eugen Hadamovsky）打破了这一规律，他用平民喜欢的轻松内容取代了魏玛时代的文化精英主义节目。1936年3月，晚上8点到10点的黄金档节目不再播放严肃的作品音乐，取而代之的是轻音乐、各种戏剧和舞曲等五花八门的节目计划。1939年对听众喜好所做的一个调查表明，新的多样化节目模式受到德国社会各阶层的欢迎，甚至专业人士和知识分子也愿意收听这种流行节目，而非古典音乐。

1939年10月1日，新的黄金档节目《国防军点播音乐会》开播，它很快成为固定节目。在第一期节目中，演员古斯塔夫·格鲁根斯向德军将士承诺，要让他们穿越时间和空间，感受到“祖国的忠诚”。这个节目在大后方同样有效，伊琳·赖茨在给恩斯特·贵肯的信中热切地说：“每次开始播放点播音乐节目，我肯定都会收听……我不想错过一点点，紧挨着喇叭坐着，就像想钻进收音机里面一样……我期待着下一次节目，不过时间可能要长一些，因为这个节目收到的信堆积如山，没有办法及时回应。”

事实确实如此：第二期节目就收到23 117封点播信，以至于邮袋被塞爆，听众来信无法统计。这个节目的主播是海因茨·戈德克（Heinz Goedecke），他和其他很多受听众欢迎的电台主播一样，以当体育评论员而出名。海因茨·戈德克主持的这个节目播送轻音乐和听众点播，内容既有进行曲，也有流行的施拉格风格（Schlager）音乐、爱情民谣、古曲序曲、歌剧咏叹调、儿童摇篮曲、短篇文章和诗歌朗读等，所有的表演都会进行直播，节目组还邀请观众到录制现场观看。节目以军号和希特勒钟爱的巴登威勒进行曲（Badenweiler）为开头，结尾鸣谢当天的表演者，这些人都是无偿演出的。戈培尔多年来连哄带吓，把很多舞台和电影明星拉到这个节目中，其中包括汉斯·阿尔伯斯（Hans Albers）、维利·比格尔（Willy Birgel）、札瑞·朗德尔（Zarah Leander）、古斯塔夫·格鲁根斯、沃纳·克劳斯（Werner Krauss）、凯瑟琳娜·泽德尔鲍姆（Katharina Söderbaum）、珍妮·尤戈（Jenny Jugo）、汉斯·索克尔（Hans Söhnker）、葛丽特·威瑟（Grethe Weiser）、保罗·霍比格（Paul Hörbiger）、威利·弗里奇（Willy Fritsch）、海因茨·吕曼（Heinz Rühmann）和梅丽嘉·罗克（Marika Rökk）等。星期三晚上的“点播音乐会”节目不仅占据着黄金档时段，而且时间延长到3个小时。这个节目把被战争分隔的情侣们联系在一起，以公开的方式共度亲密时刻。伊琳·赖茨试图向恩斯特·贵肯描述她在收听这个节目时体会到的情感：

> 我的眼中饱含泪水，特别是《国防军点播音乐会》节目开始后，听到主播（读信）说爸爸要回来了，快回来了，很快就回来……每读一封问候信，就会向冬季筹赈基金会（Winter Relief Fund）募捐两马克，谁会不高兴捐钱？我以前从来没有像现在这样捐献过，人们终于真正知道在为什么付出了。

1939年10月29日，伊琳·赖茨在收听节目时抽空迅速写了一封信，告诉恩斯特说，自己正听这个节目，仍然希望想和他共同体会这一亲密时刻。她觉得和恩斯特亲近是有特别理由的，就在那个星期天，她终于告诉自己的父母说，她和恩斯特想订婚了。一切比她想象更为顺利。“我的父母考虑这事比我们还要早，我真该打自己的脸，”她告诉他，同时回想起恩斯特连篇累牍地写信催她快点告诉父母，而她几个星期以来迟疑不决，连胃都疼了，“我为什么没早点说？我为什么这么压抑自己？我本来可以轻轻松松告诉他们的。”伊琳和恩斯特想在圣诞节假期时订婚，到那个时候即使战争还没结束，他也很有可能获准请假。恩斯特继续催逼，订婚仪式很快变成婚礼。伊琳的母亲提醒他们说，她和伊琳的父亲是在第一次世界大战期间结婚的，并建议他们等到艰难的战争结束后再要孩子。她知道母亲说的是什么意思：她和恩斯特一样，都是在战争期间出生的。

这对情侣想在结婚登记处举办一场现代和世俗化的婚礼，他们遇到的唯一问题是恩斯特的姐姐安娜在给伊琳的信中友善地指出，在教堂里举办婚礼“对我们和村里人来说是正常的”。不过她虽然住着黑白相间的半木结构房屋，身处新教盛行的阿尔滕伯希拉村农场，仍然表示愿“让每个人自主决定自己的事”。恩斯特没有采用战时的新式不锈钢婚戒，他还有能力买金戒指，在萨尔兰地区驻地给伊琳找到了一枚这样的首饰。他们于1939年12月23日结婚，之后正好是圣诞节。两个星期后，恩斯特返回部队。

新婚燕尔的甜蜜生活结束后，这对天各一方的小夫妻又开始雁去鱼来，在为结婚证书办理的速度太慢而着急，在信中诉说伊琳的父母的担心：没有结婚证书，地方政府不会给他们发买家用亚麻布的证明。两个人都希望战争早点结束，憧憬着恩斯特的下一个假期，伊琳又谈起收听《国防军点播音乐会》的事。

那年年底，第一部战争大片以艺术的形式再现艺术。这部电影名字就叫《国防军点播音乐会》，主播海因茨·戈德克在影片中就扮演自己，剧中一对情侣结识在1936年奥运会，不久英雄因服兵役，他们被迫分开，而《国防军点播音乐会》节目让他们重新团聚。男主角是一位空军飞行员，他连一句告别的话也没说，就不得不秘密加入“秃鹰军团”（Condor Legion），参与西班牙内战。当他回来后，发现心爱的女孩英奇已经搬走，再也无法找到。又开始参加战争的男主角最终给《国防军点播音乐会》节目写信，为女孩点播奥运会会歌。英奇听到后回信说，虽然这么多年音信杳无，从未相见，甚至还受到别的男孩求婚，她对他的爱却从未消减。

这部电影的观众大概有2000万到2500万人，创造德国电影票房纪录。而广播节目更为成功，一半德国人都会收听。到1941年5月节目被取消时，总共播出了大约75期节目，其间提到52 797个德军士兵和部队的名字，9297位父亲从节目中获知自己的孩子出生，为冬季筹赈基金会募集到15 477 374.62马克。就连沉郁的帝国保安总局也激动起来，在1944年4月热情地说，这个节目“唤醒了成千上万人的民族共同体感受”。

这是纳粹梦寐以求的：这一刻人们同心同德，在全能的民族情感面前，个人利己主义不复存在。但是，广播节目和《国防军点播音乐会》电影专注于让难以团聚的人保持亲密联系，也就承认了爱国主义忠诚的核心是爱和家庭这类个人关系。在调动爱的时候，纳粹触及最强大并且最难以预知的人类情感。

1939年10月初，弗里茨·普罗斯特参加了一场漫长的战争。这位来自图林根的木匠虽然是意志坚定的纳粹党员， 但并非军国主义分子。实际上，他和其他德国民众一样，都认为这场战争是西方列强使用阴谋诡计强加给德国的。“最好现在就做好准备，”他在给妻子希尔德加德写的信中说，“但我们期望不要再次卷入战争。”

1914年的好战传统把具有男子气概、能够磨炼性格的战争益处赞颂为积极的美德，而如今这种观念不再流行。希特勒本人可能还这样看待战争，但他从未公开做过这类表述，有家有小的中年男子在1939年时写的信中，也丝毫没有表达过这样的观点。不管他们怎样相信战争必不可少，依然认为打仗是在浪费时间。“希望早晚有一天，我能再次回到你身边，”普罗斯特在信中对妻子说，“你现在所做的牺牲，到那时都会得到补偿，我们的婚姻又将如沐春风。” 和其他人一样，普罗斯特在1939年痛苦地认识到，上一代人遭遇的失败又要在他们这一代人身上重演了。更重要的是，当他展望未来，感觉这种失败还会再现，下一代人也要陷入战争的循环。他在家书中说，“我们现在做出牺牲，当我们的孩子长大后，就无须再重复我们的命运。”在他的信中，明显可以感觉到愿为家庭默默奉献的决心。还是在那封信中，这位守在萨尔兰地区冰冷驻地的生性腼腆的男子竟然向妻子坦白说，“要是能回到你温暖的床上，那就太好了”，他还再次申明，“我相信阿道夫·希特勒，相信德国人民会获得胜利”。

第三章

极端措施

他们在1939年凶狠快捷地除掉了这些微不足道且没有什么力量的和平主义者和“战争神经病”组织，说明他们不仅拼命想避免上次战争中犯过的错误再次重演，还想把上次战争的那种经历完全抹去。

1939年10月24日早上6点10分，卡尔·库内尔（Karl Kühnel）被人从柏林–普伦岑湖（Berlin-Plötzensee）监狱的囚室带到一个明亮的大房间，然后被绑到架子上，推上了断头台。“当你接到这封信的时候，”此前一天他给妻子罗斯写信说，“我不再是囚犯了。相反，我的现世生活已经结束，我已经和你道过别……不要灰心，不要恨任何人，因为那样没有什么用，你自己多多保重。” 这位42岁的木匠来自厄尔士山区（Erzgebirge），早就参加过第一次世界大战，他一想到自己的机枪会 “夺走一个从未伤害过他的孩子的父亲的生命”，就感到非常困扰，“我累了，”他解释说，“不想再用各种借口欺骗自己的良心，虽然自欺欺人在某种程度上能慢慢发挥作用”。1937年1月1日，他给当地征兵办公室写信，主动申明自己的观点：“我不可能昧着良心行事，不可能拿起武器向着一个人开火。”这是库内尔的底线，他不会退让。

1939年12月14日，约瑟夫·里姆普尔（Josef Rimpl）在即将被处决前夜给妻儿写信，提醒他们说没有人不会犯错：“我能摸着良心说，我没有犯罪，没杀人抢劫。如果这是神的旨意，那么因行善受苦，总强如因行恶受苦。”43岁的工人鲁伯特·斯奥森（Rupert Sauseng）来自爱森纳赫（Eisenach），他祈祷妻子会“相信神，只有神能赐予慰藉、力量和怜恤，在神的力量庇佑下，你和（我们的）孩子能经受住最严酷的考验。”卡尔·恩德斯特劳斯（Karl Endstrasser）给格拉茨市（Graz）的妻子写信，让她把他的工具卖掉，并且引用《哥林多书》第一章的话说：“因为我们成了一台戏，给世人和天使观看。”和库内尔一样，这三位男人都在第二天早上6点之后被砍头。他们都是耶和华见证会成员（Jehovah’s Witnesses），都拒绝向希特勒宣誓效忠，拒绝服兵役。

德国自1935年重新恢复征兵制度之后，原先对“耶和华见证会”零星进行的迫害立刻变得更加系统和严重了。一些见证会成员被抓起来受审，罪名是往别人信箱里塞反纳粹传单。帝国保安总局设立专门机构对付他们，就像以前打击共济会会员时一样。在集中营里，耶和华见证会成员和其他宗教囚犯不一样，他们被从政治犯中分离出来，身上戴有着专属的紫三角标志。他们与其他集中营囚犯相比也显得卓尔不群，很多人有能力扭转自己的命运：他们只需接受征召书，加入国防军即可。

奥古斯都·迪克曼（August Dickmann）是萨克森豪森（Sachsenhausen）集中营中第一位接到征召书的耶和华见证会成员——那是他的妻子从家里转寄给他的。官员把他召唤到集中营的政治部门，给他一张军事通行证，要求他签字。迪克曼拒绝了，然后遭到殴打，并被隔离关押。集中营指挥官要求希姆莱准许拿迪克曼当反例，以儆效尤。1939年9月15日，集中营的全部8500名囚犯参加过晚点名后被留下来，必须观看行刑队处决迪克曼。最致命的一击出自鲁道夫·霍斯（Rudolf Höss），他是奥斯威辛的未来司令官。作为最后的示众手段，4名耶和华见证会成员没能和其他囚犯一起回牢房，受命为迪克曼收尸。官员们还警告这4个人说，还有棺材在等着装他们。被迫为奥古斯都·迪克曼的棺材盖钉钉子的人，是他的弟弟海因里希。第二天，德国报纸刊登了一小条新闻，宣布迪克曼因“拒绝履行身为士兵的职责”而被处决。新闻宣布，迪克曼“是耶和华见证会成员，是国际教派虔信圣经学生运动（Earnest Bible Students）的狂热追随者”。迪克曼是第一位遭到处决的拒服兵役者，纳粹德国和往常一样，公开发表了判决书，把他当成教育民众的反面典型。

正常情况下，拒服兵役要接受军法审判，依据是征召书一经发出，兵役就已经开始，无须等到接收人承认。这是一种罕见的重罪，因而由设在柏林夏洛滕堡区（Charlottenburg）的最高军事审判机关帝国军事法庭审理，该法庭的高级法官是海军上将巴斯蒂安（Admiral Bastian）。自从1918年基尔海军基地开始发生军队兵变后，海军军官团不遗余力地把德国海军重新打造成反对革命的堡垒。正如一位出身海军的法官夸口所说，“在决定判罚标准时，我会考虑被告是不是革命分子。我确信1918年（革命）不会重演，因为我把革命分子都消灭掉了”。军法官们把开小差、和平主义和缺乏勇气都视为失败的征兆。“众所周知，1918年时逃兵之所以会增加，主要原因在于我们的军事法庭对那些胆小和无能的士兵采取的措施是有缺陷的，换句话说，就是太过仁慈。”一位国防军法官在判决书中这样写道。

军法官们对《战时特别刑事法规》进行解释，这个法规是在1939年8月26日德国发布动员令那天开始生效的。该法规在前几年由纳粹政权的律师起草，对于削弱武装部队士气的行为，标准处罚死刑。关键性规定是战前《军事刑法》的第48条，法律注释者们将它的适用对象特别指向“宗派团体成员与和平主义分子”。法庭断言，军人的天职是服从命令，而非服从良心。这个法律进一步规定，每个人入伍时如果不按要求向元首宣誓效忠，或者不履行军事义务，都属脱逃行为。一些法官甚至给耶和华见证会成员提供非战斗性岗位，让他们有机会履行军事义务，但耶和华见证会成员大都予以拒绝。改变信仰的见证会成员能够获得缓刑，并失去公民权（在战争期间被剥夺），同时被发配到惩戒营，到前线从事扫雷和其他危险性任务。而对于那些顽固分子，要把他们的孩子带走，把他们的家业和房产强制性卖掉，以此施加压力。在一些案例中，当局准许不信耶和华见证会的亲属到柏林普伦岑湖探监，让他们劝说这些异议分子改变信仰。施压的手段还有处决犯人时让耶和华见证会陪刑，把他们关进断头台旁边的死囚牢房并延长轮换时间等。

在即将被处死前夜，伯恩哈德·格林（Bernhard Grimm）受到勃兰登堡-戈登监狱（Brandenburg-Görden）的牧师维尔纳·延奇（Werner Jentsch）博士的探望。延奇走后，在寂静的夜里，这位19岁的男孩给母亲和弟弟写信告别，告诉他们说，“一个来探望我的新教牧师称，《旧约》是犹太人的史书，启示录释义是一个非常危险的故事，把末日审判推迟到无人知晓的未来”。格林先前曾表示愿意到军队当卫生员，或者从事其他非战斗性工作，但是被法庭拒绝。经受住这次要求放弃信仰的终极神学诱惑后，他向家人们保证，“我最亲爱的人啊，一切皆有安排，我们只能心怀感激……最初经历的小小恐惧是我自己招来的，也是期待之中的，在此之后，我相信我们的天父更加紧握住我的手”。当第二天早上延奇到断头台陪伴伯恩哈德·格林时，这个年轻人的坚定态度给他留下深刻印象。

在战争的第一年，有112名德军士兵被处死，他们几乎都是良心犯，其中耶和华见证会成员又居大多数。和之前的其他千禧年教派一样，见证会成员相信，他们生活在末日，最后的审判即将到来。改革安息日（Reform Adventists）和基督弟兄会（Christadelphians）的少数成员也加入了“耶和华见证会”，被处决的阿尔伯特·默茨（Albert Merz）就是其中一位。耶和华见证会所遭受的打击对贵格会（Quakers）和基督复临安息日会（Seventh Day Adventists）等“和平教派”构成压力，促使他们与当局协商，为成员在军中争取非战斗性职务，而德国孟诺派（Mennonites）则抛弃“再洗礼论”的传统，于1936年宣布他们的年轻成员“热切准备”去服兵役。很多基督复临安息日会成员长期接受宗教民族主义和反犹主义教育，还直接到前线参战。在寥寥无几的为了捍卫和平主义信念而无惧死刑的人中，有一位是奥地利天主教神父弗朗兹·赖尼希（Franz Reinisch），而在他的影响下，农夫弗朗兹·加戈斯塔特（Franz Jägerstätter）也拒绝从军；而在整个帝国，只有一位新教良心犯，他就是赫尔曼·斯托尔（Hermann Stöhr）。这些被处决的人在自己的教堂里都受到排斥，没有一个人得到过主教的任何支持。德国天主教会的监狱牧师维尔纳·延奇曾经陪伴格林走上断头台，他写过一个神学小册子，列出了试图劝说这位年轻人放弃其信仰时提出的理由，军事法庭同意进行分发，以便让其他牧师在遇到这类问题时作为参考。

军法官们考虑如何对这类对信仰忠贞不贰的人进行判决时，怀疑他们实际上是在和疯子打交道。不愿承担责任在理论上存在可能性，而当局把“以宗教原因拒服兵役的人”等同于“空谈和平和极端自由的狂热分子”，将他们列为“天真又古怪的神经病”。兵役制于1935年重启后不久，在约翰内斯·朗格（Johannes Lange）教授的指导下，布列斯劳大学对11位耶和华见证会成员进行了精神病学研究，使得这个司法问题有了学术支持。该研究得出结论：这些见证会成员并非精神错乱，不过胆小怕死，或者想获得人们的关注，处理他们应该和处理其他拒服兵役的人一样。然而，这些精神病学家们在1936年的一次专业会议上承认，极少数人受“诚挚的信仰”指导，追求的是殉难。

1939年11月末，国防军最高统帅部参谋长威廉·凯特尔亲自向希特勒提出这个问题，希特勒则向他确认，“如果不能摧毁拒服兵役者的意志，那么就判决（死刑）吧”。哪怕公布这些案例得不到预期效果，也不能允许为了个人宗教信念而牺牲民族共同体的利益。发展到1939年年底，正如预备军司令官弗雷德里克·佛洛姆（Friedrich Fromm）所警告的那样，对拒服兵役者判处死刑开始看起来像“反对派的宣传”了。1940年年初，耶和华见证会成员们把受刑弟兄们的告别信印刷出来秘密传阅，激发进一步的反抗。凯特尔命令军事法庭不再公布这种判决，不过在接下来的5年时间里，又有118名良心犯被处死。

卫生专家们也热切希望与广泛存在的胆小怯战现象进行斗争，力阻军队中的卑怯分子和神经病以及大后方歇斯底里的女人们得逞，他们认为德国在1918年之所以遭到失败，原因就在于此。1936年，军事医学院增加了一个军事精神病学与心理学部门，奥托·伍斯（Otto Wuth）被任命为军医团的首席精神病学家。军事精神病学家们拒绝把暂时性战场惊吓夸大为神经官能症，决心遏制战争动摇分子再次扩散。他们指出，1926年德国停止向因患神经精神病而退役的老兵支付军人退休金后，收到良好的效果：“带有颤抖、瘫痪、缄默和甘塞尔综合征表现的弹震症病例”据说“几乎完全”消失了。

1939年9月，弗里德里希·潘森（Friedrich Panse）受到征召，并立即被指派为位于莱茵河东岸的埃森（Enssen）地区军事精神病学家。他曾经参加过第一次世界大战，战争结束后修读医学，曾受过柏林夏洛特医学院[①]（Berlin Charité）的著名精神病学家和主任卡尔·潘霍华（Karl Bonhoeffer）的训练。潘森是一名合格的医生，不过他在学术方面有野心，而且还有博士论文需要撰写，于是在第三帝国开展起自己的事业，他加入了党卫队和纳粹党，还是一系列专业协会成员。潘森的赞助人是波恩大学的库特·波利奇（Kurt Pohlisch），他们两人满腔热情地为新设立的遗传健康法庭工作，为那些被指明有“遗传病”的家族建立了一个开创性的数据库。他们撰写专业报告，评估强制绝育案例，并就这个主题对同僚们做讲座。卡尔·潘霍华这类专家也参与了，至少给年轻一代的积极活动开了绿灯。当战争爆发时，急切想获得认可的潘森还在等着心仪的专任学术职位。

在战争的第一个月里，伍斯、潘森和他们的同僚们帮助国防军甄别“不能”和“不想”从军的人。他们预计波兰行动会像上次战争时期一样，使典型战争神经官能症病例激增，不过他们却发现，战争行动引发的是消化系统问题，而非颤抖等症状。军官们断言德军士兵中普遍有神经质的表现，从而导致出现对波兰平民进行大规模报复的行为，对此这些精神病学家不感兴趣。相反，在1940年1月和2月召开的两次专业会议上可以发现，伍斯和潘森等人积极想要对真正的精神错乱和假冒的精神病患进行明确区分，他们建议应该把装病者送进集中营。对于不称职的士兵，军方的回应是建立三支特殊部队。其意图正如奥托·伍斯所解释的那样，是要“教他们做个男人”。对于不称职者，军方比精神病学家们更具同情。值得注意的是，决定约束精神病学家的是最高统帅部，该部门拒绝批准未经患者同意就实施电击疗法，这种疗法曾在上一次战争中用于治疗弹震症。

如果真有精神病，那么也只存在于德国军事和平民精英中。他们在1939年凶狠快捷地除掉了这些微不足道且没有什么力量的和平主义者和“战争神经病”组织，说明他们不仅拼命想避免上次战争中犯过的错误再次重演，还想把

① 欧洲最大的医疗机构。——译者注

上次战争的那种经历完全抹去。这些精英此时已经表露出过度使用暴力的苗头，而且并非只有纳粹党员才如此，非纳粹党员也是这样。早在1919年时，年轻的神学家、前随军牧师保罗·奥尔索斯（Paul Althaus）就对和平主义进行谴责，声称德国人需要战胜挫折，以证明他们值得拥有上帝的恩典："一个伟人如果不能以坚强的毅力竭尽全力捍卫其历史权益……把历史权益拱手让出去，只配得到上着镣铐的暴力和平。这是历史的残酷一面，不过是健康而冷血般公正的"。通过宣扬德意志人面临被上帝抛弃的危险这种恐惧情绪，他获得宗教力量，对1918年11月赋予保守和激进民族主义色彩的解释，将其称为"背后插刀"。此前的其他路德派教士曾宣称，德意志人已经取代犹太人，成为"上帝的选民"，而奥尔索斯使其具有了现实意义。在他自己的"创造神学"中，他坚持认为基督教的普救说只能存在于单独的国家里，都有自己的特点和形式，每个国家都需要通过历史斗争，了解上帝对他们做出的安排。民族主义不仅是自然之物，而且是神圣的使命。与加尔文主义者的宿命论不同，这种德国路德派变体一再强调失败带来的道德风险。奥尔索斯把精巧的神学论点混入经历过第一次世界大战布道磨炼的激进民族主义的好战话语里，在20世纪20年代路德教会复兴时期，他迅速成为强有力的中心人物，与韦尔纳·埃勒特（Werner Elert）、伊曼纽尔·赫奇（Emanuel Hirsch）一样，于1925年在埃朗根得到一个很有声望的神学职位，一年后又成为路德教会主席，在接下来的40年时间里，他一直占据着这个荣耀地位。在这个版本的新教天命论中，德意志人成为上帝的选民，不过他们要想证明自己值得上帝信任，必须进行自我救赎。

在受教育阶层里，这种思想很是流行。1939年9月5日，奥古斯都·托波韦恩就在日记中记述，"阿道夫·希特勒与波兰和英国进行的斗争将是残酷的整体战：他将使用他所能用到的一切手段，把敌人彻底击溃。路德的'两国论'教导是多么勇敢和深入啊"。这位索林根的教师这样安慰自己。那种俗世和天国各不相同的训诫让这位虔诚的新教徒相信，人生活在世上就不可能不犯罪，然而他在战争中不断寻求道德指引，主要是参考奥尔索斯和赫奇的神学观点。托波韦恩是《埃克哈特》（Eckhart）的忠实读者，这份杂志与

“宣信会”关系密切，对纳粹德国基督教（Nazi German Christian）运动持批评态度，为它投稿的人既有汉斯·卡罗萨（Hans Carossa）和埃扎德·沙佩尔（Edzard Schaper）这样的反纳粹异议人士，也有保罗·恩斯特（Paul Ernst）这样的保守主义者和海因里希·兹里奇（Heinrich Zillich）这样的种族主义分子。自从他对元首产生疑虑后，就开始自问希特勒是上帝派来的，还是用来测试上帝的，不过他并不怀疑希特勒的领导权力，也深信德国人需要尽快站立起来。抵抗“1918年11月幽灵”是自我救赎的途径，如果再一次失败，将证明德国不是上帝选中的国家。

这种国家新教版本的德国救赎只是反自由和反民主文化的一个变种，该文化竭力想遏制1918年遇到的德国灾难。鉴于左翼和自由主义思想家们用进步的眼光看待历史，保守主义者们就相信，历史是循环反复的，如同生命的轮回。在20世纪20年代早期，德国文化充斥着关于战后腐朽、衰退和堕落的预言，并由奥斯瓦尔德·斯宾格勒（Oswald Spengler）在他的《西方的没落》一书中总结出来。这些可怕的预言被1933年的“国家重生”所推翻，很多天主教和新教知识分子起初对纳粹党（如果不是希特勒的话）迸发出的热情虽然被失望所抵消，但仍然希望纳粹党的“国家革命”将会引领出精神复兴。他们的主要观点还是没有改变，特别是在排斥魏玛民主、自由主义、和平主义、民主、社会主义、犹太人和接收失败者方面。新的战争爆发，把他们对1918年所考虑过的一切都拉回到眼前，全面检验他们对德国救赎的信仰。这种普遍存在的不想重复上次战争中所犯错误的冲动可以解释，为什么帝国的专业精英们从一开始就做好了介入毁灭性暴力的准备。它也可以解释这个事实，即最极端的措施并不总是最明显的激进分子和纳粹机构的杰作。

纳粹警察国家有足够的力量维持独裁统治。德国一旦进入战争动员，禁止行为的名单就被拉长了，民众不得开影响武装部队士气的玩笑，不得星期天不工作：可被判处死刑的犯罪行为很快达到40多个。德国社会中到处是在小处无视纳粹规定的人，不过对于大的要求，德国人基本上都会服从，这种情况有助于塑造用暴力、功绩和隔离构建起来的“民族共同体”。德国人对于不平等的配给制度不惮于批评，不过对于纳粹的主要压制目标，基本上都保持沉默。这既是一个复杂而又冲突的社会，也是一个民族主义早已渗入非政治性日常生活的社会，人们观察和感觉到的事物都受此影响。

纳粹政权面对的问题不是掌控强制手段，而是如何有选择地使用这些手段。1933年，它利用大恐怖摧毁了旧式的劳工运动；1934年6月，利用冲锋队打击了领导层。此后，纳粹政权有意削减了集中营，当1938年再次扩大集中营时，投进去的是犹太人，后来还有捷克人和波兰人。对社会上的绝大多数人来说，恐怖有点像针对其他人、外国人或者“共产党及同性恋等孤僻的圈外人”的手段。

到1940年1月底，司法部长弗朗兹·戈特尔（Franz Gürtner）统计发现，盖世太保自战争开始以来已经执行了18次法外处决，他抱怨民事法庭成了摆设。实际上，这类相对并不多见的司法干预通常直接源自于希特勒，他阅读《人民观察家报》刊登的耸人听闻的犯罪报道后会有如此举动。1939年10月，他从报上了解到慕尼黑有个可怜的小偷在晚间灯火管制时偷了一位妇女的钱包，被法庭判处10年监禁，感到极为震怒。尽管钱包里只有几个马克，而且这个小偷没有使用暴力，但希特勒还是下令将他处决，以儆效尤。这给了德国法官们一个明确信号。没过几个星期，柏林特别法庭就判处另一名利用灯火管制偷窃妇女钱包的男子死刑，以表明“不能让人渣破坏后方的铜墙铁壁”。这些轻罪之所以令人憎恶，显然在于无法将它们根除。惯犯们很快发现，自己被送进毛特豪森（Mauthausen）等集中营，受到的待遇远比重犯和暴力犯还糟。正如党卫军处决耶和华见证会的奥古斯都·迪克曼威胁到军事司法体系，民事法官很快也出来保护因警察的恣意妄行而受到侵蚀的地盘：这类权力争夺战本来就会刺激不同机构竞相推出更为严厉的判决。

战争前夜，盖世太保再次逮捕前社会民主党国会议员和其他政治嫌犯。盖世太保虽然在1939年秋季逐渐强化暴力手段，但还是非常小心地在这个警察国家里维持着两种速度。打击共产主义者、共济会成员、犹太人和耶和华见证会成员这些已被确定的“敌人”是一种速度，如果有人指控这些“敌人”开“失败主义”的玩笑，或者到黑市做交易，那么等待他们的将是特别法庭的审判，或被直接送进集中营；而对于普通“民族同志”，警告一下通常就足够了。斯大林的政权为了推行社会革命，不惜对大多数民众开战，希特勒的独裁统治不同，它一直调整着暴力手段，因此大多数德国人没有直观感受。实用主义及该党意识形态促使其采用不同于斯大林的路线：盖世太保的人员一直不太多，很大程度上依靠公众的顺从和揭发来揪出违法分子。战争迅速使他们的人手进一步减少：在科隆，盖世太保在1939年有99名官员，到了1942年，只剩下69人，其他地方的情况也差不多。

在新的违禁行为中，最有争议的是不许收听敌台。新生产的收音机上都贴着标签，警告收听外国广播是“危害国家安全的犯罪行为”，不过当局并没有强制查禁收听敌台的活动。虽然纳粹独裁政权着迷于宣传和图像，但它对信息的控制远逊于德意志帝国。在帝国时期，新闻出版受到审查，边境受到控制，因此，即使到1918年夏季，德国大后方对西线渐渐显露的军事大溃败还一无所知。没有什么办法能阻挡人们调节收音机的波段，只要他们足够小心，想私下里听什么电台实际上没有人能管得着。大多数情况下，他们小心谨慎不让外人看到，调低音量，听完后把指针拧回到德国电台上，还可能选择收听瑞士、瑞典等中立国的电台，而非BBC这类敌台，甚至在收听时打发孩子到家门外望风。在布拉格，帝国保安总局曾经听说捷克人开始使用耳机，以免让邻居听到而去告发。不出所料，敌台禁令在德国不受欢迎，被描述为“幼稚”和“傲慢无礼”。帝国保安总局报告说，这个禁令受到强烈的“忠实批判”，人们大声抱怨说，“优秀的国家社会主义者能够冷静地收听这些（外国）电台，确实不会受到影响；相反，这些电台的广播只会增强他与敌人进行斗争的意志和决心。”很多人也感到迷惑：这个禁令是否涵盖了所有外国电台？还能收听诸如卢森堡电台的爵士乐节目等深受年轻人喜爱的中立国广播吗？和往常一样，当遇到真正不受欢迎的政策时，相当多的人对它们竟然得到元首同意表示难以置信。

德国电台受到默许，经常对英国和法国的广播节目进行嘲弄和反驳。人们渴望获得信息，也捡拾英国空军在那年冬天散布的传单，不过他们不太相信传单的内容。在埃森，卡罗拉·莱斯纳（Carola Reissner）对英国传单表示愤怒。“他们明显是想煽动民众。”她在给亲戚写的信中说，并且言辞激烈地补充道，“这肯定是犹太人的阴谋。”她有这种疑虑是很自然的，因为多年来她就被灌输犹太人翻云覆雨操纵权力影响德国的论调。德国电台并不简单把丘吉尔蔑称为“W.C.”，还给他起了个“谎言爵士”的外号。在新闻节目结束后，播放广受欢迎的一战歌曲《我们为抵抗英国而进军》是个成功举措，它成为德国广播节目的标志。

禁止收听外国电台的新法令只能有选择地执行。1939年9月18日，科布伦茨（Koblenz）盖世太保的一位年轻官员受命去莱茵河西岸的一个小镇，调查有关收听非法电台的举报。被举报的阿纳尔夫・V（Arnulf V.）涉嫌每天晚上收听斯特拉斯堡电台的德语广播。更糟的是，他在魏玛时代曾经是当地的社会民主党主要成员，而且据说对德国新闻的准确性和元首本人都进行过诽谤。阿纳尔夫被抓了起来，送到科布伦茨受审，他承认收听过几次法国电台。阿纳尔夫被盖世太保关押了三个星期，接受进一步的调查，他的家遭到搜查，收音机和一些社会民主党的旧材料被抄走。当地纳粹党组织证实，他和其他很多前社会主义者一样，很少参加纳粹党的活动，基本上没有对纳粹党的慈善活动做过奉献。他还经常跟他的妻子吵架。另一方面，阿纳尔夫在他的雇员中口碑不错，他还是一位英勇的一战老兵，负过四次伤。当他的案件在10个月后的1940年9月被送上法庭时，后面两项事实发挥了作用，法官宣布无罪开释。举报阿纳尔夫的人是他的姐夫，动机是因家庭矛盾引发的个人恩怨，这一点也有利于他。盖世太保一直不愿被人这样利用，在另一起类似案件中，一个人被好争吵的前生意伙伴举报收听敌台，虽然这个人曾经是共产党员，但盖世太保还是敦促法庭驳回指控。到1943年，只有3450人因为收听外国电台受到处罚。

当盖世太保的官员们忙于询问邻居、亲属和雇员们，以确定某个前共产党员或社会民主党员是需要从民族躯体上进行外科手术式清除的敌人，还是在20世纪20年代陷入错误阵营的真正体面的民族同志的时候，创造了一种既武断又怪异而可靠的强制性实践：说它武断，是因为对犯下相同过错的人，惩罚措施大不相同；说它可靠，是因为军民法官和盖世太保都是基于罪犯自己的特点而做出判决的，并非只对违法行为就事论事。1939年12月到1941年2月间刑法典的变化清楚表明，惩罚的重点不再是犯罪行为，而是罪犯本身：

该法典不再提谋杀、性侵或重新犯罪，关注重点成了“谋杀犯”“性侵犯”和“惯犯”。

纳粹政权对犯罪毫不手软。当第三帝国发动战争时，国内各监狱中共有108 000名罪犯，还有21 000人被关在各个集中营。到战争结束时，监狱中的罪犯数量翻了一倍，集中营里的囚犯数量则增加到714 211人。这些数字表现出一个悲惨的事实，在战争开始之初，德国的囚犯占总人口比例可与瑞士、芬兰和美国相比，在国际上都属低犯罪率国家，与英国、法国、比利时和荷兰一样，关押的本国公民数量极少。纳粹在波兰实行恐怖统治，进行大规模处决、集体报复和整体驱逐，而在国内，纳粹政策是有选择性的，以个案为基础进行处理。至少到1943年，国家监狱、国家感化院和慈善感化院等“正规”设施里关押的罪犯要比SS掌管的集中营系统这类纳粹机构里的多，绝大多数囚犯都属于德国的种族敌人，起初主要是波兰人，后来是苏联囚犯。

在帝国内部，因战争爆发而催生的最激进和暴力的行动发生在隐秘的幕后，那就是在德国的收容院里谋杀精神病患者。和处决良心犯一样，德国从发动战争之初就开始杀害精神病人，这种情况一直持续到战争结束的1945年5月，至少有216 400人成为受害者，这个数字甚至超过了被该政权处决的德国犹太人。执行这一行动的主要角色并非总是希姆莱的国家保安总局（Reich Main Security Office），虽然这个机构负责波兰的种族政策。实际上，杀害精神病人的主要是在正规卫生部门和地方行政机构工作的医生和官僚。

这个所谓“安乐死”行动最初针对的是孩子。1939年8月18日，“帝国严重遗传与先天性疾患科学登记委员会”（Reich Committee for the Scientific Registration of Serious Hereditary and Congenital Disease）强制要求医生上报患有痴呆、唐氏综合征、小头畸形、脑积水、痉挛性麻痹或残肢的新生儿。登记表起先要发给三位医学专家。作为这一试验性研究的结果，大约有5000名儿童被杀害，不久有30所精神病院建立了自己的所谓儿童部，在那里用药物和饥饿的混合手法杀害儿童。

第二个秘密的中央集权式计划是在元首办公厅主任菲力普·鲍赫勒（Philipp Bouhler）和希特勒的私人医生卡尔·勃兰特博士（Dr. Karl Brandt）

指导下，彻底调查各收容所里的成年病患档案。因其总部设于柏林特伽坦斯街（Tiergartenstrasse）4号，所以这个计划的代号是“T-4”，其任务是把70 000名被认定“没有生存价值”的患者配额填满。检测的关键在于患者是否能以工作回报社会。阳性医学评价会打上“+”号标志，意思是处死；有权生存的被登记为阴性，打上“-”号标志。随着这个计划付诸实施并开始扩大规模，需要更多临床医生来评估患者档案。1940年年初，弗里德里希·潘森和已经为国防军提供关于“战争神经症”咨询，库特·波利奇（Kurt Pohlich）受邀在柏林参加一个秘密会议，开始涉足这个秘密计划。他们答应了有关方面的要求，成为“T-4”计划日渐庞大的医学专家团成员。

有些评估者相比更为谨慎。1941年1月底，潘森和波利奇发现，他们在“T-4”计划中被降级为审阅人，原因可能是他们做出的“阳性”评价太少了。一些著名精神病学家继续发挥双重辅助作用，他们既是军事精神病学家和医疗屠杀计划的专业审阅人，同时也没有中断学术研究和临床日常工作，其中包括海德堡大学神经疾病诊所主任卡尔·施耐德（Carl Schneider）、他的柯尼斯堡大学同行弗里德里希·毛茨（Friedrich Mauz）和著名的儿童精神病学家沃纳·威利吉（Werner Villinger）。作为魏玛时代的进步主义者，威利吉曾在20世纪20年代把心理疗法引入汉堡的青年福利计划，这时却变成一名坚定的纳粹党徒和不良少年强制绝育的坚定拥护者。

1940年1月，专家们和“T-4”计划的官员们在勃兰登堡的前苦役营参加了一场毒气演示后，认识到已经有了一次至少杀掉20名患者的手段。就在这个月，德国各收容院的患者被以疗养为名，送到勃兰登堡、士瓦本阿尔卑斯山区（Swabian Alps）的格兰芬耐克（Grafeneck）和林茨附近的哈特海姆（Hartheim），准备进行处死。勃兰登堡的杀戮行动到9月份逐渐缓和下来，而此时在贝恩堡（Bernburg）又建立了一个处理中心。在保罗·尼采（Paul Nitsche）教授主管的索南夏因（Sonnenstcin）收容院，从1939年年初就开始对患者实行节省成本的“饥饿饮食法”，而这种食疗法是从其他萨克森地区的收容院学到的。到1940年5月，尼采也进入“T-4”计划总部，全身心为其工作。

处决良心犯是人所周知的事，有军法支持，而处决残疾人则没有公开宣布过，也没有法律依据，虽然负责该计划的一些关键人物显然曾游说制定法律。鲍赫勒和勃兰特从希特勒的手里挤出两行命令，准许实施“安乐死”。这个秘密文件语义模糊，不过对于希特勒来说已经足够了，他不愿再冒风险把自己的名字与更多允许秘密处决的文件联系在一起。患者选择程序和处决安排通常由收容院精神病学家弗里德里希·曼奈克（Friedrich Mennecke）这类医学主管负责，受黑森-拿骚地区的弗里茨·贝诺塔特（Fritz Bernotat）等地方高级官员驱动。这些地方官员有很多都是纳粹党员，不过他们很乐于主动行事，其主导思想并非都源自纳粹。更确切地说，他们从卡尔·宾丁（Karl Binding）和阿尔弗雷德·霍奇（Alfred Hoche）在1920年写出的小册子《准许毁灭不值得生存的生命》（*Permission for the Destruction of Life Unworthy of Life*）里找到了提示。宾丁和霍奇在该书中对“安乐死”进行了激进的重新定义，把它从躲避绝症煎熬的个人选择事务，转化为一个社会处置“无价值生存者”的合法手段。

20世纪20年代（尤其是1929年华尔街股市崩盘后），德国地方和全国范围内一再发生金融危机，从而使德国官僚在分配资源时，更沉湎于节约成本而冷酷选择这样的文化。在他们眼中，轻罪犯都是“精神病”，流浪汉和长期失业者被归类为“不合群者”，最不可救药的则成为“社会异己分子”。纳粹政权进一步鼓励这种倾向，营造出一种管理文化，警察、法庭、青年和社会福利机构、SS、监狱主管和少年感化院负责人受其影响，都自认为投身到了维护民族纪律的共同事业。如此毫不困难，因为太多这类中产阶级政治保守主义男性从一战失败后出现的社会秩序崩溃吸取了相同的教训。他们认为德国的战斗只是不够冷酷。

这些思想从未得到大多数医学和福利游说团体支持，更不用说主流舆论的态度了，而纳粹政权为它们提供动力，并运用制度性手段进行遮盖和保密。自一开始，医疗屠杀就是建立在德国公众不会赞同这类措施的前提上的，至少有些宗教派别会反对。为了把受害者与他们的家人分开，当局下了很大力气，其手段主要是利用正常的官僚主义程序，如将患者从中转收容院送到哈特海姆或伊德斯坦因（Idstein）等地的屠杀场时，每个环节都有意耽搁，不让家属及时了解情况。有些收容院惯于以拥有铁路军事优先权为借口，禁止外人参观，位于黑森地区的伊德斯坦因镇上的卡尔曼霍夫（Kalmenhof）收容院就是这样。

由于杀掉的患者太多，医生们对于编写虚假死亡原因为这个计划保密也不太上心。有些亲属得到消息说，他们家的患者死于盲肠炎，器官早已被摘除。对于心有疑惑的家庭，甚至会给他们送去装着骨灰的纸盒。当亲属们在男人的骨灰里发现了女人的发簪，或者两周前刚在一个收容院见过自己的亲人，现在突然收到骨灰，他们开始提出疑问。在紧邻一些收容院的地方，毒气室根本不是秘密，如士瓦本阿尔卑斯山地区的格兰芬奈克收容院附近就是这样。在士瓦本，认信教会影响力比较大，这个都会把当地的抗议传递给纳粹政权。1940年7月初，教会理事会成员莱因霍尔德·索特（Reinhold Sautter）给地方长官威廉·穆尔（Wilhelm Murr）的办公室写信，而西奥菲尔·乌尔姆（Theophil Wurm）主教则把这个问题提交给宗教事务部长汉斯·克尔（Hanns Kerrl）、内政部长威廉·弗里克（Wilhelm Frick），最终到7月25日，他还给帝国总理府的主人写了信。这些异议者都认为自己是忠诚的批评者，警告这种杀戮行为会削弱民众对“民族共同体”思想的信仰；纳粹党曾许诺，会照顾每一个人和支持“积极的基督教”，他们认为这个诺言也会受到质疑。尽管这些请愿信持续在私下里传阅，但教士们只是通过秘密渠道表达反对态度，小心谨慎避免与纳粹政权发生任何公开冲突。

1940年9月，斯特腾（Stetten）收容院主管路德维格·沙伊希（Ludwig Schaich）牧师接到通知，称要从他的收容院再要150名患者。他给戈培尔、穆尔、司法部长弗朗兹·戈特尔和兰马斯（Lammers）写信，对该计划的道德和法律问题提出质疑。内政部长弗里克生硬地告诉他好好配合，沙伊希则采取了一个前所未有的措施，与患者们的亲属联系，要他们赶快到收容院领人，否则就来不及了：然而很少有亲属来接人，虽然有不少亲属赶来和患者告别。沙伊希的这个举动极为罕见。内省布道会（Inner Mission）中央委员会主席康斯丁·弗里克（Constantin Frick）牧师是“安乐死”的狂热鼓吹者，他强力使很多顽固的新教收容院主管遵从命令。一般情况下，威胁不给这类收容院提供公费医疗患者就够了；有时候，还把不听话的主管撤换掉。很多收容院积极为这个计划提供帮助。虽然天主教官方立场是反对避孕和安乐死，但有些由天主教慈善组织“明爱会”管理的收容院对当局言听计从。

对于神学家，让他们闭嘴比劝说他们转变思想更容易。保罗·亚瑟斯（Paul Althaus）曾在1933年7月一度公开反对激进的“种族优生专家”（racial hygienists），尽管总的来说他认为个人的其他一切事务都要服从民族共同体的需要，但在这个关键问题上，他坚持“上帝是生命和创造者和主导者”。就在那个月，巴伐利亚内政部命令他不要再讨论与“种族优生”有关的问题。亚瑟斯虽然出于个人原因还在关注这个问题，但他又公开说了：他有个残疾的女儿住在伯特尔（Bethel）收容院，这个收容院积极参与“安乐死”计划。

一旦杀戮之门被打开，就不可能再保守住秘密，收容院邻近地区的反对声浪越来越强。格兰芬奈克收容院用毒气杀掉9839人，附近居民日益感到不安，最终到1941年1月，该院的毒杀行动被转移到哈达玛尔（Hadamar）和兰河（Lahn）地区的收容院。后者的焚尸炉烟囱排出浓烟，证实了负责处理尸体的工人的传言。不久，当地儿童见到运送患者路过哈达玛尔的灰色巴士，就会喊着“杀人厢子来了”。在其他地区，消息传得更慢一些，主要是通过公共健康系统和教学的私人渠道谈论这些事。不过这些消息的传播是不均衡的，在医疗屠杀开始的前18个月，公共讨论没有涉及此事。

德国的战争一开始就伴随着大规模有目标的暴力行动。在波兰占领区，德国清除了那些可能担当民族领袖的人，目标是彻底摧毁波兰这个国家；德国还把波兰的一些地区划为日耳曼殖民区。在德国的战前边界内，国家暴力针对的目标是可能危及战争努力的小型和处于社会边缘的群体，如共济会会员、共产党员和耶和华见证会成员，还清除了消耗宝贵资源的白痴。所有这些行动都是预防性的，清除得彻底干净，目标是预计会发生的威胁或困难，而非已经显现的严峻挑战。很多行动并非由新的纳粹机构来执行，而是由既有的职业精英负责，他们以自己的风格，构建出行动的基本原则。他们认为，德军遭到共产分子、妇女和犹太人的背叛，于是以这样或那样的手段，洗去1918年11月的耻辱。1939年，需要清洗的“内部敌人”名单从这种观念出发，最让人惊讶的是忽略了德国残存的那些犹太人。

战争立刻让人担心会发生新的大屠杀。但恰恰相反，约亨·克莱珀和维克多·克兰普勒惊奇地发现，媒体的反犹调门迅速降温了，这可能是对新的苏联盟友做出的姿态。随后到了11月8日晚上9点20分，一枚炸弹毫无征兆地在慕尼黑的啤酒馆里炸响了，当时纳粹运动的老战士正在集会，庆祝1923年的“啤酒馆暴动”。希特勒为了赶火车回柏林，10分钟前刚提前离开，炸弹就在他站过的讲台后面爆炸了，导致8人死亡，64人受伤。当关于这个暗杀阴谋的新闻第二天传开后，很多雇主召开了特别职场会议，学校举行临时集会，孩子们唱起路德教会的赞美诗“现在让大家都感谢上帝”，感谢老天保佑元首躲过一劫。人们激烈谴责“英国人和犹太人”等幕后袭击者，希望对他们进行报复。

官方对这次暗杀行动保持沉默，与1938年11月的啤酒馆集会相比反差尤其明显。在上一年的集会时，戈培尔利用一名低级德国外交官在巴黎被犹太人暗杀一事，发起全国性反犹行动，纳粹冲锋队和党卫队（有些地方甚至还有身穿校服的男孩女孩）把犹太人从家里拖出来进行殴打，对犹太人的商店大肆掠夺，焚烧犹太会堂，消防队在一旁袖手旁观，只是为了防止大火蔓延到非犹太建筑。在那个“水晶之夜”里，据官方统计共有91名犹太人被杀，25 000个男子被塞进集中营，其中数百人在里面被杀害。

就在1939年11月，两名英国间谍在荷兰边界被捕，媒体毫不犹疑地谴责英国和犹太好战分子是主使（事后证明这是错误的）。但是德国没有掀起新的屠杀行动。维克多·克兰普勒和约亨·克莱珀都惴惴不安地等待当局进行猛烈报复，但这种情况没有发生，对没有能力或者不愿意移民的犹太老人只是出台了一系列限制规定。从1938年11月9日大屠杀到战争爆发，德国政府发布了229项反犹法令。而在1939年9月到1941年秋，纳粹机构对每一项管理德国大后方的新措施都增添了反犹内容，并且还另外颁布了525项限制犹太人日常活动的法令。犹太人不得购买内衣、鞋子和衣服，即使正在长身体的青少年也必须遵守。犹太人必须上交自己拥有的收音机和电唱机。从纳粹本身的标准看，这样对待在两次大战期间都犯有大罪的一个群体是特别克制的。考虑到希特勒的反犹政策与国际关系存在联系，这表明他还是希望与英国和法国达成协议的。

第四章

大战爆发

帝国保安总局匆忙搜集了德国各地的报告后，表示民众对突然入侵荷兰和比利时感到震惊，承认社会舆论迅速变得“相当严肃”。元首宣布“决定时刻已经到来，使得民众认识到西线战事开启，将要求他们做出最大牺牲”。

1940年5月10日天刚亮，保罗海因茨·旺泽（Paulheinz Wantzen）就无法再睡下去，枕头无法挡住飞机发动机的持续轰鸣声。当这位新闻记者起床后，看到轰炸机和战斗机从明斯特的两个机场起飞后，在屋顶上盘旋。旺泽一赶到办公室，就打开收音机收听新闻。电话铃声同时响起，宣传部下令出版号外。旺泽几乎没有办法写社论，因此电话铃声一直没断。明斯特的每个民事部门都想弄清发生什么事了，德军开进到哪里了？他们遇到抵抗了吗？意大利真的参战了吗？帝国保安总局打电话过来，告诉他昨夜军方的进攻命令下达得太晚了，警察不得不跑到各个电影院、剧场和酒吧召集士兵。然后第一架飞机从荷兰鹿特丹附近的勇堡（Ypenburg）机场返回，运来3名阵亡德军士兵和8名伤员。中午11点，宣传部的媒体指导方针到了，它宣布“荷兰和比利时是西方列强新的进攻目标，英国和法国军队开进荷兰和比利时，我们正在反击”。盟军的目标是“挺进至鲁尔”。当天下午，帝国保安总局又打电话过来，问旺泽“有关民众的情绪”：它显然希望记者消息灵通。

那天晚上德国电台播放了第一号军事公报，宣布德国开始在西线进行大进攻，元首已经赶赴前线。旺泽离开忙乱的办公室后，进入到另一个世界。“明斯特的街景，”那天晚上他观察到，“没有什么改变，一切都平静宁和”，只有供不应求的报纸，才让人想到正在发生的事件。他认为那天晚上明斯特会遭到空袭："如果英国人做不到"，他思忖着"那么他们在这场战争中已经输了"。

盟军轰炸机那晚没来，不过到5月10日，大约60枚炸弹落到弗赖堡附近的小城市巴登尼斯（Badenese）。这是德国平民目标第一次遭受袭击，大部分炸弹掉在火车站附近。德国在公报中对这次袭击进行谴责，称"三架盟军飞机向弗赖堡市中心投弹，炸死24名平民"，并威胁"从现在开始，德国平民每遭受一次敌方轰炸，德国就要派出5倍于敌的飞机轰炸英国和法国城市"。第二天，德国宣布遇难者中有13人是儿童，他们挨炸时正在市体育场玩耍。死于轰炸的人数又上升到57人，媒体持续关注弗赖堡轰炸，当人们听说敌机来自法国时，帝国保安总局立即记录到民众的反应是"极为愤怒……最终激起强烈的反法情绪"。5月10日的袭击一直被视为"弗赖堡儿童屠杀"事件，但实际上，投弹的是德国轰炸机，它们在浓密的云层中迷失方向，把弗赖堡当成了第戎（Dijon），袭击了错误的目标。后来媒体的确做了更正，但从来不认为德国有错：作恶的法国战机被换成英国战机，它们被指责为开启了屠杀儿童的战争。

当这个新闻发生时，年轻的医生之子赫尔穆特·保卢斯（Helmut Paulus）的刺刀训练已经进行了一半。他的很多同志都来自莱茵兰的巴登尼斯，有的人甚至家属就在弗赖堡，因此受到极大影响。保卢斯在家信中说，有个人平日里性情温和乐观，"如今却再也控制不住自己，正在训练的时候突然开始哭泣"。那天的训练时间被缩短，以便让他们平复心绪。修整一下是必要的，因为一位同志的刺刀直接穿破了皮革保护层，从赫尔穆特的钢盔滑下去，导致他的咽喉受到轻伤。每天戴着防毒面罩，让他们产生了幽闭恐惧症，担心家里的亲人遇到最坏的情况。相信英国人会投毒气弹的不仅有赫尔穆特，对于空战，德国及各国民众最害怕都是毒气弹。在普福尔茨海姆，赫尔穆特的父母取消了到维也纳旅行的计划，他父亲还在地下室安装了空袭窗，并且将之关闭，"直到严峻的日子过去后才能打开"。

大多数人都在焦急地考虑事态如何向前发展。"长期担心的事情如今已经成真，西线战事开始了。"威尔姆·欧森菲德从波兰占领区的韦格罗

（Wegrów）给家里人写信说。他在那天早上4点钟起床，要陪新来的上尉骑马兜风。两名原先当教师的军官来他们团指挥部喝咖啡拜访，回去的12公里路程要骑马，并且会绕道犹太区，欧森菲德习惯在那里向衣衫褴褛的孩子们扔糖果。不管他怎样感觉自己与德国在波兰的暴虐行动格格不入，他都完全被卷进去了。“西线所发生的事件在我的脑海里挥之不去，它们像噩梦一样压在心里。”

帝国保安总局匆忙搜集了德国各地的报告后，表示民众对突然入侵荷兰和比利时感到震惊，承认社会舆论迅速变得“相当严肃”。元首宣布“决定时刻已经到来，使得民众认识到西线战事开启，将要求他们做出最大牺牲。如果母亲和妻子们对战场上的家人明显持相当严肃而关注的态度，那么民众的基本态度就是坚定而自信的”。所有地区的报告都证实，人们“内心都确信有必要采取这一严肃步骤，如果需要，有必要做出牺牲”。

德军趁夜潜入卢森堡，开始发动进攻。就在5月10日拂晓之前，又全面入侵比利时和荷兰。尽管荷兰在上一场战争中曾保持中立，但德军通过低地国家进攻法国，从其他各个方面来看都像是1914年的施利芬计划的翻版。谁也不能保证1914年8月到9月期间德军通过比利时发动的闪电战不会重演，因为比利时人在两战之间为了加固东部边境已经付出很大努力。他们用大规模强化的混凝土要塞保护着三道运河和河流防线，中心是阿尔贝特运河（Albert Canal）与埃本-埃马尔要塞（Fort Eben Emael）。而德军就是从这里突破的。当天黎明时分，10架滑翔机悄无声息地降落在要塞群的平顶上，第11架滑翔机载着负责指挥这次行动的年轻中尉偏离了航道，但是80名伞兵已经进行过完备的演练，不等中尉赶到即开始发动进攻。他们使用新式的空心装药武器，清除了要塞里的液压驱动炮塔。用火焰喷射器从混凝土堡垒的窗口施袭，把迷迷糊糊的防御者驱赶出来。在那天结束之际，该要塞及其控制的费尔德韦兹尔特（Veldwezelt）和弗罗恩哈芬（Vroenhoven）这两座关键桥梁落入德国人手中，德国第6集团军的坦克驶向比利时中部的道路已经敞开。5月11日星期六，当这个新闻播出后，对后方的士气立刻产生了影响。

当晚，比利时军队自迪莱防线（Dyle Line）后撤，这是该国第三条也是最后一条防线，从安特卫普（Antwerp）延伸到那慕尔（Namur）。这条防线的弱点在于让布卢（Gembloux），它位于瓦夫尔（Wavre）和那慕尔之间，地势非常有利于坦克冲锋，事先没有修建堑壕等工事。在让布卢这个缺口，法国派出其机械化和摩托化的第1集团军，摆出最强阵形迎战。5月12日，艾里希·霍普纳（Erich Hoepner）将军指挥的装甲部队在阿尼（Hannut）遇到勒内·普里乌（René Prioux）将军的法国骑兵军抵抗。法军拥有176辆索玛（SOMUA）中型坦克和239辆哈奇开斯（Hotchkiss）轻型坦克，而德军大部分是波兰战场上早已吃过亏的1号和2号轻型坦克。霍普纳拥有的轻型坦克无法对法军的中型坦克构成威胁，火力能满足需要的中型坦克数量又太少。第二天，他再次发动进攻，集中兵力突击法军漫长而薄弱的坦克战线。法军坦克没有装备无线电，无法迅速机动，当被德军坦克突破后，除了撤退没有选择，德军装备虽然比不上法军，却取得胜利，并且赢得时机收回和维修了100辆战损坦克。这是历史上第一次大规模坦克战。

从盟军方面来看，阿尼一役实现了阻滞德军前进的目的，为法国第1集团军集结步兵师赶赴迪莱防线争取了时间。预料中的1914年战事重演看上去成真了，法军总司令毛里斯·甘末林（Maurice Gamelin）一直打算在这里阻击德国人。由于埃本-埃马尔要塞陷落，以及荷军向北撤入“荷兰要塞”（Fortress Holland），德军的攻势更为迅速，盟军仅有5天时间在比利时展开部队，而原来的计划需要3个星期。不过甘末林指挥他的大多数现代机械化部队，也实现了行动的第一个目标，把最有战斗力的部队布置到迪莱防线。而德国人正想把盟军引到那里。

29个德国师从荷兰南部和乡野总部攻向迪莱防线，同时，另外45个师穿过卢森堡和比利时南部山脉，进逼法国边界和默兹河（Meuse）[①]。这是一个出人意料且风险极高的行动，41 000辆德军各式车辆为了开向树木繁茂的阿登山地，必须穿过4条狭窄蜿蜒的道路。交通不畅使德军队伍绵延到莱茵河，对英法轰炸机来说几乎成为静止目标，有可能没开进到目标区域，就被盟军摧毁。

---

① 又译作马斯河。——编者注

总参谋长弗朗茨·哈尔德和另一位德国将军反对这个计划，因为它的风险实在太大。但是，虽然瑞士秘密警告法国，称在该地区发现德军大部队运动，但法国没有向那里派遣飞机：大部分盟国空军部队已经在北部战场的空战中遭遇重大损失。在德军部队中，先头是7个装甲师：这是一支独立打击力量，包括1222辆坦克和378辆支持车辆，配有摩托化步兵、反坦克炮和防空炮，由海因茨·古德里安将军、乔格-汉斯·莱因哈特（Georg-Hans Reinhardt）将军和赫尔曼·霍特（Hermann Hoth）将军指挥。

阿登地区的法军战斗力不强，它们在5月10日到11日遭遇德军进攻后，撤到默兹河对岸，那里驻守着法国第2集团军。甘末林将军的副手乔治将军于5月11日向法国预备役部队下达命令，第二天，德军进抵默兹河。法国的将军们认为，他们有充足的时间部署步兵和坦克，因为他们估计德军至少要到5月20日才能集结足够的火炮和步兵强渡默兹河。实际上这个想法和哈尔德拟定的时间表是一致的。

5月13日，德国空军轰炸机出动3940架次，对法军阵地进行地毯式轰炸，同时，两个中队的斯图卡式轰炸机还对法军进行了300架次俯冲轰炸和扫射。在波兰，德国空军已经赢得“飞行炮兵”的称号，它在那里进一步完善了曾在西班牙内战中开创的空中和对地进攻作用。戈林对默兹河进行了8个小时的连续轰炸，火力之凶猛不仅前所未有，甚至在之后的战争中德国空军也没再发动如此规模的轰炸。轰炸没能消灭法军的火炮阵地和碉堡，但摧毁了法国人的意志。那天下午，配属古德里安第19装甲军的德国摩托化步兵师和精锐的大德意志步兵团试图强渡默兹河。法军依靠前线103个碉堡坚守，压制住德军的进攻。不过这条河流有一段小弯是法军碉堡的火力盲区，临近傍晚，大德意志步兵团的突击工兵从那里渗入。到午夜时分，德军已在默兹河的三个地方取得突破，虽然在蒙代尔梅（Monthermé）只掌握了一条仅1.5公里的通道，在色当（Sedan）和迪南（Dinant）建立的桥头堡也极为脆弱。

德军发动突然袭击，在用橡皮船渡河时伤亡非常严重，而法国拘泥于“按部就班战斗”（Methodical Battle）的教条战术，直到更多装甲和火炮增援部队到来后，才于5月14日黎明向古德里安的色当桥头堡发动反攻。德军的这个阵地在前一个晚上很虚弱，但在法军等候增援的间隙，德国人趁夜运过去足够多的坦克，顶住了法军的坦克进攻，并将它们摧毁。法国步兵顾不上命令，开始撤退。恐惧蔓延到邻近的第71步兵师，还没等德军到来，这支部队就不战而逃。英法轰炸机一整天都力图炸掉德军搭建的浮桥，它们以10到20架的小机群编队进攻，没能炸到目标，并且伤亡极大。英法空军缺乏德国斯图卡俯冲轰炸机那样的精确度，也没有前一天德国中型轰炸机展示出的地毯式轰炸战术。根据哈尔德的决定，取得桥头堡后，德国装甲部队需要修筑工事进行坚守，同时主力步兵师渡过默兹河。如果盟军从比利时战场后撤，德军就可以打一场经典的包围战，利用两面夹击的优势，在运动中将其消灭。当古德里安要求将桥头堡扩大20公里时，克莱斯特（Kleist）和伦德施泰特（Rundstedt）都坚持按原计划行动，命令他前进不得超过8公里。

那天在德国大后方，播发了不下于四个特别声明，舒解了德国人普遍怀有的焦虑心情：

“现在大部分民众都认为，在西线发动的是‘闪电行动’。” 帝国保安总局报告说，并且注意到“德国空军自战争开始就占据了空中优势”，给民众增添了信心。德国民众原来担心可能会重复1914～1918年的僵持战，现在被伞兵奇袭埃本-埃马尔要塞振奋起来，他们获知，那里是欧洲“最坚固的堡垒”。

第二天，即5月15日，古德里安和第7装甲师师长埃尔温·隆美尔（Erwin Rommel）不顾上级的直接命令，从色当和迪南的桥头堡出击。他们没有如法国预料的那样转向南方抄马其诺防线（Maginot Line）的后路，而是向西方和西北方向进击。隆美尔的钢铁洪流与法军第1预备役坦克师的Char-B重型坦克相遇，大部分法国战车当时都在加油，德国人在战斗中成功摧毁了100辆敌军坦克，火力占据极大优势的法国军队遭遇失败。两位德军指挥官继续向前推进，古德里安的战线向前扩展了80公里，隆美尔则达100公里，越过了勒卡托（Le Cateau）附近的桑布尔（Sambre）河。在接下来的两天，即5月17至18日，他们停下来吃饭、睡觉、加油、维修战损车辆，摩托化步兵师则为了追赶孤立前出的装甲师而疲于奔命。

在第8航空军的密切支援下，坦克部队已证明自己可以担当独立打击力量。古德里安在一战期间做过后勤和通信工作，他重视装甲部队内部的无线电通信联系，现在又获益于卓越的地空协同作战。当前线联络官呼叫空中掩护时，斯图卡轰炸机迅速做出反应，有时不到10分钟，就能摧毁敌方的坚固工事，扰乱敌人的后方，或者保护德军坦克免受侧翼袭击。实际上，德军坦克部队是从盟军主力部队的西面远远绕着走的，大体上避免与之发生接触。这样的进攻使德国和法国总参谋部都感到惊讶。装甲部队协同作战，一路畅通无阻神速突击，使被抛在后面的步兵觉得它们像是如入无人之境的疯子。部队不眠不休，为了提振精神，消耗了3500万片甲基苯丙胺及其同类药物。当军方供应跟不上时，士兵们就写信让家里人去药店购买安非他明。5月20日夜，第2装甲师的一支士气高昂的侦察部队抵达滨海努瓦耶勒（Noyelles-sur-Mer），索姆河口和英吉利海峡一览无余。

自从10天前开战以来，很多德国人一直就没关闭收音机。帝国保安总局报告说，人们哪怕要值早班，也会等到收听了半夜的国防军最后公报再休息。德军“势如破竹直趋海峡，对敌军主力部队完成合围”的新闻“使各地民众紧张到极点，然后再次兴奋起来”。人们都相信，很快会攻陷法国，之前将入侵英国，“都希望英国本土尝到战火的滋味”。宣传部官员汉斯·弗里切（Hans Fritzsche）的军事评论极受欢迎，帝国保安总局称它扭转了收听敌台的风气。戈林选择在这个时候向媒体透露说，整个行动都是元首策划的，具体到每个行动的细节。只有敌人对德国西部城市进行的轰炸不断引发警报，而这种袭击使民众越来越强烈地要求进行报复。

当西线进攻开始时，恩斯特·贵肯正在度假，他用了12天时间才在卢森堡赶上他的部队。“昨天还冒着弹火躲在马其诺防线的泥土里和卢森堡的潮湿洞穴里，今天早上我们就从侧翼攻入法国了。”5月28日他写信给伊琳。他虽然错过了开头的军事行动，但很高兴还是赶上了：“伊琳，这使我们特别骄傲。”对于迫击炮袭击，恩斯特改编了一首流行的水手歌曲来唱，“它们吓不倒一个大兵”。他和战友们早上和晚上都去游泳，不过喝水时要求当地妇女先尝，因为他们害怕有人向井里投毒。他们还抑制住喝酒的欲望。6月2日，星期天，贵肯的部队行军35公里才安营扎寨。他们把一个200升的酒桶搬进帐篷，宰了一头牛挂在树上切肉。恩斯特在信中说，当地人只是一直在说："德国人好样的。"除了这些再也听不到什么话语。他们也说不了其他什么。他们问我们，"去哪里？"我们回答说，"去巴黎"，去找"达拉第先生（Monsieur Daladier）"。然后他们一边哭着一边跑开，"哦，最不幸的法国，最不幸的法国"。我们没办法憋住笑。伊琳，我告诉你，没有能比这再好的军事行动了。

的确，"哪里都不能与这个梦想成真的地方相提并论"。对于战斗生活，他很高兴"经历了战火的完美洗礼"。他估计大约有1500架德军战机持续从头顶掠过，这让他感到头有点痛，不过大部分行动都像观看体育比赛。"我们看上去像一群猪，但这是上帝送给我们的最好的战争。战俘成千上万。"

年轻的高中毕业生汉斯·阿尔布林（Hans Albring）参加西线进攻时，有一个愿望就是看一看法国天主大教堂。他已经做好道德准则会受到冲击的准备，"我们的士兵受这种狂热激情的折磨，但法国人受创更甚"。靠着一本词典，他在战壕里读拉西内（Racine）[①]和保罗·克洛岱尔（Paul Claudel）[②]的作品。汉斯来自明斯特兰（Münsterland），是一位虔诚的天主教徒，他向好朋友尤金·阿尔特罗奇（Eugen Altrogge）抱怨说，随军牧师太少，让人很是烦恼，他们"没有任何做忏悔和团契的机会"。他不明白为什么法国人那么恨德国人。"黑人特别坏，"他透露说，"他们在树木里出没，枪法很准。"以前阿尔布林做梦都想不到的事，现在天天发生。刚刚他们正在烤土豆蛋糕，喝波尔多陈酒，享受美味的天然咖啡，下一刻可能就到了一片躺满腐臭牲畜的开阔地，"这些死掉的牲畜四脚朝天，就像翻倒的木摇马"。他们看到"路上有一群黑人尸体，血肉模糊，令人毛骨悚然"，几乎可以肯定这是来自塞内加尔的法国殖民地士兵，"随处可以见到新挖的坟墓上放的钢盔"。阿尔布林请他的朋友一个字也不要透露给他的家人，他们都以为他安全地待在后方呢。一颗

---

① 法国古典主义时期最伟大的悲剧作家。——译者注

② 法国著名的诗人、剧作家和外交官，法国天主教文艺复兴时期的重要人物。——译者注

炮弹在200米外炸开后，汉斯向尤金提出他心里一直疑惑的有关一切战争的问题："如果是我……而非你在保管我的书和图片，应该把这种信烧掉。"

尤金让他的朋友放心。"我相信你运气好——什么事也不会发生在你身上，"他回信说，"我们需要一同走向未来……Pax Domini sit semper tecum（愿主的平安常与你同在）。"同时，尤金将要去维也纳服役，那里远离战争，让他有些烦恼，晚上去看歌剧也让他有点惭愧。不过命运问题还是留给神解决吧，他迅速了解到不打仗也有好处，只花了75芬尼，就去看了莱哈尔（Lehar）和普奇尼（Puccini）。与大多数老乡一样，他更喜欢威尔第（Verdi），而非瓦格纳（Wagner），发现威尔第"用强烈的感情和动人的旋律，把力量和优雅完美表现了出来"。此外，莫扎特的《唐璜》（Don Giovanni）让他着迷，尤其是主角最后被拖入地狱的那部分。这部戏使他太受感动，以至于这位一心要当艺术家的年轻人不停地在思考，怎样才能刻画出"夹在死亡和魔鬼之间的舞蹈"。当汉斯正在经历战火时，尤金大部分时间都在享受和平。

弗里茨·帕布斯特（Fritz Pabst）乘坐巴士跟随战线前进，重建被比军和法军撤退时炸掉的桥梁。当汉斯·阿尔布林煞费苦心地不让家里人知道他的危险处境时，这位33岁的士兵却向妻子希尔德嘉德（Hildegard）吹嘘说，"我们离前线很近，属于战斗部队"。他以在后方行动为耻，因而没有在信中安慰妻子说自己很安全。他们偶尔会遇到一个没有受到战火伤害的村庄，但只要法军在哪里抵抗，斯图卡轰炸机就会夷平哪里。

法国和比利时的战斗还没结束，德国电台记者和摄像师已经把画面和声音传递给大后方的民众了。关于法国行动，德国拍摄了三部连续的新闻影片，时长达到40分钟。德国摄像师跟随战斗部队行动，接触前线战斗的机会前所未有，他们通过镜头重现了一场关键场面。记者们为了捕捉战斗场面所冒的风险使观众感到震惊，当他们看到惨烈的画面，一个个屏住呼吸、失声尖叫。为了让观众有身临其境的感觉，摄像师们经常以稍低一点的角度仰拍德军士兵的脸，使他们棱角分明、受到战火洗礼的容貌更具浮雕感。再上声音效果和乐曲伴奏（经常改编自弗朗茨·R. 弗里德尔的经典作品）后，新闻影片的目的就是征服观众。这不是普通的剧院新闻，而是视觉、听觉和情感的全面体验，画外音营造出紧张气氛：“……新的德国坦克做好了进攻准备，即将雷霆出击，它们会经历新的浪漫战斗。这些坦克就像中世纪的骑士，机动性如上次大战中的骑兵。”很多电影院人满为患，帝国保安总局报告说，有些电影院一天得排十场放映。新闻影片放完后，灯光亮起，暂停一下以便让观众平静下来，互相说说话。很多人在正片放映之前就走了，不想让“空洞的故事片”毁掉刚才看了新闻影片产生的激动心情。

5月24日，德军已经攻占加莱，希特勒和伦德施泰特同意让坦克部队停止战斗，允许他们进行紧急维修，以便能挥师打击南方的法国军队，把被困在敦克尔刻运河区的盟军部队留给德国空军处理。在过去10天里，德国空军掌握了制空权，但此时却意想不到地失败了。它成功轰炸了海滩，消灭了很多船只，包括9艘驱逐舰，并且限制了盟军的夜间行动，却无法阻止338 000名英法军人撤退。英国皇家空军从英格兰南部基地起飞，在挑战德国空军方面发挥了重要作用，从5月26日到6月4日，英国皇家空军飞行了4822架次。德国空军第一次遭遇比较大的损失。

汉斯·阿尔布林乘坐卡车前进，因而比步兵恩斯特·贵肯有更多闲暇时间写信。他一心要当艺术家，所以尽力用文字勾勒迅速变换的景象——农田里的老人睁开满是皱纹的眼睑，静默地凝视着他们；路旁被俘的军官“大胆而冷漠地”看着得胜的德国人，“态度冷静到可怕”。在普瓦捷（Poitiers），古洗礼堂里优美的壁画让他心动，很多玻璃肮脏不堪，使他感到心痛。营养充足的胖妇人就像是从凡·爱克（van Eyck）的油画里走下来的。从他睡过的猪圈里哼哧作响的猪，到想要多少有多少的黄油、起司、肉、自制腌菜、雪白的面包和像油一样浓的深红色葡萄酒，法国就像一个聚宝盆，让他感到惊奇。发现一本荷尔德林（Hölderlin）的“战前之歌”，使阿尔布林感到很高兴，他在这位浪漫主义诗人的作品里找到慰藉。对于战斗行动，他只能在后来这样描述战友们的脸庞：“欢乐与他们无缘，没有人再说话或者笑。”他们变得麻木“愚蠢”。和许许多多士兵一样，阿尔布林记录过一切，唯独不谈战斗。

法国在索姆河与埃纳河之间的新战线投入65个师，这条战线从马其诺防线一直延伸到海岸。6月5日，德军发动进攻，沿着索姆河迅速在多个地点取得突破，把战线一直推进到塞纳河。法国政府于6月10日出逃，将巴黎宣布为不设防城市。4天后，德军进入法国首都。6月15日，德国第7集团军的步兵师越过莱茵河，占领科尔玛（Colmar）和斯特拉斯堡（Strasbourg）等城市。第三部战争新闻影片拍摄的是德军步兵和炮兵，确保每个兵种都照顾到。每天都能瞥见普通士兵的日常活动，让观众感到心暖。伊琳希望能看到恩斯特，她在信中说，看到那么多张脸“在镜头中笑，我在每一个士兵的身上都看到你的影子，心里很满足”。如果元首要组建女子兵团，她会毫不犹豫地加入。

6月18日，法军开始破坏卢瓦尔河上的桥梁，贝当元帅（Marshal Pétain）组建的新政府请求停战。谈判开始后，德军继续向前推进。恩斯特·贵肯和弗里茨·帕布斯特（Fritz Pabst）都发现，他们的部队在向南朝第戎方向进攻。帕布斯特抱怨法军俘虏在战俘营里什么事也不做，他和战友们只好把法国人破坏掉的东西重建起来。“这真的正确吗？”他给希尔德嘉德写信时问道。他们突然开进到一个未受战火侵扰的地方，驻扎在一个巧克力工厂，上级禁止他们抢劫糕点往家里寄，但对他们在里面大吃不管不问。

在波兰，威尔姆·欧森菲德觉得错过了战争。他时年45岁，与所在部队里的年轻实习军官完全是两代人。他是一战老兵，有5个孩子。大儿子赫尔穆特刚受征召去当军医，这让他和妻子有点惴惴不安：威尔姆想让妻子相信，赫尔穆特还没服役，战争就会结束了。同时他给儿子写信：“最好你哪儿都不去，要是能替你当兵，我会很高兴。无论如何，妈妈为我们所做的牺牲已经太多了。”对赫尔穆特这个热切的理想主义者来说，他这样泼冷水没有用，而威尔姆极力警告儿子说，战争就像一切自然灾难，“或其他种类的大灾难”，上帝给这个世界带来战争，是因为“人类在很大程度上是属于魔鬼的”。他从天主教观点出发，断定“无辜者也必须受难，是耶稣毅然为拯救他人而受难的秘密”。威尔姆向妻子安妮马丽坦白说，他宁愿去西线参加战斗，不过他很快又做出保证，“我的生命不属于我和我的冒险精神……一想到你和孩子们（我）就冷静了”。尽管家庭义务战胜了荣誉感，但他禁不住还是非常渴望得到一个英雄般的胜利，这是他那一代人在1918年没能获得的。

年轻一代更受挫折。赫尔穆特·保卢斯在布尔诺（Brünn）接受军事训练进行到第三个月时，认识到他和他的战友终究出生得“太晚了”。他在1939年8月就想志愿回到军营，但还是错过了战争。他确信英国会投降，现在再接受训练纯粹是浪费时间。还没到20岁的年轻人急于为战争献身，挤爆了“帝国劳工服务队”（Reich Labour Service）办公室，想知道何时能受到征召。军备检查局（Armaments Inspectorate）如今也报告说，甚至那些豁免兵役的重要岗位工人也急着想当兵。

占领巴黎后不久，又一部从斯图卡轰炸机座舱的角度拍摄的敦克尔刻战役的新闻影片震惊了观众。观众们随轰炸机一起向英国运输船俯冲。这种电影拍摄技术早在报道波兰行动时就使用过，但是俯冲轰炸机轰鸣着发动机高速飞行，配上逐渐增强的背景音乐，营造出令人揪心的身临其境感。夜间向燃烧的油轮射击、白天轰炸铁路枢纽，证明了德军的精确打击能力。自战争开始以来，戈培尔就努力让德国人相信，英国人是胆小鬼和叛徒：现在敦克尔刻就为他的话提供了极佳范例。“汤米们”（Tommies）[①]原先只顾着在法国、荷兰和比利时的后方夜店里跳舞，他们一看到要打仗，就丢下盟友们跑了。他用面容憔悴的法军俘虏来证实德军的真正战斗力，而用冷静自满的英国战俘暗示英国人轻轻易易就逃跑了。

德国各地观众在银幕上看到法国西非兵团士兵后，都感到既害怕又厌恶：“法国人和英国人用这些畜生和我们打仗——见他们的鬼去吧！”“对于一个文明国家，这样做只能让自己臭名昭著，英国和法国堕落进万劫不复的深渊。”德国人都这样惊叹。在赖兴贝格（Reichenberg），妇女们承认，她们看到“有色人种”的面孔后，被吓瘫了，只有德军士兵再次出现在银幕上的时候，才能喘过气来。据帝国保安总局报告说，在很多电影院，观众都在喊：“对这些黑色野兽，抓到就立即毙了。”弗里茨·帕布斯特也同意这种看法，他警告妻子说，“要是这些劣等人攻到德国，会杀掉所有的人”。而德国从来没有公开报道的事实是数千名塞内加尔士兵想投降，或者已经被俘，但仍然被

① 英国人的外号。——译者注

屠杀，这些事只能在汉斯·阿尔布林等人的私信中看到。在波兰，平民和军人都被视为有伤害或躲在树林里狙击德军的嫌疑。在法国，只有黑人军队背上恶名，受到德军的虐待、折磨和屠杀。德国人如此对待黑人，除了出于报复，还与1923年法国占领莱茵兰时留下的深刻记忆有关，德国妇女受到法国殖民地黑人士兵的性剥削成为那段历史的永久性代表。即使在总体上比较“干净”的西线行动中，德军也实施了种族主义暴行。

6月22日，法国投降。希特勒坚持完全重演1918年11月的停战仪式，在接下来拍摄的新闻影片中，高潮是法国人在贡比涅（Compiègne）森林的同一辆列车上接受德国的条件。之后作为典型的补偿手段，这辆列车被运到柏林，在古董博物馆的台阶下展出。没有什么比它更能清晰明了地显示，上次战争的结果终于被扭转过来。胜利已经不容置疑，人们冲到大街和广场上，进行即兴庆祝，虽然很多人又被空袭警报吓得躲进屋里，但不忘在地下室打开收音机收听政府公告。当希特勒命令鸣钟一周、升旗10天时，帝国保安总局毫不费力地描述全国民众“前几个星期经历过极度兴奋”之后，“现在的态度是安静且欢欣骄傲，对元首和国防军心怀感激”。

在整个20世纪20年代，德国学童都被灌输法国是世仇的思想。如今法国如同一个神话中的怪物，已经被征服。依靠运气和临机应变，德国才取得这场胜利，但这些都迅速升华成战无不胜的运动战理论，威廉·凯特尔带头把希特勒赞颂为“空前绝后的最伟大统帅”。在每个电影院播放的战时新闻片中，都能看到德军士兵军容整齐，列队从凯旋门的阴影里行进到明亮的阳光下的镜头。不过出风头的是希特勒，他的形象出现后，德国各地观众都热烈鼓掌，高喊“嗨！”然后观众们都肃穆地坐下来，看着希特勒和他的将军们一起落座。人们看到他在前线乘车经过长长的战俘队伍时，担忧他会遇到安全问题。但当他坐上车并且露出笑容时，观众们都舒了一口气。忘掉了还在抵抗的英国，暂时忘掉了配给不足的困难和“大人物”的贪腐，他们为元首所陶醉。甚至众所周知不善言辞的士瓦本人都表示，“满心喜悦地感激元首及其工作所取得的超人伟业”。征服波兰后，很少有德国人觉得喜欢庆祝仪式。但如今，人们都叫嚷着要求得到元首的新照片，并且热烈地讨论着他的表情。工人阶级社区在20世纪30年代早期目睹过很多纳粹冲锋队和共产主义分子的冲突，他们虽然顽强，但最终还是屈服了。

奥古斯都·托波韦恩还在索林根的中学里等待征召，他也欢庆西线的胜利，认为“我们都必须认识到，真正的历史性决策是在这里做出的，是由阿道夫·希特勒做出的！”有价值的“不是善和恶，而是历史性坚强和历史性虚弱”。对于尼采，流行观点把他视为主张战争“超越善恶”的权力哲学家，德国对法国平民发动恐怖的空袭，对此托波韦恩也压下道德上的不安，告诉自己一个“孕育了尼采的国家只能赞同使用毁灭性空战”（他对此特别强调）。迈泽主教（Bishop Meiser）在巴伐利亚新教牧师会议上宣布：

历史的热气迎面击打着我们。无疑我们不能估量出今天发生在世界上发生的事件有多伟大……一个新世界正在崭露头角，我们德意志人站在这个事件的中心。这是核心力量，从中产生的全新的理想化世界将扩展到整个地球。

胜利是甜蜜的，因为它是不费吹灰之力得到的。一位士瓦本士兵来到卢瓦尔（Loire）后，感到惊奇。“敌人在哪里？”他问道，“在右方曾看到两个男人消失在灌木丛里，但敌人的影子也没找着，法国兵去哪了？”国防军在纪念册里发表了这封私人信件，意在把这个经历溶入大众的记忆里。希特勒把德国人民从世界大战中解救出来，德国在那场战争中失去近200万士兵。柏林平民的死亡数字到1917年已经超过军人，饥饿、严寒和疾病在这座城市肆虐。第二次世界大战初期对英国来说是“假战”（phoney war），对法国而言是“怪战”（Drôle de guerre），而从1939年9月到次年5月中旬的7个月时间里，对德国人来说不是对峙战，用帝国保安总局的话来说更是精神战。当令人担忧的战争终于在西线爆发后，最初的新闻公报印证了德国人普遍存在的感觉，即认为佛兰德（Flanders）战役要重演了，马上会面临大屠杀。事实恰恰相反，到1940年6月底，恩斯特·贵肯发现自己在土伦（Toulon）开怀大吃：

先是火腿，然后是烤牛肉、蔬菜沙拉，最后是美味的甜点。还有杏和樱桃，再来两瓶红酒。而这一堆食物只需9法郎，约合75德国芬尼。是的，是的，你说得对，我们在法国快活似神仙。

1940年夏，德军报告说在法国行动中阵亡数为26 500人。这个数字稍微有些被低估，在修正时会有所增加，不过即便如此，与上次战争时死亡的2 055 000人也完全不在同一个级别：德国征服了波兰、丹麦、挪威、荷兰、比利时和法国，只损失61 500名军人。西线行动最后一部新闻影片表现了希特勒在贡比涅接受法国投降之前，在一小块德国战争墓地前默哀的场面。现在是时候结束与英国的冲突，重新恢复所有民众都渴望的和平了。

1940年7月18日，第218步兵师返回柏林。欢迎群众在东西轴线（East-West Axis）排了20排，胆子大的为了看得更清楚，还爬到树上、路灯柱上和雕像上。人们向士兵们扔五彩纸屑和鲜花，军乐队演奏乐曲。部队穿过勃兰登堡门（Brandenburg Gate）行进到巴黎广场（Pariser Platz）后，受到柏林纳粹党部书记约瑟夫·戈培尔的迎接。他提醒欢庆人群说，上次军队从勃兰登堡门进来是在1918年12月16日，当时回来的是普鲁士卫队，而迎接他们的是歹徒和罢工分子："这次不是了！"他咆哮道。

第二天晚上，希特勒在克罗尔歌剧院（Kroll Opera House）向议会发表讲话，有6排座椅都摆放着花环，以纪念行动中牺牲的代表。美国记者威廉·夏伊勒还是坐在楼座，他以前从来没有见到那么多金色穗带和军服。他疑惑希特勒是不是会宣布"对英国发动新的闪电战，或者提出和平"。等到赫尔曼·戈林坐进议长席，观众们肃静下来后，希特勒就战争进程和军事行动发表了两个多小时的演讲。他行举手礼，把12名将军擢升为陆军元帅，这些将领立正回礼。戈林早已升为元帅，希特勒为他创造出新的"帝国元帅"军衔。夏伊勒认为这次演讲是希特勒最卓越的一次表演，这位美国记者注意到他没有歇斯底里，语气比往常稍微低沉，不仅用语言，还用双手和身体来表达。"今晚在帝国议会看到的希特勒，"夏伊勒几个小时后写道，"是一位征服者，他对此很清楚，可他也是位天才的演员，得心应手地操纵着德国人的思想，他把征服者的必胜信心和群众的对大人物怀有的谦卑完美结合在一起。”

希特勒在最后“伸出手”提议和平：“此时此刻，我在良心上有责任再次呼吁，拿出理智和常识来。我看不到有任何必须继续战争的理由”。希特勒的语气中更多的是遗憾，而非愤怒，观众们既紧张又期待。“一想到战争造成的牺牲，我就满心悲伤。我愿意扭转这一局面，这也是为了我自己的人。”他提醒观众，他在去年10月提出过和平，并且遗憾地说，“虽然我竭尽全力，但还是没能成功变为英国人的朋友”。三天后，哈利法克斯正式拒绝希特勒的新和平提议，并由BBC播放。

元首可能对英国政府有误判，不过对德国人的情绪掌握得很准确。希特勒表现出真正征服者的雅量，给英国结束战争的机会——英国人如果想继续打下去，责任需自负。一些德国人甚至在英国政府正式拒绝之前，就怀疑德国政府向“这场战争中真正的好战分子和罪人”提议和平是不是太宽宏大量了。不仅不谙政治的伊琳和恩斯特·贵肯希望元首“不要仁慈”，就连威尔姆·欧森菲德给妻子写信时，也把宗教慈悲置于一旁，“现在只能用残酷的暴力来解决战争，英国人想要的就是这个”。这个人曾为他在波兰目睹的暴力而感到羞耻，现在则很确定：“不，人们不必为他们觉得难过，希特勒给他们的和平提议已经够多了”。

希特勒在议会发表演讲前5天，即7月14日，丘吉尔向全世界发誓，英国将独自战斗。7月3日，皇家海军击沉停泊在突尼斯海岸的法国舰队，以防止它落入德国手中，丘吉尔将这个行动描述为“不幸的义务”。停战条款保证了维希法国新政府对法国海军的控制权，对其来说，这个突然袭击证明不久前的盟友背信弃义。德国宣传机器在整个夏天描绘的英国形象也是这样的：7月4日，德国新闻局发表了缴获文件摘选，其中有盟军想从中东地区轰炸苏联油田的详细计划，意在破坏苏联对德国的石油供应，新闻局将它宣传成奸诈的盟军试图扩大战争。

英国现在指责德国空军轰炸华沙和鹿特丹是根本性违约行动，而德国则宣传说，这些城市曾进行军事抵抗：除非它们像巴黎那样作为“不设防”城市投降，否则就是合法军事目标。然而对德国民众来说，1940年5月10日的“弗赖堡儿童屠杀”事件标志着英国已经单方面打破不袭击平民居住中心的规则。正如希特勒两年后在晚餐上告诉客人的那样，“发动空袭的是英国人……德国人总是拘泥于道德约束，而道德对英国人而言什么都不是，他们只是把道德视为虚弱和愚蠢的标志”。这个“事实”进入国际舆论，主要表现在1943个德国外交部向中立国散发的出版物《白皮书第八集：关于英国独有的轰炸平民的罪行文件》（8th *White-Book*：*Documents on England's Sole Guilt for the Bombing War against the Civilian Population*）.

弗赖堡事件可能是随手捏造的，但在1940年5月11日，英国皇家空军首次对德国发动空袭，打击目标是鲁尔区的明兴格拉德巴赫（Mönchengladbach）。法国投降后的数周时间里，英国空军加大夜袭力度，每次派出数百架飞机。大规模空袭增多，在6月23～24日夜间的袭击中，多特蒙德有1人死亡6人受伤，杜塞尔多夫有7人死亡7人受伤。不过英国空军的轰炸并不精确，7月间农舍和村庄也被炸。空袭成了规律性行动，而且轰炸漫无目的，迫使德国西北部城镇的民防志愿者紧绷着空袭预警的心弦。在汉堡，随着每次假警报把全城人都从床上赶下来，夏伊勒发现德国人“主要抱怨的不是轰炸造成的破坏，而是嫌英国人的袭击让他们睡不好觉”。越来越多的人叫嚷着要进行报复。

纳粹的喇叭在集会上暗示有了威力强大的新式武器，这激起将要入侵英国的传言。人们议论说，空降兵会使用在挪威和比利时行动期间亮过相的滑翔机登陆，据称无数新坦克和海军舰船已经准备好了。有消息说，有一支空军部队拥有2000架斯图卡轰炸机和新式重磅炸弹，喷气式战斗机每小时能飞1000公里；还有死光和某种神秘武器，帝国保安总局显然也无法理解，只是逐字逐句地在报告中引用传言，称“‘德军列装了带有电子尘埃的液态空气’，能无声爆炸，释放出热量”。随着很多天不再有军事行动新闻，占星家们的生意又兴隆起来。政治流言也在泛滥。据说劳合·乔治和温莎公爵（前英王爱德华三世）要来柏林，乔治四世已经退位，丘吉尔逃走了。一些有地缘政治头脑的民众公开问道，保留不列颠王国，是否对德国的经济利益有好处？的确，希特勒也问过同样的问题，担心英帝国如果解体，受益的将不是德国，而是“外国列强”。

即使在“和平提议”被拒绝后，希特勒也迟迟不能下定最后决心。他在7月初命令指挥官们拟订“对英战争”行动计划，不过直到8月1日，他才终于向空军发布指令，开始袭击英国。此前一天，他以苏联是英国在欧洲大陆上最后一个潜在盟友为由，命令总参谋部开始计划进攻苏联的军事行动。希特勒先考虑征服的是苏联而非英国，既表明他对德国依靠空中力量挑战英国皇家海军没有把握，又显示出他想逼迫英国与德国合作的夙愿。从7月到8月初，德国空军从挪威和法国西部的新基地出发，围攻北海和英吉利海峡沿岸地区，成功袭击了英国护航船队，英国海军部被迫中止航路。在柏林，建筑工人开始在巴黎广场设立观景台，为下一次胜利游行做准备，观景台用刷成金色的巨型木雕鹰徽做装饰。但由于英国夏季的气候过于恶劣，代号“鹰日”（Eagle Day）的袭击推迟至8月13日才开始实施。

在前三个星期中，德国空军袭击了英国皇家空军战斗机司令部（Fighter Command）的机场。8月18日，肯特郡的比根希尔空军基地（Biggin Hill）遭袭：返航的德国飞行员报告说，他们看到机场一片火海，跑道被毁，房屋坍塌，未遇到敌机或防空火力反击。他们断定，该基地“完全被摧毁……已经不复存在”。轻易赢得战斗胜利，他们觉得很惊讶。“小伙子们，”一位返航飞行员激动地向地勤人员解释，“那里根本就没有任何东西：我们曾想象会遇到很不一般的防卫。”8月19日，德国空军宣布击落了624架英国战机，自己损失174架。那天晚上，德国空军扩大了对英国航空业的轰炸，伦敦郊区的温布尔登（Wimbledon）和克罗伊登成为目标。8月24～25日，袭击的是哈罗（Harrow）、海斯（Hayes）、阿克斯布里奇（Uxbridge）和克罗伊登；8月29～29日，轰炸了亨登（Hendon）、绍斯盖特（Southgate）、文布利（Wembley）和比根希尔，还有内伦敦区的圣潘克拉斯（St Pancras）、芬奇利（Finchley）和老肯特街（Old Kent Road）。希特勒禁止轰炸伦敦，但在袭击一个遍布军事基地和工业设施的国家首都时，目标总会发生变化。

德国空军从新的陆上基地出发袭击英国，要比英国皇家空军轰炸德国容易得多，德国首次意外炸到伦敦后，丘吉尔下令立刻反击。8月25～26日夜，22

架汉普顿（Hampden）和惠灵顿（Wellington）轰炸机空袭柏林，这次行动对德国来说微不足道，只造成轻微损失，不过使赫尔曼·戈林对大后方许下的诺言成为泡影。战争爆发后，戈林在电台中发誓，如果让一架敌机飞到鲁尔区，他就“不叫戈林叫梅耶（一个很俗气的德国名字）”。如今英国飞机突破德军防卫，轰炸了帝国首都。人们嘲笑“帝国元帅”夸下的这个海口，很快把柏林和鲁尔区的空袭警报幽默地称为“梅耶号角”，或者干脆叫他“赫尔曼·梅耶”。8月29～30日，柏林遇到第二次小规模空袭，有10个人丧生，20人受伤。袭击导致严重的心理和战略后果，英国飞机竟然能突破德国领空如此之远，柏林人深感震惊，希特勒也是如此。

9月4日，护士和社会工作者举行集会，准备成立纳粹党冬季筹赈基金会，希特勒与其中一位青年妇女交谈时，首次向全国民众发表讲话。“我等待了三个月，没有回击英国人的夜袭，希望他们不再搞这样的破坏。”希特勒在拥挤的柏林体育宫（Sportpalast）里说，“但是，丘吉尔先生将此视为我们软弱的象征。你们将明白，我们现在正进行反击，以夜袭对夜袭，规模越来越大。当英国空军投掷2000、3000或者4000公斤的炸弹时，我们一夜将要还击150、180、230、300、400 000、1 000 000公斤炸弹。”他停下来等待热烈的鼓掌平息下来，之后继续说，“当他们宣布，要对我们的城市加强袭击时，我们将把他们的城市从地球上抹掉”。威廉·夏伊勒当时在场，他看到“青年护士和社会工作者们欣喜若狂，疯狂鼓掌”。这位美国人患了重感冒，想分辨这些尖叫的观众比较费力，但还是对希特勒“用尽全部的幽默和挖苦之能”进行许诺的方式印象深刻，“我们要终结这些黑夜海盗，上帝保佑我们。我们两国总有一个会崩溃，但绝不是国家社会主义德国”。两个小时后，这个演讲被电台播放。他誓言“抹掉”英国的城市，被人长久记忆。

希特勒虽然发出赤裸裸的威胁，但把英国的袭击习惯性地描述成德国是在防御，是进行报复，以此显示战争的每一步骤都正当合法。数天前，夏伊勒记录了他和清洁工的一段对话，这位妇女出身工人阶级家庭，已婚，他猜测她以前曾是共产主义者或社会主义者。“他们为什么这样做？”她问道。“因为你们轰炸伦敦。”夏伊勒回答说。“对，但是我们打击的是军事目标，而英国人炸了我们的家园。”“可能吧，”夏伊勒插嘴说，“你们也炸了他们的家园。”“我们的报纸说没有，”她分辩道，“为什么英国人不接受元首的提议？”

9月7日夜，广播喇叭播放新的特别声明：作为对英国皇家空军轰炸行动的报复，伦敦城和伦敦港首次受到袭击。为了把元首的威胁变成现实，3000架飞机向伦敦进发。它们“像彗星般掠过夜空”，“今夜从伦敦中部到泰晤士河口”，留下了“一片浓烟”。军事公报没有忘记宣布，德国空军施行“平等且具有骑士精神的战争”，只限于打击军事目标。第二天，所有的报纸都刊登着相同的标题：“为了报复，猛烈轰炸伦敦”。尽管只有348架轰炸机在617架战斗机护航下袭击了英国首都，但返航的飞行员都证实了这些报道，表示在五六十公里之外就看见“浓烈的黑烟像巨型蘑菇一样升起来”。他们投掷了重磅汽油弹和高爆弹，使伦敦东区码头陷入火海。英国空军只造成了一点麻烦。

9月10日夜，英国又一次轰炸了柏林市中心，击中了美国大使馆和戈培尔附近的花园，夏伊勒注意到这是“目前为止遇到的最猛烈轰炸”，不过与德国空军的成就相比，依旧不值一提。当BBC错误宣称波茨坦（Potsdamer）站附近被炸时，“至少有三个德国人”不出意料地告诉夏伊勒，英国广播“缺乏真实性”，“他们对其抱有的那点幻想破灭了”。甚至很有声望的《德国证券报》（*Börsen-Zeitung*）也坚持认为，“德国空军只打击纯粹的军事目标，这个事实得到英国报纸和广播的一致承认，而英国空军除了继续袭击德国的非军事目标，没有更好的办法”。

从1940年9月起，德国在民防系统投入巨量资源，特别是在德国北方和西北方为都市人口修建大型钢筋混凝土掩体。很多掩体缓缓超出地面：它们体形巨大，是长方形的无窗堡垒。在三个公园里，还建起柏林塔。第一座柏林塔建于1941年4月，位置在动物园附近，它有着4米厚的墙，屋顶平坦，四周的角塔里设有防空火炮、雷达和探照灯。第二座柏林塔位于腓特烈斯海恩（Friedrichshain），1941年10月建成；第三座于1942年4月在洪堡海因公园（Humboldthain）完工。每座柏林塔都能容纳10 000人，它们不仅提供防空掩护功能，还成为“民族意志坚强不屈”的象征。在汉堡附近的圣保利（St

Pauli）和威廉斯堡（Wilhelmsburg），也修建了类似的大型堡垒。在鲁尔区的哈姆，围绕着城墙安插了6座碉塔，给城市蒙上中世纪堡垒的色彩。在多特蒙德，当地规划者从1937年的地铁系统入手，挖掘了深达15米的隧道，可以为20 000人提供庇护。汉诺威也选择修建隧道。在克虏伯军工王国的中心埃森，布置了强大的防空炮火和堡垒项目，使之成为防护力最强的德国城市之一。公共堡垒只能为少数都市人口提供掩护，例如在柏林，堡垒能容纳的人口不超过10%，不过它们具有很强的心理效果。大多数居民依靠公寓地下室躲避空袭，那里换上了钢制防爆门窗。有钱、有地方或者有关系的人则很快在花园里修起私人掩体。

纳粹政权本来极为自信，认为德国空军有能力保卫德国领空，因此没有制订疏散儿童的计划。伦敦儿童早在1939年9月就在利物浦大街登上了火车，大多数德国儿童依旧待在家里。当德国最终开始疏散儿童时，依然是自愿性的，人们不愿意把孩子送走。1940年7月10日，首列专车离开明斯特（Münster），不过为了填满200个座位，纳粹妇女组织（Nazi Women's Organisation）的志愿者不得不挨家挨户恫吓带着孩子的父母们。

1940年9月27日，希特勒的纳粹党秘书马丁·鲍曼（Martin Bormann）通知党和国家高级官员，已经开始执行把儿童送到农村的新的扩展计划，即“儿童下乡”（Kinder land verschickung）计划，一般简称为KLV。该计划的名字听起来很不错，有点像大城市里工人阶级家庭的孩子经常参加的夏令营。这类夏令营在一战前后由教会和社会民主党福利组织所倡导，后来纳粹党接手，在整个20世纪30年代继续举办。鲍曼禁止使用“疏散”这个容易引发恐慌的词语，竭力在远离受空袭威胁地区的农村，用包含着有限度、会恢复等意义的词语强化“缓解危险”的幻象。

希特勒授权巴尔杜·冯·席腊赫（Baldur von Schirach）起草指导方针及组织KLV。席腊赫在成为维也纳总督之前，曾是希特勒青年团领袖，他希望撇开学校和教育部，执行他本人的教育计划。他想把10～14岁的孩子按性别组建家园或营地，作为典型对外展示。席腊赫的手下重新布置了青年旅馆，征用宾馆、男女修道院和儿童院，迅速集中了3855栋建筑，有能力收容200 000～260 000名儿童。“国家社会主义人民福利”组织专列，支付儿童保健费用，甚至还动员当地家庭为这些儿童洗衣服。希特勒青年团一直无法完全解决教养和教育青少年方面存在的困难，现在也是如此。不过按席腊赫的设想，要把“儿童下乡”发展为永久性青少年教育计划，战争结束后也不会停止，从而极大增强希特勒青年团的影响力。主要来自莱茵兰天主教会的教士们害怕这个结果，发起一场级别不是很高的运动，反对将儿童从父母身边带走，但未取得太大成果。

为孩子做决定仍然是父母的专属特权，这让地方纳粹党官员很受挫折。希特勒坚持这个原则，以此约束党内的反教会势力，迫使官员们寻求公众支持。具有讽刺意味的是，纳粹政权不厌其烦地向民众保证安全，但要成功推行疏散计划，却得让父母们相信他们的孩子可能遇到危险。在柏林和汉堡，开始执行全国计划的前两个月，疏散了189 543名儿童，那时在德累斯顿有传言说，柏林已经成为废墟。当计划扩展至德国西北部易受袭击的城市，并且父母们急切想使孩子免受直接袭击时，疏散数字继续增长，到1941年2月20日，大约有320 000名儿童离开城市；3月底，这个数字为413 000人；6月底又猛增至619 000人。

起初这个计划的组织工作有些乱七八糟，宿舍里还没装好床铺，孩子们只好睡在松散的稻草上，不过参加者都热情高涨。1941年1月28日，安内利泽·A（Anneliese A.）从西里西亚（Silesia）给家里人写信，告诉父母她已经安全抵达一个女修道院，受到修女的照顾。她和伙伴们忙着准备床铺，不过需要父母给她再寄一条亚麻床单。两天后，她在信中说她滑着雪去学校，并且已经安顿完毕，和两个好朋友在一个宿舍。1940年9月，10岁的吉赛拉·海恩（Gisela Henn）从科隆来到东普鲁士的一个农场，这是她第一次离开家门，必须迅速适应新的变化。第二年4月，她又被安置到萨克森（Saxony），为期6个月，工作是喂鸭子和参加夏收。这次活动比较成功，她妈妈和萨克森农场主的妻子保持着联系。她的第三次疏散是在一个KLV家园，也是个快乐的活动，由吉赛拉的学校组织。

“国家社会主义人民福利”的社会工作者们监管安置工作，尽力把不愉快的孩子转到别的家庭；而希特勒青年团则组织集体活动，如小组讨论和歌咏会、团队运动和行军等夜间项目。培养集体归属感有助于克服想家和孤独，但也加剧了不同阶级、地区和文化群体之间的冲突。鲁尔区的男孩们嘲笑“东部地区的文化垃圾”，使他们在波美拉尼亚和东普鲁士的村庄里极不受欢迎。这些从工业城市新来的孩子在农村很显眼，只要出现偷盗或破坏活动，当地人就会怪罪到他们头上。

普鲁士东部地区都是容克的大庄园，与世隔绝，了无生趣，与之相比，德国南部和捷克更受城市来的孩子欢迎，那里的旅游业自1939年以来陷于停滞，疏散计划使之重新焕发生机。然而，即使对于比较快乐的德国西南部家庭农场，疏散儿童们的第一印象也不怎么样。1941年2月，一群鲁尔区的男孩子来到梅格斯海姆（Megesheim），他们在村庄学校前排成队，让农夫妻子们检查。10岁的鲁道尔夫·林茨（Rudolf Lenz）最后一个被人领走，他形容整个过程就像一个“奴隶市场”。当地人觉得城里的男孩很瘦弱，后来他了解到，有人曾向当地农民许诺，疏散来的都是强壮健康的男孩，能弥补农业劳动人手的不足。他出身新教家庭，故乡较为世俗化，从来没见过诸如士瓦本村庄里的天主教这类事情，在这里，只要教堂在中午和晚上敲响祈祷的钟声，他的养母就会跪在地上。不过他才10岁，学起来很快，乐于帮忙干农活，他在夏季快结束时见到父母，一口浓重的士瓦本口音让父母很难听懂。

1941年4月27日，又一列专车离开埃森，把十来岁的女孩们送到摩拉维亚（Moravian）的小镇克里姆西尔（Kremsier）。她们在火车站受到当地“德国少女联盟”（League of German Girls）和“希特勒青年团”成员的欢迎，之后到她们的新家—— 一个被征用的女修道院，在那里受到一些修女的照顾。席腊赫和他的团队想要创建的就是这样的机构。新队员很快学会了铺床、整理储物柜和宿舍等集体生活习惯，当旗帜升起来后，都会准时以正确的装扮参加晨会。这里就像寄宿学校，但没有体罚。这里的确遵循“青年引领青年”的训言，负责维持秩序的是“德国少女联盟”的领导人。为了营造团队精神，一人犯错集体受罚——如站岗三天，最重的惩罚是8公里沉默行军。这个营地的

“德国少女联盟”领导人也是青少年，年龄比其他人大一些，她允许其他女孩戏弄自己，还把自己的收音机贡献出来，以便在每个生日会时能够跳舞。

15岁的艾尔丝·普夫菲（Ilse Pfofe）年龄大一点，也来自埃森，她发现她们的“行军宣传”特别有力量，觉得她们在为这个捷克人和天主教徒占大多数的小镇注入德意志和世俗文化。她们在棕枝全日（Palm Sunday）①行军，故意冲散教会游行队伍；她们又在6月29日②举办运动会，还用军乐团引导。艾尔丝后来高兴地提到，“捷克人气得要发狂了”。没有什么人能管到这些女孩，她们开始在法国公园里穿着无袖短裙和泳装晒日光浴、做运动，在那里能吸引德军守备部队的年轻小伙子们羡慕的目光。某个夏日快结束之前，艾尔丝估计自己被人拍了40次照片。虽然还没跟人在电影院约过会，但她早已感觉自己比离开埃森时成熟多了。

德国自1940年9月7日开始对伦敦进行大轰炸后，在9月9日、11日和14日白天又对伦敦进行空袭，在接下来的57个夜晚中，德国空军一直没有停止轰炸。德国广播节目主管欧根·哈达莫夫斯基（Eugen Hadamovsky）设法参加了初期的一次夜袭行动，为听众带来了第一手报道：

> 在下面，我们看到英国的大都会、财阀和奴隶主的聚居中心、世界头号敌人的首都被红色的火焰吞没，浓烟和火柱就像从超级火山里流出来的熔岩……伦敦被大火包围……我们听不到声音，但是在下面，在我们的机器下面，最可怕的景象肯定正在不停地上演……高射炮弹在我们周围爆炸，旁边突然被探照灯照亮，老天！它们逮到我们了，灯光紧追着我们，我们成了睁眼瞎，什么都看不见。飞行员做出紧急动作，飞机向下使劲俯冲。得救了，他重新飞入暗夜。

① 复活节前的星期日。——译者注

② 这一天是天主教的圣伯多禄及圣保禄宗徒节。——译者注

国防军公报继续指出，轰炸伦敦和其他非军事目标是报复英国空军的“夜间海盗”行为。新闻公报开头经常先罗列英国空军轰炸德国教堂、墓地和学校的事件，然后再开始谈德国空军。电台每天播报“最严重的”进攻、“最长的”空袭警报、“最剧烈的”轰炸、“前所未有的袭击”等新闻，“愈加”是在德国电台里最常听到的词语。“英格兰空战每天、每小时都在变得愈加激烈，就像越来越强烈的号角声。”

德国民众知道，英格兰空战和攻击敌人领土的军事行动不同。《人民观察家报》等全国性报纸刊登地图，解说前一夜空袭的目标，偶尔还会登载被炸机场的航空照片，以满足读者希望看到详细信息的要求。地方报纸缺乏向公众提供这类信息的条件，于是读者日益转向全国性大报。新闻电影转播远程火炮打击英吉利海峡对面的多佛、战机编队飞过英国海岸和斯图卡及其他轰炸机袭击英国的画面，不过由于没有真正拍摄到的素材，为了拼凑到40分钟，只好用马戏表演、赛马、足球等镜头来填补，当然还有元首的镜头。

在这种消耗战中，双方玩的都是数字。从7月到9月，德国空军宣布击落3198架英国飞机，而英国空军则宣称打下2698架德国飞机。英国和德国从一开始就对彼此的数字争论不休， 德国电台在8月15日坚持说，因为德国新闻的可信度“到目前为止从未让人失望，世界自然相信德国关于近期空战的报道，而不相信英国”。8月底，对战争报告做过统计的普通民众认识到，德国在对英空战中的损失远高于法国行动。德国看上去仍旧能撑得住。然而航空兵上将埃里希·夸德（Erich Quade）9月中旬发表广播讲话之后，民众的疑虑开始上升。夸德谈论战况比较直率，与随军记者慷慨激昂的报道形成反差。帝国保安总局记录说，夸德提到的战果与听众的记录对不上号，使之疑惑不解：“如果英国在刚开战时只拥有夸德所说的那么多飞机，那么，把我方摧毁的敌机数量全部加起来，英国现在应该一架飞机也不剩了。要不然，那就是英国的飞机生产能力太不同凡响了”。他们本来已经习惯了“梅塞施米特109”（Messerschmitt 109）式战斗机天下无敌的报道，听到夸德将军夸赞英国的“喷火”（Spitfire）式战斗机，感到莫名惊诧。

由于了解不到真实信息，流言开始泛滥。有消息说，法国和日本对英国宣战了，意大利航空队到了柏林，这些传说都使人们愈加相信，入侵英国之战迫在眉睫。德国大后方的民众仍然相信关于轰炸英国的目击报道，不过对媒体的怀疑越来越多。他们疑惑英国空军是不是有意瞄准医院和学校轰炸，或者干脆不袭击邻近的军事目标。英国人真的故意向美国驻柏林大使馆扔炸弹吗？战争在一天天继续，偷听外国电台的人越来越多。德国人流传的段子说，“他们也撒谎，我们也撒谎”。

空战使德国宣传受到检验。戈培尔相信，一战时英国宣传能力强于德国，1918年德国“后背挨刀”很大程度上就归因于此。20世纪20～30年代，德国人对英国非常崇拜，纳粹对此也大力鼓吹。现在德国开始推出大量电影、书籍、报纸文章和电台节目，严厉批评英国的阶级体系，揭露英国对布尔人、爱尔兰人和英国工人阶级犯下的罪恶，以消除英国崇拜思潮。从1940年2月起，宣传部动用6000名学生志愿者帮助其梳理图书馆资料，收集英国的失业、健康保险、工人阶级贫民窟和学生营养不良等方面的数据。BBC雇用奥威尔向印度进行战时广播，但是德国宣传部门立即重印了他对工人阶级的穷苦困境进行谴责的文章。《末日岛屿》（*The Doomed Island*）之类的咖啡桌书籍用印刷精美的照片揭露两极分化的英国，把伦敦东区和贾罗（Jarrow）食不果腹的行人和“皇家赛马会”（Royal Ascot）及“亨利皇家赛艇会”里纨绔子弟的照片放在一起进行对比。纳粹政权宣称，它所对抗的就是那个摧毁了魏玛德国和阻挡英国社会进步的“财阀统治”。通过反对自由主义英国的“空洞”的形式自由，德国为所有人争取到最大的自由：免于困乏的社会。它战胜了大萧条年代的贫困和饥饿，解决了失业问题，抛弃了自由市场资本主义。英国仍有待于从堕落的贵族阶级体系中解放出来，那个体系已经被卑鄙的犹太城市商贩渗透。很多人呼吁轰炸时，不要放过伦敦西部的“财阀区”。需要帮助北海沿岸的德国“血亲”从贫困、饥饿和异族统治中解放出来。

尽管德国对英国毫不妥协的立场和“懦弱”“恐怖”的战争方式感到愤怒，但依然存在深厚的英国崇拜思想。纳粹利用伦敦有犹太“财阀”活动的观点，明确宣称战争的对象是英国政府，并不仇恨英国人民。在明斯特，记者保罗海因茨·旺泽注意到，“我们的政策目标是把人民和政府区别开来”。这种仇英宣传没有否定英国崇拜，强调的是德国人早就深信不疑的东西，不会削弱他们对英国的“人格塑造”和其他成就的敬仰。此外，学生志愿研究者摘编出现成的“英国作家批评英国”的名人名言，引用的证据来自托马斯·卡莱斯（Thomas Carlyle）、约翰·罗斯金（John Ruskin）、阿道司·赫胥（Aldous Huxley）、赫伯特·乔治·威尔斯（H.G. Wells）和乔治·奥威尔（George Orwell）等人，萧伯纳（George Bernard Shaw）更被仰重。乔纳森·斯威夫特（Jonathan Swift）的《一个温和的建议》（*A Modest Proposal*）被重印，以证明英国统治阶级对爱尔兰大饥荒麻木不仁。德国利用英国世界对英国国内和殖民地不公正现象的批评，揭下英帝国无私“责任”的假面具，如萧伯纳在《风云人物》（*The Man of Destiny*）的前言中机智讽刺的事物。戈培尔的宣传家用英国人批评英国，既有一定程度的客观性，又能占据道德高地，还不妨碍德国人继续欣赏和吸收英国文化。

1940年，一支柏林高炮部队的人员充分利用起工作和休闲时间，值班者密切防范英国空军轰炸机来袭，不值班的人去表演《仲夏夜之梦》（A Midsummer Night’s Dream）。20世纪30年代，莎士比亚戏剧在德国的演出比英国还要频繁。希特勒曾经评价说，“没有哪个国家的莎士比亚戏剧表演能比英国更糟了”，战争爆发后，他亲自出面干预，解禁敌对剧作家。柏林的“德意志歌剧院”（the German Theatre）导演海因茨·希尔佩特（Heinz Hilpert）为了响应轰炸英国，在一个演出季排演出不少于三部的萧伯纳戏剧，还有三部莎士比亚戏剧。

英国依然是个世界帝国，纳粹领袖想让德国成为这样的强国。他们把英国所谓捍卫人道的主张描绘成伪善和言不由衷，制造出一种特别的纳粹反帝国主义。它调动起愤怒的正义感，在史诗影片《克鲁格总统》（Ohm Krüger）中表现得最为明显，这部电影讲述的是南非白人视角的布尔战争。1941年4月，《克鲁格总统》上映，此时轰炸伦敦和英国港口的行动正在继续，它成为票房收入最高的影片之一。这部电影采用倒叙的手法，由保罗·克鲁格回忆1899年发生的事件，描绘了赛西尔·罗德斯（Cecil Rhodes）在南非无情攫取黄金和利润的行为。电影的高潮发生在关押布尔妇孺的英国集中营，一位受到追捕的布尔丈夫被抓后，隔着铁丝网与妻子话别，长相酷似温斯顿·丘吉尔的残忍指挥官下令将他绞死，并强迫集中营里所有的妇女和儿童观看，布尔人怒而暴动，指挥官下令开火镇压。这是纳粹德国有史以来首次向公众展示集中营大屠杀，结果如其所愿，观众立即认同了布尔受害者。在结尾的静默中，观众能够听到著名影星爱米尔·强宁斯（Emil Jannings）[①]说出克鲁格的誓言："终有一天此仇将报，虽然我不知道要到什么时候……我们只是一个弱小的国家，会有强国……轰击英国的领土，上帝会保佑他们。自由美好的生活定会到来。"

希特勒曾在9月14日谨慎地表示，德国空袭可使伦敦"800万人陷入疯狂"，如果实现这个目标，英国将被迫避开战争，所以不必再入侵英国。两天后，戈林命令德国空军集中力量进行夜袭，17日，希特勒无限期搁置了登陆英国的计划。不过公众对这一切毫不知情，电台评论员汉斯·弗里切（Hans Fritzsche）9月18日在"前线报道"中警告伦敦，必须在"华沙和巴黎的命运之间" 做出选择，即是想继续遭受空袭，还是宣布为"不设防"城市，向德投降。此时中立的瑞典和美国目击者都表示，闪电战增强了德国空军和后方民众的士气。戈培尔读到这些后，被它们"真如末世"般的描述乐坏了，其他读者也希望它们能证明大轰炸有效果。同时，经过一个月的轰炸后，帝国保安总局不太情愿地对"英国人（尤其是伦敦人）的坚强"表示钦佩：还没有其他人在德国空军的轰炸下能撑这么长时间。

从10月到11月，空袭的规模继续增大，这位宣传部长在11月底的日记中发出疑问，"丘吉尔何时认输？"还没过两个星期，帝国保安总局报告说，到处都有流言说英国处于革命边缘。然而，英国坚持的时间越长，德国人印象越深刻。1941年1月中旬，关于英国社会条件很凄惨的报道在德国引起反效果。帝国保安总局调查发现，德国人越来越不相信本国宣传，注意到典型言论如"英国人肯定不觉得自己正在财阀政权下受苦"。人们日益对英国不平等的故事一笑了之，嘲弄说，"哦，这里也没什么两样"。在海对面，投降和革命看来都

① 曾获得第一届奥斯卡最佳男主角奖。——译者注

不可能发生。

1941年5月初，戈林竭力想让德国轰炸机部队相信，他们已经对英国造成“沉重打击，几乎完全摧毁”英国的军工生产。英国战时调查则夸口说，德国空袭只使英国军工生产下降了5%，忽略了无数资源被转用于民防系统的事实。到1941年6月空袭结束时，70万男女全职在英国空防和民防系统工作，兼职者更是高达150万人，英国平民遇难者为43 384人。在德国方面，持续执行空袭任务使机务人员不堪重负。1940年11月，德国神经学家找到自开战以来“战争神经症”的第一个确切证据，建议应该给机务人员放探亲假、参加冬季温泉运动疗养或到巴黎和布鲁塞尔度假，以舒解压力。患上精神疾病的机务人员被送到布列塔尼的一个酒店接受治疗。

5月10日，西线行动结束正好一周年，505架飞机袭击了伦敦，投下718吨高爆炸弹，摧毁了英国议会大厦。这是最后一次大规模夜袭。如今德国空军轰炸机部队的战斗力下降到1940年5月的70%。随着空袭英国的行动日渐式微，媒体把注意力转向袭击大西洋船队的潜艇战。宣传家们降低了嘲讽“英国胆小鬼”、谎言、“犹太”影响和“财阀政治”的调门，对于去年秋天信心满满却没能成真的期待，他们没有再向德国民众提起。

1940年9月27日，保罗海因茨·旺泽算出明斯特拉响了第100次警报。空袭的主要影响是人们越来越疲倦。在整个1940年，这个城市只有8个人死于空袭，汉堡是19个人，威廉斯港（Wilhelmshaven）为4个人。1940年11月，卡罗拉·莱斯纳报道说，英国的空袭没能使埃森的任何一个工厂停止运作。到1940年年底，整个德国死于空袭者为975人。双方都没有公布己方死亡数字。

德国人迅速适应新情况。1940年年底，柏林被炸地点成为吸引游客的地方，这些人赶在空袭痕迹消失之前在那里照相。丽丝洛塔·伯普尔夜里乘火车去荷兰，当空袭警报响起时，她正做着重返学校的梦，直到解除警报的信号响起都没醒。埃森拉响警报时，卡罗拉·莱斯纳也懒得从床上下来。明斯特平安度过圣诞节，保罗海因茨·旺泽认为，“总的来说，人们觉得这场战争会是漫长的，对它没有特别感到焦虑不安。在目前这个阶段，战争几乎察觉不出来”。

第五章

胜利者和失败者

德国意欲把丹麦树立成模范占领地，当地德军指挥官秉承这一政策，对部队约束极严，其中一个例子就是发布严格的指导方针，规范德国军人在街上与女性搭讪的行为，对强奸行为则严惩不贷。

1940年夏，德国人都沉浸在西线胜利的喜悦之中，而罗伯特·施默尔（Robert Schmuhl）却被困在东普鲁士。他被派往德国的另一边，家里的亲人们在汉堡开的面包房每天都很忙，他却无法施以援手，他喜爱军训中结成的同袍之谊，却无法在战争中体验。他在一个农民家里借宿，但不受主人欢迎，对方明确表示，不需要罗伯特来看守为他们工作的25名法国战俘。罗伯特可能是安全的，不过如果他的参战生涯就是这些，那么等战争结束后，他的经历就显得太不像样了，无法向人讲述自己的战斗故事。他至少可以给妻子米亚写信，不过她有个新习惯，那就是纠正他的语法和拼写错误。或许因为文化水平不高，他很快在信中发现少见的亲密。“亲爱的胆小鬼”，驻扎下来几个星期后他给妻子写信说：

> 我给你提个建议：从现在开始，我们在每封信中写一个共同享有的美好爱情经历。我觉得这样不错，不是吗？你意下如何？我期望接到你写给我的第一个爱情故事，然后我立刻回信，把那么多爱情经历中的一个写下来。所以，最亲爱的胆小鬼，你开始吧，把幸福写给我。

了解到妻子不大情愿开始这样做，在接下来的信中罗伯特决定再做个表率。他回忆起7年前他们一起到北海海岸旅行，住在一个小旅馆的经历。“我们紧紧偎依在一起，充满热烈的爱”，他继续写道：

> 小小的快乐之源很快在它最爱的门户前雄起，但我们必须小心谨慎，因为走廊里有脚步声，我们不想惹人注意。我用我的快乐之源敲了几下你那小花蕊里的阴蒂后，有人又从走廊走过。这时候，我们兴奋到极点，我小心翼翼地把那小家伙塞进你的花蕊，来回运动一两次，虽然很小心，但床还是咯吱作响，我又听到走廊里有脚步声，不过我就把小家伙放在花蕊里，同时注意到我的胆小鬼正在兴奋地颤抖，花蕊不停地收缩，这种抽搐的感觉太美妙了，让我也极度兴奋，我们都进入高潮了。这种奇妙的感情让我们满身心幸福，我们凝视彼此闪亮的双眼，紧紧相拥。

罗伯特的信发挥了作用，米亚奖赏给他“很多很多幸福”，回信谈起一次海滩之旅，说“我们一遍又一遍地享受了爱的幸福”。尽管她依然很害羞，不好意思和他回忆具体细节，但他们在被迫分离的这些日子里，每周继续通信两天三次，米亚的信心增强了。她克服了被压抑的性情，开始在信中采用罗伯特的私密性语言。10月1日，她提醒罗伯特，在一个安静的周日下午，他们吃过午饭就上了床，“你很小心地脱下我的短裤，先用你的手指让那个小家伙站起来，然后用它疯狂进攻”。他们越来越敢谈私密经历，不过也越来越感到失意，此时罗伯特打破另一个禁忌：“有时候，我最亲爱的胆小鬼，我觉得实在不能坚持下去了。我非常想念你，于是就想象着我们最美妙的时刻，有时进行自慰”。这次米亚超越自己需要更多的时间，罗伯特几个星期后又写信，温柔地引导妻子学习女性手淫的艺术。“不会有太大区别，”他在信中建议，“如果你像我经常做的那样，用手指轻轻抚摸小阴核，让自己快乐，这有很大差异吗？”

罗伯特和米亚鼓励对方找到清晰表达情感和欲望的方式，通过回忆他们自己的性记忆和爱称，并将之写到家书里，坦率真诚地进行交流，这在战时德国是极为罕见的。当然，德国有情色传统，又在道德上反对肉欲，不过罗伯特和米亚通信的发展方式表明，他们必须找到自己的私密语言，方法就是米亚采纳了罗伯特使用的词语。所有面临同样问题的夫妻都要向自己和对方保证，离开性不会让他们发生改变。性是人之本能，不过大多数人都把他们的欲望包裹起来，只在信里用文字拥抱和亲吻对方，想象着与爱人手牵手。

很多传递在前线和后方的信件都在安慰对方，一点也没有传达出丈夫和妻子写信时的经历，不过这些信的目的就在于此：表明一切都很正常，没有什么变化。性如同与现实相反的底片，表现得最为明显的——两地分居刺激出焦虑猜忌之心。男男女女们极为克制，不在信中谈及性，但他们经常毫无顾忌地表示，害怕遇到不贞行为。迪亚特·D（Dieter D.）是个极为典型的例子，只要妻子不继续写信，他就怀疑她："你是生我气了，还是有什么事背着我，赫尔塔（Herta）？或者你不很舒服，没法给我写信？你没忘了我吧，还是你现在另有情人了？……难道我要再听到你在夜里和其他男人鬼混的事吗？"通信每次发生中断，都会被联系到忠贞上来，而不会怪罪军事邮政服务。

1941年3月，罗伯特被从东普鲁士调到法国北部，他终于如释重负。经过数月的隔离后，他与战友会合了。在新驻地，他不再担任没什么用的警卫任务，而是忙着为部队烤面包。罗伯特还是很想家，他开始给米亚写信，谈论战友聚会、泡吧等事，而且在妻子的猜疑追问下，承认曾陪别人去逛里尔（Lille）妓院，但他坚称，自己只是去看热闹。尽管他断言，"爱不是生意"，米亚还是对信中透露出来的信息有点怀疑。罗伯特早就告诉她，几乎每个没找到法国女友的男人"都是自我解决，你只是应该听听这儿的人在去巴黎之前一天说的话：他们谈的都是同一个特别的事"。

罗伯特和米亚与其他人相比很不一般，在私信里讨论了德国士兵这种极普遍的行为。当德军于1940年抵达南特（Nantes）后，新闻影片拍摄的是他们朝皇家广场（Place Royale）上的儿童招手，但镜头拍完后，他们直奔妓院，轰开大门。国防军开始为士兵和军官分别建起妓院，这是德国和法国当局所订协议的一个内容，双方都同意采用19世纪那种特许的、有控制的妓院管理制度，

“不公开营业”，强制体检，以降低性病传播风险。对保守的维希政权来说，真正的危险是卖淫脱离管制，警察定期扫荡辖区，对暗娼的处罚更为严厉，从1941年秋季起，拉朗德（La Lande）和雅尔若（Jargeau）的集中营获准关押妇女。法国官员把妇女饮酒、在酒吧调情和接受礼物与卖淫当成一回事。在德军基地和德国军人寄宿的城镇周围，发展出复杂的滥交文化，虽然法国当局有权逮捕德军士兵，但警方还是难以管理。尽管德军野战司令部（German Field Command）也想控制士兵从法国“浪荡妇女”身上染病的风险，但当法国力图调查德国人和女佣、清洁工、洗衣妇、女招待、酒吧职员、理发师、女房东、浴室服务员、速记秘书、商店老板及其他熟人的性冒险时，德军的反应都很消极。

卢瓦尔地区以天主教为主，居民很保守，南特和圣纳泽尔（St-Nazaire）都位于这里的港口区，经济繁荣，成为饮酒和派对圣地。在南特，年轻军人不分衔级，都聚集在有音乐演出的拉佛斯滨河路（Quai de la Fosse）小咖啡馆里。一到星期六和星期天夜间，这些男人就开怀畅饮，围着女人献殷勤，这种随心所欲的氛围很容易导致酒后斗殴。1941年9月的某个夜晚很不幸，两名德军士兵被人打伤，德国和法国警方都介入调查。这起事件或许比平常更严重，但法国警察专员冷静地推断说，“这些地方因为男女混杂，经常发生此类事件，更重要的还在于他们滥饮无度”。占领者和被占领者基本上维持着和平的“同居关系”。

德国占领者们都很年轻，出手大方，而且是新兴的有钱人——“他们是我看到过的最帅的男人”，一位图赖讷（Touraine）的妇女公然宣称。而在他们驻扎的这个国家，150万法国男人刚因战争离开家门。1940年8月，在布列塔尼（Brittany）的菲尼斯泰尔（Finistère）沿海地区城市莫尔莱（Morlaix），一位酒店女招待注意到来了个新客人。和很多在酒店里吃饭的德国人一样，沃尔特（Walter）也住在这个酒店。渐渐地，他们交谈的机会越来越多了，沃尔特借助着词典，与女招待坠入爱河。这是阿琳（Aline）的初恋，63年后她告诉一位法国历史学家，只要她路过那座酒店曾经所在的地方，就会回想起那段时光：“我就是在德班酒店（Hôtel des Bains）失的身”。他们保持着关系，

1942年1月，阿琳的23岁生日到了，一位花匠替沃尔特送来23朵红玫瑰，这让阿琳几乎不敢相信。由于她是和父母住在一起，沃尔特用这种方式表明自己是认真的。当他们出双入对时，沃尔特特意脱下军装换上便衣——他们是一对体面的情侣，看上去比实际年龄更为成熟勇敢。阿琳在84岁时接受访问，仍然坚持认为，“并非因为他是德国人，我才和他在一起，我是真心爱他，没有别的。爱情没有边界”。

但是，与德国人交往是污点。在法国解放期间，各地发生很多暴力行为，被视为犯有“行业通敌”（horizontal collaboration）罪的妇女成为主要的报复目标。阿琳这类女人与德国人长期维持关系，在自己家里款待他们，而非偶尔在公共场合与占领者接触，解放后遭遇特别的非难，被钉在道德的耻辱柱上，而大多数通敌的男人却被放过，包括那些被占领期间在政治和经济有很大影响力的男人。这种信念认为，女人的身体首先属于国家，其次才属于她们自己，它被包装成某种爱国主义，在欧洲各地由男性领导的反抗运动中成为共识。寻求与德国人和解的保守派精英也持这种看法，而德国当局同样以这种态度对待德国女性。这些女性战后受到邻居的嘲笑咒骂，不得不保持沉默和孤立。阿琳敢于揭开那段长期受到谴责的爱情记忆，是极具信心和勇气的。

在丹麦，德军士兵也很显眼。和战败的法国不同，德国是以保护丹麦中立地位的名义实施占领的，没有把丹麦青年男性作为战俘拘禁起来。不过，埃斯比约（Esbjerg）是丹麦西部的港口城市，人口32 000人，驻扎了3000～4000名德国军人，当地的年轻渔民发现，他们与这些德国人的竞争不太平等。1940年8月初，埃斯比约的警察局长警告说，当地的小伙子大都对“德国人和丹麦少女谈恋爱的行为和方式”感到愤怒。这些德国人和丹麦小伙子不同，有着大把空闲时间。占领军除了进行军事训练，大部分时间无所事事，因此有大量求爱、交友和玩乐的机会，他们要是老百姓，就没这么方便了。一群丹麦女孩在战后不久接受采访时曾表示，她们之所以喜欢德国人而非丹麦人，主要原因在于他们的举止更为优雅。少数丹麦女孩觉得德国人是更好的情人，如同有位女孩所言，“他们体贴到女人的心，这很重要”。德国意欲把丹麦树立成模范占领地，当地德军指挥官秉承这一政策，对部队约束极严，其中一个例子就是发布严格的指导方针，规范德国军人在街上与女性搭讪的行为，对强奸行为则严惩不贷。

丹麦青少年福利部门和德国同行一样，对年轻妇女在性方面更加自由感到灰心丧气，于是将手伸向他们有权控制的人群——青少年。警察和福利部门官员决心遏制性病传播、道德败坏和卖淫活动，专注于在公园、防空掩体和德国军事基地附近抓捕女孩。1940年8月，一名14岁的女孩向询问她的警察表示，把她和她的朋友们抓起来是不公平的，她之所以和德军士兵在一起，“是因为所有的女孩都这样，现在她们觉得这很好玩，为什么不该跟德军士兵约会呢？”要是能被德国人带到咖啡馆、酒吧和饭店，会让同龄人羡慕，在学校里就有了吹嘘的资本，不管是真实的还是想象出来的。一位13岁的少女绘声绘色地告诉同学说，她被德国人锁在一间屋子里，还吃了冰激凌。对异域丰富的幻想更为这些征服者增添了诱惑力，很多年轻人急切想摆脱和平时期所受的束缚。

在西欧，德国占领者对性关系不加干涉，实际上，德国从种族的角度出发，在挪威还积极鼓励德国军人与当地女性发生这类关系。但在波兰，德国在占领之初以禁止与犹太人发生任何关系的1935年纽伦堡种族法为样本，禁止德国人与波兰人发生关系。但在初期占领阶段，德国人公开嘲弄这种禁令，带着波兰女人进入门前设有“德国人专用”标志的酒吧和饭店，声称禁令的适用对象主要是波兰男性。尽管一些地方的禁令执行情况在1940年变得更为严格，但在占领区有40万德国军人和50万普通政府（General Government）工作人员，根本无法阻挡这些人逢场作戏拈花惹草。在西里西亚和波兹南这样的种族杂居区，因为过去的统治者是奥地利和普鲁士，所以很多当地波兰人也会说德语，他们愿意在新的民族名单中登记为德意志人，之后申请结婚也比较容易。

此外，受命执行新法令的6万名德国警察同SS、邮政与铁路官员一样，在占领区待的时间久了，就想把家安在那里。虽然德国官员和波兰抵抗组织都把跨德波种族的亲密持久关系视为奇耻大辱，但很多德国人公开与波兰女友在驻地出双入对，其中相当一部分还是盖世太保和SS官员。在帝国保安总局的拉布林（Lublin）办公室，阿路易斯·菲舍特尔（Alouis Fischotter）爱上了一位秘书尤祖拉·B（Uszula B），他与希姆莱进行了长期的协调，最终获准与女秘书结婚，他们的孩子也得到合法地位。1944年2月，扎科帕内（Zakopane）的盖世太保头目弗朗茨·迈瓦尔德（Franz Maiwald）被波兰反抗组织打死，他的波兰情人玛丽亚·T（Maria T.）公开出席葬礼。

对恩斯特·贵肯来说，法国物产丰富，可以帮家乡的新婚妻子解战时配给之困。1940年8月初，他骄傲地给伊琳寄去一个包裹，里面的红蓝丝绸是给妻子的，一些面料用来给自己定做西装。然后他又搞到一件针织马甲、裤子和4米法国军用棕色面料：他建议她先把那块面料染一下色，再做外套。一位休假的战友答应把这个大包裹给他捎回家。恩斯特询问伊琳的文胸、短衫和内裤尺码，寻思着找人把新包裹带给妻子，还不得不让她再寄些钱过来，以便买其他东西。对于恩斯特的关心和他寄来的东西，伊琳感到很知足，不过她是比较实际的，建议以后别再买昂贵的丝绸衣服，换成羊毛的就挺好。

对一个普通步兵来说，往家里寄这些东西很不容易。司机利用其部队的运输系统，可以从不同的基地把无数包裹送回家。一名驻在荷兰的高射炮部队士兵利用他们的机动车，能把昂贵的飞利浦收音机运回去。在军需或参谋部门有关系的人，把波斯地毯和上好的瓷器弄回家也不是难事。一位在布拉格的德意志剧院工作的年轻演员写信回家，问是否需要家具和古董，说他的一位同事干起倒腾这些东西的生意。1940年10月1日，帝国与波希米亚和摩拉维亚保护地之间的边境海关被取消，这种运输更为繁忙，一位目击者亲眼看到德国军官的行李中装满了捷克的“皮草、手表、药物、鞋靴，数量多到不可想象”。

那年秋季，恩斯特·贵肯每月收到的汇款按规定不得超过50马克，不过为了迎接圣诞节，限额提高到200马克，他更有资本进行购物狂欢了，于是为整个大家族里的人都买了东西。贵肯出生于穷困的农民家庭，花起钱来没有节制，一再让伊琳多汇点款，想在圣诞节凯旋归。同时，他鼓励伊琳带头装修房屋，逗弄她说，只有家里舒服，他才愿意待在家里，建议她对于床尤其要多花心思。伊琳着迷于现代设计，恩斯特告诉她，要订就订最好的，哪怕需要向她父母借1000马克也在所不惜。不过订购家具和家庭用品得等很长时间，欣喜之情越拖越少。民众或许希望在欧洲大陆享受和平，但德国经济依然处于战时状态。

恩斯特·贵肯在法国挥金如土，源于消费需求在德国多年受到抑制，因为那里基本上没有什么东西可买。当德国进入战争时，20%的经济生产被用于武器装备，这个数字很快又增加为GDP的三分之一。国内需求被制约，导致高储蓄率。德国政府利用监管控制手段，悄悄把私人储蓄转用于战备，因此没有让第一次世界大战时期请求民众购买战争债券的情况再次上演。

从德国消费者的角度来看，商品供应在1940年突然变得丰富起来，之所以如此，原因是德国马克的币值在每个被德军占领的国家都有意获得高估。对德国人来说，占领区物价低廉，随着家里人要求他们买后方缺乏的东西，他们甚至开始抢购占领前堆积在荷兰港口的消费品：在荷兰，每个士兵每月获准收到1000马克汇款；在比利时，德国财政官员估计，士兵们在占领的第一年时间里收到从家里寄来的钱达到3400万马克。1940年10月，赫尔曼·戈林下令解除德国人购买“皮草、珠宝、地毯、丝绸和奢侈品”的一切限制，理由是胜利的占领军应该享有和当地老百姓一样的消费机会，这一决定受到德国军人和消费者的一致拥护。虽然从德国向占领区寄送包裹还受到严格控制，但戈林坚持认为，对于寄回祖国的包裹，如果重量不超过1公斤，军事邮政服务对其数量不应设限。不到一年时间，从法国寄回德国的包裹数量增长了5倍，每月达310万件。此外，戈林还下令说，士兵返家时能带多少东西，就允许带多少东西，海关不得干涉。由于一些士兵把过多行李用带子捆在身上，见到上级时敬礼有困难，德军对于是否禁止这种行为还进行了长期讨论。总之，不管对行李问题推出何种限制政策，都习惯性地被漠视。在巴黎东站（Gare de l’Est），成群的德国士兵涌过车站广场准备坐车回家，行李之多让人难以置信。

德国人买东西除了用现金，最常用的还有“德国信贷银行纸币”（Reich Credit Notes）。虽然私人使用这种纸币违法，但进入流通领域的数量非常多，就连海因里希·伯尔这样的年轻士兵也能让家里人给他大量寄过来。海关官员提交的报告揭开了更多庞大贸易行动的黑幕一角。例如，在1940～1941年，一群铁路邮政服务职员被揭出从纽伦堡（最远还有梅茨）把空邮政车发到法国，转交给法国同事，车里实际上装有价值数以万计马克的信贷银行纸币。邮政车每个星期从巴黎返回，里面装的都是“紧俏商品如咖啡、茶叶、可可、巧克力、白兰地、香槟、葡萄酒、烈酒、衣服、长袜，等等”。纽伦堡的职员把大部分商品卖给其他邮政系统员工，形成一个黑市交易的小链条。

咖啡依然特别受欢迎。在20世纪30年代，德国对咖啡豆的进口和销售进行严格限制，以节约宝贵的外汇储备。德国消费者一直都不喜欢咖啡替代品，所以海因里希・伯尔到了鹿特丹，最先买的就是半磅咖啡，这些东西躲过了燃烧弹轰炸。在整个1940年夏季，他在家书中经常谈起“搜索咖啡行动”，间或还有“黄油之旅”。到9月，这位年轻的士兵注意到，商店的货架都空了，尽管德国人买什么都给钱，但感觉更像“从死人身上剥衣服”。荷兰的德国银行专员也这样认为，他警告说，榨光商品无疑会导致通货膨胀，从而给“汇率带来破坏性的政治后果”。

成长于20世纪二三十年代的德国人曾被灌输仇法思想，但同时受到教导，要欣赏和超越法国文化。闪电战的胜利使他们消除了对法国军力的恐惧，不过对法国文化依然怀有好奇和尊敬之心。汉斯・阿尔布林驻在普瓦捷时，一有闲空就换上便装参观当地的教堂。他喜欢建于13世纪的圣拉德贡德教堂（Saint-Radegonde），那里描绘拉撒路（Lazarus）复活和但以理（Daniel）进狮穴的红色和棕色壁画吸引了他。虽然夏天很热，而且从军营到镇上有218级台阶让人走得脚痛，但他一再过去参观带有祭坛的洗礼池，据说那是整个法国历史最久的洗礼池。他给朋友尤金・阿尔特罗奇寄了教堂风光的明信片，让他弥补不能亲眼看到的遗憾，他甚至还委托当地一位摄影师，把描绘君士坦丁大帝（Emperor Constantine）骑马的壁画拍摄下来冲洗成大照片。阿尔布林和一些战友到圣皮埃尔（St Pierre）大教堂参加大弥撒，那里的欢呼特别使他感动。听着唱诗班男孩的高音回荡在这座宏伟建筑的每个角落，汉斯有一种沐浴在恩典之光里的特殊感觉。他也注意到唱诗班和会众向他们这些德国人投来的冰冷目光，感到整个教区对他们都有敌意。

阿尔布林的下一个驻地是鲁昂（Rouen），他在那里被提升为士官，薪水获得增加，为了庆祝，他买了几册带有木版画的善本书。汉斯一边翻阅着法国书商满架的印刷版图书和古籍，一边和他愉快地交谈了很长时间，他发现这位法国人的观点“很敏感，很含蓄。我注意到他从来不会随便瞎说，谈话有深度，很是靠谱”。这位年轻的士兵最后突然问法国书商，法国人恨不恨德国人。“不，”书商回答说，“如果法国人恨德国人，顶多是孩子闹脾气的那种恨。”但是阿尔布林断言，鲁昂的残垣断壁肯定会激起法国人的“复仇之心”，不是吗？不，书商回答，法国人只是希望“工作不受影响，宪法和政府形式不受干涉”。阿尔布林只能探究到这里，之后他们又转到不会产生争议的话题，谈起他热衷收集古代意大利和现代法国大师的书籍。不久，汉斯得到700多本书籍和从17世纪初的一本书中抢救出来的木版画，请一位休假的战友把它们带回盖尔森基兴（Gelsenkirchen）。他已经盘算着卖掉一部分，以便回笼部分资金，以后毫无疑问会用挣来的钱再去买书。

满怀着文法学校新毕业生的超唯美主义，汉斯·阿尔布林和尤金·阿尔特罗奇都是某种文化朝圣者。尤金对在奥地利发现的罗马式和哥特式建筑抒发感怀，认为一种非常坚固稳重，另一种在他看来则不安定，表现出“浮士德”式的男性斗争。汉斯对此表示同意，普瓦捷和鲁昂的罗马式大教堂的外部建筑没有给他留下多少印象。只在沙特尔（Chartres）才有他渴望见到的高耸的尖塔：当他们在午夜乘坐卡车经过这个城市时，他激动地把背包翻了个底朝天，找出一幅临摹画，把它与真正的大教堂进行比对，发现大教堂的双塔在月光下显得“特别细，特别高”。他生长在德国，对科隆和斯特拉斯堡的后哥特式尖塔习以为常，鲁昂和普瓦捷的老式罗马高塔相比而言像个矮胖子，他看到后感到失望。歌德年轻时期首次见到斯特拉斯堡大教堂西面拔地而起、高耸入云的哥特式建筑后，感到非常震撼，将它视为德国建筑的象征。

年轻的摄影师丽丝洛塔·伯普尔和歌德一样，认为大教堂的西面沐浴在斜阳的余晖里时景色最美。她在旅行日记里说，当广场周围的房屋“慢慢被阴影笼罩”后，哥特式拱门、尖塔和雕像上的装饰全都一览无余。她在1940年9月去斯特拉斯堡还有一个特别原因。1919年时，她还是一个不满7岁的小女孩，她的父母和其他“帝国德意志人”（Reich Germans）被从这个城市赶走。离别多年，第一次重返这里，她拿着父母的老地图，徜徉在蜿蜒的街道上，看到带有颜色鲜亮的木制百叶窗的半木结构房屋，感觉有着“非常特别的魔力”。走过运河上纵横的桥梁，在伊勒河岸边的梧桐树和栗树下漫步，她有了游子归家之感。德国人在1940年的胜利后，欢迎斯特拉斯堡、科尔玛和阿尔萨斯的村庄回归，使它们成为巴登联合区的一部分。当地举办了特别展览，赞扬这些地方的民间传统和它们对德意志文化的贡献。每当阿尔萨斯人对新的爱国主义责任显得不太愿意接受时，纳粹当局更为深入地进行教育，再次解释什么是他们的真正民族身份。同时，那里的犹太人基本上都被驱逐。

丽丝洛塔的下一站是波兰城市维隆（Wielún）的瓦尔特兰（Wartheland）酒店，她在1940年10月初来到东部新收复的土地拍摄殖民工作。在瓦尔特兰，这个任务比在阿尔萨斯更为艰巨，而且丽丝洛塔立刻注意到这里有大量的犹太人。她认为犹太人是“一种交通威胁”，因为德国不允许他们在人行道上走路，所以只能走在马路上。同月，新法令要求新合并区的犹太人见到任何身穿制服的德国人都要脱帽行礼，一些官员开始手持马鞭或狗鞭，骑着马执行新法令。在此前一年的12月，SS“安置办公室”（Resettlement Office）开始驱逐犹太人，对瓦尔特兰合并区的西部（前普鲁士地区）进行彻底清除，不过由于冬季煤炭短缺，行动受到削弱。在东瓦尔特兰最重要的城市罗兹（Łódz´），犹太人被赶入一个临时隔离区，这也是帝国境内出现的第一个犹太区。

丽丝洛塔·伯普尔去了一趟利兹曼施塔特，这是罗兹的新名字，以纪念1915年攻占这里的德国将军。她在那里拍摄犹太人，为自己的影集增添素材。该市的犹太区被称为“德国第六大城市”，成为一个流行摄影主题，另一位女摄影记者艾瑞卡·施马切腾伯格（Erika Schmachtenberger）在那里拍摄的类似照片被《慕尼黑画报》（*Münchner Illustrierte*）刊登。希特勒的一个私人摄影师雨果·耶格（Hugo Jaeger）匆忙赶到库特诺（Kutno）的犹太区，他使用了彩色胶片，拍摄的既有表现棚户区居民的“人种学”照片，也有年轻美女的全身像。但是，丽丝洛塔·伯普尔于1940年10月在瓦尔特兰从事的是另外一种工作。

新的犹太区成为殖民安置或“再德意志化”的典范，最终619 000名波兰公民被“安置”到由汉斯·弗兰克（Hans Frank）领导的“普通政府”管理的波兰残余领土，以便为德国人让路。这些波兰人主要来自瓦尔特兰，数量约为435 000，因为瓦尔特兰的新党区领袖阿瑟·格里斯（Arthur Greiser）热烈赞同希姆莱的激进殖民安置设想。1939 ~ 1940年冬，遭驱逐的波兰人经常被迫乘火车离开，而且没有足够的食物、饮水和衣物。由于很多是犹太人，拉布林地区SS和警察头目奥迪路·格洛博奇尼克（Odilo Globocnik）曾在1940年2月提出建议说，要有意让驱逐之旅慢一些，“应该准许把他们饿死”。当火车门在克拉科夫（Cracow）、登比察（Dębica）和桑多梅日（Sandomierz）被打开时，车站工作人员发现一节节货车车厢里都是冻僵的孩子和母亲的尸体。

丽丝洛塔·伯普尔在瓦尔特兰的任务是记录和庆祝安置行动的另一面：迁移来的德国人。德国与苏联在1939年10月达成最后瓜分线时约定，要有秩序地转移德意志少数民族。这些德意志人来自波兰东部的沃利尼亚（Volhynia），很多不会说德语。还有一些人来自巴尔干国家，那里有60 000德意志人被连根拔起迁移，结束了长达700年历史的骄傲独立。面对苏联占领的威胁，他们同意“回归帝国家园”（德国政府这样称呼他们的移居）：丽丝洛塔认为，这些德意志人牢骚太多，心中不是满怀感激。丽丝洛塔对波兰-乌克兰边界的沃利尼亚和加里西亚的纯朴农民印象更深：“我们去参观时，看到他们每个人脸上都闪耀着幸福的光芒”。他们等待政府为他们清理房屋、农场和生意时，尽管要在临时营地熬上几个月，却真诚感恩。她认为，他们只想在自己的土地上耕作，“这样就能给德国人民提供面包”。

1940年11月，丽丝洛塔一边旅行，一边记录比萨拉比亚（Bessarabia）、布科维纳（Bukovina）和多布罗加（Dobruja）的罗马尼亚德意志人的安置。她加入SS安置委员会（Resettlement Commission），参观黑海港口城市康斯坦萨（Constantia）附近的德意志人村庄，看到他们刷着白石灰的整洁房屋，当德意志家庭收拾财产时，与他们谈论对未来的期待。她随这些人一起乘坐汽船，穿过多瑙河铁门（Iron-Gate）峡谷和瀑布。不过她没有和这些人打成一片，在日记中多次表示，担心会从还没消过毒的安置者那里传染上跳蚤，她开始执迷于卫生保健，用登记卡记录在船上捉到的跳蚤：10分钟内竟然逮到20只跳蚤。因为不断受到这类小难题困扰，旅程结束后，她感觉自己就像从战场上凯旋的“闪耀的胜利者”。她的私人日记和职业摄影作品都把安置者描述为心怀感恩，但只是被动接受“老”帝国的德意志人组织完善的救济。

在贝尔格莱德（Belgrade），丽丝洛塔有了好朋友玛格特·莫尼耶（Margot Monnier）助阵。玛格特的娘家姓是“哈达”，丽丝洛塔一直开玩笑地喊她这个名字。“哈达”非常喜欢这次探险，她虽然是“德国妇女组织”的摄影部负责人，却经常为丽丝洛塔充当摄影助手。她还是德国广播节目主管欧根·哈达莫夫斯基的妹妹，所以能给丽丝洛塔当靠山。这两位年轻女子知道怎样找乐子，抽时间顺带去布达佩斯购物。在贝尔格莱德，当地SS安置委员会负责人竟然是丽丝洛塔家的世交，他带她领略了这个城市的夜生活。这两位优雅机智的年轻女子熟知说动男人帮助他们的诀窍，不管是从罗马尼亚人手里搞通行证，还是请德国列车长帮忙把扫到的货偷运回德国，或者是请彬彬有礼却又沉闷的SS军官陪她们浏览布达佩斯的夜色，她们都得心应手。在奥地利船长和军官的陪同下乘坐了汽船后，她们又搭火车去维也纳，在那里丽丝洛塔和哈达仪式般地淹死了“最后一只跳蚤”。

在瓦尔特兰，给28岁的丽丝洛塔留下最深印象的是德国女学生志愿者和帮助定居者的“帝国青年义务劳动军”女队员。在安置行动中，德国频频派出同样数量的18岁劳动军女队员随SS成员一起行动，她们有的去火车站欢迎德意志定居者，有的帮助SS驱赶波兰人，并监督波兰妇女把房屋打扫得一尘不染，留给新来者居住。一位学生志愿者向老家的一个人说起她参加驱逐行动，看到SS把波兰村民赶进一个库房时自己心里的反应：

> 同情这些东西？不。世上竟然存在这类人，我有点暗自惊恐，他们完全和我们不相容，根本无法进行理解，因此没有办法影响到他们。我在生命中第一次感到，有些人的生死完全无关紧要。

对波兰人来说，唯一能保护财产权利的方法就是在被占领土上正在编制的新版“民族表”中被划分为“德意志人”。如果能登记为德意志人，也会自动获得更高级别的配给、更好的教育和更多的工作机会。其他地区可以自主实施“再德意志化”计划，它们没有严格遵循格里斯提出的由SS负责种族审查的强硬立场，更倾向于让上西里西亚工业核心地带的技术工人队伍保持稳定。在该地区，几乎全部人口都被重新划为德意志人。东波美拉尼亚情况也类似。在但泽-西普鲁士，1939年曾发生地方德意志民兵袭击波兰人的最严重暴力行动，现在大多数人都被列为德意志人，或者拥有“成为德意志民族共同体正式成员的必要品质”。一切取决于他们的表现，如在阿尔萨斯，对于男性的一个新测试就是看他们愿不愿意进入国防军服役。

那些没有想办法进入某个重划类别的波兰人很快就尝到当附属公民的严重后果。不管各个大区（Gau）①、被占领土和“普通政府”有什么区别，它们的目标都是一致的。当局出台一系列法令，禁止波兰学校教授所有被认定为培养爱国主义意识的科目：体育、地理、历史和民族文学都被取消。在瓦尔特兰，甚至不得用波兰语讲课。然而，这些地方的学校还不得正确讲述德语语法，以防“波兰人把自己伪装成德国人”。大多数波兰教师和教士被处决或驱逐后，瓦尔特兰当局让农夫妻子和士官当老师，给大班上课，每天课程只有一两个小时，内容是训练波兰儿童“讲究卫生，遵守秩序，举止谦恭，顺从德国人”。

大批波兰人被迫到“普通政府”辖地“定居”，希特勒将其称为“土著保留地”，不过被送到德国的波兰人数量更多。起初在1939年，30万波兰战俘被送到德国帮助农民收获。自愿到德国工作的波兰平民也非常多，在德国占领之下，波兰人需要工作。到1940年5月底，德国有85万多外国劳工，其中将近三分之二从事农业，德国农场本来就有季节性雇用波兰劳工的长期传统。对一个追求民族和种族纯净的政权来说，是不情愿看到波兰人在德国城市工作和生活的，尽管军工企业急需劳动力，但很多工厂还是依赖国防军在法国行动结束后

① 德语中的行政区划单位，最早于中世纪时期使用，类似于英语中的郡。纳粹德国于1938至1945年间采用大区作为一级行政区划单位，以取代传统的邦。——译者注

复员熟练工人来维持运转。

在纳粹看来，整个大后方是女性化、家庭化的地方，外国男性闯入，对它构成威胁。这种性欲化、性别化的概念源自19世纪男女领域相互分隔的思想，那时候政治和社会事务是男性的专利，女性专注于创建比德迈式（Biedermeier）[①]的家庭田园生活。第一次世界大战期间，女性接替了男性，开始从事工程和武器生产工作、驾驶电车、到红十字会当护士，这种区别观念被打破。尽管纳粹信奉父权制，但是战争开始后，女性立即又进入很多原来的男性领域，甚至比上次战争时还要深入。大学中的女生数量没有再增加，出门工作的妇女比一战时期还多。不过纳粹没有放弃男女命运生来不同的观念，只是进行了重新定义。家庭这个传统的女性领域得到扩大，延展至整个大后方，男性主外的活动不再限于社团生活或工作，而是指保卫祖国的边疆。女性的活动范围急剧扩展，囊括了几乎每个以前受到排斥的社会和经济活动，只有一个领域她们无法进入：军队。实际上，妇女早在战前就进入了警察队伍，还有40万护士被红十字会招收，国防军则雇用了50万名妇女，在吉森（Giessen）进行两三个月的训练后，大部分从事话务和邮政工作。

妇女直接持武器作战依然是禁忌，德军士兵在波兰行动期间以最严酷的手段还击波兰人却早就有了合法性。男性的荣誉完全取决于兵役、战友情谊和战场上的沉着冷静；“战争神经症”患者、胆小鬼和逃兵既不光彩，也被讥为不是真正的男人。司法部在1943年发布指导方针，只是重申“德国妇女与战俘发生性关系是对前线的背叛，严重伤害国家声誉，败坏德国妇女在海外的名声”。男人和女人都以自己的躯体用不同的方式承担着德国人民的荣誉。

纳粹党成为国家荣誉的道德卫士，种族政策办公室（Office of Racial Policy）负责人在1940年8月宣称：

毫无疑问，从种族政策考虑出发，要求我们使用一切有效手段，回击

① 1815到1848年在德国流行的文学、艺术、家居时尚的一种风格，它寄托了当时德语区中产阶级对休养生息和回归家庭的向往。——译者注

> 外国劳工积聚构成的极为严重的威胁，他们会渗透和污染……我们的德意志后代。直到最近，这些外来人口还是我们的凶恶敌人，现在他们打入了我们内部。当他们侵扰我们人民的精髓、让德意志血统妇女怀孕、引诱我们的年轻人堕落时，我们不能袖手旁观，必须采取行动。

盖世太保和帝国保安总局尤其喜欢认为，自己应该填补丈夫、父亲、兄弟和未婚夫们离开家门后留下的空缺。面对外国劳工大量涌入的局面，盖世太保完全禁止“不伦接触”，“私人亲密/友谊关系”“对波兰人的友善或社交行为”之类的特殊过错都会受到调查。正如他们认为男孩逃学会变成小偷，女孩逃学会染上乱交、性病和卖淫的恶习一样，与波兰人发生的一切社会接触，最终都会发展成上床。在这种悲观主义思想影响下，即使对鸡毛蒜皮的罪过，警察也有必要出手干预，以防演变成更为严重的混乱。

自1940年6月起，盖世太保开始公开绞死有过“不伦接触”的波兰男子。7月初在黑尔姆施泰特（Helmstedt）附近的英吉勒本（Ingeleben），一名波兰战俘因为与一位德国妇女发生性关系而被送回军事监狱，军方将他移交给盖世太保，后者把他“吊死在一棵树上，以儆效尤”。7月26日，柏林的帝国中央保安总局（Reich Security Main Office）下令绞死斯坦尼斯劳·斯迈尔（Stanislau Smyl），无视帕德伯恩（Paderborn）的盖世太保地方机构以精神原因为依据提出的反对意见。斯迈尔显然曾在大街上靠近一名已婚妇女，向她“发出奇怪的声音”，并露出自己的生殖器。8月24日，盖世太保把一名17岁的波兰劳工从哥达（Gotha）的法庭监狱带走，将其吊死在路边。50名波兰劳工被迫观看行刑过程，还有一大群德国人过来看热闹。这个波兰人受控与一名德国妓女发生性关系，他死后还被曝尸24小时。

之所以执行这类公开并带有羞辱性的处决，目的是震慑其他人。尽管纳粹国家的触手原则上无远弗届，控制力深入到门房、脚夫和学童，但除了警示“不伦接触”的危险，缺乏有效人手进行更多防范。盖世太保或许陶醉于自己无所不在、无所不知和无所不能的名声，但其极权主义雄心受到人员短缺的制约，战争期间尤其如此。如今盖世太保重操战前监管犹太男子和雅利安妇女接触时使用过的手段，依靠多事的邻居来告发违反“民族共同体规范”的人。政治警察使用恐吓、示众处决等手段，也等于承认他们力量极为不足，无法全面维持纳粹种族秩序。整个战争期间，盖世太保在杜塞尔多夫制造的“不伦接触”案例为165个，在帕拉廷（Palatinate）是150个，在下弗兰科尼亚（Lower Franconia）为146个。

这个新的公开处罚仪式有着民粹基础。早在1940年3月，耶拿（Jena）高等法院就抱怨说，图林根人对有“不伦接触”嫌疑妇女未审先判已经司空见惯，他们将这些妇女的头发剃光、给她们挂上宣罪牌游街示众。1940年11月15日，人们涌进爱森纳赫镇广场，嘲笑一位德国妇女和她的波兰情人，将他们背靠背绑在一个小台子的柱子上。一块标语牌子置于这位妇女的光头之上，上面写着“我放纵自己和一个波兰人鬼混”；波兰人头上的牌子则写着“我是种族污染者”。母亲们把年幼的孩子带到前排，或者把他们抱起来，好让他们也能看到。

犯下“不伦接触”罪行的妇女经常被迫参加情人的行刑仪式，甚至会遭受相同命运。有时她被骂为“狐狸精”，有时被教训说，她早就该知道会有这么一天。在雷根斯堡（Regensburg）发生的一个未经法院的民意审判案例就表明，“实际上当地大多数人都认为，德国女孩的罪责更大”。例如有人就说，“当事的波兰男人只是想满足自己的性需求，而那个德国女人的欲望比波兰人更多，她败坏了民族声誉”。从这种观念出发，女人的责任更大，因为她代表着“更高级的文化”。当局虽然还在“荣誉”“种族”和“文化”等观念之间犹疑，对行使多大程度的夫权举棋不定，地方媒体已经详细披露公民的性生活细节了。如果涉事妇女已婚，当局会问通常在军中服役的丈夫是否原谅妻子：如果丈夫愿意宽恕，妻子会获得轻判，甚至会被释放。

重新公开安装枷具和绞架无疑会产生问题。在施特劳宾（Straubing），人们抱怨说，设立的绞架离一个少女训练营太近了。在利希滕费尔斯（Lichtenfels），有人说绞架毁掉了一座“美丽的”小山。纳粹显然想利用前现代式的公开处罚动员公众，不过这种文化传统本来已经消亡，将其复活引发的社会反应是矛盾的。

公开行刑的新风尚在图林根最为成功。当局在希尔德堡豪森（Hildburghausen）为20名波兰人执行集体绞刑时，涌来800～1000名观众，这还不包括受到警察阻止的600～700名妇女和儿童，就连帝国保安总局对此都感到不安。不过这个地区早就接受了国家社会主义，而且这里的新教牧师都参加了德国基督教运动：该地区不存在产生其他任何观点的土壤。

在其他地方，尤其是天主教区，事情的发展就比较曲折。新的替罪羊策略非但没能促进社会团结，反而引发异议。德国妇女很快对双重性标准表达出不满之情，帝国保安总局提到，民众在埃伯恩（Ebern）附近的布兰贝格（Bramberg）围观一个女人因为找了个法国情人而被游街时，“大胆地询问道”，“男人如果在法国与当地女人有染，会不会受到同样的处罚？”人群中的大多数妇女都对游街持批评态度，甚至包括纳粹党成员，还有人高喊道，“只需要使用拇指夹①和幽禁，然后我们就能全面后退到中世纪”。同时，一些男人则主张加重处罚，应该对这名女子“动肉刑”。

天主教区民众之所以在人道上强烈厌恶新仪式，其中一个原因是波兰人和法国人与他们一样，都信奉天主教。在杜塞尔多夫附近的肯彭-下莱茵（Kempen-Niederrhein），盖世太保对一名波兰人实施绞刑招来当地民众的明显敌意，他们认为其原因是受教会影响，当地教会反对这种公开处决方式。自工业革命以来，莱茵兰和鲁尔区也早就吸引了很多波兰移民。在施韦因富特，当地盖世太保决定把两名波兰人（其中一人使一名15岁的女孩怀了孕）的处决地点转移到一个集中营，以防“天主教信徒出现太过激动的反应”。1941年10月，希特勒取缔了这类公开羞辱和处罚的仪式，尽管公开处决外国人仍然保留。不过这次他面对的是一种全然不同的人道主义强烈抗议，德国天主教的主教们在其中起到了带头作用。

1941年3月9日，柏林天主教的康拉德·冯·普莱辛（Konrad von Preysing）主教利用庆祝庇护十二世（Pius XII）登基的机会，在圣海德薇大教

① 过去使用的一种用于压迫拇指的刑具。——译者注

堂（St Hedwig's Cathedral）提醒教众说，教皇已经“重申教会的原则，依据他的教导，任何从经济或优生学立场出发杀害病人或残疾人的行为都不具备正当理由和借口”。这是首次公开否定纳粹的秘密“安乐死”计划。新教和天主教的主教们都熟知该计划的进展情况，因为教会精神病院的主管们处在最前线，有些主管狂热拥护“安乐死”计划，有的则强烈反对。但在过去一年半的时间里，富尔达的“天主教主教团”（Bishops' Conference）继续追随伯特伦枢机主教，只是向政府寄送言语温和的私信，询问流言是不是真的。然而到1941年夏，合法请愿式微，宗教领袖们以更为激烈的态度公开表示反对。8月3日，明斯特主教、冯·加伦伯爵克莱门斯·奥古斯都利用在兰贝蒂（Lamberti）教堂布道的机会，公开谴责安乐死计划。鉴于普莱辛只是泛泛重申教会反对屠杀病残人士，加伦发动激烈的进攻：

> 基督徒同伴们！……几个月来我们一直听到报告说，在柏林的命令下，精神病院里可能无法获得根治的长期患者被强制转走。然后过不了多久，亲属们经常会听到通知说，患者的遗体已经被火化，可以把骨灰给他们送过来。这种事很蹊跷，几乎可以肯定，这么多精神病人意外死亡不是他们自己的原因，而是有意造成的。有一个学说在指导这种行为，它认定人们可以摧毁所谓“无价值生命”，杀掉无辜民众，只要觉得这些人的生命对民族和国家不再具有价值。

加伦朗读了他写给当地警察首脑的信，详细描述了明斯特附近的马林塔尔（Marienthal）收容院第一次转移患者的情况，提醒警方有故意谋杀行为发生，并根据刑法第139条表明自己的公民责任，通知当局有“实行反生命犯罪的意图”。然后加伦指出，根本道德问题危在旦夕，警告说“如果确立并实施能够屠杀‘无收益’人类的原则”，那么老弱人工、伤残退伍兵也将步人后尘。加伦的布道在当地引起巨大反响，明斯特兰教区的各个教堂都对它进行了宣读，并在科隆的教士圈子里得到广泛传阅。

很多有关医疗屠杀的流言都源自分散于各地的地方卫生官僚机构：主管官

员们必须批准为患者支付公费医疗费用，因此能够把经费流向追踪至屠杀中心；他们也从其他同事那里获知并传递了相关信息。这些消息有的很详细，有的很零碎，私下里一直在流传，直到加伦决心利用教会的独立地位将其摆上台面。他的布道简单直接，对当局构成严峻挑战。

宗教事务部部长汉斯·克尔、纳粹党秘书马丁·鲍曼和纳粹党地方长官阿尔弗雷德·迈耶（Alfred Meyer）等人的条件反射式反应，是认为应该对加伦进行镇压。是把他当成典型进行审判，然后以叛国罪处决好呢。还是秘密逮捕，然后投入集中营呢？或者只是禁止他布道？明斯特兰的地方党活动分子和官员感到愤怒，谴责加伦是英国间谍。戈培尔和希特勒也被加伦的公开批评所激怒，但作为天主教徒，他们也非常清楚草率处理很危险："如果动了这位主教，不管用的是什么手段，"戈培尔明白说道，"在接下来的战争期间都不要再想得到明斯特地区民众的支持了，甚至整个威斯特伐利亚都会失去"。希特勒也认为，最明智的选择是冷处理，尽管他私下里发誓说，战争一结束就让加伦掉脑袋。

从1941年夏末到秋天，天主教的主教们一直在施压。林堡（Limburg）主教安东尼奥斯·赫尔弗里希（Antonius Hilfrich）从哈达玛尔收容院的教士那里了解到很详细的信息，这个参与毒杀残疾人的收容院距他的驻地只有8公里。他与科隆大主教和帕德伯恩主教一道，在那年暮秋联合致信内政部、司法部和宗教事务部："为了教化和启迪天主教信众，我们认为自己有义务公开对它（即医疗屠杀）表示反对，这样我们的子民对于何为真正道德之根本就不会感到迷惑"。三天后，特里尔（Trier）主教波尼瓦瑟（Bornewasser）效仿加伦，在他的大教堂布道时，对杀戮病患表示反对。两个星期之后，即9月14日，他再次触及这个主题，慷慨激昂地询问刑法第211条在德国是否还适用。加伦给奥尔登堡（Oldenburg）的教士写信，要他在那里宣读自己的布道。10月和 11月，英国空军抛撒了印有加伦布道节选的传单。美因茨（Mainz）主教阿尔伯特·斯托尔（Albert Stohr）利用10月底的"基督普世君王节"（Christ the King），向挤满教堂的信众做了类似布道。在万灵节（All Souls）前夜，普莱辛在柏林圣海德薇大教堂又说起这个问题，谴责大制作的故事片《我控诉》（I Accuse）是赤裸裸的宣传，把当年夏天的高票房率与屠杀精神病患者直接联系起来。

这部电影由沃尔夫冈·利本艾纳（Wolfgang Liebeneiner）执导，讲述一名患有多样硬化病的妇女不愿在痛苦中慢慢走向死亡，在别人帮助下自杀的故事。观众们发现，自己既成了努力为女主角寻找治疗方案的医生，又是纠结于是否让她尊严而死的法庭陪审员。戈培尔审查了安乐死主题电影的剧本草稿，否决掉所有未加掩饰的宣传内容，确定了“诱导式”手法。这位宣传部长对宣传媒介的选择表明，他认为德国民众如果了解到“安乐死”的真相，不会完全无动于衷；向他们透露真实情况时，手法必须委婉。参与该计划的职业精英们认为自己只是把生存权极端功利主义了：在对“孤僻任性”的青少年、“偷懒者”和其他接受福利机构和警察关注者进行判决时，是否准备工作一直是关键性标准。但是，不管德国社会认为精神或身体残疾者有多么不光彩，还是接受不了对不能工作者和不愿工作者施以同样的处罚，懒人和残疾人完全不同。加伦举出的最有说服力的例子，就是重伤士兵也面临安乐死的威胁。1941年8月11日，阿珀尔许尔森（Appelhülsen）的一所教堂宣读了加伦的布道，参加仪式的妇女们放声大哭，认为她们正在前线服役的儿子有可能被“安乐死”。

《我控诉》是在加伦做出那场震撼性布道之前上映的，观众遍及德国各地。到1945年1月，观众数累计达1530万，不过并非所有观众看过这部描述患者选择困境的动人影片后，都一定会联想到德国各个收容院里正在真实发生的大屠杀。在明斯特和帕绍（Passau），人们倒是把电影和安乐死计划联系起来了，但完全是持反对立场的。而这部电影在票房上非常成功的事实表明，德国人并不太关注医疗屠杀。很多人不了解这个计划，反对“安乐死”也没发展成一个普遍性行动。

安全机构在一些地方确实发现，相当多民众对公共健康机构失去信心，在上瓦本尤其如此，原因是“明斯特和特里尔地区的主教们散布危言耸听的布道后，很多民族同志拒绝接受X光检查，因为他们害怕会被当成‘无生产能力’者而遭（安乐死）处置”。新教徒也极为不安，认信教会的一些成员赞赏加伦的布道。符腾堡主教（Württemberg）西奥菲尔·乌尔姆曾在1940年7月私下里向宗教事务部长、内政部长和总理府秘书长拉默斯表示抗议，但是新教没有公开反对“安乐死”计划。此外，尽管新教和天主教精神病院主管发现“T-4”委员会快要来时，偶尔会互相通风报信，但敌对的基督教团体面对这个挑战，关系并没有变得更紧密。

1941年8月，希特勒中止屠杀收容院成年患者的“T-4”计划。不过由于这个命令没有公开，教会还在继续抗议：毕竟这个屠杀计划属于国家机密。高级神职人员此时就这个问题向当局施压，还有他们自己的考虑。他们在1941年夏最关心的是保卫教会的房产和土地。随着阿尔萨斯和卢森堡随波兰西部省份一道，被并入帝国领土，德国政府决定不在新领土上实施“1933年教会协定”（the 1933 Concordat with the Church）。盖世太保和纳粹党大佬们立即抓住机会争夺战利品，在1940年到1941年间，在300多所修道院和其他教会土地和建筑被征收。随着这种行为向“旧帝国”扩展，在各国激起强烈抗议。在符腾堡州的翁特尔马尔希塔尔（Untermarchtal）和科林里德（Kellenried），修道院及其土地被夺走。在巴伐利亚，被关闭的基金会多达7个，明斯特史瓦扎赫（Münsterschwarzach）的农民拿起杈子保卫刚完工的本笃会修道院（Benedictine Abbey），这种直接反抗行为还是不多见的。当征收教会财产的活动扩及加伦的教区时，他决定公开反对。在吕丁豪森（Lüdinghausen），一座女修道院被改成公立寄宿学校，10名修女被迫当起厨师、清洁工和洗衣妇，其他人则被赶走。明斯特的耶稣会士不得不转移教区，镇上的修道院资产最终在7月份被收走。

加伦在大布道会上三次批评纳粹的激进政策，8月3日公开反对医疗屠杀是第三次：前两次布道分别发生在7月13日和20日，讲的都是保护宗教秩序不受世俗政权掠夺，谴责当局连一点点守法的伪装也不讲。他把161位宗教修会成员比作“战场上的德军士兵，他们有些人就处在前线”。加伦强烈批评当局的行为，称修会成员的“家园被抢走，修道院现在被毫无理由地粗暴破坏”。其他主教们则公开把这种对教会的攻击与德国各地的收容院里屠杀无辜的事件相提并论。

当年夏天在巴伐利亚地区，教会与纳粹党的冲突失去了控制，基本上是巴伐利亚教育部长兼纳粹党慕尼黑和上巴伐利亚地区长官阿道夫·瓦格纳（Adolf Wagner）造成的。国家政权在该地区接管教会土地和建筑，打乱了具有强烈地方色彩的宗教环境和继承规则。然后瓦格纳又将目标转向天主教会办的杂志、托儿所，尤其重要的是开始推行教育世俗化政策。当瓦格纳颁布法令，要求暑假期间各个学校须把十字架和基督教图画撤掉后，矛盾激化到顶点。对瓦格纳这样的强硬派来说，完成将教会逐出教育体系这个未竟事业的时机已经到来。虽然希特勒为了让战争继续下去，禁止纳粹党采取反对新教和天主教会的行动，但鲍曼在1941年6月发出的一个通知还是使瓦格纳感到宽慰，鲍曼鼓励这位地区长官瓦解教会的势力。尽管有警告说，很多政府部门及普通纳粹党成员使用的手段不受欢迎，但在1941年夏季和初秋，上巴伐利亚地区有389所小学撤掉了十字架。

随着反对者越来越多，瓦格纳被迫于8月28日撤销这个命令，不过很多地方纳粹党领导人为了名声和信仰，还在继续推进教育与宗教相分离的工作，结果在一些小镇和村庄连续遇到愤怒的反抗。在上帕拉廷（Upper Palatinate）的费尔堡镇（Velburg），民众在9月21日做完周日弥撒后，冲进镇长家里，镇长想去拿手枪，被人按倒。他的妻子交出学校的钥匙，抗议者们把十字架重新安了回去。在很多村镇，母亲们组织孩子罢课，并筹钱再买新的十字架。在有些地方，休假士兵们参加过纪念牺牲战友的弥撒后，把十字架象征性地安到教室里。

对慕尼黑和弗赖辛（Freising）总教区的红衣主教米迦勒·福尔哈贝尔（Michael Faulhaber）来说，巴伐利亚地区出现的十字架斗争是收复失地的绝佳机会。1941年8月17日，他在牧函中把撤除学校里的十字架比作砍掉阵亡将士墓上的树。4个星期后，即9月14日，是光荣十字圣架节，各个教堂又宣读了他的牧函。遇到的威胁已经够多，瓦格纳命令教育部让步，59名因为参与抗议而被捕的教士被释放。希特勒也进行干预，警告瓦格纳这位迄今他最为信任的地方长官说，如果再次犯蠢，就把他投进达豪集中营。随后的日子里，他在巴伐利亚屈从于政治对手，1942年6月又遇到严重中风，两年后死亡。在此后的战争期间，纳粹党和SS激进分子没敢主动再和教会公开较量。

莱茵兰和鲁尔地区的天主教徒对教会与当局的冲突看法不一。8月2日，即加伦发表关于安乐死的重要布道之前一天，有人在韦尔（Werl）和哈姆（Hamm）南部散发传单，要求当局解释“为什么德国布尔什维克不参战？我们身处前线的士兵对此一点也不了解吗？”传单号召“天主教徒团结起来！”纳粹党积极分子的妻子们抱怨说，她们出去买东西或工作时，太多人把气撒到她们头上。很多人认为战后纳粹党和教会将全面摊牌，现在只是预演。9月中旬，一位战友把特里尔主教的布道传给汉斯·阿尔布林。和很多天主教徒一样，他深受感动，把本土面临的威胁比作国外的撒旦敌手。阿尔布林向朋友尤金·阿尔特罗奇保证说，主教打破教会先前保持的沉默，发出的号召如同“使徒之信”有影响力：“相信我，对这类事件，你不能再保持沉默……这些野蛮人想要破坏的不只是教会，还想把基督教、德国历史和文化全都摧毁”。

不过在后方和前线，都有相当多的天主教徒反对那些主教。盖世太保的线人报告说，甚至在威斯特伐利亚的农村地区泰克伦堡（Tecklenburg），反教士的天主教徒都认为“让僧侣和修女最终参加劳动”是“极为正确的”。“今天，”他们认为，“每个德国人都有义务为胜利而战斗和工作。”在更为世俗化的大城市中，人们批评加伦破坏大后方的团结，他们质问，“战争期间说这些话有必要吗？”随着主教在1941年继续发动抗议，指责他们是叛徒的人也成倍增长，英国空军开始散发加伦的布道传单后尤其如此。一位哈达玛尔居民因为私藏一张这类传单，被送往拉文斯布吕克（Ravensbrück）集中营关押了6个月。当她获释回家后，发现自己不仅丢掉了工作，还受到镇上居民的排斥。一些天主教徒士兵甚至把他们主教的背叛行为比作又一次“背后插刀”。3位士兵在9月1日给教区牧师写信，狂怒地说，“你的活动是十足的诽谤，你正把大后方搞得四分五裂，就像1918年一样”。一位士兵是虔诚的天主教徒和纳粹党员，他惊讶地听到传言说，波鸿（Bochum）的一个修道院里藏有无线电台，与英国人有联系，不过他觉得这不太可能。还有人宣布，由于教会领袖过于顽固反对，不愿全身心为战争努力做奉献，他们将与之断绝关系。

主教们在1941年进行公开抗议，反对屠杀精神病患者，有助于把他们认为与教会利益息息相关的冲突闹大。9月到10月间，他们在上巴伐利亚成功索回学校的十字架。不过他们没能把失去的土地和教会房产要回来，尽管希特勒确实已禁止继续没收教会财产。两方在对抗中都没得到什么利益，主教们也降低了抗议力度。甚至在斗争的高峰时期，加伦批评的也只是地方纳粹党领导人和地方盖世太保，从来没有把矛头指向国家领导。他在1941年7月和8月三次用布道进行抗议时，结束都不忘为元首祈祷。主教们慢慢学习使用伯特伦枢机主教那种经过检验的可靠方法，不越界，就具体违反教会协定的事件向政权领袖发私人信件进行抗议。加伦和他的帕德伯恩同僚洛伦茨·加戈（Lorenz Jäger）此后都没有再公开提及医疗屠杀。

1941年8月之后，遭屠杀的精神病患者比“T-4”计划时期还要多。屠杀儿童的行动根本没有停止，只是进一步分散化了。屠杀成年人的行动停顿了一下后重启：从1942年到1945年，87 400名患者遇害，而在1939年到1941年的第一阶段，被投进毒气室的患者为70 000人。在没有专业屠杀条件的收容院里，被饿死的患者数量也和被杀掉的差不多，致使总的死亡人数超过216 000人。纳粹更加严格地隐藏证据，但是教会领袖确实通过在天主教收容院里工作的教士们得知了相关消息。1942年11月，天主教会获得医疗屠杀已经重启的铁证。富尔达的主教会议再次决定，不进行公开表态：天主教的收容院改变策略，只是不进行合作。加伦主教从一位教士那里得到屠杀精神病患者的行动重新开始后，也小心谨慎不打破公开停战状态，只发了一封私信询问，而且致信对象只是地方当局负责人，没有任何国家领袖。他没有得到什么回应，事情不了了之。

1942年8月，态度粗暴的负责人阿尔方斯·克莱因（Alfons Klein）和举止文雅的66岁主治医生阿道夫·瓦尔德曼（Adolf Wahlmann）组织了一个新的队伍。从1942年8月到1945年3月间被送进哈达玛尔精神病院的患者中，死亡者超过90%，总数至少有4400人。成年患者被送来后，立即按是否有劳动能力分组。没有能力的工作者一周只能喝到三碗荨麻汤，直到被饿死。瓦尔德曼和克莱因每天早上编定名单，决定哪些患者将被杀掉，护理人员一般在晚上给他们服用致命剂量的曲砜那（Trional）或佛鲁拿（Veronal）等神经系统药物。第二天如果患者还没死，就向其注射吗啡-莨菪碱（morphine–scopolamine）。为了防止焚尸炉的烟雾让当地人感到不安，就把患者的遗体埋在精神病院后面的新墓地中。如果有亲属参加葬礼，就用棺材收殓死者，并举行一个简短仪式；如果亲人不来，就直接把尸体赤裸着埋进集体坟墓。

关于第一阶段“安乐死”的消息，很多都是从医疗和社会福利机构那里传出来的。尤其是为患者支付的医疗费用从一个精神病院转向另一个精神病院，经费的踪迹显露出患者的最终目的地。在1942年之后的第二阶段，当局设立了一个新的支付办公室作为缓冲，各地区为患者付医疗费时，再也看不到具体流向。新的保密措施带来一个意料之外的结果，导致医疗谋杀的主旨受挫：原来设想把杀掉患者后节省下来的医疗经费用于战争，现在为了保密，不得不把这些钱留在地方政府手里。在屠杀患者的各个地方，节余下来的经费积聚起来。哈达玛尔精神病院的屠杀活动节省出数以百万计的马克，被黑森-拿骚用作建设基金和其他形式的民生开支，从战争纪念碑到拿骚地区图书馆到莱因-美因地区管弦乐队，使用的都是这笔钱。

虽然费尽心机保密，真相还是渐渐显露出来。哈达玛尔重启屠杀计划两个月后的1942年10月，莱因省高级主席（Senior President）给阿道夫·瓦尔德曼写信，询问为何那么多他们那里的患者一转到哈达玛尔，很快就死掉了。这位主治医生没有解释病人是怎么死的，但也没有否认事实：

> 我的国家社会主义观念无法妥协，不能为了延长这些对人类社会来说已经完全无用的人的生命而投入医疗资源，不管使用药物或者任何其他资源都是浪费，我们当前最迫切的任务是为生存而斗争，在这场斗争中，每张病床都是为最有价值的人准备的。

在被纳粹迫害而死的德意志人群体中，死于精神病院的最多。这些患者来自德国各个阶层，天主教会作为最有实力的公民机构，曾短暂出面维护他们的权利。没有这类机构支持，患者家属就会遇到很大困难。官方有意制造障碍，如推迟发送病危通知电报、更改死亡日期等，使得家属在患者去世之前更难接触到精神病院。在1942年之后的屠杀行动中，家属如果出得起费用，有权请殡仪馆把亲人的遗体运回来安葬，而非像以前那样只能收到骨灰纸盒。殡仪馆很快对粗制滥造的棺材和一丝不挂的遗体发出抱怨。不过随着教会陷入沉默，成千上万受到医疗谋杀影响的德国人受到孤立。很多亲属住得离杀人精神病院非常远，对于真相毫不知情。还有很多人因为家里有人患了“不光彩的病”而自惭形秽，在社会中感到孤立。

还有一些人被患病的亲人拖累得疲惫不堪，有时只得依靠精神病院帮助照看，好缓口气。瑞雅（Ria）的母亲玛丽亚·M（Maria M.）首次离家出走时，她才5岁。从1925年起，玛丽亚因为被诊断为“精神分裂症”，在海德堡精神科诊所（Heidelberg Psychiatric Clinic）和维斯洛赫（Wiesloch）精神病院短暂待过。1929年，瑞雅的父亲去世，他的妹妹索菲亚（Sophie）开始照顾嫂子和9岁的侄女。索菲亚也依靠维斯洛赫作为帮手，把玛丽亚送到那里住了5年。此后玛丽亚的精神状态在很长一段时间里稳定下来，但到1941年，她又开始出现幻听和失眠。瑞雅告诉接诊医生说，她母亲之所以出现这些症状，是因为曼海姆（Mannheim）市大建防空掩体制造的噪音引发的。瑞雅和她的姑妈不久都给精神病院主管写信，小女孩劝说院方让她母亲出院，索菲亚则希望嫂子继续住院。1942年，瑞雅成功把母亲再次接回家，但不到6个星期，玛丽亚突然躁狂起来，打破了窗户和一个橱柜，女儿不得不把她再送回维斯洛赫。1944年6月6日，瑞雅接到哈达玛尔精神病院的来信，称她母亲已经转院至那里，不过“由于旅途有困难”，只有在特别紧急的情况下才允许探视。此后不久，到7月13日，瑞雅接到哈达玛尔发来的电报，称她母亲患了胸膜炎。两天后，她接到死亡通知。7月18日，瑞雅赶到哈达玛尔，领回了母亲的结婚戒指、银行存单和衣服。

不过事情还没结束。一个月后，瑞雅给哈达玛尔主治医生阿道夫·瓦尔德曼写信，咨询遗传病问题。她此时已为人母，想知道母亲的精神分裂症会不会遗传给自己的儿子，“如果会遗传”，她问道，“我先做绝育手术，以后让我的儿子也做，阻止基因特征传给后代，会不会好一些？”瓦尔德曼抽出时间回信安慰这位忧虑的年轻母亲，指出既然她丈夫那边没有这种病史，而她已经长大成人，没有表现出任何症状，这就表明这种疾病不会在下一代身上重现。瑞雅在写给瓦尔德曼的这封不寻常的信件里表达的担忧在很多案例中都能看到。瑞雅和她的姑妈在照料难以治愈而且有依赖性的亲人时压力很大，她们都把精神病院当作值得依赖的可靠伙伴，当她们对于是否有能力把玛丽亚接回家照顾有争议时，时不时会征询精神病院的意见。对于哈达玛尔正在发生的事情，她们很难靠自己的力量提出质疑，更不用说召集民众反对了。她们在周围人眼里名声不好，只能把惨事憋在心里，患病的亲人对她们来说既是耻辱，又是麻烦。

第二部分

1812年阴影

第六章

德国的十字军东征

尽管在国内与纳粹激进势力有冲突，但主教们还是全力支持进攻苏联，称赞其为反对布尔什维克无神论的十字军东征。

1941年6月22日，随着夜幕降临，隐蔽在一片小树林里的男人们再一次检查武器，工兵开始为突击艇充气，准备强渡。普鲁特河（River Pruth）是罗马尼亚-苏联分界线，它的河面很宽，河水缓缓流经地势较低的摩尔多瓦，汇入多瑙河。赫尔穆特·保卢斯坐上第305步兵团的第一批船只，当团长向他们挥手时，他联想起罗马角斗士及其问候语："将死者向你致敬"。突然枪声开始大作，一名紧张的士官用冲锋枪朝一艘突击艇的侧面开火，另一艘突击艇上的乘员惊慌失措，弄翻了船只，重机枪和弹药箱沉入河底，他们只好趟过齐腰深的水爬上其他船只。在他们左侧，机枪声嗒嗒嗒响起，不过没有击中他们。其他德军部队已经逆流而上攻入比萨拉比亚河对岸的斯库莱尼村（Sculeni），将俄军逐出。

随着红军后撤和德军向前推进，赫尔穆特所属的步兵连抵达一个小山顶，在那里挖掘工事。天刚破晓，苏军飞机就开始空袭，攻击波每三到四个小时就有一次，想摧毁德军的桥头堡。两天后，赫尔穆特还蜷缩在他们挖出的坦克壕里守着阵地，等待苏军装甲部队继续发动反攻。"这种感觉无法用言语形容"。他在笔记本上草草写道。他曾经羡慕过参加1940年征胜法国行动的人，那时候他还在接受基础训练。现在，这位19岁的士兵受到战火洗礼，心中却感到害怕。在他所在连队，除了连长是一战老兵，其他人都没见识过真正的战斗。他们在桥头堡坚守到7月1日，顶住了苏联的多次反攻。他们按照受过的训练以班组等小群体为单位行动，战友情谊深厚。最后经过9天战斗，他们的第198步兵师突破苏军防线，而赫尔穆特的连队在进攻芬杜里（Finduri）时成为尖刀连，在行动中损失了39个人。

赫尔穆特及其战友属于第11集团军，这支部队与罗马尼亚军队一起行动，在350万入侵苏联的军队中，位于南翼。南方集团军群在格尔德·冯·伦德施泰特（Gerd von Rundstedt）将军的指挥下，作战目标是占领苏联的粮仓乌克兰。希特勒对苏联的石油也垂涎三尺，如果向高加索地区的油井进军，必须经过乌克兰的黑海沿岸。同时，北方和中央集团军群的打击方向是苏联的神经中枢列宁格勒和莫斯科。将近11个月前，即1940年7月31日，希特勒发布入侵苏联的第一道命令，同一天，他对轰炸英国也亮了绿灯。对希特勒来说，这两场行动密切相关。随着“进攻英国”遭遇失败，希特勒相信对英国保持封锁，同时消灭其苏联盟友，将是逼迫英国回到谈判桌上的另一种方法。但是，这位德国独裁者的战略抉择也满足了他一直念念不忘的一个愿望，即摧毁“犹太布尔什维克主义”、夺取东方殖民“生存空间”，希特勒早在《我的奋斗》里公开宣布过这个目标。

这两次军事行动之间还有一个重要联系。德国空军对英国的大规模空袭一直持续到1941年6月，成功掩盖了东线的大部分军事调动。苏联驻伦敦大使伊万·迈斯基（Ivan Maisky）完全被骗过，斯大林也是如此。甚至大多数德国人也没想到，起初赫尔穆特·保卢斯以为这次渡河是个演习。1941年6月22日拂晓，入侵苏联行动刚打响，德国发表了希特勒给德军的公告。戈培尔也根据希特勒前一天的口授，通过德国广播宣读了类似的公告。他们的语气耐心克制。“连月来我不得不保持沉默，夙夜忧虑，现在终于能公开说话了。”希特勒先历数英国阴谋包围德国的历史，指责苏联最近也开始帮助英国。他承认与斯大林结盟是必要的权宜之计，目的是粉碎英国想逼迫德国两线作战的阴谋。苏联袭击芬兰、南斯拉夫，最近还入侵罗马尼亚，元首对此曾经一再忍耐，但是现在再也不能袖手旁观了：

今天，大约160个俄国师在我们的边界集结。数周来，他们持续不断地侵犯这条边界。俄国飞行员对边界视若无睹，越线飞行，表明他们觉得自己已经是这个地区的主宰。就在6月17日至18日夜间，俄军巡逻队又一次越境进入帝国，我们和他们大战了一场，才把入侵者驱逐出去。

现在时机已到，必须采取行动回击犹太—盎格鲁-撒克逊战争贩子和莫斯科布尔什维克总部里的犹太独裁者们的阴谋……

因此，打开这条战线（从北极芬兰到黑海）的目的已不再是保卫某个民族，而是保卫欧洲的安全，是拯救全人类。

因此，今天我又一次将第三帝国的未来和德意志人民的明天交给我们的士兵。

愿上帝保佑我们赢得这场战争！

在德累斯顿市中心的一个咖啡馆，维克多和艾娃·克兰普勒想了解当地人的态度，一位妇女给他们一份号外，上面的标题写着“我们的元首！他独力承担，不让人民烦忧！”咖啡馆招待一战中曾在俄国当过俘虏，他很有信心，宣称“这场战争很快就能结束”。还有一对夫妇和一位喝醉了的商旅人士与他们同坐一张桌子，这几个人也加入进来，商旅人士说起反纳粹笑话，克兰普勒很是警惕。不过他在当晚难过地写道，“人们都兴高采烈，确信将迎来胜利”。在陶尔之家（Toll House），人们跳舞庆祝。第二天，这位前浪漫语言学教授因为4个月前没有将书房窗户的一角按灯火管制命令遮好的事，被判监禁8天。

赫尔穆特·保卢斯的母亲欧娜（Erna）正在巴特赖兴哈尔（Bad Reichenhall）度假，她在旅馆的房间里听到戈培尔的广播讲话。“我的脑袋就像挨了一棍，”她给儿子写信说，“我们早就听说部队在东线集结，不过还是被这个事实吓到了……我最先想到的当然是你。”作为一位母亲，她对战争没有热情，但也不觉得恐慌。她与赫尔穆特的妹妹伊姆佳德（Irmgard）又在那个位于巴伐利亚阿尔卑斯山脚下美丽的温泉小镇待了4天。伊姆佳德租了辆自行车，骑到附近的贝希特斯加登，躲过布满铁丝网的安全围栏，看到了客栈，尽管不是希特勒的那座。一个月后，赫尔穆特的父亲坚持带着另一个孩子去意大利旅行，为此他们多年前已经开始攒钱。他们穿勃伦纳山口（Brenner Pass），一路来到维苏威火山（Mount Vesuvius），然后返回家乡普福尔茨海姆，赫尔穆特的母亲看到动过手术的丈夫旅行回来后，健康状况有了改善。不管他们对大儿子有多担心，战争也没打扰到他们的暑期计划。

6月23日，星期一，安全机构注意到全国各地的第一反应是“完全出乎意料”。没人期望在这个特殊时刻与斯大林开战。甚至有传言说，德苏两国签署了新的协议，斯大林甚至要来访问柏林了。但是，人们极为迅速地适应了现实。开战第一天的下午和晚上，很多报道都确信，“帝国政府除了以武力回击俄罗斯的‘背叛行径’，别无其他选择”。有人担心战争将变得漫长无期，指出在东线采取攻势会让英国获得喘息机会，也可能使美国介入战争。女人们尤其焦虑，对德军将要遭遇的牺牲和苏联对待战俘的野蛮“亚洲方式”公开表示担忧。然而，芬兰近两年在反抗苏联军队的“冬季战争”（Winter War）中获得了令人瞩目的成功，德国人由此相信，3个月内就能取得胜利。他们越多交谈，就越感到释然，认为“元首已经看透了俄罗斯和英国的意图”。的确，就像在德累斯顿的咖啡馆里递给维克多·克兰普勒报纸的那位妇女一样，德国人都表示“同情元首，因为他不得不在这么长的时间里一直瞒着他的人民”。明斯特的记者保罗海因茨·旺泽听到很多妇女在哭泣，不过她们不是因担心失败而哭，而是为胜利的代价而哭，因为军事行动及其后的占领会让无数家庭更加难以团聚。德国可能要与真正的敌人进行决战了，旺泽希望能参加战斗。最让德国人不安的是配给额度会被削减，因为苏联这个布尔什维克巨人垮台后，必须养活大批俄国战俘。

集结350万大军，不可能完全隐人耳目。人们通过这种军事调动，推测德苏盟国之间的关系越来越紧张了。在明斯特，流传着各种说法，有人称两国在柏林举行了一次和平会议，有人说苏联入侵了德国，还有人说是德国入侵了苏联，斯大林做出重大让步。德国政府秘密向东部调动人员时，保罗海因茨·旺泽恰好有条件注意到微小却不同寻常的迹象，其中最显著的人物是帝国保安总局地方领导人卡尔·加戈（Karl Jäger），他在赴但泽之前，被派去参加特别行动队（Einsatzkommando）[①]课程，训练使用冲锋枪。因为苏德条约直到6月22日还一直有效，德国没有在加强军事准备的同时提高宣传调门。宣传部提前印制了3000万张传单和20万本小册子，准备用于东线，但被当作高度机密保存起来，印刷工和装订工也被关起来，直到入侵行动开始后才获得自由。

尽管缺乏心理准备，但是希特勒宣布发动“预防性战争”后，还是激起巨大反响。他指责苏联入侵德国边界，可能是1939年进攻波兰之前的故伎重演，但这种谎言勾起德国人的恐惧和记忆。1914年俄国人进行动员后，就连反军国主义的德国社会民主党也投票支持开战，宣布为了坚持战争在德国进行“社会休战”。当俄军入侵东普鲁士后，德国报纸刊登的都是“半野蛮人纵火、屠杀、抢劫、枪击撒马利亚人，他们还袭击医院，连女人和伤员也不放过”这类骇人报道，就连社会民主党的主要报纸《前进周刊》也未免俗。当俄罗斯第2集团军于1914年8月29日在坦嫩能贝格（Tannenberg）附近被歼灭后，年老又相对平庸的德军指挥官保罗·冯·兴登堡立即成为永恒的英雄。1941年，苏联红军也已经动员起来，但没有做出进攻准备。相反，各部队只是沿着一条防线展开，采取守势，很容易受到德军的包围。尽管找不到苏联计划进攻德国的任何证据，但在德国大后方，人们都相信红军真的入侵了。

为了激起德国民众对布尔什维克主义长期怀有的恐惧，纳粹复活了1914年出现过的驱逐俄罗斯蛮族的德国公共舆论大联盟。无论对社会民主党支持者来说，还是对保守民族主义分子来说，这都是一个不言自明的重大问题。1939年，很多天主教的主教们对于德国与英法开战不太热心，担心里宾特洛甫-莫洛托夫条约会在德国引发反教权主义运动，但这种情况直到1941年夏季也没发生。如今，尽管在国内与纳粹激进势力有冲突，但主教们还是全力支持进攻苏联，称赞其为反对布尔什维克无神论的十字军东征。对明斯特的加伦主教来说，德国天主教徒是支持元首的真正爱国者，在国内——“在我们得胜的士兵

① 流动武装警察部队，由保安警察、保安处和盖世太保组成，用来进攻和处决被占领国的敌人。每个特别行动队多达3000人。——译者注

背后”——反对纳粹的唯物主义和无神论，与在国外对布尔什维克主义展开十字军征伐同样重要，这番话惹怒了安全机构。新战争将粉碎“莫斯科意图把其布尔什维克的错误教条和规则强加给德国和欧洲的阴谋”。当年夏末，天主教会与纳粹党的矛盾平息下来，明斯特主教在9月14日发布了一封非常有号召力的牧函，为反“犹太-布尔什维克”战争背书。加伦直接引用希特勒的话，坚称这场战争是防御性的，“数十年来，莫斯科的犹太-布尔什维克统治者们不但想把德国推入火海，而且想把整个欧洲都当作目标”。随着对德意志“民族共同体”都心存疑虑的政治阵营再次合作，当年夏天这些“民族同志”一同为战争鼓噪。对他们来说，反布尔什维克主义高于一切。

1941年6月28日，战争的最初影像由一部快速编辑出的古怪新闻影片传播开来。这部影片开头是沙尔克队与维也纳快速队的德国杯足球决赛，然后是几则不太重要的外交事务，前面还插播了斯图卡轰炸机和重炮袭击北非英军阵地的图像。此后是戈培尔和希特勒发表宣言，观众们肃静聆听，当演讲结束，出现德军占据前线阵地的画面时，爆发出雷鸣般的掌声。随着观众们等待目睹第一幅敌人的图像，气氛越来越紧张。当衣衫褴褛的战俘拖着长长的队伍最终出现在银幕上时，人们高喊“野蛮人”“非人类”“罪犯”等话语。愤怒的妇女们控诉说，她们的男人不得不“为了反击这些‘禽兽’而战斗”。

6月30日，德国战争犯罪调查人员在利沃夫（Lwów）——德国是用哈布斯堡时期的旧名字伦贝格（Lemberg）来称呼——会合。他们在一名军医和两名军法官的陪伴下，像“秘密野战警察队”（Secret Field Police）的独立小组那样巡视苏联监狱。他们承袭此前在波兰的做法，搜寻德国战俘遭受酷刑的证据。他们还编辑整理出苏联秘密警察“内务人民委员部”对其本国公民实施的大规模处决和折磨的证据，虽然他们的任务中不包括这方面的内容。在城市监狱中，他们发现院子里有一具尸体，地下室的一个房间里有四具尸体，进一步搜查后又发现二三十具尸体层叠堆积在一起。在NKVD监狱，一位法官在一个院子里发现三个用沙子掩埋起来的集体坟墓，牢房里又找到一堆尸体：其中一具女尸的乳房被割掉。在军事监狱中，三位帝国宣传部的摄影师拍摄下尸体堆积到天花板的照片。大多数遇害者都死于后颈部中枪，这种处决形式被认定为“犹太-布尔什维克恐怖”的标志。调查人员们在第一天没有找到德国受害者，不过确实发现一些被处决的犹太人，他们认为这是犹太复国主义者，犹太-共产主义政权将其视为敌人。同一天，一名德军士兵从利沃夫给妻子写信：

> 我们真的是这里的解放者，这让我们不堪重负。我不能也不愿向你这样的人形容在（苏联）国家政治保卫总局（GPU，NKVD的前身）牢房里看到的景象。监狱里尸体多达3000到5000具，都是以最残忍的手段被屠杀……以前我竟然以为关于布尔什维克俄罗斯或者以前的红色西班牙的描述都是夸张，是拙劣的炒作。现在我看清楚了……他们想这些犹太–亚细亚（Jewish–Asiatic）蛮族祸害我们的文化故土。

戈培尔立即抓住机会，派了20名报纸和电台记者去报道苏联的暴行。7月5日，《人民观察家报》宣称伦贝格就是“犹太-布尔什维克”统治的缩影。7月8日，该报又宣布“德国士兵夺回了莫斯科想用鲜血扼杀掉的人权”。《德意志汇报》不甘示弱，提醒读者不要忘记犹太人的典礼式屠杀。尽管受害者没有德国人，但揭露出NKVD的残暴行径，正如“德国劳工阵线”领导人罗伯特·莱伊（Robert Ley）用一个报纸的头版标题所说，“德国本来会被消灭”。莱伊也最先提醒德国人注意希特勒在1939年1月30日发出的警告，当时他预言新的世界大战不会摧毁德国，而将摧毁犹太人。

在利沃夫，德军士兵们既用相机拍摄了暴行发生地，也拍摄了随着德军占领这些地方后出现的私刑处罚，其中一位德军士兵就在日记中记录了当地犹太人被乌克兰民族主义者囚禁和用“皮鞭、大棒和拳头”殴打的事件。在第二部关系苏联行动的新闻影片中，就有拉脱维亚人在里加（Riga）用木棍将犹太人打死的短暂画面。据帝国保安总局称，德国观众对这种普遍出现的报复犹太人的做法发出“令人振奋的欢呼”。德国媒体在比得哥什获得波兰暴行的证据后，就绝口不再谈波兰1939年侵犯德国边界的事，现在也一样，德国媒体对利沃夫的照片证据爱不释手，不再提希特勒指责苏联破坏德国领土完整这种站不住脚的言辞。

7月初，汉斯·阿尔布林躲在一个冰冷潮湿的小木屋里，牙齿直打战，他怀念起法国的文化财富。阿尔布林确信他被派到了“欧洲尽头”的荒蛮之地，他给如今驻在巴黎的朋友尤金·阿尔特罗金写信，对比起高雅的“西方”和他坐在信号车上看到的令人费解的“自然世界”：“松林无边无际，偶尔能看到一点茅舍。自然。”这位年轻的天主教徒被在一座共产党的建筑里发现的粗劣的马克思主义小册子吓到了，看到布尔什维克的无神论宣传、天主教堂和东正教堂成为废墟，让他感到愤怒。他回忆起苏联监狱里的恶臭气味和在里面被害的人们的照片。而对于一个给他们削土豆皮的犹太妇女，他在给尤金的信中说，“不能再滑稽了”。

他也发现很多值得欣赏之处——农妇穿着鲜艳的衣裙，系着白色头巾，在教堂的木门前欢迎他，还给他一束野花。当地人把藏起来的老圣像重新摆放出来，他看到后有点着迷，蓄着白须吟诵东正教典礼的教士们也让他感动。当德国人举行他们的宗教仪式时，农民们也赶过来，带着自己的圣像，为得到解放而落泪。正如阿尔布林在信中向他的朋友所言，“在经历了24年的煎熬后，这里的每个人都知道这个简单的军队圣餐礼对每个俄罗斯人来说意味着什么”。与之相比，当他们首次行经说希伯来德语的村庄时，阿尔布林远远避开里面的“巢穴”，纳粹制造出这个词语，蔑称“犹太-布尔什维克主义”就是产生在这里，阿尔布林接受了此种说法。不管有多么不相信纳粹对国内天主教会的宣传，他对于纳粹的苏联观点深信不疑。如同他的明斯特主教一样，阿尔布林全身心投入到反“犹太布尔什维克主义”的十字军东征。

参与这样的十字军圣战，使阿尔布林的感知力发生深刻改变。对他来说，新一阶段的战争于8月底开始，当时他观看一支德军部队在一个小水磨旁处决游击队员。行刑者把这些俘虏一个个带过来，朝后颈丌枪，然后把尸体踢进一条沟渠。一名俄罗斯人还在朝前一具尸体撒氯化钙，下一个待处决者已经走上最后一段路。阿尔布林靠得非常近，可以看到死者脑袋被子弹洞穿的伤痕。“这是一种严酷的终结方法，但也是正确的方法”，他在信中向尤金这样解释，同时带有一丝自我辩护的疑虑，“如果你知道为什么会这样，以及为什么这种方法可能有着极大的争议”。他以有教养的冷淡态度补充说，“它是时代的标志（signa temporis）”。阿尔布林和1939年在波兰观看类似处决行动的德国人一样着迷。“为了认识一切、面对一切，你不得不见识一切”，他写道。阿尔布林对这类行动的合法性和种族政治没有疑问，也没考虑这些被处决的是什么人。吸引住他的是别的东西，是扼杀生命时涉及的神秘和力量：“我们牢牢掌握的、他们被掐灭的、瞬间消失的东西是什么？”

在中央集团军群的先锋部队中，弗里茨·法巴切（Fritz Farnbacher）看到的是另一种战争。7月20日，警报声在深夜2点就响起，他指挥一个炮兵连，为前方的步兵提供火力支援。天亮之后，才知道是虚惊一场。“这种情况令人讨厌，”他在日记中说，“但我确实也很理解步兵弟兄。”他们经常遭到迫击炮的“精确打击”，“逐渐变得更加神经质”。26岁的法巴切是第103坦克炮兵团的一名中尉，他只是按照训练一样作战。这些炮兵和步兵都是第4装甲师的一部分，刚刚占领了白俄罗斯的小镇切伦科夫（Cherikov）。这是一个晴朗的夏日，太阳升起来后，这位年轻的虔信派教徒想起当天是周日，于是自己唱起了诗篇第36篇（36th Psalm）：“耶和华啊，你的慈爱上及诸天/你的信实达到穹苍”。

战斗又开始断断续续打响，法巴切的炮兵连失去了与上级的电话联系。他跳进一个通信员的三轮摩托边斗，向团指挥所的霍夫曼少校报到。一群苏联红军逃兵来到这里，打断了他们的谈话，这些逃兵都拿着德国空军散发的传单，上面写着德军优待俘虏。有一名逃兵据说是个犹太裔政委。“根据高层命令，对犹太人执行枪决，对政委也是如此。”法巴切把这个命令简略记了下来。霍夫曼少校以勇敢著称，身上佩戴着“骑士铁十字勋章”（Knights Cross），特别引人瞩目。他决定亲自审讯那名犹太政委，想搞清楚切伦科夫的其他政委都藏到哪里去了，并让一名传令兵把他的“犹太慰问品”拿过来——那是一根大棒，上面装饰着各种卢恩字母和苏联红星。当少校用它殴打那名俘虏的脑袋时，法巴切被迫与其他人员一起站在旁边观看，他注视着钉在大棒上的红星，看到它包裹上鲜血。霍夫曼最后命令这个犹太政委走到刚刚掩埋了5名德军士兵的地方，每经过一座坟墓，少校就用大棒再殴打一次，之后下令将其枪毙。对法巴切来说，这个星期天是以“最不愉快”的方式结束的。

法巴切之所以对功勋卓著的上级军官做出的示范感到厌恶，是因为道德和宗教。不过他并不完全反对这样做。7月2日，他们夺取了别列津纳河（Berezina）上的一座桥梁后，法巴切和与他同在这个团的密友一道去看德国战死者的墓地。一位步兵士官向他们描述伤员如何被苏联人用“野蛮方式”屠杀，死者身上都是刺刀伤痕，脑袋被打碎。“这里不需要假仁假义。”法巴切得出结论。他没有在日记中说，他所属的团为了报复，处决了100名“非正规军”。6个星期后，德军在一个村庄受到苏联人的激烈抵抗，使法巴切感到惊讶。即使战斗结束后，敌人仍然拒绝走出碉堡、战壕和散兵坑。有些人的确举手投降，但等到德军来抓捕他们时，扔出手榴弹与敌人同归于尽。“如果士兵们直接开枪毙掉下一个他们抓到的俄国人，原因完全能够理解。”法巴切思忖道。一些德军射杀不肯投降的俄国人，另一些德军把村里每一座房屋都放火烧掉。

当一支支部队适应此类战争时，德国士兵在书信和日记中记录下他们在东线学到的新规范：对毁坏战死德军遗体的敌人，不留俘虏；对狙击手，进行百倍报复；在每个村庄都设立绞架。当汉斯·阿尔布林试图向他的朋友尤金·阿尔特罗奇描述他的所见所闻时，无可奈何地使用到一些艺术和宗教观点：

> 能活着看来就是上帝的赐福，我们如果能身心完好地在吃人的俄罗斯活下来，只用言语感谢是不够的。看到残缺不全的尸体穿着和你一样的军装，这种景象会印刻到你的整个意境地图中。但让人无法忘记的还有被绞死的人圆睁的双眼、被射成马蜂窝的尸体，它们比戈雅（Goya）最黑暗的画作还要黑暗，哦，尤金，你永远无法忘记它们，想忘也忘不掉。突然间，我们再也不能无忧无虑……心中充满烦恼，成为疲惫不堪的可怜人。在这里的道路上，散播着某种我们的自画像，不管他们是死人还是活人，你都能在他们身上看到自己。这就像福音书里坐在路边的那些人，受到这样或那样的折磨，直到救世主到来。我还没发现有哪首诗能完全描述出这

里发生的事——很多事永远也不能说出来，只有等到可以不受干扰地传下去时，才能让人们知道。

对于这类事件，他没有办法做好准备。1942年1月，阿尔布林在信中说起犹太人时，称“这些人注定得死”。他离集团军的“保安师”[①]、德国警察和SS特别行动队（Einsatzgruppen）很近，在中央集团军群向前推进时，他有机会看到后卫部队实施的大规模处决，但对后来发生的事件，他只向尤金说过一次。1942年3月21日，已经来到前线的阿尔布林写到，“原来乱扔一堆的尸体已尽可能被清理出来，500多被枪毙的犹太人身上已经洒上了石灰”。好像预料到尤金会对他粗略提到的这件事感到震惊，于是匆忙补充说，“对于这里发生的事，我现在没机会细说”。汉斯·阿尔布林写信时没有再次谈起大规模处决，他的这种自我审查持续了9个多月。

每个人的情况各不相同。威廉·莫尔登豪尔（Wilhelm Moldenhauer）是南方集团军群的一名无线电操作员，对犹太人并没有什么好印象。他在汉诺威外的一个村子里开百货店，生意很不错，显然也是一位安逸的乡村中产阶级，他在1937年加入了冲锋队，到东部前线服役后，还在订阅家乡的报纸。在书信中选用的反犹言辞表明他的政治观点。与赫尔穆特·保卢斯一样，他的战斗生涯也从罗马尼亚开始，他在康斯坦察港（Constanta）心满意足地看到，罗马尼亚犹太人被装船运走。进入乌克兰后，他一般把目睹到的贫穷和压迫归因于犹太人和布尔什维克统治：“在这里，”他在家书中说，“当官的和犹太人搞的宣传可真不少。”然而，当莫尔登豪尔乘坐的无线电卡车于1941年夏末和秋季交错往返于犹太人遭屠杀的地方时，他很快不在信里谈看到过的事情。相比汉斯·阿尔布林，他对此保持沉默还有自己的原因：威廉身上有犹太血统，他母亲的家族是改信的犹太人。他原先热衷于拍摄在波兰和罗马尼亚遇到的“不爱照相”的犹太人，现在把莱卡相机的镜头转向沿途经过的空旷草原。

---

① 德国保安师直属于前线的集团军司令部，人员绝大多数是二流的老弱残兵，主要负责保护占领区后方铁路、补给基地和工厂等设施，曾经在1942～1943年在白俄罗斯展开大规模清剿游击队的行动。——译者注

与这些人相比，德军中还有很多是“处决游客”，在公开吊死犹太人和游击队员的地方拍摄到此一游的照片。预备役警察赫尔曼·吉耶切恩（Hermann Gieschen）入役前，在不来梅（Bremen）开商店，参战后，他了解到自己的连队会遇到艰巨任务，以为那是“有点像在波兰”的战斗。他在里加（Riga）想办法买了一台电影放映机，希望他的连队在拉脱维亚和俄罗斯行动的影片“以后能成为文献，我们的孩子会很感兴趣”。1941年8月7日，他给妻子汉娜写信，说起部队的行动：前一晚，“150个这里的犹太人被枪毙，男人、女人和孩子没逃掉。犹太人正被彻底灭绝”。他迅速补充说，“请不要想这件事，谁也挡不住它。不要告诉儿子，以后再说吧！”在以后的信中，他都提到不要跟儿子说这种“行动”。

当他的部队随北方集团军群向列宁格勒[①]（Leningrad）推进时，吉耶切恩离开忙碌的拉脱维亚城镇，进入俄罗斯北部的森林，那里“不要有人照管的森林，而是原始森林，（到处是）灌木丛和矮树，杂乱无章，人迹罕至，令人恐惧”。他想起一家有着共产主义倾向的汉堡熟人，于是在信中说，“告诉Z，他应该来看看俄罗斯。如果谁的脑子里还有一粒共产主义思想，在这里可以被治愈，彻底治愈”。他们让10名俄罗斯囚犯走在前面，以防林间小道上有地雷，但这位中年预备役警察走得筋疲力尽。进村搜捕游击队员的行动简单多了，尽管他很快知道，想抓住这些人极为困难。实际上，他们只有靠线人告密，才能找出游击队员。

为了让囚犯招供，他们把这些人绑在野战炊事车外的柱子上，让他们整夜站着，不给食物和饮水。一名囚犯在与德军巡逻队交火时，一只眼珠被子弹打掉，他被抓后经受不住折磨，把警察部队领到藏有游击队员的村庄。但是德军上尉指挥失误，没能完全包围村庄，赫尔曼看到十来个游击队员跑进相对安全的森林中。进入村庄后，德国警察开始张贴海报，宣称他们不是征服者，而是解放者：看到“抢劫盗窃者将被枪毙的”的口号，村民们好像放了心，一位妇女开始煮一大锅鸡蛋给这一连人吃，其他村民拿出一瓶瓶牛奶和腌黄瓜。尽管

① 圣彼得堡的旧称。——编者注

海报上有着种种许诺，但上尉却搜查起房屋，旁若无人地拿走一台留声机——“这样的留声机我已经找了好多年了”——还带走一卷布料。赫尔曼·吉耶切恩担心这种赤裸裸的行为会损及海报上的许诺，削弱他们的领导力，不过还是为他们的行动感到骄傲，觉得他们会被当作解放者，受到当地人的欢迎，因为“这里的人受到共产党、犹太人和政委的极度恐吓与剥削，摆脱掉这些流氓恶棍后，他们会感到高兴，真心实意把我们当成解放者”。

进入俄罗斯后不久，吉耶切恩说有人移交给他们一个女枪手，“这个人20多岁，皮肤黝黑，面容冷峻，穿着制服和高筒靴……女人也拿枪打仗，太可怕了”。他在家书中说，战友们肯定会把这个女人毙掉：他们的一个战友以前是理发师，现在变成了杀人专家。他们给那个女人拍了一张照片。作为共产主义歪曲女性在家相夫教子这个天性的证据之一，女红军似乎都是俄罗斯荒原上那种残酷、狂野的女人的缩影。早在7月初，新闻影片就让镜头穿过一排男性战俘，定格在蜷缩在地上的一名俄罗斯女子身上，“一名穿制服的布尔什维克女枪手”，画外音强调说。受到关注的是她，而非其他任何男性战俘，尽管影片曾特别指出那些男性战俘有“亚洲”特质，德国电影观众此后曾热烈讨论过红军用女人打仗的问题，普遍的态度是“不应让这种人活下去”。

赫尔曼·吉耶切恩并非生性冷酷残忍，实际上，他在行动开始后的前4个月里，一直对处决人犯感到恶心，尽力不去观看，尽管他曾把在战友那里听到的东西详细说给汉娜听。他知道自己的弱点，在信中满心佩服地说起一位战友扮演起“左轮处决英雄”，当着全连人的面杀掉3个平民。当他最终鼓起勇气观看处决行动时，被受害者的站姿所打动，他觉得这些人高高挺立，如同树木一般。“整个过程很快结束，”他写道，“我们观看表演，然后回去工作，好像什么也没发生。”他像往常一样，不忘进行辩解：“游击队员是敌人，是无赖，必须进行消灭”。4个星期后，他对此已经完全适应，在处决8名游击队员时拍摄了照片。

吉耶切恩这样的人对屠杀犹太人都持赞许态度，在家信中会引述纳粹的口号，不过这样的人为数不多。通过对德军士兵的书信进行研究，发现他们对犹太人要么只字不提，要么一带而过，犹太人区、强迫劳动和没收财产之类的问题都是顺便时才说起。赫尔穆特·保卢斯在家书中根本没有谈过这些事件，他给在普福尔茨海姆行医的有教养的家人写了1000多封信，只在开战第一个星期里提到过一次犹太人，那是1941年6月28日，当时他注意到团指挥部设在一个犹太公墓里。此后他对这个问题完全保持沉默，看来并非漫不经心。

对于东线正在上演的事件，这种沉默阻挡不住相关消息回流到德国。相反，在丈夫与妻子交流时，或者如赫尔曼·吉耶切恩这样告诉妻子后，妻子们与孩子说起父亲的来信时，会不会谈这种事件显示出他们的道德底线。这种家庭审查与相对敷衍的军事审查不同，军方抽查部队邮包，偶尔禁止通信，每月发送关于军队士气的报告，这些都有助于指挥官们发布道德指导，让手下人明白应对大后方的人说哪些内容。不过消息还是通过休假人员、流言和寄回家冲洗的照片泄露出来。士兵、军官甚至警官行经德国各地时，经常毫不掩饰地与火车上遇到的陌生人说起这类事件。那年夏天，一段关于大规模枪决的描述甚至入选宣传部出版的士兵书信辑。

在东线战场，士兵们以各种不同的方式适应大规模屠杀。通过不同程度的曝光、体验和参与，个人的道德与心理变化及其小分队的动向得到过滤。具体情况差异极大，前线和后卫尤其不同。在弗里茨·法巴切所处的前线机械化部队，可以看到有选择地屠杀政治委员、犹太俘虏及焚烧村庄等行为。这都是部队继续推进之前发生的小插曲。而对赫尔穆特·保卢斯、威廉·莫尔登豪尔和汉斯·阿尔布林这些跟在前锋部队之后行动或者驻守在后卫位置的人来说，看到的更多。在入侵苏联前夜，第43军军长、虔诚的路德教教徒哥特哈德·海因里希（Gotthard Heinrici）将军对高层授权处决“犹太政委”的命令做出自己的理解，认为在后方实施“预防性恐怖”，可以使前线免除后顾之忧。正是在紧临前线的后方，展开了真正疯狂的大屠杀。

当第221保安师在1941年6月27日早晨占领比亚韦斯托克（Białystok）时，看到大街上一片沉寂，没有一个人影。第309警察营的500名成员狂饮一顿后，朝居民房屋的窗户肆意射击，把数百名犹太男子赶进犹太会堂，然后纵火把他们烧死，致使市中心很多地方被焚毁。一些国防军军官出手干预，想限制这种肆无忌惮的暴力行为，师长约翰·弗拉格贝尔（Johann Pflugbeil）将军对警察营指挥官醉到无法履行职务极为恼怒。但是弗拉格贝尔明确表示出自己的支持态度。当一群犹太男子在他面前跪下，乞求他的保护，一名警察解开裤子，朝这些人身上小便。弗拉格贝尔将军只是走到一边。事后他努力在报告中掩盖2000多名犹太人丧生的这次大屠杀，还向一些警察颁发勋章。

种族暴力经常还伴有性虐待。6月29日，德军进入拉脱维亚首都里加，一名目击者报告说，来自巴登-符腾堡（Baden-Württemberg）的某团军官们立即搞了一个小酒吧，他们在那里“强拉来几十个犹太女孩，要求她们把衣服脱光跳舞唱歌，”他继续说，“很多女人在里面遭到强奸，然后被带到后院枪毙”。德军士兵们在西欧被占土地上受到严格约束，来到东部战线后获得解放，可以毫无忌惮地实施极端性暴力，他们也的确这样干了。

如同记者在1941年6月所猜测的那样，保罗海因茨·旺泽在明斯特帝国保安总局的联络人卡尔·加戈确实是被临时调派过去的。当加戈来到东普鲁士的贡宾嫩（Gumbinnen）后，加入了SS特别行动队A支队，由SS旅队长弗朗茨·沃尔特·斯塔赫莱克（Franz Walter Stahlecker）博士全权指挥。有5支特别行动队的特遣队在6月25日随同北方集团军群进入拉脱维亚城市考纳斯（Kaunas），加戈指挥其中的一支。在德国人的鼓励下，当地民族主义者配合实施大屠杀，为苏联红军占领他们的国家而惩罚犹太人。仅在第一夜，就有1500多名犹太人在大街上被杀掉，数座犹太会堂被焚毁。当地妇女围观大屠杀时，不忘把她们的孩子举起来，或者让他们站到椅子或者箱子上，以便看得清楚，德国人也挤进来拍照片。从7月2日起，帝国保安总局从国防军和拉脱维亚民族主义者手中接管了安全警察的职务，很多当地民族主义者报名担任武装辅助警察。因为德军推进速度太快，特别行动队不得不在广阔的被占土地上巡逻，每支分队只好再分成更小的突击队，每支突击队或多或少都在独立行动。卡尔·加戈原来是乐器制造商，他一直精确记录着每次任务，第一次任务是在考纳斯周围的某个军事堡垒，处决了463名犹太人。到7月底，经过“全力推进”，在加戈的单子上，处决总数达到3834人。

8月底，希姆莱为特别行动队补充了人员，在中央和南方集团军群后方的白俄罗斯和乌克兰活动的行动队尤其得到关照，这些行动队面对的犹太人数量比拉脱维亚多出很多，管辖范围也更为广阔。他们搬用斯塔赫莱克的特别行动队A支队的流程，而且不仅把达到从军年龄的犹太男子当作目标，还开始屠杀犹太妇女和儿童。但是显而易见，男人也可以当作劳工使用，在德国民政部门和国防军的强烈抗议下，卡尔・加戈被迫饶恕了34 500名库纳斯、希奥利艾（Šiauliai）和维尔纽斯（Vilnius ）地区的犹太工人及其家属的性命，不过他还是建议对这些人绝育。1941年12月1日，加戈提交了关于他的特别行动队活动的最后报告，解释了每天采取那么多行动遇到的困难，声称他们从库纳斯出动，来回一次经常得跑160～200公里。他和他的下属已经彻底清理了当地监狱，释放了受到“冤枉”的囚犯，解决当地的纠纷。德国人释放了曾为找到工作而申请加入共产主义青年团的青少年女孩，而对共产党官员，则先抽“10到40鞭子”，然后再将其枪毙。加戈扬扬得意地总结说，“今天我能够证实，我们解决拉脱维亚犹太人问题的目标已经由第3特遣队完成了”。他的人马处决了137 346名“犹太男人、犹太女人和犹太儿童”。

尽管地形不利给后勤造成困难，但总的来说其他方面都很顺利。军官和SS的摩擦与波兰行动时相比尤其要少，只有军方人员出面干预时，才会使两者的关系变得紧张。在乌克兰的贝里亚・特沙科夫镇（Belaia Tserkov），第295步兵师的人员于8月20日在一座建筑的二楼发现大约80到90名犹太儿童，他们或躺或坐在地板上，身上沾满自己的粪便。士兵们发现这一情况后感到震惊，于是到随军牧师那里寻求帮助。该师参谋长赫尔穆特・格罗斯库特（Helmuth Groscurth）中校了解到，这些孩子的父母都已被处决，他想救下他们，于是派兵设立封锁线，不让SS和乌克兰民兵把这些孩子带走。格罗斯库特是一位不同寻常的军官，在1939～1940年冬，他是位于措森（Zossen）的陆军总参谋部的主要联络人，帮助卡里纳斯海军上将和汉斯・奥斯特（Hans Oster）上校劝说弗朗茨・哈尔德领导军队发动政变，推翻希特勒的统治。作为吸收异议军方精英努力的一部分，格罗斯库特曾在波兰收集SS的暴行证据。当时没有其他高级将领敢学波兰行动指挥官约翰内斯・布拉斯格维茨的榜样，向希特勒提出抗议。

在贝里亚・特沙科夫镇，格罗斯库特最多只能把他的问题上报到第6集团军司令，还必须以上级军官能够接受的方式来表达反对枪毙这些犹太儿童的理由。于是他指出，把孩子与他们的父母一起杀掉更为人道：既然没能这样做，这些孩子应该得到照顾。在第6集团军司令部，冯·赖歇瑙陆军元帅生气地回绝了格罗斯库特的请求，两天后，SS和他们的乌克兰民兵把这些儿童全部枪杀。10月10日，赖歇瑙向麾下所有部队发布了一道最高训令（general order），要求在灭绝犹太人时予以全面配合：

> 关于各部队面对布尔什维克主义系统的状态，还有很多不确定因素……打击犹太–布尔什维克主义系统之行动的主要目的，是彻底摧毁其军事力量，根绝欧洲文化领域中的亚洲影响。作为其结果，各部队必须承担超越常规的单纯军事任务。在东线战场，士兵不仅是遵守交战规则的战士，也是无情的民族（völkisch）意识形态支持者，而且还是德意志民族及其相关种族群体遭受过的一切兽行的报仇者。
>
> 基于这个原因，士兵们必须充分理解犹太非人类需要进行严肃赎罪的必要性。它还有着更长远的目标，即掐断国防军后方萌生出的暴动，经验表明，这种活动无疑都是犹太人煽动起来的……
>
> 只有以这种方式，我们才能完成把德意志人民从亚洲–犹太威胁下永远解放出来的历史任务。

赖歇瑙是纳粹思想最严重的德国将军之一，他在1932年就加入了纳粹党，那时候德国军人这样做还是非法的。他极受希特勒喜爱，有时让更为传统的高级将领感到惊慌，包括他的顶头上司格尔德·冯·伦德施泰特。他的这个命令不止用到第6集团军群：不到两天，伦德施泰特把赖歇瑙的命令发给整个南方集团军群。希特勒对赖歇瑙的“杰出”构想感到很高兴，10月28日，国防军最高统帅部指示其他所有军方领袖都要发布类似命令；11月中旬，该命令发到中央北方集团军群。

在入侵苏联的前18天里，费多尔·冯·博克的中央集团军群推进了500公里，抵达维捷布斯克（Vitebsk）和奥尔沙（Orsha）之间的德维纳河（Dvina）和第聂伯河（Dniepr）。斯摩棱斯克（Smolensk）就在这条战线后面不远。7月10日，博克的部队发起进攻，两支装甲集群担任先锋，冒着5个保卫这个城市的苏联军的激烈抵抗，对斯摩棱斯克实施包围。当德军以钳形攻势合围这座城市时，苏联红军没有后撤，反而大量投入新鲜血液，以便有力量进行持续反攻。德军直到7月27日才合上口袋，陷入包围的30万苏联军队又抵抗了5个星期才投降。这是一场大捷：红军损失了1300辆坦克，德军的损失不足200。古德里安的坦克控制了德斯纳河（Desna）上的叶尔纳（Yelna）渡口，通向莫斯科的主要公路于7月底向德军开放了。

德军第一阶段的行动以这场胜利结束，对于此后的攻势，还没制订详细计划。德军的进攻比拿破仑领先两个星期，这位法国皇帝的大军在1812年8月18日攻下斯摩棱斯克。从陆军总司令布劳希奇、总参谋长弗朗茨·哈尔德，到前线指挥官如博克、古德里安和霍特，这些将军都想效仿拿破仑的例子，尽可能快速地向莫斯科推进。19世纪伟大的战略家卡尔·冯·克劳塞维茨将拿破仑战争的教训予以理论化发展，他们从小受其影响，信奉克劳塞维茨的“决定性会战”（decisive battle）观，这种观点主张将敌军予以集中歼灭。要想进行“决定性会战”，看来没有比进攻苏联首都更好的方法了。然而，希特勒从来没有把莫斯科单列为行动的主要目标，对于接下来的仗如何打，他和哈尔德争论了一个星期，优先考虑的是经济因素，而非军事逻辑。这位纳粹领袖想把装甲部队挥师向南，夺取乌克兰，那里出产的粮食对德国的食品安全来说至关重要。另外，乌克兰还控制着通向高加索油田的大门。拥有了高加索的石油和乌克兰的粮食，帝国将成为自给自足的超级强国，能够压倒西欧的工业，与英国甚至美国长期坚持摩擦战。

8月18日，希特勒决定将主攻方向定为乌克兰，而非莫斯科，命令古德里安的装甲集群转向南进，这让哈尔德和博克感到沮丧。哈尔德后来将战败结果归罪于这一决定，不过这位总参谋长从来没有问过自己，在如此规模的战争中，军方执迷于一场“决定性”会战是否是正确的战略。

那年的8月天气炎热，不过夜晚已经开始转冷。8月20日夜，罗伯特·R梦到他和妻子正在家乡艾希施泰特（Eichstätt）。这对虔诚的夫妇在教堂参加一个纪念牺牲者的仪式。他让她注意看坟墓——“看，那里有那么多！”然后他在圣坛前跪下，直到有人厉声让他继续走。但他和人发生争吵时，玛丽亚不见了，他看到教堂里设立了一个邮局，人们疯狂整理着士兵们的信件。当他在拥挤的人群中寻找玛丽亚时，人们问他是不是也真的死了。“不，”他回答道，“我还活着！”他在前排长凳处跪倒——“我该为自己保留哪个”——并发现自己在想着，“哦，现在我将再也见不到玛丽亚了”。这时罗伯特的战友把他晃醒，要他为进攻波切普镇（Pochep）做准备。罗伯特预感自己要死了，一直在想着是什么刺激他做了这样的梦，认为原因是那晚早些时候在前沿阵地接到的信件。黑暗中他无法读玛丽亚的信，一直看着妻子发来的2岁儿子雷纳（Rainer）的照片，直到进入梦乡。

当德军开始猛烈炮击波切普时，炸到村子外围的一群鹅，而罗伯特趁着迅速放亮的拂晓，在战壕里读妻子的信。他在战壕里等了一整天，当攻击命令最终到来时，他刚开始给玛丽亚写信。当他们抵达那个村庄，尘土已经坠落，不过紧张感在上升：“我们认为，一旦进抵村子边缘，就会遇到直射火力，它总会带来可怕后果”。他们很走运，天色很快黑了下来，当他们沿着排水渠跌跌撞撞地前进时，行迹被隐藏起来。士兵们一边走一边啃着苹果，到了一块土豆地后，挖掘工事驻守。当一名红军士兵突然弓着腰接近时，罗伯特的一名战友开火射击。罗伯特和他的中尉立即跳出战壕向前冲，目标是一个菜园，一个老人开始在那里乞求饶命。罗伯特想安慰他，老人吻他的手，抱着他的腿。疑虑终于消除后，他带罗伯特来到菜园里的一个地窖，他的儿女们都藏在里面。“他们爬出来，因为恐惧和宽慰而哭泣，这些孩子很小，有的还得怀抱。真是悲剧，”罗伯特第二天在日记中写道，“我对他们说，他们可以悄悄回屋子里去，没人会放火。”一两所房屋在交火中着了火，可能是炮弹爆炸造成的。

孤身进入波切普，而且没带武器，罗伯特心里有点惴惴不安，搞不清村子里是不是还有敌人防守。他看到一户户居民都把床和其他财产搬到街上，于是向他们保证说，不会有人把他们的房屋烧掉。这些人感激涕零，拥过来吻他的手，让他感到手足无措，而且很惭愧。一位妇女把他领到一个摆着桌椅的院子里，让他坐下来，与她的家人一起分享牛奶、面包、猪油和黄油。她给土豆地里的罗伯特的战友送吃的，她的孩子给他们送水喝。战斗结束后，德国装甲部队继续前进。仰面躺下望着星空，回想着这一天的经历，罗伯特流下眼泪，然后睡着了。第二天，他给玛丽亚写信，承认很多村庄不像波切普那么幸运，在苏联和德国炮兵的交叉火星中化为废墟。波切普战斗揭开古德里安的装甲部队从北方展开进攻的序幕，罗伯特・R在一个先头的摩托化步兵团服役。

一个星期后，罗伯特的连队因为遇雨停下来过夜，当他的一些战友坐在村舍里说笑时，3连的士兵误把他们当成俄国人，向屋里扔了一枚手榴弹。一个人立刻被炸死，另一个受了重伤，他们的排长不得不将其枪杀，一名10岁的俄罗斯女孩失掉了一只眼。摩托化的连队继续开进后，颠簸的车辆把罗伯特送入梦乡。他又一次梦到玛丽亚：这一次他们是在乡间漫步，一群红军战机飞过来，但是玛丽亚没有认出它们，而他也不想警告她。他身着军服，于是想躲到一些灌木丛里，他在那里被人发现，后背和脖子给人抓住。“军官们对我进行询问，并命令我离开。我请求与玛丽亚告别，并且获得允许。我拥抱了玛丽亚，把她抱起来，我们都痛哭失声。”他在日记里草草写道。当卡车停下来后，罗伯特醒了，原来车辆被一个弹坑和死马挡住了去路。在左侧树林里，离坏掉的车辆和尸体不远处，他看到有女人的衣服。他还发现一个防水包，于是拿来装自己的东西，以防受潮。他依然沉浸在梦中的恐惧里。

罗伯特・R恨这场战争，他在日记里仔细记录了打算在重返家乡时向玛丽亚解说的一切。他在日记里记下了枪杀战俘和战友如何焚烧房屋等行为，在家书中就没这么多：写下这些内容是为了“以后他们再次团聚”。他越憎恶这场战争，就越使自己相信这次战争必须打到底：他不能让2岁的儿子成为必须在俄罗斯打仗的第三代人。“不，那种情况绝不能发生，雷尼（雷纳的昵称）无论如何不应来我现在待的地方！”罗伯特给妻子写信说，“不！不！我宁愿再来一次，宁愿再一次经历所有的地狱并且死在那里。这个最美好的小家伙，我现在就带着他的照片，他的金发吸收了那么多阳光。感谢你把他带给我。”他尤其向玛丽亚保证说，他受到他们“亘古不变的爱情”的保护，“分享着整个世界的爱”。因此，对罗伯特・R这样的人来说，恐怖的战争既让他饱受折磨，又让他更加甘心奉献。永远不能让这种战争延烧到德国故土，必须取得决定性胜利。士兵们和他们的家人是为了世代之间的责任而投身这场战争，而非出于支持纳粹政权才这样做。这是他们的爱国主义的最强基础。

第2装甲集群继续向南挺进乌克兰。只要德国把目标指向莫斯科，苏联西南方面军向西的巨大凸出部就会对德军形成三面包围，有变为攻击踏板，向北截断中央集团军群后路的危险。相反，德军坦克从沿着莫斯科公路最前出的阵地转而向南，现在能够绕到苏联军队后方，将其一切两半。克莱斯特的第1装甲集群从南向北攻，于9月14日在罗克费沙特（Lokhvytsia）与自北向南突进的古德里安会合，对整个苏联西南方面军完成合围。当天早上4：30，威廉·莫尔登豪尔得到一会儿空闲，激动地给妻子写信，说他们获得“新的大捷，因为可以理解的原因，消息还没有公开”。他遵守军事准则，没有透露自己所处的位置，但确实告诉妻子，他日日夜夜都能听到“我们的卡车轰隆隆驶过坑坑洼洼的鹅卵石街道，有时还有重型履带车辆的声音”。他和两位战友兴致高昂地出去搜寻一座列宁雕像，然后在一家书店发表嘲弄性的革命演说。

3天后，莫尔登豪尔的部队继续向乌克兰腹地进发，他被人迎进有生以来见到过的最干净的房屋，喝了牛奶，还与那家人一起吃烤土豆、甘蓝和肉。晚上8点，他结束执勤回来，女主人用更多的牛奶和猪油来欢迎他。作为回报，他做了一瓶伏特加。在接下来的两个小时中，那一家人都围坐在大桌子旁，他则仔细参观了起居室，后来还向妻子描述过，那间房屋的桌子上点着煤油灯，镀金圣像在玻璃罩里闪着光，后面是雪白的墙壁。莫尔登豪尔觉得他受到真心的欢迎。“或许就是那个原因，”他在9月17日写给妻子的家书中说，“因为共产主义进行强烈的反德好战宣传，因为他们在苏联和犹太人的统治下忍受了太多痛苦。现在德国人来了，人民能够再三得到确证，德国人是善良高雅的小伙子。这就一下子粉碎了敌人的一切宣传。”

苏联西南方面军竭力想突破包围圈，在东面封锁口袋的德国装甲师承受着巨大压力。9月22日，弗里茨·法巴切中尉最先听到有人喊“坦克来了”的时候，正待在第103坦克炮兵团的前沿观察所。一辆重型坦克立即击中了一辆德军运兵车。德军士兵们藏进小洞，把脸埋进泥土里，希望敌军坦克没有发现他们。要不是情况危急，法巴切看到他们与钢铁怪兽玩猫捉老鼠的游戏，可能会笑出声来。苏军坦克速度之快让他感到惊讶，对于德军的37毫米反坦克炮对它们的装甲没有一点作用很是诧异。当一辆坦克突然直冲向法巴切藏身的沟壕时，隐约逼近的庞大身躯遮蔽了天日。他躲在那里，希望坦克能从上面跃过，不会辗到自己，但这辆坦克的一条履带滑进战壕，差点把他压扁。他疯狂向右侧爬去，侥幸逃脱。这场小冲突使他的部队付出89人伤亡的代价，他们师损失了5门野战榴弹炮、3门反坦克炮、2门步兵炮、3挺重机枪和两辆运兵车，还有很多弹药箱和其他装备被毁。法巴切的炮兵阵地之所以能幸免，主要是因为德军具有利用无线电通信与合成作战弥补装备不足的战术能力。德军利用野战炮兵和空军联合作战，才击退红军的坦克。

法巴切写日记时，已经对战争经历进行了加工，以适合他对战争的浪漫设想，他详细描述了一位濒死的战友临终前向指挥官提出的问题，“上尉，如果我能归队，而且我希望尽快归队，那么我还能继续当战士吗？”长官安慰他说，“我的孩子，毫无疑问，你依然是个战士！”法巴切在那个年轻人的死中感受到英雄主义和袍泽之谊，他曾希望在战争中找到这些东西，他创造了一个这种战场小传奇，士兵们要靠这些传奇来鼓舞士气。

9月18日，基辅陷落。第296步兵师入城后，发现基辅居民贫困不堪，一个个营养不良，呆滞麻木。威廉·莫尔登豪尔看到一个躺在床上的3岁孩子有着“很不正常的外表”和细得可怕的腿后，回想起“我们关于苏联情况的宣传海报”。9月20日，莫尔登豪尔看到9000名红军俘虏排成纵队从他面前经过，努力想领会这场胜利的规模：“败兵队伍看不到头，一支军队把这些乌合之众拼凑起来，竟然能顽强防守，很令人惊异，显然只有政委用皮鞭才能让他们这样作战”。在乌克兰投降的苏联士兵总数达到66万，这是德国自开战以来取得的最大胜利。不过每个人想知道的最急切问题是“我们会不会在这里过冬？”

9月23日，弗里茨·普罗斯特随他的工程部队来到基辅，在接下来的一个月时间里，他们把红军炸掉的第聂伯河大桥重建起来。普罗斯特有3个孩子，1939年8月底与其他预备役人员一起被征召时，刚刚30岁出头，现在他已经当了两年兵。在1940年和1941年，他都随前线部队行动，不过他没有参加战斗。

来基辅之前，他驻在希腊，那时还曾设法给家里送过葡萄干。他对苏联的第一印象是绝望。溃退的红军把所过之处变成不毛之地。“我已经见到过可怕的毁灭景象，”他给家里有写信说，“而我只能对你们说，你们应该感谢元首，他使我们躲过这样的危险。”几天后，他又谈到这样的主题：

> 我们正在付出巨大牺牲，但是我们欣然如此，因为这场战争要是发生在我们的祖国，啊，后果会更加严重……如果这些禽兽来到德国，我们会更加不幸。我们必须忍受住现在的付出，或许胜利就要到来了，比我们想的还要快。

这位个体户木匠是个坚守的纳粹党员，他来自图林根州的新教小镇高尔马（Görmar），他的话语和情感与信奉天主教的教师罗伯特·R的那种仁慈与感伤的风格差别极大，然而他们两人都坚信，这场战争是自卫性的，是“预防性战争”。他们都希望，最后一击将彻底击败苏联。

德军进入基辅没几天，大火开始烧了起来。红军和内务人民委员部埋置了地雷，用长延时定时器控制，爆炸后给这座城市造成严重破坏，一座座房屋陷入火海。第296步兵师的赖纳特（Reinert）中尉对布尔什维克的“兽行”感到愤慨，并注意到基辅普通居民“眼中充满对自己同胞的恐惧”，转向德军士兵寻求保护。在赖纳特看来，谁该受谴责是显而易见的。“警察揪出了这些亚人类教唆者：犹太人”，他注意到，“这些令人作呕的东西从汽车前经过，你都想把靴子踩到他们脸上。犹太人，直到眼下他们还躲藏在地下室里，现在我们经过突袭，把他赶到光天化日之下”。他相信肇事者早就跑了：“这些不是下命令的犹太幕后操纵者——他们及时消失了——他们只是心甘情愿的工具，是这座城市里的害虫。”实际上，德军知道苏联设置了长达35天的保险线，并且在进入基辅前一天，命令部队在全城都要提防诡雷。但是，他们也相信，布尔什维克独裁就是犹太统治，因此对于大规模抓捕犹太男子没有异议。9月27日，在基辅开始枪杀犹太人。

此时赖纳特中尉随第296步兵师的大部分兵力，已经离开了这座城市，但有些人传递出这个消息。“大火已经烧了8天了，都是犹太人干的，”一个人在9月28日写道，“因为这一事件，从14岁到60岁的犹太人都被枪毙了，他们的妻子也被枪杀，要不然这场大火烧不到头。”基辅的犹太人被带到城外4公里的巴比亚尔（Babi Yar）山谷，SS特别行动队4a分队和两个警察连在接下来的两天时间里射杀了33 771名犹太人。巴比亚尔大屠杀获得第6集团军司令瓦尔特·冯·赖歇瑙的批准，是东线战场单次处决人数最多的屠杀行动。第6集团军的战争摄影师约翰尼斯·哈勒（Johannes Hähle）及时赶到那里，拍下SS在山谷里成堆无人认领的衣物中搜寻的场面。他把这卷爱克发（Agfa）彩色胶卷寄给了家乡的妻子。

不到一个月，德国也开始在这个山谷对基辅的非犹太居民实施集体报复。10月22日，100人被枪杀，11月2日，300人丧生，11月29日，毙掉的人则达到400人。他们并非因为袭击德国人而遭到报复，罪名是搞破坏：制造爆炸、在市场纵火、割断德国电话线等。德国人对于该市的工业生产恢复运转没有什么兴趣，乌克兰的工程师们和工厂工人对此感到惊讶。矿业和金属加工厂的工人们为了自救，自己动手把为了免遭苏联疏散而藏在井里和池塘里的机器与配件挖出来。除了在几个战略性企业，如尼科波尔（Nikopol）的猛矿厂，德国人基本上没有组织过工业生产。那不在他们的计划之列。

占领基辅10天后，即1941年9月30日，南方经济检查处（Economy Inspectorate South）取消了对这个乌克兰首都的食品供应。专家们估计，当天这座城市的食品积存就会被耗尽。在开战之前，基辅的85万人，由于红军征召、苏联疏散平民和德国屠杀犹太人，该市人口已经减半。现在乌克兰和德国警察在道路和桥梁上设起检查站，截停汽车、马车和行人，没收食品，禁止农民进城。基辅人好不容易在面包店排队排到前面，只能买到粟米面包。这种面包因为质地像泥土，被有些人称为“砖头”，还因为是黄色的，又被人叫成“金刚砂”，碎了之后会变成坚硬的面包屑，由于里面还掺杂了大麦、栗子和羽扇豆，味道很难吃，也不易消化。即便这样的面包，品质也在不断下降。到11月，基辅在白天已变成死城，街上只能看到少数德国人和警察，还有一些缺胳膊少腿或肢体肿胀的乞丐呆立着。一位乌克兰教师在她的日记中这样简略描

述1941年的节礼日[1]:

> 德国人在欢度节日，他们吃饱喝足，心志满满，圣诞树上亮着灯。而我们则像影子，陷入大饥荒。人们只能买一杯食物，煮点稀薄的汤喝，吃不到面包，因为一个星期只能得到两次面包，仅仅200克。这种食物算是最好的。有东西拿出去换的人可以在乡下搞到一些，家里什么都没有的人只能挨饿，他们已经开始死去。很多人都得了斑疹伤寒。

德国的封锁是“饥饿计划”的内容之一，这一计划由农业和食品部国务秘书赫伯特·巴克（Herbert Backe）在入侵苏联行动刚开始拟定时设计。为了满足德军和大后方的食品供应，他把苏联领土划分成“森林区”的北部和“农业区”的南部，以及城市的乡村等区域。北方的“森林区”和所有的城市都不会得到食品，南方乌克兰肥沃的黑土地节省出超量的食品盈余则能够回馈帝国。1941年5月2日，离入侵行动开始实施还有7个星期，这个计划被正式采纳，官员们认为，“如果我们把需要的东西从这个国家运走，无数人毫无疑问会被饿死”。待到乌克兰于当年秋季落入德国手中后，有人一再告知图林根地区长官、“全德意志劳动力调配全权总代表”（Reich Plenipotentiary for Labour Mobilisation）弗里茨·绍克尔（Fritz Sauckel），“在那里至少1000万到2000万人”会在即将到来的冬天里被饿死。巴克本人估计，2000万～3000万“斯拉夫人”会丧生。在德国的“巴巴罗萨”（Barbarossa）军事计划中，“饥饿计划”是一个核心内容。

封锁基辅还实现了第二个目标：希特勒希望把苏联的大城市“从地球上抹掉”。乌克兰行动一开始，元首就命令国防军，“只要弹药供应没问题，就用无尽的燃烧弹和炮火摧毁这座城市”。或者用哈尔德在8月18日简略记下的话说，要让它“化为瓦砾”。德国空军虽然也参与了这个计划，但因没有充足的

---

① 节礼日（Boxing Day），为每年的12月26日，圣诞节次日或是圣诞节后的第一个星期日，是在英联邦部分地区庆祝的节日，一些欧洲国家也将其定为节日，叫作“圣士提反日”。这一日传统上要向服务业工人赠送圣诞节礼物。——译者注

炸弹，错过了机会，一年后希特勒回想起此事，激烈地将其称为戈林的又一个失败。哈尔德也早就注意到，德国也不会接受列宁格勒和莫斯科投降。

在北方，德军的推进速度比在南方更为迅速，使得俄罗斯革命的发源地、苏联第二大城市列宁格勒后防线洞开。8月30日，连接列宁格勒的最后一条铁路线在姆加（Mga）被切断。9月8日，什利谢利堡（Schlisselburg）陷落。它位于涅瓦河（Neva）自拉多加湖（Ladoga）出之处，是联系该市的通信与工业电力供应的要地。列宁格勒如今在陆地上完全被包围，只能通过拉多加湖进出该市。同一天，德国空军开始对列宁格勒的食物储藏地进行大规模轰炸。1941年9月10日，国防军最高统帅部的营养学顾问威廉·齐格尔迈耶（Wilhelm Ziegelmayer）教授在日记中写道，“我们不能背上要求列宁格勒投降这个负担，必须用科学方法将其摧毁”。此时，第18集团军的军需部门曾询问，如果列宁格勒投降，是否需用军事补给为城市居民提供食物。国防军军需总监（Quartermaster-General of the Wehrmacht）爱德华·瓦格纳（Eduard Wagner）直截了当地说不：“每列运送补给的火车从大后方驶出来，都会削减那里的供应能力。最后是让我们的亲人有东西吃，让俄罗斯人挨饿去吧”。瓦格纳早就给他的妻子写信说，“接下来必须让（圣）彼得堡的人自食其果，这个城市有320万人口，会给我们的供应能力造成负担，我们能怎么办？”他在信的末尾用希特勒最爱说的话为屠杀找理由：“这里没有地方去多愁善感”。

戈培尔开始准备“一个有效借口”，一旦“该城市的悲惨命运”曝光，就准备用它来影响国际舆论。而布尔什维克为了保卫列宁格勒，坚持要战斗到最后一人，这让他感到高兴。然而到9月中旬，德国最高统帅部担心传染病有可能从列宁格勒扩散到他们的前线部队，并对德军步兵可能不得不“射杀想从这座城市出逃的妇孺”而承受的心理压力感到关切。为了确保不出现这种情况，北方集团军群司令、陆军元帅里特·冯·莱布（Ritter von Leeb）命令炮兵把从城中逃出来的平民全部消灭，这些平民死时离德军前线步兵还有很远，不会对他们的心理造成伤害。

自9月21日起，最高统帅部在一周时间里确认了摧毁列宁格勒的决定，重申列宁格勒要被“夷为平地。如果这会使它提出投降，我们将予以拒绝。在这场战争中，我们对保留这个大城市的哪一块居民区都不感兴趣”。以冷酷见长的帝国中央保安总局着手起草自己的“东方战线总计划”，该机构在其中预言苏联波罗的海沿岸的“英格尔曼兰德”（Ingermanland）①地区未来将是人口稀少的农业区，定居者将来自德国和芬兰，总人口将从320万下降到20万。在这个计划中，战后将削减的300万人口就是列宁格勒的居民。“饥饿计划”的始作俑者赫伯特·巴克及其同僚汉斯-约阿希姆·科纳特（Hans-Joachim Riecke）会先表露出他们的想法，以便让德国的专家们进行细化，适应实际情况。

1941年9月底，德国对列宁格勒居民实行250克面包配额。德国空军曾经对这个城市轰炸了230次，地面部队每天发射5000发炮弹。德军炮兵开始开玩笑，称他们通过削减平民人口，正在“养活这个城市”。到11月中旬，北方集团军群的战争日记首次提到用炮火挫败平民接近德军战绩的企图，尽管德国的将军们还担心“错误的”同情可能会使他们的人对平民网开一面。指挥官们首次开始询问屠杀性战争会对他们的士兵造成什么后果。他们要是能够对手无寸铁的平民冷血开枪，会导致“丧失内在的平衡”吗？他们的部队“即使在战争结束后也不再惮于这样肆意杀人吗”？他们还问道，这种暴虐行为何时能结束？

甚至在完成合围乌克兰的红军和彻底围困列宁格勒之前，哈尔德、布劳希奇和希特勒就把注意力转回莫斯科了。在乌克兰这么轻易就获得胜利，他们无法想象红军还能有多少战斗力。哈尔德和希特勒的期望值水涨船高，建议南方集团军群可以在入冬之前推进到斯大林格勒和迈科普（Maikop）油田，中央集团军群能够抵达莫斯科，并削减空中支援力度和装甲部队。和列宁格勒一样，对苏联首都的策略也是进行包围，切断一切对外联系。希特勒一度想象可以把莫斯科从地球上抹掉，他倾向于使用洪水淹。

---

① 又称英格里亚，指涅瓦河流域中被芬兰湾、纳尔瓦河、楚德湖、拉多加湖所围起的一个地区。在瑞典语中称为Ingermanland、芬兰语中称为Inkeri、俄罗斯语中称为Ижора或Ингерманландия，中心城市是圣彼得堡。对俄罗斯来说，这一地区是俄罗斯往波罗的海和西欧的出口，因此在历史上俄罗斯多次和其他国家争夺此地。——译者注

1941年10月2日，德国再次听到元首发表公告，宣称莫斯科是这次军事行动的最终目标。威廉·莫尔登豪尔尽管对战争可能会拖入冬季感到焦虑，但当他听到元首在广播中庄严号召对布尔什维克进行决战后，还是感到激动。这一刻既属于全体公众，也受到每个人的欢庆，他想象着妻子也在收听广播公告，“听着每个词语，你的思想或许能与我产生共鸣”。弗里茨·法巴切已经随第4装甲师进军了，冰雾使他们感到寒冷彻骨，不过也掩盖了他们的行迹。他们在第一天推进了130公里，4天后的10月3日，抵达奥廖尔（Orel）。当他们越过开阔地带向这座城市推进时，摩托化步兵的车辆在坦克周围机动，利用它们作为掩护，以防遭到苏联飞机的空袭，他们能够看到敌机从附近的机场起飞。多日来他们看不到德国空军的影子，步兵们在抵达奥廖尔的外围之前，不得不从车辆上跳下来30多次，利用坦克掩护自己。当第一辆坦克开进奥廖尔的街道时，当地的电车还在运行，电车司机甚至还按响喇叭，以为坦克是红军的。当那辆坦克把炮塔转向电车后，大街上的人都消失了。

如同在斯摩棱斯克和乌克兰一样，德军用坦克引领包围行动。第2装甲集群从奥廖尔开始，迅速完成对布良斯克（Bryansk）的包围。在西面，第3和第4装甲集群以双重钳形攻势合围了维亚济马（Vyaz’ma）。到10月7日，苏联西部前线的所有剩余部队几乎都被包围在这两个口袋里，通往莫斯科的道路已经对德军敞开。在元首的总部，约德尔将它视为开战以来最具有决定性的一天，将其与1866年普鲁士神速击败奥地利相提并论。两天后，希特勒发言人奥托·迪特里希（Otto Dietrich）召开了一场特别新闻发布会，向全世界宣布说，在德军和莫斯科之间除了“真空区”，什么也没有了。戈培尔感到不快，既认为这种凯旋论为时尚早，也为无力控制迪特里希而沮丧。不过他没有对媒体跟进进行约束。《人民观察家报》宣布，“伟大时刻已经到来！”“布尔什维克在军事上已经终结”。书店摆出俄语词典，为将来的正式占领做准备，电影院开始宣传即将上映的纪录片《德军进入莫斯科》（The Germans Enter Moscow）。

这并非只是吹牛。在苏联首都抵抗中央集团军群百万之众进攻的红军只有区区9万人，德军取得的胜果甚至远超乌克兰：国防军俘虏了67.3万人和1300

辆坦克。5个星期内获得两场胜利，144.7万红军士兵向德国投降。对于这么多俘虏，德国总参谋部和最高统帅部还没想到该如何处理，尽管他们的整个行动计划都是建立在红军迅速崩溃的基础之上。希特勒和他的核心顾问们对如何处置俘虏根本不感兴趣，认为俘虏的作息只是补充劳动力（也只有这一个可能），但是在1941年秋季，这种考虑并不急切。这个问题只是留给战俘管理部门和后方服务区域让他们自己想办法去解决。

维亚济马和布良斯克战役结束后，第2集团军群的第580集团军后方司令部（580th Rear Army Area Command）“动用了全部能调动的汽车和马车，选派农民领导和战俘”，执行设立供给中心和运回战俘的任务。10月初，他们把第203战俘中转营（德国军用缩略语称为“Dulag”）移到克里切夫（Kritchev），把一个锯木厂和水泥厂变成营地，设计容量能关押1万名战俘。不过仅一个夜间，就送来了2万名战俘，还有1.1万名战俘在路上。到10月19日，这个营地关押的红军士兵多达3万人。大部分囚犯只能露宿，直到从附近的德军部队借来挖掘工事的铲子，他们才能在地上挖洞，然后盖上树枝和泥土居住。尽管这个战俘营靠近铁路线，也有水源，但在军事优先补给名单上排在非常靠后的位置。

掌管食堂的军官是好心的一战老兵康拉德·雅豪士（Konrad Jarausch），他年纪已大，不能上前线，他在家书中细致形象地描绘了正在显现的灾难。他们用旧油桶给战俘做饭，基本上没有什么厨房用具。很多红军战俘不得不用军帽当作饭盒，领大约半份稀汤。在布良斯克战役打得最激烈的时候，康拉德·雅豪士每天在他的第203“Dulag”分部要为1.6万～1.8万名囚犯做饭。他向其朋友韦尔纳·哈斯（Werner Hass）解释说，有5名德国人管理行政机构和食堂，还有8名卫兵，“因此你可以想象肯定有殴打和枪击发生……只是为了维持食堂周围的秩序”。当德国向西部更大规模的营地转移的战俘超过新来的战俘后，这里的囚犯数量下降到6000人，雅豪士给妻子写信时感到有些解脱，“我不必老是扮演警察的角色了，不需要用橡胶棍把什么人打倒在地，或者命令枪毙什么人。即便如此，这里的情况还是太可怕了”。虽然存在阻碍，他和其他“依然有一些老派人性”的老军官还是设法一天给囚犯们供应两顿饭，尽管中转营检查员反对这样做。

雅豪士集合了一群囚犯在他身边担任食堂管理员，这些人因为便于接触到食物，也能得到好处。雅豪士给这些人香烟，这些俘虏也投桃报李，每天给他提供两次加了牛奶或奶油的浓汤，有时一天还能给他4个鸡蛋，即使这些东西变得很稀罕时也没中断。他知道，他那些“无情”的战友们的征收行动也使自己获益，他们从当地的村庄里掠夺食物。不过中转营没有受游击队袭击的危险，他在信中让妻子放心，因为“这里很安静，SS正在进行极为彻底的清扫”。康拉德・雅豪士是一位温和的宗教研究教师，对纳粹持反对立场，他对俄罗斯囚犯更为好奇，而非敌视。他拿着一本俄语识字课本，开始学习这种语言，并找一名受过教育的囚犯来教他。

11月初，一支SS特别行动队来到这里，彻底搜查犹太战俘和平民，一些人在水泥厂的地下室里被枪毙。雅豪士只是在家书中暗示发生了这类事件。当他的俄语老师被发现是“半个犹太人”时，他没有告诉妻子夏洛特这个人后来怎么样了，但他曾经解释说，他曾看到“犹太人光着脚站在雪地里”，还说“有一些艰难的事件给人留下痛苦的记忆，而我无力阻止。关于那些事，可以说，不能写”。两天后，他的信更为热情，这次说的是他的新老师，一位莫斯科人，而且也和雅豪士一样，是一位40来岁的校长。当这个人大声朗读屠格涅夫（Turgenev）的故事时，雅豪士感觉“好像我触碰到这个国家的灵魂，这是自我感知和自我认识的方式”。和汉斯・阿尔布林一样，雅豪士同时也被俄罗斯文化所打动，确信他所接触到的人是“半个孩子”。目睹他们在布尔什维克暴政统治下遭到的可怕痛苦之后，他觉得有义务向他们传播福音。雅豪士给“马丁・路德协会”（Martin Luther Association）的会士写信时解释说，“我愿意相信一旦（布尔什维克）魔咒破灭，忠诚追随基督的俄罗斯人民在未来的岁月里依然有很多话对我们的基督教说。”

不管雅豪士对战争的残暴性感到多么不安，他都没有怀疑过德国的开战动机。11月14日，他给夏洛特写信说，他们发现一例新的人吃人事件。水泥厂现在有2000名囚犯，每天要死25人。那些平民（尤其是犹太人）在冰冷的寒冬里只穿着衬衫，“最仁慈的事，可能就是把他们带到森林里，按术语的说法‘处理’掉”。他坦白说，“你要不是一直从俄罗斯人那里听到布尔什维克主义给他们带来什么痛苦，可能会对整个事件产生怀疑。”雅豪士向妻子承认，这里可能“比战争还血腥”，但他只是不得不履行自己的“职责”。

法巴切随第4装甲师从奥廖尔出发，向莫斯科南部的防卫重镇图拉（Tula）进军，为了包围苏联首都，德军必须拿下这个城市。苏联在秋天的时候已经沿着从西面通向莫斯科的公路加强了防御，除了两条已经修好的莫扎斯克（Mozhaisk）防线，还在图拉的前方修筑了第三条环形战壕，并配备有碉堡和要塞，在它们前面还设有雷场，使得正面进攻无法突破。德国人无论如何也不想直接发动攻击：最高统帅部也在这里计划进行最后的围困战。装甲集群从中央集团军群的北翼和南翼出发，将包抄莫斯科，在苏联首都东部的一个交叉点会合，希望把红军残部和苏联领导层围在里面。

图拉在莫斯科南方150公里处，人口27.2万人，是莫斯科煤田中部的一个老军备中心。德军如果不能拿下这座城市的铁路枢纽和机场，古德里安就不敢让他的部队继续向东包围莫斯科：他的第2装甲集群可能已经升级为装甲集团军，但他的战线已经被拉长，弱点很多。古德里安担当从南翼攻击苏联首都的先锋，他给手下的军官们写了一个典型的炫耀式备忘录：“图拉？短促、艰苦的战斗——长途进军——金发女孩。”

但是，第2装甲集团军及其配属部队，如第24装甲军和第4装甲师，并非一路势如破竹拿下奥廖尔的相同的部队。弗里茨·法巴切在10月6日到7日的夜间第一次看到雪，而雪又变成雨，把被夏日烤硬的道路变成泥潭——“泥泞、深不见底的沼泽，宛如印着成千上万靴印、车辙和履带痕的黑馅饼皮”，苏联记者瓦西里·格罗斯曼（Vasily Grossman）这样描述。在中央集团军群的整个500公里战线上，坦克、火炮、卡车、半履带车和马车都陷在里面。10月15日，中央集团军群的参谋记录道，“军事行动的心理临界点到来了”。在一个星期之内，第6装甲师的可操作坦克从200辆大减到60辆。第20装甲师起初拥有283辆坦克，在两个星期时间里只剩下43辆半残坦克。第4装甲师的坦克仅余38辆，该师用了一个星期才开动起来，其师长警告说，“无尽的劳作和艰苦的战斗……不可能在官兵身上不留痕迹”，如果遇到任何袭击，只能使该部队“遭受极其严重的伤亡”。自从进入10月，就很少能看到德国空军，而苏联空军能够更为有效地打击附近的德军静止目标。德军离莫斯科越近，苏联的防御力量就变得越强。不过第4装甲师在变成泥潭的公路上再次受到打击之前，还是于10月29日推进到离图拉不足4公里的位置。德军在第二天的秘密报告中详述了第4装甲师和大德意志团（Grossdeutschland）是如何进入图拉南部的一片森林的，称他们在那里只能徒步对抗苏联坦克。

1812年，拿破仑的大军的大部分人员和马匹并非损失于冬季溃退，而是在更早的夏季胜利进军中就丢掉了。1941年的情况也一样，德军是在前进中遭受了最大数量的伤亡，在6月的最后一个星期损失了41 048人，7月折掉172 214人，8月上升到196 592人，9月为141 144人。德国装甲部队的伤亡更为严重，第35装甲团作为第4装甲师的王牌，起初补充过177辆坦克，但到7月底只剩下49辆。古德里安不得不亲自请求希特勒给他的第2装甲集群调拨配件。摩托化步兵只能步行战斗，他们在进攻中得不到坦克的掩护，位置极为暴露：到8月份，他们的数量已经下降了50%～70%。

德军推进速度太快，反而弄巧成拙。随着补给线被拉得越来越长，军需长们面临不可能的选择。德国没有足够的火车皮和车头为东部战线运送补给，他们没缴获多少未受损的宽轨车皮和车头，不得不花力气把宽轨铁路线改成标准轨，此事超出原先预计，进展缓慢，随着德军的前进工作量越来越大。由于缺乏摩托化车辆和马匹，把货物从铁路沿线的仓库的困难更多。德军在开战之初有50万辆车，到11月中旬，42.5万辆已经损坏，而维修工具少得可怜。马匹作为最重要的拉车牲口，开始成千上万地生病或死亡。从斯摩棱斯克到莫斯科的主要公路的大部分地段是双车道，但是红军在撤退时，设置了很多装有长延时定时器的地雷，每天在路上都会出现30米宽、10米深的弹坑。局势极为糟糕，以至于本来该去法国修整的第5步兵师只能留下来修路。

随着秋末气温下降，德军在冰冻的土地上恢复了一些机动性。不过寒冷带来新的问题。当11月中旬开始下雪时，第4装甲师只有一半人有大衣，三分之一人有羊毛毯。现在士兵丧失战斗力多源于冻伤和其他疾病，而非因战斗中受伤，尽管这些伤病的数字都在上升。7月底和8月初，德国已经发布了准备冬季装备的命令，但当时只计划德军取得胜利后，留下58个师来占领苏联。铁路和公路运输的优先目标迅速变化，大部分冬装只能堆积在波兰的铁路终点站。当中央集团军群集中力量为前线供应弹药和汽油时，甚至连被视为对士气有至关重要影响的邮政运输也被延后处理。

根据军事审查员们的报告，尽管天气状况恶劣，但是第2集团军的“战斗精神”在10月的大部分时候依然是“坚不可摧”和“信心百倍”。“上个月的信件内容受到布良斯克和维亚济马包围战大捷及进军莫斯科的影响，每个人都觉得打击布尔什维克的行动在可预见的将来就要结束，期待着返回帝国。”他们报告说。实际上，根据25位记者对军人信件所做的一个更小但更深入的调查，10月份预料即将获胜的人比6月、7月和8月时还多。在这个月，甚至连灾祸好像也在证实胜利就要到来了：一个人报怨食物难以下咽，但他注意到当“某些大事正在发生时”，供给的品质总会很糟。

南方集团军群的情况更差。正如赫尔穆特·保卢斯随部队抵达顿涅茨克后给父母的信中所说，“自从7月以来，我们已经行军2000公里，腿脚连5分钟也没轻松过，不止我是这样，所有的战友都是如此”。找不到油刷靴子，他只能眼睁睁看着它们开裂、扎线。从第聂伯罗彼得罗夫斯克（Dnepropetrovsk）到顿涅茨克有500公里，为了赶这段路，他们有时要在泥潭和黑夜中挣扎着连续行军20小时。10月17日，第17集团军和重新配属的克莱斯特装甲集团军抵达米乌斯河（Mius），占领了塔甘罗格（Taganrog），但是大雨和泥淖把他们困在那里。11月初，保卢斯的亲人从家乡普福尔茨海姆给他写信，称听到有希望的传言说，自行动之初就参战的部分将会从前线轮换下来，把驻法部队调过去。赫尔穆特回信说，士兵们谈话的主题总是“食物、邮件、休假，每个人都日夜梦想着离开”。他发誓休假后只吃椒盐饼和糕饼，不碰任何俄罗斯“黑面包”。不过他也知道，作为单身汉，他的休假机会几乎是零。

在东线战场的另一端，阿尔伯特·朱斯（Albert Joos）及其战友在芬兰湾海岸线附近掘沟固守。朱斯出身农家，13岁辍学，他在1939年8月28日被征召后，开始写日记。他想把他参与的战争记录下来，以证明“一位勇敢的人（准备）为亲爱的祖国奉献一切”。他从事过艰苦的农业劳动，所以能很快适应新兵训练，“帝国劳工服务团”和军队把他从封闭和独裁的父系村庄中解放出来，对此他感到很高兴。1941年10月中旬，朱斯几乎刚刚加入北方集团军群，就目睹了两名政委因为炸掉一列货车而被绞死。这两人站在一辆轿车后面，绳索被套在脖子上，然后汽车开动起来。“最让我震惊的，”他写道，“是孩子们的行为，他们不仅围着被绞死的人玩耍，实际上还往尸体上爬。哦，这就是俄罗斯。”

经历过东线的这个序曲后，朱斯的连队被派往史翠娜市（Strelna）以西20公里的地方，从一个筋疲力尽的东普鲁士团手中接管浅浅挖出的战壕。他们要在这里保卫德军重炮部队，以便让其安心轰击喀琅施塔得（Kronstadt）的苏联海军基地。朱斯及其战友在3天时间里没日没夜工作，挖掘出60立方的坚硬冻土，修成一条战壕。“挤得就像鲱鱼①”。他们挤在战壕里，还在里面设了4张双层床，点上小炉子，甚至找到一扇小玻璃门堵住风口。在附近的森林中，到处是狙击手，朱斯的好友口部中弹被杀。他们的连队在重炮轰击和苏联步兵的不断袭击之下，不断转移阵地，不过每次挖掘工事都越来越费力，他们不得不“用手榴弹炸开硬得像石头的冻土”。

此时，通往莫斯科的道路依然没有打开。经过激烈的战斗后，针对图拉的正面攻势被击退。第4装甲师只剩下25辆坦克，运输车辆也不足。由于缺乏防护性武器，掩护工事很少甚至根本没有，军官和士兵都迅速因疾病而减员：“为了保存德军的骨血”，第2装甲集团军命令各师使用苏军战俘清理环绕图拉的雷场。重武器越来越少，也意味着该部队的伤亡数字在急剧上升。第24装甲军军长盖尔·冯·施韦彭堡（Geyr von Schweppenburg）不得不告诉古德里安说，“官兵和装备的战斗力都被耗尽”。第2装甲集团军的官方战争日记更直白，报告了部队中首次出现的疑虑：“部队精疲力竭，饱受严寒和战争折磨，他们现在想知道，到底应该如何行动”。

11月1日，弗里茨·法巴切被一个躺在公路边的俄罗斯重伤员吓到了，他

① 鲱鱼，学名太平洋鲱鱼，分布于北太平洋西部，习惯成千上万条成群游动，其鱼群之密，个体之多，无与伦比。——译者注

的痛苦无以言表。“谁也没有时间管他，作为一个敌人，受伤太可怕了！”这位年轻的中尉得出结论。11月20日，他最亲密的朋友彼得·西格特（Peter Siegert）被打死。夏天的时候，他们俩成为形影不离的好友，现在他只能坐下来，紧抱着垂死的朋友，除了想起他们的母亲，脑子里空空如也：“一切都成为虚幻，我周围的一切都变得毫无意义”。那天下午2点，西格特死了，法巴切感觉“（他的）一部分”也随好友逝去——就像乌兰德（Uhland）[①]的诗歌所说，“我有一个好战友”（Ich hatt' einen Kameraden）[②]。

第4装甲师没能攻下图拉，只占领了该市东南方的煤矿城镇斯大林诺戈尔斯克（Stalinogorsk）。该师主帅对当地居民满怀敌意和轻蔑，称他们是“在苏联遇到的最肮脏的工人窃贼”。这个装甲师第一次扮演起占领军的角色，不再区别对待没有来得及撤退的红军部队、未受过训练的地方民兵、平民和游击队员。为了获取情报，他们迅速诉诸“警察手段”，并且采用检举、审讯和肉刑等“肮脏战争”技术。一个训练民众学习射击和野外作业的工头被揭发出来；另一名男子因拥有爆炸物而被发觉：他曾受命引爆地雷，他的妻子和儿子据说也成为共犯。和在基辅时一样，德国人不管谁是为了生存而想合作的工人，谁是危险的“红色分子”。

为了报复4名德军士兵遭到枪击一事，罗伯特·R得到命令，要把米哈伊洛维卡（Mikhailovka）村烧掉。“整个村子都烧了吗？”他问上级军官，“为什么？”对方冷笑着回答说，“村子大吧？那么烧掉它至少值得我们一趟跑腿。”罗伯特所在部队的装甲动兵车抵达村庄外的拖拉机站，在妇女和儿童遵照德军命令离开之前，他不得不下令架起一挺机枪。这些妇孺两手空空，冷漠地走着。“不带一点感情地喊话，感觉像是在哭泣。”罗伯特在他的日记中写道。不过他不想处决哪个人，于是把机枪手打发走，用结结巴巴的俄语告诉

---

① 乌兰特，约翰·路德维希：（1787～1862）德国浪漫主义诗人，以其抒情民歌和戏剧闻名，包括《巴伐利亚路德维希》（1819年）。——译者注

② 德国军歌，1809年由路德维格·乌兰德作词，弗里德里希·西尔歇在1825年为它配上乐曲，德国武装部队用这首歌曲纪念殉职、阵亡以及过世的袍泽，至今德国联邦国防军依旧在传唱。——译者注

村民们说，如果发现游击队有任何进一步的行动，就得向德军报告，否则会遭受更为严厉的报复。村民们感谢罗伯特饶过他们的性命，当另一支德军分遣队把房屋点着后，他们看着火光冲破夜空。

在这个危急时刻，当中央集团军群的精英机械化部队发生变化，开始执行起正常情况下由德军安全部门以及与警察部队和SS特别行动队密切合作的后卫部队所负担的任务时，赖歇瑙于10月10日发布的命令也传达到了。第4装甲师的指挥官敦促手下“在反抗布尔什维克-犹太威胁的斗争中必须变得更加坚强”。11月17日，弗里茨·法巴切参加了一个连级军官短会后，在乘车返回驻地时，从他的上尉那里了解到，“关键之处在于采取无情的行动，粉碎俄罗斯人的反抗”。虔信派教徒的信念还在这个年轻人的体内挣扎，所以他想在内心与自己听到那些话保持距离：“从本质上说，几个小时的讨论中表露的内容不是德意志式的”。他这样断定。同时，该师明确发布新的日常口令：

> 21.11.41：传送和煽动布尔什维克思想的是犹太人。德国士兵要时刻牢记，只要犹太人还在，战线后方就不会安全。不应把犹太平民和游击队员送入战俘营，而应把他们枪毙掉……
>
> 25.11.41：让民众怕到骨子里的必须是德国的手段，而非布尔什维克残余和游击队的恐吓。对于布尔什维克非人类要毫不留情，妇女和儿童也不例外。把游击队及其帮凶吊在下一棵树上！

在接下来的几个星期中，有了这类训言，德军焚烧村庄、屠杀反抗的居民或可疑分子，或者把俄罗斯人驱赶进严寒雪地和森林时，就有了依据。德军士兵现在开始自作主张屠杀犹太人、枪毙苏联俘虏，而非大老远把他们送到接收点。判断如何回应平民威胁不再是高级军官的特权，被正式记录的处决减少了。军纪的这一核心内容一旦消失，后方的种族灭绝战争就蔓延到前线。想屠杀平民随便就能找出理由，打死依旧躲藏在森林里的红军士兵更简单。德军越向前推进，防线就越是薄弱和孤立，他们因此也就越加害怕游击队。他们的这种焦虑并非没有根据。到12月底，游击队已有能力收复村庄和小镇，甚至施韦彭堡指挥的精锐第24装甲军也顶不住游击队进攻。

德军的绥靖手段与士兵的孤立无助感关系更大，而非受游击队和平民的真正威胁影响。弗里茨·法巴切还在记录“可疑”平民被杀的案例，但他已经司空见惯，更难被吓到了。他决定让手下人再去以前征收过食物的那些村庄，而不是冒着触雷的风险在野外找吃的，哪怕这意味着“把他们的最后一头牛牵走！”在白茫茫的大地上，德军士兵被冻得浑身发抖，他们挤在一起排着单薄的队形行进，大雪把各种地形都遮盖起来，甚至连天地也模糊不清，在白色的背景下，混杂着灰色的士兵。

随着赖歇瑙的命令在德军的东部前线传开，对犹太人的言语攻击达到一个新高潮。10月2日，希特勒打开他的话匣子，向东线战场的士兵们发布公告，要求拿下莫斯科，宣布他们的最主要敌人“是犹太人，也只有犹太人！”第二天，他在柏林体育宫向大后方发表演说时，重申了这一观点。在11月8日的啤酒馆暴动纪念活动上，希特勒向观众描述他是如何“认识到这些犹太人世界的纵火犯的”。俄罗斯的“整个民族知识阶层都遭到屠杀，剩下的愚蠢的亚人类被迫成为无产者，受到庞大的犹太政委组织统治，这些犹太政委实际上就是奴隶主”。希特勒向后方民众强调说：“我的纳粹党老同志们，现在这场斗争不仅是为德国，而且是为整个欧洲，这是一场关系到生存和毁灭的斗争！”希特勒转用末日论调，明确表示德国担起反对“犹太-布尔什维克主义”的泛欧十字军东征大任。1941年11月16日，戈培尔在《帝国》（*Das Reich*）周刊定期发表的一篇文章中告诉读者，“犹太人罪孽深重”。他还提醒读者不要忘记元首在1939年曾“预言”说，如果他们再开启一场欧洲战争，可以消灭犹太人：

> 如今我们正在目睹这个预言成为现实；犹太人的命运是残酷的，却是极为应当的。在这个问题上，怜悯和惋惜毫无用处。犹太世界发动这场战争时，完全错估了它们能召集的力量。它们如果有足够的能力，本来会毫无顾忌地消灭我们，现在却逐渐遭到消灭。现在它们正自作自受走向毁灭，如它们的格言所说：“以眼还眼，以牙还牙！”

第4装甲师不仅吃不饱穿不暖，连鞋子都成问题，不过依旧准备发动进攻。正面进攻图拉遭遇失败后，古德里安想保持攻击势态，越过东南方的这个小镇，挥兵直取科洛姆纳（Kolomna）和莫斯科东郊地区。11月24日，第2装甲集团军攻下韦涅夫（Venev）和米哈伊洛夫（Mikhailov），并向卡希拉（Kashira）推进，图拉依赖这个城市获得电力供应，因此红军必须进行死守。11月30日，罗伯特·R趁着战斗间隙，在位于莫斯科东部的这个城市外围给玛丽亚写信。两天前，他们的汽车坏掉了，所以他们不得不冒着炮火袭击在雪地中艰难行进。罗伯特简略描述了一位战友被炮片击中时发生的事："R·安东（R. Anton）中弹，胸口被撕裂。他死了。在行动之前，G不得不在坟墓上匆忙画个记号。没有花环，没有钢盔。"罗伯特更加沉浸于思考死亡。只有想到小儿子，他才期待"对未来做出的那么多承诺"，相信"向我们许下诺言的人不会撒谎"。罗伯特帮助战友烧掉米哈伊洛维卡后，受到新的痛苦和自我怀疑的折磨。两个星期以后，他被调回姆岑斯克（Mtsensk）休养，在一个战俘营担任较为轻松的警卫任务。他在那里驻守了3天，目睹疾病缠身和濒于饿死的战俘后，大部分时间里都不吃饭。

罗伯特没有向玛丽亚说起这类经历，但他的确和她谈到自己的思想状态：

> 我极少哭泣，全神贯注做事时，哭泣没有什么用。只有当我再次回到你身边，熬过这一切坦然休息时，我们将大哭一场，这也会让你更加了解你的丈夫……"同情"在这里毫无用处，它不能救人，也无法抵作行动。（我）日益强烈感觉到人类的低劣和罪恶，它们根植在每个人的内心。（我的）耻辱感越来越强，有时甚至觉得自己不配得到爱。

现在他最害怕的是自己的道德会崩溃，担心"外表看上去虽然很正常，内心实际上却已腐烂"。唯一能给他带来慰藉的还是"爱和家人的秘密"。这是他写的最后一封信，当德军慢慢被红军逼退时，罗伯特·R于12月4日受了重伤。他的战友带着他走了7公里，但没能挽回他的生命。他们在一个苏联学校的大门旁找到一个合适的地方，把他安葬在那里。罗伯特的日记写在4本学生练习册上，一位战友回家时把它们带给了他的妻子玛丽亚。

德军加强进攻图拉，这次采取包围策略。不过如第4装甲师第12步枪团的一位军官所抱怨的那样，他们“吃不饱穿不暖，疲惫不堪”，战斗力“之单薄令人难以想象”。弗里茨·法巴切了解到，他的那些师属炮兵部队的战友也已精疲力竭。他们祈祷红军比他们还虚弱，师部里的人都存这种企望。12月2日，第24装甲军终于开始设法切断从图拉通往莫斯科的道路，第二天，该部队切断了连接图拉和谢尔普霍夫（Serpukhov）的最后一条铁路线。哥特哈德·海因里希（Gotthard Heinrici）将军指挥的第43军冒着零下32摄氏度的严寒，从西面拼命发起冲击，意欲与第4装甲师会师。但是，德军就是无法封住最后9公里的包围圈缺口。12月5日，古德里安停止了攻击，并劝说中央集团军群司令费多尔·冯·博克让他下令取消这次进攻行动。他离开了设在亚斯纳亚波利亚纳村（Yasnaya Polyana）的托尔斯泰故居的司令部，在这位俄罗斯作家墓地旁的公园里留下了70位德军牺牲者，在村庄广场上还有4具被绞死的俄罗斯人遗体。

第七章

首次失利

集团军群称苏联在其后方取得突破，使他们陷入混乱，承认已无力指挥士兵发动反攻。在这种情况下，装备简陋、训练不足的苏联新军能够获得很大的战果。

1941年12月6日深夜2点，苏军大炮和迫击炮开始向第4装甲师的第12步兵团倾泻弹药。那天本是圣尼古拉斯节（St Nicholas），德国父母应该把礼物放进孩子们的鞋子里。在俄罗斯前线，气温下降到零下40摄氏度。当枪炮声再次停歇后，筋疲力尽团长的斯米洛·冯·吕特维茨（Smilo Freiherr von Lüttwitz）进入梦乡。3点30分，他又被德军猛烈还击的枪炮声惊醒。他派副官出去查看，发现红军有两个连的兵力沿着一条长沟悄悄渗入村子中央。红军的行动之所以如此安静，完全出于偶然：气温太低，两方的枪支都被冻得无法开火。吕特维茨的部下能侥幸保命，原因是他们在一个房檐下架了一挺机枪，借助屋子里的温度还能开火。他们就是靠着这挺机枪，才把敌人击退。

德军前卫中位于最前沿的部队迅速意识到，他们陷入更加难以自拔的霉运。装甲部队和第43军停止进攻图拉和莫斯科之间的交通路线后，陷在积雪中遭到围困，自那一夜起成为苏军反攻的最重要目标。德军其余的前卫部队花了更长时间才认清这一局面。12月6日，汉斯·赖纳特中尉在沉闷的参谋部里忙着拟定第296步兵师的行动计划，他最头痛的是如何保持清醒。直到第二天夜里，他一次又一次被紧急电话吵醒，才意识到局势完全发生了变化。赖纳特睡眼惺忪地注视着敌方的人海攻势，难以相信苏军指挥官竟然如此不顾惜手下人的性命。他也不明白数不清的敌军新部队是从哪里来的："这就像一条河，你能让它改道，但更多新的水势会压过来"。他对苏联这次攻势的目的也感到困惑：

> 他们不是为了争夺连续性的战线，只是想占领一些据点，各个进攻部队互不相连！……我们一直在问自己，为什么俄罗斯人发动这种毫无目标的进攻，一再向同样的阵地突击，而我们现已收拢起来，所以敌人无法再躲过我们的打击。他们想达到什么目的？是的，他们或许将得到一些据点，（但是）那又怎么样？

这位师部参谋估计，仅仅这一次战斗，红军至少就得付出2000人的代价。

对红军的大规模反攻感到惊讶的不只有汉斯·赖纳特和斯米洛·冯·吕特维茨，中央集团军群的参谋部直到12月4日都还相信，随着他们主动减弱进攻势头，漫长的冬季会平静下来。根据他们得到的情报，红军"无法依靠现有力量发动反攻"。他们错得不能再错了。10月中旬，莫斯科守军只有9万人，6个星期之后，苏联不仅建起大批全新的部队，还从远东调来身经百战的老部队，首都防御力量增加到100万人，装备8000门火炮、720辆坦克和1370架飞机。德国人被胜利冲昏了头脑，还沉浸在秋季攻势里取得的巨大战果中，低估了敌人兵力的打击力量。从总参谋长弗朗茨·哈尔德和中央集团军群司令费多尔·冯·博克，到埃伯巴赫（Eberbach）和吕特维茨这样的旅、团级指挥官，再到弗里茨·法巴切和汉斯·赖纳特这样的下级军官，整个德军指挥链都确信他们保持着优势地位。他们一直相信红军濒临崩溃，对越来越多的反面证据视而不见。德军对胜利已经习以为常，所以产生出这种错觉，东线的德军士兵尤其如此。他们起初向莫斯科进发时曾极为自信，此后数月时间里事态的发展会打破他们的信心，不过他们对自身的战斗力和最终的胜利还存有幻想。

在酷寒的冬日里，围攻莫斯科的德军进退两难，其战线宛如一个倾斜的巨型"新月"，从这一头到那一头绵延600公里。"新月"的两端都以坦克师开道，位于莫斯科公路两侧的第4和第9集团军构成“新月”战线的主体，处在最前沿的坦克部队成为苏军反击的首批目标，当它们撤退后，第4和第9集团军暴露在苏军面前。从12月初到1月和2月，整个中央集团军群都面临被歼灭的危险。德军“新月”攻势的北端距克里姆林宫不到30公里，乔格-汉斯·莱因哈特的第3装甲集群曾短暂夺取过莫斯科-伏尔加运河上的关键桥头堡，它是通向莫斯科北郊的最后一个物理障碍。12月6日，从西伯利亚、远东和中亚调来的红军精锐部队就从这里发动了反攻。不到一天时间，莱因哈特报告说，他的最精锐部队“不再具有……战斗力”，“敌军的突破势不可当，他的部队连发动反突击的能力也没有了”。随着苏军坦克突然出现在德军的背后，德国人品尝到他们一贯擅长的坦克战的威力。两个星期之前，这个装甲集群的官方日志对夺取莫斯科还充满信心，现在遭遇的困境在那时也露出苗头：“到处都能看到士兵们乘着马拉雪橇，或者牵着牛……他们看上去态度漠然……实际上没人在考虑反击敌人的很多空袭。被炸死的士兵遗体就被随便扔在那里。”

在南部的图拉和卡希拉周围，情况更加严峻。埃伯巴赫指挥的第4装甲师的第5装甲旅残部很快陷入“危急状态”，被迫在苏联向他们发动反攻之前就先行撤退。车辆因为气温太低而无法发动，只好扔掉，还有很多装备也抛弃了。这支部队在进攻时曾每日推进40 ~ 50公里，现在的后撤速度只能达到一天6.5公里。退却行动缓慢如牛，更让德军恐慌起来，增添了不祥的预感。从图拉到奥廖尔的公路已经变成冰道，一些路段还有厚厚的积雪。坦克频频陷在雪堆里，不得不靠人力把它们挖出来，为了保持行动能力，只能烧掉已变得极为宝贵的汽油。弗里茨·法巴切用细致的眼光和尖刻的讽刺来评价他的上级指挥官：

> 葬礼仪式开始举行之前，你真的难以明白它每次会有多么壮烈……我骄傲的“家人”今天看起来是这样的：在前方，头儿的汽车靠着前轮行驶，后驱方式昨天呱呱地发牢骚了。我担心我们可能到不了山上，这辆车在噼啪作响，不过它还是上去了。

他们向后退却，每一台宝贵的车辆都是用不同的方式拼凑成的，板弹簧被沉重的负荷压得变了形，油料漏了一路，急救拖车与野战炊事车一同挂在卡车后面。“这是我骄傲的伙伴们。”法巴切在结尾说。

第296步兵师的情况也好不到哪里去，他们在红军发起进攻前被迫退让。该师日记简略记载说，“在奥多耶夫（Odoev）以东的隘谷……路很难走”。赖纳特中尉的描述更为生动：“迎着凛冽的北风，在黑夜中等着，直到他们能够下来。每辆车间隔200米，人们从后面用绳子拖住它们，以防其沿着冰封的道路滑进山谷”。拉车的马匹腰腿没入深深的积雪，拉着拖车和汽车，士兵们为了把一辆辆车弄到山下，不停地上山下山。火炮最为麻烦，它们太重了，难以推动。因为路滑而失控的车辆还得拉回来。为了清理通道，食不裹腹、衣不保暖并且提心吊胆的德国人整夜不得休息，一切行动都极为缓慢，使人更觉寒冷和恐怖。12月22日，赖纳特写道，“好吧，这是命令：撤退！我们的士气彻底没有了，我无法形容此时我们的感觉，言语不足以表达。我们能够大声狂叫……”元旦那天，他报告说，“人们突然不能继续行进了，他们倒下来，当场死掉，或者在被送往下一个隐蔽处的途中冻死。太悲惨了。”第296步兵师在12月损失了1000人，其中351人被冻死。

中央集团军群在12月19日对其部队士气进行了调查，结果很不乐观，因此断定已经处在危急关头：

> 我们遭遇的挫折与部队的物质和精神状态有关，它们的效能比最低限度的要求还要低很多。士兵们害怕被俄罗斯人俘虏、战斗力大幅度下降、油料短缺、供给紧张、马匹状态糟糕。其中最大的问题是面对俄国重型坦克，有一种无力抵抗的感觉……这让俄罗斯人能够不计伤亡，投入惊人的兵力进攻，而我们的战线拉得过长，因此力量变得很薄弱，被敌人缓慢突破。

集团军群称苏联在其后方取得突破，使他们陷入混乱，承认已无力指挥士兵发动反攻。在这种情况下，装备简陋、训练不足的苏联新军能够获得很大的战果。

随着两个装甲尖角被打掉，面对莫斯科的德军主力受到持续且近乎致命的攻击。从12月的最后一个星期到1月中旬，红军把德军的防线撕出一个个“大洞”，整个集团军群有被分割消灭的危险。俄罗斯人在南部沿着奥卡河（Oka）取得突破，防守苏希尼奇（Sukhinichi）的德军全部投降。两支苏联集团军夺回莫萨利斯克（Mosalsk）、日兹德拉（Zhizdra）和基洛夫（Kirov）之后，开辟出一个巨大的半圆形战场，切断了第2装甲集团军与第4集团军的联系，为4个苏联集团军向伊赫诺夫（Iukhnov）和关键的斯摩棱斯克-莫斯科公路进军打开了通道。北方的局势同样糟糕，苏联第29集团军于12月29～30日自斯塔里察（Staritsa）突破德国第4军的防守，攻向勒热夫（Rzhev），那里的山峰对德军阵地来说至关重要。在3天时间里，苏联第39集团军在勒热以西成功取得进展，然后挥兵南向攻击瑟乔夫卡（Sychevka），过了瑟乔夫卡，就是维亚济马和斯摩棱斯克-莫斯科公路。看来苏联在反攻中想利用这些缺口，以构建大规模包围圈，德军曾在夏季和秋季的战役中实现这种效果。1月12日，红军在北部的沃洛科拉姆斯克（Volokolamsk）打开第二条大缺口。

在南部，局势更加危险。为了支持急切需要增援的图拉攻势，第2集团军受命向东南方迂回占领上顿河地区（Upper Don），这是总参谋部确定的莫斯科后方的目标。苏联反攻部队现在发现，第2集团军被困在埃夫列莫夫（Efremov）附近荒芜的雪地中，与友邻的第2装甲集团军和南方集团军群完全失去联系。到12月8日，红军在德军防线上打开了一个30公里宽的缺口，包围了三个步兵师。12月14日，陆军元帅博克预计第134步兵师或许能侥幸突围，但被打散的第45师残部估计逃不出来。实际上，第134师师长在此前一天已经自杀。第45师的官方日志描述了“幽灵夜行军”：

> 寒彻入骨的超级暴风雪偶尔有所缓和，恢复一些能见度。东面至少是熊熊燃烧的大火，一些路段被大雪掩盖，只能靠当地人才能找到……暴风整整一天都在不停搅起面粉般细小的雪粒，打在我们的眼睛和脸上，宛如让人无法忍受的冰雹……（敌人）可以轻松利用雪地伪装突袭我们的队

伍，他们摸到我们面前，我们才能发现他们。

这种撤退变成痛苦不堪的溃败，车辆、马匹、重武器、野战炊事车、工具、成包的面粉和配件都被随手扔掉了。为了恢复军纪，第2集团军司令鲁道夫·施密特将军下令，“把散布失败主义言论的人揪出来枪毙，以儆效尤”。第45师的人来自林茨，他们由于害怕被抛下，所以都很团结，他们身穿黑衣，挤在一起，在白茫茫的暴风雪中艰难行进。他们不知道德军的防线在哪里，只能依靠当地向导，为了避免暴露行踪，他们经常在事后把向导杀掉。德军没有马匹和摩托化运输工具，被迫用雪橇拉伤员。从12月5日至17日，他们的牺牲者达到233人，还有232人失踪，不过把567名伤员带了回来。德军飞机最终发现了他们，与翻版的童话故事《韩赛尔与格蕾特》（*Hansel and Gretel*）①一样，空投手册指导他们的行军路线。12月17日，在经历了11天的逃亡后，他们遇到一个第56步兵师的联络官。安全回到德军控制区后，该师指挥官很快评价说：“部队的战斗力为零，因为他们完全耗尽了精力。”

一个星期之后，即12月25日，该师的军医断定很多士兵患上了“神经衰弱”。他们的衣服都湿透了，破靴子已经穿了好几个月。他估计大约70%的人都有冻伤，40%的人有腹泻和呕吐，几乎每个人身上都有虱子。不过他们虽然遭受严重损失，曾被完全包围，却没有被打垮。这种细微的区别使他们有别于拿破仑的大军。在这一整个冬天中，第45师的人员等待法国和奥地利援兵来接替他们时，一直坚守在前线。

各处的德军都因这场危机而遭遇溃败。苏联发起反攻10天后，负责进攻图拉公路的哥特哈德·海因里希将军给家里写信，预言“我们无力在苏联的反击之下重整旗鼓，已经做过太多（无用的）努力了。”弗里茨·法巴切禁不住想起“拿破仑的俄罗斯经历”，看到1812年阴影的不只是他一个人。

---

① 格林童话，又名《糖果屋》，讲述韩赛尔和格蕾特去森林采蘑菇迷了路，发现一个糖果屋，在那里被老妖婆施魔法，但是他们最终战胜了老妖婆，回到了爸爸妈妈和小动物们身边。——译者注

在后方，第203战俘中转营遇到一场新的危机。尽管康拉德·雅豪士竭尽全力维持一天三顿饭，到1942年1月4日，他不得不承认失败。在他管理的营区，战俘数量又上升到3000人，征收人员已经在周边村落里搜刮了几个月，现在什么也弄不到了。此时这个中转营里还爆发了斑疹伤寒。1942年1月8日，他向妻子抱怨说，当食物到来后，他不得不频繁使用拳头来维持秩序，现在他的右手因此已经肿起来了。局势空前糟糕。“在我们的营地里，几百人都被饿死，”他向妻子坦白，“每次发放食物都是一场悲剧，从未见过如此强烈的占有欲，对他人毫不关心，不抢到筋疲力尽不罢休。”尽管接下来的几天里供应量多了，但为时已晚。两天后，他估计每日死亡的俘虏有20个。一位俄罗斯战俘告诉他，“希特勒答应给我们面包和优待，现在我们自愿投降后，却都在死掉。”

第203战俘中转营里上演的悲剧只是人道灾难的一个小水滴，与特别行动队屠杀犹太人比起来是小巫见大巫。冬季撤退使320万苏联战俘的供给问题更加困难，传染病也在各个战俘营肆虐。当纳粹政权在11月认识到，急需利用战俘填补德国短缺的劳动力时，足够健康、适合送往德国的俘虏已经很少能找到了。1月13日雅豪士感谢妻子给他写那么多信。“那些信中散发出的爱温暖了我，让我心怀感激，”他让妻子放心，“现在，你和孩子都保重。”他没告诉妻子自己也染上了斑疹伤寒，正在罗斯拉夫尔（Roslavl）的野战医院里写这封信。两个星期后，康拉德·雅豪士去世了。到那里，至少200万被德国关押的苏联俘虏已经丧生。

想扭转德国在入侵苏联时计划好的消灭原则并不容易，实际上，东线德军（Ostheer）在冬季撤退时反而变本加厉进行大规模屠杀。夏季行动期间，最高统帅部关于处决政委和犹太共产党员的命令受到极为不同的解释，一些部队把所有的犹太俘虏都剔除掉了，另一些部队则没有这样做。赖歇瑙的命令从10月份开始在南方集团军群执行，一个月后，其他两个集团军群才得到这个命令，此时德军正在艰难地发动最后的攻势，精英的坦克部队也在后方干起维持治安的活。当它们和活动在战线后面的德军安全部队一样，也使用起同样的审讯、绥靖和恐怖手段时，它们就进入了战争的新阶段，红军俘虏和平民的生死不再由上级部门来决定，一线人员当场就可以做出选择。在撤退过程中，这种处理方式变得更为迅速，并使士兵们对东线的整体看法和自我理解重新发生改变。

面对着生存危机，撤退中的德军竭力使用一切力量和手段迟滞苏联的反攻。1941年12月7日，第103坦克炮团开始自图拉地区后撤时，摧毁了一切可能对敌人有用的东西。“阿尼希诺（Anishino）在燃烧，部队离开时，把每一间房屋都点着了，”弗里茨·法巴切写道，“我没烧掉我们住过的房子，不过其他人去烧了。指挥官也不喜欢这样，但必须这样做，目的只是想让俄罗斯人的步伐慢一点。上级不准我们询问平民会不会挨饿、受冻或者以其他方式死掉。”后撤部队焚烧了村庄和城镇，炸掉桥梁和铁路，摧毁了工厂和电力设施。在气温经常降到零下30到40摄氏度的严寒天气中，士兵们抛掉最后一点道德上的犹豫，把整村的老百姓都赶出家门。德军靠着这些手段使红军的追击行动慢了一点点，但仅此而已。希特勒于12月21日命令东线德军实行“焦土政策”，而在此之前数星期，它已经是德军的惯例了。法巴切想让他的新教良心适应这些事件，他在心里这样寻求安慰：

> 我依然没开过一次火，无论是大炮、手枪、步枪或机枪，我没杀过一只鸡或鹅，依然没烧过一所房子，依然没下令枪毙一个俄罗斯人，依然没有参加过一次处决行动；多奇怪啊，听起来几乎不能相信！但我对此不胜感激。在这场最为不幸的战争中，屠杀、焚烧、破坏都已足够了！但我对此不胜感激。在这场最为不幸的战争中，屠杀、焚烧、破坏都已足够了！

但他没有质疑上级命令中假定的“迟滞一点俄罗斯反攻”的军事逻辑。12月17日，他在写日记时有点疑惑，目光穿过了房东的小屋，“他们会不会很快看到自己的屋顶被烧掉呢？”

德军用极端暴力对付生存危机。各支部队不管来自哪里，不管是支持国家社会主义，还是反对国家社会主义，在使用暴力方面都没有区别。第253步兵师的兵源主要来自鲁尔区的工人阶级，新教徒和天主教徒各占一半，它和很多来自农村地区的纳粹化部队一样，都发生相同的转变。败退让德军既怒又怕：怒的是必须破坏掉他们自己的车辆、火炮和重装备，放弃历经苦战才占据的土地；惊的是苏军解决严冬挑战的能力比他们强得多；怕的是撤退中缺乏安全的防线。两方都不再保留俘虏。法巴切想到，当苏联人看到“被烧掉的村庄和路边被枪毙的士兵”时，对被俘的德国人也不会留活口。一群德国工兵本应把30名俄罗斯战俘送往集合地点，当他在12月30日问这些人从俘虏那里获得什么信息时，得到的回应是“几近野蛮的”哄堂大笑。这些工兵承认，杀掉那批俘虏是“理所当然”的事。他的头脑里有两种意识，一种非常愤怒，认识到这些人已经与5个月前大不相同，另一种则觉得有必要为屠杀俘虏的行为辩解：“就是不要怜悯这些秃鹰和禽兽！”

法巴切认识到，他自己也已经变得“无情残忍”。德语中的“Härte”一词具有“坚强”和“严厉”的双重含义，长期以来一直用于形容德国的男子汉和军人的美德。希特勒青年团被教导要为拥有这一美德而奋斗，士兵们在接受基础训练和第一次战火洗礼时要掌握它。在莫斯科撤退的最后也是最困难的那几个星期中，第4装甲师的首席军医注意到士兵们如何学会“严厉对待自己”，他对此感到满意。希特勒在秘密简报会上使用“严厉”比喻种族屠杀手段，现在“Härte”这个词也有了一些这类意味。“坚强”和“严厉”暗示着自我摧残，官方和个人都用这个越来越具有神圣色彩的词语赞颂英勇的自我牺牲。

在芬兰湾海岸附近，阿尔伯特·朱斯和战友们阵地上忍受着寒冬战争的折磨时，也记下了相似的“坚强”过程。在12月下半月，气温下降到零下30摄氏度，他们几乎没有什么防护装备，朱斯开始患上剧烈的头痛。在这个月里，他们夜间不停地修筑工事，白天则会遇到机枪和迫击炮袭击。阿尔伯特·朱斯和往常一样，在元旦那天不仅回顾过去的一年，还反思“整个一生”，以便“从混乱的生活中”感知“上帝无限的力量和旨意”。他确认了自己“对上帝的坚定信仰，相信上帝今年也为我做出最佳安排。在上帝的信赖下，我在今年依然会保持端正的品行，尽职尽责掌握自己的命运”。他的爱国主义激情可能更是天主教式的，而非国家社会主义的，不过他的责任心至少是同样的热切。

到了1月，局势更加恶化。苏军开始向他们的战壕开炮，随着气温降至零下40摄氏度，炮手把目标瞄向德军的野战厨房，让德国人吃不到热饭。由于极度寒冷，他们的哨兵每小时就得换一班岗，当现在代理士官的朱斯轮班放哨时，御寒耳套被冻得粘到皮肤上。土地被冻得根本挖不动，只能用手榴弹炸。每当暴风雪把德军的战壕填平后，红军都会发动人海攻击，直到德军机枪割草般把他们打倒才会停止。这位农民的儿子见不到牧师，也没有办法参加宗教仪式，为了“使生活保持平衡，对错观念不发生问题，对未来保持信心”，只能在日记里忏悔。阿尔伯特·朱斯在严寒中用僵硬的手写字时，断定“极少有人会经历这种残酷（Verrohung）环境，被迫在战壕里过着原始的生活”。他没把自己排除在外。堑壕战也让他学会只把注意力放在生存和杀戮上：“一直卧在地上，等待敌人的到来，抓住每一个机会杀掉他们，这让人变得极为野蛮（roh）”。由于担心生存问题，纳粹宣传的犹太-布尔什维克主义、奸诈的平民和危险的游击队员如今广泛被接受。不管每个个体如何烦恼犹疑，不喜欢他们自己变得“坚强”“严厉”“残忍”和“野蛮”，东线德军的集体自我转变已经成为事实。

汉斯·阿尔布林在中央集团军群后方的小镇韦利日（Velizh）挨过严冬的日子。这里自1942年1月底开始受到攻击，德国人在极端困难的条件下坚持了8个星期。汉斯没洗漱过，身上长满虱子，饥饿不堪，他受尽磨难，相信“就算世界末日也不过如此”。但他在3月21日还是能够告诉朋友尤金·阿尔特罗奇说，“我从这些经历中得到的比失去的多”。到4月中旬，即红军最终停止反攻的两个星期后，汉斯热切地谈到他收到的从明斯特寄来的天主教导师的信，大段引述给尤金，以支持自己已经形成的观念：“‘而且，我们在千百年间追随过虚假且越来越扭曲的人性后，新的真实的人性概念正在我们身上出现，或许这就是战争的形而上学的意义，谁能说得准呢。’”

1942年2月17日，安东·布兰德哈伯（Anton Brandhuber）下士从驻在亚历山德罗夫卡（Aleksandrovka）的部队脱逃，当时他所属的营正向德军前线进发。布兰德哈伯是一位参加过1939年和1940年行动的老兵，他发现自己和一些从下奥地利（Lower Austria）匆忙派遣出的补充兵混在一起，他所在的部队里既有新兵，也有他这样的老兵。火车一把他们送到奥廖尔，之后他们冒着零下40摄氏度的严寒行进了3天。他们一再遭遇苏联空军的轰炸，军官们只有用手枪威胁，才能让他们继续前进。他们的任务是增援遭到严重打击的第45步兵师的防线，这支来自林茨的步兵师在12月勉强从第2集团军遇到的包围圈中逃出来。布兰德哈伯审视着从前线回来的士兵们的脸庞，想知道他将会遇到什么，而他看到的只是“精疲力竭、劳累过度、疑神疑鬼和悲惨痛苦”的人。在暂停行军时，退下来的士兵们说起冬季撤退的经历和被迫丢弃的无数装备。

或许波兰和法国行动的经验让安东·布兰德哈伯更加感觉到现在面临的危险，他只身离开亚历山德罗夫卡，沿着来时经过的道路往回走了15公里，把步枪、防毒面罩和弹药筒埋到雪里，吃掉面包。布兰德哈伯还穿着制服，不过现在大部分装备都没有了，他想办法搭上一辆过路车，来到下一个铁路交叉点，从那里沿着岔线走。他与轻伤员混在一起，爬上一列火车，从奥廖尔来到戈梅利（Gomel），然后又走到布良斯克和明斯克。在奥廖尔，一位俄罗斯妇女曾接待过他，不过在大部分时间里，他都睡在车站候车室，从军事面包房里偷面包吃。

德国宪兵定期到火车站巡逻，搜查逃兵，布兰德哈伯下士向西走远后，两次被巡逻队发现，分别在布列斯特-立陶夫斯克（Brest Litovsk）和华沙。这位久经战阵、看上去老实可靠的士官每次都使巡逻军官们相信，他只是与部队分散了，尽管他身上没有装备，实际上很可疑。巡逻队没有逮捕他，只是训令他回到奥廖尔，尽快重返第45步兵师。只要巡逻队走开，他就继续向西逃。在布列斯特，他用两口袋土豆买通一位火车司机，坐在他的驾驶室里一路到了华沙。在那里，他惊险躲开第二次被捕的命运，在岔道上发现一列驶向维也纳的客车，于是搭乘这辆列车一直来到布卢登茨（Bludenz）和布克斯（Buchs）。2月27日，他越过瑞士边界，从亚历山德罗夫卡潜逃算起，他正好用了10天，走了3000公里，吃了3公斤面包。

安东·布兰德哈伯既是一位身经百战的士兵，也是最不合军人身份的人。

他像好兵帅克一样，简洁明了地向询问他的瑞士军官解释自己的动机："对我来说，那看起来太蠢了"。他不想在国防军中谋求发展，1942年初，他就担心如果德国获得胜利，他该怎样生活。他不想成为俄罗斯大型集体农庄的管理者，不想充当职业军人。他也没有和战友们培养起深情厚谊。布兰德哈伯只想重返旧的生活，回到位于下奥地利的塔亚河畔拉镇（Laa an der Thaya）的家庭农场，那里还是3匹马、7头牛、10几只猪和8公顷土地。布兰德哈伯在那里长大，直到2001年夏天，已经87岁的他还生活在那里，和以前一样沉默寡言、不爱交际。对于59年前的逃跑经历，他的解释和当年向瑞士军方所说的一样，用几乎完全相同的话告诉前来拜访他的那位年轻的德国史学家："我不再抱有幻想"。

军方声明和纳粹宣传一遍又一遍强调说，逃兵是叛徒和胆小鬼，抛弃和危害了战友，狡猾自私地削弱了战友们坚守战线的努力。对安东·布兰德哈伯来说，不同凡响之处在于他对这类指责并不反驳。相反，他承认自己逃跑的原因是不想当兵，不喜欢1942年2月间在东线战场上看到的事情。他和其他人一样，目睹了这场德国战争的残酷一面、遭到蹂躏的白俄罗斯和俄罗斯城乡和对犹太人的屠杀（他曾在奥廖尔近距离看到过）之后，感到惊恐不已。其他德国逃兵向瑞士询问官员讲述自己的故事时，使用的理由是此前与军事当局发生矛盾的，或者因他们没干过的事而被错误送入军事法庭，那些逃兵几乎都不厌其烦地强调他们的从军经历和曾为战友做出的英勇奉献，否认逃兵是自私的胆小鬼。布兰德哈伯的特殊之处在于这类话语他都没有说，他讲述的故事中没有一点纳粹主义或德国军队的语言。阿尔伯特·朱斯这样的天主教农民的儿子在日记中长篇累牍地谈论爱国主义责任、战友情谊和牺牲，这些强力的情感诉求对安东·布兰德哈伯没有吸引力。即使在不同寻常的德国逃兵中，他也因为对那个时代的价值无动于衷而显得特别突出。

从前线逃走极为困难。德苏两军战线交错，两方都用广播鼓励对方军人叛逃。从意识形态说教，到国际工人阶级团结，再到许诺有可口的食物，苏联用一切手段规劝德国人跨过战线投诚。脱逃很危险，但并非不可能：因为侦察小组经常会在夜间巡逻，趁机可以溜走，有望遇到敌方的突击队。但是德军各部队不厌其烦地宣称，发现了残缺不全的意欲投降的德军士兵尸体，以此作为主要威吓手段，并为屠杀苏联俘虏提供依据。只有向德军后方逃跑，才是唯一真正有可能成功的途径，不过要想悄悄地沿着公路或者铁路向西走，一路上还能找到庇护所和食物，实际上极为困难。或许几乎没有人尝试这样逃走，曾在布列斯特和华沙拦下布兰德哈伯的宪兵巡逻队愿意相信他是偶然与部队分散开了。

在这场战争期间，有数百德国逃兵设法穿过瑞士边界，他们和布兰德哈伯一样，在那里受到瑞士军方的询问和拘留。与在德国军事法庭上受到严处相比，这些人向瑞士方面交代时，有机会将自己描绘成英雄，这是布兰德哈伯所不屑的。有一个这样的逃兵叫格哈德·舒尔茨（Gerhard Schulz），他从法国的勒克鲁佐（Le Creusot）脱离部队，于1942年3月15日在日内瓦湖（Lake Geneva）边上的小镇圣金戈尔夫（St-Gingolph）附近越过瑞士边界。他绘声绘色地向瑞士官员描述了自己的逃亡历程、英勇的东线作战经历和对纳粹主义的醒悟。他叙述了党卫军如何射杀俘虏，以及他们为了给电影摄制人员提供素材，如何表演反游击战。不过他的真正愤怒源自他所属部队的军官们。这些军官不与士兵同甘共苦，“总是把最好的食物留给自己”。作为负责给养的士官，舒尔茨想尽办法给前线的弟兄提供补给。他的故事很生动，描绘进攻混凝土堡垒的那一段尤其给审讯人员留下深刻印象，于是将它发给了瑞士军队的教官。

那只是一个故事。19岁的舒尔茨既不是士官，也没在冬季上过东线战场。实际上，他是因为肠道感染，于1941年8月底被送回西线疗养，而病好之后还要返回东线，这是促使他脱逃的真正原因。然而瑞士官员们对格哈德·舒尔茨印象深刻，于是决定把他训练成间谍。他们给舒尔茨准备了一个新的德国身份和国防军制服，在1942年夏季把他送回德国，要求他收集德国边境地区的防空情报。舒尔茨很快做出更为惊人之举，他又 次脱逃，这一次是向德国军方自首。

在做出非同寻常的选择时，安东·布兰德哈伯和格哈德·舒尔茨都受到家庭的影响。舒尔茨刚刚第二次越过边界，就放弃伪装身份，到弗赖堡

（Freiburg）看望父母和未婚妻。2002年，已经81岁的舒尔茨接受采访时宣称，他重新露面后，母亲甚至激动地皈依了天主教。但是，不管他的母亲和未婚妻怎样为他担心，她们都一起劝他自首。

家人不支持脱逃，或许可以解释为什么第二次世界大战期间德国的逃兵一直不太多。集体逃跑的事件确实发生过，如1943年在意大利，或者德军在波兰、卢森堡和阿尔萨斯等被占领土上征召的新兵，以及1943～1944年的党卫军波斯尼亚师（Bosnian SS Division），但是要想成功逃走，需要老百姓接纳他们，共同对当局隐瞒，使官方相对无力进行抓捕。在德国和奥地利等第三帝国的核心区，直到战争的最后几个星期，才出现大规模开小差的现象。恐怖机关一直精确有效，因为它只需对付相对孤立的个体，直到逃亡成为普遍现象。但是，规劝军人要忠诚和爱国的不只是纳粹政权，民间社会的各阶层都在重复这些论调，最有力和最重要的说教者是他们的母亲、父亲、妻子和情人。

安东・布兰德哈伯所属的中央集团军群在莫斯科攻势中折损了22.9万人，只得到15万人的补充。到1942年2月初，这支部队又失去37.8万人，补充兵只有区区6万。部队士气直线下降：第2装甲集团军的一名医生在1942年2月初警告说，“如今部队对于领导的彻底信任”已经迅速消退，他们“反抗敌人进攻的精神力量”崩溃了。陆军部司令部在那个月对第4集团军的士气做了一次特别报告，结论很让人感到不安：“官兵们全都冷漠麻木，无力携带或者操作武器；各连队残余队伍拉了数公里长；他们三三两两蹒跚而行，拿步枪当拐杖，脚上包着破布。向他们说话时，他们根本听不到，或者开始哭泣”。3月份，陆军总司令部承认在东线的162个师中，104个师勉强只能自保：有进攻能力的师不超过8个。士气之低难以想象，乐观性的宣传只能让士气更糟。12月27日，弗里茨・法巴切的炮兵部队打开收音机，“但是你很快就再也听不下去了，他们都在胡说八道!”正如陆军总司令部关于士气的特别报告所提到的，在师级指挥军以上的高级军官中，情绪“全部都极为痛苦”，他们在提出批评意见时，都一致认为：“如果他们听我们的，这场冬季灾难本来可以避免。我们的警告本来非常清楚，没有人听我们说话，也没有人读我们的报告，即使读了也不当一回事。没有人想了解真相……。”这些指挥官尤其想重新获得战场决策权，而非只日复一日与总司令部扯皮：

> 我们知道怎样保卫自己，但我们的手被束缚住了。我们不能主动行动。不惜一切代价坚守的命令严肃下达给部队，但在现实逼迫下，几个小时后不得不取消，这种情况只是意味着我们无法有序撤退，并被敌人击退。这导致我们在人员和装备上都遭受到严重且无可挽回的损失。

然而，冬季危机中最非同一般的是没有溃败。德军虽然衣衫褴褛、冻伤严重、士气低落，但是守住了防线。士气可能已经降至谷底，不过几乎没有人学习安东·布兰德哈伯那样开小差。相反，消沉的士气以琐碎的口角冲突、幽默和暴力等形式表现出来并消散掉。赫尔穆特·保卢斯对新从团参谋部调来的指挥官感到恼怒，“他肯定从来没在散兵坑里待过”，当他们在1941年10月底的防线上休整时，这位军官对他们进行毫无目的的检查和操练。赫尔穆特因为身上的军服邋遢，就挨了新长官一顿训，而另一位没上过战场的“后方英雄”军士长把他这位曾在前线连续作战4个月的士兵叫作“妈咪的宝贝”，更让他生气。他获得二级铁十字勋章，但是“从来没参加过进攻、一直待在后方”的军备长（Master of Arms）也同时被授勋，因此这一表彰也就显得黯然失色。弗里茨·法巴切在他的炮兵团中经常感觉自己是个多余的下级参谋官，像个 “什么事都得干的女佣”，为满足下属和上级的要求而疲于奔命。比他职衔低的人早就获得一级铁十字勋章，他身上挂的勋章还是二级，这让他焦躁不已。

赫尔穆特·保卢斯的父亲曾经参加过第一次世界大战，他匆忙把赫尔穆特的名字加到当地报纸刊发的二级铁十字勋章名单上。老保卢斯想让赫尔穆特拥有一定的社会地位，一直催促儿子参加志愿军官训练。作为一位步兵的父亲，保卢斯医生对其他兵种的优厚待遇很是不满。他在信中说起自己遇到其他人在空军和炮兵服役的儿子，这些人休假很多，身上挂满勋章，有时间接受专业训练，或者符合学习化学的资格（这本是赫尔穆特所选的学习领域），而他的儿子只能和步兵一起焦急地躲在战壕里。最终，赫尔穆特对父母的恳求做出回应，他解释自己为什么拒绝走前线服役和高中教育为他敞开的道路："首先，我一点也不爱当兵"，他写道，他确信"在和平时期，我根本不会成为一个好士兵"。他没有任何升职的野心，更喜欢战壕里的平等主义，他在那里可以表现得"不像个军人，（显示出）只在和平时期才有的微不足道的资产阶级"欲望。但是，他继续说，"对于我的这种观点，唯一例外是战斗，我不能让自己的战斗表现成为他人诽谤我的口实"。

德军的等级体系可能和第一次世界大战时基本上差不多，但它的平民风气和恩斯特·阿诺德·保卢斯曾经参加过的那支德军不一样了。赫尔穆特已经成为士兵们亲切所称的"前线猪"（Frontschwein）①，以自己是受过战火磨炼的士兵为荣。保卢斯下士不管与上级有什么问题，依然会在信中说"我与战友们同甘共苦，他们再次让我感到快乐"。1942年3月，东线德军的士气降至最低点，他还能骄傲地给家人寄去一首长诗，那是他的一位战友的作品，描写的是夺取第聂伯罗彼得罗夫斯克（Dnepropetrovsk）的战斗：

第聂伯河边的城市

几天之前，
这座城市骄傲地伫立在第聂伯河边，
现在它倒下来，好像不得不失败，
一切都尘归尘，土归土。
只有建筑依然在燃烧，
到处是烟雾缭绕的废墟。
……
如果战友们倒下，
我们会接替他们的位置。

① 指长期在前线服役的士兵。——译者注

敌军将要失败，

我们会是胜利者。

1941年10月，由于有望取得迅速胜利，德军士兵的乐观主义达到顶峰。11月，进攻速度慢了下来，很少有家书再表达这样的信心。提早结束战争的希望破灭，士兵们依然需要相信战争的持续时间是可以承受的——一般在来年底之前应该结束。由于拿下莫斯科指日可待，休假的愿望越来越强烈。在11月和12月初，最高统帅部（High Command）依然确信会取得胜利，于是开始把一些部队从东线撤出来，调到西线“休整”，只是在苏联发动反攻后，才不得不匆忙把部队拉回去。结果在军中和大后方都充斥着休假和换防的传言。埃尔娜·保卢斯坚信赫尔穆特会出乎意料地休假回家，以至于夜不成寐，于是在一楼的卫生间窗户外给儿子留了一把钥匙。赫尔穆特持悲观态度：他向父母解释说，他因为没有结婚，必须等待较长时间才能轮到休假。他证实，“（部队里的）交谈总是围着食物、邮件和休假转”，而且在休假离开时，通信不能中断。

东线补给危机对军事邮政也造成冲击。免费寄至前线的包裹起初被限制在2公斤以内，后来降到1公斤。到10月底，埃尔娜·保卢斯每天给儿子寄的包裹多达三个，里面有保暖套衫、冬季内衣和苹果。随着邮件服务越来越不稳定，她开始列出发给赫尔穆特的包裹名单，恳求儿子告诉她哪些收到了。尽管邮件面临中断和延误的问题，家里的支持一直在持续：罐装蜂蜜、李子和草莓酱；一双请熟识的皮匠换了新底的靴子；修好的坏手表；在普福尔茨海姆颁发给他的步兵行动勋章和二级铁十字勋章，以及自制的降临节饼干。11月初，埃尔娜·保卢斯还给儿子寄了羊毛秋裤和手套，还有她自己织的围巾和暖胸外套。

当德军试图简化货物运输，集中力量为前线供应弹药时，这种川流不息的小包裹可能使军事运输的负担进一步增加，但它有极为重要的鼓舞士气的作用。赫尔穆特急切盼望着包裹，他钟爱家里寄来的食物，尤其是李子酱。有了母亲送来的食物，他不必“老是用猪油或者香肠罐头”配面包吃，而且还能再次感受到母亲的关怀。到11月初，他向父母承认说，他已经“成为彻底的唯物主义者，除了食物和偶尔的信件，对其他一切都不感兴趣”。

1941年12月，赫尔穆特·保卢斯在南方集团军群的一个前线防空洞里，防守着米乌斯河的远岸。当平安夜来临，他和战友们在他的姑姑寄来的一株小树上点燃蜡烛，还把母亲给的装饰品安在上面，一个人用口琴吹起颂歌。上级没有在12月23日遵照以前的承诺将他们从前线换防，他们对此极度失望，不过圣诞夜到来后还是高兴起来。邮包到了，带来一大堆信件和包裹。赫尔穆特收到“许多包裹，里面有饼干、果酱、白兰地、柠檬、（妹妹）伊姆加德（Irmgard）的笔记本、新自来水笔、鹅油等”。新钢笔最受欢迎，因为就在两天前，旧钢笔被上冻的墨水搞裂了。此外，赫尔穆特还被普福尔茨海姆的朋友、亲人和牧师的礼物以及军队的特别配给所淹没——“一大堆烘焙食品、巧克力和烈酒”。这是赫尔穆特在战争中度过的第二个圣诞节，相比之下，他更喜欢在法国圣欧班（St-Aubin）过的上一个圣诞节，当时他们被强制休闲，因此虽然与家人相隔遥远，每逢佳节倍思亲的感觉并不强烈。尽管士兵们必须轮流放哨3小时，并且预料“不敬神的布尔什维克”会打断他们的庆祝活动，圣诞夜还是平静地度过了。节礼日那天，他们作为最后一批后卫部队，终于撤过米乌斯河，来到克拉斯尼路赤（Krasnyi Luch）附近半完工的防线，接下来的几个月里他们一直待在那里。

当赫尔穆特保卫米乌斯河战绩撤退行动时，他的家人和往年一样，在圣诞节那天利用模范的铁路运输，去看望他们的朋友普里勒（Preller）一家。从秋天到冬天，当赫尔穆特在前线用手榴弹挖战壕时，他父亲在普福尔茨海姆的住房旁边盖起一个车库。早在初春的时候，保卢斯医生就考虑买一辆汽车，并参加驾驶培训，只是发现当局为了限制汽油消费，对发动机大小有限制，他只好买了一辆又小又贵的旧汉萨（Hansa）汽车。赫尔穆特一点也不觉得父亲奢侈，催促他不要犹豫：作为一位执业医生，父亲需要开车拜访患者，以前他在冬天都是骑机动脚踏车，对身体不好。

前线和后方的生活极为不同，不过这并没有削弱他们的感情联系。相反，想到家乡的种种好处和似乎琐碎的问题，就更能忍受前线的环境。在冬天的多数日子里，没有女佣帮着赫尔穆特的母亲操持家务。当她思虑过多时，就给儿子写信说，“我想到你在俄罗斯，一个人要是必须到那里，得承受多少痛苦，然后我就觉得非常珍惜我那漂亮温暖的家”。当她的侄子赖因哈德（Reinhard）在薄薄的冰面上溜冰并滑倒，他就想到赫尔穆特和他的战友们“浑身湿透，没有什么东西可以取暖”。给赫尔穆特写信说起这件事，或者说起莱因哈德和她的小儿子鲁道夫把赫尔穆特在厨房的楼上设立的化学实验室弄得一团糟，比任何赤裸裸的爱国主义说教更能有力维持士兵和家园的联系。不需要告诉赫尔穆特他在为何而战。

1941年11月29日，即红军开始反攻之前一个星期，弗里茨·托特（Fritz Todt）去见希特勒，告诉他“这场战争无法再用军事手段获胜”。这个建议并不委婉。作为军需部长，托特比谁都更加了解德国的装备情况。他竭尽全力为军备生产注入新的紧迫感，但是了解到德国的资源和生产均衡情况后，他断定德国无法与苏联打一场持久消耗战。其他人，如陆军军备部负责人兼替补军总司令弗雷德里希·弗罗姆（Friedrich Fromm），也都向弗朗茨·哈尔德表达了同样的意见。

托特建议结束战争，希特勒对此并不感到惊讶。他在8月份曾经简单考虑过这个问题，当时他若有所思地大声问戈培尔，苏联和德国是否有能力彻底击败对方。弗里茨·托特是对希特勒最有影响力的老同志之一：他是超级公路和西线法德边境防御工事的设计师，最重要的是他在德国进攻法国之前，负责推进军备生产。他有条件表达出这个前景暗淡的信息，而希特勒听到这番话后，也非同寻常地平静。最后他只是问道，“那么我该怎样结束这场战争？”托特回答说，“只能用政治手段结束”。他还警告说，如果美国不止于援助英国和为大西洋船队护航，而是直接参战，后果将更加可怕。

对于这一可靠建议，希特勒毫不在意，不到两个星期，他就对美国宣战。12月11日，这位纳粹领袖在帝国议会的一个特别会议上宣布了这个决定，他指责罗斯福总统及其犹太游说者制造了“历史性对抗，这一对抗在未来500或1000年中不仅将对德国，也将对欧洲乃至全世界产生决定性的影响”。“怀有

《旧约》狂热”的是犹太人，“他们相信能把美国当作工具，为日益反犹的欧洲国家再准备一个普林节[①]。怀有撒旦般卑劣心肠的是犹太人，他们集合在这个人（指罗斯福）周围，这个人也向他们伸出双手”。第二天，希特勒又发表了讲话，这一次是在闭门的纳粹地方长官和帝国领导人会议上，他在会上对战争状态进行了全面考察。根据戈培尔所做的摘要，元首还提醒与会人员不要忘记他于1939年1月30日在帝国议会发表演说时所做的“预言”，当时他说“如果他们再一次发动世界大战，他们将遭到灭亡。这不是空洞的话语，世界大战如果发生，灭绝犹太人肯定是必然结果”。希特勒提到大屠杀时，以他惯用的词语补充说，“这个问题将用不带任何感情的手段处理”。听到领袖的这番话后，汉斯·弗兰克来到海德里希的“帝国中央保安总局”，想确认实际已有什么计划。他在12月16日返回克拉科夫后，告诉“普通政府”里的官员们说：

> 我想开诚布公告诉你们，不管用什么方法，必须最终解决犹太人……我们枪毙不了350万犹太人，也不能把他们全部毒死，但我们将找到某种与在帝国正在讨论的重大措施相关的手段，成功消灭他们。

和往常一样，希特勒的犹太政策也凸显出他的整体战争观。1939年，当很多人以为他会批准新的大屠杀时，他克制住了，依然希望与英国和法国和解。帝国一旦与美国开战，就不能再回头，“对犹太问题的最终解决方案”迅速焕发新颜。到元旦时，希特勒不再准备听从托特或者其他任何人的和平建议，断然拒绝里宾特洛甫提出的应与莫斯科开始谈判的意见。相反，他坚持说，“在东方……只有一个明确决心能够考虑”。1942年2月7日，弗里茨·托特再次来到希特勒的野战总部，但是他在第二天返回柏林时，飞机刚一起飞就失事了，他立即丧命。希特勒的建筑师阿尔伯特·施佩尔（Albert Speer）接替了托特的位置，作为元首的宠臣，他很快证明自己是一位有效的技术政治论者，准备

---

① 又名普珥节，意为抽签，为纪念和庆祝古代流落波斯的犹太人免除大臣哈曼的种族灭绝阴谋。庆祝方式包括饮酒、欢宴、集体歌唱、跳舞、集会放烟花、盛装假面、向穷人施舍和互赠食品，又被称为犹太狂欢节。——译者注

用最冷酷的手段推进军备生产。

在信息流传得最快的德国统治精英圈子中，情绪依然阴郁。冬季撤退给他们带来沉重压力，很多人心脏病发作、中风、自杀或者被解职。德国空军装备采购负责人恩斯特·乌德特（Ernst Udet）于1941年11月17日开枪自杀；1月份，重要的企业家沃尔特·博比特（Walter Borbet）也走上这条道路。在其他高层官员中，博克和布劳希奇都遇到心脏问题，都被解除指挥职务。年龄比前面两人大得多的伦德施泰特于11月“退休”，不过他的继任者赖歇瑙中风并在去医院的路上死于空袭后，他在次年1月又匆忙被召回。霍普纳和古德里安这两位最有声望的装甲部队指挥官因抗命被断然解职。1942年1月20日，当戈培尔和希特勒讨论危局时，这位宣传部长在其从未中断过的日记中写道，“OKW（最高统帅部）和OKH（陆军总司令部）中存在着失败主义情绪……柏林政府里普遍流传着失败主义”。

随着军事失败的消息慢慢传回德国，后知后觉的大后方有了危机感。1942年1月中旬，舆情报告警告说，德国媒体不再有公信力。德国宣传机器把苏联军队描绘成在布尔什维克政委逼迫下去打仗的失败主义乌合之众，到了8月份，大多数人都不再相信这种谎言，清醒地意识到俄罗斯是一个“极其难缠的对手”。大后方都在期望听到拿下莫斯科的特别公告，这时苏联的反攻出乎每一个人的意料。德国社会过了一段时间，才明白危机的严重程度。只是在希特勒于12月16日发布“不许后退命令”，禁止再向后撤退之后，人们才开始询问到底哪里出错了。到1月份，很多人都知道最高统帅部失败了。在反对军国主义的工人阶级旧心脏地带，人们认为普鲁士将军们以“身体不佳”为由而退休是政权内的“反动”力量的一个失败。在其他地方，人们只是视之为军事失败和无能的标志。名誉最近受损的陆军元帅冯·伦德施泰特重新露面，代表希特勒出席赖歇瑙的国葬，使人们感到困惑。于是他们借助“谣言、士兵和有政治关系者的传说、军事邮件等渠道，发挥‘他们的想象’，导致一点根据也没有的谣言经常肆无忌惮地到处传播”。

1941年冬季，纳粹政权对失败主义和革命非常警觉，焦急回应着洪水般的不满。军方官员曾经赞颂士兵们的家书是大后方的“一种精神维他命”，能够使民众的态度和精神更加坚定，现在戈培尔则哀叹说，“前方来信曾被认为特别重要，如今却不得不承认它们的影响是有害的……士兵们在叙述战斗中遇到的缺乏冬季装备……食物和弹药不足等大问题时，太过直言不讳”。戈培尔敦促军方最高统帅部向部队发布指导方针，但他也承认，面对狂潮般的抱怨，当局感到“很无力”。其后的事件证明他是对的。1942年3月，官方的“部队训令”（Instructions to the Troops）发布，要求军人要成为后方的宣传家，把最惨痛的经历留给自己承受，警告他们说，“发牢骚乱指责的人不是真正的军人”。没有办法阻止官兵给后方写信时说起这类问题，只好对军事邮件进行选择性审查。

希特勒和纳粹领导层从未遇到过这类情况，不禁联想起德国在第一次世界大战中的失败。他们认为1918年主要败在士气和精神上，当时同盟国——尤其是英国——的宣传被证明比德国的宣传更有力。不过纳粹政权面对战争中的第一次大危机，把失败主义与忧虑、愤怒和沮丧搅到了一起：对于士兵及其家属能够并且愿意忍耐到何种程度，他们估计错了。纳粹政权的军事审查官和秘密警察信息员注定会犯这个错误，因为他们也大大低估了德国社会在上一场战争中的忍耐力。对纳粹垄断的一切宣传机器来说，希特勒曾于1938年11月在一个重要媒体人物会议上承认，他不相信“胆小如鼠”的德国人民在遇到挫折时还会和他一起坚持奋斗。不管希特勒的政治威信和权力是否建立在连续成功的基础上，他在发动战争时显然就是这样认为的。他曾在1941年10月过早宣布击败了俄罗斯，如今面对着一个无法扭转的军事危机，那番话成了真正的尴尬，他竭尽全力想让全国民众重新振作起来。

从1942年1月到4月，希特勒向德国人发表了四次广播讲话，以前他从未在这么短的时间里做过这么多演说。第一次讲话是在1942年1月30日纪念他就任帝国总理9周年时，当时希特勒在柏林体育宫向观众承认，就连他也不知道这场战争会不会在年内获胜，只是请求人民继续信任他。他重复了现在已经很出名的关于犹太人的“预言”，而且他的语言首次不那么抽象了。希特勒不仅威胁要“摧毁”犹太人，还要将其“灭绝”。尽管这次讲话突出了新内容，但之后并未受到德国听众的关注。最能引发共鸣的是希特勒劝告德国人坚持到底："上帝赐予我们力量，使我们能够维护我们自己、我们的人民、我们的孩子和孩子的孩子的自由，不仅维护我们德国人民的自由，还维护欧洲其他人民的自由。"

这番话呼应着上一次战争的宣传，当时勇气替代了19世纪英勇战斗的浪漫观念和骑士精神，被视为更具冷静、平等和持久的特点。在第一次世界大战期间，强调的是"勇气非凡""沉着冷静"和"意志坚定"，创造了一套新的积极性美德，用"坚持不懈"（Durchhalten）这个口号进行概括。"坚持不懈"的口号在很多地方反映出战争实质上是防御性的，步兵们守在堑壕中，忍受着弹雨般的炮火和敌人的进攻。如今随着闪电战在1941～1942年的冬天遭遇失败，东线德军被迫陷入阵地战，顽固的"坚持不懈"精神又出现了。进攻势如破竹时，士气能够一直保持高涨，现在无法再维系高昂的士气，就需要在心理和情感上进行彻底奉献，才能"坚持不懈"。在普福尔茨海姆，埃尔娜·保卢斯骄傲地向儿子指出，元首已经在1月30日的演说中专门表扬了步兵："作为其结果，现在所有人都清楚你们正在承担着战争的主要责任，这是正确的，也是应该的。"

赫尔穆特的母亲为儿子缝衣服织毛衣时，已经展示出她的爱国奉献。1941年12月20日，戈培尔依据希特勒的一份公告，通过广播号召发动一场全国性的冬装和冬季用品大募集活动，作为"德国人民送给东线将士的圣诞礼物"。戈培尔为军队举办的"冬季筹赈"运动极为成功，不过进行奉献的不只是德国人民。在整个欧洲被占领土上，各个当局都立刻发起征收行动。在波兰占领区，当局立即禁止犹太人拥有皮毛制品，命令全部上交：通过这一行动，当局仅在华沙就获得16 654件毛皮大衣、18 000件毛皮夹克、8300条围巾和74 446条毛领。波兰地下抵抗运动发现德国的首个虚弱迹象后振作起来，张贴出描绘德国士兵蜷缩成一团，脖子上围着女式狐狸皮毛领、双手捂在女式围巾里的海报。

德国大后方反应热烈，到1942年1月中旬，200万志愿者在帝国各地筹集到670万件物品。赫尔穆特·保卢斯的家人慷慨解囊，他母亲开始把旧皮毛改成手套，把真丝服装改成暖胸，就像她先前给儿子做的一样，然后捐给部队。她所认识的所有妇女也都在缝纫和编织。在柏林，年轻的摄影师丽丝洛塔·伯普尔动情地说："在每一个缝纫室，妇女们日日夜夜都坐在里面……缝制伪装服、帽子、手指保护套、手套，等等。"志愿者数量太多，"屋子里挤得水泄不通"。她给跟随炮兵部队围攻列宁格勒的未婚夫库特·奥格尔（Kurt Orgel）写信时保证说，她对他的爱从属于一个更大的集体行动：

> 德国妇女把她们的态度表现了出来，给东线士兵送去炽热的爱和温柔，这肯定能让你们更易于为这些妇女和母亲们而作战。如果胜利能用爱和牺牲换取，那么我们是必胜的。这是德国全体妇女献给你们的神圣的，对，最神圣的爱。

心中虽然洋溢着爱的奉献这类浪漫理想，丽丝洛塔在1月中旬的柏林寒潮中也能感受到前线是什么样子。居民煤炭供应被削减，而气温骤降到零下22摄氏度，她把外套全部穿在身上，在摄影室里工作时脸和手都要被冻僵了："肯定的，这和你遇到的寒冷没法比，不过也够冷了。"

前线士兵对大后方的慷慨感到震惊。威廉·莫尔登豪尔带着三辆雪橇，跑了20公里去领他的部队分到的毛皮捐献品，他得到一双非常好的毛皮分指手套，于是立刻扔掉了破烂不堪的连指手套。收到的东西让他们感到不可思议，其中包括一件"带有天鹅绒领子的黑毛皮大衣，一件金扣金链的亮蓝色夹克"。如果德军士兵的穿着开始像衣服已被他们弄走的俄罗斯农民和俘虏，那么现在"大兵们可以开最好的假面舞会"。2月初，赫尔穆特·保卢斯也被收到的一大包毛衣吓到了，里面有"一堆毛背心、袜子和手套"，他心怀感激地换上一双才补过一次的好袜子。更让他高兴的是得到"一双崭新的手织羊毛分指手套，和连指手套一样方便，但是戴上后食指可以扣动扳机，还能操作机枪。这真的很实用，因为直到现在我还没有任何分指手套，射击时一直光着手"。

1942年3月，红军的反攻逐渐停止。主要由于斯大林坚持全线进攻，苏联没能利用这次出其不意的突破包围中央集团军群的不同部队。随着红军各部队撤退，德军终于守住了两个月来几乎已经无望的阵地。但是每位德军指挥官都知道，他们差一点就要重蹈拿破仑大军1812年的命运，希特勒本人也多次这样比较过。

希特勒在11月27日与丹麦外交部部长谈话时，坚持他的社会达尔文主义战争观，“如果德国人民不再足够坚强，不再为了生存而乐于牺牲自己的鲜血，那么他们应该灭亡，应该被其他更强大的力量消灭掉。他们不配继续拥有曾经赢得的土地”。1942年1月27日，希特勒与海因里希·希姆莱共进午餐时，开始就德意志民族性格的问题一个人喋喋不休，他在讲话的最后重复了自己的判断：“信念可以移山。从这一观点出发，我用最冷静的客观态度看待一切。如果德国人民丧失了信念，如果德人民不再愿意为了生存而奉献自己的灵与肉——那么德国人民除了消失，什么也干不了！”希特勒在1941年回应这场大危机时首次明确阐述了这种论调，它将变成他的执念，1945年战争进入最后阶段后，重新出现在他的悲观反应中。

随着3月15日英雄纪念日临近，天主教会全力鼓吹爱国奉献。弗赖堡的纳粹大主教康拉德·格律博写了一个布道，解释德国人应该如何鸣谢战殁者：

> 英雄们相信，为了德国更好的未来，为了新的更为公正的国际秩序，为了世界上能有更为长久的和平，他们甘冒危险，不惜献出生命……他们做出了真正的牺牲，为了其他一切人而牺牲……他们准备抛洒热血，好让被老弱病残削弱的国家返老还童、健康强壮、繁荣昌盛。他们想高喊着“上帝的意旨”①去征服布尔什维克，正如西班牙解放者佛朗哥宣告过的……他们的死是为了欧洲，为了阻挡红色浪潮，为了给整个西方世界修建一条防护墙。

① 1095年11月26日教皇乌尔班二世（Pope Urban II）的煽动性号召“上帝的意旨”（God wills it!）：占领圣城耶路撒冷，从异教徒手中夺回耶稣的圣墓。并以参加远征的人可以赦免罪孽，战死者可以升入天堂来鼓舞民众踊跃参加。——译者注

明斯特主教加伦也使用了这些布道词。

英雄纪念日仪式在柏林军械库（Berlin Arsenal）的荣誉庭院（Courtyard of Honour）中举行。希特勒向德国战争阵亡者致敬，说“140年以来最艰难的冬天”也是“克里姆林宫的掌权者们唯一的希望，他们想让德国军队重蹈拿破仑1812年的命运”。对那些觉得希特勒对“牺牲者”提及过少的人来说（帝国保安总局发现很多牺牲者家属都有这样的抱怨），仪式的结尾很有价值。电台播放完希特勒的讲话后，又播放了这位元首与受伤退伍兵的谈话。他那“温暖的说话语气”、对东线每一个地方和战斗的了解和他“与每一位士兵的内在联系”，都给人们留下深刻印象。希特勒总的来说会避免与因他发动的战争而受到伤害的士兵（后来还有平民）进行直接接触，他这个独裁者做出这样的举动，确实让人惊讶。在整个冬天，希特勒既没去过前线，也没回柏林，一直把自己关在东普鲁士的拉斯腾堡[①]（Rastenburg）郊外树林里没有窗户的野战总部里，靠药草茶来缓解紧张和失眠。希特勒和伤员的谈话如今在电台播放后，人们觉得他像个“男人和同志”。

在讲话中，希特勒依然表现出“政治家和士兵”的样子，他呼吁德国人振作起来，期待即将到来的胜利，引发出最热烈的反响：“但是今天我们知道一件事：今年冬天，布尔什维克乌合之众没能击败德国士兵及其盟友，等到夏天，我们将把他们彻底消灭！”1月份的时候，危机感、即将失败感和不相信媒体的感觉在德国各地还都非常强烈，现在这些感觉消退了，不过还有一些人没忘记当局去年秋天许下的已成泡影的诺言，还有人对“苏联的无尽力量”公开表示惊异。听众注意到希特勒的讲话中还有一句话值得回味，当时他宣布“布尔什维克庞然大物只能在远离欧洲美丽牧场的地方找到自己的最终边界”。他的意思是无法彻底击败苏联，只能把它赶走，圈在某种“东方长城”（East Wall）之外吗？人们相互询问。

希特勒雄辩般的结尾既让人感到不安，又让人觉得宽慰：“不管遇到什么情况，战争持续的时间都会比长久而且幸运的和平短，正因为我们现在进行

① 肯琴的旧称 。——编者注

斗争，将来才能拥有这样的和平”。帝国保安总局注意到，无数德国人注意到，“甚至元首也承认不能预言战争何时结束，和平遥遥无期”，他们迅速结束战争的希望破灭了。同时，成千上万的德国士兵和老百姓已经重新调整了期望值，对未来的困难有了更多准备。他们向自己、妻子和未婚妻许诺，将会补偿曾经失去的所有时间：“明年我们会补偿，不是吗？”一位士兵在家书中这样写道。埃尔娜·保卢斯提醒儿子不要忘记1940年的烦恼，当时他看着法国行动所向披靡，担心会没有仗打：“你肯定没有‘生得太晚’，你在正确的时间来到最艰苦的地方。向你致以爱的问候，望你一切安好，你的母亲”。

第八章

共同的秘密

屠杀犹太人是从东线开始的，这个事实从根本上影响了“最终解决”行动，并且决定了当代社会看待大屠杀的态度。

如果德军在1941年冬天像拿破仑大军那样崩溃，第三帝国请求和平，在第二次世界大战中丧生的大多数军人和平民本来不至于死。德国城市和农村的基础设施或许不会毁于轰炸。如1918年一样，战争已经无所限制。对于纳粹的暴行，已经有很多传说：用毒气消灭德国和波兰的精神病患者、大规模枪决波兰人和犹太人、焚烧俄罗斯和乌克兰村镇、饿死250万红军俘虏，等等。这些暴行使希特勒的战争发展到史无前例的程度，但是更为巨大的破坏还没到来。1942年年初，大多数欧洲犹太人还活着，而到当年年底，侥幸保命的已是少数了。

屠杀犹太人是从东线开始的，这个事实从根本上影响了“最终解决”行动，并且决定了当代社会看待大屠杀的态度。从1941年夏天到秋天，很多德国目击者和照片证据大量回到德国。尽管发布过禁止摄影的正式命令，但大规模处决的看客还是习惯拍下照片，包括互相拍照留念。他们一般会把35毫米相机胶卷装在小罐子里寄回家乡冲印，因此这些照片在被寄往东线之前，首先在摄影暗室会被人看到，然后是取照片的家人和朋友。红军在德军俘虏和死亡者的制服口袋里发现成千上万张拍摄屠杀地点的照片，与他们的未婚妻、妻子和孩子的照片放在一起。

大后方的人如何看待剧增的大屠杀事件？当夏洛特·雅豪士接到丈夫康拉德的一封信后，逐渐了解到他的那个苏联战俘中转营在那年11月面临的凶残环境。他提到自己走路时，在附近的森林中见到被大规模处决的平民，“主要是犹太人”，不过要是“与在酷冷的严冬里让他们只穿着单薄的衬衫活活饿死相比”，处决“真是最仁慈的事”。犹太人遭遇的命运甚至比她丈夫的战俘营里的致命环境还悲惨。直到第二年春天，汉斯·阿尔布林才给他的朋友尤金·阿尔特罗奇写信，说起在一个刑场整齐堆放的“500名被枪杀的犹太人”尸体。这类消息有着自我矛盾的特点。目击者们距离事件发生地点越近，他们在表达自己的看法时越是吞吞吐吐。他们目睹的屠杀虽然事实确凿、令人震撼，但可能像是偶然性的行动，并非一个有组织的计划。然而另外还有很多人确实感到，他们看到的细节从一开始就是某种更大的计划的一部分。早在1941年8月，预备役警察赫尔曼·吉耶切恩给住在不来梅的妻子写信时，就认为其部队的行动有着一个更大的背景，对她说“这个地方有150个犹太人被枪毙，男人、女人和孩子都被干掉了，犹太人被彻底灭绝了。亲爱的H，请不要想这些事，这是注定要发生的”。第二年2月，恩斯特·贵肯也被从法国调到东方战线，他在家书中告诉伊琳，“我们听说，犹太人遭遇惨败，他们都被围捕起来重新安置了”。

1941年秋天，在各种事件和公开讲话的冲击下，消息迅速被传播开来。10月份，屠杀队从苏联领土和巴尔干各国回头向西部进军，来到位于波兰-乌克兰边界的加利西亚（Galicia）地区的村镇：这些地方现在已由设在克拉科夫并受汉斯·弗兰克领导的波兰普通政府管理。1941年10月12日，第133警察营在斯坦尼斯劳（Stanislau）处决了1万到1.2万犹太人，受害者5个一组，被带到在犹太公墓里挖的沟渠杀掉，围观的有铁路工人、士兵和其他警察。同时，帝国境内流放犹太人的行动也开始了。从10月15日到11月5日，当局首先用25列专车将犹太人运送到罗兹的犹太区，每列专车载有1000名被驱逐者：这些犹太人中，有5000人来自维也纳，5000人来自波希米亚和摩拉维亚保护地，1万人来自“旧”帝国，还有5000罗姆人（Rom）来自布尔根兰（Burgenland）。尽管那年冬天东线遇到的运输危机严重影响到流放规模，但是，从11月8日到2月6

日的第二轮行动还是动用了34列专车，把犹太人运到拉脱维亚的里加、立陶宛的考纳斯，一度还运到白俄罗斯的明斯克。到11月底，极为准确的信息甚至流传到德国西部鲁尔区的明登（Minden），当地帝国保安总局办公室报告说，据称：

> 所有的犹太人都被送到俄罗斯去了，起先用客运列车把他们最远运到华沙，然后用铁路公司运牲口的卡车送。据说元首的要求是到1942年1月15日，德意志帝国境内不再有一个犹太人。在俄罗斯，据说犹太人被送到苏联工厂干活，而老年和患病的都被枪毙了。

这些细节尽管并不完全精确，却很清楚，人们公开谈论这些事。对于犹太邻居乘坐火车离开后会遇到什么命运，人们公开表示疑惑，于是他们了解到或猜测的事实就派上用场，他们早已知道的“东方”屠杀活动也重新成为答案。他们也很快给这样的行动找到总的逻辑和指引。人们说，关于元首要求到1942年4月1日清除掉德国的犹太人的传闻，好像是个事实。这些想象出来的日期并非凭空捏造：帝国中央保安总局首脑赖因哈德·海德里希负责组织流放行动，他于10月初在布拉格与手下官员谈话时，告诉他说，元首想“把犹太人从德国领土上除掉，如果今年底有可能的话”。比这类准确的事后诸葛亮式的说法更重要的，是人们立即明白，流放犹太人的最高层决策已经确定：这不是禁止犹太人使用游泳池或公园长凳之类的地方性创举。

在这些中央决策中，第一个也是最引人注目的是1941年9月1日颁布的法令，规定所有5岁以上的犹太人都要在每一件外套的左胸处放置一个黄星标志。战争爆发后，德国新出台了很多反犹法令，从严格限制购物时间到禁止拥有收音机不一而足，但黄色大卫星是自1938年11月的迫害行动①发生后最明显的全国性歧视政策，1941年9月19日，帝国各地全部推行黄星法令。它的强制

---

① 1938年11月9日深夜，纳粹在全国范围内掀起迫害犹太人的活动，无数商店被劫，橱窗被砸，碎玻璃满地，故名“水晶之夜”，共有91名犹太人被打死，20 000余名犹太人被关进集中营。此后又有大批犹太人被驱逐出境。——译者注

性是毋庸置疑的，而且立即被视为一个重要的强化排犹措施，决定了明登市民如何领会几个星期后在他们那里发生的驱逐和集体枪决犹太人的事件：

> 很多人都说，所有在美国的德国人都必须在左胸佩戴卍字标志以做区别，就像犹太人在德国那样。据说由于犹太人在德国受到恶劣对待，在美国的德国人也必须付出沉重代价。

早在德国与美国开战之前，要求德国人在美国必须佩戴卍字标志的流言已经出现了，此后它偶尔又会浮出水面。那年秋天仍然待在法兰克福的一位美国人发现，只要他对犹太人必须佩戴黄星标志表示厌恶，他的德国熟人们“肯定都会自我辩解说，这根本没有什么不正常之处，美国政府也强迫在美国的德国同胞在外套上佩戴大大的卍字标志，德国只是学习美国”。当德国谈论他们没体验过的世界时，纳粹宣传能够更轻易地使他们相信美国政治的“犹太”特点，以及随之而来的“世界犹太阴谋”。

纳粹领导层发现美国和英国越走越近，于是德国的反美腔调在1941年夏天变得更加高昂。3月11日，美国国会通过《租借法案》，开始向英国提供战争物资，7月7日美军占领冰岛，8月9日到12日，罗斯福和丘吉尔乘坐美国海军的“奥古斯塔”号巡洋舰（USS Augusta）和英国海军的“威尔士亲王”号战列舰（HMS Prince of Wales），在纽芬兰（Newfoundland）的布雷森莎湾（Placentia Bay）举行会谈，结束后发表了《大西洋宪章》（*the Atlantic Charter*），坚持以民族自决的自由主义原则为基础实现和平，坚持平等进行世界贸易。这个宪章虽然没有直接提到战争，但它的存在就证实美国已经公开与英国结盟，共同反对轴心国，所以柏林和东京如此解读也毫不奇怪，罗斯福于9月11日命令美国海军只要在西大西洋发现德国潜艇就进行打击之后更是如此。《大西洋宪章》明确抛弃了曾在1919年对德国实施的严厉经济制裁，其语言本身并没有威胁性，英国空军确实在德国抛洒无数传单，证实英国和美国“不会对战败国施加任何经济歧视”，并许诺“德国和其他国家能够再次获得持久的和平和繁荣”。

为了揭露这些不痛不痒的保证背后的真正计划，戈培尔找来主管广播的副手沃尔夫冈·迪沃吉（Wolfgang Diewerge）。迪沃吉找到一本鲜为人知的由作者自费出版的美国小册子《德国必须灭亡！》，翻译出一些关键章节，如煽动性地号召派遣2万名医生对德国人进行大规模绝育，在两代人的时间里“消灭掉德意志精神及其承载者”。这个小册子的作者本来是西奥多·纽曼·考夫曼（Theodore Newman Kaufman），迪沃吉将其改成具有明显犹太风格的西奥多·内森·考夫曼（Theodore Nathan Kaufman）。他还在小册子的扉页加了一张丘吉尔和罗斯福在纽芬兰的合影，把其自封为“美国和平联盟”（the American Federation of Peace，这一组织也是由考夫曼创建）主席的剧院售票员考夫曼包装成美国总统的主要顾问，迪沃吉还把小册子的出版日期标成1941年8月，使它看起来更像是《大西洋宪章》的一部分。

9月7日，纳粹党把希特勒在1939年1月30日所做的预言当作“每周口号”发布：“如果国际犹太金融家再次得逞，使各国陷入世界大战，那么结果将不是犹太人获胜，而是犹太种族在欧洲被消灭”。元首的“预言”被印制成海报样式，悬挂到帝国各纳粹党办公室外面的玻璃展橱上。与1939年时一样，德国现在似乎也在警告美国人不要忘记欧洲犹太人是其人质。几乎可以肯定，希特勒在8月底决定批准给犹太人做标记及9月中旬下令在苏联战争结束前就驱逐犹太人时，与美国日渐激烈的冲突起了一定作用。

声称移居美国的德国人必须在衣服上佩戴卍字标志，那么德国要求犹太人戴上大卫星也就有了理由，人们会将之视为针锋相对的报复。纳粹从1933年4月1日开始抵制犹太店铺后，美国曾抵制过德国出口商品。1938年11月进行大规模排犹之后，招致国际媒体一片批评。明登地区的人们思考最新升级的冲突时，担心可能会遇到1938年时那种结果，“当时我们在国内获得的益处远比不上在国外遭受的损失”。

在第一阶段的屠杀活动中，大规模枪决主要还局限在东部前线，不过德国人谈论犹太人的命运时，已经将其置于全球环境下，苏联其他平民遭遇的大屠杀就没有受到这样的关注。犹太人作为华盛顿和伦敦的主要掌权派，协助组织起同盟国，被德国人视为团结紧密的国际敌人，考虑到他们时都用“犹太人”

（Jewry）或更简单的“犹太”（Jew）来概括。1941年秋，人们经常想象犹太人会怎样对德国组织报复行动，不过这个事实并未发生。黄色大卫星法令实施了3个月后，德国与美国进入战争状态。

将成千上万的犹太人从帝国驱逐出去时，需要不同部门的很多官员一起参与。自一开始，盖世太保就利用地方犹太社区组织起草流放名单，给他们权力决定谁可以留下来，以及负责通知那些上了名单的人。被选中“重新安置”的人一旦接到命令，行动就会受到限制，未得警察允许不得离开家门。他们忙着解决账单、为旅途准备三到五天的食物、收拾不超过50公斤的行李。他们还必须为自己的财产列一个详细的单子，财政部门对此会再次复核。当局命令他们把全部家具和生活用品都留下来，离开前把钥匙交给街区或公寓管理员。然后被驱逐的人们有两个出发日期，第一个是到当地集合地点报到，在那里等候数天，行李（通常还有人身）要接受检查，以防带有违禁品，即使允许携带的物品也频频被没收。犹太人必须为驱逐缴纳一笔费用，“帝国中央保安总局”还要求他们按没有带走的财产价值的25%再做一笔“捐献”，理由是为太穷而付不起旅行费用的人垫钱。犹太人的财产在被财政部接收之前，这都是SS牟利的手段。

在驱逐行动到来那天，犹太人排队登上货运列车。1941年11月27日，12名来自上弗兰克尼（Upper Franconia）地区的福希海姆县（Forchheim）的犹太人行进到当地火车站，据当时的警方报告说，“一大群当地居民跟随围观”，表现出“兴趣和极大的满足”。在很多地方，自1938年大屠杀发生后，流放行动是首次出现的群体性排犹活动。1938年大屠杀在当时变成“希特勒青年团”和“德国少女联盟”成员与一些幸灾乐祸者的狂欢节，而如今驱逐剩余犹太人的行动则伴随着诅咒和赞美，还混杂着新旧侮辱——“看看那些厚颜无耻的犹太人！”“现在他们正走向隔离区！”“一群无用的饭桶！”在拜德纽斯塔德特（Bad Neustadt），当上了年纪、营养不良的犹太人在集市广场集合时，当地活动分子对着他们拍摄照片。这些照片后来被放大到海报大小，在城市中心展出，以记录这一行动。当一群犹太人排好队走向车站时，一路上尾随着“成群的学童，他们大声叫骂，直到火车开走才住嘴”。

首批驱逐行动也在犹太人中间引发内讧。1941年11月，玛丽安·施特劳斯（Marianne Strauss）与其父母在埃森等候电车把他们从集合地点送往火车站时，两名盖世太保官员释放了他们，引起其他被流放者的惊讶。当他们离开时，当时18岁的玛丽安无法忘记其他犹太人发出的“牲畜般的狂叫”。施特劳斯一家享受到特权，他们有钱，能从当地一位银行家和军方反间谍部门买到保护。其他躲过首轮驱逐命运的犹太人包括军工部门工作者、持有外国（通常为西方国家）护照者、混合婚姻者、第一次世界大战期间有过显著军功者，为了营造流放者是被重新安置于劳动营的虚幻故事，还留下了老年人和体弱者。

驱逐行动的优先级高于军事运输和本已运力不足的冬季煤炭运输。1942年3月，第二轮驱逐重启，人数为4.5万到6万，主要来自布拉格、维也纳和可能受到空袭的“旧帝国”地区。很多老年和退役犹太人被送到布拉格北部的18世纪堡垒城镇特莱西恩施塔特（Theresienstadt），这个地方位于帝国内部，远离“东方”，选在此处是有意想平息德国人的焦虑，同时让很多纳粹官员不便于为他们喜爱的犹太人干扰驱逐行动。特莱西恩施塔特根本不是“老年犹太人区”，更不是原来宣称的“终点站”，实际上它主要起到中转营的作用，开到这里火车和从这里出发的火车几乎一样多。很多犹太人从这里被送往波兰拉布林地区的犹太区。

1942年4月21日，又一列火车离开埃森，乘客中有一位是玛丽安·施特劳斯的未婚夫恩斯特·克龙巴赫（Ernst Krombach），玛丽安在站台努力向他挥手告别，火车刚到第一个站，恩斯特就设法给她寄了一张明信片，说当时看见她了。下一站停靠的是杜塞尔多夫-德伦多夫（Düsseldorf-Derendorf）：遭驱逐的犹太人在这里被警察赶入一个屠宰场，行李再被削减到只能带一个手提箱或者背包的必需品。盖世太保把收缴下来的全部化妆品、药品和多余的食物给了德国红十字会；床单、衣物（包括345件裙子和192件外套）和雨伞给了“国家社会主义人民福利”。恩斯特想办法保住了他家里的大多数包裹。征收行动结束后，被驱逐者们得到一份根据《帝国公民法》（*Reich Citizenship Law*）第

11条签发的官方通知，告诉他们一旦超过德国边界，他们的所有财产将自动归帝国所有。4月23日，列车穿过边界，第二天，他们抵达伊兹比察（Izbica），这是卢布森地区最大的犹太区，恩斯特在那里努力给玛丽安继续写信，向让她保证自己的爱不变，并警告她说，“这里的条件比我们所能想象的任何样子还要糟很多倍；简直无法用语言来形容……《狂野西部》（The Wild West）[①]与它相比什么也不是”。

到8月底，玛丽安收到丰富且长长描述伊兹比察环境的信件，它们是由一位按合同为SS开卡车的“雅利安”朋友偷偷带回埃森的。恩斯特详述了原来住在这个村庄的3000名波兰犹太人如何被清理，以便为来自波兰、斯洛伐克、亚琛、纽伦堡、布雷斯劳[②]（Breslau）、斯图加特、法兰克福和特莱西恩施塔特等地的犹太人腾出住处。他叙说了波兰、捷克和德国犹太人的种族-民族分歧，以及对违法者实施的公开绞刑。起初，恩斯特拒绝了一份犹太警察工作，“主要是觉得这个工作不愉快：犹太人对付犹太人”，但后来他承认，原因可能是想保护家人免遭驱逐。“但是”，他告诉留在埃森的未婚妻说：

> 我无法让自己不卷入驱赶波兰犹太人的事。在党卫军的监督下，你不得不抑制住所有的人类情感，用皮鞭把这些人赶出来，而他们光着脚，怀里抱着婴儿。我不能也不愿描述这些景象，但我长久以来无法忘怀……我只在梦里想这些毫无人性的经历。

此时，三个德国犹太人家庭住在村子边缘的小泥木屋里，开始有了更好的食物，并照顾起其他一些来自埃森的家庭。

遭驱逐的犹太人在德国留下的家产成为广受欢迎的战利品，从士瓦本地区的村庄到曾经激进的城市汉堡，当地人积极游说接管犹太人的财产，进行公开拍卖。从1941年到1945年，至少有3万件犹太人的财产在汉堡成为拍卖师的槌

---

① 1925年拍摄的一部美国西部片。——译者注

② 弗雷茨瓦夫的旧称。——编者注

下物品，很多时候一件东西能引来多达10位竞拍者。维德尔区（Veddel）的工人阶级家庭主妇们在拍卖会上拿东西折价换咖啡和珠宝，也买旧家具和毛毯。在盖世太保的德意志银行账户上，这种交易的收入到1943年初达到720万帝国马克。当妇女们获得的毛皮大衣上还带着原主人的姓名标牌时，她们会尽力不去想这些物主是什么样的人。同时，封存起来的公寓成了地方纳粹官员的奖品，或者分给数量还不是很多的遭到轰炸的家庭。

戈培尔曾劝说希特勒推行黄色大卫星法令，希望以此给犹太人打上公开的烙印，煽起群众的反犹热情，这种手段已在波兰实施过，很多犹太人都预料到了。1941年9月，维克多·克兰普勒不敢再到德累斯顿的街头露面，买东西完全要靠他的“雅利安”妻子爱娃。还有人太过害怕，于是纷纷自杀。在维也纳，三个星期时间内有87人自杀，柏林的自杀者在1941年的最后一个季度则达到243名。实际上，戈培尔在最初几个星期对这一后果感到极度失望，对他领导的柏林党区（Gau of Berlin）尤其失望，因为那里还没有完全丢掉1933年以前的世俗左翼传统，如今生活在德国的15万犹太人中有7万人都居住在柏林。这位宣传部长向阿尔伯特·施佩尔抱怨说，黄星标志“的作用与我们的预期相反……各地的人们都对他们（犹太人）表示同情，这个民族还不够成熟，充满各种各样的白痴情感”。戈培尔开始认识到，问题在于德国社会的态度还不够国家社会主义。

为了弥补这一不足，纳粹政权先是用恐吓来进行教导：1941年10月24日，当局颁布法令，禁止德国人公开向犹太人表示同情，违者将受到三个月的集中营监禁惩罚。“任何继续与他（指犹太人）保持个人接触的人”，11月16日，戈培尔在《帝国》周刊上发表文章警告说，“都是在支持他，这样的人必须被视为犹太人，必须按犹太人对待”。他划下硬杠杠，训斥读者，要他们抛掉一切虚伪情感：“如果布拉姆斯格先生（Herr Bramsig）或克诺特里奇太太（Frau Knöterich）[①]觉得一个老太婆戴着黄色星章很可怜，请让他们别忘记是

① 戈培尔曾经多次提到的受到英国宣传蛊惑的“愚蠢”德国人。——译者注

犹太人策划并发动了这场战争”。戈培尔这篇著名的《犹太人有罪》文章继续将希特勒的“预言”当作不证自明的事实，称犹太人的灭绝正在变成事实。

戈培尔不是唯一差点直白说出纳粹政权的目标就是屠杀犹太人的纳粹领袖，两天后，阿尔弗雷德·罗森堡在他新成立的“东方占领区事务部”（Ministry of Eastern Ter territories）向一些官员做简报时，不经意间说道，犹太人“问题只能以肉体灭绝全欧洲犹太人的方法来解决……这是命运赋予我们的责任”。希特勒在1942年进行公开演讲时，至少重复了四次自己的“预言”，明确使用了“灭绝”（Ausrottung）这个词。《人民观察家报》在1942年2月附和其主人，叫嚣“犹太人将被灭绝！”纳粹党慕尼黑地区长官阿道夫·瓦格纳和“劳工阵线”领导人罗伯特·莱伊等纳粹领袖也都紧随其后。1942年初，当德国人在东部前线面临生存危机时，这类威胁的调门喊得越来越高。

对纳粹党组织领导人马丁·鲍曼这样的强硬派理论家来说，应使德国人民明确认识到，他们正陷入一场全球性的种族冲突，其结果要么胜利，要么毁灭。尽管爆发出激烈的反犹争论，但是驱逐犹太人的行动并未成为新闻，德国媒体对这些犹太人的流放目的地、他们的命运和驱逐行动的目的没有详细报道。因此，对于如何回答“以极端严厉的手段”反对犹太人的问题，地方和地区纳粹党官员都要求给出指导原则。鲍曼的回应是给他们发布了一个指令，表示他们如果积极主动地行动，并能找到合法理由，他会感到非常高兴。他解释说，“事情的本质在于，这些某种程度上极为困难的问题只能用残酷无情的手段来解决”。当局非但没有对纳粹党官员否认这些传言，反而告诉他们，要抓住“当前的种族清洗机会……在我们这一代彻底解决这个问题”。

这些话并非说说而已，在此阶段，驱逐行动扩展到全欧洲，并且撕掉所有“重新安置”犹太人的伪装。从1942年5月11日开始，17列驶向明斯克的火车不再开到犹太区，而是停靠在小特罗斯特内兹村（Maly Trostinets）附近，车上被驱逐的犹太人在那里被枪毙或送入流动毒气车里杀死。从6月份起，来自特莱西恩施塔特、柏林和维也纳的列车都直接驶入索比堡（Sobibor）灭绝营。同时，驱逐的规模扩大了：3月份的时候，第一列从斯洛伐克开出的火车运载的犹太人是挑选出来的，用于强迫劳动。到了6月，运载斯洛伐克犹太人的火车都直接开进索比堡的灭绝营，一个月后又驶向奥斯威辛（Auschwitz）。从3月到7月，法国犹太人已乘6列火车到了奥斯威辛；7月19日到8月7日，又有12.5万犹太人从比利时、荷兰和法国被送入奥斯威辛。此时最大的驱逐行动主要还是地方性的：从7月22日起，在两个月的“行动”中，30万犹太人被从华沙送到特雷布林卡（Treblinka），欧洲最大的犹太社区被摧毁。在乌克兰的部分地区，流动的特别行动队（Einsatzgruppen）一直没有停止“清扫”，直到所有的犹太村镇都被消灭干净。到1942年夏，苏联领土上残余的犹太区都被根除了。

苏联有190万犹太人被害，波兰犹太人遇难数更是达到270万，远远超过从大德意志地区驱逐进灭绝营的犹太人数量——波希米亚和摩拉维亚保护领为7.8万人、奥地利为6.5万人、“旧”帝国是16.5万人。从西欧被占领土上驱逐出来的犹太人也比大德意志地区的多：法国是7.6万人、荷兰为10.2万人、比利时2.8万人、卢森堡有1200人、挪威758人、丹麦116人。但是，从西欧大规模驱逐犹太人清楚表明，这是一场有着统一领导的涉及整个欧洲的计划，而非只是在东线打击游击队的极端措施。将犹太人驱入灭绝营也需要太多不同机构参与，因而很难保守秘密。不管是旁观枪决的士兵、开火车运送犹太人的铁路工人或在原主人离开前确保房屋钥匙已经上交的地方政府官员，他们参与的工作虽然有限，然而他们了解到的点滴情况却像涓涓细流一样汇入信息大河。

戈培尔在1942年采纳了新的更为细致的方法操纵公共舆论。这位宣传部长虽然在1941年秋季掀起反犹运动，这一年却没有继续推进，反而进行降温。他在帝国境内竭力封锁有关具体措施的报道，警告纳粹党维也纳地方长官巴尔杜·冯·席拉赫在一个欧洲青年会议上发表公开演讲时，不要庆祝维也纳犹太人被驱逐，以防为国际媒体“批评我们”提供口实。当驱逐和屠杀犹太人的行动达到高潮时，《人民观察家报》和《进攻报》等纳粹主要报纸每个星期顶多只发表一到两篇反犹文章。在故事片上映前播放的新闻影片中，很少有关于犹太人的内容，短纪录片更是不涉及这一话题。纳粹党的主要报纸不久前还宣称“必须灭绝犹太人”，现在纳粹党为什么对掩盖细节这么关心？

最明显的动机正如戈培尔坦率地向席腊赫所承认的，就是担心所有的具体事实都会被盟国用于反德宣传，盟国也确实如此。但是，还有一个原因。1942年，纳粹在试验两种影响德国民众的不同手段。一种是用规劝和辩论的方法直接教导，目的是把德国人民全部团结到国家社会主义中来。戈培尔在1941年11月发表《犹太人有罪》就是在尝试这种手段，而在整个1942年，当希特勒和戈林发表演说时、马丁・鲍曼向纳粹党官员做指示时，都在进行教导；在帝国之外，汉斯・弗兰克领导的波兰“普通政府”的官方报纸也是如此，而它还详细报道了欧洲德国占领区的驱逐行动实施情况。

除了直接劝导，戈培尔还发展出第二种更为慎重细致的新闻管理形式。德国媒体没有劝说读者把“灭绝”作为必需的政治和种族手段接受下来，而是以暗示的方法报道出人们已经了解到的消息，营造出一种串通起来的半保密感觉。媒体在1942年详细报道了德国的罗马尼亚、保加利亚、克罗地亚和斯洛伐克等盟友如何“解决犹太问题”，报道了强迫犹太人劳动、犹太区等问题，甚至报道了斯洛伐克的驱逐行动。记者们讨论斯洛伐克的“犹太问题”是否已经“得到彻底解决”，或者评论在欧洲东南部处理“吉卜赛问题”的要求。他们吞吞吐吐、语言含糊，谈到的内容与人们已经通过传闻和谣言了解到的相符。但是，媒体一直没有明说。戈培尔试验新策略时，需要默契合谋（有时还得靠压制），以便应付道德上的不安。

这样的结果或许正是“沉默的螺旋”（The Spiral Of Silence）的范例。这个词语出现的历史较晚，在1974年由西德最著名的公共舆论研究者伊丽莎白・诺埃勒-诺依曼（Elisabeth Noelle-Neumann）所提出。当然，尽管她用这个词语说的是战后民主问题，不过她仍然深受1941 ~ 1942年的经历影响。当时她是一位年轻的记者，为戈培尔的《帝国》周刊撰写关于美国犹太媒体力量的文章。她强调公共舆论如何受制于私人性的、前政治的压力，这种思想观念可以回溯至纳粹独裁统治时期。根据诺埃勒-诺依曼的理论，个体由于担心受到孤立和处罚，当感觉自己是少数派、潜在成员在减少时，倾向于保持沉默；同时，“多数派”的观点由媒体报道出来后，其道德地位得到增强和巩固。（如此循环往复，便形成一方的声音越来越强大，另一方越来越沉默下去的螺旋发展过程。）她的理论也使社会公共领域和私人领域的一个重要交集显露出来，即在观点相似的同类组织中，很多寻求一致性的压力都是私下里施加的。通过使其难堪甚至羞辱，家庭和职场在形成观点时，其道德基础已经发生悄然转变。与关注公众盲从现象的“搭车”（bandwagon）概念相比，诺埃勒-诺依曼关心的是个人压力在激起一个人对孤立的恐惧时所具有的心理意义。

在卡尔·杜耳克菲尔登（Karl Dürkefälden）身上，就展现了一个普通道德问题如何转变成私人家庭事务并保持沉默的例子。这位40岁的工程师在策勒（Celle）经营一家机器制造公司，被列为“不可缺乏的”，豁免兵役。他出身工人阶级家庭，传统上都是社会民主党成员，20世纪20年代在夜校完成学业，大萧条期间曾经长期失业，德国在20世纪30年代重整军备后，他有了家和稳定的工作。1942年夏，因为预期德国将攻取苏联油田，他的公司制造石油开采设备。杜耳克菲尔登经常收听BBC的广播，当他听到托马斯·曼（Thomas Mann）在 “美国之音”的一个节目中说400名荷兰年轻犹太人被用毒气杀死时，断定希特勒的公开威胁不是随口一说。他的姐夫沃尔特·卡斯勒（Walter Kassler）在东部前线服役，给家里写信时说基辅已没有犹太人。当沃尔特在1942年6月休假回家时，向卡尔说起他目睹的大规模处决事件，还有他听另一名士兵谈到的用毒气杀死法国犹太人的案例。“沃尔特一再强调说，”杜耳克菲尔登在日记里悄悄吐露，“‘我们应该为自己不是犹太人而感到庆幸’。”沃尔特意识到卡尔很是震惊，努力向他解释说：“起先我不理解，但是现在我知道了：这是事关生存还是毁灭的问题。”卡斯勒接受了希特勒挂在嘴边的口头禅，相信德国面临末世选择：“生存还是毁灭”。当卡尔坚持说，“但那是谋杀”，沃尔特又直接用媒体的话来回答：“一切已无可挽回，如果我们战败，他们将对我们以牙还牙”。卡尔·杜耳克菲尔登知道，他必须沉默下去。要是否定姐夫的说法，就意味着在家里公开制造矛盾。最糟糕的情况可能是以谴责盖世太保而结束；更有可能的是与家人关系紧张，自己受到排斥。

媒体的主流观点占了上风，这并非卡尔相信它，而是因为他必须让沃尔特来下定论。纳粹首先用恐怖手段摧毁了旧式劳工运动，然后竭力用物质丰富的承诺、稳定的工作、民族骄傲和种族差别重塑工人阶级身份，这些手段都在德国人身上留下印迹，战争爆发之前，德国人在餐桌旁争论时使用的“我们”和“他们”的观念已经发生改变。卡尔·杜耳克菲尔登的社会民主党价值观已经过时，人道主义观念给他带来困窘：他已经成为受到围攻的少数派，不仅因为害怕盖世太保或纳粹党探子而不敢表态，而且在家庭里也受到压力必须顺从。

这种版本的“沉默螺旋”发生在私人领域，因为媒体不想就当前发生的事件进行大范围或公开的讨论；然而就在此时，它多次为灭绝行动找理由，并断断续续做出暗示，让人们把戈培尔和希特勒的抽象威胁和私下里流传的大规模屠杀联系起来。这样就营造出一种“不知而知”的感觉，人们不需要公开承诺，不用表态肯定，不会有道德责任感。最有地位这样做的机构是天主教会。1941年9月，即加伦主教在明斯特的兰贝蒂教堂布道时激烈谴责屠杀精神病人的一个月后，他收到一封匿名信，称赞这一勇敢立场。来信的人提醒加伦不要忘记德国犹太人正在经受的迫害，称即使像他自己这样高度爱国的人也不得不佩戴上黄星，这封信在结尾说：“哪里能有人站出来帮我们呢，只有心里存在毫无意义的幻想、疯狂的希望，才刺激我给你写这封信。愿上帝保佑你！”没有任何加伦回信的记录，他在公开和私下的场合里也都没有说到过迫害犹太人的事。相反，他继续在布道时把德国天主教徒描述为保卫祖国免遭布尔什维克威胁的正直爱国者。

加伦和其他主教并非不了解情况。玛格丽特·索默尔（Margarete Sommer）在普莱辛主教的帮助下，在柏林领导一个救济工作室，她把犹太裔天主教徒被驱逐到波罗的海地区后遇到的情况编辑整理出来并进行上报，她还从内政部高级官员汉斯·柯洛布克（Hans Globke）那里获得了机密信息。1942年2月5日，奥斯纳布吕克（Osnabrück）主教伯宁（Berning）就断定，“确实有彻底灭绝犹太人的计划”。此时距海因里希举行绝密的万湖会议（Wannsee Conference）仅仅只有两个星期，在那次会议上，海因里希通知高级官员说，即将把1100万欧洲犹太人屠杀掉。但是，伯宁和普莱辛这两位主教直到18个月后，才提出反对“驱逐非雅利安”的请求，称这样的行动“蔑视一切人权”。1943年8月，富尔达的主教团否决了这一提议。无论如何，此时已为时太晚：当时大多数犹太人已经遇害。德国天主教会中最有影响力的伯特伦枢机主教拒绝听取玛格丽特·索默尔再向他介绍任何情况，强调只愿接收经由普莱辛副署的书面报告，认为这样才能确保内容真实。这样的程序会把签名人泄露给盖世太保，枢机主教对此很清楚。如果伯特伦不了解犹太人的命运，那是因为他想尽一切办法不让自己知道。

有一个重要“假设”历史学家们还在争论：如果教会采取一致行动，是否能制止屠杀犹太人，就像天主教的主教们在1941年8月叫停屠杀精神病人那样。他们为什么对犹太人遭迫害袖手旁观？过去已有很多猜测，也有很多人进行过道德谴责。但这种比较并不恰当。屠杀成年精神病患者的活动于1942年8月重新开始后，主教们尽管都很了解情况，但没有提出抗议。这一次，天主教的主教们没有把消息公之于众。在1941年的对抗中，主教们最关心的是纳粹对其机构的攻击，到那年秋天，双方都后退一步。当富尔达的主教团在1942年8月开会时，一名身为牧师的告密者告诉盖世太保，“教会对这一年来取得的成就感到很满意”，尤其把与国家的紧张关系得到缓解及教会财产不再受到侵占视为胜利。德国天主教的主教们不仅对犹太人问题闭口不言，早在1939年就开了一个恶例，对在波兰发生的大规模处决行为装聋作哑。在那些受害者中，不仅有教师、军官、女童子军队员和犹太人，还有波兰天主教僧侣。纳粹意识形态专家或许把教会视为国际阴谋集团，但是德国的神职人员明白自己的民族身份。德军自莫斯科撤退后，德国天主教会无疑认识到战争的严峻性。为了团结全体德国人投入急迫的国防工作，这时它不再与纳粹党竞争民族精神领袖地位，而是与其结成脆弱不安的联盟。

天主教徒们无所适从，于是各行其是。在北莱茵-威斯特法伦州（North Rhine–Westphalia）的利珀河（Lippe）地区的莱姆戈市（Lemgo），当最后一批老年犹太人在1942年7月到集市广场报到时，他们的“雅利安”邻居们以不安的心情在一旁观看。据当地的报告说，老人已注定会“慢慢死掉”，人们争论是否真有必要把他们也驱逐进集中营。旁观者分成两派，一派是经常去教堂做礼拜的信徒，他们有人甚至警告说，这样做会招致“神罚”，另一派是右翼的国家社会主义分子，他们在这起事件中人数较少。帝国保安总局不太情愿地承认，甚至很多“先前不管合不合适都表态支持国家社会主义的民族同志”如今确实都在鼓吹人道主义观念——可能因为这些最后被驱逐的对象更让人感到可怜，而非恐惧。但是，莱姆戈的例子很罕见。在附近的加伦主教驻地明斯特，最后的驱逐行动很顺利，犹太老人还同意向帮他们拿行李的帝国保安总局成员付报酬。在科隆，普通信徒和教士都施加压力，要求更新天主教徒的婚礼仪式：他们发现新娘的祈语“在有生之年像撒拉（Sara）[①]一样忠诚”很是“荒谬”。

只要在欧洲德占地区没有什么机构对驱逐和屠杀犹太人进行谴责，德国的讨论基本上就可限定在媒体设定的范围之内。在第二次世界大战期间的德国，“沉默的螺旋”一度起了作用，只是时间不长。如果戈培尔继续宣传说教，不清楚能否实现相同的结果，所以它更加引人注意。纳粹政权的媒体管理者们发现，只是暗示出大多数读者了解到的信息，比僵硬的宣传更能影响舆论。此外，戈培尔的新方法不会使残忍的国家社会主义种族功利论和在德国社会中更为流行的基督教伦理之间的裂痕暴露出来，后者不敢面对赤裸裸的屠杀。要实现这种平衡，很大程度上需要教会保持沉默，毕竟这个机构在德国和欧洲被占地区的影响力仅次于纳粹政权。

然而，消息还是持续传播开来，纳粹政权无力禁止。从1942年6月到12月，在大屠杀达到最高潮的这几个月，BBC报道了犹太人遭遇的驱逐和屠杀。1942年12月17日，英国外交大臣安东尼·艾登（Anthony Eden）在下议院发表演讲，描述了清洗波兰犹太区和在整个欧洲大陆上驱逐犹太人的“骇人恐怖和野蛮”的行动。艾登用词谨慎，避免被人说成“爱犹主义”（philo-Semite），他表示德国政府现在“正贯彻希特勒多次重复过的灭绝欧洲犹太人的目标”。他宣读了比利时、捷克斯洛伐克、希腊、卢森堡、荷兰、挪威、波兰、美国、英国、苏联、南斯拉夫和法国民族委员会等12个同盟国政府的声明，谴责“这一野蛮冷血的灭绝政策”，表示出他们“保证要把犯下这些罪行

---

① 撒拉又名撒莱（Sarah），在《希伯来圣经》和《旧约》是亚伯拉罕的妻子，犹太女性多用此名。——译者注

的人员绳之以法的坚定决心”。艾登讲话结束后，议员们起立默哀一分钟。在那个星期，BBC德语部一天播放数次有关屠杀犹太人的报道。

艾登发表声明前三天，戈培尔已经预计到盟国的反应，他在部长会议上有点满不在乎地说：“我们不能回应这些问题……我们不便就此进行辩论，至少不能在国际媒体上这样做”。戈培尔关注着中立国和大后方的媒体报道，他要求德国媒体转移视线，重点报道盟国在印度、伊朗和世界其他地区的暴行。这一策略效果不佳，媒体缺乏新材料，德国受众对非欧洲和殖民地世界的事件也不太了解。然而德国的宣传也没有完全失败，它宣称同盟国只是为犹太人而战，触动了英国的敏感神经。当约克大主教（Archbishop of York）西里尔·加伯特（Cyril Garbett）竟然在新年献词中号召发动“十字军圣战”解救犹太人时，效果就适得其反了。即使在英国，其政府也不想背上受犹太人制约的名声，于是关于犹太人的报道开始降温。从这时起，同盟国报道种族灭绝问题时，都小心翼翼将其与德国对其他群体犯下的暴行混在一起，以便明确表示同盟国的目标是把人类视为一个整体。收听BBC新闻的不只有卡尔·杜耳克菲尔登，不过像他那样愿意接受敌台道德标准的人并不多。

1942年年底，很多渠道传出的消息都确证了在整个欧洲范围屠杀犹太人的行动。在苏联被占领土、波罗的海国家和波兰东部，成千上万甚至上百万人都目击了枪毙犹太人的事件。波兰被占领土上的灭绝营名字——如海乌姆诺（Chełmno）、贝乌热茨（Bełz˙ec）、索比堡和特雷布林卡——和设在上西里西亚的新灭绝营奥斯威辛已开始为人所知。但是，在这些地方究竟发生了什么，外界还不太了解。

在波美拉尼亚（Pomerania）和波兰与苏联的部分被占领土，很多德国人在乡间道路上行进时，经常能看到流动毒气车把充满一氧化碳的废气泵放入后车厢。在波美拉尼亚，这种杀人车辆曾在1939～1940年被用于屠杀精神病患者。从1942年1月起，纳粹用流动毒气车在海乌姆诺杀害来自罗兹的犹太人。在此过程中，当局花了很大力气进行保密。充当灭绝营建筑的旧城堡被高高的木栅栏围起来，由哨兵守卫，毒杀后的尸体被埋入森林，出入道路遭宪兵封锁，掩埋尸体的犹太人定期被处决。极少有人能进入设于贝乌热茨、索比堡和特雷布林卡的固定毒气设施，其中有一个留下记录的是党卫军军官、消毒专家库尔特·格斯坦（Kurt Gerstein），他在1942年8月20日参观过贝乌热茨灭绝营。格斯坦在那里看到一批犹太人从利沃夫被运过来毒死，当时柴油发动机发动不起来，只好现场修理，这些犹太人在毒气室里被锁了两个半小时，之后释放毒气又用了32分钟。格斯坦的任务是对如何消毒衣物提出建议，他的贝乌热茨之行由党卫军的兼职顾问、马堡（Marburg）大学卫生学教授威廉·普凡嫩施蒂尔（Wilhelm Pfannenstiel）博士陪同。这位教授对这些事件很是着迷，他站在毒气室大门旁，眼睛贴在玻璃窥视孔上，直到玻璃上一片雾蒙蒙，什么也看不见才作罢。他说，那些赤裸裸挤在毒气室里的犹太人一片哀号，听起来“就像在犹太会堂里”。第二天，这两人在特雷布林卡见到一个更大的毒气室，普凡嫩施蒂尔在晚餐后发表演讲时，夸奖负责人正在做一项“伟大的工作”。

格斯坦夜间乘火车返回柏林，和他同在一个包厢的是瑞典驻柏林大使馆随员戈兰·冯·奥特（Göran von Otter）。这次旅程让格斯坦极度心烦意乱，他冒险向奥特透露了真实情况，并敦促这位瑞典外交官把消息传到外部世界。他甚至表明了自己的身份，作为虔诚的新教徒，他还说柏林的新教主教奥托·迪贝柳斯（Otto Dibelius）是他的品德见证人。回到帝国首都后，格斯坦立即通知了迪贝柳斯及其天主教同行、康拉德伯爵冯·普莱辛主教，他还想向教廷大使（Papal Nuncio）和瑞士公使馆介绍这一情况，但一切努力都没有回音。瑞典随员向其政府提交的报告很快遭到埋没，主教们也没采取什么行动。

格斯坦的父亲是一位退休法官，也不想了解情况。他们父子的谈话并不成功，格斯坦给父亲写信时想重提此事。1944年3月5日，他给父亲写信说：

> 我不知道你是怎么想的，不愿争取一点点了解真相的权力。但是，当一个人把自己的职业生涯都奉献给司法体系时，对最近这几年的情况必定会有某些看法。你跟我说过（或者只是在信中提及）的一件事让我很是不安……你说：艰难岁月需要强硬手腕！——不！这种格言不足以为所发生的事情正名。

两代人角色翻转，儿子请求父亲明确道德立场，警告说：

> 在你生活和悲剧正在上演的这个时代，（他也）将逃脱不掉问责。如果我不可能或无权请求你重视这一责任，一切责任只能由你自负……我们之间将不再有任何理解。

他父亲依旧不为所动，儿子急于打动他，再次写信说，“如果你看一下周围，会发现这是一个裂痕，很多曾经关系亲密的家庭和友谊都被它割开”。和卡尔·杜耳克菲尔登一样，库特·格斯坦想廓清一个在他自己的家庭中受到阻塞的道德立场：毫无疑问，他不是个例。

只有极少数特权者真正目睹屠杀的过程。当消息迅速在灭绝营周围及外界传播时，关于行动的关键细节，也慢慢出现不少谬误。普凡嫩施蒂尔和格斯坦参观贝乌热茨的十天后，士官威廉·考尼德斯（Wilhelm Cornides）在加利西亚地区的拉瓦拉斯卡（Rawa Ruska）市火车站的月台上等车，这时一列挂载大约35节牲口车厢的火车进了站，车厢里挤满犹太人。一位警察向他解释说，这大概是最后一批从利沃夫运来的犹太人：“已经连续不停运了五个星期了”。当考尼德斯登上自己的列车，发现和他同在一个包厢的是一名铁路警察及其妻子，这位警察答应告诉他屠杀犹太人的灭绝营在哪里。火车在茂密的松林里穿行了一段时间后，他闻到一股甜甜的味道。“就在这里！”那位警察的妻子说道，“他们的臭味已经散发出来了。”她丈夫笑着纠正说，那“只不过是瓦斯”。“我们再行进了200码，”考尼德斯在日记里写道，“甜甜的气味变成什么东西在燃烧的强烈味道”。“那味道是从焚尸炉里冒出来的。”警察说。

拉瓦拉斯卡离贝乌热茨只有18公里，大多数火车穿越波兰时，都要在那里停靠。那年夏天，当一些法国和比利时战俘被送到那里工作时，向看守他们的中年德国预备役军人询问运载犹太人的列车驶向哪里。对方的回答很干脆，“去天堂”。两名比利时战俘在1943年春季设法逃到瑞典，他们在那里向一名英国特工谈到此事，这名英国人在报告中说：

> 给他们印象最深的是灭绝犹太人。他们都目击了这种暴行。其中一名比利时人看到装满犹太人尸体的卡车驶入森林，几个小时后空着回来。在铁路旁的沟渠里，都是犹太儿童和妇女的尸体。他们补充说，德国人自夸修建了毒气室，系统地对犹太人进行屠杀和掩埋。

法国战俘在东加利西亚的塔诺波尔附近挖掘犹太人的坟墓，拿里面的石头修路，他们返回德国后，也把这些事传播开来。一名战俘向一位他所信任的德国贸易工会分子透露了火车满载而去、空车返回的情况；另外两个逃到瑞典的法国人也向一名英国特工提到这类事件。他们不知道屠杀的具体细节，报告说“有些人称（犹太人）是被集体电死的”。这种情况并不奇怪。虽然尸体的运输、剥掉衣服、掩埋或焚烧都是公开进行的，在灭绝营外有目击者看到，但是屠杀过程是保密的。在邻近的什切布热申（Szczebrzeszyn）镇，消息灵通的医院主管齐格蒙特·克鲁克夫斯基（Zygmunt Klukowski）早在1942年4月8日就听到了“电杀”和“毒杀”两种说法。

大规模电杀的传说散播到很远的地方，连华沙犹太区都听说了。华沙开始驱逐犹太人的第二天，即7月23日，该市雅利安区守备部队中尉威尔姆·欧森菲德7月23日给家里写信，告诉妻子说，根据希姆莱的命令，“住有50万犹太人的犹太区就要空了”，“历史并非真正平行发展的。穴居人或许互相食人，但在20世纪随便屠杀一个民族，男人、女人和孩子都一个不留，这就是我们。我们正在对布尔什维克主义发动圣战，这是一种血淋淋的可怕罪恶，让你惭愧到无地自容”。他了解到的细节越多，心情就越糟。7月25日，他听说犹太人被送到拉布林附近的一个灭绝营，在电热房间里被活活烧死，以省却大规模枪决和掩埋的工作。

并非每个人都了解到这种消息，但它从灭绝营附近散布出去，除了当地德国接线员和铁路工人、与在酒馆喝醉后想发泄的党卫军成员闲聊的酒徒，或是在法本公司（IG Farben）的与来自奥斯威辛的犹太囚犯一起工作的德国工程师，还有很多人都听说了。其他形式的流言也在传播，如毒气隧道，遭驱逐的犹太人乘坐列车进入之后，被加热系统制造出的毒气杀死。早在1941年11月，一则黑森地区的日记就写了这种事，其后1942年6月在法兰克福、1942年年底在维也纳，都有人在日记里记述了这类传言。在柏林，鲁思·安德烈亚斯-弗里德里克（Ruth Andreas-Friedrich）在日记里三次提到此事。

与1940年到1941年间屠杀精神病人的消息一样，屠杀犹太人的消息在特权官僚阶层中传播速度最快。前驻罗马大使、反纳粹保守派乌里希·冯·海塞尔（Ulrich von Hassell）先是从苏联的特别行动队那里获知消息，然后从汉斯·冯·多纳伊（Hans von Dohnanyi）、乔治·托马斯（Georg Thomas）和约翰内斯·波皮兹（Johannes Popitz）等军方和军事反间谍机构中的高层渠道听说了毒气室。甚至法国被占区的帝国保安总局负责人维尔纳·贝斯特（Werner Best）也从东线归来的同事那里非正式听说了特别行动队的“清洗”。在影响力不是很大的德国人中，得知消息比较快的是在朋友和熟人中仍然维持着反纳粹网络的人。1943年8月31日，一位15岁的柏林社会民主党人的女儿在日记中说，“妈咪最近告诉我，大多数犹太人都在灭绝营里被杀掉了，但我不能相信。”

1942年1月，海乌姆诺的一名掘墓人雅科夫·雅诺维斯基（Yakov Grojanowski）逃出来，设法进入华沙犹太区，他的故事传到秘密犹太档案负责人伊曼纽尔·林格尔布卢姆（Emanuel Ringelblum）和犹太复国主义青年领袖伊扎克·祖克曼（Yitzhak Zuckerman）那里。至少有两封提到相似消息的信寄到罗兹，不过这些警告并没有得到广泛传播。1942年初，饥饿才是罗兹犹太区居民的头等大事，它掩盖了犹太区的5.5万人被驱逐的真正本质。

德国人未必听说了灭绝营之后，才了解屠杀犹太人的事。维也纳的律师路德维希·海顿（Ludwig Haydn）在1942年12月19日得知，毒气正通过暖气通风口输进驱逐犹太人的列车，而在此之前，他已经通过一手和二手的描述获知大规模枪决行动。那年6月底，他从BBC广播里听到灭绝犹太人的最早报道。不过海顿已经知道，“总之，关于大规模屠杀犹太人的事，这些广播只是证实了我们在这里已经了解到的情况”。

与此同时，即使负责屠杀行动的人也不完全了解取得了多少进展。党卫军领导人海因里希·希姆莱对“帝国中央保安总局”汇编的内部统计感到不满，于是委派他的首席统计学家理查德·科赫尔（Richard Korherr）提供可信数字；他的报告经过删节，语句改为更委婉的说法后，于1943年4月初送给希特勒。科赫尔估计，到1942年底，120万犹太人在灭绝营中被杀掉，在苏联被占地区还消灭了633 300人——从其他证据可以发现，此时的这个统计受到相当程度的低估。这是给纳粹最高层领袖看的秘密报告，然而它的估计大体上与同盟国的说法是一致的。“如果犹太人说我们在波兰枪杀了250万犹太人，或者说我们把他们赶到东方，那么我们显然不能回应说，实际数字只有230万。”戈培尔在1942年12月14日的秘密媒体简报会上说。其他人对屠杀规模只能猜测：乌里希·冯·海塞尔认为，到1943年5月，有10万犹太人被毒杀；鲁思·安德烈亚斯-弗里德里克听到一名党卫军成员夸口说，奥斯威辛一个星期屠杀2000犹太人，他估计每年仅在这一个集中营就杀掉10万犹太人。当生活在希腊小岛科斯岛（Kos）上的96名犹太人于1944年7月被迫乘船来到欧洲大陆，之后被送往奥斯威辛时，在全欧洲驱逐并消灭犹太人的行动已经人尽皆知了。

消息的传播并未自动引发道德责任方面的疑问，因为这需要公开讨论的氛围。戈培尔从1941年秋天起就要求“民族同志”积极支持标记和驱逐犹太人，他认识到，如果把这个话题演变为媒体公开报道的问题，就会引发出讨论和异议。他的反应是降低所有反犹太行动的调门。在“安乐死行动”中，他没有与德国人直接冲撞，避免使用一切强硬手段，用《我控诉》这部电影中绝症患者自愿找人帮助自杀的这类问题进行“软推销”，这次他使用了同样的手法。主要区别在于，利本艾纳的电影是为了激起全国讨论，让舆论适应德国清理精神科病房的行动。新的“犹太问题”宣传方法更为低调，群众听到的只有暗示和流言，这样更能使人陷入沉默，而非公开讨论。由于教会闭口不言，没有人站出来谈这个问题，不管支持还是反对“最终解决”，都没有及时在道德方面引发任何明确和公开的思考。

戈培尔的手段在某些方面显然起了作用。公开标记和驱逐犹太人都是不可逆的、有象征意义的行动，它们改变公众态度的速度虽然很慢，却是根本性的。1941年秋季的时候，还有很多德国人在拥挤的电车和火车上为犹太老人让座的例子，但到一年后，这种行为已经很罕见，而且会引发反感。1942年10月，当斯图加特的一位德意志年轻妇女在电车上为一位双脚明显肿胀的犹太老妇让座时，她发现自己成为公众谴责的目标。“滚！”乘客们齐志怒喝，“犹太的奴仆！”“你还有尊严吗！”司机停下电车，命令这两位妇女都下去。在明斯特，保罗海因茨·旺泽记录了东线在1941～1942年陷入危机后，德国人对犹太人逐渐冷酷的态度。

这是公共沉默的另一方面：人们即使对自己也很难表达出道德上的不安。索林根的教师奥古斯都·托波韦恩最早在1939年12月就听说了在波兰大规模枪杀犹太人的事，1940年5月又在日记中提到这种暴行。1942年5月，他被派往白俄罗斯协助管理一座战俘营，不到6个星期，他就报告了大规模枪杀事件：“在我们的村子，有300名犹太人被枪毙，男女都有，无论老幼。这些人必须脱掉外套（这些衣服显然会分给余下的村民），然后被用手枪打死。当地犹太公墓里都是乱葬岗。”后来，托波韦恩被派到乌克兰，他一路上又见到很多发生了大屠杀的地方，不过直到17个月以后，这位惯于沉思的高中老师才向自己承认这些暴行的真正目的。那是在1943年11月，他在日记里说，“我们不仅在消灭与我们作战的犹太人，实际上我们想把他们灭绝掉”。托波韦恩之所以想到这个问题，是因为他与一位士兵交谈时，“听到我们在立陶宛灭绝犹太人的消息，从婴儿到老人都没放过，内容很可怕，但显然又极为准确！”奥古斯都·托波韦恩似乎需要谈话（尽管是私下里的）刺激，才会把早已见到的事放在更大的背景下考虑。此时他的思路无法深入发展，这位新教徒的很多日记只是形而上地谈论战争，不能进一步思考其含义。

对非犹太裔德国人和大多数德占区欧洲人来说，驱逐和屠杀犹太人的行动要么极为秘密，要么没有太大意义。对被困在欧洲德国控制区的犹太人（在西欧被登记和标记的人、在东欧被赶入犹太区的人）来说，遭受迫害是他们最为关注的大事。在1942年的赎罪日（Yom Kippur）晚上，维克多·克兰普勒和妻子与坐犹太社区会馆的最后26位老人告别，第二天，他们就要被驱逐了，此时克兰普勒和其他犹太人都很清楚："这里所有的犹太人毫无例外都知道：可怕的末日就要到来了。他们（纳粹）将会覆灭，但他们或许可能有时间先把我们消灭了。"这种末日来临的感觉既是群体意识，也是个人感觉，直到战争结束，克兰普勒都以它为基础来理解所有的新闻。

犹太人和德意志人之所有存在这样的极大差异，其原因在于：对犹太人来说，毁灭的命运就悬在他们头上，这影响到他们对战争的其余所有方面的理解；而对德意志人来说，战争决定了他们对屠杀犹太人的理解和反应。使他们之间产生裂痕的不是不了解事实真相，而是对事实持何种观点，这种分歧因双方力量对比悬殊而极为显著，他们同样也无法为对方设身处地着想。

随着德国媒体把人们已经了解到的事情暗示给读者，传言变得更加怪异。1942年11月，希姆莱吃惊地了解到美国的犹太拉比斯蒂芬·怀斯（Stephen Wise）[①]曾郑重宣称，犹太人的尸体被制成了肥料和肥皂。这位党卫军领袖立即命令盖世太保头目进行调查，要求他保证只能对尸体进行掩埋和焚烧，不得再进行这样的利用。怀斯是通过瑞士的犹太教线人得知这种流言的，当时这样的说法已经广为散播。在柏林，人们传递着一个笑话："世界历史上最伟大的三位化学家是谁？答案：耶稣，他把水变成美酒；戈林，他把黄油变成大炮；还有希姆莱，他把犹太人变成肥皂。"15岁的孩子们踢完足球去洗澡时嘻哈闹腾，开玩笑问在绿色的肥皂水里会有多少犹太人。还有人把战时肥皂块上刻的"帝国工业油脂办公室"（Reichsstelle für industrielle Fette）的缩写RIF解读为RJF，即"消灭犹太人油脂"（Rein jüdisches Fett）。

肥皂传言或许可以追溯至第一次世界大战，当时英国宣传说，战死军人的遗体在德国的"尸体工厂"里被加工成甘油和其他产品。就像列车空载返回的那些特殊集中营里流传的大规模电刑杀人传说一样，真真假假的细节混杂在一起，表明人们都知道一场史无前例的、工业规模的行动正在发生。残忍的幽默

① 斯蒂芬·塞缪尔·怀斯：（1874—1949）匈牙利裔的美国宗教领袖，激进的犹太复国主义者且是世界犹太人议会的创始人（1936年）。——译者注

特别能把进行中的暴行消解掉，让人不把它们当真。人们谈论这些流言时语气轻佻，把事实曲解成荒谬，内心深处的不安得到抑制。

1942年到1943年，帝国境内所剩不多的犹太人更加孤立。犹太人工作时与“雅利安”同事相隔离，只能在指定时间购物，还被迫迁入“犹太”房屋，几乎没有与非犹太人打交道的机会。皈依天主教的欧娜·贝克尔·科恩（Erna Becker Kohen）发现，她必须退出教堂唱诗班，因为教区其他居民拒绝在一名犹太人旁边下跪，一些教士也不与她接触。黄星法令实行后，伯特伦枢机主教致信福尔哈伯枢机主教说，相比犹太皈依者问题，教会有更急迫的事情需要处理，这个问题还是交给各个教区自己解决吧。

在新教教会中，只有小派别“宣信会”认可了犹太皈依者与其他基督徒一起做礼拜的权利，符腾堡主教西奥菲尔·乌尔姆数次私下里给纳粹领导人写信，为他的1100名犹太裔基督教民争取权益。1941年11月，戈培尔接到他的一封信，内容是抱怨反“非雅利安”的措施被“罗斯福及其同谋”利用：可能想起了乌尔姆主教反对医疗屠杀的怯懦抗议，戈培尔把他视为新教的“加伦”：“他的信进了废纸篓”。乌尔姆虽然继续写信，但并没有起到多少作用。最后总理府秘书长拉默斯给他手书一则短信，警告这位主教“做好自己的工作，不要越界，闭上嘴巴，不要谈论普通政治问题”。乌尔姆退缩了。还有两位新教主教不愿与纳粹和“德意志基督教徒”派（German Christians）①的改良分子同流合污，他们是巴伐利亚的迈泽主教和汉诺威的马拉伦斯（Marahrens）主教。不过这两人都没有像乌尔姆那样做过抵制。这三位主教虽然都避开纳粹的种族反犹主义，但他们和大多数新教牧师一样，都是极为保守的民族主义者，都持反犹立场，依然把犹太人与“无神”的魏玛共和国画等号，认为纳粹消除犹太人影响及“雅利安化”其财产的措施是合法的：“宣信会”也不反对驱逐

① 1933年1月，希特勒出任德国总理后，德国新教教会中有不少人认为，宗教当积极介入政治，于是颇有为希特勒政府摇旗呐喊者。这些支持纳粹的宗教界人士，组成“德意志基督徒”这样一个阵营（Deutsche Christen，英文译作“German Christians”），并设法攫取了新教教会的领导权。据保守估算，当时德国至少有四分之一的基督徒加入这一阵营，也有人计算，比例或可高达三分之一。——译者注

犹太人。

德意志基督教徒是新教的另一个极端，这个教派急匆匆宣布，他们“中止一切与犹太裔基督徒的交流”，并且强烈支持迫害犹太人。1941年12月17日，梅克伦堡（Mecklenburg）、石勒苏益格-荷尔斯泰因（Schleswig-Holstein）、吕贝克（Lübeck）、萨克森、黑森-拿骚和图林根等地区的德意志基督教徒派教会领袖们要求把犹太人“从德国领土上驱逐出去”，并再次申明，“教会中没有犹太裔基督徒的位置，他们也不享有权利”。汉堡主教弗朗茨·图格尔（Franz Tügel）在1931年加入纳粹党，成为地方集会上的主要演讲人。尽管他从1935年开始疏远德意志基督徒，但在11月回应驱逐犹太人问题时提醒读者说：

> 我在大通胀时期曾经布道说，为了迅速制止辛勤节俭的德国人所受到的残酷剥削，应该关掉银行，吊死犹太证券交易投机商……我对犹太种族的新教成员不负责任，因为他们虽然受了洗礼，但只有极罕见的人才是我们教会的真正成员。如果他们今天必须离开这里去犹太区，那么他们应该在那里当传教士。

1941年圣诞节前两天，新教教会理事会（Protestant Church Chancellery）向各地教会发出公开信，号召“最高当局采取合适手段，继续使德意志信众的宗教生活不受非雅利安教徒影响”。

1941年圣诞节，约亨·克莱普在他所属的柏林尼古拉斯湖教堂发现，“没有戴着黄星标志的犹太人出席仪式”。他的妻子约翰娜嫁的是雅利安人，所以不用戴上黄星，不过她女儿莱娜享受不到这种豁免，不敢和他们一起来教堂。在仪式中，约亨和约翰娜心中“充满焦虑，担心教会不许他们接受圣餐”。克莱普两个月前返回柏林，他因为没有与犹太妻子离婚，突然被解除军职。1939年9月的时候，他确信德国打的是一场正义战争，为的是民族自卫，不过为约翰娜和莱娜的命运担心。他明白犹太人在战争中只能受到越来越强烈的迫害后，对于原先有机会移民时劝她们不要走充满了负罪感。现在驱逐行动开始了，他所担心的最坏的情况正在变成现实。

1942年3月，绝望中的克莱普求诸与政治精英尚存的联系，把他编辑的最后一本普鲁士“士兵国王”腓特烈·威廉一世（‘Soldier King’ Frederick William）[①]的书信集寄给内政部长威廉·弗里克：这是一份合适的生日礼物，并且提醒弗里克不要忘记曾经答应帮莱娜避开1941年10月起实施的犹太移民禁令。克莱普花了几个月时间，为莱娜办去中立国瑞典的入境签证。12月5日，签证拿到了手，克莱普立即联系英国驻斯德哥尔摩使团，想了解“贵格会”是否能帮莱娜去英国与她的姐姐碧姬团聚。他还找弗里克帮忙办理优先出境签证。内政部长答应见他，承认做过许诺，并且表示愿意帮他。当着克莱普的面，他拿到了帝国保安总局的许可。克莱普既高兴又焦急，问弗里克能否帮他妻子也出国移民。弗里克显然有些激动，他开始走来走去，向这位作家解释说，自己不再有权保护某个犹太人。“这种事从本质上说无法保密，元首要是知道了，会发狂的。”他告诉克莱普，现在他的妻子还受到与雅利安人婚姻的保护，不过他透露说，“有人正在推动强迫离婚政策，那意味着犹太配偶在离婚后会立即遭到驱逐”。

弗里克只能答应向“帝国保安总局”施加个人影响。但其结果是犹太问题负责人阿道夫·艾希曼（Adolf Eichmann）第二天找到他，警告他不得向任何人提起此事，“我还没最后准许，但我想结果就要出来了”。当克莱普再次询问妻子的事，艾希曼直截了当地告诉他，“不会批准共同移民”。他请克莱普次日下午再来了解莱娜问题的结果。第二天是12月10日，艾希曼对克莱普说，莱娜的签证被否决了。约亨、约翰娜和莱娜这时只能自己想办法离开德国：“今夜我们死也要在一起”。他们把耶稣举手祝福的画像摆在厨房里，关上门，打开炉子，躺到地板上，看着彼此和耶稣像，等待安眠药和煤气发挥作用。

① 腓特烈·威廉一世（Friedrich Wilhelm I，1688年8月14日～1740年5月31日），普鲁士国王兼勃兰登堡选帝侯（1713年～1740年在位），绰号“军曹国王”。腓特烈一世之子，腓特烈二世之父。他是一位性格严厉穷兵黩武的战士国王，他以极其粗暴的军人作风对待臣民，把军事训练的严酷推向极致，创立了“服从、服从、再服从”的“普鲁士精神”。——译者注

纳粹政权退缩了，没有强行解散犹太人-基督徒婚姻，这个法令流产后救了维克多·克兰普勒的命。不过要对这种婚姻采取行动的迹象一直没有中断。1943年3月，1800名娶了“雅利安人”的犹太男子在柏林被抓捕。在接下来的一个星期里，妇女们聚集在位于罗森斯塔塞街（Rosenstrasse）的关押这些人的建筑外，高呼“把我们的丈夫还回来！”——直到盖世太保决定放人才罢休。

柏林开始驱逐行动时，原本有7万名犹太居民，其中有不到10%的人隐匿起来。那些躲过驱逐大潮的犹太人抱着有特权和豁免证书护身的希望，但到1943年2月27日，这种希望破灭了，8000名还在该市军工企业工作的犹太人被抓了起来。现在唯一保命的机会是躲入地下。“工厂行动”开始前，爱玛·西蒙（Irma Simon）得知了消息，她和丈夫及19岁的儿子弗里茨待在家里，没去西门子公司上班。她丈夫是一位退役老兵，搞到一些氢氰酸药瓶，准备自杀。她拿着一个手提箱，来到莱尔特大街（Lehrter Strasse）找人救命。不可能的事竟然成真了，做鞋匠和铁匠的考斯曼恩（Kossmann）兄弟帮助了他们。这两位中年兄弟都是有共产主义倾向的工人阶级，他们接纳了这一家三口犹太人，将其藏在自己家里。起初爱玛与丈夫分开了，她丈夫与鞋匠待在一起，爱玛和弗里茨跟随铁匠。弗里茨已经到了入伍的年龄，他们把这个年轻人伪装成不适宜当兵。当他无法再隐瞒下去的时候，就返回部队，实际上就是藏在考斯曼恩家黑暗冰冷的库房里，由他的保护者偷偷送来食物，带走大小便。他在那里躲了两年。爱玛披上寡妇的黑纱，对人称受到奥古斯都·考斯曼恩的爱慕——这个编造的故事在1943年成了真。考斯曼恩兄弟不惧危险，把西蒙一家保护到战争结束，为了弥补本来就不太够用的配给，奥古斯都在空闲时帮当地农民干活，并用挣来的食物贿赂心存怀疑的小区看守。

躲藏在柏林的1400名犹太人被人救过不止一次，而是好多次。他们经常受到那些已经有秘密网络者的帮助，这些人善于摆脱盖世太保的监控。格哈特·贝克（Gerhard Beck）在柏林长大，他的父亲是奥地利犹太人，母亲皈依了犹太教。起初，格哈特因罗森斯塔塞街抗议而免遭驱逐。获释之后，他利用地下犹太复国网络和他的“雅利安”同性恋朋友支持，帮其他一些犹太人躲藏起来。纳粹德国刑法第175款禁止同性恋行为，男同性恋者很早就已能熟练隐藏他们的社交圈子和性行为，以免遭到社会歧视、反同性恋打击和警察的迫害。1945年年初，格哈特的犹太网络首先被当局破获，原因是一名犹太告密者把他们出卖给了盖世太保。

在埃森，玛丽安·施特劳斯的家人于1943年10月被驱逐后，她躲藏起来。玛丽安被一个自称为联盟（Bund）的伦理社会主义者的小圈子救了下来，她不停地从一个公寓搬到另一个公寓，乘火车和电车奔走于德国各国，起先是在不伦瑞克（Braunschweig）和哥廷根（Göttingen）之间穿梭，后来辗转于伍珀塔尔（Wuppertal）、米尔海姆（Mülheim）、埃森、布尔沙伊德（Burscheid）和雷姆沙伊德（Remscheid）。在接下来的两年时间里，她转移了30到50次，每一次都是对她的生存技能的检验。除了一个邮局通行证，她没有其他身份证件，因此必须时刻保持防范风险。当警察过来检查身份证件时，她学到一种逃生艺术，即在车厢里慢慢往前走，希望在警察检查到她之前火车能靠站，以便下车躲避。每个接纳她的房东都必须编造离家亲戚之类的遮掩借口，或者把她伪装成年轻母亲，向人解释为什么她不去工作，使用这种借口时，需要向其他联盟成员借个孩子。由于联系人太多，即使专注的活动分子建立的庇护链也可能在任何环节出问题，而他们成功的机会的确不大。然而他们之所以躲过盖世太保的侦察，主要原因是其乌托邦社会主义没有明显的政治色彩。为了鼓励公社生活，联盟成员买了几所房屋，而且他们很多人都跳现代舞。这些努力都源自20世纪20年代的“生活改革”运动，并使秘密警察相信他们不是政治性组织。联盟成员作为专注的活动分子和反纳粹者，视玛丽安为德国同胞，而非犹太人。他们作为社会主义革命者，也等待德国遭遇失败，这种政治立场使他们区别于那些有选择地帮助犹太人的人。

帮助犹太人躲避抓捕的人来自各行各业，威尔姆·欧森菲德最终也加入进来。他在1939年9月来到波兰后，对德国新主人的严酷手段感到震惊，决心凭自己的良心做事。他首先帮助波兰天主教徒，华沙在1942年夏天开始清洗犹太区时，他听说犹太人遭到大规模电刑屠杀。9月初，他获得更为确切的消息：他听到灭绝营的名字叫特里普林卡（Triplinka），犹太人在那里被用毒气杀死，然后埋进集体坟墓。起初他对德国人竟然能干出这种事情感到难以置信，但随着消息越来越明确，他深感羞耻。他开始重新阅读15世纪神秘的隐修士托马斯·厄·肯培（Thomas à Kempis）[①]的作品，自问上帝是否允许人类偏离正道，以便再次领悟他所教导的“彼此相爱”。

1942年9月25日，即最后一批犹太人运往特雷布林卡之后四天，欧森菲德参加一场晚宴，党卫军少校格哈特·斯特拉比诺（Gerhard Strabenow）博士也带着情人出席，那位女子打扮极其时髦，欧森菲德认为她身上的全套行头都可能是从犹太区掠夺来的。斯特拉比诺少校在宴会上态度轻松，他把自己描绘成“犹太区之主”。“他谈论犹太人，”欧森菲德在日记里说，“好像他们是蚂蚁或者其他虫子。说起‘重新安置’，也就是大屠杀，就像给房间消毒时根除臭虫一样。”他们的“餐桌上堆满美食，而周围人穷困到极点，士兵们填不饱肚子”，欧森菲德有点不太记得当时他在干什么，不明白“为什么人们都默不作声，不站出来抗议”。在华沙大驱逐期间，欧森菲德的主要工作是管理一所国防军的体育学校。他组织了一场为期一周的运动会，有1200名运动员参加，观众人数达数千人——这场活动极大振奋了军队的士气，运动会结束后，他和妻子去柏林舒舒服服地休了一个星期的假。

与人数不多的秘密社会主义者不同，欧森菲德对同僚毫无戒备，并不隐瞒自己的观点。尽管他反对大屠杀，并越来越认为国家社会主义者（他从1935年是其中一分子）与他们的布尔什维克敌人没有什么两样，但是很明显，他既不认为自己是反对独裁政权的阴谋者，也不觉得自己是德国事业的叛徒。相反，他告诉自己，“国家社会主义思想……只是得到容忍，因为当前两恶相权时，它的罪恶算是少一点。哪一种更罪恶，哪一种就会输掉这场战争”。他用写给在东线战场服役的儿子赫尔穆特的几封信来卸除心里的负担，告诉儿子德军从北非到北极所向披靡，“让人以这个国家为傲。有人可能对这事或那事有不同看法”，他补充说，无疑指的是反犹行动，“但是他们与其本民族血脉相连，

① 托马斯·厄·肯培，德国隐修士和祈祷文献作家（1380—1471），作品包括《效法基督》（1426年）等。——译者注

所以能忽略这些缺陷”。

威尔姆·欧森菲德又用8个月时间，才有了进一步的行动，在其负责的国防军体校里庇护了两名犹太人。与此同时，犹太区的起义被扑灭，这座城市里残留的犹太人都躲藏了起来。其中一个叫利昂·瓦姆瓦津斯基（Leon WarmWarczyn ́ski），他打破驶向特雷布林卡的牲口车厢逃出来，欧森菲德很快用一个波兰工人的假身份收留了他。对一战老兵威尔姆·欧森菲德来说，在华沙帮两名犹太人躲藏起来是一种自然反应，最终受的是良心的驱使。不过这并不违背他的爱国主义思想，他更不会希望德国战败，而瓦姆瓦津斯基要想活命，德国必须失败。

很少有人准备这样做。对《德意志汇报》的年轻记者厄休拉·冯·卡尔多夫（Ursula von Kardorff）来说，帮助犹太人缘于个人的偶遇。1942年11月的一个黄昏，门铃响了起来，借着走廊里昏暗的灯光，她看到两位访客都戴着黄星。她们说自己来自布列斯劳，带来了厄休拉父亲的一幅画（他是一位著名的学院派画家），现在想退给他们。“我们给了她们一些吃的，她们慢慢变得不那么拘束了”，卡尔多夫在日记中说，“这些人的经历真是无法形容，她们想在被抓住之前藏起来，像莱茵兰遭轰炸的难民那样生活。”她父亲把画买了回来，不过正如这位年轻记者所深思的，他们家访客不仅需要“物质帮助，也需要精神支持”。偶尔提供帮助是一回事，但卡尔多夫家不想再多做些什么了。

厄休拉在《德意志汇报》的文化评论版工作，她的弟弟和未婚夫都在高加索地区服役，在给他们准备圣诞包裹时，决定把自己照片塞进香烟盒的说明卡片里，想制造一个惊喜。不管她多么想帮犹太人保命，她也不希望德国战败。在准备《德意志汇报》的新年文化增刊时，她设计了一个版面，刊登的是从俄罗斯雪地到北非太阳的照片，以表现“德军士兵在守望”，回顾过去的这一年时，她在日记里说，相比轰炸和配给，绝大多数（民众）对灭绝犹太人漠不关心，甚至还支持”。

驱逐和大屠杀渐渐成为往事。到1943年夏天，特别小组把在特雷布林卡、索比堡和贝乌热茨遭毒气屠杀的犹太人尸体挖掘出来焚烧掉，在其后几个月时间里，这三座集中营被拆除。甚至挖掘和焚烧在加利西亚和乌克兰被枪毙的犹太人尸体在大后方也不是秘密，在帝国境内，各市政当局开始取下古怪、过时的禁止犹太人进入公共图书馆、游泳池和公园的标志。

第九章

清洗欧洲

当希特勒集中精力考虑战略抉择时，其他纳粹领导人努力搜寻劳动力、食物、煤炭和钢铁，以便有可能发起新的攻势，不管是什么样的攻势。

在1941～1942年冬季危机期间开始的轴心国联盟带来了一个日本盟友，也增加了一个美国敌人。经济资源极不均衡，希特勒的帝国与敌人相比是1：4。德国不能寄望成功打一场消耗战：这是第一次世界大战的刻骨教训。当东线三个集团军群竭力顶住红军的大反攻时，第三帝国的政治领袖们知道，当下在防守上取得的成果打破不了战略上的僵局：他们最多只能把东线战场转变成经典的消耗战，而随着时间的推移，结果最终将不利于他们。

1942年年初，唯一能让德国在战略上感到乐观的是日本盟友。日本轰炸了珍珠港的美国太平洋舰队之后，第二天立即进攻香港。1941年圣诞节，这个殖民岛投降了，此时日军席卷东南亚，1942年2月14日，新加坡陷落，日本的胜利达到顶峰。德国领导层了解到这些胜利之后，知道美国和英国最快也得到秋天才能有力量在西欧发起攻击，说不定还会推迟到1943年。不管美国和日本加入进来导致战线扩大会带来何种长期风险，短期内都会让危机中的德国缓上一口气。在希特勒看来，美国早在9月份就明显介入了战争，当时罗斯福命令美国海军在大西洋为向英国运送租借军援的船队护航，使其免遭德国潜艇袭击。11月，美国总统把《租借法案》扩大到苏联。日本袭击珍珠港给德国带来无数好处，使美国的资源被套在太平洋战场，无法迅速投在欧洲。

为什么希特勒觉得有必要在12月11日向美国宣战，原因并不清楚。考虑到75%的美国人依然反对参与欧洲的战争，罗斯福在国内政坛争取支持时，希特勒确实“帮了忙”。日本没有投桃报李对苏联宣战，如果日本在1941年12月这样做，斯大林可能会在调动西伯利亚的部队到西方防守莫斯科的问题上犹豫不决。希特勒向戈培尔承认，他对这次做出的最高决策感到极为满足，主动权完全在他手上，与1939年9月3日时的情况不一样，当时是英国和法国领袖向德国宣战。英法主动宣战恰好为纳粹领导人宣称的纯粹的防御性行动提供了理由，考虑到这一点，希特勒的感情用事比较奇怪。向美国宣战是毫无必要的——这一挑衅使以前的谨慎政策付诸东流：一切并非巧合，为了抑制美国犹太人的好战性，希特勒此时首次批准驱逐德国犹太人，而非恫吓采取行动打击欧洲犹太人。冲突不会缓和，没有协商余地。美国、英国和俄罗斯又一次联合起来反对德国，正如1917年一样。如果希特勒是在倾尽政治生命进行再战斗，誓要扭转第一次世界大战的败局，那么现在他得到了自己的“世界大战”。

德国领导人迫切需要重新考虑他们的军事战略。德军经常在数量和质量上比不上对手，1940年和1941年夏季之所以势如破竹，主要源于战略上的突然性。这种情况难以重现。德国军事情报机构和陆军总参谋部在1942年初就知道，他们严重低估了苏联的军工生产能力，即使动员起德国的全部经济和军事资源，在东部战线发起第二次行动，顶多也只是换来一场消耗战。在这个战略重估的犹豫期，海军也在改变战略，想让东线战事维持现状，将最大的资源投入到新的全球性空中和海上行动，与日本一起挑战英国和美国对地中海、红海、印度洋和大西洋的控制。当希特勒集中精力考虑战略抉择时，其他纳粹领导人努力搜寻劳动力、食物、煤炭和钢铁，以便有可能发起新的攻势，不管是什么样的攻势。

占领西欧高度工业化的地区后，德国有了摆脱战前不利地位、成为军事-工业强国的真正希望。除了美国，其他所有交战国都受困于资源有限。德国的资源储备量在下降，而且受短期瓶颈影响，还会出现波动。熟练工人徘徊在军队和工厂之间：“巴巴罗萨”行动中使用的大部分武器都是由1940年获胜后复员的军人制造的，一年后，他们再次应征入伍。这些人原本应该在1941年年底返回工厂，为1942年入侵英国生产武器。然而，他们却被困在酷寒的东线。只有大幅增加劳动力，战争生产能力才能相应提高。

物质资源情况相似，在1940年和1941年的夏季行动中，几乎所有汽油补给都用到一路推进的坦克部队中，随着储备日渐枯竭，决定性的胜利成为泡影。由于英国海军持续封锁，欧洲长期缺乏很多重要的军事资源，如石油和橡胶，食物也特别匮乏。德国可以生产人造橡胶和生物燃料，但这类替代品成本高昂，而且严重依赖有限的罗马尼亚供应，德军的坦克、装甲车和飞机都急需汽油。只有占领高加索油田，才能改变这种不利局面，1942年，它又成为一个关键的军事目标。

战争期间，煤炭依然是欧洲的主要能源。德国的煤炭供应名义上可以自给自足，但从一开始，德国铁路运输能力就拖了后腿，导致资源分配出现问题。1942年春与战争的第一个冬天时一样，铁路运力满足不了军事补给的需求，甚至驱逐犹太人的行动也不得不推迟。煤炭和钢铁是包括武器在内的工业生产的基础，各企业为了防止生产停顿，囤积这些资源，进一步加重了短缺局面。这种地方上的理性反应只会使普遍性问题更为恶化。与此同时，法国和比利时煤矿的产量在下降，限制了煤炭的榨取，因而也制约了工业扩张的步伐。造成这一结果的主要原因是饥饿。1941年5月9日到10日，比利时煤矿和钢铁厂发生罢工，象征纪念第一个被占领日。比利时雇主们急于阻止共产主义影响的扩大，宁愿与工会谈判，同意将工资提高8%；他们还拒绝把好战分子名单提交给德国军事当局。但法国和比利时煤矿最担心的依然是饥饿，法国工厂的社会委员会和比利时工厂的理事会把很大精力都放到建立工作餐厅和分发配给上，以至于被叫成“西红柿委员会”。

在每一个西欧被占领国家，德国军事和民事管理机构都相互斗争，还要与当地的盖世太保与帝国保安总局进行竞争，更不要提无远弗届的帝国中央机构，如戈林的“四年计划办公室”（Four Year Planning Office）、阿尔伯特·施佩尔的军备部（Armaments Ministry）、弗里茨·绍克尔的外国劳工征募部门、名义上由老纳粹理论家沃尔特·达雷（Walter Darré）领导实际上却日益受其国务秘书赫伯特·巴克控制的农业部。此外，德国试图在1942年创建泛欧经济时，是把劳动力和资本吸入德国，还是在法国的大西洋港口或上西里西亚的前波兰领土等欧洲被占地区上建立新工厂，内部也争斗不休。在所有的决策中，最重要的还是食物问题。

食物分配政治从来没有在理性上服从于经济或军事目标。如果一切按理性分配，那么法国和比利时的煤矿工人或许应该得到足够的食物，以便使他们增加生产。相反，德意志人被自动列为第一等，他们的配给在战争中成为最基本和持久的种族权利。食物分配成了农业部的特权，赫伯特·巴克坚持对纳粹政权的种族-民族主义优先权进行严格解释，因而声名鹊起。在拟定巴巴罗萨计划期间，他估计为了供养德国军队，2000万到3000万斯拉夫人将被饿死。1942年年初，德国当权者惊讶地发现，前一年秋季到冬季期间苏联平民的死亡人数不够多。另一个震动是由于自信战争不会持续太长时间，大后方的食物储备已经降低到很危险的程度。巴克立即制订东线的第二个“饥饿计划”，并在整个欧洲被占地区实施食物运输配额，在西线实行与东线相似的征收。

1942年8月6日，赫尔曼·戈林召集负责在被占地区推行巴克的食物征收计划的官员开会。戈林承担起责任，冷酷而明确地表达出他的主张：

> 我前面摆的报告是你们想说的……如果你们说你们的人民将挨饿，关于这一点对我来说没有什么区别。让他们饿肚子去吧，只要没有德国人吃不饱就行。我们的军队英勇夺取无数领土，然而我们的人民几乎被迫接受一战水平的可怜配给，（昨天）地方长官们发言时你们要是也在场，就会明白为什么我会感到无比愤怒……我只对被占地区军工和食品生产企业的人有兴趣，他们必须得到足够的食物，以便能继续工作。

为了增强说服力，他还提醒官员们，如果让绝大多数受他们统治的民众挨饿，会造成不利的社会后果，灭绝犹太人能在他们的领土内节省出一些食物。1942～1943年，德国20%以上的谷物、25%的油脂和近30%的肉都是从欧洲被占土地上掠夺的。在同一时期，从法国和苏联被占地区搜刮的谷物、肉类和油脂数量翻了一倍多，从350万吨增加到878万吨。在乌克兰的基辅地区，整个占领期间规模最大的一轮征收发生在1942年的收获季到来之前：6月份，征收到38 470吨谷物，7月又征收了25 670吨，8月初终于下降到区区7960吨。“乌克兰总督辖区”（Reichskommissariat Ukraine）的粮食与农业部代表回来做了一次视察，满意地看到这一地区的农民没有存粮，甚至连种子也没有。这是一次军事风格的征收行动，主要由“乌克兰治安警察”（Ukrainian Order Police）组成的分遣队涌入居民区、磨坊、市场、花园和谷仓，搜寻隐藏起来的存粮。很多从法国和乌克兰获得的补给即刻直接送给德军；管理从波兰中部和中部到西乌克兰这一区域的“普通政府”把过半黑麦、土豆及三分之二的燕麦运回帝国。

几乎与此同时，劳工雇用量激增。1942年3月21日，希特勒任命他的老同志、图林根地区长官弗里茨·绍克尔为劳工动员全权代表。从1942年年初到1943年6月，绍克尔的机构每周往帝国输送34 000名外国劳工，此前德国已经有了280万到350万外国劳工。这个数字持续增长，到1944年夏，外国劳工数量达到将近800万。在西欧被占地区强迫雇用引发了混乱和野猫罢工。①当火车将强迫征募的法国工人运往德国时，群众无视战时对民族标志的禁令，高唱起《马赛曲》。在比利时，工会和天主教工人的青年运动帮助休假回家后拒绝返回德国的“顽固分子”（réfractaires）躲藏起来。在法国、比利时和荷兰，不再回德国工作的劳工数量达到近三分之一。他们中的大多数人被迫干起非法工作，借宿在别人家，经常是在偏远的农场，因为他们要躲避搜查，所以是理想而温顺的劳动力。由于德国的力量发展至顶峰，相对很少有人愿意更进一步加入小型反抗组织。

然而，绝大多数强迫劳工来自东欧。波兰普通政府和乌克兰出力最多。根据绍克尔的统计，1942年4月到11月间，1 375 567名苏联德占区上的平民工人被送到德国，波兰普通政府的输送数量为291 756人，瓦尔特兰为38 369人，与之相比，荷兰、比利时和法国（除了北部地区）加起来只有357 940人。在东线，村庄领袖们如果完不成德国的配额，可能要遭到处决，因此他们喜欢选择外来人。在乌克兰村庄占多数的沃利尼亚地区，波兰人作为主要幸存下来的少

① 指未经工会组织的罢工，这种罢工形式在许多国家被认定为非法。——译者注

数民族，经常成为征募目标。老人也同时受到压力，需要向德国提供粮食和劳工，于是选择派送不从事农业劳动的人，导致还没登记就业的青少年数量特别多。在1942年征募到德国的劳工中，过半是12到22岁之间的女孩和青年妇女。

在德国殖民管理者看来，这种战略难以持续。帝国无法长期从东方殖民地同时掠夺食物和劳动力，这些地区已迅速陷入饥饿，死亡率越来越高。斯大林在20世纪30年代的第一个“五年计划”中强制推行集体化时，也曾在乌克兰造成严重的饥荒：对苏联计划者来说，乌克兰农民挨饿或者农业生产暴跌没什么大不了，只要他们能完成配额就行。但即使斯大林也发现，这种政策不可行，必须对农业进行再投入，推行机械化，以减缓某些损失。纳粹德国的不同机构尽管在内部有过相当多的讨论，但没有进行过这种调整。

德国的“东方”注定陷入螺旋式经济衰退，而且在无法无天的残酷殖民统治推动下，衰退速度更快了。到1942年秋季，德国对新收成提出的要求已经不可能满足。邮局审查员和帝国保安局发现了农村地区受到的冲击。“收获季节到了，然而我们还没有面包”，一位乌克兰妇女给在德国工作的亲人写信说，“人们捡秸秆，用手磨机磨一磨，做成面包。我们就是这样生活，也不知道以后该怎么办。”几乎每家都建起私人酿酒场，酒的消费量上升了，至少德国人无法夺走酿成酒的粮食。“他们‘想喝就喝’，”一家沃利尼亚报纸报道说，“而且‘不需要任何理由’。以前一个村子只有一家酒馆，而在每三座房屋里有一座就是酒馆。”

在较为贫困的农业区，如波利西亚（Polissia），没能完成生产配额，于是一场新的针对平民的可怕战争开始了。1942年9月2日，德国和乌克兰警察来到布列斯特-立陶夫斯克东部的卡米卡村（Kaminka），屠杀了所有村民，烧掉全部房屋，以警告周围没有完成配额或者涉嫌支持游击队的村庄。三个星期之后，轮到了拉特内（Ratne）附近的考特利西村（Kortelisy）。科韦利（Kovel）的地区专员告诉村民说，已经发现他们窝藏游击队，因此下令要把他们活活烧死在家里；然而，他减轻了判决，改火刑为枪毙。在2900名被屠杀的人中，实际上没有一个是游击队嫌疑分子：屠杀他们只是进行威慑。随着这种依靠恐怖手段进行绥靖的战略在东欧和南欧推行，其后两年时间里被焚烧的村庄数量以指数级增长。白俄罗斯、希腊、波兰东部、塞尔维亚等地区虽然出发点不同，但都涉足德国的“反游击”行动，进行大规模集体报复，意大利后来也加入进来。在西欧，这种行动比较少见，法国的格拉讷河畔奥拉杜尔镇（Oradour-sur-Glane）及波希米亚和摩拉维亚的利迪泽村被摧毁后，成为独特的纪念地，展示着德国的残暴。白俄罗斯获得解放后，统计出600多个村庄被德国摧毁，其村民被屠杀：白俄罗斯总人口1060万人，其中220万人在被占领期间死亡。

农民们经过一段时间之后，才把游击队视为解放者，而非对他们不稳定生活的另一种威胁。1942年，游击组织仍然很弱小分散，难以对德国构成严重威胁。相反，相互敌对的波兰、犹太、乌克兰和苏联游击队在森林里为了争夺地盘和周边村庄的食物补给而打来打去。德国无休无止地从乌克兰索取资源，导致其在经济、政治和社会上全面崩溃，陷入民族冲突的旋涡。在东南和南欧其他地方，军事、政治和经济的均衡情况各不相同，但这些地区都有一个共同点：国家政权崩溃。在白俄罗斯、波兰、塞尔维亚和乌克兰，不允许存在独立的国家或地方政府，治安警察只是附属组织，最终分崩离析，很多成员在德国统治的最后岁月加入了游击队。

与东方的直接殖民统治相比，法国的国家机构得以保存。在法国，向农民征收食物的整个过程都通过中间人来执行，即使在占领之初就受到德国直接军管的布列塔尼和里昂也是如此。德国和法国各级官员在该过程中不停进行谈判，从中央集权的维希临时政府各部长到农村乡镇的市长都参与其中。供给体系中的一个大问题是非法屠宰牲畜。德国为了加强控制，自占领之初就发布新规，禁止法国农场生产乳酪和屠宰牲畜，以促进大型屠宰场和乳品场的发展。农民们想尽一切办法来规避这些规定，1941年秋，他们迅速选出一位普通农民而非让维希政府官员来担任新的曼恩-卢瓦尔省（Maine-et-Loire）“农民联合会”（Peasant Corporation）领导人，维希政府成立这个组织本来是想加强对农村的控制，现在却事与愿违。保守派天主教贵族目空一切，如在维希精英阶层中根深蒂固的香槟伯爵亨利（Comte Henri de Champagny）就自作主张，把他在安茹省（Anjou）索姆卢瓦尔（Somloire）地区拥有的公社的黄油定额由

375公斤减到50公斤，丝毫没有不安之感。关系不太广的市长们操起农村惯用的防护手段——顽固地保持沉默。德国对未完成定额的地区实行连坐罚款，但长年收不到钱——不交罚款相对也不会受到什么惩罚。尽管法国政府首脑贝当元帅支持率很高，但他幻想的保守主义的“全国团结互助”也因农村各地拒绝合作而流产。

在乌克兰，德国对农村的掠夺逐渐摧毁了地方政府，引发无政府的内战；在法国，中央政府虽然没有彻底失去权力，但也受到相当程度的削弱。1940年，与侵略者打交道的是地方上的地主和教士，他们自愿充当人质，以保证民众的安全；如今他们想保护民众免遭极端经济劫掠。在西欧德占区，类似官方的规劝和乡村的反抗都在上演，地方显贵作为关键角色重新露面，这是“地方压倒国家”（pays over patrie）的胜利。

在欧洲各地，乡村的繁荣是以城市的萧条为代价的。卢瓦尔省的城市工人因为德国的武器需求而受益，他们生产航船无线电、帐篷、灯火管制物资和伪装网、鱼雷艇和驱逐舰、铁路机车和亨克尔Ⅲ轰炸机，更不用提建造潜艇修理坞和大西洋沿岸堡垒等大工程了。但是，高就业率、优厚的薪水和有名无实的较好配给不能使他们躲过持续性的食物短缺和饥饿。大城市情况最糟。1942年5月31日，巴黎的布希街（rue de Buci）市场爆发了食物骚乱，导致两名警察死亡。在其后的镇压中，帮助协调抗议的男共产党员被处决，女嫌疑人被投入拉文斯布吕克集中营。然而，这类抗议只是孤立事件。随着补给品流入黑市，排队领取官方配给的人越来越少，现实让他们变得麻木。

巴黎的中产阶级回到1940年疏散时去过的地方，如希农镇（Chinon），而驮着两个挂包的资产阶级自行车游客在乡村成为令人熟悉的身影。由于缺乏摩托化运输方式，自行车进入黄金时代。几乎每个小镇至少都有一个自行车俱乐部，由于英国的海上封锁截断了进口橡胶的渠道，大多数自行车手对如何更换破旧的轮胎等现实问题日益关心。一般的解决方法是把长长的花园水管连起来当轮胎使用，尽管这样会使自行车骑起来又慢又特别颠簸。

经济碎片化和区域化引发深刻而更为根本性的分裂：即食物富余区和食物匮乏区的对立，有时在相同的地理区域同时存在这两种截然不同的地方。在欧洲范围，荷兰和丹麦食物富余，而比利时、挪威和希腊的食物都不够用。丹麦政府拥有自主权，其管理者采纳了一种定价和配给政策，鼓励农民增加猪肉、牛肉的供应，提高向德国的出口量，他们没有对国内消费进行严格限制，黑市没有生存空间。这种直接经济刺激的制度获得可观成就：丹麦虽然只有400万人，却越来越成为德意志帝国的重要出口国，贡献了10%～12%的牛肉、猪肉和黄油。到1944年，随着其他地方的来源迅速枯竭，德国城市肉类供应的五分之一都来自丹麦。荷兰农业部门技术现代化程度高，虽然英国封锁致使其缺乏动物饲料，但对德国也很重要。荷兰农民日益被迫转向耕作农业和温室农业，到1941年，他们饲养的牲畜大减少，以至于都能向德国出口饲料了，另外他们还大量出口水果、蔬菜、糖和土豆。

挪威、比利时和希腊情况相反，需要大量进口食物。纳粹决策者考虑问题时混合了种族政策和经济实用性，他们认为挪威比帝国更为“雅利安”，而且以德国的标准来看，对其的占领堪称“典范”。然而即使在挪威，儿童的死亡率也开始上升，到1942年夏，德国的报道注意到挪威人“出现相当程度的营养不良”。在比利时，从德国进口的物资从来都不够用，只达到战前水平的17%。随着工资水平停滞不动而黑市食物价格飞涨，出现一波劳工骚乱。

战争爆发前，希腊三分之一的粮食是从加拿大、美国和澳大利亚进口而来。1940～1941年，粮食供应骤降至战前水平的40%，德国占领不到5个月，欧洲被占区的第一场饥荒就发生了。在雅典，每日卡路里摄取量降到930，接下来的一年中仅在雅典的比雷埃夫斯地区，就有4万人死亡。与巴克针对苏联连续制订的“饥饿计划”不同，希腊的饥荒并非出于有意，它是由军事采购和征收的致命组合引发的，同时受到食品批发商囤积居奇的影响。由于希腊被划分为意大利、德国和保加利亚这三个独立占领区，国内贸易受到限制，特别是粮食富余的色雷斯（Thrace）和东马其顿（Macedonia）不能自由卖粮，饥荒程度更为严重。每天有一列火车从雅典开往北方，搜寻粮食的城市居民一天通过铁路能带回来的食物不超过300～350吨。由于邮政和电报通信也陷于崩溃，统一的国家经济迅速瓦解。三个军事管理当局都没有提供多少援助，巴克领导的柏林的帝国粮食部也是如此。只是在英国同意解除封锁，允许瑞典船只在国际红十字会的监督下将加拿大的粮食运到希腊之后，饥荒最终才得到缓解。比利时和挪威具有重要的经济和战略意义，而且被视为“德意志”和“雅利安”国家，而1941年春在雅典设立总部的“亲希腊”的德国官员喜欢的只是古希腊。1942年春，希腊的德语报纸开始谈论“城市寄生虫”和“无用的吃货”——德国此前只是把这种说法用于犹太人。

1942年7月16日和17日，法国警察首次大规模围捕犹太人，在巴黎及其郊区抓获13 152名外国人。有孩子的家庭被关进冬季自行车运动场（Vélodrome d’ Hiver），那里没有足够的卫生设施、水或食物，8160人在盛夏的闷热天气里被囚禁了6天，然后遭到驱逐。

当犹太人还被关在自行车运动场里的时候，很多法国民众沉迷于壮观的职业自行车赛。10天前，即1942年7月5日和6日的周末，巴黎群众涌入樊尚（Vincennes）的市体育场，观看荷兰冠军范·弗里特（van Vliet）夺取决赛胜利，贝当的巨幅画像在俯视着他们，敦促他们“遵守纪律。元帅恳求你们”。7月16日，即围捕行动的第一天，一位法国人赢得环西班牙自行车赛第十四赛段的冠军。1942年秋，举行了一场六段的小型比赛，以替代环法自行车赛，它被称为法国巡回赛（Circuit de France），共有69名选手参加，赛程全长1650公里。埃米尔·伊迪（Emile Idée）和马赛尔·肯特（Marcel Kint）在巴黎-鲁贝和环巴黎年度赛中胜出，法国自行车手继续征战环意大利、瑞士和西班牙比赛。宏伟的冬季自行车运动场在9月份重新向公众开放，举行的是一场拳击赛，宛如那里什么都没发生过。

法国搜捕犹太人的行动一直持续到1943年3月：火车把犹太人运到设在德朗西（Drancy）、贡比涅和皮蒂维耶（Pithiviers）的中转营，从那里再送到波兰的灭绝营。法国人对驱逐犹太人保持着怪异的沉默，与德国强征法国工人时自发出现的示威极为不同。只有在荷兰和丹麦，才有人勇敢地公开站出来，对犹太人表示支持。1941年2月，德国警察部队在一家犹太人开的冰激凌店遭遇小规模袭击，为了进行报复，德国在阿姆斯特丹街头抓捕了数百名犹太男子。荷兰共产党号召在1941年2月25日举行总罢工，德国人用真枪实弹和手榴弹进行了镇压。其后这种事没有再发生，但是当荷兰开始驱逐犹太人时，天主教会公开进行抗议：1942年7月26日，乌得勒支（Utrecht）枢机主教德·容就驱逐犹太裔皈依教徒问题给帝国总督阿图尔·赛斯-英夸特（Arthur Seyss-Inquart）写的信在所有的天主教堂都进行了宣读。德国迅速做出反应，逮捕了大多数犹太裔天主教皈依教徒：教会没有再做反对，驱逐犹太人行动得以顺利进行，只有荷兰工人被迫乘火车去德国工作时，才有人高唱着爱国主义歌曲“橙色飘扬！”（Oranje boven!）进行激烈抗议。在丹麦，反犹主义不太流行，德国直到1943年夏季才试图驱逐犹太人，因为他们知道过早采取行动，会使丹麦宪政王室终结与德国合作。当帝国全权代表终于在1943年9月决定要驱逐丹麦的犹太人时，行动日期被人泄露出来，该国7000名犹太人大都偷渡过波罗的海，安全抵达中立国瑞典，只剩下485人没有走。

但这些只是特例，欧洲大多数地方对驱逐犹太人都保持沉默，没有进行抵抗。除了在丹麦，德国占领其他地区时，都有意煽动原先存在的反犹主义。为了躲开德国对劳动力和食物的掠夺，并避免因“恐怖分子”的活动而遭受人质绑架和报复，欧洲各被占领区一般都把犹太人当作牺牲品。每个被涉及的机构都有底线，不是什么都能接受。如法国天主教会的枢机主教团早在维希政府采取行动以前，就曾建议取缔犹太人的权利，但当1944年2月1日征召未婚妇女去德国劳动时，其底线被突破。高卢派教会（Gallican Churches）的枢机主教和总主教会议公开谴责这种行动“严重破坏家庭生活和我们国家的未来，严重破坏妇女的尊严、道德感受和她们的神定职责”——即母性。与驱逐犹太人时教会的无动于衷相比，这种抗议是从未有过的。在德国占领期间，沉默是最大的抗议：它表明为了保护真正的关键利益，可能做出退让。

然而，犹太人被赶走后，他们的命运并没有被人遗忘。在波兰和乌克兰，人们在1941年和1942年聚焦起来，围观抓捕犹太人的行动，并获得他们留下的财产，屠杀犹太人很快成为他们衡量自己可能遭受何种命运的标尺。1942年秋季，党卫军返回扎莫希奇地区（Zamość），把波兰人赶走，使当地村庄“德意志化”。由于此前数月该地区的犹太人已经被清除，流言迅速传开，说波兰人将被送入贝乌热茨或特雷布林卡的毒气室。在乌克兰各城市，人们也有类似的担心。基辅于1941年9月被占领后，犹太人在巴比亚尔山谷遭屠杀，当地人基本上没有表示同情或出手帮助。1942年4月，德国封锁了这个城市的食物输入渠道，人们无处可逃，一位教师在她的日记里问道，“能怎么办，如何能活下去？他们可能想让我们慢慢死掉。显然把每个人都枪毙掉太麻烦了”。8月初，德国占领达一年，纳托娃（Nartova）记录下基辅同乡的话：“他们先解决了犹太佬，但嘲弄了我们一整年，每天灭绝掉几十个人，用慢性死亡消灭我们”。

虽然在德国教室的地图上，从大西洋到里海的欧洲都被万字符号覆盖，但在帝国境内食物长期短缺，人们难以表达出胜利的喜悦。1941～1942年的冬天快结束时，巴克在欧洲占领区发动的食品征收计划都无法让德国民众不饿肚子。1942年4月6日，配给量被大幅削减，而且是所有品类。纳粹领导层认为，1916～1917年的“芜菁之冬”与1918年11月的“背后插刀”直接相关，因此最不想降低的就是配给标准。不到一个星期，帝国保安总局就证实，开战以来对民众士气打击最严重的就是这次大降配给之举。

帝国保安总局警告说，“食品供应情况”在大城市中引发“民众的尖锐批评，他们对未来产生疑虑”。毫无疑问，数周以来当局虽然有意走漏风声，制造流言，但对民众心理造成的冲击还是前所未有的。1941～1942年冬，燃油发生短缺，学校被迫关闭，人们穿着厚厚的衣服待在较暖和的室内不敢出门，家家户户都是如此，就连普福尔茨海姆的保卢斯医生家也不例外——这一切在战争的第一个冬天都使人们感到警觉。削减配给带来的是一种完全不同的震惊。

每周面包配给一下子砍掉250克，虽然有土豆和其他碳水化合物来弥补，不过蛋白质和油脂的配给量还是大幅下降。除了从事“极重体力劳动”的人，其他民众的每周肉类配给少了25%。对于家庭主妇、退休人员和白领工作者等划归“正常消费者”类别的人，每周肉类配给从400克降至300克。尽管媒体费尽口舌，将现行配给与第一次世界大战时期进行积极对比，并指出孕妇、哺乳期妇女和儿童的配给标准没有降低，但都无济于事，德国各地的主妇们还是大声抱怨说，不知道怎样才能让孩子吃饱。

尽管配给标准从来没有降低到第一次世界大战时期那种灾难性水平，尽管这个体系直到战争的最后岁月还在大多数地方发挥着作用，却无法阻止德国人将其与上一次战争进行比较。帝国保安总局驻鲁尔区的一个办公室不久前警告说，“在企业里，怀念1918年的情绪越来越浓烈”。在其他地方，可以听到工人们公开谈论削减配给如何影响到他们的生产力，这是明确的怠工威胁。1942年下半年，受到旷工和其他违反劳动纪律指控的人迅速增多。由于用度不足，也迫使妇女们为了能买到东西而把更多的时间浪费在排队上，雇主们则强烈抱怨德国的女性员工靠不住。一些善意的宣传活动也使人联想起上一场战争，如符腾堡的牛奶和脂肪贸易协会敦促人们收集山毛榉果实榨油，就导致这样的后果。

因为消费者领取配给时，是在特定的商店和肉铺登记的，不能自由购物。特别是在莱茵兰和鲁尔区的城市中，人们一大早就开始排队，有报道说早上五六点甚至深夜2点就有人来排队了。有时负责维持秩序的警察也会加入到排队的行列，以便能获得紧俏的物资，如鱼类。1942年8月，卡斯特罗普-劳克塞尔（Castrop-Rauxel）的地方纳粹党领袖警告说，“如果蔬菜等物品还按目前这种方法销售，妇女们总有一天会忍不住爆发，由此带来恶劣的后果”。德国人没有效仿巴黎人搞食品骚乱，而是用妒忌和抱怨来排遣不满，牢骚满腹的购物者对邻居很是警觉，以防他们不遵守规定。

早在开始削减配给之前，战争就已经变了味。德国和英国一样，肉、奶、蛋、新鲜水果和蔬菜渐渐从餐桌上消失，这些食物的卡路里可以由面包和土豆来替代，直到每天吃的90%的食物都是这些东西。面包的质量也在恶化。在英国，白面包变成全麦面包和胚芽面包后，营养有了相当改进。传统上德国面包的质量更好，现在却每况愈下。到1942年4月，磨面时几乎一点麦麸也不剔除了，而且还在面粉中越来越多地添加的大麦、裸麦和土豆粉。低质量面团得加更多的水才行，做出的面包相应更重，所以能在不减少配给量的情况下更节省面粉。人们很快抱怨这样的面包会导致消化不良，在更喜欢小麦面包而非裸麦面包的南方地区尤其如此。用淀粉替代油脂、蛋白质和维生素，对生理和心理都造成影响。卫生调查员估计，在战争的前几年，城市工人耗光了体内原先积存的脂肪。他们无法用脂肪和必需的矿物质补充损失，靠以淀粉为基础的食物无法长时间保持吃饱的感觉。官方的“四水果果酱”中添加的大黄、南瓜和绿番茄越来越多，好让水果粒显得更有分量。最低脂肪含量中牛奶、黄油和人造黄油的标准都在降低。

土豆可以大量储存在地窖里，是最为常见的主食，它的烹饪方法多种多样，从汤到饺子到酱料都能用到。很多饭菜都需要土豆粉，其制作方法比较复杂，需要先用手把土豆放在桶里掏碎，加上水，撇去表面的脏东西，最后用勺子把白色的土豆粉挖出来，摊在吸水纸上晾干。干这种活有时得花一整天的工夫。随着糖的供应更为困难，都市妇女们去乡下帮农民挖甜菜，农民用甜菜当报酬。一位年轻妇女回忆说，甜菜的心叶不能扔，可以当“菠菜”吃，甜菜的外皮洗净后，切成块放进大盆里煮上几个小时，冷凉后用洗涤压滤机从煮好的甜菜中榨出稀薄的棕色液体，然后再烧上几个小时，直到这种液体变成浓浓的甜浆。对于人造化学调料的需求增多了，如香草糖或柠檬和朗姆酒香精，配给食品千篇一律，于是人们挖空心思研究新吃法，用土豆、小扁豆、芜菁和卷心菜做“肉丸”和“肉片”的方法流行开来。人们对战时单调的饮食感到厌烦，沉迷于食谱和幻想出来的美食，吃饭时对失去的“黄金时代”总是念念不忘。

战争开始以前，妇女们就把利用浆果和其他水果、卷心菜、胡萝卜、蘑菇及其他蔬菜制作甜味或盐腌果酱的方法教给了女儿。战争一爆发，家庭菜园就变得日益重要，很多矿工家庭还养起山羊或小猪。在城镇和乡村，很多家庭继续喂养兔子和鸡，虽然饲料不够用，不能像以前那样养很多。甚至恩斯特·保卢斯这样的开业医生现在也养起了鸡，还开垦了一块地。荨麻曾经长期被希特勒青年团拿来当草药用，如今开始作为蔬菜出现在黑市上。家家户户都去森林里挖蒲公英做沙拉，捡橡树果当咖啡，用甘菊、薄荷和柠檬叶当茶叶。

黑市有了新面貌。肉贩和杂货店主对熟识的顾客搞私下交易。一位在药店工作的年轻妇女拿库存的黑茶和糖浆换肉，另一位在市政厅配给卡部门工作的人给她妈妈签发了很多优惠券，而且很走运没有被发现。伊丽莎白·汉克（Elisabeth Hanke）是夏洛滕堡配给卡办公室的一位职员，她很快注意到在每四个星期一次的配给周期中，总有人没有按时来领配给卡。虽然扣留这些卡需要领导批准，但签发时就不需要了，于是她把无人认领的配给卡发给了自己。一天晚上，她与同事下班后出去喝酒，认识了一位在空军部工作的官员，两人很快建立了一种经济伙伴关系：她向他提供配给卡，他把领到的配给物品私卖掉。他们俩没多久也成了情人。

当刑警打击黑市时，详细调查了柏林的每个地区，对咖啡馆、酒吧、商店和饭店等人所周知的交易地点特别关注。每个地点都有社会地位不凡的顾客，优雅的资产阶级经常买“更时髦的伦敦西区物品”，魏丁区（Wedding）、新克尔恩区（Neukölln）和施潘道区（Spandau）的工薪阶层特别关心日常用品。虽然很多商贩在厕所搞秘密交易，但招待们向用餐者出售雪茄却是公开的——不用多说，保密和讨价还价是需要的。

1941年4月1日，玛莎·里比恩（Martha Rebbien）因为她的黑市交易与房东太太吵架后，不得不另找出租屋。两年后，这位55岁的女招待终于被捕，于是她立即指控前房东太太，称自己向她供应食物，而在监狱当看守的房东用自己的关系搞到“咖啡、肉罐头和巧克力”。但是，目击者的证词和其后的审讯很快揭开当地的一个非正式网络，包含了大约40名商业伙伴和合伙人。大多数人都在当地的酒吧里工作，离格森布鲁能（Gesundbrunnen）火车站都不足一公里，这个站点位于工人阶级居住区的心脏地带，是柏林最繁忙的火车站之一。里比恩做买卖一般从个人接触和谈话开始，然后走到她家里取货，以防被人发现——因此房东太太扮演了重要角色。尽管这个网络规模不少，不过其黑市交易规模并不算大，而且每个人仅与其他少数成员有关系。只有里比恩的一位当旅行推销员的联系人被查明是个大商家：他在丹齐格大街（Danziger Strasse）的一家咖啡馆里做生意，给她的经过考验值得信赖的顾客群又拉来14位联系人。

这种规模仍然不算大的黑市招来半隐半现的传统卖淫活动，妓女先在黑市交易场所与人搭线，在把客户带到自己家里之前，依靠熟悉的邻里网打听消息，防备陌生人。由于性交易需要黑市提供化妆品、服装、美发品和医疗保健服务（特别在堕胎时），这两个网络相互重叠。

和欧洲被占区一样，在农村可以买到食物。一到星期天，开往郊区的火车上挤满了人，他们想拿儿童玩具、厨房用品、大衣、鞋子和男便装换鸡蛋、牛奶、奶酪和肉（这个最重要）等城市餐桌上见不到的东西。在乌尔姆（Ulm）和斯图加特等城市，主妇们囤积清洁剂和放果酱的玻璃瓶等有用处和不受配给制管理的商品，以便与农民进行物物交换。

早在1941年夏季，士瓦本的城里人准备过圣诞节的物品时，就以20马克一只的价格向绍尔高（Saulgau）地区的农民订小鹅，等小鹅长肥以后，再付40马克买回来。帝国保安总局监控了一些物物交换贸易，注意到在比伯拉赫镇（Biberach），10磅草莓可以换到250克咖啡，法国产鞋子和纺织品能换水果和蔬菜，沙拉油换樱桃。由于来换东西的城里人太多，斯图加特周边的农民们不大需要到城里的市场上卖自家的产品。

警察对德国城镇和铁路的监控本来就有很多漏洞，在农村更是心有余而力不足。当局对农村的贸易活动大都视而不见，对于如何在农村执行纷杂的经济规章相应也较谨慎。限制他们侵入封闭的乡村社区的一个原因是人手不足。战争开始时，在整个符腾堡地区能执行价格控制政策的宪兵队只有15个，而且他们的人数还在持续减少， 1941年以后东线战场急需补充兵源时尤其如此。替代上前线的人执行任务的辅助警察没有能力进行详细调查，于是把日渐增多的承办案件推给检察官办公室，后者的人手同样在减少。到1942年中，特别法庭审理的罪行主要都是违反《战争经济法令》，其中非法屠宰又占大多数。然而，警察和公诉人频频放弃调查，或者请求法庭从轻处罚，喜欢使用警告和告诫等温和手段。

1942年11月，斯图加特特别法庭来到罗特韦尔（Rottweil）主持审理一件非法屠宰案。涉案人员包括镇长、镇长的17岁儿子、一名警方职员和当地农民领袖，后者正好还是地方肉类检查员。四名被告受控串通一气，系统性地少报屠宰牲畜（主要是猪）的重量。肉类检查员使用常见伎俩，记录牲畜重量时隐去头部重量，当把牲畜头加上后就可以瞒下相同重量的猪腿肉。在农场里杀猪宰牛很难不让人知道：处理宰掉的牲畜需要屠夫和农夫花上一整天的工夫，而登记时缺斤少两要比瞒报容易得多。斯图加特特别法庭得到证据，表明从1939

年11月到1941年10月，共发生了227件这样的事情。在那个时候，被告之一的警方职员负责称重，他涉嫌1942年3月被捕前的6个月时间里，从仓库骗取了1170公斤猪肉。镇长作为负责记录所有屠宰活动的官员，故意进行纵容，用他的未成年的儿子负责登记工作。男孩被无罪释放，因为他只是听从父亲的命令，其他三名成年被告都被宣判有罪。

斯图加特特别法庭庭长赫尔曼·库霍斯特（Hermann Cuhorst）的名声令人生畏。案件开审前几天，几个人因为违反《战争经济法令》在斯图加特被砍头，一个月后，还有一位六旬老人因为非法屠宰和“其他欺诈行为”将被处决。然而在罗特韦尔案中，库霍斯特的处罚决定相对比较温和：警方职员刑期10个月，农民领袖监禁18个月，镇长作为高级官员，入狱24个月。1942年4月，希特勒在国会发表演讲时公开严厉斥责法院过于仁慈，这或许可以部分解释为什么会在斯图加特这类地方首府执行残忍的死刑。然而，在罗特韦尔这种偏僻地区，宽宏大量不会太引人注目。法庭还有一个重要动机，即不愿因为处决了其领袖而激怒整个农村社会。如法官们所说，“他们（即被告）为了避免与镇里的农民发生矛盾冲突，都不想打破根深蒂固的错误行径”，这些人“生活在一个小社区，在那里什么事都瞒不住人，人人都沾亲带故——当出现利益冲突时，要履行官方职责显然有困难”。

执行法规和软化严厉条款的微妙手法在符腾堡的农村一点也不罕见。德国西南部的村庄社区中，一代代人的姻亲关系错综复杂，特别难以渗透。法官们不情愿地承认，地方纳粹党和政府代表他们社区的成员，如果不找到减罪细节证明宽大处理合法，纳粹政权就可能在农村失去一切影响。与农村社会达成妥协比与其斗争更容易，它们长期以来被歌颂为国家社会主义的“鲜血与祖国”（blood and soil）政策的真正基础。

农民依然能完成上交额度，而且还有足够的盈余拿到黑市或者灰市上交易，说明帝国保安总局是正确的，该机构主张进一步激励农民，以鼓舞生产。这种模式在丹麦毕竟已被证明是成功的。然而，食品部拒绝了这种策略，认为价格和上交额度固定不变，能够防止第一次世界大战时的超级通货膨胀和城市饥荒再度上演。不过，警察和法庭容忍黑市在农村适度而广泛存在，也就悄然接受了小规模的非法经济，它刺激农民在完成官方定额后继续增加生产。实际上，纳粹政权能够从这种发展中受益，而不必承认语言和现实之间日见扩大的裂痕。

那些掌管食品运输和配给的人也在搅乱这个体系，不仅在士瓦本的村子里是这样，在整个欧洲占领区都是如此。邻里间的交易容易发现，大范围的黑市活动却很难详查，不过还是可以窥见其概貌的。在华沙，德国人分布法令，自1940年1月23日起禁止烘烤和出售白面包，然而这种面包依然在商店和市场摊位上公开展示，德国人也能买到。卡车每天川流不息，烧的汽油都是从军事和民事管理部门中的腐败官员手中搞到许可后，在德国控制的储备中买到的。华沙作为重要的铁路枢纽，也成为东线战场休假德军寻欢作乐的场所，并且有着繁荣的黑市。1942年圣诞节前夕，一大批家禽突然出现在华沙市场上，毫无疑问是从运向德国的物资中搞来的。1943年，有消息说鲱鱼在黑市上大批量销售，这些货可能是德军从挪威用船运来的。偶尔，货物本身就能约莫显示出黑市生意的规模。那年5月，一整批从希腊或保加利亚输向德国的海龟在华沙就卸货了。尽管波兰人传统上不吃海龟，但全城各街道和市场摊点也都在叫卖。连续几个星期，在很多地方都能看到海龟在乱爬。

德国民事管理者、党卫军官员和普通士兵在1940年和1941年为了庆祝胜利，也大肆购买在帝国境内难以买到的东西，这种情况后来还在持续。一位十多岁女孩的父亲从巴黎回来后，她曾对桌子被堆放的奢侈品压得咯吱作响记忆深刻——杏仁、梨、肉桂、肉酱、裹着火腿的胡萝卜；他带回家的还有信纸、缝纫材料、长袜、手套、腰带、清洁剂、鞋子、肥皂和床上用品等。小女孩对这一切感到惊奇，心想“这种情况如今在德国已是惯例，不管是在荷兰、比利时、法国、希腊、巴尔干、挪威，男人们到了哪里，就在哪里大买”。饥肠辘辘的巴黎人在东火车站（Gare de l’Est）看到成群的德国军人被沉重的行李压得步履不稳，给他们起了个外号叫“马铃薯甲虫”。

在乌克兰，德国人的外号叫“土狼”，他们在那里的劫掠从瓜分犹太人的财产开始。犹太人的工具和简单家具经常给当地人，其他比较值钱的东西都让德国人拿走了。中部俄罗斯（Central Russia）党卫军和警察高级领导人埃里希·冯·登·巴赫-热勒维斯基（Erich von dem Bach-Zelewski）通过帝国党卫军领袖（Reichsführer SS）的个人幕僚，向党卫军成员家属送了10 000双童袜和2000双儿童手套，当作圣诞节礼物。意大利法西斯党的一个代表团参观明斯克歌剧院时，看到劫夺来的衣物财产堆积成山，既感到震惊，又甚是敬畏。1943年，德国邮政审查员们注意到很多家庭利用东线有效资源的方式：有人催促他的祖父把新靴子寄到乌克兰，在那里能换8升油，这些油在帝国可以换一件新外套。乌克兰人售卖鸡蛋、油、猪油、鸡、豌豆、黄油、糖、面粉、面条、饼干、香肠、珍珠麦和波斯羊羔皮，换回盐、火柴、电石、酵母、旧衣服、家用器皿、女性内衣、手提包、磨碎机、黄瓜切片机、吊袜腰带、糖精、护肤霜、指甲油、泡打粉、口红、牙刷和小苏打。火柴价格6马克，二手套装600马克，一磅盐能换一只鸡，10磅能换到一只绵羊，帝国不少家庭都表示亲人曾寄回来2000～3000只鸡蛋。德国人把他们的廉价首饰、华而不实的事物和多余的家用品寄到乌克兰，男人们催促他们的“亲朋好友合伙”搜集这类东西，以便与乌克兰人换东西。

一个人在信中模仿纳粹英雄主义语言，谈到“不寻常的事情至少在这个地方是如何实现的”，踌躇着指出大屠杀留下的真空是怎样被填补起来的：“犹太人以前做的事，现在由雅利安人以更完整的形式在追求着”。这是一种罕见的洞察和道德谴责。总的来说，“诈骗分子”和“黑市商人”之类的词语只对德国黑市适用，对于欧洲被占地区，对于同样的活动，褒贬之词都听不到。在西欧，至少在占领初期，德国人还会有一定的自惭感觉。明斯特的记者保罗海因茨·旺泽1941年在一个新笑话中注意到这种情绪：“两名假扮成德国军官的英国人在比利时被当作间谍拘捕，德国人并没识破他们，立功的是比利时人，因为他们发现这两人没带行李箱”。而在东方，德国人则能心安理得地为所欲为；只是物资开始进入德国本土之后，德国人才对彼此的行为进行观察和道德监督。

德国人日益意识到离开不被占地区，他们对新的帝国使命很不热心，关注的是攫取物质利益。1942年，媒体极力鼓吹“更大范围”（Greater Area）思想。5月份，希特勒再次向纳粹党全国领袖（Reichsleiter）和地方长官发表闭门演说，告诉他们说，“我们的殖民领土在东方”，那里将为德国提供煤炭、粮食和石油。帝国将建立一条新的宏伟的坚固边界，德国民众能在里面繁衍生息两到三代，使人口发展到2.5亿。在公开场合，希特勒一般更强调德国打的是自卫战，但在那个月，他到柏林体育宫向一万名青年官员发表讲话时，也提到在东方征服“生存空间”，以及那里能为德国供应的初级产品。

海因里希·希姆莱在驱逐犹太人的同时，还连续推出《东方总计划》草案，详细阐述他的建立农业殖民地安置农民-士兵的思想，为一代有野心和才干的人口统计学家、经济学家与历史学家提供了研究重点。德国出兵波兰后，国内民众很快接受了德国人的天定命运是统治东方这种论调。从幼儿园老师到学生，很多年轻妇女志愿走出家门，为使瓦尔特兰或1942～1944年的扎莫希奇重新德意志化尽自己的一份力。她们不得不因地制宜。一位“德国少女联盟”成员在拉布林地区为了找个合适的地方为德国定居者建幼儿园，把一个犹太女人从其家中赶走，不过那座房屋太小，于是她安排把普拉绍夫（Plaszow）的一座犹太房屋拆掉，运到这个村子再建起来。

1942年6月，欧娜·佩特里（Erna Petri）带着3岁的儿子来到利沃夫，她们母子离开自己的农场，是为了与担任党卫队员的丈夫团聚。他们一家在城外接收了一座前波兰贵族的庄园，那里有白色柱廊和大草坪，更像是一个大种植园，比她留在图林根的寒酸农舍强多了。谨守德国人应对当地人显示出自己的权威的训诫，刚来不到两天，她就看到丈夫用鞭子抽农场里的劳工。不久，欧娜也对工人大打出手。当她在俯瞰着花园的别墅阳台上给丈夫的党卫军和警察同僚冲咖啡时，不可避免会聊起大规模枪毙犹太人的事。1943年夏天，她去利沃夫买完东西回家时，看到一群几乎一丝不挂的孩子蜷缩在路边。她停下马车，让六个惊恐不已的孩子镇静下来，并把他们带回家，给了他们一些食物，然后等丈夫回来。丈夫没有按时回来，她就准备自己来解决。欧娜·佩特里把父亲当作告别礼物送给她的老左轮佩枪装进兜里，带着这几个孩子穿过森林，来到一处她所知道的有其他犹太人被枪毙和掩埋的矿坑。她让这几个孩子排队站在一条沟渠旁，对着每个孩子的后颈逐一开枪。她记得打死两个孩子后，其他孩子“开始哭”，但“声音不大，只是啜泣”。

在苏联领土，像佩特里夫妇这样狂热的殖民主义者只是少数：尽管农业大有可为，但德国人没有涌到克里米亚和乌克兰。如果对苏联发动“预防性”战争的最大理由是根深蒂固的文化恐惧，那么也就难以说服德国人去苏联领土定居。在战争的前两年，纳粹成功宣传了德国社会需要变成“民族共同体”（Volksgemeinschaft）的思想。每个人对这个概念都有不同的理解，但如今它与统治非德意志“更大范围”的更广泛的天定命运说法相冲突。这种新使命经常被批为“帝国主义”，是个贬义概念，总让人想起1941年上映的电影《克鲁格总统》中被关入英国集中营的布尔妇孺，以及1919年停战之后因英国海军继续封锁而使德国儿童遭受的大饥饿。的确，德国人怀念以前的非洲殖民地，但到东方征服和殖民荒蛮之地是另一回事。希姆莱的党卫军移民考察团很快搜遍波兰、乌克兰和白俄罗斯的孤独院，挑选有着“雅利安”长相的孩子，让他们“德意志化”。现在德国人的“生存空间”太多，希姆莱要求保卫种族纯洁性的人降低他们的标准，从东方国家杂乱的种族里“吸取”每一滴“优秀血液”。

纳粹帝国思想不受欢迎还有其他原因。德国境内如今充斥着外国人，纳粹大力宣传种族“纯洁”，迎合了狭窄的民族及至地方认同，外国劳工蜂拥而来，顶多被当作战时的权宜之计，虽然在理性上是必需的，却不受欢迎。同时，德国人把很多国内的疾病怪罪为外国人搞破坏，这时候德国人就“患了”健忘症，忘记外国劳工都是被强征来的了。帝国保安总局在一份调查黑市商人活动的特别报告里宣称，法国人和意大利人把手表和首饰（更不要提食物和酒了）带入德国，或者出售家里寄来的通心粉和地中海水果。结果有传言说，意大利民工的德意志银行账户里资金非常多。换句话说，他们的主要罪过是举止像德国人。法国人和意大利人颠倒了德国人与外国劳工的主客地位，于是他们在德国人眼里就变成了玩弄女人的骗子，使无辜的“民族同志”陷进他们的邪恶贸易网。这种反转的现实也与更多人的“矛盾思想”相符，他们常把德国人主动搞出来的性关系怪罪到外国人头上。

很多法国战俘弄到了德国穿便装或工作服，他们涌到咖啡馆、电影院和酒吧。在因斯布鲁克（Innsbruck）城外，能看到这些人睡在伯格酒店（Berg Hotel）露台的躺椅上晒太阳。宣传家们可能会规劝他们的民族同志不要与这些外国人混在一起，但德国人很快与这些人发展出更为复杂的关系，或者投机取巧，或者剥削利用，或者亲密无间。

1944年底，盖世太保截获一个名叫安德烈（André）的法国劳工写给他的德国情人的信，之后将他逮捕。他非常急切地计划圣诞节与她团聚，并许诺说，“我要亲1000次你的乳房，我们要做69式”。安德烈在德国是一名民工，虽然他的情人是个有夫之妇，给了警察干预的口实，但没有法律禁止这样的关系。调查显示，这个秘密爱情故事始于近两年前即1943年初的星期天幽会。安德烈被查出并非真正的民工，实际上是个法国战俘，是1940年停战后被送到德国工作的100万法国俘虏之一。由于警戒不严，他毫不费力地逃了出来，情人提供的便装更是帮上了忙。这种事并不稀罕——逃走的法国战俘可能多达20万。但是安德烈被情人迷住了，他到了法国不久，决定返回德国。安德烈是相对比例很小的真心自愿去德国工作的人——而且他肯定是更罕见的为爱不为钱而这样做的人。

虽然复杂的军警管理网允许德国人和法国民工发展关系，但是德国妇女是不得找法国战俘当情人的。法国投降后不久，海因里希的帝国中央保安总局就发布命令说，“根据元首的命令，法国、英国和比利时战俘如果与德国女性发生性关系，应该和波兰战俘一样判处死刑”。不过国防军无视海因里希，而是根据《日内瓦公约》给予法军代表参与德国军事法庭诉讼的权利，更重要的是向其通报判决结果。法官们根据有关不服从行为的军事刑法典第92条，一般判处3年有期徒刑。如果据信是女性“诱引”了男性，判决可能会更轻；相反，如果当事妇女已婚且丈夫是军人，如这个案例，那么军事法庭的判决通常较重，并且会把当事俘虏送进设在格劳登茨（Graudenz）的战俘集中营。估计在该要塞中，有7000到9000名囚犯，他们要从事重体力劳动，吃得很差，冬天暴露在酷寒之中，卫生条件糟糕。虽然被情书连累，但是安德烈还是想否认有过性关系：他被判决在一个要塞三年监禁。我们不知道德国警察对他的情人是如何处理的，和其他此类事件一样，很大程度上要看丈夫的态度。

盖世太保官员为了追查和惩处不正当性行为，对本地居民消磨时间时引起邻里恶意闲话的事情进行详细调查。在一个这类调查中，一个法国玻璃工小组在埃森的一座建筑里依次维修公寓房，盖世太保官员进行长期调查后疲惫地得出结论，“因为所有单元没有同时维修，所以引起邻里闲话，当前这个案件显然就是个例子”。1942年，英国空军的轰炸更为频繁，这种玻璃工小组被派到一个又一个镇子，为人换窗户修屋顶。很多盖世太保接到的邻里告发涉及的是小礼物、小圆面包、茶和泡菜，有时是衣服，偶尔不过是冲咖啡的热水。在这个案例中，法国玻璃工只不过想利用德国战时的习俗，即打零工的人喜欢部分报酬是实物。

在各城镇，法国妇女和保加利亚民工也开始引起当局的注意。在斯图加特，州检察官抱怨说，这些人对德国少女联盟的成员举止粗鲁无礼，把很多时间花在咖啡馆、酒吧和影剧院里。在乌尔姆，“非法交易猖獗”；在雷庭根（Renttingen），一位当地官员被当地兵营里的德军士兵“在光天化日之下搂抱亲吻法国女人”给吓到了。当地纳粹党领袖公开呼吁德国男人维护他们的“种族意识”和荣誉。警察发现四名少年经常与几个法国妇女在斯特加特外的一座滑雪小屋约会，不过只能对三名不到18岁的少年提出违反青少年宵禁的指控。年纪最大的那个则受不到任何指控，因为他已经过了18岁，还有一个原因是州检察官强烈抱怨的，“与外国女性劳工发生性关系无法受到起诉，即使那些人是敌国公民，并且明显对公众构成极大冒犯，也没有办法惩处”。

来自东方的妇女则有不同待遇。德国于1942年6月占领新切尔卡斯克（Novocherkassk）之后不久，一名当地官员到安东尼娜·米哈伊洛夫娜（Antonina Mikhailovna）家，为她家人进行登记。此人很快回来了，要接走这位17岁的女孩。安东尼娜只有几分钟时间收拾简单的行李，与父母告别。在德国人的步枪和狼狗看守下，她冒着酷暑与当地成年人一起列队走到顿河畔罗斯托夫（Rostov-on-Don）[①]。他们在罗斯托夫上了用来运猪的肮脏的货

---

① 罗斯托夫州首府，位于东欧平原的东南部顿河河畔。——译者注

运列车，一直被运到波兰。火车在这里停下是为了给他们消毒，安东尼娜和其他女孩被迫脱光衣服洗澡，“而男人们一边走来走去一边笑”。另一位女孩下玛丽亚·库兹涅佐娃（Maria Kuznetsova）也说过她在抵达慕尼黑后遇到的类似故事。被迫洗完澡后，她们又被要求坐到桌子上剪发。“我们都是年青纯洁的女孩，你知道，男人们围着我们转，尽管我们痛哭哀号，但没有什么用。”

这两名女孩都被送到施蒂里亚州（Styria）的卡尔斯多夫镇（Kalsdorf），在一家为军工企业供应原料的金属加工厂工作。这家名为拉普-芬策股份公司（Lapp-Finze AG）的工厂是个中型企业，员工820人，包括89名“东方工人”和英国战俘、80名克罗地亚人及15名法国平民。各国员工都不混杂居住，有些住在镇上，有些在工厂区的临时工棚里。那里，只有三座东方工人住的工棚被公司生产的铁丝网围了起来。夏天他们刚抵达时，工棚虽然显得简陋，但很整洁，木质双层床上铺着床垫，枕头里塞着稻草。但到冬天就完全不一样了，每个工棚里只有一个小木柴炉，产生的那一点点热量根本起不了多少用，夜里躺下睡觉时尤其如此。她们的围墙就在营地指挥官家前面，因此指挥官可以轻松监督她们的进出活动。

在工作的时候，工头和师傅有权随意指挥她们，逼迫她们加快铸造节奏，尽管这些少女身体不够强壮，而且没有护目镜或合适的防护服。有些人比较正派，如叶卡捷琳娜·比里兹诺娃（Ekaterina Berezhnova）的师傅，他在第一次世界大战中当俘虏时学到过俄语，完全能与她们对话，还给她们面包。这家公司采用监控外国劳工生产率的常规手法，表彰生产力高的员工时，允许他们把“东”（Ost）字徽章从胸前改佩至上臂，不过这种细微的区别对女性来说意义不大。不管徽章佩在哪里，只要有了它，小镇的大多数地方她们都不能去，电影院这个主要娱乐场所也是禁区。非正式关系更具重要性，很多强迫劳工帮小镇周围的农场干活，换取吃穿用品。一些女孩缝制游泳衣，夏天到运河里游泳，甚至在工厂周围的田野里游玩时拍摄照片。她们自己做“民族”服饰，穿着跳舞和唱俄罗斯歌曲，一位克罗地亚男人弹曼陀林为她们伴奏。在营地里至少举行了8场婚礼，指挥官亲切地当主婚人。

青年女工通常在军工企业里干半技术工作，她们对监督和训练她们的德国年长熟练工似乎不具威胁性。埃林的一位克虏伯退休工人说他们是这样串通起来相互帮助的：

> 有个家伙是个铣工，他们让他训练一名妇女。对，当他应征入伍时，她应该替补他工作。啊，你认为他会很快完成任务吗？正像他说的，“看，我才不会自掘坟墓呢”，那个妇女也没兴趣早点学会。

帝国保安总局也报告了“德国员工要求俄罗斯工人干活不要太卖力”的例子。

在邻近的鲁尔煤矿区，很多工作都由苏联战俘来干——这些疲惫不堪、身体消瘦的男人是从伤寒肆虐的大型战俘营中拉过来的。从克里维里赫（Krivoy Rog）征来的乌克兰矿工能吃苦、守纪律、身体强壮，而红军战俘则干不动拿着矛和撬挖煤的工作。矿场以极端残酷而闻名，到1942年3月，三分之二从比利时和法国北部被派到鲁尔煤矿的工人都离开了。德国矿工控制着面包配给，负责记录手下四五名苏联人的产量，拥有绝对权力。德国矿工早就是最受征兵制度保护的职业，他们的利益是与矿场经理及纳粹统治集团结合在一起的。1942年10月，德国劳工阵线领导人罗伯特·莱伊在一次矿场经理会议上说，“什么时候俄国猪必须挨打”由德国工人决定。帝国煤矿组织负责人保罗·普莱格尔（Paul Pleiger）更圆滑地说，“地下是黑暗的，柏林是遥远的”。

德国本土成为大规模死亡之地，至少有17万苏联人和13万波兰民工在德国工作时丧生，而这个数字还不包括死在路上或送回家才死的人，未被统计的死亡者成千上万。1942年6月，伤寒在苏联民工中肆虐，次月柏林的AEG公司电缆厂报告说，“雇用的俄罗斯妇女有时太过虚弱，因为饥饿而崩溃”。那年夏天，法兰克福的工厂把分配给他们的一半工人都送回去了，“原因是疾病和体力耗竭”。到9月份，另一份官方报道详细叙述了一列运送东方工人去柏林的火车如何遇到另一列将“不合格”工人运回去的火车，报告继续说，这种情况“会带来灾难性后果”：

> 因为在返回的列车上运的有死人。车上的妇女生下孩子后，途中被人从车窗扔了出去，而患有肺结核与性病的人也都在车上。垂死者躺在货车厢里，连稻草也没有，一具尸体最后被扔在路基上。其他返回的车辆可能也处于相似的悲惨境地。

劳工级别越低，统计数字越加可怕。将近200万红军俘虏被送到德国工作，其中100万人死在德国。

随着大规模使用外国劳工，集中营的囚犯数量呈现指数级增长，它成为训练外国劳工的主要方式。起初的德国核心政治犯（通常为旧时代的共产党干部）和德国罪犯从非德国囚犯的人海中崛起，他们相互也进行激烈竞争，都想占据囚犯中的要职——“看守员”和“杰出囚犯”。“东方人”和波兰工人如果想逃跑，或者有无礼与不服从之举，他们有权向盖世太保报告。有两类德国囚犯在集中营里的平均寿命特别短——男同性恋者和轻罪犯。自1942年起，这些得到极大扩充的劳动力也开始参加军工生产。奥斯威辛集中营和莫洛维茨（Monowitz）集中营除了向整个上西里西亚地区输送劳工，还为化工巨头法本公司服务，而柏林北郊的奥拉宁堡（Oranienburg）集中营为亨克尔（Heinkel）飞机制造厂服务，达豪（Dachau）集中营向宝马公司（BMW）供应劳工，拉文斯布吕克集中营的服务对象是西门子公司，毛特豪森（Mauthausen）对接斯太尔-丹姆勒-普赫公司（Steyr-Daimler-Puch），萨克森豪森集中营与戴姆勒-奔驰公司（Daimler-Benz）合作。在1942年和1943年，德国空军企业在雇用集中营劳工方面走在前列，其次是宝马公司、亨克尔公司和梅塞施米特公司（Messerschmitt）。

在德国使用的165万集中营囚犯中，至少有80万人死亡，还有30万囚犯被有意用工作折磨至死，因为他们是应该“用劳动来消灭”的犹太人。即使官方数字（肯定是保守的）也显示，1941～1942年军事危机发生后，至少240万人在德国劳作至死，其中既有苏联战俘，也有苏联和波兰平民劳工。

一位经济历史学家曾经谈到德国利用集中营劳工时，持续不断进行“挑选”，囚犯一直要进行体力劳动，而口粮根本不够吃，囚犯“不是劳动力储备，而是循环利用的资源”。1942年的大部分时间都遇到配给危机，在此期间，这一政策被应用于所有的东方强迫劳工，不区分军队俘虏或平民“志愿者”。上西里西亚煤业主席古恩特·法尔肯哈恩（Günther Falkenhahn）试图解释人员耗损率和让哪种劳工活下来更为经济时，首先倡导对在他的普利斯陈沃克（Plesschen Werke）煤矿工作的“东方人”实行“以表现换食物”制度，剥夺表现差的劳工的食物，将它重新分配给超标完成任务者。他没有降低接替死亡劳工的新劳工补充量。这种吃人的社会达尔文主义在西里西亚煤矿业传播开来，它得到阿尔伯特·施佩尔的热烈支持，逐渐成为德国军工企业的标准策略。

劳工配给不够吃给企业带来损失，甚至深受纳粹信任的管理者也出于劳动生产率等“非感情”因素要求改善伙食待遇。海因里希的帝国保安总局一般支持实施最严苛和最具意识形态色彩的种族原则，但到1942年2月，该机构承认“德国各地办公室都认为，按当前食物配给标准，即使送来时身体条件良好的俄罗斯工人很快也会生命力枯竭，不堪当作正常劳动力使用”。3月份，就有早期预警称俄罗斯人的配给量应该能满足工作消耗之用，这个观点获得其他部门认同，就连希特勒也获知了。但当德国配给标准于4月6日下调时，嫉妒性流言立即在“民族同志”间传开，称“特别好”的食物都分给外国劳工了——即使外国劳工的配给量也下降之后谣言也没消失：种族差别神圣不可侵犯。无论经济效率有何需求，“民族共同体”思潮都决定了在德国人的配给量下降趋势没有获得扭转之前，外国劳工的待遇不得有实质性提升。

另一个民族团结原则在战争期间得以更加强烈地实施——德国人同甘共苦。4月配给削减前夜，戈培尔在《帝国》周刊上宣称，人人都要共同承担战争带来的牺牲。否则，他继续说道，不仅“我们的物资储备”要遇到危险，而且亲切的民族同志们的“公正感和他们对团结及纯洁的公共生活的信仰”也会崩溃。他提出一个检验标准，公开宣布一个政权要是不能无情反对任何侵害这些原则的人，“就不佩再叫人民的政府”。希特勒和戈培尔或许无可置疑，他们的饮食很简朴——戈培尔在晏客前，他的管家会向客人要配给印签——但对于这个著名的问题，广为人知的一个笑话可以解答，“什么时候战争会结束？”“当戈林能穿上戈培尔的裤子的时候。”纳粹精英阶层享受特权的故事也随英国电台及假德国电台“古斯塔夫·齐格菲·爱因斯”（Gustav Siegfried Eins）的宣传而传播开来。鲍曼听到一大堆传言后，提醒地方长官要遵守“人民共同体”规范，做出个人表率，特别是在食物配给方面。

一个大丑闻开始缠上精英阶层。在柏林安逸的斯坦格里茨区（Steglitz），有位杂货店主叫奥古斯都·诺斯林（August Nöthling），他无法从顾客那里得到足够的配给优惠券，处理不掉相当数量的食物。1942年7月23日，他被罚款5000马克，这是柏林的食品供应总局（Main Provisioning Office）所能开出的最高罚款。诺斯林请求法庭对该行政裁决做出检验，理由是如果公布这一裁决，不仅会伤害到他本人，还会伤害到他的顾客，其中包括党、国家、国防军和外交使团中的重要人物。实际上，诺布林的顾客几乎涵盖了整个政治和军事精英阶层，他给这些人供应野味、火腿、香肠、好酒、甜点、蜂蜜、法国白兰地和食糖等，无须拿配给券来换。顾客名单包括内政部长威廉·弗里克、外交部部长约阿希姆·冯·里宾特洛甫、教育部长伯纳德·鲁斯特（Bernhard Rust）、农业部长沃尔特·达雷、帝国劳工团领袖康斯坦丁·希尔（Konstantin Hierl）、希特勒的总理府秘书长汉斯·兰马斯（Hans Lammers）、经济部长沃尔特·丰克（Walther Funk）、德国电台主管欧根·哈达莫夫斯基，还有莱比锡和柏林的警察首脑、一些国务秘书和部级主管。柏林行政法庭主席加迪耶斯基（Gardiewski）也是其中一位顾客，他热心地把诺斯林最初提出的请求转到自己的法庭。国防军中的顾客也非常多，陆军中的布劳希奇元帅和凯特尔元帅、海军中的雷德尔（Raeder）元帅和库尔特·弗里克（Kurt Fricke）上将、空军中的汉斯·耶顺内克（Hans Jeschonnek）和威廉·黑内尔特（Wilhelm Haehnelt）都是代表。

戈培尔虽然因为热衷性冒险而一直受到人们的取笑，但他真的被这种腐败给吓到了，于是直接把这个问题报告给了希特勒，这位元首感到极为震惊，要求所有涉案人员必须做出解释，并承诺不能再犯这种错误。他还任命比较温和的司法部长奥托·提拉克（Otto Thierack）进行调查。和以往一样，当纳粹权贵们因为背叛了“民族共同体”观念而扭捏不安时，他们的借口比丑闻本身更能展现出这个政权的道德规范。农业部长沃尔特·达雷为了确保他的妻子得到“正常”水平的服务，曾经亲自插手诺布林的生意，现在把责任推得干干净净，宣称不折不扣地遵守了由他的部门起草的规定。其他人，如里宾特洛甫，气势汹汹地抗议说，自己是无辜的。汉斯·兰马斯推说妻子无知：她不了解在诺布林的店里弄到的野禽是配给品。大多数人被迫承认了事实，但都竭力推卸责任，声称不了解规定，或者虽说自己了解，但妻子或管家不了解。冲锋队（SA）总队长维克多·卢策（Viktor Lutze）说，他把领到的食物都分成小包给了在军医院接受康复治疗的冲锋队伤员了。只有海军元帅雷德尔接受了“全部责任”，但又立即反悔说，一点也不知道妻子买过什么：他妻子也不肯负责，因为她也把食物给了海军医院里的伤员或者寄给前线将士了。这些人违反了纳粹政权自己制定出的道德标准，为了推卸责任，竟然大言不惭地说出“不值一驳的借口”，让戈培尔目瞪口呆。希特勒为防止丑闻发酵，下令不要再深入追查。诺布林被保护人抛弃，在狱中自杀。

同在1942年秋，德国强迫运走欧洲各地的粮食收成后，堵上了食物储备的大洞。1942年10月4日，星期天，赫尔曼·戈林宣布全面恢复德国配给，取消4月份的削减。地位低于“民族同志”的各类别外国劳工的配给量也有了适当增加，以保证能得到可靠的劳动力资源。只有极少数象征性保留着的犹太人的配给标准再次降低。戈林在一次正好标榜庆祝“收获感恩节”并有电台实况转播的重要讲话中说，“我们从占领区为所有的部队提供给养”——这话“有点失言”，戈培尔下令媒体不要在国外版上报道。毫无疑问，德国听众知道戈林的话是什么意思。然后他喋喋不休地发表长篇大论说，这场战争首先还是针对犹太人的。戈林像个忧心忡忡的父亲，反复向德国人强调失败的后果：

> 德国人民，你们必须知道：如果战争失败了，你们就要被消灭了……这场战争不是第二次世界大战，而是种族大战（Great Race War）。到底是德国人和雅利安人站在这里，还是犹太人统治世界，直接决定着我们的

命运，也是我们在那里不惜血战争夺的目标。

戈林的收获节讲话在德国立刻引起轰动，帝国保安局在评论中总结说，他“说到了人们的心坎里”。此时宣传机构正在力劝德国工人提高生产效率和“表现”，而且无法鼓动他们结束工作后自愿参加体育活动，这个演说来得正是时候，把民众和纳粹领导层再次连接起来。虽然民众士气在1942年夏季依然低迷，但是刚进入秋天就开始反弹，在接下来的几个月中，民众的情绪都很积极乐观。对大多数德国人来说，这场战争还是民族防御性的，不过他们在1942年已经适应了变化中的性质，学到搜刮欧洲占领区，夺取资源为一场更为持久和深入的斗争而战。这使德国人模模糊糊意识到，他们的战争已经有了帝国主义和种族灭绝性质，因而经常感到不安。

第十章

写给死者

当赫尔穆特躺在树林的阴影里给家里写信时，他第一次听到德军大轰炸的声音。火炮密集射击，数百架斯图卡一波波尖叫着，冲向苏联在冬季构筑的混凝土堡垒线。

1942年4月初，哈尔德为将要在苏联发动的新计划进行最后润色。海军提出的与日本一起参加打击英国和美国的“大洲战”主张已遭到拒绝，下一步行动还是倾向于由陆军在苏联发动陆地战。如希特勒在几个星期后向纳粹领袖所解释的，一旦“东方的事业”得到解决，“那么我们实际上就已赢得胜利。然后我们有条件发起大规模海盗战[①]，打击盎格鲁-撒克逊国家，长远来看他们抵抗不了”。希特勒依然相信，一旦苏联被打败，英国将不得不与德国谈判；美国要是失去英国这个盟友，没有能力染指欧洲大陆。为了结束这场赌博，德国领导人又下了更大的赌注。

德国陆军情报机构在估计苏联的力量时刚犯过灾难性的错误，现在又拿出了新的评估；但是德国人又一次严重低估了苏联的装备、部队数量和后备兵源规模，认为他们的这个主要对手无法从冬季损失中恢复过来。他们很走运，苏联情报机构同样无能，红军正在莫斯科准备迎接中央集团军群的再次进攻。德国却改变了进攻方向，把力量全部集中于南方集团军群，打算攻占高加索油

---

① 袭击海上商船、破坏海上交通线的战术。德国在第一次世界大战和第二次世界大战中都曾使用过这一战术，尤其是把武装船只伪装成商船，袭击盟国商船或护航舰只，取得了很大战果。——译者注

田。“如果我得不到迈科普和格罗兹尼（Grozny）的石油，”希特勒向第6集团军司令保卢斯将军宣布，“那么我必须结束这场战争。”坚持传统战略的普鲁士将军们一直想在1941年通过摧毁莫斯科的决战击败红军，然而希特勒对攫取乌克兰这个面包篮和油井更感兴趣。这在这两种观点融合了，他们都认为截断苏联经济的能源生命线后，红军将不得不进行决战：德军能够夺取帝国需要的资源，东方的战争将取得胜利。

哈尔德“蓝色行动”的意图是沿着黑海向高加索地区推进，第一个目标是拿下塞瓦斯托波尔（Sebastopol）和刻赤（Kerch）半岛，以消除南方对德军补给线的威胁。把攻击焦点转到南方集团军群是必然。到3月底的时候，德军95%的师都被认定不具备发动进攻行动的能力。5月初，东线部队依然有62.5万人的缺口，前9个月中损失的车辆中，90%还未得到补充。南方集团军群储备着大量资源：在它所拥有的68个师中，17个已经得到部分重建，绝大多数师（共有48个）进行了彻底改组。1941年6月的入侵行动战线广阔，三个集团军群都参加了进攻，而在这次行动中，北方和中央集团军群的任务是守住阵线，把装备损失承受下来。

在北方前线，年轻的步兵威廉·阿贝尔（Wilhelm Abel）知道，当他们宝贵的坦克被派往南方时，向列宁格勒发动地面进攻可能性就被排除了。但他不能告诉远在威斯特伐利亚的姐姐说，他们还有足够的大炮和空中力量，能够无情地轰炸这个城市。他思索着俄罗斯行动是不是能按时结束，好让他们在这一年能入侵英国，为德国遭受的所有空袭进行报复。在此期间，他和战友们沐浴着5月初的阳光，用手榴弹到拉多加湖炸鱼。

在南方数千公里外，赫尔穆特·保卢斯驻在位于米乌斯河畔的东方前线最东南端的一个据点。他是最晚听说德军攻势的人之一。1942年7月1日，他的姐姐和母亲听到电台播放的特别报道，说已经拿下塞瓦斯托波尔，等待已久的夏季攻势开始了。此时赫尔穆特正为返回普福尔茨海姆后该如何生活而焦虑：他已经知道土豆首次成为配给品，从回来的战友那里听说了关于“后方情绪和生活”的让人烦心的消息，不知道母亲为了他放弃自己的巧克力配给对不对。和他的部队里的其他老兵一样，因为又开始接受训练而暴怒。他几乎不能相信竟然在训练中浪费了那么多宝贵的炮弹，更不要提意外伤亡了，他们部队的一个人就因为新兵扔手榴弹距离太近而中招。一位战友恰如其分地说出了“哲理”：“你要是没在前线中弹，那么他们就从后面对着你的屁股来一枪，但不管怎样，你都跑不掉。”

7月的第一个星期过去了，后方的电台报道着在他的战线的东北方发生的大攻势，而在米乌斯河防区，一切如常。训练进程加快了，他们进行远距离强行军，有时还遭到苏联双翼飞机的扫射。当他们观看喜剧《快活的地痞》（The Merry Vagabonds）时，穆尔穆特对战友们的变化印象深刻：“笑在我们中间已经成为稀罕事……如果你要是觉得他们几乎每个人都背着至少10条俄罗斯人命，受着良心的谴责，你肯定会对这种粗暴感到有点惊异。”

行动命令最终于7月11日到达。冒着烤炉般的高温，他们趟着没过靴子的水艰难涉过米乌斯河，向早已疏散了的一个苏联村庄进发。苏联逃兵把雷场位置告诉了德国工兵。在村外数百米的地方，赫尔穆特的连队突然遭到步枪和机枪射击，不得不挖掘工事隐蔽起来，穿着湿漉漉的衣服颤抖着度过夜晚，他们的衬衫被汗水浸透了，裤子在渡河时也被水泡过，而苏军又得到大炮和迫击炮的支援。他们走错了方向，大多数连队趁着黑夜后撤了。赫尔穆特是24个留下来坚守阵地的人之一，第二天他们蜷缩在散兵坑里，与后方失去了联系，三面都被敌人包围。到了进攻的第二天快结束时，他们已经48小时没有吃到东西，令人恶心的咸水也成了美味，为了喝到这样的水，必须不断派人带着锅走上半小时的路才能搞到。

他们的部队正要被替换下去时，赫尔穆特听到一发迫击炮弹飞来。他本能地跳出战壕，炮弹落在他们身后10米处，“一位跳到我身后的战友双腿都被炸断，”他在家书中说，“而我毫发无损。”夜间他们在一座遭废弃的苏联堡垒里搜寻食物，第二天行军时，能够从山地部队那里讨到一些面包和干点心，在途经的溪流里装水。入夜后，他们终于赶上了运送辎重的火车和野战厨房。虽然没有热食，但每个人至少能吃到面包、黄油、咖啡和一块巧克力。当赫尔穆特躺在树林的阴影里给家里写信时，他第一次听到德军大轰炸的声音。火炮密集射击，数百架斯图卡一波波尖叫着，冲向苏联在冬季构筑的混凝土堡垒线。

“直到目前为止，不管我们到哪里，敌人的空军和火炮都占据压倒性优势，看到我们这样的大轰炸，我们每个人的心情都难以言表。”他在其部队进攻前夜这样写道。

赫尔穆特的连队没有被派去参加进攻，反而突然接到从战壕撤出的命令，他们挤上卡车，一路又被拉回到米乌斯河对岸。赫尔穆特·保卢斯的部队被派向南方，朝着罗斯托夫继续进发，为了免受7月骄阳炙烤，他们大都在夜间行军。他的汤勺丢了，由于不愿像当地人那样用木头做个汤勺，只好要家里人再寄一个过来——“（木勺）是给鳄鱼的嘴巴用的，没有教养的中亚人才能用它吃饭”。在整个冬季和春季，他们的阵地都对着克拉斯尼路赤（Krasnyi Luch），如今这个小镇已落入德军之手，听到这个消息后，他确定“俄罗斯人已经放弃了整个强化防御线”。他根据路经的房屋隐约判断距后撤的红军有一天路程，而且距离在不断拉近。他们把机枪装配好，顾不上经过40公里行军后这种枪会变得多么笨重。当他们经过一座受损的桥梁时，用从附近村舍里弄来的木门和窗框修了一下，然后继续前进。

夏季天热，伤亡很少，在草原上行进迅速，因此士气高昂。7月26日，他们的连队抵达顿河畔罗斯托夫。第一个夜晚穿过这座城市时，赫尔穆特惊奇地发现火车站里都是被丢弃的火车头和火车皮。他们乘坐一条大渡船越过顿河，乘夜继续前进，经常要在这条大河东岸的沼泽中跋涉。当他们终于到了一个小定居点，遇到敌人的抵抗时，斯图卡轰炸机包办了大多数工作，让他们免去近战之苦。

在苏军挖的战壕里睡了一觉后，他于第二天早上7点30分又开始行动，穿越了20公里沼泽，随时准备战斗。红军后卫部队遇到他们后，只是举手投降。德军摆脱了顿河沼泽后，进军的速度一直在加快。赫尔穆特高兴地看到，他们自己的坦克赶了上来，沿着坚实的路面向前开进。1941年的时候，红军得到的是“坚守命令”，这次苏联领导人终于不再禁止红军撤退，于是他们没等到德军完成合围，就转头猛撤，美国新盟友支援的卡车派上了用场。德军步兵为了追赶摩托化的敌人，不得不长距离强行军，大部分时候还要靠双脚。德军卡车很少，不太舍得给步兵用。“彻底精疲力竭、劳累过度了，眼睛火辣辣地疼，需要睡觉，精神极度紧张。” 赫尔穆特在深夜行军结束后写道。他们自己的火炮没有跟上来，遇到敌人的时候，“和以往一样，我们步兵只能靠自己手上的装备作战”。他们与一个友邻连队慢慢向一个村庄推进，丢掉了一些伤员，但抓到很多俘虏。他们发现了“鸡蛋、牛奶、黄油和最上等的白面包，连续两天紧张行军后，这些食物真成了美味”。有了俘虏，他们的负担大大减轻了：他们立刻命令一些俘虏扛起沉重的弹药箱，随他们穿越一望无际的草原。

在前线使用红军俘虏干活的现象越来越普遍了，在1942年上半年也标志着一个重大转变。德军后卫部队不再像1941年那样被无数俘虏缠住手脚，因为红军持续东撤，躲过了德军的包围。战俘中转营的性质发生改变，原来是大饥饿之地，如康拉德·雅豪士因感染斑疹伤寒而丧生前一直管理的那个中转营，而现在它们有了新角色，负责遴选战俘，匆忙组织起他们所称的“辅助志愿者”。索林根高中教师奥古斯都·托波韦恩于1942年5月来到白俄罗斯，很快全面投入到这项工作。德国人早在1941年12月就开始用俘虏干支援性工作，甚至一些战斗单位也使用了俘虏。尽管希特勒明令禁止这类行为，但在1942年春季和夏季，穿着国防军制服的俄罗斯人数量一直在上升。大部分“志愿者”只想逃离腐烂饥饿的战俘营，他们被分配做非战斗性的仆役工作，如军官随从、医护人员、厨师、翻译和卡车司机与马车夫。德军各部队慢慢都出现人手不足的问题，这样利用战俘是最简单、最实际的。第134步兵师在1941年12月的暴风雪中撤退到德军防线后损失惨重，它在试图重整的时候，甚至让原先参加过红军的人担任战斗员。1942年2月和6月，希特勒一再禁止进一步征募“东方部队”，但都没有什么用。德国补充兵源严重短缺，陆军总司令部发布绕开最高统帅部命令的指示，建议东线各师可以使用10%～15%的红军“志愿者”。苏联“志愿者”在后方反游击战行动中与以前的红军同志作战时一旦证明了他们的价值，中央集团军群就开始创建由德国军官指挥的全战斗部队。希特勒的态度在8月18日有所缓和，他签署了一份指令，正式承认“东方部队”的存在，为他们的待遇、军衔、制服和与德国人员的关系建立了规则。为了不让这些新部队沾染上俄罗斯民族主义传统，给它们起的名字只有地理色彩，没有历史色彩——如第聂伯、普里皮亚季（Pripet）或别列津那等。

特别是在波罗的海各国和乌克兰西部，很多人把德国人当成解放者来欢迎，愿意与布尔什维克主义作战。但他们为何而战的问题一直存在。德国对“乌克兰民族主义者组织”（Organization of Ukrainian Nationalists）持鼓励态度，该组织两个敌对派领袖安德烈·梅尔尼科（Andriy Melnyk）和斯捷潘·班德拉（Stepan Bandera）都与德国军事情报局与盖世太保里的支持者保持着紧密的联系。德国占领乌克兰后，这两个人竞相鼓吹民族独立，德国人继续支持和鼓励每个派别的活动，但不赞同他们的民族独立要求，有时还把他们的领袖关起来。实际上，乌克兰仍然按类似1939年之前的政治界线保持着分裂状态。苏联加盟共和国部分现在成为乌克兰总督辖区（Reich Commissariat of the Ukraine），纳粹党东普鲁士地方长官埃里希·科赫（Erich Koch）强行建立起残酷的种族主义政权，不放过每一个公开鞭打和处决他的“老乡”的机会。与之相比，在由前乌克兰西部地区组成的加利西亚，盛行更为自由主义的文化和政治政策，人们把德国占领视为脱离波兰和苏联统治的机会。加利西亚以利沃夫为首府，它在汉斯·弗兰克的“普通政府”里拥有区域地位；乌克兰民族主义出版物和文化生活在那里受到鼓励。1941年7月德国占领该地区后，党卫军立即组织起“乌克兰辅助警察部队”，这些部队在屠杀犹太人、反游击战和封锁重要城市执行巴克的“饥饿计划”时发挥了关键作用。1942年夏季，加利西亚警察营的数量有了显著增长。

在战争的目前阶段，这是德国允许斯拉夫民族主义所能发展到的最大限度，而且还要受到德国的监控。尽管国防军指挥官和罗森堡的“东方占领区事务部”都力主建立一个比较自由的占领区政权，但埃里希·科赫还是继续实行强迫劳动、食物征收、羞辱性公开惩罚和赤裸裸的恐怖等直接而残暴的政策，他知道自己有戈林、鲍曼和希特勒撑腰。在邻近的白俄罗斯，威廉·库贝（Wilhclm Kube）走的是中间路线。1942年7月，有人建议把大多数的17～21岁年龄段的青年作为“100%沾染上共产主义”的罪犯枪毙掉，对此他予以拒绝。他的对策是招募这些年轻人当工厂学徒，或者充当党卫军和防空阵地的辅助“志愿者”。但是与德国对平民的报复相比，这些积极举措微不足道。总是有人顽固地担心，如果斯拉夫或俄罗斯民族主义有一点点复活，德国战胜布尔什维克主义后建立长治久安的殖民地的计划就会自动受到削弱。

“东方军团”逐渐为人所知，在非斯拉夫地区，这种部队组建起来更快更顺利，特别是在穆斯林地区。1941年11月，希特勒授权组建一支“土耳其军团”，到1942年2月底，陆军总司令部与罗森堡的“东方占领区事务部”共同合作，为土耳其人和高加索、格鲁吉亚与阿塞拜疆的穆斯林分别组建了四支军团。那年夏天又建起两支，即北高加索军团和伏尔加鞑靼军团。德国意图在苏联被占领土和后来的巴尔干半岛上把非斯拉夫种族都团结起来，与党卫军和德国外交部的泛伊斯兰热情有了交集，早在第一次世界大战期间，德国外交部就善于在中东地区搞煽动。通过这些方式招募起来的兵力达到50万。

当南方集团军群在1941年秋天进入克里米亚时，德国人发现他们受到22.5万鞑靼人的热烈欢迎。鞑靼人是逊尼派穆斯林，他们的清真寺和宗教学校受到苏联的亵渎和破坏，或被强制关闭。德国占领期间，仅在1943年就修缮和开放了150座清真寺和100座临时祈祷室。德国人允许在克里米亚重新设立穆夫提（Muftiat），但划定了一条底线，以防其提出政治要求，而当地的乌里玛帮助曼施坦因的第11集团军招募附属民兵。鞑靼委员会1942年初在“辛菲洛普”（Simferopol）开会时，一位毛拉确认说，“他们受宗教和信仰的驱使，要随同德国人参加这场圣战”，反对布尔什维克主义。全体鞑靼人都站出来，祈祷“迅速获得胜利……恭祝元首阿道夫·希特勒万岁”。到3月份，加入民兵组织的穆斯林达到2万人。

鞑靼和土耳其军团纪律严明，战斗力很强，德国人对此印象深刻，这些部队很快在反游击战中赢得名声。那年春天对军事审查进行的一个调查展现出那些信仰“安拉和阿道夫老爷[①]”的人。“我为鞑靼人和伊斯兰教免遭布尔什维克主义者奴役而战。”一名应征者写道。苏联海军基地刻赤于1942年春陷落后，另一个人狂热地写道，“我们已经……粉碎了俄罗斯红军，他们永远也无

① Adolf Effendi，土耳其人对希特勒的尊称，Effendi是土耳其之敬语，即阿凡提，意为老爷、阁下、先生等。——译者注

法恢复了。胜利者的话语属于我们，安拉也把阿道夫老爷给了我们，因此我们永远会是胜利者。”

国防军迅速对穆斯林部队的宗教仪式做出保障，命令德国士兵不得好奇地盯着看，更不能对日常祈祷活动进行拍摄。斋月和宰牲节等重要节日受到尊重，禁止吃猪肉。纳粹为了取缔犹太屠户，于1933年4月匆忙制定了“动物保护”法，因而想按教规屠宰牲畜比较困难，不过国防军向穆斯林部队发布了必需的指导方针。党卫军用波斯尼亚穆斯林组建了一个师，他们也对这种部队采取了此类策略。人们发现了一份1942年10月的新兵调查表，看到这些人志愿加入辅助部队的动机无怪乎都是不想进德国战俘营或躲避强迫劳动。在士兵们参加战斗的积极动机中，保护家人不受游击队袭击是最主要的，在巴尔干地区尤其如此。同时，国防军和党卫军对于他们相信纳粹主义和伊斯兰教共同信奉的基本价值观极为珍视：即服从领袖、信任家庭和对“犹太-英国-布尔什维克敌人”发动圣战。海因里希·希姆莱甚至委托学者研究希特勒是否能与先知相比，研究结果是把希特勒描述为“回来的以赛亚（耶稣），《古兰经》里对他也有预言，他还与骑士乔治（Knight George）[①]很相似，在末日到来时击败巨人和犹太国王达加尔（Dajjal）[②]”，希姆莱对此勉强接受。

最大的转变发生在规模相对较小的武装党卫军（Waffen SS）方面，这个武装力量在1941年的行动中没有到第一线。1942年年初，武装党卫军只有17万人，它开始把风目光投向德国境外，并从未受到国防军征召的人员中招募成员。国防军出版的《信号》杂志给武装党卫军帮了忙，这份杂志图文并茂，针对的是西欧250万读者，很受欢迎。在奥托·阿贝茨（Otto Abetz）[③]的专业指导下，让·谷克多（Jean Cocteau）、亨利·马蒂斯（Henri Matisse）、巴勃罗·毕加索（Pablo Picasso）、西蒙娜·德·波伏娃（Simone de Beauvoir）和让-保罗·萨特（Jean-Paul Sartre）能够继续工作，德国军官会参加萨特戏剧的

① 德国宗教改革领袖马丁·路德在流亡期间假扮骑士避居瓦特堡，使用过这个假名。——译者注

② 伊斯兰教末日论中的恶魔，是个犹太人，《古兰经》中预言他将被穆斯林的耶稣杀死。——译者注

③ 纳粹德国驻维希政府大使。——译者注

首映夜。德国允许有限的文化多元主义兴旺发展，以表明自己是为了保卫西欧文化不受野蛮东方的侵犯，从持不合作立场的激进分子，到德里厄·拉罗谢勒（Drieu la Rochelle）和塞利纳（Céline）这种彻头彻尾的法西斯主义者和反犹太激进派，都能找到发展空间。他们特别想把其他民族的英雄招为己用，在法国大肆宣扬圣女贞德（Joan of Arc）的仇英遗产，在荷兰发行印有伦勃朗（Rembrandt）头像的邮票替代流亡中的荷兰王室照片，还在1942年拍摄了一部描写这位艺术家的风光优美的古装片。这种有限多元的文化宣传可能削弱了地下抵抗运动所受到的支持力度，此时抵抗运动尚未成气候。不过这种策略也被证明难以说服荷兰人、比利时人、法国人和挪威人志愿加入武装党卫军部队。在罗马尼亚和匈牙利招收德意人民，在加利西招收乌克兰人，在波斯尼亚招收穆斯林，相对都比较容易。

党卫军降低了种族纯洁的调门后，必须对其成员进行再教育。这个过程并不容易。1941年9月，数百名穆斯林战俘被处决后，赖因哈德·海因里希向所有的党卫军特别行动队发出指示，警告他们说，土耳其穆斯林虽然“行割礼”，“长相酷似犹太人”，但这并不能“证明他们是犹太后裔”。当奥托·奥伦多夫（Otto Ohlendorf）领导的特别行动队D支队将屠杀行动扩展到克里米亚时，德系犹太人（Ashkenazi）和突厥语系的克里姆恰克人（Krymchak）[①]也是清洗对象，不过根据柏林的特别命令，放过了数世纪前皈依犹太教的土耳其卡拉派犹太人（Turkic Karaite）[②]，数百名卡拉派犹太人甚至加入了克里米亚鞑靼志愿部队。

德军成了种族和宗教混合的多语言军队，德国士兵们被搞糊涂了，对“亚洲人”经常不加区别。有人在华沙看到一列德国火车的最后一节车厢上涂抹着指示说，“给波兰人、犹太人和外籍军团战士”。尽管所有的宣传家都极力呼吁对新盟友更加包容和宽厚，绝大多数德国士兵还是牢固坚持着民族-种族偏见。1942年6月，弗里茨·普罗斯特在夏季攻势期间兴高采烈地听着德国的斯

---

① 土耳其犹太人后裔，居住在克里米亚地区。——译者注

② 圣经派犹太信徒，于8世纪成立于中东，不接受犹太法学博士的教义或犹太法典，只信仰《圣经》，被犹太教视为异端。——译者注

图卡呼啸着打击红军目标。这个来自图林根的顾家男人看到苏联俘虏从德军队伍旁经过时，感到不寒而栗。“你真的必须要看看这类亚洲俘虏，如果他们来到我们的祖国，将会带来大屠杀，因为他们不是人类，也不是无害的牲畜，而是野兽”。弗里茨·普罗斯特重复着自从战争开始就学到的习语和比喻，很难再接受不同的观点。要说有什么区别的话，德军躲过1941～1942年的危机后，都把绞死平民、烧平村庄、把居民赶入荒原或征走他们的最后一点口粮和冬衣视为应对重大威胁的理所当然之举。事实证明，东线德军士兵的这种心理变化是不可逆的：在关键时刻，他们的集体观念中的核心因素会被再次召唤出来，压倒一切在占领者和被占领者之间培育出来的复杂的个人关系。

尤金·阿尔特罗奇在东线服役6个月之后，给自己设下在绘画中表现出“俄罗斯人民的本质”的挑战。“不管我们如何看重窗帘和文化、木地板和文化、干净的指甲和文化，”他给朋友汉斯·阿尔布林写信说，“我们基本上对这些人极为原始朴素的精神、单纯的力量和可怕的暴行一无所知。”为了用艺术把这种异国的质朴性表现出来，阿尔特罗奇想找到新的“较为抽象和简单的”绘画技法。这两位年轻的天主教徒都在寻找一种深入的、宗教性的纯洁，他们相信现代商业文明已经在西方将其摧毁。当他的部队接近斯大林格勒时，汉斯·阿尔布林继续赞赏着圣像，并开始收集。两人都被俄罗斯妇女的美丽所倾倒，努力在他们的画作中将其精神表现出来。然而，汉斯·阿尔布林虽然对宗教和艺术非常敏感，但当谈到“毫无人性的蛮人后来犯下可怕的罪行，屠杀因英勇作战而受到致命伤的无助伤员……在这片土地上，恶魔的窥视让人无法忍受”。

即使像阿尔布林和阿尔特罗奇这样有自我意识的人在写信时，也避谈他们在东线已经变得多么“艰苦”。回味这种转变没有什么意义，相反，他们把目光投向从小就熟悉的故乡、家庭和德国文化，它们永远能触动人们的感情。阿尔特罗奇、阿尔布林和赫尔穆特·保卢斯在卓原上行进时，都在信中提到歌德（Goethe）和荷尔德林（Hölderlin）经典著作，以及恩斯特·荣格（Ernst Jünger）在开战第一年新出版的日记《花园和街道》（*Gardens and Streets*）。这些年轻人来自德国不同地区，不同的基督教派，在军队中的级别也不一样，不过他们都深深依恋着积淀在家庭和教育中的文学。当他们迷失在无边无际的异域“荒原”时，都在经典著作里寻找慰藉。

在很多人看来，东部战场似乎是一场必需的磨难和残酷的考验，他们的希望寄托在猜测战争何时会结束上。作为直率的纳粹党员和严厉的父亲，弗里茨·普罗斯特没有太多工夫去反省，但他非常清楚正在失掉什么。他的幼子曼弗雷德（Manfred）在战争的第一年还跟妈妈一个被窝，到1942年已经开始上学了。每进入新的一年，他的日历上都满是错过的生日。1月6日，是老二昆杜拉（Gundula）的生日，普罗斯特坦白说，“我想到这种日子就满怀恐惧，因为孩子们让你认识到，你正在变老，此外，他们正在长大，而我无法与他们共享短短的童年岁月”。此时距他上次休假回家已经过去了一年。

他远离家人，看来对老大卡尔-海因茨影响最大。普罗斯特早就一再劝诫大儿子，警告妻子希尔德嘉德应该管住这个孩子。1940年，他用老师般的口吻向12岁的儿子做出名誉担保，许诺只要他听话，“妈妈永远不会拒绝他的要求”。两年后，普罗斯特给已经14岁的儿子写了长长的信，责备他在祖母面前举止粗鲁，应该感到羞耻。当卡尔-海因茨加入希特勒青年团后，普罗斯特提醒儿子说，他已经到了业余大学（Volksschule）的离校年龄，却还能留在学校里读书，为此他们夫妇在经济上做出了牺牲。然后说起儿子应负的道德义务：“真为你感到羞耻，你父亲远在国外，正在为你准备一个更好的未来，以使你将来不必再做这样的牺牲，专注于其他工作，而你根本看不到这些。我只能再说一次：真为你感到羞耻”。

与孩子之间的裂痕越来越大，父亲的权威明显下降，普罗斯特感到焦虑。一个星期后，他又遗憾会错过卡尔-海因茨的坚信礼①，只能用希尔德嘉德寄给他的三个孩子的照片来安慰自己。他在信的结尾提醒妻子说，“不要让自己软弱。”“你只有坚强，而且要与自己斗争……我们要坚忍不拔、下定决心，不要放弃不久就能见到彼此的希望”。这里的“坚强”一词把前线的危险和后

① 坚信礼（Confirmation）是一种基督教仪式。根据基督教教义，孩子在一个月时受洗礼，13岁时受坚信礼。孩子只有被施坚信礼后，才能成为教会正式教徒。——译者注

方的家庭重担变成了家人共同努力的常识。三个月后，普罗斯特对希尔德嘉德和自己进行打气："我们必须更为坚强，必须不能失掉勇气，只能继续向往着我们的愿望获得实现的那一天"。弗里茨·普罗斯特试图解决家庭生活中的个人矛盾时，一遍又一遍地谈起公共道德，如"奉献""坚强""决心"和"牺牲"。他不能向妻子透露太多行动的信息，就在信中用这些常用词语给自己增添权威，让笔下的前线更具真实性。

20岁的赫尔穆特·保卢斯没有这么多烦心事。家里寄来的信件和包裹奇迹般地跟上了他们的推进，他的军士的行动奖章丢了，在父亲的努力下，赫尔穆特·保卢斯给他搞到补发的奖章，军士很高兴。随着他们连队接近高加索地区，发下来的信纸够用好几个月。他和战友在村子里搜集到樱桃和桑葚，他就用母亲寄来的糖拌着吃。柠檬汁能在行军时润嗓子。他在一个弹药箱里藏了一卷尼采选集，并且贪婪地阅读着《帝国》周刊登载的对古斯塔法·格鲁根斯表演的歌德的《浮士德》的评论。当他开始问起大后方到处都是不满的流言时，他母亲捍卫着后方的荣誉，告诉他说，人们还过得去，已经习惯了物资短缺和排长队，主妇们经常一言不发地排着队。

与1941年相比，他的父母消息更为灵通，几乎能够实时获知赫尔穆特的一些行动，他母亲实际上预言了他们将要抵达顿河沼泽的日期。他父亲依然敦促他参加志愿军官训练，但与一年前不同，他学会了说不。赫尔穆特的观点更平民化，觉得自己是个勇敢的"大兵"，而非"和平时期"亮相在阅兵场上的战士。但他渐渐想继承家业学医，即使那样意味着要放弃钟爱的化学专业也在所不惜。时间被浪费在战争上，他越来越急于拥有自己的事业和家庭："这场战争既艰苦又不公平，或许让我渴望安静的稳定生活。化学只能在多年以后才能给我这些"。他妹妹艾尔弗丽达（Elfriede）也决心学医。他母亲写信说，很多年轻人突然离开军队进大学读书。赫尔穆特知道，作为步兵，他几乎不可能获准去上大学：补充兵太少了。唯一的选择将是请求调到医疗队，然后通过从医疗能一级一级申请；但他觉得，这样即使能成功，至少也得两年时间，他认为战争不会持续这么久。

汉斯·阿尔布林也计划申请上大学，他想学习历史、哲学和德国文学。

他并没有把从军当作虚度光阴，在寂静的夜里，当信号车里的无线电关闭后，他着手重新翻译圣约翰的福音。他还把素描进一步加工成图画，希望将来有可能出版成书。他开始画下战友们的面庞，尤其是他们的手。他的朋友尤金·阿尔特罗奇不甘示弱，大腿上的枪伤好了之后，一返回前线就开始写一本“祈祷书”，并为其作画。然而此时尤金也听说，东线所有士兵的进修假都被叫停，他对汉斯的精神状态有些担心，因为“他的希望和梦想的大厦”突然崩溃了。

在高加索地区，陆军元帅威廉·李斯特（Wilhelm List）指挥的A集团军群在1942年8月9日夺取了第一块油田，不过采油设施事先已经遭到破坏。德国在两个星期时间里推进了480公里，补给线拉得过长，不得不用骆驼队运送汽油。赫尔穆特·保卢斯的部队于8月12日参与攻占克拉斯诺达尔（Krasnodar），打开了通向塔曼（Taman）半岛沿岸黑海港口的道路，德国和罗马尼亚部队也有了从罗马尼亚港口乘坐海军舰船开赴高加索地区的可能性。

到8月下半月，赫尔穆特·保卢斯的步兵分队显然已把广漠无垠的大草原远远抛到了身后。当他们攀爬高加索地区的山丘时，赫尔穆特“很有一种回家的感觉，这个地方和黑森林（Black Forest）[①]的边缘非常相似”。那天下午，一位切尔克斯（Cherkassia）地区的森林居民给他们当向导，带领他们沿着林间小道深入到苏联的后方。到了夜里，当他们在第三座山峰上停下来时，赫尔穆特所属的排到山谷侦察通向高山隘口的军用道路。他们整夜趴在路边的灌木丛里，观察着红军的卡车、火炮、行军纵队和辎重车辆沿着这条山间要道开向南方石油产区。黎明时分，他们没有回去与其他部队会合，而是向红军开了火。苏军后卫部队受到他们的突袭后，迅速稳住阵脚，并利用森林迂回包抄这支德军侦察小分队，把他们牢牢压制在山谷间的小河床里，战斗一打响赫尔穆特就受了伤。

---

① 黑森林是德国最大的森林山脉，位于德国西南部的巴登-符腾堡州。——译者注

“起先，”他给家里人写信说，“我根本没发觉自己受伤了。我看到裤子上有个洞，但没有血。然后我很快看到内衣变红了，于是才知道发生了什么。”一名卫生员迅速跑到他身边，把他的裤腿割开，包扎住伤口，赫尔穆特蹒跚着向已有医生建起急救站的山谷撤退。子弹从他的左大腿穿过，没击中主动脉和骨头，只留下一条5厘米长的伤口。他们这个营的弹药打光了，逐渐被红军压制回去，三面受到包围，背后是一座山。这座山拯救了他们。一队德国司机和文书赶了一夜山路，在第二天早上给这支前线小部队送来弹药和给养，并把伤员运走。赫尔穆特一瘸一拐地走着，绷带松了，摩擦着内衣。他的内衣被汗水浸透，血液在上面结成了块，几个星期都没洗。他们走了一两公里后，终于到了停车的地方，赫尔穆特如释重负，爬上了车。

在返回途中，车辆在山路边不住地打滑，赫尔穆特无助地躺在车上，回想起在普福尔茨海姆南面的森林里的一次旅程，当时妹妹伊姆嘉德还是坐在婴儿车里的小孩，几乎掉下悬崖。唯一的刹车是锁在汽车后轮上的一个链条。车辆最后终于到了谷底，他们被转送到德军救护车上，尽管之前“斯大林管风琴”向他们齐射了36发火箭弹，但更像是最终告别，没有伤到他们。一个小时之后，赫尔穆特到了主要急救站，医生给他注射了大剂量的破伤风疫苗，然后被送到设在高加索城市克拉斯诺达尔的军医院。

医院原来是红军的训练营，条件比较简陋，但挺舒适，食物单调，不过量很足，几乎所有的公务员都是步兵，很多与他同在一个连队。赫尔穆特和其他伤员坐着聊天、吃苹果、给家里人写信。虽然东部前线有了特别航空邮件服务，但信件的传递速度仍然只达到1941年的一半水平，他的家人两个星期后才得知这个消息，保卢斯医生立即询问军医院所有医生的名字和军衔，希望能有个熟人。他还希望很和善的主治医生能让赫尔穆特从步兵部队顺利转到医疗队，以便以后回家学习。他一接到赫尔穆特的战伤勋章证明，就在普福尔茨海姆中领了勋章，然后寄给儿子。

赫尔穆特很骄傲参加了夺取克拉斯诺达尔的步兵进攻行动，但他对后方梯队在他这样的士兵面前显示优越感极为反感。他回想起去年冬天到战线后方的一个镇子时，看到“军官们和士兵们如何挽着俄罗斯女孩，而克拉斯诺达尔甚至可以说是个舞厅，希望这个舞厅很快能被关掉”。最终他感到太无聊，于是和一两个战友扔掉拐杖出去探险，他们在市场上闲逛，大吃苹果和葡萄，着迷于“多彩和半东方”的街道氛围。他在医院里发现一些俄罗斯传单，于是寄给了妹妹伊姆嘉德，让她贴在自己的战争相册里，他还遍寻市场，弄到一顶刺绣小帽，给妹妹当生日礼物，让她能在普福尔茨海姆的女孩面前显摆一下。剧场里灯光暗淡，破旧的戏装笼罩在“神秘的半黑暗”之中，观众主要都是俄罗斯人，他们是“真正的无产阶级，对于在剧场里应如何举止根本没有概念，不断大声讲话、吃零食、抽烟”。电影院是个消遣的好地方，尽管《战时新闻》在拍摄实际战斗画面时有局限，“不可能精确展现”这类事件，赫尔穆特还是被步兵推进的场景印象深刻。他在家书中说，这些镜头“非常准确……没有列队前进，每个人只能以自己的方式走……士兵们没有欢唱”歌曲（在迄今为止的战争期间，我们从来没这样做过）。这些镜头正确表现出了一个已经行军40或50公里的步兵连队。

此时尤金·阿尔特罗奇也刚从左大腿的轻伤中恢复。伤势不重让他感到欣慰，当他乘坐被德军士兵亲切称为“容克大婶”的容克52s（Junker 52s）型医疗运输飞机经亚速海（Sea of Azov）飞回去时，心中很是兴奋。尤金对新闻影片的报道更为挑剔，他宣称：

> 如今，严肃的战争艺术家被记者、摄影师、PK（宣传公司植入部队的摄像师）和报刊素描人员所取代，我的天——这些绅士都在撒谎！对，甚至《战时新闻》也不真实，我过了好久又念了一次。是什么导致了这种谎言——没有人看到客观的照片吗？

尤金觉得那些画面不能在生理和心理上表现出战争的枯竭状态，也不能让人感觉到战斗的紧张程度。尽管他承认说，“我不觉得自己能被称为战争艺术家”，他还是认为自己有一幅画是“正确的”。那幅画表现了一位士官巡逻回来后，赤膊坐在防空洞里，手指上缠着绷带，张着嘴，目光空虚。还有一些景象他没有画出来，但刻在他的脑子里：

> 两名士兵一同趴在地上睡觉，就像死人或者正在隐蔽的人……或者是顿河畔罗斯托夫的“河流景色”：一支军队逃走后，到处是恐怖的残尸断臂，肿胀的死马不计其数，僵硬的蹄子伸向天空……俄罗斯人残缺不全的尸体已经膨胀。每个场面都能在训诫里找到！

他迟疑了一下，然后结论说，“你不能说他们是什么——但他们就在那里”。

赫尔穆特·保卢斯被战友称为“防弹衣”，因为从罗马尼亚打到高加索，他连擦伤也没有过。他幸运地离开战场，一瘸一拐地到达急救站，也让战友们感到惊讶。汉斯·阿尔布林还是安然无恙。“我不再把这称作‘走运’，”他给尤金写信说，“但我知道上帝在保佑我，他到现在为止一直在照顾着我。”前一天，他所喜欢的一个中尉被打死。“他信上帝吗？”阿尔布林问自己，并许诺为那个人的灵魂祈祷。

阿尔布林在去年夏天行动刚开始时目睹了处决犹太人和战俘的事件后，就发现很难用言语来形容死亡的意义。如今当他认真思考战友们的死亡时，也不得不想到自己的这种风险。很多士兵的心理已经非常坚强，足以适应死里逃生带来的震惊，如赫尔穆斯·保卢斯在7月就遇到过身旁一位战友的腿被炮弹炸断的情况。战壕里的平等主义和兄弟般互助的情谊要求对死去的战友致以最高敬意：即使在莫斯科战役后的严冬溃败的最艰难日子里，罗伯特·R的战友们也尽力带着他的遗体撤退，没有一走了之，目的是想给他举行一场体面的葬礼，并把他的笔记本带了回来。当威廉·阿贝尔“为了替我们的死者进行一些复仇”，冒死进行突袭，向18个苏联碉堡投入手榴弹，烧死炸死里面的守军时，很多人与他在感情上产生共鸣。与阵亡战友之间的情谊是使他们继续战斗的另一个原因。当弗里茨·法巴切的朋友彼得·西格特在1941年11月20日中弹时，法巴切像母亲晃着摇篮一样安抚着濒死的朋友，这时他的脑海里浮现的是他们两人的母亲。

不管荣誉和袍泽之情多么强烈，德军和其他国家的军队一样，也都是由身着制服的平民组成的：甚至如赫尔穆特·保卢斯、尤金·阿尔特罗奇和汉斯·阿尔布林这样高中一毕业就直接从军的人，也开始为未来做打算。此外，他们与家人有着千丝万缕的联系，这让战争有了目标的意义，而每个人都期待战争终将结束。当阿尔布林和阿尔特罗奇想象打两年仗后重新见面时，他们描绘着走在从小就熟悉的明斯特小镇的街头上，去听莫扎特和海顿的作品音乐会。

直到9月10日，德军才攻下位于黑海东岸的苏联海军基地新罗西斯克（Novorossiysk）。这并非一次完胜：苏联第47集团军依然占据着港口南部的制高点及重要的沿海道路，经罗马尼亚海运的补给还是有受到攻击的危险。阿塞拜疆首都巴库（Baku）才是个真正的作战目标，这座城市位于外高加索山脉之中，在里海的东南岸。要想把攻取巴库及至格罗兹尼的油田变成现实，利斯特的部队需要庞大的补给和增援。然而，A集团军群却不得不把很多装甲车辆和整个防空部队派去支援第6集团军，到9月底，利斯特无奈停下进攻的步伐。油田无法攻下，那就让敌人也不能得到它。10月10日和12日，第4航空军（4th Air Corps）将格罗兹尼的精炼厂炸成一片火海，造成了巨大的破坏。迈科普和格罗兹尼的石油产量占苏联总产量的10%，巴库则占到80%。然而德国轰炸机的航程勉强能达到巴库，战斗机则根本飞不了这么远。第4航空军的可用轰炸机已不足200架，为了袭击巴库，其飞机必须在没有战斗机护航的情况下以径直的航线飞行，而红空军此时已经显著加强了活动。德军的高加索行动从罗斯托夫到克拉斯诺达尔一路进展神速，此时却不得不停止进攻。当巴伐利亚山地部队于8月23日将旗帜插到厄尔布鲁士山（Mount Elbrus）①的西端时，他们的元首因这种浪费精力之举而大发雷霆。

行动的主要目标已经失败，弗朗茨·哈尔德以此为机会辞去了总参谋长职务。然而对希特勒来说，真正的和有象征意义的战斗是还在进行中的北方油田争夺战。德国第6集团军的任务是为了掩护高加索行动，向斯大林格勒推进。

---

① 厄尔布鲁士山是高加索山脉的最高峰，海拔5645.6米。——译者注

这个工业城市曾在俄罗斯内战中扮演过重要角色，伏尔加河流入里海之前向西拐了一个大弯，这片地区受到斯大林格勒的控制。第6集团军打了一个月，才于8月23日渡过顿河。此后没有其他自然险阻，德军坦克一天之内从顿河东弯曲部直抵伏尔加河西弯曲部，已经触及斯大林格勒北郊。在接下来的三天时间里，里希特霍芬（Richthofen）的第4航空队（4th Air Fleet）轰炸了这个城市，无数苏联平民丧生。

8月30日，弗里茨·普罗斯特从西北方抵达斯大林格勒，他兴高采烈地给希尔德嘉德写信说："我相信我没泄密"——他是这样——"如果我给你写信说，这个城市将发生激战。他们已经到了城市的南北边缘，不过部队西面还离得很远。然后它将变成又一个小口袋，等到收拢之后，这里就和平了。"普罗斯特对这个结果都有些等不及了，心中一直在想着他和希尔德嘉德"正在变老，最好的时光已经白白逝去"。9月12日，德军进入斯大林格勒，为了控制这座城市逐屋而战。

对普罗斯特来说，这几个星期情况有些不同。这位粗暴的男人原先写信时言辞僵硬，让人看了有些不舒服，现在话语却亲切多了。"如果你在这里，我会把你亲个不停。"他给希尔德嘉德写信说。她给他寄的玫瑰花"完全告诉了我一切，我们之间的一切。遗憾的是我不能用红玫瑰向你表达我的爱，因为这里找不到红玫瑰，但我用一行行字来表达"。当战争最终结束，"那时我将再次把你抱在怀里，吻你的嘴唇，一切都会被忘掉，我确信那时我们是最幸福的"。而现在他所能希望的是希尔德嘉德能梦到他，"因为梦想是唯一能让我们团聚在一起的方式"。他也做过"一些甜蜜的梦"，但他承认，"醒来后会更失望"。

随着德军发动进攻，这对夫妇离得越来越远，当他们终于找到话语来填补空间上的距离时，弗里茨·普罗斯特觉得拉莉·安德森（Lale Andersen）的新音乐剧《一切都会过去》（Es geht alles vorüber）最能表达他的心声：

一切都会过去，一切都有尽头，
每个12月过去后，下一个5月会到来。

一切都会过去，一切都有尽头，

但对两个相爱的人来说，一直会忠贞不渝。

安德森轻快地唱着，嗓音亲切温柔，在这一年秋季和冬季的斯大林格勒前线，这首歌中不断重复的誓言会让很多写信人产生共鸣。当弗里茨·普罗斯特和希尔德嘉德对20个月的分离感到悲伤时，他要她“昂起你的头，英勇小兵的妻子：秋天过去后，新的春天必定到来”。弗里茨·普罗斯特根本不会想到，没过几个星期，他会突然得到探亲假。

红军趁夜从伏尔加河东岸运送越来越多的增援力量，看来布尔什维克政权开始选择这个以他们的领袖命名的城市进行决战，德国人显然就是这样认为。9月30日，希特勒在柏林体育宫发表演讲，他开场先谈起“冬季筹赈”慈善活动，之后许诺“占领斯大林格勒将使（伏尔加河区域的）伟大胜利更为深入和巩固，我们将坚持占领，你们能确定的是今后没有任何人类能把我们逐出这个地方”。他宣布

在我看来，我们的人民在1942年已经通过了最具决定性的考验，即1941～1942年的冬天。可以容许我这样说，在那个冬天，德国人民——尤其是其国防军——得到了上帝的眷顾。不会再发生更糟的事了。

此时德军看上去似乎不可战胜，红军在夜里用驳船运送部队渡过伏尔加河，只是延缓这座城市无可避免的陷落进程。弗里茨·普罗斯特休假结束后，于11月初返回他的工程建筑营。从图林根地区的高马尔（Görmar）回来后不久，他就病倒了，不得不在一个陆军野战医院接受治疗。在斯大林格勒前线，没有任何值得寄望的东西，除了“漫长无聊的冬夜，我在这些夜晚将会回想美好的时光，你知道我特别指的是哪些时光……”，他犹豫着没有多说，以防母亲碰巧比希尔德嘉德先打开信件。他反过来鼓励希尔德嘉德跟他谈谈自己的感受：“你想写多少写多少，因为我是你的信件的唯一读者，而且你要是能在信中谈起这些事，那就太妙了”。

德军的弱点在于战线拉得过长，补给线不堪重负，苏联反攻也以此为基础。11月19日，红军在斯大林格勒战线的北侧发起攻击，第二天，南侧行动也开始了。苏联的目标是切断由罗马尼亚军队和意大利军队在顿河西面占据的防线，使第6集团军的主力陷于孤立。作为无线电操作员，威廉·莫尔登豪尔是最早听到这个消息的人之一，但他也小心谨慎地克制住自己，以免违反规定，他在11月20日隐晦地告诉妻子说，“现在事情的发展与我们原来想的不一样”。11月22日，百万苏军大反击，切断了极为漫长的轴心国战线。在东面，罗马尼亚第4集团军和德国第6集团军被孤立于斯大林格勒周围的伏尔加河大弯曲部广袤的无人区，与西面的B集团军群其余部队失去了联系。同时，红军发起第二次进攻，目标是夺取利斯特的A集团军群占据的大陆桥：德军击退了这次攻击。

德军认为曾经遇到过这种局面。1942年1月，一支大约10万人的德军在杰米扬斯克（Demyansk）被红军发动的勒热夫-维亚济马（Rzhev-Vyaz’ma）反攻所包围。德军部队在4个月时间里靠空投补给，吸引住了5个苏联军的兵力，直到德军增援部队打破包围圈。戈林不顾参谋人员的建议，急匆匆保证说，空军能够开辟空中走廊。希特勒得到赌局能够取胜的再次保证后，命令斯大林格勒的孤立部队“堡垒化”。与前一年冬天时一样，他拒绝一切撤退的要求。

空中走廊的承诺很有力，让军人家属感到安心，他们早已对军事邮政部门在整个夏季攻势期间提供的特别航空邮件服务印象深刻。空中走廊不仅能给部队送去补给，还能确保把伤员运出来。1月初，丽丝洛塔·伯普尔来到位于利沃夫的空军基地，为一位乘“容克52”运输机回来的伤兵拍摄宣传照片。为了拍到合适的照片，需要不断重复将人物从飞机里推出来的场面，不让这位伤员多受折磨，丽丝洛塔把一位医务人员一丝不苟地用绷带包扎起来，替代伤员躺到担架上。十来个人把飞机推着掉了个头以后，她得到了合适的光线，照片效果很好。

为了向杰米扬斯克的孤立德军运送补给，运用了整个第1航空队的力量。8个月后，德国空军已经没有能力为29万被困在斯大林格勒“大锅”中的德军提供后勤服务。每天杰米扬斯克的德军需要265吨补给，第6集团军估计至少需要680吨。德国空军此前已经遭受严重损失，现在距离被围德军太远，并且面临更加有组织的红空军威胁，消耗速度进一步加快。精力充沛的德国空军军械部长艾尔哈德·米尔希（Erhard Milch）直接进行指挥，但是就连他也没有办法把每天的运输量提高到100吨以上。

随着德国空军明显遭遇失败，恢复陆上联系的需要就更加迫切了。如果第6集团军继续被包围，那么就无法阻止苏军填补两个集团军群之间的缺口，A集团军群也将在高加索地区遭到围困。12月12日，曼施坦因出其不意发动反攻，在前两天时间里取得迅速进展，距被围的第6集团军已不足50公里。曼施坦因还想迫使苏联中断在高加索地区围困A集团军群的努力。但是，尽管曼施坦因一直在催促，第6集团军司令弗里德里希·冯·保卢斯将军拒绝命令部队从东面同时发起突围行动。保卢斯缺少汽油、炮弹和可用车辆，饱受剧烈的冬季暴风雪打击，而且还有希特勒发布的禁止撤退的直接命令，因此对所有相反的建议都不予考虑，决心原地等待。

第6集团军的不同部队损失程度不一样，为了节省汽油，威廉·莫尔登豪尔的无线电卡车没有暖气，不过他还是躲进车里听新闻，不愿被困在防空洞中。这辆车长4米，宽2.5米，7个人待在里面很拥挤，于是他们轮流睡觉。唯一的好处是夜里每个人站岗都不会超过一个小时，但在黑暗的掩体里穿脱靴子——他愉快地写道——真是一门艺术。虽然进入12月已经有几个星期，他给家里人写信时语气依然极为平静。他最关心的是不能休假、收不到邮件。只有他在说起吃饭时，才让家人对他的困境产生警觉：他们用土豆换马骨来烧汤，把脱水的卷心菜和一颗马心或马肺切成块放进去煮，吃起来真是美味。

12月17日，弗里茨·普罗斯特被困在这个“粪堆”里已有4个星期，他写信说，他和工程建筑营里的战友们又冷又饿，不过身体健康。配给量已经降到每日200克面包，中午能喝到汤。他们再也收不到信，但他们已经听说救援部队突破了包围圈。然而5天后事情基本上还是老样子。他的一位战友被弹片击中，受到致命重伤。衣服已有5个星期没洗，4个星期没刮过胡子或洗脸：他给妻子写信说，他们的胡子“有好几厘米长，但我们一直怀着希望，士气高昂，我们知道胜利是属于我们的”。

当弗里茨·普罗斯特听说救援行动正在进行时，获救的机会已经没有了。

曼施坦因部队的前进道路被第2近卫集团军（2nd Guards Army）堵住了，他现在也面临被包围的危险。苏联于12月16日发动第二次钳形攻势，将13万人之众的意大利第8集团军切成两半，有合围曼施坦因的部队的态势。曼施坦因没有选择，只能派第6装甲师解救受到严重打击的意大利残余部队，并在圣诞夜下令撤退。从这时起，第6集团军只能通过空中与外界保持联系，但在同一天，一支苏联装甲部队设法突入了德国空军在塔钦斯卡娅（Tatsinskaya）建立的前进基地，摧毁了56架运输机和机场。

那天晚上，德国大后方收听到一个特殊的无线电联系，连接了30台发射器，其中包括一架飞机和一艘潜艇。从北非到北冰洋，主叫台发出正式信号："再次呼叫斯大林格勒！"——"这里是斯大林格勒！这里是伏尔加前线！"被叫台回答。无线电操作员相互致以个人问候，就像旧时的《国防军点播音乐会》一样，节目结束时，不同的电台一起合唱《平安夜》，并朗诵路德的著名赞美诗《上主是我坚固保障》的第三节。同时，他们没有使用"大锅"来形容"伏尔加-顿河地区"激烈的战斗。

圣诞节那天，弗里茨·普罗斯特再次给妻子写信，提醒她说，尽管后方物资匮乏，但至少他们"有温暖的房屋居住，还有一棵圣诞树，而且有家人陪伴"。对于这一切，他继续写道，"你只能感谢我们亲爱的元首。一直以来都是这样，这也是我们为什么待在这里的原因"。对威廉·莫尔登豪尔来说，圣诞夜收到特别的惊喜：两包邮件，里面有5封妻子的信，和一小包肝肠、樱桃酱和一节手电筒电池。他们的掩体现在挤进来了9个人，但他们腾出了一点地方，把汽车座椅弄了进来，以便有地方坐。他们把一张小毯子和报纸上的漂亮女人照片挂在墙上，并用锡纸和旧伪装材料把一个瓶子搞成他们的"圣诞树"，用烟纸当装饰。这些人虽然身上都是虱子，不过得到了特别面包配给和真正的咖啡，所以都高兴起来，一起唱颂歌。12月30日，莫尔登豪尔还引用拉莉·安德森的流行歌词："每个12月过去后，下一个5月会到来……我们也幽默乐观，把这些时光抛到身后。"5天后，即1943年1月4日，莫尔登豪尔冒着来自西方的猛烈空袭和炮火轰击，依然写了一封乐观的短信："我们有着英明的领导，信心十足。我们希望把俄罗斯人的大进攻转化成我们的大胜利。我希望的不止是那些，但我确信必将获胜”。这是他的最后一封信。

1月23日，厄休拉·冯·卡尔多夫的弟弟给她写信，让她留意海因里希·冯·克莱斯特（Heinrich von Kleist）的作品章节，“1806年的普鲁士轻骑兵被描绘成光彩照人的军人代表，是大败中的亮点”①。“我想尽我之所能学习普鲁士轻骑兵，”这位23岁的年轻人继续写道，“不求最后是什么结果。”当厄休拉在柏林接到这封信时，他的部队已在军事公报中受到表彰，而“我们知道这是什么意思”，卡尔多夫写道。这位年轻女子问自己，应该到哪里寻找精神寄托——“巴赫？荷尔德林？克莱斯特？”——不过最后决定与弟弟采取同一立场，“没有幻想，（然而）还要忠于职守。太难了”。

红军利用自己的优势，将德军和罗马尼亚军队逼退到顿河一线。1月25日，沃罗涅日（Voronezh）重归苏联的怀抱，德军曾于7月初发起“蓝色行动”时占领了这座城市。尤金·阿尔特罗奇中尉右臂负伤，一个月前，他曾给汉斯·阿尔布林写信谈起自己的最新画作：其中一幅描绘的是一位垂死的伤病士兵。后来一名士官给阿尔特罗奇的家人写信，告诉他们尤金负伤后，已经被疏散至主急救站，然后乘飞机撤向西部，但实际情况可能并非如此。在混乱的冬季溃退中，尤金·阿尔特罗奇的下落是一个谜，成为越来越多的被报告为“战斗中失踪人员”中的一个。

随着苏联收紧包围圈，斯大林格勒的消息慢慢传回德国。1943年1月10日，国防军报告只是提到“地方突击部队”。4天后，新的令人担忧的报告取代了空洞的军事公报，透露了“斯大林格勒地区英勇激烈的战斗”。帝国保安总局迅速发现公众的焦虑感上升到新水平，戈培尔亲自在《帝国》周刊上写了一篇题为“总体战”的文章，赞扬第6集团军的英雄主义和牺牲精神，称这支部队牵制了苏联军队，使高加索地区的德军得到保护。语气的变化并非偶然，这位宣传部长认识到现在失败已无可避免之后，劝说希特勒让他为其所谓的

---

① 1806年7月25日，普鲁士与俄罗斯签订条约，第四次反法同盟形成。在1806年10月的耶拿-奥厄施塔特战役中，普鲁士军队由于武器落后、战术保守、动作迟缓，几乎全军覆没，连普军总司令不伦瑞克-沃尔芬比特尔公爵卡尔·威廉·斐迪南也战死。10月27日，拿破仑进驻柏林，普鲁士王室逃亡东普鲁士，受到俄罗斯沙皇亚历山大一世的保护。——译者注

“英雄史诗”做铺垫。

1943年1月30日，星期六，纳粹政权迎来10周年纪念日。主要事件是赫尔曼·戈林发表演说，他在去年10月收获感恩节上的讲话让人印象深刻。戈林计划在上午11点开始演讲，现场观众来自军方，德国国内和军队的所有电台都进行实况转播。不过由于6架英国空军的蚊式轰炸机首次在白天空袭柏林，时间有所推迟。当戈林终于开讲时，他对被困在斯大林格勒的第6集团军致了悼词。这支部队不仅会与尼伯龙根（Nibelungen）和东哥特人（Ostrogoths）等传奇人物及1914年在兰格马克（Langemarck）[①]战斗的学生志愿者一样成为英雄，还像率领300勇士镇守温泉关（Thermopylae）的狭窄隘口、抵抗波斯大军的莱奥尼达斯（Leonidas）一样。戈林宣布：“即使过了1000年，每个德国人说起这次战役时，仍将怀着宗教般的惊惧和敬畏，并且知道不管怎么样，德国的胜利就在那里被决定。”第6集团军的英雄主义与“2500年前的”斯巴达人能够相提并论：“它也是与反对诺曼人的游牧部落的殊死搏斗”。

戈林的演讲标志着英雄主义牺牲的民族主义崇拜已经发展到高峰，这个传统并非纳粹发明，但被其继承下来。受过教育的德国人对温泉关有着深深的共鸣，他们读着弗里德里希·席勒（Friedrich Schiller）和反对拿破仑的“解放战争”中的士兵诗人西奥多·克尔纳（Theodor Körner）[②]的诗长大。这位帝国元帅发誓，“因此，日后将这样说：当你们回到德国故乡，请告诉他们，你已经看到我们长眠在斯大林格勒，忠实地履行了对德国人民的承诺”，他的话有意模仿了席勒翻译的西摩尼得斯（Simonides）[③]所撰的墓志铭，那是温泉关神话的文学源泉：“过客啊，如果你去斯巴达，请带话给他们，说你看到我们长

---

① 兰格马克是比利时西佛兰德省的一个村庄，第一次世界大战期间，该地区曾多次发生激烈战役。——译者注

② 克尔纳：1791年生，1813年在参加吕错组织的义勇军中战死。他是德国的爱国诗人。他的爱国诗歌曾由著名的作曲家韦柏谱成歌曲。——译者注

③ 西摩尼得斯，又作“凯奥斯岛的西摩尼得斯”（Simonides of Ceos，约前556～前468）：爱琴海凯奥斯岛的抒情诗人、警句作者。他的诗歌创作具有泛希腊的意义，曾使全希腊激动的那些事件在他的作品中都得到了鲜明的表现。他歌颂希波战争各战役中英雄事件的诗歌非常著名，为温泉关之役殉国的斯巴达将士所写的墓志铭举世传诵。——译者注

眠在这里，忠实地履行了承诺”。荷尔德林和尼采都相信，德意志人是希腊人的后裔，如今戈林则宣称斯巴达人是诺曼人。

年轻士兵们从小就崇敬第一次世界大战的牺牲者，他们知道未来会遇到什么命运。如中央集团军群的一位下士在1943年1月24日给家人写信所说：

> 这是生死问题。俄罗斯是我们的宿命——不是胜利就是失败！斗争已到最为艰难冷酷的阶段，笔墨根本无法形容。“我们谁也没有权利活着回家！”这句格言我们士兵已经听了无数遍，而且我们知道，这绝非开玩笑。我们完全做好了准备。

在克罗地亚，第721掷弹兵团的一位中尉参谋对戈林的话极为赞赏。“此前在这场战争中，从来没有发生过这种英雄主义的战斗。如今在这个激战的大锅中，所有人都将与祖国永别！！我们真真切切无法与不朽的斯大林格勒战士们相提并论。”此时他所在的步兵师被卷入开战以来规模最大的拖网式反游击战的“白色行动”，德国在该行动中使用了9万德国、克罗地亚和意大利军队，把比哈奇（Bihac´）地区的村庄夷为平地。他心想，“这不是个人问题，而是全民族问题”，只要怀有这种意识，“我们就能获得胜利！”斯大林格勒战役中的勇士们做出的巨大牺牲让年轻的海因里希·伯尔对自己身体上的小问题很是不安，他很快写信说，“我因为头有些痛，就在医院治了好几天，明天还要因为眼痛去医院，对此我感到很羞耻”。

彼得·施托尔滕（Peter Stölten）正在爱森纳赫参加坦克专门训练课程，他认为，只有卡塔洛尼亚平原战役（Catalaunian Plains）①才有可能与斯大林格勒的英雄主义壮举相媲美，“德意志”部落在那场战役中与罗马兵团并肩作战，抵御“亚洲”匈奴人的入侵。但他担心斯大林格勒的意义有“被血腥黑暗

---

① 公元451年发生在当今法国的卡塔洛尼亚平原地区（Châlons-en-Champagne），罗马将军埃提乌斯和西哥特国王狄奥多里克大王的50万联军与由阿提拉率领的50万匈奴人联军作战。罗马军队击溃了匈奴大军，阿提拉被迫收军退守大营。战役双方伤亡多达数十万人，匈奴势力不断西进的狂潮最终被阻挡，这次战役也成为西罗马帝国灭亡前的最后一次大规模战役。——译者注

吞没”的危险，失去精神价值。“我相信在平静稳定的时期，我们能觉察到它是一个巨大损失，”施托尔腾给父母写信说，“在这最后的时刻，没有一个家庭收到一封信件。我们这个时代面对无尽的死难者，必须做出正确的反应，用理想的方式处理。”虽然战役还在继续进行，戈培尔已经委托第6集团军首席记者海因茨·施罗特尔（Heinz Schröter）收集编纂士兵书信选，以便完全满足这种精神需求。

当戈林发表演说时，纳粹领导层好像还以为前线的情况仍在按照他们选择的方向发展。1月29日，保卢斯将军给希特勒发电报，以第6集团军的名义祝贺纳粹党执政10周年，并向他保证，德军旗帜依旧飘扬在斯大林格勒：“愿我们这场战役能成为现在和未来世代永不屈服的典范，甚至成为他们的梦想：这样德国将获得胜利。”根据纳粹的信条，如果战败不可避免，负责任的指挥官必须自杀，为了确保这一点，希特勒把保卢斯提升为陆军元帅，意在表明德国从未出现陆军元帅投降的情况。保卢斯却成为始作俑者，由此一直遭到希特勒的蔑视。德国电台竭尽全力淡化斯大林格勒战役的失败，只是宣布德国的南方集团军群“进行了两个多月的英雄主义抵抗后，被占据优势地位的敌人压倒”。1月30日，它们报道德军失去在拖拉机场占据的最后一块阵地的消息时，给其赋予另一种形象：“在英勇的战斗中，上至将军下到士兵，每个人都刺刀上枪，坚守在最前沿”。

2月3日，德国电台先播放节奏缓慢的进行曲，然后宣布斯大林格勒战役已经彻底结束：

> 第6集团军并非白白牺牲，为了完成这次历史性的欧洲使命，这支部队在数星期时间里顶住了6个苏联集团军的进攻……将军们、校尉们、士官们和普通士兵肩并肩，战斗至最后一颗子弹。他们死去，德国才能生存。

这些话说完，隐约传来鼓点和挽歌《我有一个好战友》，然后是德国、罗马尼亚和克罗地亚国歌，音乐播放军后采用大胜时用的仪式，进行三分钟默哀。政府宣布三天全国哀悼，在这期间，所有的剧场、电影院和帝国境内的各种会堂全部关闭。德国人举行了一些肃默的游行，电台播放贝多芬第五交响曲。戈培尔要求发布一个可与恺撒、腓特烈大帝和拿破仑的宣言相比拟的军方公报，能在未来几个世纪时间里一直激励德国人。

在三天官方悼念期间，天主教的主教们要求教区内的所有教堂都要为斯大林格勒战役的牺牲者举行弥撒。科隆大主教弗林斯（Archbishop Frings of Cologne）加紧恳求圣母玛丽亚，近期很让纳粹政权头痛的明斯特主教加伦撰写了一封牧函："我们心中满怀爱意，纪念遥远的士兵们，他们抵御住敌人对祖国的进攻，阻止了布尔什维克主义的猛烈入侵。"他从托马斯·阿奎纳（Thomas Aquinas）身上得到启发，颂扬"忠实履行了军人职责"的牺牲者"几乎能与忠诚的殉教者相比"。

戈培尔和戈林精心炮制的"英雄史诗"引发了一场无与伦比的公关灾难。对于如此规模的失败，德国人在感情上没有准备。很多纽伦堡市民的儿子都在第6集团军服役，战役失败后，这座城市陷入巨大的悲痛之中。哭泣和愤怒的群众紧握从报摊上买来的报纸，第一次批评起他们的领袖："希特勒三个月来一直对我们说谎"。人们叫骂着，还记得元首曾在11月8日夸口说，德军基本上已经拿下斯大林格勒。在德国各地，人们完全陷入震惊和沮丧，近期的乐观报道让他们感到愤怒。把斯大林格勒战役宣传成只是一场荣誉之战，可能让很多人觉察不到战略上的全面失败，但在短期时间里也会使一整支集团军的消亡显得无关紧要。对其他人来说，如今和去年1月份一样，德国显然又在战争中受到致命打击。戈培尔认识到，对满怀理想主义的文理中学毕业男生有感召力的宣传，不一定对所有民众有用：他在日记里承认，"德国人民是无法忍受的"，他本想精心挑选"最后的书信"，作为英雄史诗进行出版，现在这一计划被全部搁置。斯大林格勒战役是第一场也是最后一场纳粹政权用这种神话的方式进行宣传的败仗，几个月后，50万德军在突尼斯投降，德国媒体报道这个消息时就显得低调而实际；同时，德国还将遇到更大的失利。当希特勒终于在3月21日的"英雄纪念日"（Heroes Memorial Day）向德国人发表讲话时，他对斯大林格勒连提也没提。

戈培尔知道，他需要把活着的人重新振作起来。新年伊始，他开始反思他的宣传努力。1月初，戈培尔向出席他的部长会议的主要媒体管理者们说：

> 自从战争开始后，我们的宣传走了如下的错误道路：
>
> 战争第一年：我们已经获胜。
>
> 战争第二年：我们将会获胜。
>
> 战争第三年：我们必定获胜。
>
> 战争第四年：我们不会失败。

并非只有戈培尔成为这种批评的主要目标。当他思考用什么最能激励德国人民时，首次把目光转向失败，一位英国观察家恰当地将其称为“力量源自恐惧”——它取代了纳粹休闲组织在战前使用的“力量源自快乐”这个口号。但戈培尔也明白，不能只靠恐惧刺激这个民族。

2月18日，他在柏林体育宫向一群精心挑选出来的党员讲话，全国所有无线电台都用扩音器又进行了转播。这次谈到古希腊时，根本没提温泉关。“现在我们知道必须做什么，”戈培尔向观众保证说，“德国人民想让每一个人都过斯巴达式的生活，无论高低贵贱。”戈培尔对自己的演讲期望很高，认为这是他最好的讲话之一。他用十个问题把演说推向高潮，把忠诚的纳粹党观众变成了经典合唱团，吼叫着表达赞许，自以为代表了全体德意志民族。当他讲到第十个也是最后一个问题时，观众们疯狂起来：

> 如党的计划所要求的那样，人人权利和义务都平等，哪怕在战争期间也要如此，你们的愿望是这样吗？（观众高呼“是！”）大后方应该拿出团结的证据，接受战争带来的同等负担，而且平等分配负担，不管每个人是大是小，是穷是富吗？

这是“总体战”的宣言。戈培尔在演讲结尾引用士兵诗人西奥多·克尔纳的话：“现在让全民族站起来，让风暴结束”。在狂热的欢呼中，观众开始唱起德国国歌和纳粹党的《霍斯特・威塞尔之歌》（Horst Wessel Song）[①]。

戈培尔对观众的直接反应感到高兴，觉得这场演讲无与伦比。然而，帝国保安总局的监控机构收集到的反响并不是很积极。很多人觉得，观众迸发出的热情是导演好的，并非流露出的真情；一些人疑惑为什么纳粹政权没有很早之前就采用这种措施；另一些人则质疑这场演说是否发挥出什么真正作用。在接下来的几个星期里，戈培尔不得不承认，演说确实没有什么用。他曾希望用这个机会劝说希特勒给他更大的权力，以便能领导其他机构，在大后方发起动员，但德国战备管理体制并未进行迅速调整。希特勒不准备侵犯家庭生活，疏散受轰炸地区的儿童依然是自愿性的，官员们试图协调民防工作时，越来越灰心丧气。然而在纳粹政权上层，权力继续在悄悄转移。德国空军在东西两线都遭遇失败，希特勒对此极为愤怒，连续好几天不想听到别人在他的面前提戈林的名字。但他对于表面的团结一直很敏感，坚称戈林“对帝国最高领导层来说依然不可或缺”。纳粹政权没有进行大改组，不过一些重要人物的影响力有了非常规增长，远远超越了他们的职责范围：阿尔伯特・施佩尔掌管了战时经济，海因里希・希姆莱统辖强力部门，马丁・鲍曼负责党务。他们的竞争者如汉斯・兰马斯、弗里茨・绍克尔、罗伯特・莱伊、约阿希姆・冯・里宾特洛甫和阿尔弗雷德・罗森堡等人，在争夺关键机构的控制权和接近希特勒的机会等方面逐渐失势。

戈培尔没能让希特勒把他任命为总体战全权委员，不过希特勒在1月份指派他担任空袭损害部际委员会（Interministerial Committee for Air Raid Damage）主席，这使他能够在民防问题上干预和命令其他地方长官。戈培尔一旦能插手新的实际性的战备工作，就放弃了他在大后方推行的鼓励模范行为的“礼貌行动”，他在1943年4月9日宣布：

> 人民情绪好不好并不重要，关键是要能承受下去……战争进行了四年后，每个人的想法与战争刚开始时都不一样了……表达爱国主义和热情已

① 纳粹党党歌，起初是冲锋队队歌，后来为纳粹党所用，其地位甚至顶得上当时德国的第二国歌，与《莱茵河卫士》齐名。——译者注

不适宜，德国人民只是在尽责……就是这样。

政治宣传和大众娱乐越来越两极分化，前者因为戈培尔强调失败的危险而变得日益艰难暗淡，后者却更为轻佻无聊。当戈培尔发表“总体战”演讲时，柏林上映的三部重要影片中有两部是浪漫喜剧，即《两个快乐的人》（Two Happy People）和《爱我》（Love Me），还有一部马戏讽刺滑稽剧《热门演出》（The Big Hit）被叫停。纳粹领导人最希望老百姓继续沉湎于国内的乌托邦，直到德国能获得一次胜利，正如《国防军点播音乐会》在战争的第一年中鼓励他们去做的事情。1942年的电影《伟大的爱》（The Great Love）把浪漫而迟到的爱的故事应用到最新的东线战场，成为纳粹影院里最上座的大片，这部电影之所以如此受欢迎，主要原因在于瑞典女演员札瑞·朗德尔（Zarah Leander）演唱的歌曲，她在剧中出演一位声音低沉、雌雄同体的荡妇。斯大林格勒战役结束后，其中一首热门歌曲一直受到欢迎，朗德尔在歌中让观众与她一起演唱，“因为有爱，世界不会终结”。影片带有无忧无虑、粗俗放荡的卡巴莱酒店[①]风格，一直很受欢迎。帝国保安总局注意到，柏林的妇女此时开始穿裤子，表达挑衅性的时尚观念。

斯大林格勒战役是一场重大失败。希特勒曾经第二次忍不住想宣布，这一决定性战役几乎已经获胜。从军事的角度看，1941年的莫斯科战役是更为关键的转折点：如果德军拿下莫斯科，红军要想继续战斗困难更大；为了坚持战争，它可能要放弃斯大林格勒。而从象征性方面考虑，斯大林格勒战役对希特勒的名声伤害更大：1941年12月，他越过布劳希奇直接指挥德军，发布的“禁退令”引发恐慌，损害了自己的声望；一年后，他作为最高统帅，使很多德国人对元首的军事天才首次发生疑问。更糟的是，希特勒拒绝听从戈培尔的建议，在1942年10月到12月这段关键日子里允许媒体对战役进行比较悲观绝望的报道。将第6集团军的“牺牲”描绘为“史诗斗争”的浮夸宣传也没发挥作用，希特勒在2月份发布命令说，取缔所有关于该战役的军事演说和评论，

① 提供临时表演和短小节目的餐馆或夜总会。——译者注

直到他批准官方版本为止。当非洲军团于1943年在突尼斯投降时，一道媒体指令规定，“绝对禁止在评论中提及斯大林格勒”。1943年6月，戈培尔有了足够的信心，于是漠不关心地宣布说，期望政府“准确无误地预言未来”是不切实际的。他指出，没有人能在1939年想到这场战争会持续这么长时间，也没有人能想到德国军队要在这么辽阔的战场作战。他认为，“只要能取得胜利，有意、无意和非自愿的错误都情有可原”，并宣称“领袖有偶尔犯错的最高权力”。不过由自封的“先知”领导的独裁政权不能经常求助于这种理由。戈林曾预言“即使过了1000年，说起这次战役时仍将怀着宗教般的敬畏之心”，1944年2月3日，史诗性战役的一周年纪念日悄悄过去了。

德国何时能征服苏联？如何征服？对于这类问题人们已经不再清楚。相反，人们开始支持无尽的消耗战。戈培尔号召的总体战可能没有效果，但因为那是在1943年，早在1942年，德国人已有了经过反复考验的“坚持”话语，他们已从上一场战争中的恐怖和艰难的经历看到了这一切。民众很快用幽默来表达，明斯特记者保罗海因茨·旺泽记录了一些最新的笑话：

> 1999年，两位库班河（Kuban）桥头阵地的装甲掷弹兵在聊天，其中一个人在一本书里读到“和平”这个词，想知道它是什么意思。堡垒里没有一个人知道，于是他们去问军士长。他也不知道，于是他们去问中尉连长。“和平？”他摇着头问道，“和平？我甚至读过文理中学，但我不知道这个词。”第二天，他到营部，并问营长这个词。营长同样不知道，不过他有一本新出版的词典，他们终于在里面发现：“和平，一种不适于人类的生活方式，1939年被废除”。

在一个重要方面，纳粹力图把斯大林格勒战役粉饰成神话，这一拙劣的尝试留下持久而痛苦的遗产。国防军2月3日发布的公报撒了一个大谎：即“将军们、校尉们、士官们和普通士兵肩并肩，战斗至最后一颗子弹”。不到一个星期，流言就传开了，说陆军元帅保卢斯等很多德军指挥官实际上已经投降，成为苏联的俘虏。国防军利用苏联在战前没有签署关于战俘待遇的《日内瓦公约》这一情况，坚称没有能被第三方证实的信息，规定所有在斯大林格勒损失的军人都只应被列为“战斗中失踪”。

依然活着的不是斯大林格勒战役中的牺牲者，而是失踪者。希尔德嘉德·普罗斯特没有得到丈夫的消息，弗里茨曾在圣诞节和元旦给她写信，宽慰她说尽管掩体里没有木柴取暖，但他们仍然在努力：“我们自由的那天必定会来到，一切都会变得更好。”她寄的信和包裹因为无法送达，被退了回来。4月1日，她收到4封信和6个100克的航空包裹。普罗斯特连队中其他成员的家人也都收到同样的邮件：最后的信件写于1月初。希尔德嘉德希望弗里茨战友的亲属会提供消息，于是给德国电台的战友服务节目写信，一个月后，她听到丈夫的名字在电波中被读出。5月29日，她到当地红十字办公室为他进行登记，不过只收到他肯定被认作“失踪”的消息。

有消息传开说，前总理弗朗兹·冯·巴本（Franz von Papen）负责的德国驻土耳其大使馆成功找到一名下级军官，此人的母亲人脉很广；人们还请土耳其红新月会帮忙寻找亲人。另一方面，国防军信息办公室竭力封锁通信，禁止公开11.3万德国和罗马尼亚军人被苏联俘虏的事实。国防军最高统帅部甚至命令说，为了防止渲染出的英勇的最后抵抗受到玷污，有几麻袋信件不应投递出去。

不过，信息真空不可持续。1943年2月2日，外交部媒体和信息办公室注意到，莫斯科电台早已广播了“9.1万俘虏的数字”，预言“并非每个人都能抵御住通过收听敌台获取信息的诱惑……在普通群众看来，‘被俘’与‘被杀’有极大区别，不管跟他们讲过多少次俄罗斯人已经杀掉全部战俘”。帝国安全部对此表示赞同，并详细计划收缴苏联在德国散发的宣传单的行动，零碎信息的获取只能通过收听莫斯科电台。地方和全国性报道都证实，此时“偷听活动”增加了，而莫斯科电台和BBC都报出了德国俘虏的名字。在斯图加特，地方长官穆尔威胁说，那些“收听敌方广播（并且）削弱我们人民的防御和抵抗能力”的人应该“受到起诉和无情的惩处”。但是，帝国保安总局的地方机构严苛对待这类事，认为这是信息匮乏的自然反应。

和以往一样，盖世太保想区别对待这类事件，认为罪犯即犯罪。1943年3

月。一位妇女开始给那些名字和地址被列在苏联传单上的德国士兵家属写信，传单是他儿子休假回家时带回来的。她只是想让他们知道，这些士兵还活着，而且“过得不错”。最终盖世太保察觉她的活动，不过确定她的动机是源于在第一次世界大战期间失去两个兄弟，去年小儿子也战死。“我想帮助受到影响的人，他们没有收到一点亲人的消息，我为他们感到遗憾。”她解释说。盖世太保对她在纳粹群众组织中毫无瑕疵的服务记录印象深刻，没有以“失败主义”或“传播敌方宣传”的罪名惩罚她，只是警告了一下就放过了她。

弗里茨·M与之相比就没有得到这样的优待。1943年5月，盖世太保逮捕了他，罪名是向46个被莫斯科电台列出的人的家属寄信，告诉他们“失踪的德国士兵可能被俘，过得还不错”。他的行为被认定为“共产主义宣传”，因为它挑战了“德国士兵被俄罗斯俘虏后受到虐待……的公认假设”。弗里茨·M还是前社会民主党成员。因为这些情况，他都可以被判死罪，不过他比较走运，只被判入狱两年，这一案例确切表明警方不想太过极端。他显然没有想到自己的行动会构成秘密反抗：一些写信者只把自己的名字写成“+++”、“一位民族同志”或“+++（很不幸，我也没有其他办法）”，他把自己的名字和地址都写在信上了。事后还表明，没有一位收信人曾谴责过他，对此他们也不得不向盖世太保做出解释。

尽管当局尽一切努力拦截被苏联关押的德国战俘寄回来的信件和明信片，还是有少数漏网之鱼，其中有的是通过中立国地址寄的，有的则因为管理部门失职所致。1943年4月，维也纳审查办公室出现疏忽，使一封信蒙混过关，寄到吉赛拉·海茨（Gisela Heitz）的手上，她是第6集团军高级军官瓦尔特·海茨（Walter Heitz）[①]将军的妻子。信件内容迅速在其他高级军官家属中传开，一些人——如吉赛拉·海茨自己——向国防军最高统帅部等机构写信，询问如何才能与他们的爱人建立联系。国防军信息办公室尽一切可能给这种期望泼冷水，辩解说“由于苏联的态度完全消极，没有任何关于和苏联的德国战俘进行联系的协议”。海茨的故事很快成为一个传说，声称这位意志坚强的将军成了

① 瓦尔特·海茨是第7步兵军军长，陆军上将，1943年1月31日被俘，1944年2月9日死于监狱。——译者注

东线失踪者和俘虏的联络人。流言一直传到1944年夏天，在东线新的战役和失利的冲击下非但没有被埋没，反而更加活灵活现。陆军总司令部最终采取了极不寻常的步骤，正式出面否认此事。

空等了数月的消息后，路易丝·施蒂贝尔（Luise Stieber）的唯一慰藉是在日记里与失踪的丈夫谈话，并在夜里为他写诗：

我独坐家中，
夜里只有台灯陪伴，
旁边床上躺着我们的孩子，
睡梦中叫着你的名字。
……
当我觉得想要放弃时，
我摘下你的照片，
把两个孩子叫过来，
看他们为你哭泣，
然后我悲痛地知道，
它们是我的慰藉，
所以，我想坚守我的职责，
勇敢不放弃，
因为我确知，
那一天将会到来，
届时我们会再次见面。

一些历史学家曾经建议，这些无可挽回的损失是德国在第二次世界大战期间最重建的集体经验，它们让很多人疏离了纳粹政权。然而在德国人的这些反应中，很难看到失败主义或政治反抗的迹象。这只是个人的伤痛，而到1944年2月，路易丝·施蒂贝尔仍然坚持认为，“所以，我想坚守我的职责，勇敢不放弃”。她还用札瑞·朗德尔曾在《伟大的爱》中所唱的歌曲来安慰自己：

“我知道有一天奇迹会到来。”12天后，她在日记中向丈夫坦白，“你连一个问候、一句话也没有，一切都是难以形容的痛，我感觉自己像个孤儿”。有时她会把两个孩子忘掉，她补充说，“如今不再有哪个人是属于我的了”。

希尔德嘉德·普罗斯特忐忑不安地等了三个月，什么结果也没得到，她开始自己想办法。1943年4月初，希尔德嘉德拿出孩子们圣诞节时给她的礼物，那是一个笔记本，然后开始给丈夫写信。“我想把它变成一种日记，”她解释说，“代替我再也不能给你写的信。我想把原应在信中告诉你的话写在这个笔记本里，当你与我们重聚时，它应成为一种时间的桥梁，因为我依然坚信有一天你将回来。”她想从图林根的中世纪小镇米尔豪森（Mühlhausen）传递最重要的新闻。部分归因于戈培尔的总体战运动，商店和企业都关门了，她阅读战殁者报道，其中有些只在报纸公告里提到，另一些出现在将社区民众聚拢在一起、士兵列队为空棺材鸣枪致敬的“极为感动”的葬礼新闻中。对失踪者家属来说，这样并非结束。

但是时间不会终止。希尔德嘉德在圣灵降临节（Whitsun）那天写道，他们的三个孩子“无忧无虑，根本不知道我的痛苦。如果他们偶尔看到我流泪，就想安慰我说，爸爸就要回来了”。他们的大儿子卡尔-海因茨正在肩负起责任，他父亲本来一直担心他会逃避的，他还申请去德绍（Dessau）的容克工厂当学徒。一个月后的7月中旬，希尔德嘉德竟然收到丈夫在1942年圣诞节前给回的信，这让她大为惊讶。8月17日是弗里茨的生日，她像往常一样，用玫瑰装点了他的照片，并对非洲军队的家属们极为羡慕：5月份在突尼斯投降美军的25万德国战俘的家属都收到了信件。

很多妻子和母亲像希尔德嘉德一样，认为失踪的亲人还活着。她们送孩子上学，给其他被列为失踪者的亲人写信，有时还传递连锁信。生日和结婚纪念日、征召日和最后一次休假日都过去了；前线寄来的小礼物和照片还放在显眼的位置。他的木匠工具在工场里已经落上了灰，希尔德嘉德·普罗斯特并非唯一感觉只能在日记里与杳无音讯的丈夫说话的人。她们悲痛但不哀悼，没有官方确认、社区安慰和遗孀津贴，她们被遗忘了。

第十一章

轰炸和报复

对英国空军轰炸机司令部来说，埃森空袭标志着空战进入全新阶段，即鲁尔空中战役。在一系列打击工业设施的重要行动中，埃森作为克虏伯军工帝国总部所在地成为头号目标。

1943年2月15日，德国首次举行了一场仪式，标志德国的战争动员进入新阶段。中学六七年级的15岁和16岁的男孩宣誓加入空军和海军预备部队，当他们脱下希特勒青年团的制服，换上真正的军装，并做出忠于元首的军人宣誓时，很多孩子欣喜若狂。一位科隆的男生写道，这是“一个重要日子”，他的心中充满“骄傲之情，因为我知道我也能投身保卫祖国的行动了”。来自雷德堡（Reideburg）的汉斯-迪特里希·根舍（Hans-Dietrich Genscher）是首批两支少年军的成员之一，后来他担任过德国外交部部长；来自但泽的未来的作家君特·格拉斯（Günter Grass）和巴伐利亚州特劳恩施泰因市（Traunstein）的约瑟夫·拉青格（Joseph Ratzinger）也是其中一员，后者是未来的教皇本笃十六世（Benedict XVI）。太多男孩加入了防空炮兵部队，或者一般所称的高射炮部队，以至于这一整批被征召的少年兵经常被称为高射炮助理（Flakhelfer）世代，尽管真正加入高射炮部队的主要都是受过文理中学教育的中产阶级男孩。到战争末期时，1929年和1930年出生的儿童也被召入军队，其中包括未来的社会学家约根·哈贝马斯（Jürgen Habermas）和未来的总理赫尔穆特·科尔（Helmut Kohl）。征召少年兵是最近推出的系列民防政策调整手段之一，它使德国人真正体验到了总体战争。

在汉堡，教师家庭出身的16岁的克劳斯·塞德尔（Klaus Seidel）加入了城市中央的公园防空炮兵部队。在柏林，汉斯·约阿希姆·M和班里的其他同学被派到一个机场防守阵地。男孩们对新获得的自由和职责兴奋不已，而父母们则抱怨难以看望孩子，孩子回家的机会也少。媒体向他们保证说，不必担心他们的儿子会被迫担负超过他们能力的任务，并提醒男孩们说，相对于工厂学徒，他们是幸运的。这些少年除了接受空军和海军人员的训练，以及希特勒青年团的意识形态教育，本应按一个简化时间表继续学业。一位父亲在科隆-米尔海姆文理中学参加了一次家长晚会后，感到极为愤怒：“我发现整个事件很是可恶，”他给在前线打仗的大儿子写信说，“成千上万像我的同事P那样的强壮的年轻人悠闲自得，不用去服役。这种现象他们不管，反而利用起刚丢掉尿布的孩子。”大儿子不同意他的观点：哪怕你一点也不“感情用事”，他劝告父亲说，但事实情况就是“不仅今天的儿子们必须尽责当兵，他们的父亲也要如此，换句话说，就是哪里需要他们，要让他们奔赴哪里，要无条件支持他们，无条件让他们履行职责”。

汉斯·约阿希姆·M和他的柏林同学的任务是协助上了年纪的预备役人员和俄罗斯辅助部队维修巨大的探照灯和雷达控制系统，为高射炮部队提供支援。在元首的生日即4月20日，汉斯·约阿希姆所在的炮兵阵地遭到袭击：一名士兵阵亡，不过他们小组里没有伤亡。另一个炮兵阵地上的男孩们就没有这么走运了：那天有7个人丧生。在埃森，罗尔夫·迪特尔·科赫（Rolf Dieter Koch）比他们更早见到战斗行动。3月5日晚上8：45，空袭警报开始响了起来。刚到晚上9点，第一架蚊式战斗轰炸机就向该市南面的克虏伯工厂投下红色标定装置，经过一小段间隔，到了晚上9：36，7架蚊式战斗轰炸机机、17架兰开斯特轰炸机和7架哈利法克斯重型轰炸机开始向这个地区投下炸弹，为红色的外环内增添了绿色火焰的内环。89架哈利法克斯轰炸机、52架斯特灵轰炸机、131架惠灵顿中型轰炸机和殿后的140架兰开斯特轰炸机排着紧密的队形，分三波飞临这座城市的上空。到晚上9：40，他们投掷了524.4吨燃烧弹和490.4吨高爆炸弹，然后飞回英国。到天快亮时，罗尔夫·迪特尔·科赫筋疲力尽，只能以电码风格潦草记下自己的经历：“来袭敌机力量雄厚。首次展开地图表。标定高爆弹和燃烧弹落点。重新评估损失。我们的兵营被烧成平地。灭火。睡觉。”在这次轰炸中，有457人丧生，伤员达到1400人，5万人在那一夜失去了家园，3016所房屋完全被毁，2050所房屋受损严重。一个星期后，盟军轰炸机再次来袭，炸死648人，又有4万人无家可归。卡罗拉·莱斯纳（Carola Reissner）曾经在1940年嘲笑过英国空军的空袭行动，她在这两次空袭过后的日子里，一直能听到引爆哑弹的声音。

对英国空军轰炸机司令部来说，埃森空袭标志着空战进入全新阶段，即鲁尔空中战役。在一系列打击工业设施的重要行动中，埃森作为克虏伯军工帝国总部所在地成为头号目标。在整个1942年，导航设备精度极差，甚至飞行员都能看透云层时它还找不到目标，需要鲁尔区是都市群，辨别目标更为困难。另外，德国防空火力很强大，致英国蒙受巨大损失。从1943年3月起，导航和定位技术取得突破，进攻方开始占据优势。轰炸机利用新的“双簧管”（Oboe）无线电导航系统规划飞向埃森的路线。轰炸机司令部没有让飞机直线飞行，因为在北海沿岸和德国西部的航程内有着大批潜在目标，可以进行佯攻，将德国空军夜间战斗机调虎离山。到1943年2月，“探路者”部队（Pathfinder）开始携带“H2S”机载测绘雷达系统，它能显示地面是否为建筑区。这套系统依然存在问题，曾把易北河（Elbe）的低潮泥滩误认为是汉堡港，导引“探路者”部队走错路线：这些轰炸机把炸弹扔到城市下游21公里的地方。3月5—6日空袭埃森的破坏力之所以超过平常水准，应该归功于高速的蚊式轰炸机，以及探路者精确地对该市进行了标定。英国空军第一次在空袭行动中运用153架飞机，几乎占其进攻力量的一半，而这些飞机也成功将炸弹投到目标区5公里范围内。在接下来的4个月中，莱茵兰和鲁尔区的大部分城市一再受到轰炸，而且都有相同的精确度。一年星期后，埃森的克虏伯工厂再次被英国空军选中，以后几个月中都将以这个模式进行轰炸。

埃森这类城市虽然从1940年就开始建筑巨型钢筋混凝土堡垒，以防遇到空袭，但绝大多数平民还是不得不在公寓下面的酒窖里躲避炸弹。3月5日的空袭第一夜，埃森西区的一位医生带着妻子躺入他们的地窖里，挤在一张躺椅上，一枚炸弹爆炸后，门窗飞入地窖。丈夫虽然在安慰妻子，但妻子没有一点反应，只是直直地瞪着双眼，每有一枚炸弹从附近呼啸而过，就简短祷告一次。医生紧紧抱着妻子，觉察到她的浑身都在颤抖，不久他也被传染上了，腿开始不由自主地抽搐。他患上了神经痛，被介绍到波恩的战争神经症专家弗里德里希·潘斯博士（Dr Friedrich Panse）那里就诊。小孩子在地窖中躲避空袭时，尤其会因爆炸而觉得颤抖。他们在地窖里学会聆听不同的声音，辨认高爆炸弹的“轰隆隆巨响”和燃烧弹的“低沉爆裂声”，炸弹的“咔嗒，咔嗒咔嗒”声让一个孩子想起“有人用力吸果汁”的场景。他们还从周围的大人那里学到恐惧，如一个男孩所描述的那样，“堡垒里挤得到处都是人，每有一枚炸弹落下，都能听到人们在大声呼喊‘天父啊’。”

3月5日的空袭把埃森的8个紧急救济站全部摧毁，只有3个小型救济站还能发挥作用，“人民福利”组织匆忙从附近城市搞来大型临时餐厅，每天提供7.3万份饭。当地驻军拿出6个野战厨房，使每日生产能力又增加了2.5万升。对卡罗拉·莱斯纳来说，“人们有着英勇的适应力，对遭受的一切毫无怨言，真是令人惊奇”。

埃森受到的袭击增多，源于英国空军在1942年5月30～31日首次对科隆进行的“千机轰炸”，这是一种高调的行动，轰炸机司令部为了向英国空军部表明，只要有足够的资源，就能达成目标，甚至把教练机也派上了用场。当地报纸的编辑事后写道，每个从街上经过的人都认识到，“科隆在前一天已经离开了他们”。埃森坐落于鲁尔城市群中，难以辨别，科隆与之不同，很容易就能找到。莱茵河宛如宽阔的银带，在它左岸的火车站旁，就是哥特式大教堂高耸的双塔，对轰炸机队来说，这座城市是确定飞行路线的很合适的地标。即使目标不是科隆的时候，飞机也先经过这个城市向东飞，去轰炸鲁尔区的工业中心，或者向南袭击更远的目标如纽伦堡。一位年轻的妇女在1943年2月底抱怨说，“英国人要把我们逼疯了！”无论白天夜晚，“空袭警报响了三次、四次、五次或更多次”。2月28日，海因茨·维腾堡（Heinz Pettenberg）统计出自战争开始以来，空袭警报已经拉响了500次，他坦白说，“我们筋疲力尽了”。很多人一坐下来，就困得睁不开眼，无论是在有轨电车上、在医院候诊室里或者政府办公室中。广场上搭起丑陋的棚屋，给那些在轰炸中失去家园的人应急。在诺伊马克特（Neumarkt），罗莎莉·舒特勒（Rosalie Schüttler）注意到很多商店的门窗已用木板封上，妇女当上了卡车和电车司机，瓦砾堆一眼望不到头，两台挖掘机把断砖碎瓦往行驶在电车轨道上的卡车上装。城市已经空了，原来有77万人口，现在只剩52万，很多人到周围的村镇寻找安全完好的房屋居住，通勤列车基本上满足不了50多万人工作和学习的需要。即使在英国空军发动"鲁尔战役"之前，瑞士驻科隆领事弗茨-鲁道夫·冯·魏斯（Franz-Rudolf von Weiss）就称民众的士气"降到冰点以下"。

1943年春，英国空军的空袭规模发展到新的水平，住在科隆市东南郊拉斯-霍马尔（Rath-Heumar）的罗莎莉·舒特勒每天夜晚都能"看到鲁尔上演的残酷游戏"。她还听说，5月16～17日默讷（Möhne）大坝和埃德尔（Eder）大坝遭袭后，引发了"滔天洪水"，"很多村庄完全被毁，人员伤亡惨重"。她对死亡数字只能猜测：媒体报道的数字是370～400人，传言说遇难者实际上有1.2万人。当多特蒙德在5月24日夜遭到轰炸时，80公里外的科隆都能听到爆炸声和防空炮火射击声，听到地平线上先出现曳光弹和闪明弹的亮光，然后是熊熊大火。瑞士领事魏斯说，这次空袭使民众"无法忘怀"，尤其是他们感觉英国人打破了另一个"公平游戏"规则，炸掉了默讷大坝，淹没了多特蒙德的防空掩体。

当千机轰炸行动快满一周年时，科隆居民惶恐不安无法入睡，等待着大空袭。这次挨炸的是伍珀塔尔。5月30日星期天一大早，13岁的洛塔尔·卡斯腾（Lothar Carsten）就在日记本上匆忙写道："午夜12点的时候，警报响了。这没有什么稀奇，翻个身继续睡。"他重复着人们都在说的话："英国兵找不到伍珀塔尔，我们在山谷里，夜里还有大雾。"幸运的是他父亲真的起床了，并把全家人叫醒，当第一枚炸弹落下时，他们跑进地窖。他妈妈把他们的运动服带出来了，但是匆忙间忘了拿装着所有重要文件的手提箱。一旦能安全出来，洛塔尔立即和邻居们·起干活，他们排成队，接力传递着水桶灭火；总水管被炸坏，消防栓无法使用。"地平线上一片血红。"洛塔尔在那天快到中午的时候写道。共有719架飞机成功将炸弹投到狭长的伍珀塔尔的东端，其中大多数是四引擎轰炸机，老城中心区巴门（Barmen）成为火海，80%的建筑被摧毁。

在接下来的几天里，洛塔尔·卡斯腾没有时间写日记，他与其他希特勒青年团的男孩一起，帮助房屋被炸的人抢救财产，为人传递信息。

一位巴门的妇女站在已成废墟的房屋前哭泣，她的儿子、女婿和两岁的外孙都被埋在里面，当两名冲锋队员想安慰她时，她转向他们吼叫着："这场战争应该怪'褐衫队'（即冲锋队），他们应该去前线，确保英国人不能过来。"巴门民众完全没有料到这次空袭。不到一天，罗莎莉·舒特勒就听说了身上着火的人"为了把火扑灭，跳进了伍珀河"。那一夜有3400人死于空袭，是开战以来伤亡最大的单次袭击。而在轰炸机司令部看来，伍珀塔尔只是个小目标，袭击它的目的是逼迫德国分散鲁尔工业区强大的防空火力。

听到当局不断要求不在科隆工作的人不要住在那里后，罗莎莉断定政府决心"把莱茵兰牺牲掉"。该市出现一种怪异的平静，在其后的12天时间里，空袭警报没响过，奇怪的谣言四处流传。有人说，各国政府达成了"秘密协议"，还有人说盟军散发的传单许诺不轰炸科隆，因为移民出去的犹太人"想再回那里居住"。人们都在这样幻想，说明他们把迫害犹太人和盟军轰炸联系了起来。到了6月11～12日夜，空袭警报再次拉响，但这次轰炸机只是从头顶飞过，北方的杜塞尔多夫很快"被大火照亮"。6月15日，瑞士领事魏斯向上级报告说，"我们都住在火药桶上，科隆的每个人都知道，下一次大轰炸是冲着我们来的"。人们争相申请进入钢筋混凝土掩体，同时关于毒气炸弹的谣言传得更凶了，这是衡量士气的关键指标。

随着德国西部遭受轰炸的消息传播开来，帝国保安总局关于国民情绪的报告很是悲观，戈培尔就这个问题找到希姆莱，想劝他把报告发给纳粹高层领导之前，让宣传部也审查一下，希姆莱对此予以拒绝。不过戈培尔还是取得一点成就，大幅削减了有权阅读这类最重要消息的政府官员数量。2月份在鲁尔区，一首嘲笑戈培尔"总体战"演讲观众的歌谣流传开来：

> 亲爱的英国大兵，飞得再远一点，
> 我们是煤矿工人。
> 飞远一点去柏林，

他们都在喊“对”。

然而，这种情绪并非根深蒂固的敌意。那年春天，当戈培尔巡视多特蒙德和埃林，在挤满兵工厂员工的会堂里许诺要对空袭进行“报复”时，受到热烈欢呼。德国人只是想从空袭的痛苦中解脱出来：乐观者想加倍报复英国，悲观者只希望炸弹不要落在自己头上。3月初，柏林遭受到开战以来最严重的空袭，据瑞士领事魏斯说，科隆人对此的反应是“幸灾乐祸”。

尽管希特勒曾拒绝任命戈培尔当总体战全权委员，但作为空袭损害部际委员会主席，如今戈培尔在民防组织工作方面发挥着关键作用。这个委员会负责为被炸城市提供移动工作室和厨房、日用品和家具、衣物和食品补给，为了“紧急赈灾”，它削减繁文缛节，从国防军仓库中征用补给品。1943年6月5日，这种新空袭行动发展到顶峰，戈培尔在体育宫再次发表演说，承诺要对英国人进行猛烈报复。“（英国）领导人听从煽动家的吩咐，背叛了自己的同胞，这笔账要由英国人来付”。媒体开始谈论威力极大的新式武器，戈培尔的保证成了德国人在余下的战争岁月中保留希望的主要动力：“报复的时刻就要到来！”

巴门遭到毁灭性轰炸后四个星期，伍珀塔尔另一端的艾伯费尔德（Elberfeld）也受到打击。在魏玛附近的策拉-梅利斯（Zella-Mehlis），兵工厂工人开始传唱一首新歌，在喧嚣的报复声浪中表达自己的观点：

报复：
这一天就要到来，对伍珀塔尔犯下的罪恶要得到报复，
你们的土地将被钢铁风暴吞没。
你们的刽子手对这座城市没有一丝愧意，这里的大火，
烧死了吃奶的孩子，
现在我们受到激励，怀着最猛烈的仇恨，
你们纵容犹太人，伍珀河受到羞辱。
死去的人要求报仇！我们坚守诺言，

生产武器，终将回应这些屠杀。

天主教的主教们徒劳无功地呼吁克制。6月10日，科隆大主教弗林斯发出一封牧函，强调“战争遇到的极度艰难源于人的原罪，人对上帝和他的诫命极度不敬仰，所以受到惩罚”。和以往一样，加伦主教的态度更为明确，7月4日他在泰尔格特（Telgte）的朝圣地进行布道时直接挑战复仇伦理：“我只公开说一次：对于德国媒体一再宣扬的仇恨和报复，我不能也不会表示赞同，你们也不能这样做！”报复的呼声是“非基督教的，更是非德意志的，因为他们是不值得的、卑鄙的、毫无骑士风度的！”报复是犹太人的信条，“古老的犹太法则是‘以眼还眼，以牙还牙’，基督对此明确反对！”加伦尽管严厉批评纳粹的“报复”是“犹太式”的反应，他和其他主教们一样，极力想把老派的“骑士风度”的基督教理念传递给信徒。他把轰炸和战争归咎于世俗现代性的傲慢自负，认为它背叛了神圣的真理。对于“上帝为何竟能允许这样？”的问题，他用另一个问题来回答：“哪个国家还在承认上帝是至高无上的？上帝还享有应得的荣誉吗？”天主教的主教们也都是民族主义者，他们使用了上次战争期间提出的相同主张，敦促人们进行悔罪，希望这么多年轻人牺牲在战场上让基督教社会在德国获得重生。

主教们是比德国纳粹精英们更老的一代人，他们快要步入老年，在反对自由主义世俗化的斗争中受过伤害，他们的极端保守的基督教民族主义跟不上当前的时代，并与当前的战争越来越脱节。自1942年开始，在低级教士阶层中就出现了裂痕。现在裂痕更大了，有可能把教会中更为年轻活跃的派系与地位比他们高的老年高级教士割裂开来。亚琛的圣体节（Fronleichnam）教区由两个神父主持，他们互相争执。科隆遭到千机轰炸后，斯帕布罗德特（Sparbrodt）神父遵从主教的指示，在上坚信礼课时问道，“仇恨布道有什么用？”盖世太保的线人报告说，斯帕布罗德特滥用忏悔，向士兵们提出诸如“允许在无神的国家服兵役吗？”这类测试性问题，在他们的心中播下怀疑的种子。与之相反，希尔默（Hilmer）神父宣讲为了科隆遭受的袭击，要对“海峡对岸的罪犯”进行报复。他在斯帕布罗德特布道的同一所教堂里用纳粹举手礼问候教民，告诉他们“（圣经）诗篇中的诅咒需要再次说出来，必须祈求天火降到那个岛上，它们的居民应受这种残酷惩罚”。希尔默告诫他的教民“要像钻石一样坚硬，要像母亲一样忠实，不要相信外国谣言，在商店里要安静，不要散播不安，相信有一天一切都将得到报复”。1943年6月，这位神父公开批评“天主教圈子对教堂遭受的破坏默不作声”，甚至坚称“不应留下这种野蛮（轰炸）与德国天主教无关的印象，高层教士尤其要注意”。盖世太保的密探这一次只能表示赞许，他们报告说，希尔默的信众对他的布道“反响强烈”。

在其他教区，分歧不像圣体节教区那么明显，但是盖世太保也发现类似迹象。一些教士想看到教会的权利得到更有力的保障，另一些教士则要求更加支持德国的战备工作。在一些教堂，教区神父们甚至根本不宣读他们主教的牧函。为了防止内部出现分裂，弗林斯大主教在1943年4月鼓励天主教徒在纳粹党及其组织中积极活动，以确保教会在社会中的地位。纳粹党和教会在1941年中公开对抗过以后，这种妥协的举动受到普通信徒和教士的一致欢迎。

国际科尔平协会（International Kolping Society）[①]秘书长纳特曼恩（Nattermann）博士影响力很强，他代表了19世纪的社会行动和慈善工作的骄傲传统，为了“改革”天主教，他现在竭力提倡对“民族共同体”做出更积极的奉献。他这类教士支持教会的民族（völkisch）复兴，他们的建议于1942年6月在贝伦伯格（Berensberg）举行的低级教士会议上获得认可。新教徒的身份认同经常与教区相关，信徒听从的是他们的牧师，主教们的控制力相对较弱，与之相比，天主教的教士团可以更有效地约束年轻一代，防止他们把改革议程推向深入。

极难渗透的天主教社会环境在战争的压力下出现破裂，主教控制力虽然得到维持，但其代价是影响力逐渐受到侵蚀。青年教士和普通信徒都有不同意见，他们不能理解为什么科隆和帕德伯恩大主教在1943年2月就不道德的婚外性行为发出牧函，与轰炸相比，这种问题无关紧要。老迈的高级教士受的是亚里士多德语义学教育，使用的语言过于抽象，总是呼吁宽容显得太消极，而且

① 天主教慈善组织，1850年由科隆天主教神父科尔平创立。——译者注

他们支持的基督教德国的幻想太具贵族气派，太保守。在亚琛，天主教徒们对教士优越的住房、收入和免于参加战争工作等待遇怨声载道。3月份的牧函也好不到哪去："如果他们像我们一样疲惫，那么他们就没有时间来说教了，"一位教徒回应说，"所以你看这些主教们是多么脱离现实，所以他们依然有时间说这些废话。"主教们反对报复英国，使他们的影响力进一步受到削弱。当地盖世太保特工报告说，"人们对敌人极其恐怖手段极为仇恨，而教士却为敌人辩护。"埃森那些被炸得无家可归的人态度尤为激烈。此后数月时间里，教会的立场受到更强烈的反对，这逐渐成为一种全国性现象。

没有人知道战争如何结束，何时结束。由于了解不到关于秘密武器的真实信息，谣言和猜测流传起来，据说在英吉利海峡沿岸部署了大批火箭和炮管达16米长的巨炮，将摧毁半个伦敦。即使千机轰炸已经满一周年，科隆人的紧张感还是有增无减。6月22日，瑞士领事报告说，这里的人视"高度机密武器"为"撒手锏"，他们寄望着"报复"，缓解了坐在"火药桶"上的恐惧。第二天夜里，米尔海姆遭到大规模轰炸，道路全毁，连自行车也无法进出。6月28～29日夜，科隆再次被炸，时间比当地人预期的晚了一个月。

成千上万的人躲避着正在倒塌的建筑，绕开浓烟大火、迸溅的火花和余烬，蹒跚着来到设在各个学校中的急救站。在伊门多夫（Immendorf）①，学校的记录员已说不出话：你需要看看"难民们，他们的眼睛被磷烟熏得充满泪水，甚至什么也看不见，对那晚的恐惧景象已没有任何感觉"。与去年的千机轰炸不同，这次空袭结束后，紧接着又来了两次。在6月28～29日、7月3～4日和7月8～9日这三个夜晚，落到科隆的炸弹数量超过去年一整年。第一次空袭打击的是市中心，第二次是莱茵河南岸，第三次在西北和西南郊区。1942年的时候，难以置信的敌机数量震慑了科隆人，现在吓到他们的是死亡人数。

第一天空袭过后，人脉很广的瑞士领事估计至少有2.5万人丧生。几天后，他从一位高级官员那里得到消息，把数字修正为2.8万人。官方最终修订的统计数字是第一次轰炸中有4500人被炸死，1万人受伤，后两次轰炸的遇难

① 科隆南部卫星城，现称罗登基兴（Rodenkirchen）。——译者注

者为1100人。不出意外，即使得到详细汇报的人也估计死伤者至少是官方数字的5倍：他们根据城市的实际损伤情况推测人员伤亡规模。科隆近三分之二的人失去家园，他们的人数大约为35到40万。第一次空袭前刚过20岁生日的安娜丽丝·哈斯腾普拉格（Anneliese Hastenplug）给驻在法国的未婚夫写信说，“这里是什么样子？我只能说，去年5月31日的轰炸跟这次比只能算小孩子过家家”。在城市中心区，没有一栋房屋是完整的，剧场和电影院都已灰飞烟灭。好姐姐阿黛尔在街上看到无数死尸，回家后“累到完全虚脱”：“恐惧现在已经在她心里生根，夜里她不敢一个人到外面走一步路”，安娜丽丝写道。

难民纷纷逃离城市，他们把能找到的马车、自行车和手推车都用上，带着家具、手提箱和锅碗瓢盆。安娜·施密茨（Anna Schmitz）原先住在科隆和莱沃库森（Leverkusen）之间的顿瓦尔德（Dünnwald），她看到难民就像在“大流浪”。第二次空袭后，水闸已经洞开，难民们在草地上搭帐篷居住。安娜丽丝·哈斯腾普拉格发现，当局一边尽一切力量鼓励民众从科隆撤走，又命令警察禁止在这个城市工作的人离开。

纳粹党地方领导人获得可采取一切必要措施的授权，希特勒青年团、德国少女联盟和人民福利组织设立救济厨房，为灾民提供临时住所。他们竭力平息混乱，帮挨炸的人抢救财产，为紧急救援部门提供援助。党卫军曾于1942年在商品交易会的场地上建了一座集中营，现在这里的囚犯被派去清理最危险的地点，从被炸的仓库中抢救食物补给品，挖掘未爆炸弹。这些囚犯没有安防设备，徒手拆除不牢靠的建筑，捡出砖瓦、金属部件和木料以备再利用。第三次空袭过去三天后，近1000名囚犯都投入救援工作，还有更多囚犯从布痕瓦尔德（Buchenwald）集中营被遣送过来。他们穿着条纹囚服，在武装警察和党卫军的监督下干活，在此后的三个月中成为废墟上的常见场景，这些囚犯从瓦砾堆中挖出4500具尸体，并把他们放入集中营木工场草草做出来的棺材里。

7月8日，安葬死者的仪式在六座公墓中同时举行，民政部门、紧急救援机构、国防军和纳粹党都派代表出席，这些集体坟墓也是由集中营囚犯所挖掘。纳粹党报《西德观察家报》（*Westdeutscher Beobachter*）定下基调：“意志坚强！斗争向我们提出这样的要求”和“他们牺牲后，才能实现更美好的未来”。将军事牺牲语言用以平民身上，打破了一种禁忌。就在1942年，鲍曼的办公室还提醒纳粹党分支机构说，不要“误用‘牺牲’（Opfer）这个词！大后方为战争做出的贡献不应认定为‘牺牲’……只有前线将士才配得上这个词的真正意义”。“牺牲”一词具有不自觉的受害和积极的（自我）献身两重含义，是民族主义者和国家社会主义者崇拜德国阵亡军人的核心理念。到1943年春，再也无法阻止人们把这个词用于纪念“死难者”了。现在军功章也颁发给了参加空袭救援和军工生产的平民，安葬丧生的平民时也用起准军事礼仪。

不管对死者做过多大的承诺，第二天晚上它们给人留下的短暂印象都消失了。第三次轰炸虽然是规模最小的，但造成的破坏也是最严重的。帝国保安总局发现，人们刚开始将“前两次空袭带来的恐惧放诸身后，准备完成初步清理，重新推动补给工作”，这次轰炸“完全打乱了生活的正常化进程”。科隆的一位地区纳粹党领袖阿尔方斯·夏勒（Alfons Schaller）号召市民7月10日与他一起到霍依市场（Heumarkt）集会，“在我们被炸成废墟的城市中展示生者与死者的血脉联系”。残存的教堂钟被敲响，高射炮进行齐射，宣告一分钟默哀开始，全城人开始悼念。聚集霍依市场的人听到地区长官高仪（Grohé）发表讲话。“反抗的力量”“狂热的战斗欲望”“所有生物中最没有价值的……犹太人的观念”“消灭犹太人”——声嘶力竭的话语飘荡在广场上，断断续续的口号消失在山脉般的废墟里。

纳粹领导人无疑会因民防工作的一切失败而受到批评，宣传家们也因为没把当地民众的苦难告诉其余德国人而被骂。戈培尔反对教权主义人所共知，所以当他将很大的精力投入到受损的科隆大教堂时，很多人指责他伪善。伯恩德·顿瓦尔德（Bernd Dünnwald）给在前线的儿子京特（Günter）写信，想描述空袭的破坏情况。他从家里穿过被烧尽的废墟，可以直接看到市政厅。给他印象最深的是中世纪农民-市民雕像非常坚固，它们完好无损地握着剑、盾、城市钥匙和脱粒连枷，透过市政厅的残垣断壁依然清晰可见。“科隆农民”（Kölsche Boor）是个强有力的象征，使他深受感动，过了两个星期，他又给儿子写信，引用了民族主义歌曲：“我们正在莱茵河上守望”。顿瓦尔德不是纳粹党员，却是保守的天主教徒，参加过第一次世界大战，他被公民爱国主义所触动，在信中说，“卑劣的英国兵”用“胆小、疯狂的破坏手段”，“亵渎和摧毁了”“艺术品与无价的瑰宝”。尽管科隆遭到重创，不过大教堂的双塔还巍然屹立，使“乡愁的难民们有了念想”，并“永远控诉着”敌人犯下的罪恶。当清理小组爆破危房的响声震动着这座城市时，顿瓦尔德拒绝消沉，发誓要挺身出来战斗：“报仇的时刻就要到来！”

心理和身体所受的冲击震撼接踵而至，很少有人愿意这样毫不妥协。瑞士领事弗朗茨-鲁道夫·冯·魏斯注意到施粥站这边的无家可归者心灰意冷地坐在手提箱上，他形容总体的情绪是“非常冷漠，个个都漠不关心，渴望和平”。他的住处也挨了炸，只是搬到小镇巴特戈德斯贝格（Bad Godesberg）。刚刚离婚的少妇克丽丝塔·莱马赫（Christa Lehmacher）向前线的弟弟描述了她和他们的母亲如何变得一无所有，她如何从“战争赔偿办公室”（War Reparations Office）得到一条裙子，后者还出钱把她紧急安置在大教堂旁边的怡东酒店（Hotel Excelsior）。哪怕听到一点点喧闹，或者当一小块砖掉在头上，她都禁不住会心惊肉跳。第一次空袭过后，她曾把全部精力都投入到整修公寓，如今她只想把丢在地窖里的一点财产找出来，但害怕残垣断壁会倒塌。于是她把注意力放在疏散母亲和3岁的女儿方面，送她们去巴伐利亚的菲森（Füssen），那里较为安全。

克丽丝塔告诉弟弟，她没有离开科隆，而且她也不怕邮政审查员看到她的信，“在这里最好不要再说‘嗨，希特勒！’，否则有可能会挨耳光”。克丽丝塔的实际而顽强的“坚持”与戈培尔依然想激发的爱国主义变种根本不是一回事，她继续修正着自己的愿望，给家人写信，担心自己要是死了女儿由谁来养，她还继续工作，被提升为其公司的业务经理。在克丽丝塔·莱马赫的战争中，偶尔奢侈一把，与妹妹一起好好泡个热水澡，把她们的书、咖啡杯和玻璃酒杯随意摆在浴盆边上，才会感觉到乐观。

在莱茵河和鲁尔区的城市中，人们还在谈论戈培尔承诺的大规模报复，但已经不像五六月时抱有那么大的希望了。至少在科隆，他们不再相信宣传部长的承诺能挽救他们。北威斯特伐利亚地区长官阿尔弗雷德·迈耶出席公共葬礼仪式时，可能还在集体坟墓旁请求报复，但到6月底和7月初，在多特蒙德、波鸿和哈根（Hagen）等城镇，人们的焦虑发展到顶点，迫切想知道政府是否会如期履行报复的承诺，帝国保安总局感觉情况不妙，称这已成为“德国宣传对其人民发动的神经战”。一直很敏感的戈培尔呼吁宣传家们说话时需要更为克制。

纳粹政权和教会都极力赋予空袭某种意义，他们使用的有些词语是不言自明的，另一些则有冲突。戈培尔把英国空军的行动形容为“恐怖轰炸”，对此每个人都表示赞同：它既反映了盟军公布的作战目标——击溃德国人的抵抗意志——也呼应了太多人经历的极端无助的感觉，他们曾躲在潮湿的地窖中颤抖着祈祷，而头顶上的房屋在摇晃、崩溃或燃烧。但是，正如天主教的主教们很难劝阻报复的妄想一样，纳粹党想把恐惧和无助感转化成集体抗争的努力也落了空。葬礼仪式和军功章的作用是不够的。与此同时，纳粹党不能（他们也不想）把平民转变成战斗人员，也无法动摇以这种方式打击平民有违基本道德准则这一根深蒂固的信念。1940年时对于谁先轰炸了平民的讨论已经成为历史，至关重要的问题是德国有没有能力进行回应。7月初，幽默大师们编出段子说，札瑞·朗德尔被召到希特勒的写作总部，目的是唱她的电影插曲“我知道有一天会出现奇迹”。

对崇拜力量的一个政权来说，“恐怖轰炸”显示出德国的虚弱和消沉的士气。戈培尔焦虑不安，禁止广播任何有关平民生活的真正消息，于是媒体开始报道文化纪念物受到的损害，煞费苦心地列出受损或被破坏的教堂数量，谈到科隆时，还详细叙述了轰炸对大教堂造成的伤害。纳粹宣称德国正在保卫欧洲文化和遗产不受野蛮盟军的毁坏，这种手法正与之相符合。在被炸的城市中，一些人认为这种把关注点放在文化纪念设施方面的手法“淡化了住宅受到的严重破坏，更使生命代价显得无关紧要”。帝国保安总局发现，人们想告诉其余国人的不是大教堂，而是日常生活条件，“想谈他们必须穿过瓦砾堆和飞扬的尘土去工作，没有公共交通可用；想谈他们没有办法洗衣做饭，因为水、气和电都停供了；想谈抢救出来一只勺子或者盘子会有多么大的价值”。随着人们四散奔逃，他们越来越把恐惧和愤怒的矛头指向纳粹党。一位来自哈姆的老师傅挤上一列过度超载的火车，坐了近两天时间才从科隆来到法兰克福，他的目光很敏锐，注意到有人用粉笔在车厢里画的粗糙图画："一个绞架上吊着纳粹党的万字符。每个人都看到它了，但没有人去擦掉它。"

在没有遭到轰炸的地区，人们不容易从媒体报道上得知盟军的空袭规模已有根本性扩大：为了给轰炸英国寻找道德依据，德国在1940年和1941年曾经大大夸张过遭遇的微不足道的空袭，而现在媒体却在缩小袭击规模。从莱茵兰和鲁尔区疏散出来的人想把他们的痛苦经历告诉其他地区的德国人时，得到的反应是既同情又怀疑。一些人开始自问，轰炸是否把地域性缺陷给显露出来了。正如一位士官给住在不来梅的家人写信时所说，"我在莱茵-威斯特伐利亚工业区，当地人的意志极为消沉，极度焦虑。在北德意志，在不来梅，我根本看不到这种现象。我相信北德意志人的忍耐力比其他任何地方的德国人都强"。呼吁意志坚强和勇敢产生了反作用，在能忍受和不能忍受的德国人之间挑起了怀疑和分裂。

经历过史无前例的空袭的人产生了一种骄傲感，反对把"恐怖轰炸"这个词随便用到更小的事件上。1943年5月，当媒体自发把埃德尔大坝和默讷大坝被炸称为恐怖袭击后，相关报道遭遇如潮的批评和不理解，使戈培尔大感惊讶。"民众认为，"地区长官5月底向柏林报告说，"大坝、水闸和军事基地理所当然是重要军事目标。"尽管有传言说大坝被毁后有3万人死于洪水，但即使在鲁尔地区，人们也断然拒绝用"犹太恐怖"来形容"毁坝者"（Dambuster）行动[①]。为了平息谣言，当局公布了"最终统计数字"，称有1579人死亡，其中1026人是外国劳工。但是，正如地方长官注意到的，问题在于人们认为"轰炸大坝是英国人的一个极为成功的行动，不理解为什么要把对重要军事的合法攻击目标扭曲为完全的恐怖袭击"。

人们在批评媒体报道的时候，也显示出戈培尔的宣传对他们确实具有一定的意义。德国媒体报道说，大多数人"不知道犹太人在袭击大坝和行动中扮演的角色"。"犹太恐怖"只被用于城市遭受的大规模袭击——大火、毒气、肢

① 英国空军轰炸鲁尔河大坝的行动代号。——译者注

解德国妇女和儿童。想象中的“犹太恐怖”是毫无道德限制的暴力，它能与伍珀塔尔、多特蒙德和科隆空袭挂上钩，但与精确轰炸大坝不沾边：不管破坏性有多大，它有着明确而有限的军事-战略目的，根本不具备“犹太恐怖”的含义。

德国人曾对1942年席卷欧洲的驱逐和屠杀犹太人的行动默不作声，当他们谈论“恐怖袭击”的犹太特点时，这种沉默被打破。戈培尔在1943年2月发表“总体战”演说时，途中曾说漏了嘴，告诉观众“布尔什维克主义的目标是犹太世界革命……德国无论如何也不会屈服于这种威胁，但想及时进行回击，而且如有必要，就用最干净彻底的方式肉体消灭（他纠正了自己的用词）——清除犹太人”。说漏的话在印刷版的演讲中很快删掉了，但成千上万收听实况转播的德国人听到了他半承认屠杀犹太人。他们还听到体育宫里的观众如何鼓掌，尖叫着“犹太人去死”，当戈培尔纠正错话时他们还开怀大笑。或许戈培尔这次并非完全无意说错话。它标志着反布尔什维克和反犹性质的战争开始有了新重点，这场殊死斗争保卫的目标成为德国和欧洲文化。

1943年2月底，一支秘密宪兵部队在斯摩棱斯克西部的小镇卡廷附近的森林中，偶然发现一个集体坟墓。当时土地已经被冻住，要等到天气转暖后才能展开进一步调查。中央集团军群立即找到法医学主要专家、布列斯劳大学教授格哈德·巴茨（Gerhard Buhtz），巴茨曾在布痕瓦尔德集中营解剖过囚犯，专业技术有了深入发展，接到德军的要求后，他于3月29日开始检查发掘出来的尸体。那些遇害者都是波兰军官，苏联在1939年入侵波兰东部后，将他们驱逐并枪杀。

几天后，戈培尔从一位来访的中央集团军群宣传官员那里得知了这一发现，立即给希特勒打电话，获准尽最大可能利用这个新闻。为了分裂同盟国，戈培尔立即批准从柏林派出一支外国记者代表团，从华沙和克拉科夫派遣一支波兰代表团，到卡廷考察，以便让这些人亲眼看到这个惨案并非德国所为。然后到4月13日，德国电台宣布：在一个长28米宽16米的集体坟墓中，发现了1万具波兰军官的尸体。这些遇害者还穿着他们的军装，被苏联秘密警察屠杀，他们都是“被人用手枪朝后颈部开枪打死，辨认尸体毫不费力，因为土壤条件，他们都木乃伊化了，而且俄罗斯人没有把他们的身份证明文件拿走”。又有一些波兰和国际代表团来到卡廷，最重要的是一支国际医学委员会在巴茨的指导下，发布了一份可信的解剖报告。

戈培尔预言，这个料够猛，“我们应该能用上几个星期”。1941年时曾有这种报告，如称苏联内务部在利沃夫的三个监狱中屠杀囚犯，在一段时间里曾引起德国的关注。但随着国防军节节胜利，这些事被淡忘了。1943年春，没有其他事件干扰对卡廷惨案的关注，但德国还是有其他考虑。起初戈培尔计划在国内淡化这个事件，以防在苏联被俘德军的家属更加不安。不过当他看到发掘出来的尸体后，改变了主意，决定要把卡廷事件告诉德国民众，还要公开展示现场照片。德国对该事件报道了7个星期，高潮是6月初的一部时长8分钟的电影《卡廷森林》。影片展现了挖掘坟墓和辨认尸体的场面，为了使其更为感人，还配上了哀乐。法医专家们指出了子弹“从后颈射入从前面穿出”的洞，这是苏联内务部的招牌动作。更重要的是，影片大肆宣扬受害者的个人尊严。摄像机拍下从死者军装口袋里找到的照片，显示出军官们的妻子们在挥手，孩子们在微笑。不仅外国记者参观了惨案现场，前波兰军队士兵也穿着军装到那里哀悼“被斯大林的刽子手杀害”的战友，他们还很不协调要戴着钢盔。随着大提琴奏出葬礼挽歌，影片以一位波兰天主教的主教对着挖开的集体坟墓祈祷而结束。

对德国来说，从一开始传达的中心思想就极为简单。“卡廷大屠杀：犹太刽子手的杰作”，《人民观察家报》在头版这样报道，被害波兰军官中有700～900人为犹太人的事实当然被隐瞒了起来。随着行动继续进行，德国“抵抗”犹太毁灭计划的模式变得更为明确。5月底，戈培尔在《帝国》周刊上发表题为“战争和犹太人”的长文，他在文章结尾提醒读者不要忘了元首的“预言”。如果“犹太世界”成功煽动起第二次世界大战，那么结果不是雅利安种族遭毁灭，而是犹太种族被消灭。这个进程是世界历史中的大事，考虑到其不可避免的后果，可能需要相当长的时间。但它一经启动，不可能被终止。

戈培尔告诉读者，这不是“憎恶”或“天真的报复计划”，而是“最重要的世界性问题”，在其中“感情因素是无关紧要的”。戈培尔断定，当犹太人“制订彻底消灭德意志人民的计划时，也签下了他们自己的死亡证明。而世界历史也将成为世界法庭”。

卡廷事件是新一轮反犹宣传的中心内容，它利用了老的反犹论调，如犹太人煽动战争的罪恶，还把新理论融入进来，如称犹太人必定会对德国进行报复。记者们日益认定他们的读者对犹太人的命运了解得比1942年时更清楚。颇具学术风范的著名记者约翰·冯·莱尔斯（Johann von Leers）在巴登尼斯大区（Badenese Gau）的报纸《元首》（Der Führer）发表评论，提到德国人熟知的批评：“对，但用什么手段呢？不管是谁，纠结手段都是错的，关键在于结果。对医生来说，结果是必须彻底根除霍乱，对我们人民来说，结果是彻底消灭犹太人……我们与犹太人的问题是谁将胜出”。莱尔斯强调说，“如果犹太人胜利了，我们全民族将会像卡廷森林里的波兰军官那样被屠杀”，这个观点使维克多·克兰普勒受到震动，他在笔记中大段摘抄了莱尔斯的话，准备用于他的“第三帝国语言”研究，“这个演讲中的每个句子、每个词语都很重要，将客观、妄想、民粹，一切都简化成同样的标准”。在很有声望的柏林《德意志汇报》于5月29日发表社论，提醒读者说，“我们已经系统性地发动了反犹行动”。4天后，该报刊登了一篇在东线随党卫军行动的记者的报道，解释现在“还不是公开报道安全警察和帝国保安总局行动的时候，很多肯定不会公开，因为把战略公开并非总是明智的”。1943年5月和6月，不管是在讨论需要用“处理犹太问题”的相同手段解决东南欧的“吉卜赛问题”，还是评论斯洛伐克打击犹太人的手段不够彻底时，德国媒体总会不厌其烦地提及“最终解决”。德国人在1942年对迫害犹太人忐忑不安地保持沉默，现在的肯定态度则已经半公开化了。

希特勒对这个行动有着很大的热情，把《锡安长老会纪要》（*The Protocols of the Elders of Zion*）这篇长文给了戈培尔——戈培尔原先对其真实性持保留意见——元首执意把犹太人比喻为“马铃薯甲虫”，在一连串形容犹太人的词语中，最新的这个词暗示了犹太人的寄生性，它起先只在元首的午餐桌私下里流传，戈培尔6月5日在体育宫誓言对英国的轰炸进行报复时，全欧洲都在电波里听到了它："马铃薯甲虫毁坏马铃薯田，确实必须消灭它们。同样，犹太人毁坏民族和国家，要想制止他们的破坏行动只有一个办法：彻底清除这个威胁"。他再一次明确表示："在欧洲彻底消灭犹太人不是一个道德问题，而是一个国家安全问题"。

纳粹领导人高兴地看到，卡廷事件使盟国关系陷于紧张，西科尔斯基（Sikorski）将军领导的波兰流亡政府在伦敦表示，支持德国提出的由国际红十字会对这起屠杀进行调查的要求，而苏联新闻社"苏联信息局"则发表声明否认与此事有关。斯大林断绝了与伦敦波兰人的外交关系，不过没有与盟国决裂。丘吉尔和罗斯福不管私下里如何不安，都禁止国际红十字会参与调查，同时他们顶住了苏联的压力，继续承认波兰流亡政府。但对西方盟国来说，卡廷事件一直使他们感到难堪，盟国宣称是为了全人类而进行战争，这一惨案无异于打了他们一记耳光。戈培尔把这个事件发展成波兰人权问题，在国际宣传战中取得一次大胜。

德国民众却感到非常迷惑，战争爆发时曾经屠杀德意志人的"波兰垃圾"突然应该得到他们的同情了。根据帝国保安总局的报告，这种新冒出来的民族团结只在那些"知识和宗教圈子"里有意义，那些人对"德国方面消灭的波兰人和犹太人为数太多"怀有负罪感。大多数德国人依然坚持1939年秋形成的观点，认为波兰人活该，因为他们曾经"屠杀了6万民族同志"。帝国安全部报告说：

> 很大一部分民众认为（苏联）消灭波兰军官……是为了彻底清除具有危险性的敌人，在战争中无法避免。他们把这个事件等同于英国和美国空袭德国城市，以及我们发动的消灭犹太人的战斗。

7月25日快到深夜1点钟的时候，驻在汉堡城市公园里的克劳斯·塞德尔的高射炮部队进入战斗状态。740架英国空军的轰炸机自北向南飞过这座城市，投下1346吨高爆弹和938吨燃烧弹，而54个重型和26个轻型高射炮组在24个探照灯组的支援下，对着夜空发射了5万多发炮弹。在58分钟的空袭中，他们只打下两架飞机。那天夜里，英国空军首次使用了“窗口”（Window），撒下裁成一定长度的铝箔条，干扰雷达信号，使其无法为探照灯和火炮提供目标指示。凌晨3点钟，16岁的克劳斯·塞德尔被派到市政厅灭火。这位年轻的空军辅助部队成员匆忙穿起“裤子、田径服、钢盔和靴子”，努力用软管灭火，抢救里面的物品。他比较走运，因为另一位男孩开玩笑时用水浇湿了他的衣服，所以坠落的木料迸出的火花没有烧到他。灭了一个半小时的火后，他们返回炮队，然后克劳斯又当起通信员，一直忙到早上6点钟。他只睡了三个小时，然后回到城市公园的岗位上，再为火炮射击做准备。

第二次空袭来得更早一些，下午4：30，90架美军“飞行堡垒”袭击了汉堡。7月26日正午，又来了54架，那天已随学生疏散到韦伦（Wehlen）的年轻教师英格堡·海伊（Ingeborg Hey）接到父母从汉堡市的易北地区（Elbe）寄来的信，称他们一切安好。第二天他们又来信，描述了防空警报如何以混乱的信号响个不停——预警、警报结束、警报、警报结束。尽管很多人都离开了城市，他们却决心听当局的建议留下来。之前三天三夜已被空袭折磨得疲惫不堪，他们请英格与她的朋友一起为他们祈祷。接下来的两个晚上，英国空军只派过来6架高速飞行的蚊式轰炸机，但27～28日午夜刚过，飞来722架轰炸机。这些飞机自东向西飞过，瞄准的是到那时为止几乎还没挨过炸的街区。在罗腾堡索特（Rothenburgsort）、哈默布鲁克（Hammerbrook）、伯格菲尔德（Borgfelde）、霍恩费尔德（Hohenfelde）和哈姆（Hamm）等地区，在反常天气条件助力下，炙热的火焰转变成了史无前例的风暴性大火。很多物体和人完全被烧得干干净净，一米粗的树木都被烧尽。躲在地窖和防空洞中的人们或者一氧化碳中毒而死，或者被热死。有些躲在地下的人因为上面的建筑着了火，只好挖穿墙壁和门，躲进其他人的地窖中。逃到街上的人可能被倒塌房屋上落下的瓦砾砸中，或被困在已被烧化的道路中。很多人头发和衣服上着了火，不顾一切跳进运河灭火。那天晚上18 474人死于空袭，其中包括英格堡·海伊的父母。

第二天，克劳斯·塞德尔给在达姆施塔特（Darmstadt）过暑假的母亲写信，建议她不要回来。尽管他能说这次高射炮发挥了更大作用，但还是不得不告诉她，汉堡遇到严重打击。那天汉堡地区长官卡尔·考夫曼（Karl Kaufmann）推翻了他先前发出的号召民众留下来的命令，指示用一切手段进行疏散。克劳斯·塞德尔看到城市公园里挤满了无家可归的人和等待疏散的人，卡车随便把成大堆的赈灾面包倒在地上。为了抚平民众的情绪，在受空袭影响的地区额外发放食物和物资（不计入配给标准）成为一项政策。塞德尔已经习惯了战时物资匮乏的情况，他看到难民们糟蹋额外食物的方式，还是被惊呆了：他发现一听听只吃了一半的肉罐头被扔进树林，成堆的葡萄干烂在地上。

7月29~30日夜，英国空军又来了。那天晚上克劳斯无须点蜡，借着"火云"就能给母亲写信。7月31日，他终于有了足够的时间去检查母亲的公寓，发现那里完好无损，他们的值钱物件还在地窖里。克劳斯表示，不明白为什么邻居们还是想离开，他以冷静的逻辑指出，周围的建筑都被烧掉，而他们这里没受到影响，说明这里现在有防火障保护。

1943年8月3日凌晨2：55，英国轰炸机扔下最后一波炸弹，此时帝国第二大城市已经是一片废墟。一半建筑在前一个星期被毁，90万人已经逃走。8月1日，地方长官考夫曼说，"人们像精神病一般惊慌逃窜，宛如跳进火里的动物"。当局惊慌不已，首席检察官甚至释放了2000名已宣判的罪犯和在押囚犯，其中包括一个地下共产主义组织的50名成员。到处都在传说纳粹党的"大人物"擅用运送难民的交通工具运自己的家具和财产，愤怒的民众慷慨激昂地谴责纳粹党官员，甚至扯掉他们的徽章，而警察袖手旁观，如汉堡警长和党卫军所告诉希姆莱的，采取了一种谨慎小心的方法。

地方长官考夫曼、州国务秘书乔治·阿伦斯（Georg Ahrens）和市长克罗格曼（Krogmann）从惊慌中恢复过来，以他们自己的实用主义风格临时进行疏散和清理工作。汉堡当局为了扑灭大火、把街道上的瓦砾运走、重新恢复主要公共服务，把士兵、强迫劳工和集中营囚犯等能找到的人都派上了用场。消防队是从基尔（Kiel）、吕贝克和不来梅派来的，内地农村的志愿消防员也来了。"帝国防空协会"建立的"自我保护"系统在每个码头上都设置了沙袋，用很多人接力从街头抽水井传递水桶，清理了6个多月，仍然无法修复空袭造成的严重破坏。但其群众组织在全国拥有2200万志愿者，构成关键的劳动力储备，他们与希特勒青年团、冲锋队、国家社会主义人民福利和纳粹党的妇女组织一道，设立急救站、为无家可归者建庇护所、喂养孤儿、疏散难民。8月10日，汉堡部分地区的有轨电车又开始运行了；8月15日，供水总管恢复正常；9月初，企业和大多数地区有了煤气；9月中旬，所有可住房屋恢复供电。

由集中营囚犯组织成特种队伍干最脏最危险的活，这些人大都是外国强迫劳工，因为得罪了德国雇主而进了集中营。17岁的帕维尔·瓦西里耶维奇·帕夫连科（Pavel Vasilievich Pavlenko）从附近的诺因加默（Neuengamme）集中营被派到威廉斯港拆解未爆炸弹，他还曾被迫进入发生风暴性大火的地方，那是一块长4公里宽4公里的“死亡地带”，包含了罗腾堡索特、哈默布鲁克和哈姆-苏德等地区。在那里，街道上都是死尸，经常出现25到30人因遇到火球而死在一起的情况。有些死者是被热死的，身上几乎没有一点伤痕；另一些死者则被烧得难以辨认。到9月10日，共清理出了26 409具尸体，主要都是在街道和广场上发现的。而最困难和危险的工作是打开曾经有人避难的地窖，由于空袭时氧气在大火中被耗尽，这些人大都死于一氧化碳中毒。帕夫连科回忆他们如何“把骨头收集到桶里，然后带出去”。工人们到处都能找到长度只有正常尺寸的一半却清晰可辨的“玩偶般”的尸体，当地窖变成火炉，死者的所有内脏器官都按比例脱水，就造成了这种现象。

汉堡警察总监乔治·赫宁·格拉夫·冯·巴斯维茨-贝尔（Georg Henning Graf von Bassewitz-Behr）认为这就像现代版的庞培和赫库兰尼姆（Herculaneum）。新教的汉堡主教弗朗茨·图格尔则用《圣经》中的景象来形容，他在牧函中写道，“有些情况让人想起《旧约》中提到的夏天的太阳完全被硫黄与火制造的黑云遮蔽”。牧师保罗·克利（Paul Kreye）在哈姆向劳累不堪的教区信徒发表讲话时，想到了所多玛和蛾摩拉的故事：

> 我回想起罗得妻子的故事，你们有个人给我写信时提到过。“耶和华将硫黄与火从天上降与那两座城市，并且告诉罗得：逃命吧，不要回头看，免得你被剿灭”。

他的妻子回头看了，于是变成了盐柱——不要向后看，只能向前看。

当局绕着“死亡地带”建起围墙，禁止所有未经授权者进入，不过部分遭到严重破坏的地区从单轨铁路线上还是能看得到，那条铁路线从8月15日开始恢复使用，沿途经过哈默布鲁克和罗腾堡索特的废墟，通到火车总站。传言说在汉堡空袭中丧生的有10万人到35万人，真实数字为3.4万人到3.8万人，他们的遗体还萎缩在开战以来规模最大的空袭制造出的废墟之中。很多士兵获得恩恤假，回来寻找家人，汉堡警察总监报告说，他们“只找到几块骨头”。幸存者到摆满残缺不全遗体的临时停尸房寻找亲人，经常只能靠婚戒或怀表才有可能认出断臂或躯干的归属。克劳斯·塞德尔用了两个星期时间，才发现祖父母幸免于难。

当人们开始返回时，疏散工作还没结束。8月中旬，汉堡市人口从60万人增加到80万人，到11月底，已有100万名居民回来了，致使出现住房危机。拥护的工人阶级社区已经被烧成平地，无法重建，当局9月承诺每年提供100万套新住房，但就算上匆忙生产出的预制件两居室木屋，也远远实现不了这个诺言；到1944年6月，只完工了3.5万套住房，另有2.3万套正在建造。人们只好把半毁坏的建筑草草整修一下临时居住，并给它们起了个“地窖住房”的绰号，还有人把汉堡的混凝土掩体或工作场所当场固定住处。汉堡一多半建筑并没有倒塌，其中包括城市中心外面的中产阶级别墅带，富人不愿放弃优越的条件接纳无家可归者，使工人们更为痛苦。国防军和党卫军军官们不得不劝告他们的家人站出来，收留家园被炸毁的战友的妻子们。

由于大力强调重启生产，汉堡造船厂当年生产的潜艇数量创出纪录。虽然大西洋上的战斗已经结束，潜艇都已被召回基地，却也无关紧要。地方长官考夫曼把工业重建任务交给了鲁道夫·布洛姆（Rudolf Blohm）等汉堡经济精英中的领导人物，布洛姆的著名海军造船厂雇佣了数千诺因加默集中营里的囚犯。布洛姆征用学校用作住房，把汉堡历史博物馆改成百货公司，建起可以举行舞会、音乐会和放电影的社区会堂。关键的是雇主们现在负责为员工分配住房、食物、急救服、日用品和家具，但劳动纪律依然很差，甚至新的经济管理人员也对“人们一无所有，想先买些东西”的态度表示赞赏。

在赈灾行动中，重新利用犹太人留下的物资发起了作用。当犹太人在1942～1943年从法国、比利时、荷兰和卢森堡被驱赶走时，他们的家具被德国按“家具计划”（Aktion-M）的名义没收，然后由“东方事务部”党卫军通过拍卖进行重新分配。从布兰贝格到美茵河畔法兰克福（Frankfurt am Main）①，当局报告说，人们要求打开存储犹太人物资的仓库，用里面的东西帮助受到轰炸影响的人。由于传言犹太人都很有钱，很多人相信“这些家具足以让所有在轰炸中无家可归的人恢复正常生活”，他们还说，把那些物资存在仓库里不用，有被炸掉的危险。到1944年，18 665车犹太人物资被送到受轰炸影响特别大的城市，其中汉堡得到2699车。受益者并没有感激涕零，反而对收到的物品颇多微词。1943年9月底，柏林得到报告说，从明斯特到法兰克福到奥德，“人们都对从被占领土上得到的二手家具感到很失望，尤其是犹太人的家具”。要么从大庄园里搞来的东西放不进小公寓，要么生了虫、运输途中被碰坏或太老旧松散不堪适用：看来犹太人要么太有钱，要么太穷。

在德国各地，贪心带来的失望迅速变成嫉妒和愤怒。帝国保安总局基青根（Kitzingen）的一家铸铁厂报告说，有人骂纳粹官员“消灭了犹太人以后，屁股躺到了犹太人的床上”；有谣言说，“他们乘着黑夜和浓雾从犹太人家里拿走了值钱的地毯、家具和银器”，然后用借来的老旧东西放里面充数。在希特勒钟爱的家乡林茨，当地纳粹党领导人因为遭到很多人的谩骂，不得不匆忙退出一个悼念活动：痛失儿子的那位父亲宣称，他的愤怒并非源于儿子的死，而是源于纳粹党最近不让他姐姐买“一座犹太人的房屋”。如果有人因为贪欲未被满足而产生怒意，那么满足愿望的人则怀有罪恶感。人们一再告诉自己，如果犹太人赢得了这场战争，他们就会收回他们的房产。

1943年8月6日，戈培尔下令柏林立即进行部分疏散，给帝国首都带来恐

① 法兰克福的全称，区别于德国东部城市奥得河畔法兰克福（Frankfurt an der Oder）。——译者注

慌。报纸没有像以往那样冷静鼓吹英勇不屈和“坚强信念”，而是出乎读者意料地警告说，柏林可能遭受与汉堡相同的命运。担任出版人的赫尔曼·卡萨克（Hermann Kasack）注意到，“人们歇斯底里、惊慌失措，纷纷往外逃。具体方式如下：柏林的医院和私人诊所被疏散，大部分病患、职员和医生也一起撤离”。学校全部关闭，公司机构和政府部门搬迁。一列列特殊火车从柏林开出，卡萨克等留下来的人纷纷把家具、衣服、厨具和被褥分送给亲戚朋友，以免被炸到后什么都不剩。他们到郊区过夜，哪怕睡在车站地下管线的尽头也行。卡萨克认为，这次疏散“依然是有组织的恐慌”，也算是聊以安慰。不烽地区已经住满了从鲁尔区、莱茵兰和汉堡逃来的难民，现在不得不接纳更多来自柏林和慕尼黑等尚未严重遭袭的城市的疏散者。

柏林的妇女们告诉美茵河畔法兰克福的人说，石灰坑已经预先挖好，准备当作集体坟墓使用。很快谣言流传起来，称当局正在从法兰克福派出士兵，意在处理首都发生的意外骚乱，德国各地的人们都认为汉堡已经发生过这种骚乱。从偏远的因斯布鲁克、柯尼斯堡（Königsberg）、魏玛和维尔茨堡（Würzburg），到不伦瑞克和柏林，都有传闻说盟军已经发出最后通牒称，除非政府在8月15日辞职，柏林、莱比锡（Leipzig）、慕尼黑和其他重要城市将像汉堡一样被“抹掉”。希特勒在1940年对英国发出的威胁如今被德国人牢牢地记着。这些传说有一定的事实依据：8月底，盟军在其他城市撒下传单，模仿纳粹政权的英雄主义口号，用汉堡的命运发出威胁：“选择在于：投降还是毁灭。突尼斯还是斯大林格勒。巴勒莫（Palermo）还是汉堡。生还是死。”

7月22日，巴勒莫未进行抵抗就落入盟军手中，三天后，即第一次汉堡大轰炸的同一天，墨索里尼被“大法西斯议事会”（Fascist Grand Council）投票剥夺了权力，并遭到逮捕。果然不出所料，德国各城市里的意大利民工“高兴得流下了泪水”，彻夜狂欢。据秘密警察报告，“甚至法西斯分子也宣称，不管领袖（即墨索里尼）在政治上有多少成就，他在军事上都失败了”。在布列斯劳和其他城市，法国战俘喝酒唱歌欢闹到深夜，第二天还拒绝工作。在华沙，波兰抵抗运动开始用粉笔画出“10月”的口号，警告1918年的11月革命会提前一个月在德国重演。德国人也对意大利局势非常关注，从新闻中搜寻他们的最亲密盟友发生的重要政权变化信息。人们毫不掩饰地猜测说，意大利已经历了20年的法西斯统治，这种事情还能在一夜之间骤然发生，“摆脱才有10年统治历史的国家社会主义，速度可能还会更快”。

对一个专心防止1918年革命再次发生的安全机构来说，最不祥的预兆就是1943年8月的时候报告民众越来越有异议的报告。当哥廷根的市长大人登上一列开往汉堡的火车时，难民们看到他佩戴的金质纳粹党徽，就镇定地告诉他，会有算账的那一天。一位妇女甚至把袖子举到他的鼻子前，让他闻闻她的衣服被烟熏出的臭味。纳粹党官员们经常在公共场合受到辱骂和威胁，在刚被轰炸过的城市里尤其如此，1943年夏末，很多纳粹党官员不再公开穿制服佩党章了。很多新笑话迅速冒出来，嘲笑这些惊恐的官员，如有笑话模仿分类广告：“求纳粹党金质徽章换7里格靴①”。在马堡，丽萨·德·波尔（Lisa de Boor）很是激动：“在大街上、商店里、车站内，人们到处都在说，不能再像这样继续下去了”。威廉·欧森菲德甚至在华沙的德国人中也听到希望出现意大利式政权变化的暗流：如果出现意大利那种巴多格里奥元帅（Marshal Badoglio）领导的后纳粹军事独裁政权，就能与英国和美国单独和谈了。据帝国保安总局编辑的“群众情绪”每周机密报告称，越来越多的人希望出现军事独裁，认为这是德国与西方盟国单独媾和的“最好”甚至是“最后”的方式。巴多格里奥已经宣布不会停止战争，并且继续与德国结盟，这一情况平息了民众担心意大利会“叛变”的焦虑之情。在不伦瑞克，两位妇女在每周蔬菜市场听到有人大声抱怨说，德国对英国轰炸德国城市所做的承诺完全失败，这时站在旁边的一群铁路工人插话进来大声说，“当然有出路，我们的政权必须下台，我们必须有一个新政府”。

德国人对盖世太保在10年前采取过的镇压行动不屑一顾，开始公开表达这种前所未闻的看法，政治领袖们开始感到发抖。阿尔伯特·施佩尔在莫斯科战役之前的危机中接管了军备生产，斯大林格勒战役失败后依然意志坚定，而现

---

① 西方童话中“一步7里格”的靴子。里格是西方古代计算里程的一个单位，约为现代的5公里，传说穿上这种靴子，一步就能走7里格。——译者注

在他警告希特勒说，如果再有6座城市受到如此规模的空袭，军备生产将陷入“完全停顿”。空军总参谋长汉斯·耶顺内克认为，与汉堡轰炸相比，“斯大林格勒微不足道”。8月中旬，英国空军精确打击了德国火箭研发中心佩内明德（Peenemünde）之后，他自杀身亡。8月6日，戈培尔承认“空战是悬在我们头上的达摩克利斯之剑”，自从汉堡轰炸发生后，“欧洲大陆很大一部分地区都心惊胆战，害怕会遭到英国的空袭”。纳粹领袖们第一次感到犹豫：尽管都在传说要出台反叛乱措施，希姆莱还是忧心忡忡地静待事情发展。

但是，德国不是意大利。德国人虽然已经厌倦了战争，希望与西方妥协媾和，不过没说过也要结束东线的战争。相反，危机迫使他们把内心最深处的恐惧表达出来。德国人最初在那年春天把盟军轰炸与屠杀犹太人画上等号，现在更是相信这样。1943年8月15日，远东商人洛塔尔·德·拉·坎普（Lothar de la Camp）自汉堡回到柏林为海军司令部做翻译后，给同胞亲人、朋友和熟人写了一封通函，描述了他所了解到的汉堡大火，估计死亡人数约在20万到24万，还说到人们如何谈论这次空袭：

> 人们不管对英国人和美国人的野蛮战争手段有多愤怒，都不得不很客观地说，普通百姓、中产阶级和其余人等私下和公开场合都一再议论说，这些袭击是对我们处理犹太人的报复。

随着德国北部和西部的疏散人员把他们的恐惧经历传播到还没有受到袭击的东部和南部，德国各地都把“恐怖轰炸”归因到“犹太人的报复”。纳粹宣传坚称，犹太人为了灭绝德意志民族而游说伦敦和华盛顿，导致德国遭到空袭，也对这种观念的发展起了一定的推动作用。但是，人们考虑这个问题的角度与宣传机构不同：刺激他们轰炸德国城市的原因是德国对犹太人的所作所为。这种严重的脆弱感在各个地方经常有所不同。例如，在巴伐利亚小镇巴特布吕克瑙（Bad Brückenau），人们深受从法兰克福（在其西面）疏散过来的人所说事情的影响，“情绪非常悲观，越来越想听天由命”，认为“轰炸法兰克福是对1938年反犹行动的N次报复”。奥克森富特（Ochsenfurt）的居民受到汉堡轰炸的直接冲击，不知道邻近的维尔茨堡会不会成为下一个遭到空袭的地方。一些人宣称，维尔茨堡被盟军放过了，因为“那里没烧过犹太会堂”，还有人警告说，“由于最后一名犹太人最近离开了维尔茨堡，那些飞行员现在也可能过来”。另外，据说那个犹太人甚至“在被驱逐之前宣称，现在维尔茨堡也要挨炸了”。

这些谣言反映出极端的无助感，与戈培尔希望用反犹运动慢慢灌输给德国人的仇恨和抵抗有着天壤之别。在城市中，这种普遍存在的态度以大大夸张盟军轰炸精确性的都市神话的形式表现出来。当英国轰炸机飞行员把炸弹投在目标半径5公里之内还有很大困难的时候，柏林人想象他们有意瞄准他们想惩罚的特定街道和社区轰炸。赤裸裸的虚弱感引发出流言，指名道姓地称某个犹太人在被驱逐之前说了什么话，或者哪个城市烧过或者没烧犹太会堂。

人们一再把轰炸与1938年11月的大屠杀联系起来，在一个充斥着在东方对犹太人进行大屠杀传言的社会中，这样联想可能显得奇怪。但是，1938年的大屠杀是最后一次德国各地的很多人目睹并积极参加过的反犹行动：此后帝国境内的大多数犹太人都迁入了大城市。一些地方也与空袭战争直接相关：在韦次拉尔（Wetzlar）、不伦瑞克、索林根、美茵河畔法兰克福、柏林、锡根（Siegen）、科隆、埃姆登（Emden）和汉堡，大型混凝土碉塔使用的地块在1938年11月前曾是犹太会堂。在科隆和亚琛，人们把焚烧犹太会堂与教堂在空袭中被炸毁相提并论，唤起一种神罚的感觉。就像一位神职线人向地方盖世太保总结的观点所说：“对，应当……受到世上的一切惩罚”。因此，很多人视1938年为德国发动反犹战争的开始，它启动了日渐升级的链锁式相互报复。到夏末和秋季，在根本没有受到轰炸的地方，人们也罕见地破例承认德国的责任和罪责。

6月初，戈培尔用“报复”英国的许诺把遭到袭击的城市团结起来。但是汉堡大火使人们的希望逐渐破灭：很明显，“报复”的力量掌握在犹太人和盟军手里。民众一个月前还相信德国将进行报复，这种灾难性的军事失败却把他们的希望变成了对“犹太报复”的恐惧。帝国各地的人们都在谈论这种事，不经意间揭开了以前半遮半掩的东西——他们其实知道纳粹含糊透露的所有灭绝犹太人的事实际上都已经完成了。当驱逐行动在1941年和1942年发展到顶峰时；当很多人在汉堡和其他城市竞标犹太人的家具和衣服时；当目击者带着在东方见到集体坟墓和大屠杀的详细经历回来时；更重要的是，当德国人只要大规模反对屠杀就有可能拯救犹太人时，人们对正在进行的灭绝行动都没有公开表示过反对：他们关上门零零碎碎地传递流言，或者干预一下某个具体的屠杀行为。如今已经到了1943年的第三个季度，一切都已成为往事："我们对犹太人干过的事"此时成为人们的共同心病。

纳粹领导人在1943年夏季得到关于公众的这些议论的报告，不过公众并非直接对"最终解决方案"说三道四。"最终方案"不再是当前正在发生的事，报告作者委婉所称的"反犹措施"已是过去时，已经无法逆转。这类谈话的真正意义在于，它表现出人们担心盟军的轰炸既是对德国的报复，甚至也可能是意图灭绝德国人。他们最关心的是自己的困境，而非犹太人的命运。当人们觉得有必要表示负罪和遗憾时，他们的罪恶感也必定混杂着自己的极度脆弱感和受害感。

由于缺乏空袭遇难者和犹太被害者的具体数字，民众在事实和道德上更把两者等同起来。党卫军在1943年4月统计的数字是高度机密，然而人们知道，只有极少数犹太人还在德国存在。另一方面，当局担心民众的士气会受到打击，没有公开警方统计的空袭伤亡数字，也没有发布死难者照片。谣言随之而来，数字不可避免被夸大了。有人脉和信息灵通的目击者私下里估计死于空袭的人在多特蒙德为1.5万人，杜塞尔多夫是1.7万人，大坝袭击在1.2万人到3万人之间，伍珀塔尔是2.7万人，科隆2.8万人，汉堡则达到10万人～35万人。在每个空袭事件中，警方的正式数字都低得多，却都没有公布。由于出现信息真空，这些被夸大的数字到处流传，使人们更加相信一切重要的道德界线都在战争中被突破了。

对于民众潮水般的公丌批评，戈培尔没有回应。把轰炸描绘成各种犹太恐怖后，鼓吹复仇并不困难，他通过媒体传递的都是这样不言而喻的信息。然而，矛盾在于他的宣传策略所隐含的意义。那种感情——"要是我们对待犹太人不是那么恶劣"——表达出一种不可能的企望。德国人回过头来，通过在不可逆转且日益升级的冲突循环中搜寻出路，完全了解了戈培尔想束缚他们的手法。“无论如何，在犹太问题上我们走得太远了，已经无处可逃。不过这样也好，”戈培尔在3月时安慰自己说，“经验表明，一种运动和人民如果已退无可退，会比有退路时战斗意志更坚定。”但是，事实并不如他所愿。帝国保安总局关于民众期望单独媾和、政权转换和后悔屠杀犹太人的报告都表明，他们想找退路。

自从春天开始，戈培尔和希特勒就宣传起他们最狂热相信的东西，允许媒体更公开地谈论反犹战争，尽管戈培尔还是小心谨慎不许泄露具体细节。但当戈培尔谈到背水而战时，屠杀犹太人在德国社会中并没有起到他所想象的鼓动作用。它没有传达出新的目标感，“总体战”使德国人感到震惊：市集广场上的那种谈话有着末日的感觉，相信失败和危机就要到来。甚至向戈培尔提宣传建议的忠诚支持者也日益批评反犹运动，他们有些人同样指出，现在德国人是因为迫害犹太人而受到惩罚。

以纳粹的观点来看，在汉堡轰炸之后的危机中谈论“犹太报复”标志着德国的失败。当这个政权想坚持其核心价值时，这种现象既是军事失败，也引爆合法性危机。戈培尔有意用种族灭绝的消息玩弄民众，鼓励一种“知道又不知道”的官民默契。然而，成功将“犹太敌人”变百姓生活的常识后，对民众如何运用这个概念就失去了控制。戈培尔既不能证实也不能否认如何处理犹太人，对人们懊悔不应该干这种事，更是无法回应。他所能做的只是等待这股压抑的浪潮自行退却。

纳粹政权整个8月份都在退缩，盖世太保没有匆忙把帝国安全部报告的发表那些议论的人抓起来，就连号召更换政权的人也平安无事。不过到了9月初，宣传机器开始反击了。1943年9月3日，巴登大区的报纸《元首》对读者进行谴责：“有人说，如果国家社会主义德国没有那么迅速地解决犹太问题，国际犹太社会现在就不会与我们作战”，该报嘲笑说，只有“老年痴呆”才会相信这类废话，并指出两次世界大战都是犹太人煽动起来的，当前的这场战争“不过是第一场大战的继续”。这种宣传策略有风险，它无法管住人们对“最终解决方案”进行半公开讨论。于是戈培尔开始介入，他于9月26日在《帝国》周刊上发表文章，解释了对某些关键问题保持“沉默”的好处。“只有极少数人了解战争的秘密”，他告诉该杂志的百万读者：

> 因此，通过散播流言，强迫政府对某个决定着战争结果的问题做出公开声明是极不公平的，危害性极大。那样只能对敌人有利，而对我们的人民造成极大伤害。

10月初，新任内政部长海因里希·希姆莱继续在广播中威胁说，“失败主义者必须以死来为这类行为赎罪”，“以儆效尤”。为了强调这话是什么意思，很快公开了一批惩戒性宣判。一位慕尼黑的中年妇女被判入狱三年，因为她诋毁希特勒，并宣称：“那么你认为没有人收听外国电台吗？他们曾把犹太妇孺装进车里运出城，用毒气杀死”。一位布拉克韦德（Brackwede）的会计因为涉嫌说“对犹太人干过的事正在遭到报应”而被定罪，他曾听前线士兵说过“成千上万的犹太人都被屠杀”。1943年10月6日，希姆莱采取了史无前例的步骤，在波兹南向一大批纳粹领导人发表讲话，告诉他们说，为了处理“失败主义问题”，他处决了一小批说话不合适的人，以示警告：

> 我们不可能把所有失败主义分子都抓住，我们也不想这样……那些被抓到的人必须付出代价——这毕竟是法律的要求——他们的死对其他成百上千的人来说是个教训和警告，这样他们就不会傻到再干同样的事。

帝国保安总局持续向上报告在德国各地发现的散布“失败主义谣言”的人，当局用恐怖手段对这些人进行了小规模、有选择性的打击，意在表明公共言论是有边界的。就在波兹南的那次讲话中，希姆莱首次明确宣布了灭绝犹太人的政策。这对他的听众来说并不是新闻，但对帝国领袖们和地方长官们来说，不同之处是公开说出来了，而且要求他们保密。希姆莱对他们说，“我相信最好我们——我们集体——为了人民把这个问题解决了，自己负起责任——不仅是思想责任，还是事实责任——然后我们把这个秘密带进坟墓。”

屠杀犹太人的共同秘密已经传遍德国，它并不能让纳粹政权得到更多支持，这个政权可以让德国人闭嘴，但无法改变这个事实。不过德国人虽然都在公开谈论，却没有什么实际行动：除了空谈政权更换和单独媾和，没有更多的异议行为。同时，瑞士驻科隆领事在那年秋天注意到，关于“疏散走的犹太人全部被屠杀了”的消息“传得更凶了”。对于这个常识了解得越多，德国人就越加悲观地预料这场战争是一场种族灭绝战。

德国人最想要的是在西线找到解决战争的方法，这样就能在东线加强力量，打破僵持局面。1943年8月的危机是前所未有的，然而事后证明它只是个插曲。意大利事件使德国结束了危机，巴多格里奥元帅在1943年8月发动的大众运动重新点燃了和平的希望。1943年9月8日，当消息传来，说他已经与盟军签署了停战协议后，对他的遐想永久性的改变了。很多德国人也愿意与西方停火，但他们最亲密的轴心国盟友竟也这样做，那是彻底的“背叛”。国防军的反应迅速而果断，20个德国师完全占领了意大利半岛，在萨莱诺（Salerno）与盟军开始交火，的确振奋了国内的士气。

闪电军事反击虽然没有解决意味深长的犹太报复带来的道德困境，但通过显示德国并非像一个月之前那般无可救药，确实结束了内部危机。100万意大利士兵迅速被他们的德国盟友拘押，其中71万被送到帝国。在那里，他们发现自己处于外国劳工的最底层：和红军俘虏一样，他们被剥夺了《日内瓦公约》中的战俘地位。他们在受到恶劣对待的同时，还获得一个德国人给叛徒新起的绰号：“巴多格里奥”。德国人用旧有的偏见对前盟友们进行辱骂，更重要的是，德国人因为希望落空，把怒意发泄到意大利人头上。

第十二章

坚持

英国空军轰炸机司令部的“柏林战役”一直持续到1944年3月24日，总共对这座城市发动了16次大规模空袭，其间还有17次小规模轰炸。这是欧洲战场上针对单个目标发动的最严重、持续时间最长的轰炸行动。

1943年11月21日是“阵亡战士纪念日”，这是路德派的纪念日，拿破仑战争结束后被普鲁士引入。汉堡空袭过去近4个月后，这座城市首次举行集体纪念仪式，圣彼得大教堂的牧师把全市各教堂都邀请过来，一起参加圣餐礼，把幸免于难但受到创伤的信徒团结起来。圣彼得大教堂较为特殊，正好坐落在阿尔斯特河（Alster）与佐尔运河（Zollkanal）之间，它的铜狮子头门把手是14世纪的，在空袭中没有受损。这场仪式吸引了91个人来参加。

尽管这一天很有宗教意义，但教会无法与纳粹党同时主持的仪式进行竞争，后者是在希特勒广场上被烧得只剩外壳的市政厅举行的。地方长官卡尔·考夫曼领导着仪式，它既世俗又神圣、既有纳粹性质又有汉堡特点。国家和市政府官员、纳粹党及其组织和三军代表密集排列在一起，面对着庞大的群众，他们旗杆朝地，并且全城降半旗。一位声音低沉的演员吟诵纳粹诗人格哈德·舒曼（Gerhard Schumann）的《不朽》：

生即死，死即生。

你们现在可以哀悼，但不要绝望。

当考夫曼走上讲台，广场上的旗手们高高挥舞旗帜，建筑上的旗子升到顶点，气氛从纪念转为复原。地方长官许诺，汉堡市民将通过为战争做出贡献继续保持着自己的价值。他以宗教性的口吻宣称，他们在7月的那些夜里经受住了“伟大时刻的考验”。他发誓说，汉堡会得到重建，并提醒观众说，这座城市曾在1842年的大火中被毁过，其中包括市政厅和圣彼得教堂：

> 这座城市过去有着艰难的历史，但她也与我们紧密联系在一起。她在战争、破坏、斗争和苦难中做出很多牺牲，总会再次站起来，变得更加壮观美丽，更加伟大。我们周围的这些废墟和死者是我们的使命的永恒誓约。

然后数千民众聚集到奥尔斯多夫（Ohlsdorf）公墓，参加官方的敬献花圈仪式。市建筑师康斯坦丁·古绍（Konstanty Gutschow）建了一座巨大的十字形坟墓，南北长280米，东西宽240米，埋葬了3.4万名遇难者。为了防止在炎热的夏季出现传染病，这座坟墓的挖掘速度非常快，尸体用卡车运过来。参加这项工程的人得到烟酒供应，以缓解“你们的嘴里”散发出的腐败尸体的“恶臭”。“我们运气非常好，还有酒。”一位地方管理人员报告说。汉堡和其他城市一样，很多殡葬人员都是战俘和集中营囚犯。当他们结束工作后，在设在每个坟墓间隙的大橡树板上，刻上被毁城区的名称：哈默布鲁克、罗腾堡索特、哈姆、巴姆贝克（Barmbeck）。以这种统一的格式进行布置，意在清除很多遗属在这个时期设立的带有遇难者名字和照片的私人纪念物。

在这场集体纪念活动中，最重要的可能就是时间。第6集团军残部还在斯大林格勒被围时，戈林就发表了“温泉关”演说，极大震撼了对一整支集团军被全歼的军事灾难毫无思想准备的民众。戈林和戈培尔曾想立即举行仪式纪念斯大林格勒战役，以便利用这个共有时刻制造出英雄主义的集体体验，但是汉堡轰炸后遇到严重危机，被迫搁置了好几个月，已经没有机会再让民众感到震惊。汉堡的纳粹领导人与全社会一起举行悼念仪式，遇难者亲属加入进来：他们许诺重建、恢复和重生，避开了借着斯大林格勒战役发挥出来的太过浮夸的殉节论。1944年7月25日，汉堡轰炸届满一周年，奥尔斯多夫公墓集体朝圣再次举行活动，此后每年都会进行纪念，这个仪式非常成功，其纳粹渊源逐渐被人遗忘了。

在其他方面，汉堡纪念仪式是不寻常的。集体坟墓非常不受欢迎：它们就像穷人的墓，不太体面，而且没有墓碑，找不到具体的死者姓名，亲人去看望和悼念时很不方便。在柏林和其他城市，由于遗属反对集体坟墓，官方对此甚为敏感，空袭死难者还是单独安葬。遗体先以“体面”的方式放在大厅里供人辨认，然后允许亲属自行安葬亲人：1943年7月，当局紧急颁布法令，支持私人使用棺材的权利。只有那些处于种族等级最底层的死者才被葬在集体坟墓中，不留下一点个人痕迹：在柏林的维尔默斯多夫（Wilmersdorf）公墓，埋葬了122名“东方工人”。汉堡在设计奥尔斯多夫纪念仪式时，审美上的一个挑战就是防止产生这种羞辱感。

在1943年的阵亡将士纪念日期间，汉堡纳粹党能让教会靠边站，该党对此也极为在意。但是，虽然纳粹党领袖们坚持垄断着把军人死亡通知传达给其亲人的权力，遗属们却还是到当地教堂寻求帮助。格特鲁德·L（Gertrud L.）得知丈夫阵亡的一个月后，到他们8年前举行婚礼的那座教堂进行悼念，仪式还是由同一位牧师主持。这位牧师直接提出信仰问题：“你们曾问自己有没有上帝，谁允许夺走这位年轻妇女的爱人的生命，谁让四个孩子失去父亲？”另一位遗孀可能有困惑，不过格特鲁德对牧师的答案感到“安慰”。“上帝，”他向参加仪式的人保证说，“不会让我们的负担超出我们的能力。”那是在5月，教堂里装饰着桂树枝。会众们鱼贯而出时，在路旁边看到一顶钢盔和一堆步枪，它们代表着阵亡士兵及其失踪战友。

牧师们和神父们使用的文本和祷词都在民族统一战争和第一次世界大战中受过考验，主题通常来自《马太福音》第5章第4段：“哀恸的人有福了，因为他们必得安慰。”有一个弥撒结束时使用了一位当代士兵的祷词：

所有在海上在地上倒下的人，
都倒进你的手中。

所有在遥远的地方战斗的人，
都受到你慈爱的关怀。
所有在黑夜中哭泣的人，
都有你在仁爱地庇护。
阿门。

纳粹党和教会争相为悲痛的民众提供帮助，同时他们也相互借鉴，帝国保安总局注意到，教会逐渐在纪念仪式中用万字旗覆盖在设于圣坛前的空棺材上，上面还放上一顶钢盔和“两个把交叉放置的匕首，军官是两把剑”。教会也在布道中鼓吹爱国主义抵抗：谁也逃不掉死亡和哀悼，因为“我们的民族正在进行一场生死之战”。在莱茵兰，天主教的教士们逐渐发现到，参加葬礼和纪念仪式的人远多于重大节日的参与者，即使“受难节”时也是如此。主教们开始担心这种大型集会表明的不是宗教虔诚，更多的是天主教徒们需要集体纪念活动。

汉堡轰炸过后的最初几个星期中，到新教教堂参加仪式的人大大增加。军民精英成员来了，多年来首次穿着制服，还有“长期以来一直和宗教很接近”的工人们，他们感觉需要与牧师交流。教会把轰炸解释为上帝的测验，如牧师海因里希·扎卡赖亚斯-朗汉斯（Heinrich Zacharias-Langhans）在富尔斯比特尔（Fuhlsbüttel）告诉信众们说：

> 我们的家乡正在死去，我们应该谴责英国皇家空军吗？……但这有什么意义呢？不只是英国人……还有一只手！！一只手，不是敌人的手。不，是上帝之手！现在一切抱怨都不合适。在这里……到最后，在他的神秘引导的黑暗中，我们受到上帝的召唤，要终结不敬神的行为。以最坚定的信仰，投入他的怀抱。

路德教要求信徒悔改，这与莱茵兰的天主教主教们写给教徒的牧函差别不大。天主教和路德教都认为空袭的苦难不是敌人造成的，而是不敬神的唯物主义和傲慢的世俗主义导致的。两个教派都号召德国人民回归上帝。

这种信号不能让遭到轰炸的民众感到安慰。战场上的死亡离普通民众太遥远，军人信件又受到审查——在百姓心中，让最后时刻的士兵被战友紧紧抱着，就像圣母怜子一般——而发生在民众身边的真实的空袭死难者就不容易隐瞒或进行神化了。太多人都在街上看到过残肢断臂，或者去太平间认尸时见过烧焦的半裸遗体，任何常见的语言或仪式都不足以形容德国西部城市居民的经历。对很多人来说，宗教忏悔这种黯淡的思想不能抚慰他们的创伤，它无法宣泄愤怒，也不能给人以保护。在汉堡，去教堂参加宗教活动的新教徒再次迅速减少。科隆在1943年6月底和7月初遭到三次大规模空袭后，弗林斯大主教召集天主教的教士们举行了一次特别会议，一位盖世太保线人报告说，"教士们总体而言都认为，空袭没有给宗教思想带来复苏，人们的生命受到威胁，正变得像牲畜一般，回复到原始本能"。所有教派的神学家和宗教领袖们都曾希望出现民族"精神重生"，就像第一次世界大战时一样，但他们担心看到的只是"唯物主义"的胜利。

纳粹党和教会继续举行公共纪念仪式，然而他们发现，双方的道德权威都没有获得提高。到1943年秋，天主教信众们经常在布道才进行一半时就离开教堂，市民们在大街上怒气冲冲地与穿着制服的纳粹党官员对着干。德国的战争还没在基本合法性方面遇到质疑，不过随着政治希望和恐惧的浪潮席卷全国，它正在发生重大变化。教会和纳粹党都不能对大批民众丧生做出令人信服的解释，1943年的危机促成他们寻求个人意义。

1943年11月22～23日夜，德国首都的政府陷入火海。与此前发生在8月底和9月初的空袭不同，盟军这一次把1132吨高爆弹和1331吨燃烧弹基本上都扔到柏林的中心城区，在凛冽的寒风助威下，大火有可能转化成炼狱。特伽坦（Tiergarten）就在空袭中心附近，当警报解除信号响起，一位挨着特伽坦南边居住的年轻妇女发现，"三面的天空都是一片血红"。她事先已得到警告说，数小时内极有可能发生火风暴，于是和父亲躲回家中，把屋里所有可用的容器中都装满水。随着外面街道上的烟雾越来越浓烈，空气越来越炙热，她父亲——一位沉着镇定的俄罗斯老侨民——爬到屋顶上观察火势。天快亮时这位妇女终于躺到床上睡觉，这时候风“在外面怒吼，就像火车进隧道时一样”。不久，英国空军又飞过来抛撒传单，再次威胁要把柏林“变成汉堡”。

在柏林中央公园北边，工人阶级社区魏丁受到严重打击。学徒学校接纳了沉默呆滞的受害者，并给他们提供食物——“他们被痛苦淹没”，一位老师这样形容这些人。一位抱着孩子的妇女被红十字会护士领进来，她脸上没有一点表情，目光空洞。“我妹妹，我妹妹在哪里？”她不住询问。一个大车场里受惊的马匹被带到学校的院子里，在空袭时值勤的女孩们让它们安静下来。四头牛静静地站在一旁，继续反刍。大批失去家园的民众涌过来，这所学校从地下室到三楼都挤满了人。一位刚过来时不省人事的妇女苏醒过来，开始寻找自己的孩子。一支清洁队来了，他们脸色惨白，累到几乎虚脱。卡车把面包、黄油和香肠运到学校大厅，妇女和志愿者们准备分发。男人们在体育馆放置人们带来的财产。

摄影记者丽丝洛塔·伯普尔是无家可归者之一：“最恐怖的夜晚！我们除了保住了性命，什么都没有了”。第二天，她给在列宁格勒前线服役的丈夫写信谈到轰炸情况，并恳求他说，“要是你能回来——我急切需要你”。丽丝洛塔遇到空袭时，正在安哈尔特（Anhalter）火车站里把剩余行李中的值钱东西往手提箱里放。她在信中说，他们的启明星再次保护了她。她飞速跑进火车站里四层的混凝土堡垒中，一直躲到结束。出来之后，周围建筑都已陷入火海，铁路也被封闭，她只能把手提箱与其他行李一起托运，自己沿着部分被堵塞的街道去舍恩贝格（Schöneberg）。她和女伴用手帕蒙住脸，在满是碎玻璃的黑暗的街上摸索前行，利用抛锚的电车、救护车和广告柱躲避狂风吹来的浓烟、沙子和泥灰。在诺伦多夫广场（Nollendorfplatz）附近，风暴吹得走不动路，这两位妇女只好躲进一栋房屋的入口，坐在翻过来的水桶上休息，意外有熟人住在这里，因而能有茶喝。黎明时分，风力降了下来，她们继续朝位于马丁·路德大街的丽丝洛塔父母的公寓走去。

当走到街角时候，她的心沉了下来：“我的天！我看到它了！烧光了，完全烧光了！”其他房屋的火还没熄灭，房梁横倒在大街上，空荡荡的窗户已从砖墙中裂开，随时可能倒塌，学校对面被一枚高爆炸弹击中。丽丝洛塔在街道中间遇到父母的管家，了解到他们已经逃出来，感到如释重负。后来她发现父母正瞪着成为废墟的家，开始计算损失。库特的信和她的战争日记都已化成灰烬，她工作以来积存的6000幅照片，以及两个月前他们婚礼的负片，现在都没有了——一同损失的还有她的书和画、旅行纪念品、她的收藏版《浮士德》、她的唱片集、“漂亮的台灯，哦，一切，一切我心爱的东西”。最糟的是她的小提琴也被毁掉了，那是她“亲爱的朋友”。此后数月间，丽丝洛塔一再梦到遭遇空袭，看着房子被大火吞噬，这时她都会再梦到她的小提琴。

库特·奥格尔在一个炮兵团当副官，正在参与围攻列宁格勒。他关注着柏林轰炸的情况，越来越担忧。焦急等待三个星期后，他收到两封丽丝洛塔谈空袭的来信。得到她幸运逃脱，库特感到非常高兴。丢掉的一切都会换成新的，就连信件也是这样：“我会给你写新的信，你要多少我给你写多少”——“我们的结婚照片——我们冲洗出来的已经够多了！我们的蜜月照片——我们会重新度蜜月，还会拍更多漂亮的照片……书籍、图画、收音机、台灯——一切都能也都会换新——我们携手。我们只是才开始！谁也夺不走我们的记忆。”不过他补充说，她父母情况不同，他们的损失更为严重。

当局调来很多军事部门和消防部救援柏林，最远来自什切青（Stettin）、马德堡和莱比锡，但市中心毁损严重，他们几乎进不去。第二天晚上，盟军轰炸机再次到来时，前一夜的大火才刚刚熄灭。从11月22日～26日，在德国首都有3758人被炸死，574人失踪，近500万人无家可归。为了安置无数因遭遇空袭而失去家园的人，市政府在外围郊区和绿化带中设立了临时收容所。

11月23日，《德意志汇报》记者厄休拉·冯·卡尔多夫去报社上班，了解到“柏林太大了，很多同事都没见到空袭”。她的房间幸免于难，不过煤气、电力、自来水或任何能让只剩框架的窗子不呼呼作响的东西都没了。夜晚感觉就像“巫术时刻”，她投奔住在波茨坦的朋友，才找到洁白的床单和干净的床。1月29日，她父亲的公寓被炸。当客厅书架上的书开始着火时，朋友们及时赶到，把床、书籍和枕头都从窗户扔下楼。然后他们尽可能带一些东西，从楼梯下去，途中还要防备从屋顶落下来的烧焦的木梁。他们用洗衣篮盛银器、餐具和瓷器，而此时蓝绿色的磷火已经舔到窗户。他们没有办法回自己的楼屋，于是帮忙把邻居的大件家具抢救出来，接力传递幸存的瓶装酒。消防水管朝楼上喷水，人们在一楼打着伞，简直像即兴聚会。黎明时分，烟雾水汽混在细雨中，他们到大街上的水泵洗漱，一位憔悴的妇女问卡尔多夫和她的朋友们说："什么时候会报复？什么时候我们会全部死掉？"

厄休拉·冯·卡尔多夫在乡下休息了四天，然后恢复过来："我感觉狂野的生命力在我体内涌出，再加上不屈的意志——决不放弃。"她认为"不管纳粹和非纳粹目标的"无差别袭击把人们团结到一起，每次轰炸之后特别配给的香烟、真咖啡和肉也帮人们渡过难关；这位年轻妇女断定："如果英国人相信，他们能削弱我们的士气，那么他们就失算了。"不到一个星期，她回到柏林，因为有贵族关系，她在外交部附近找到一个面积不大但很漂亮的一楼公寓。她的报社的办公室已在同一次轰炸中被毁，现在也搬迁了，每天继续出版。

丽丝洛塔·伯普尔也受到优待，在阿尔特马克（Altmark）的18世纪乡村庭院中找到两间明亮的房屋。这里是一个亲戚的家，她和库特9月份就在这里举行的婚礼。房子很雅致，周围的树林长达半英里，弯曲的小路环绕着垂钓湖，是个休养生息的好地方。她安顿下来后，就祈祷自己将变得"坚强"，希望"新武器"赶快到来。库特因妻子遭受轰炸，获得同情假，这对夫妻能够一起度过圣诞节和新年。

库特返回北方集团军群三个星期后，丽丝洛塔开始期待孩子降临，并开始想着给孩子起名字。她和朋友哈达在布拉格购物旅行时，不悦地看到"捷克妇女特别多产"：甚至19和20岁的女孩看上去都怀孕了——就像"兔子"。对信奉优生学的丽丝洛塔来说，这是噩梦，这位宣传家充分以老套的民族主义话语给丈夫写信说，"我们民族最优秀的成员没有孕育任何后代，或者只有一个后代，而东方劣等人能繁殖十好几个"。她向库特坦白，她并不觉得自己真的想要孩子，不想从他们的完美关系中分心。作为一位有魅力的30岁少妇，丽丝洛塔的摄影记者事业很成功，还有着人脉广泛、令人愉悦的朋友，然而她也是非常孤独的。

为了排解孤独，她和哈达在夜里乘卧铺去维也纳，在那里，她沉醉于一个“没有瓦砾、废墟，没有空袭持续威胁”的城市，找到最漂亮的酒店住下。1944年2月底，她忙着为在奥地利蒂罗尔（Tyrol）接受康复治疗的士兵拍摄照片。丽丝洛塔的头发被照耀在白雪上的阳光漂白了，脸被晒成棕褐色，蓝色的眼睛再次明亮柔和起来，她只担心回柏林后，人们对她的相貌会有什么反应。为了寻找新家具替代轰炸中损失的东西，她勇敢地冒着空袭警报，去布伦维斯克做了一次特别旅行，在为戈林和希特勒供货的那家手工作坊买了一个台灯。她为这个机敏的活动感到扬扬自得。

英国空军轰炸机司令部的“柏林战役”一直持续到1944年3月24日，总共对这座城市发动了16次大规模空袭，其间还有17次小规模轰炸。这是欧洲战场上针对单个目标发动的最严重、持续时间最长的轰炸行动。不过柏林挺住了，尽管该市一些地区在11月底被大火吞噬，但它不像汉堡和10月22日被火风暴摧毁的卡塞尔，很多建筑都是钢砖结构，而非半木结构的中世纪房屋，而且宽阔的大街起到防火墙的作用。柏林还位于轰炸机司令部赖以进行陆基导航的“双簧管”系统之外，“探路者”的机载雷达系统不够精确，难以找到这座城市，意外的强风也把轰炸机吹偏了航线。尽管西南部的夏洛腾堡区、克罗伊茨山区（Kreuzberg）和维尔默斯多夫区在12月16日再次被炸，很多轰炸机在12月2～3日夜和23～24日夜要么都错过目标，要么只把炸弹投到南部郊区。冬季云层太厚，在整整5个月的“柏林战役”中，只有两次侦察飞行拍到了轰炸损害的航空照片。轰炸柏林并未成为一次致命打击，而变成了消耗战，双方都努力评估各自的飞机损失率，都在推测民众的士气能维持多久。

随着空袭持续不断，投下的炸弹越来越多，物质损害日益加重，人员伤亡数字却开始反常地下降。1944年2月15日夜，800多架轰炸机飞临柏林，从工人阶级聚居的魏丁区到西南部树林茂盛的策伦多夫区（Zehlendorf）北边的潘科（Pankow），都成为打击目标。这一次只有169人遇难，而在1943年8月和9月的小规模空袭中，死亡人数达到1500人。柏林人在城中行走时，已经能熟练留意何时何地可以躲避空袭了。访客们对充满幽默、活力和抵抗意志的新气氛印象深刻。丽丝洛塔·伯普尔自11月遭遇空袭后，在2月份首次回到首都。她曾在施腾堡住过的房子严重受损，几乎难以辨认：整个正面建筑连大门都没有了。她抓过成堆的石头和木板后，在地窖里发现一位戴着黑帽、穿着锅炉工服装的中年邻居正努力挽救家庭财产。“他身上落满灰尘，虚弱不堪，胡子很长时间没刮过，就像前线的士兵，”她给库特写信说，“柏林现在也是这个样子，这是前线的生活，如果还能把这叫作生活的话。”

争夺德国制空权的战役还在继续，米尔希和施佩尔没有理会希特勒要求集中力量生产轰炸机的命令，悄悄把资源转用于地面防空和德国空军的战斗机中队，单引擎战斗机的月生产量在1943年下半年达到851架的最高纪录。随着冲突各方在雷达革新战中交替领先，德国三分之一的光学企业和半数电子企业都转移到大后方防御中。到1943年年底，为高射炮部队建造了7000架探照灯和5.5万门火炮，四分之三的88毫米火炮也归其所有，这种炮在东线战场赢得了坦克杀手的可怕名声。在180万防空部队和40万辅助部队（包括8万学童和6万战俘）中，绝大部分都是炮手。混合成员操作大口径加农炮，战俘搬运炮弹，男孩们当瞄准手和射击助理。高射炮部队消耗了德国弹药生产量的12%，是军队野战火炮的两倍，尽管如此，命中率相对却不高，打下一架飞机平均需要1.6发炮弹。不过，巨大的投入给了平民更大的安全感。

由于损失不断增加，到1944年3月底，英国空军轰炸机司令部被迫取消“柏林战役”。哈里斯曾对这场行动做出的估计相对是正确的。英国空军出去14 562架次，哈里斯要求的是1.5万架次。他曾预言战斗中将损失400 ~ 500架飞机，实际上有496架轰炸机被击落，还有95架在返回英国途中坠落。到1944年2月和3月，轰炸机司令部袭击莱比锡和柏林的单次轰炸损失率为9%，3月24日空袭柏林之后没几天，再次袭击纽伦堡时损伤率增加到11.8%。对机组人员来说，这些统计数字意味着行动的生存概率更小。柏林战役宣告仅靠战略空袭就能击败德国的这种思想遭遇失败。

对德国人来说，这个转折点并非那么明显，因为美国空军此时重启了自秋天中断的轰炸行动。B-24解放者轰炸机和B-17飞行堡垒轰炸机现在有的新型P-51野马（Mustang）远程战斗机护航，它能在德国领空上接战德国空军战斗机。尽管美国人在3月轰炸了柏林，不过主要目标还是打击德国空军，袭击的是飞机制造厂、机场和合成油设施，后者成效甚大。随着空战性质在1944年春季发生转变，城市在夜间不再受到轰炸，很多德国人获得解脱。

作家兼记者玛格丽特·博韦里（Margret Boveri）放弃了德国大使馆里的好工作，选择在这个时候从马德里返回首都。她不顾家人朋友的建议，连美国籍母亲的话也不听，专心“待在柏林，真正了解德国人在空袭之下的生活”，并开始为《帝国》周刊撰稿。戈培尔4月在该周刊发表文章，热情歌颂“坚不可摧的生活节奏”和“我们都市居民牢不可破的生活意愿”，设定了赞美首都的抵抗能力的主题，得到周刊编辑、博韦里和其他人的发扬光大。

战略轰炸的最大作用总是产生在心理上和政治上：它使失败主义进一步出现扩展，并使纳粹政权面临崩溃。回头看来，哈里斯宣称德国到1944年4月1日就得认输，这一过度自信的想法太傲慢。不过他也确实有着先例。1942年秋，轰炸机司令部开始打击热那亚、土伦和米兰等意大利北部工业城市，次年春天，激起大逃亡、暴力骚乱和自发示威，反对地方长官和法西斯党，要求得到政治权力。1943年秋，德国人公开谈论追随意大利和建立军事政权的话题，看来汉堡轰炸好像也在德国产生类似效果。但是类似情况到此为止：虽然德国人谈论这些事，纳粹党官员也遇到极少数象征性攻击，却未出现集体行动。

是什么使德国与意大利有所不同？整个战争期间，在意大利估计有5万到6万人死于空袭；这一损失与英国和法国差不多。到1944年9月，德国平民死于轰炸的数字接近20万。使德国显著不同于意大利的并非遇难者的绝对数字，而是轰炸带来的社会冲击。意大利城市缺乏防空力量：防空洞非常少，高射炮也极少，而且几乎没有战斗机部队。由于没有这类防御力量，意大利民众完全没有安全感。法西斯政权没能采取足够的自卫和疏散措施，人们转向大家族、黑市和教会寻求庇护、食物和安全。

纳粹德国没有在1943～1944年遇到这种内爆情况。德国城市得到较为完善的自卫和补给，国家机构、纳粹党、地方政府和军方虽然效率低下和因权责不清引发相互斗争，却能有效合作，动员起数百万德国人参与民防和大疏散。这是一次组织和群众动员的胜利。德国青年妇女被动员起来的数字尤为庞大，除了40万妇女成员红十字会辅助人员，到1944年有50万妇女为国防军服务，其中大多数（30万人）成为防空辅助人员，主要活跃在大后方。年纪稍大的加入“帝国防空联盟”（Reichsluftschutzbund）。在阿沙芬堡（Aschaffenburg），加入这些组织的主要是没有工作的已婚妇女，年纪在25～30岁之间。尽管纳粹主义强调家长制价值观，但很少有男性在防空部队中担任较高职务，于是越来越多的妇女开始接手。在特里尔（Trier）所有全职人员都是妇女；在菲森，妇女占到三分之二。一些妇女继续用年纪大、身体不好或者必须照看小孩或老人为借口躲避服役，也有人喜欢新的职责。一位年轻的红十字会护士曾在一个坍塌的地下室中救出21个人，她回忆起1942年夏天获颁“战争功勋十字奖章”时，她所在的部队多么以此为荣：这是妇女首次获得此项奖章。这些妇女穿着军用风格的连体裤，头戴钢盔，腰系皮带，遵从责任、服从和牺牲规范，实际上已是国家武装力量的成员。到1944年，已有62万妇女从事这类工作，她们几乎都是没有报酬的志愿者。

自从1942年以来，前线士兵必须习惯被女无线电话务员称他们为“战友”。“我们听到女孩或其他年轻女士甜美温柔的嗓音，”一位士兵抱怨说，“但当那些（但愿！）有教养的娇美小可爱喊我们这些粗暴的家伙为‘战友’，你不觉得有点荒唐吗？”到1943年年底，以往泾渭分明的男“主外”和妇女儿童“主内”的区别在德国城市中已被打破，“后方”不再自动成为安全的代名词。妇女和青少年受到动员和军事化，成为“英勇的抵抗者”。

1944年，莱比锡的一位精神病学家研究了他的患者，想知道轰炸有没有使德国平民的“心理和神经反应”出现上升趋势。一位50岁的商人说，他曾在大火中救出母亲并被一枚炸弹炸到昏迷，之后过了一个星期，说话开始遇到问题。“我发现说以元音开头的词语特别困难，必须用强力才能讲出来，要不然我就完全说不出话。”他向弗尤德尔（Feudell）博士解释说。自那之后，只要听到防空警报声，就会引发立即反应，“血冲到头上，心痛，颤抖”。弗尤德尔同情这些患者，但他推断这些人在战前就有些神经质，心理比较脆弱。他也注意到，“社会要求必须优于个人痛苦”，断言“民族态度有激励作用”，有助于动员民族心理资源，实际上歇斯底里的人比第一次世界大战时少多了——这是衡量何时歇斯底里将触发失败主义和革命的常用参考指标。弗尤德尔也相信，谣言比人们曾经亲身体会过的经历更危险，特别是“不负责任地传递恐怖故事，夸大伤亡数字”。于是他建议患者应把他们的感受压制下去，默默忍住，而非向其他人诉说，以免引发焦虑。在埃朗根（Erlangen）进行的相同研究甚至更乐观，对德国人的心理耐受力感到惊讶，否认轰炸引发任何新的或某种确切的疾病：实际上，健康人很快会淡忘那些恐怖经历。

到1943年9月，80万人已经离开柏林。此后直到1944年3月，又有40万人被疏散。而整个城市的总人口从400万人下降到280万人。1944年年底，已有600多万德国人从受到空袭的城市疏散到全国各地。很多人在空袭刚结束就决定离开，哪怕他们的住所还没受到破坏。警报解除信号响起后，男人们被要求参与消防、救援和补救行动，而很多妇女径直走向当地接待中心。这些中心的工作人员都是地方社会工作者和“国家社会主义人民福利”的志愿者，他们为民众提供急救、热饮、三明治和应急帐篷床，这里还驻有市政官员，有机会立即为民众记录损失及进行赔偿。这些工作人员还为想离开的人进行登记。由于城市中住房压力极大，地方纳粹党和防空协会鼓励撤离。想走的人必须获得撤离许可，它只发给没有雇用合同约束的人。没有这一许可，不能进行登记，在新住所也得不到配给卡。只有这个体系遇到彻底崩溃的极偶然情况时，才会放弃这种要求：1943年7月的汉堡轰炸和8月的纽伦堡轰炸过后，这种情况已极为罕见，它也说明这种分散化的民防组织和疏散工作极为成功。果然，男人在疏散者中只占一小部分：在20万离开慕尼黑的人中，只有10%是男人，在施韦因富特只占5%，几乎所有疏散出去的男人都已过了退休年龄或身有残疾。如果说疏散的目标主要是儿童和妇女，它也把妇女分成两类：职业妇女或无职业妇女，或者能说动雇主让她们撤离的妇女，这种例子极少。

绝大多数疏散者——约占78%——由纳粹党的群众组织安排到安全地点，这是真实情况，即使有人能依靠家庭关系自行解决住宿问题，也多由这些组织代劳。妇女们体验到的“国家社会主义人民福利”提供的帮助通常是积极的，一位卡尔斯鲁厄（Karlsruhe）的妇女在战争刚结束时回忆说：“一切都安排好了，也付了钱。我们拿到一页文件，被告知去哪里，什么时候离开。我们被安顿在一个女人家，她有一个大农场。”一位明斯特女裁缝的继女对于疏散也有类似的积极记忆——“‘国家社会主义人民福利’把所有的事情都安排好了”，她在1945年回忆说。自从1939年秋在萨尔兰州开始第一次战时疏散工作以来，“人民福利”组织对自己在火车站维持的站点感到骄傲，这些站点配有女志愿者，她们为疏散者提供热饮和三明治。当疏散列车开过来时，这些志愿者得到“纳粹妇女组织”和“德国少女联盟”成员的支援，她们帮乘客拿行李、看孩子、寻找过夜场所。

在超负荷运转的时期，如1943年夏，铁路网和志愿者都不堪重负。帝国保安总局特别提到一位汉堡的母亲带着三个孩子逃亡的故事，这位妇女到了南方后，无法给1岁的婴儿弄到干净尿布，当她到了奥地利的林茨后，只能带着孩子睡在火车站地板上。不出所料，孩子们开始生病。这位妇女乞求丈夫给她送路费以便回家，并断言他们被炸毁的汉堡住宅的地下室都“比这里好一千倍”。此外，她要求丈夫“不管在哪里，不要让可怜的人去没尝过战火滋味的南方——在东部边区（Ostmark），根本没有人能理解。我希望他们也挨炸弹。”事情本来不应该是这样。实际上，帝国保安总局把这个故事传递给政府最高层也说明，纳粹政权解决的这类事件并不常见。

到1943年夏，纳粹的疏散工作得到了最不可能的支持——天主教会。教会起初强烈反对疏散儿童的KLV计划，把“希特勒青年团”支持的儿童家园视为反宗教教化的大运动。教士们的疑虑虽然没有缓解，但面对着大规模轰炸，他们不再持反对态度。1943年7月底，科隆与亚琛教区“明爱协会”主席赞扬了“国家社会主义人民福利”的工作，由于开始得到教士们的帮助，疏散发展成为大迁徙。与早期的KLV疏散不一样，期限不再定为6个月，而变成无限期。地方纳粹党和教育部官员在不违反自愿原则或挑战家长同意特权的情况下，从暑假结束后就着手对学校进行整体关闭和疏散，学生和老师一起撤离。

1943年9月，柏林-鲁梅尔斯堡（Berlin-Rummelsburg）的裴斯泰洛齐女子体育学校（Pestalozzi Gymnasium for Girls）搬到瓦尔特兰，占用了斯特里本城堡（Schloss Streben）里一位波兰伯爵的住所。一切都是临时性的，女孩们一开始只能睡在草垫上，与跳蚤为伍，等待木制双层床做好。她们很快住进被称为“帐篷”的建筑，由班主任和青年领袖共同领导，这些人在上床后借着摇曳的煤油灯光给她们讲鬼故事。校长现在一直穿着党卫军制服，他很悠闲，从来不审查女孩们的家书，也不管她们把大阶梯的栏杆当滑梯。

学校就像寄宿制，而且学生性别单一，KLV营地给青少年们带来了包罗万象的气氛，而且保护他们不受大后方社会现实的影响。他们离开城市，通常不与“老”帝国接触，作为10～14岁的孩子，观点深受“希特勒青年团”的口号和宣传左右，这也是教会所担心的。弗里德里希·海登（Friedrich Heiden）所在的KLV营地位于匈牙利-罗马尼亚多瑙河的比斯特里察（Bistritz）地区，他在那里坚持写日记，并对村子里的人种问题很着迷：这里有匈牙利人开的商店，有罗马尼亚人和罗姆人在村子边上盖的破烂泥土小屋，在村子中央路德教牧师住宅和新教教堂周围，是德国人宽敞的石质农庄。很多男孩的时间都花在有组织的活动上，特别是运动、战争游戏和徒步旅行。长期待在喀尔巴阡山脉东部的丘陵地带，旨在培养“同志情谊”，就像“希特勒青年团”在战前组织的夏令营的延长版。KLV有自己的操练和等级体系，用镶嵌在制服肩上的不同颜色的穗带进行标示，其目的都在于让男孩女孩们为参加劳动服务或高射炮部队做准备。韦尔纳·克罗尔（Werner Kroll）的营地位于匈牙利的杜巴克/迪斯普（Dürrbach/Dispe）地区，校长暂时不在的时候，有人鼓励那里的男孩们用柳树棒决斗：“希特勒青年团”的领导人称这样是“磨炼性格”。几天后，男孩韦尔纳在决斗中打破一户犹太人的窗子。那天晚上，30个男孩结成群回来，朝那座房屋扔了80到90块（韦尔纳猜的）石头。他们未受到惩罚。

德国东部和南部以前被人忽视，人口开始大规模逆向流动后，那里被亲切地称为“帝国防空洞”。大疏散有助于减轻遇袭城市尖锐的住房危机，但在德国小城镇和农村带来新的居住难题。“人民福利”在1943年年初做的调查表明，帝国安全区域的大多数客栈、酒店和修道院都已人满为患。例如，1241名从波鸿、哈根、柏林、什切青和其他城市疏散出来的人员于1943年9月抵达东普鲁士的海岸小镇吕根瓦尔德（Rügenwalde），这里原来只有8000居民，随着疏散者越来越多，当地人日益不愿接纳他们，镇长和地方纳粹党领袖（实际上通常由一个人兼任）给外来者找到住处时，不得不施加更大的压力。

当12岁的埃尔文·艾伯林（Erwin Ebeling）来到波美拉尼亚地区的施塔加德市附近的卢堡（Lübow）时，与一同来的妇女、儿童和青少年住到一个旅馆，被“拍卖”给当地农民。大多数农民想要只带一个孩子的妇女，以便让他们的农场获得最大利益。埃尔文和其他10名男孩找不到接收人，只好睡在风车房的草堆上，等待有人收留。1943年8月，13岁的吉赛拉·维德（Gisela Vedder）和妹妹在诺沃加德（Naugard）找不到落脚处，最终市长在他自己的厨房里给她们架了一张床，他还要在那里做自己的生意。当他在晚上与来访者坐下来喝酒时，她们姐妹得藏起来。由于找不到人看管她们，这对姐妹决定回家，她们拖着木头行李箱，冒着烈日和尘土走到车站。在拜罗伊特（Bayreuth）地区，两位妇女和一个孩子因为要和她们挤在一间小屋，感到非常生气，没有人给她们一顿热饭。她们满怀厌恶地回到汉堡。

大疏散或许是一个组织工作的胜利，然而不是“民族共同体”的胜利。相反，疏散经历尤其会在德国社会中制造新的冲突。又一次，拒绝与疏散者共用厨房和洗衣房成为矛盾的导火索，地方纳粹党官员不得不出来调解。“纳粹妇女组织”和“人民福利”开始建立缝纫中心、社区厨房和洗衣房，纾解这些冲突。

想让疏散者和东道主亲近起来可不容易。波美拉尼亚当地人把撤到这里的妇女称为“轰炸女人”，男孩和女孩成了“弹片小孩”，总是把一切破坏活动都归罪到他们头上。在巴伐利亚，当女孩们穿着初级青年联盟制服在农村行军时，当地人用“普鲁士大母猪”等传统的脏话冲着她们叫嚷。他们指责疏散妇女们不管自己的孩子，与当地男人勾勾搭搭，这个主题很快进入到帝国保安总局和天主教会的报告中，这两个组织对这种传言都甚为憎恶，都相信“放荡女人”破坏了社会秩序和民族士气。这种非难早在另一群单身妇女——即军人妻子——身上预演过，可以很方便地套在不受欢迎的闯入者头上。在士瓦本，农妇们抱怨疏散妇女们连缝洗之类的家务活也不帮着干，更不用说农活了，即使在最需要人手的收获季节也游手好闲。在他们看来，闲散的城市女人“好像觉得应该受到尽心尽力的伺候，就像住宾馆一样”。相反，来自埃森、杜塞尔多夫和汉堡的工人阶级妇女认为农妇们似乎“又蠢又呆，因为她们干活太卖力”，她们发牢骚说，这里没有咖啡馆、美发店或电影院。在莱茵兰-普法尔茨（Rhineland Palatinate），一位带着小女儿从不来梅撤出来的年轻妇女村里的家户很不友好，和他们又冷又潮的房子一样难以忍受。她既想家又孤独，给公婆写信说起“农民们如何不想让她来串门，在一些农庄，他们竟然当着你的面砰地关上门”。

教会和纳粹党代表努力想解决大疏散引发的社会矛盾，很快不堪重负。1943年秋，在上士瓦本的莱茵兰地区探访妇女和儿童的天主教神父们报告说，他们把大部分时间都用到“解决双方皆有的困难、怨恨、敌对和不理解上了”。从莱茵兰来的大部分天主教神父们都是老年男子，他们发现骑着自行车为散落在各个村子里的教民服务在体力上实在吃不消。萨克森的妇女们喜欢乘火车去德累斯顿和皮尔纳（Pirna）看电影、做头发，让神父们感到烦恼。

巴门的疏散者欢迎牧师约翰内斯·米尔霍夫（Johannes Mehrhoff）来到德国基督教的大本营图林根，米尔霍夫在17个不同的地方访问了400名教民。他成了信息站，把其他疏散者的消息和地址传递出来，偶尔还使被疏散到不同地区的人获得联系。很多妇女给他写信表示感谢，一些人觉得自己深陷在虔敬派[①]传统的伍珀塔尔，见到这位牧师后，有机会在这个异域新教地区表达自己对宗教意义的追求。另一些人感谢他是因为“每听到你和家乡教区亲爱的人们的问候”，就感到高兴。带着两个小孩子疏散出来的一位年轻母亲写信说，“然后我们的心又有了不同的感觉，知道我们思念家乡。否则，很容易就放弃了，但这次确实让我们又有了新的勇气”。天主教神父们在图林根为莱茵兰的教众们服务时困难更大，有时和当地人一样憎恶“天主教徒”的警察和地方纳粹党官员就警告他们离开。

除了城乡冲突、南北冲突（通过不同的方言、饮食、宗教和服装等表现出来），疏散者和东道主的矛盾很快也发展到社会-经济领域。疏散者们抱怨

① 德国路德宗教会中的一派。——译者注

说，当地店主常常不卖给他们东西，却没注意到他们也打破了食物多但钱少的农村地区的平衡。尽管一位拉扯着5个孩子的农妇每月用45到60马克就能凑合过日子，没有孩子的白领工人妻子一个月却要花150到180马克。

这种购买力的不平衡很多都是由中央政府精心设计的补贴和支付系统引发的，该系统于1939年首次在萨尔兰区疏散时开始使用。纳粹政权以“疏散家庭支持”的名义建立了支付体系，目的是弥补受影响家庭的额外花费：如旅行和运输费用、更换家具和其他日用品的钱、疏散导致的收入损失、丈夫依然生活在城市时维持第二个家导致的额外支出等。所有这些支出都能换算成财政补贴。当国家努力让疏散工作运转起来时，人们在外吃饭或买回食物都用钱来计算，回家把财产存放到安全地方的支出也被列入。很多人从这个机会中获益——借用这种补贴探亲访友，并回家乡了解情况——由于额外客流增加，铁路网濒于崩溃。

为了刺激当地人接纳疏散者，地区物价控制委员会确定了租金、烹饪用具、取暖和被褥的标准，而国家向疏散者分配大量资源，导致地方和农村经济中的通货过多，甚或出现通货膨胀。为了让“民族共同体”拥有迎接空袭战检验的手段，纳粹政权发出不少于39道指令和修正案，调整“疏散家庭支持”计划。计算公式变得极为复杂，市政当局为了向一位带着4个孩子的母亲表明其丈夫从军、从事保留工作或已故时支付标准会有何种变化，向她发放了多个模版案例。不同级别补贴的微小差异刺激了嫉妒和嘲弄，而实际上付给的费用几乎和家中的顶梁柱在和平时期挣的钱差不多，有时甚至还更高。

为了维持战前的社会秩序，家庭男性经济支柱的收入成为补贴标准。与支付给士兵及其妻子们的家庭补贴一样，国家推出这种大规模支出的目的不是消除既有的支付、阶级和等级差别，而是在不触动它们的同时，避免给民众造成困苦。它不是平等主义的社会福利，也不是针对个体或社会的。纳粹一直期望德国出现受到国家控制的自发社会团结，而补贴政策却悄悄瓦解了它，家庭实际上成为福利的主体。

在其他方面，戈培尔、阿尔伯特·施佩尔和帝国保安总局依然认为家庭是个阻碍，他们想创立一个简单且有强制力的疏散系统。希特勒从未赋予他们这种权力，地方当局被迫劝说父母们同意把孩子疏散出去。纳粹党官员很快发现，要是由在地方上受到新区的经验丰富的老师或班主任出面动员，多数会取得成功。然而，尽管付出极大努力，父母们并不总是会答应下来，地方纳粹党和教育部官员经常要进行施压，才能让他们遵从。当学校在1943年8月初被关闭并进行整体疏散时，执拗的家长受到警告说，送孩子去学校是他们的义务。很多家庭服从了，但也有人把孩子送到城外的学校。在戈培尔领导的柏林大区，一些孩子最远跑到奥拉宁堡上学，或者到附近的瑙恩（Nauen）等城镇的寄养家庭里生活。

家长们也毫不犹豫地加强自己的权力。1943年10月11日，300名妇女在维滕（Witten）市政办公室举行强烈抗议，要求向她们及其孩子发放配给卡。为了阻止孩子回家，南威斯特伐利亚地方长官兼帝国防务委员阿尔伯特·霍夫曼（Albert Hoffmann）下令，不向无重要原因而回家的孩子发配给卡。当警察赶到现场后，拒绝进行干预，指出这些母亲“有道理”，扣留她们的配给卡“没有法律依据”。类似事件在哈姆、波鸿和吕嫩（Lünen）也曾发生，母亲们抱着婴儿和才会走路的小孩，有些挖煤的丈夫也来了，并威胁举行静坐示威，直到配给卡发下来。由于疏散是自愿性的，当局不得不做出让步。

此时，丈夫在不在家会使妇女的选择出现很大区别。汉堡大火过后，在军中服役的男人们急切想让老婆孩子离开该城市，而大多数返回汉堡的妇女都有丈夫在那里工作，他们想让妻子回来。还有些妇女从事保留工作，根本无法撤离。在慕尼黑，职业母亲们发起请愿，要求得到与不工作的妇女相同的撤离自由。还有人只是转头就走，使军工企业饱受困扰的劳动力短缺问题更为严重。1944年8月，劳动力调配总代表弗里茨·沙克尔规定，为了保护“肩负德国未来的人”，应该允许儿童和婴儿撤离，但1岁以上孩子的母亲必须留下，除非雇主答应她们离开。对于授权当局拒绝为缺少有效撤离许可的妇女进行配给和住宿登记的法规信件，戈培尔虽然正式表态支持，不过他明显不想与照看小孩子的母亲们发生冲突。相反，他提出一项挽回面子的措施，要求她们有义务在新的疏散地点参加劳动服务。

主妇们离开了日益空旷的城市，为了弥补这一问题，“纳粹妇女组织”要求其地方机构在饮食和家务方面为分居的男人提供帮助，而报纸为男人们刊发简单的食谱和如何缝缝补补等实用小贴士。在帝国各个被炸成废墟的城市中，战争初期曾经非常不受顾家的产业工人欢迎的工作餐厅迅速兴旺起来。工作场所通过提供热饭菜和住处，成了一种家的替代品。

1944年年初，德国对疏散的全部模式都进行了反思。戈培尔领导的空袭损害部际委员会此前一年曾经设计的宏伟计划把帝国分成派出和接收地区，但被事实证明不可行，接收区被一波又一波的疏散者淹没。戈培尔现在开始想限制疏散行动，只在特别有遭袭风险的大城市撤离民众。实际上，证据表明很多人想尽一切办法也不愿离家乡太远。路德维希港（Ludwigshafen）遇到严重袭击后，特别列车和包租巴士连续多日都是空荡荡的，而人们努力抢救财产，在市内寻找其他住处——如学校礼堂、地窖、办公室的地下室，或者干脆住在堡垒里。科隆在1943年6月和7月遭到空袭后，地方长官约瑟夫·高仪报告说，在离开城市的30万人中，大部分都待在附近的农村，很多人还念念不忘在科隆建立某种住所——“地下室房间或私人花园的库房”。高仪出现同样的考虑，允许邻近的杜塞尔多夫大区的疏散者在他的地区住下，没有按计划把他们送到图林根、克恩顿（Kärnten）和符腾堡。

1943～1944年冬，这种地方特别措施成为另一种疏散模式的基础，当局鼓励国家铁路短途运送乘客，并用地方巴士和电车网络接驳。铁路在整个欧洲大陆为了运输军用车辆、战争物资、疏散者、强迫劳工、食品和犹太人而疲于奔命，现在忙于另一轮计划和临时改进。牲口车厢被整修成通勤车厢：加上木头长凳、灯泡和大肚炉后，它们成了MCi 43型客车车厢。通勤很快成为嫉妒和争议的新源泉：为了振奋生活在被炸城市的民众，当局发放了特别补充配给，继续从周围农村回城市工作的疏散者们有资格获得这种配给吗？在曼海姆，这些特别补贴包括一瓶酒、50克天然咖啡豆、香烟以及半磅小牛肉或一磅苹果泥。在做出否定的决策之前，这个问题一直反映到帝国总理府。自然，有些觉得被骗的热心市民主动检举揭发邻居。

缺乏“有机团结”，挑战的不仅是纳粹的“民族共同体”思想，还有两种对纳粹政权的历史学解释，它们要么视纳粹政权为“两相情愿的独裁”，要么把它描述为日渐受到失败主义和社会反抗的压力。不管这两种概念有多少区别，它们都有着相同的漏洞：他们把德国社会想象成为支持或反对纳粹政权的一个整体。维腾矿工妻子为了给孩子争取配给卡举行集体抗议，是很不寻常的。而即使在这类事件中，他们也期望国家会遵守法律，承认他们的要求是正当的，事实也的确如此。大多数战时社会冲突根本不是反对纳粹政权，相反，人们通常都想让当局出手干预，使其他有不公平举动的“民族同志”安守本分。随着越来越多的人想在防空堡垒中得到安身之地，从事战争工作的人开始质疑带孩子的母亲享有优先权的原则：请愿者指出，他们自己除了留下来没有别的选择，而带孩子的妇女早就应该离开城市疏散到安全地点了。然而戈林的“骑士”规则优待妇女和儿童，依然有着效力。这种情况在各地都有表现。电影票越来越紧俏，人们对倒票行为、提前排队及是否给休假军人保留足够的票都牢骚满腹。各种人都要求当局处理他们感受到的不公平现象，专业杂志《电影信差》（*Film-Kurier*）评论说，“帮助每个民族同志获得应有权利的努力从未停止过”。

德国人不断请愿、抱怨，偶尔还进行告发，把当局拉到彼此的冲突中，希望能得到“公平”解决。这种行为模式使“民族共同体”观念有了一定的合法性，因为它划定了一种申明权力的界限——比如，犹太人、波兰人和其他外国人被自动排除在外。同时，德国人的怨气越来越重，矛盾又很琐碎，说明这个四处遭受打击的民族很少觉得自己是“全国人民共同体”，宣传家们宏大主张更为空洞。但这并不意味着德国社会已经“原子化”：家族联系、宗教集会、职业网络和朋友圈子继续发挥着作用，以公寓楼、城市居住区或村庄为基础的社会也在运转。人们对期待中的自发“民族团结”日益失望后，对日常直接打交道的社会就更为留心。

德国社会依然被“防空联盟”（Air Raid Defence League）和“人民福利”等群众志愿组织以及教会和纳粹党在全国范围联系着，这些机构必须想办法消弭轰炸、丧失家园和疏散带来的新的社会冲突，这都使纳粹主义遇到矛盾反应。希特勒不再经常发表公开讲话，好像遥不可及，日常生活冲击不到他。戈培尔虽然因性放荡和谎话连篇的宣传成为很多笑料，不过因为每天晚上都去探访柏林被炸地区，并且为民众打气鼓劲，受到广泛称赞。人们从外表上对地方领导人进行评判——关于大人物腐败、穷奢极欲和举止粗鲁的故事到处流传，而大多数德国人则把自己想象成“小”人物。但是，纳粹政权的大部分结构似乎还是很正常——就连清理被炸地点的集中营囚犯在城市里居住的营区也是如此。党国不管在地方上表现如何，还是各种权利、补贴和种族特权的主要来源，无论它们是由“人民福利”的志愿者来发放，还是由市政配给卡办公室负责分配。人们想做出的改变是设法在不超出配给量的情况下让自己得的更多，或者干脆自己想办法，到百货公司找个控制稀缺冬衣供应品的妇女来解决。

对于私密性、非政治性娱乐的渴望是无法抑制的。在轰炸遇难者纪念仪式或“英雄纪念日”、希特勒的新讲话等年度事件这类重要场合，人们可能会与纳粹党、元首或教会走到一起，但多年来他们还努力以私人和非政治的方式排解战争的重担。广受欢迎的第一个这类广播节目是“国防军点播音乐会”，1939年12月31日，维也纳交响乐团举行首届新年夜音乐会，演奏施特劳斯的华尔兹圆舞曲，为纳粹党的“冬季赈济”慈善活动募捐。在克莱门斯·克劳斯（Clemens Krauss）指挥下，音乐会取得极大成功，一年后，音乐会改到新年白天，并由电台向全帝国实况转播。

随着德国士气战进入关键阶段，更多人沉醉于寻找个人满足。当马堡的作家丽萨·德·波尔在1944年4月游览首都时，在库达姆大街（Kurfürstendamm）惊奇地发现，未遭炸的电影院上午11：30就开门了，观众爆满。1943—1944年冬季上映的影片《白色梦想》（The White Dream）是在溜冰场拍摄的逃避现实的音乐剧，它的主题曲很是流行，歌中唱道，“去买个彩色气球/拿在手里/想着它带你飞翔/飞到奇异的童话世界”。到1943年秋，甚至连新闻影片也在回避前线报道，详尽展现的都是运动、琐事和时事等帝国保安总局所称的“和平事件”。

为了让剧院运转下去，戈培尔一直准备对现场表演进行大规模投入。1942~1943年，他为各个剧院拨付了450万马克——几乎是前10年的100倍。这个数字占到戈培尔掌握的全部预算的四分之一，各大区和市政部门还要追加拨款。这比他在宣传上投入的资金还要多，也超过电影投入的两倍——因为电影产业是能盈利的，而剧院没有补贴就得关门。尽管纳粹政权号召剧院向群众开放，但容忍了中产阶级长久以来对剧院文化的控制，这个阶层是以订购可续年票的方式维护这个传统的。剧院获得大规模资源投入，说明纳粹政权严肃对待“德意志文化”这个观念，并竭力让包容了它的受教育阶层感到满足。在帝国的300家剧院公司中，大多数全年营业，每天表演两到三次。为了让演出正常进行，平均每两周需要一部新戏：在战争期间一共排演了1.3万部新戏，足以满足帝国境内各剧院的需要。在1943～1944年演出季，维也纳宫廷剧院（Vienna Burgtheater）这类旗舰机构上演了12出新戏。1944年2月，第三帝国在上西里西亚的格莱维茨还开设了最新的剧院。

三分之二的柏林剧院在1943年年底受到严重破坏，但修复工作立即就开始了。到1944年年中，17家剧院又开始正常运行，还有5家正在重建。喜剧院因为在1月份遭到第四次轰炸，才放弃维修。即兴创作是一种风尚，当席勒剧院已无法修复时，演出挪到巨大的临时餐厅举行，演员们表演了歌德的《浮士德》。戈培尔要求他领导的大区每月就剧院情况给出详细报告，当年夏天，他建议满月时加演夜场，那时虽然有灯火管制，但观众容易在瓦砾遍地的街道上找到回家的路。同时，几个德意志剧院的演员睡在弗里德里希大街（Friedrichstrasse）车站——他们很高兴能挨一个有暖气的宿舍睡觉。

现场演出从来没像这时更令人难忘。在1943年的深冬季节，古斯塔夫·格鲁根斯普鲁士国家剧院星期天上午10点开始售票，柏林人星期六下午就开始到售票处排队，夜里定期会换换班。1944年4月，戈培尔劝说维也纳的明星演员们来柏林演出莎士比亚的《冬天的故事》。美军的一次大空袭刚过去没几个小时，厄休拉·冯·卡尔多夫设法去看演出。那天晚上她在日记中说，要走到剧院，她得爬过成堆的废墟，“路上看到溅满鲜血、脸色墨绿的民众”。不过也很值得：“我感觉几乎要从当前环境中解脱出来，进入梦想世界了”。这种欢欣之情把演员和观众联结在一起，无意间营造出一种情感强度，而这是剧院导演、批评家和纳粹宣传家们长久以来渴望实现的。柏林和伦敦都对莎士比亚非常着迷，在空袭的间歇期，寻找精神意义和内心的短暂安宁都是非常重要的。

现场表演有不墨守成规的优点。柏林国家剧院上演歌德的《浮士德》时，当古斯塔夫・格鲁根斯扮演的靡菲斯特（Mephistopheles）宣布：于我们与生俱来的权力，可悲的是，它们从来不是问题，观众们都站起来狂热鼓掌。在歌剧《唐・卡洛》中，席勒扮演的波萨侯爵（Marquis of Posa）把西班牙国王菲利普二世怒斥为宗教裁判所的独裁者，要求得到政治和宗教自由，这段戏频频引起观众的赞赏，结果导演都不敢在剧中再用这段台词了。尽管戈培尔极力扶持柏林的剧院，但维也纳的王宫剧院还是帝国首屈一指的剧院，异议在这里以另一种方式表现出来。弗朗茨・格里帕泽（Franz Grillparzer）的《奥托卡王》（King Ottokar）是一出关于波希米亚末代国王悲剧下台的戏，剧中冯・霍纳克（von Hornek）赞美奥地利的爱国主义独白激起保守的维也纳人的热烈反应，他们都站起来鼓掌。当奥地利第一位国王鲁道夫・冯・哈布斯堡（Rudolf von Habsburg）辩称，“正义和法治要在德意志的土地上实现”时，他们的喝彩声更大了。帝国安全部在报告中记录了这类“各种反动因素的表现”。

纳粹政权冷静对待这些事件。不来梅的一位希特勒青年团领袖愤怒地给戈培尔的剧院主管莱纳・施罗塞（Rainer Schlösser）写信，谴责该市的舒奥斯佩尔豪斯（Schauspielhaus）剧院是“反动思想的温床”，施罗塞亲自向他解释说，“剧院必须拥有自由主义氛围，因为他们服务的是一个特定群体的观众，并确保（这些人）最终受到我们的控制”。戈培尔和施罗塞可能会对他们喜爱的剧院导演选择的演出剧目提出批评，对柏林众星云集的演员-经理更是如此，但总体来说，愿意放手让他们按自己的想法管理剧院。

想使剧院不受审查，甚至捍卫传统版的席勒戏剧，根本算不上政治抗议，只是重新探寻民族特征：“非政治的德国人”，坚定的民族主义者，但有着不言而喻的政党政治意识。它是一种自我认同，在上一场战争时就满足了受教育阶层的需要。有两位作家在后方和前线都拥有无数读者，受过教育的德国人一遍遍从他们的作品中寻找启发，他们是同时代的恩斯特・荣格和浪漫诗人弗里德里希·荷尔德林，荣格在战争期间继续发表着作品，而荷尔德林曾在18世纪80年代与黑格尔和谢林（Schelling）学习过，并在18世纪90年代初受到歌德和席勒的影响。

荷尔德林在19世纪创作的很多作品都未发表，他的名气曾经比约瑟夫·冯·艾兴多尔夫（Joseph von Eichendorff）和西奥多·克尔纳等19世纪初的同代作家小得多。后两人也都较为强硬，歌颂反拿破仑的“民族解放”战争中的军事英雄主义，而荷尔德林的作品更加哀伤抒情。不过，恰恰是他的作品具有神秘和晦涩的特点，所以对诗人斯特凡·格奥尔格（Stefan George）很有吸引力，在他的推动下，荷尔德林崇拜在一战前开始变成爱国、神秘和排他的行为。格奥尔格的一位弟子诺伯特·冯·黑陵格拉特（Norbert von Hellingrath）在一战期间帮助编辑和出版了荷尔德林未发行过的作品。当他把荷尔德林的新作拿给赖内·马利亚·里尔克（Rainer Maria Rilke）[①]看，后者被书中的赞美诗和哀歌深深感动，于是创作了最初两首《杜伊诺哀歌》，作为一种后浪漫主义的颂词。黑陵格拉特宣称，荷尔德林的很多作品的“秘密只能与很少的人分享，在大众面前真的得完全保持沉默，而非德意志人更是根本理解不了”。黑陵格拉特在凡尔登战死，但他的那版荷尔德林作品通过“格奥尔格圈”[②]的精英人物的推广为公众所知，那个圈子崇拜希腊风格和贵族气派的“秘密德国”。当施陶芬贝格家帅气的三兄弟伯特霍尔德（Berthold）、亚历山大和克劳斯在20世纪20年代进入这个圈子时，由于他们是施陶芬王朝皇帝腓特烈二世（Frederik Ⅱ）的后代，立刻受到欢迎——腓特烈二世的传记也是这个圈子里的另一位成员、历史学家恩斯特·坎托洛维奇撰写的。公众也开始崇拜起“神秘”和“另一个德国”。它与参加过第一次世界大战和“自由军团”的另一位青年军官恩斯特·荣格结合在一起，成为反魏玛民族主义右翼

① 奥地利诗人，早期的创作具有鲜明的布拉格地方色彩和波希米亚民歌风味。1897年遍游欧洲各国，其后，他改变了早期偏重主观抒情的浪漫风格，写作以直觉形象象征人生和表现自己思想感情的“咏物诗”。——译者注

② “格奥尔格圈”即格奥尔格的朋友圈，是他的精神赖以为生的“小社会”，是由络绎不绝的朋友、崇拜者、追随者和学生们自愿以他为核心组成的不止一个的“圈子”。——译者注

的文化试金石，给德国人留下了一个吸引力经久不衰（而且极为个人化）的遗产。

荷尔德林在1843年6月去世，在一百周年到来之际，德国各地都用他的作品进行庆祝，而荷尔德林在最后36年居住的蒂宾根（Tübingen）是庆祝活动的中心。纳粹狂热支持者竭力绑架这位诗人，在蒂宾根举办的荷尔德林节上，官方发表拙劣的演说，“宣称他是第一位党卫军成员”，言辞犀利的研究生赫尔穆特·冈特·达姆斯（Hellmuth Günther Dahms）给朋友写信，对这种举动表示不屑。不过达姆斯发现，这个节日的闭幕音乐会“极为动人”，特别是它的高潮部分——勃拉姆斯取材于荷尔德林的诗体小说《许佩里翁》（*Hyperion*）写出的作品《命运之歌》。乐曲第一节描绘和谐的神界，那里“不受命运支配，在熟睡中滋生，呼吸着不朽”，下界的凡人不得进入。他们的命运在第二节进行了刻画：

然而我们失去了，
赐给我们的家园，
我们消失，我们倒下，
痛苦的人类，
永远是盲目的，
就像撞落在悬崖上的浪花，
又无知地扑向另一个悬崖，
年复一年，堕入无底的深渊。

勃拉姆斯把最后那句堕入“无底的深渊”重复了四次。这次演出使达姆斯“在心里确信，此时的效果如此强烈，简直无与伦比，这场交响曲演出是真正的艺术，比我们这个时代一切哗众取宠的愚蠢作品都优秀，从道德上说，荷尔德林的百年纪念和卡廷森林宣传的效果是一样的”。这种比较很奇怪，而且不够和谐——把抒情诗人与遭苏联内务部枪杀的波兰军官们的集体坟墓放在一起。在过去的七个星期时间里，宣传机构一直在大肆报道卡廷事件，突然提及此事，可能会让朋友更明白，然而事后看来，这种比较很是古怪。如果荷尔德林是他们努力保卫的文化，那么卡廷就代表着德国面临的“被犹太-布尔什维克消灭”的巨大危险。达姆斯不一定非要成为纳粹分子才会相信这些：的确，他厌恶的不是其文化价值遭利用，而是赤裸裸地想把荷尔德林纳粹化。

在马堡，作家丽萨·德·波尔借用荷尔德林的《命运之歌》记录她听到伍珀塔尔首次遭到轰炸后的反应：“然而，我们德国人走向深渊的道路是多么的可怕。‘堕入无底的深渊’。” 丽萨·德·波尔厌恶纳粹政权，希望它失败，她之所以转向荷尔德林，是因为这位诗人的作品表现出了生活在深渊边缘的根本困境，虽然向里面坠落，但在道义上还想反抗命运之手。当厄休拉·冯·卡尔多夫听到一位密友（私下里经常批评纳粹政权）在行动中阵亡，想起她曾送给他的荷尔德林诗集，以及她写的寄语：“你非常清楚，当我们回想起幸福的岁月，无尽的痛苦会包围我们。它们遥不可及，几乎无法让我们记起，留下的只是比距离还要冷酷的东西”。这些话不是她原创的，而是来自恩斯特·荣格的小说《在大理石峭壁上》（*On the Marble Cliffs*），丽萨·德·波尔也怀着既厌恶又敬仰的心情在读那本书。

1943年12月，丽萨·德·波尔的女儿莫妮卡与其他同属所谓“人性候选人”（Candidates）组织的医生在汉堡被捕。为了能见到莫妮卡并让她收到信，沃尔夫和丽萨·德·波尔动用了一切关系，当案件要开审时，他们还努力为女儿聘请能干的纳粹律师。这个时候，丽萨还请人为自己画肖像画，并去听在马堡举行的舒伯特、贝多芬和肖邦音乐会。当一位正在东部战线的青年军官给她写信，说她在《新观察》（*Neue Schau*）发表的幽默文章比被强灌进耳朵里的一切宣传口号都更有意义，这让她感到高兴。她自己也被“千百万德国逝者所感动，这些人的遗体现在滋养着俄罗斯的土地”，“以前想创编民谣的夙愿”又开始萌动。她还觉得，卡塞尔和德国其他城市成为废墟，预示着“耶稣的新生”，“审判必定到来”。1944年1月，恩斯特·荣格的小说《劳作者》（*The Worker*）告诉她，“邪恶、玄奥的东西会压倒人类”。

1942年，年轻的总参谋部军官克劳斯·冯·施陶芬贝格对以前很是敬重的元首产生厌恶，从培养了他的反魏玛民主观念的诗人那里汲取精神力量，反抗希特勒：品达（Pindar）、但丁、荷尔德林和斯特凡·格奥尔格。同时，慕尼黑的学生苏菲·绍尔（Sophie Scholl）给男友弗里茨·哈特纳格尔（Fritz Hartnagel）写了一封长信，用从荷尔德林的作品中找到的启发向他解释为什么她必须反对纳粹。她指出，拳击手马克斯·施梅林（Max Schmeling）与这位诗人相比，身体更为强壮，但她坚持认为荷尔德林更加出众："我们不相信弱肉强食，精神上强大才是真正的强大。事实在于，这一胜利或许会在我们的有限世界（尽管美丽，然而还是很小）之外实现，故而依旧是值得的"。她继续散发"白玫瑰"组织的传单，敦促德国人和平反抗纳粹统治，直到1943年2月18日，她与该组织的其他成员被逮捕。4天后，他们遭到处决。

但是，激起每个人走上反纳粹道路的既非荷尔德林，也不是荣格。赫尔穆特·保卢斯在乌克兰行军时，随身带着诗人的作品。在1943～1944年冬季，当另一个年轻的步兵坐下来，把他的战争日记改写成回忆录时，发现自己也在与同样的作家对话。23岁的威利·里斯（Willy Reese）来自多伊士堡（Duisburg），原来在一家银行当实习生，他已经四次赴东线服役，还有第五次在等着他。里斯是个离经叛道的天主教徒，非常讨厌红色的纳粹游行，并且躲避希特勒青年团的训练，他在1941年开始参战，期待用荣格写的关于第一次世界大战的畅销作品当成标准，检验自己受到的战火洗礼。1922年，荣格在《作为内在经验的斗争》（*The Struggle as Inner Experience*）中曾经引用一首赞歌，描绘杀戮带来的血脉贲张和"纵欲狂欢"的性快感，形容"从敌人的眼中不仅看到终极恐惧，也看到他们从沉重不可承受的压力中获得解脱。这种血腥的感官享受与战争共生在一起，就像黑色舰船上扬起的红色风暴帆，只有爱才能与其无限的神韵相比拟"。里斯满怀激动地期待首次体验这种快感，对他来说，苏联前线疯狂的步兵战斗刺激就应是这样的，不过现实"不够痛苦和激动，但恐惧到处都紧随着我们"。

里斯的每次服役都以伤病和回德国康复结束，他对战争的观点也发生变化。他在1941年的"俄罗斯受难"中幸存下来，1942年夏天重返前线后，开始模仿更冷酷、更愤世嫉俗的那个荣格。随着军列把他们向东运送，他置身于难于计数的武器弹药之中，首次领会到战争的巨大规模。这种认识使他联想起荣格在1932年发表的硬派小说《劳作者》。荣格以马克思主义的异化观看待工业社会，质疑魏玛风尚，对劳动斗士主动臣服于彻底动员起来的机器时代提出赞扬。里斯很自然地把这种描述用到他正在东线观察到的军事集结上，他与战友们有意识地把自己当作荣格。他们称自己为“英勇的虚无主义者”，谈论着十字军东征，在纽眼上插红玫瑰。

第二年冬天，这些英勇之举都不复存在。“胡子拉碴，生满虱子，伤病缠身，精神空虚，只不过是一个血液、肠子和骨头的混合物”。他们聚在一起，“不得不相依为命……我们的幽默……黑色幽默、伤感幽默、不正经的讽刺嘲弄深入骨髓……与死人、脑浆、虱子、脓液和粪便玩耍。精神空虚到极点……脑子里只有自己、香烟、食物、睡觉和法国妓女”。里斯和他的战友们已经成为“没有人性的漫画人物”，“木木呆呆地活着”，他终于进入到太多东线士兵所说的“粗暴”和“冷酷”的状态。但即使这种透彻的自我描述，也带有一种自怨自艾的抒情色彩。

里斯对荣格曾经描绘的世界做过很多想象，却感觉实际情况更为美好、生动和自在：“在钢铁战斗中，在狂野的生存欲望的驱动下，事实证明生命更为坚强。战争把我们带入梦幻王国，某些心中还有和平的人”——他可能指的是自己——“体验了对痛苦和干出可怕行径的秘密渴望。原始冲突在我们体内觉醒，本能替代了意识和感情，神秘的生命力在支撑着我们。”

里斯在前线被狙击手开枪打伤，第二次回到德国。他饱受噩梦折磨，在信中说，“一遍又一遍，我梦到寒冬战争的恐怖，听到炮弹的呼啸、伤员的哀号，看到士兵们在进攻和死去，看到我像自己生命中的局外人，站在无人地带的边缘”，尽管如此，里斯还是在1943年夏季自愿第三次重返东部战场。此时他只相信战争给他带来的精神之旅：“我想用火征服火，用战争征服战争”。他写道。对一个“内心想回家的人”来说，重返前线是“疯狂行为”。

这个时候，里斯早已超越了荣格偏执的价值观和狭隘的共鸣，对正在参与的这场战争感到恐惧和负罪。他在1942年就把《狂欢节》（*Carneval*）这首诗扔掉了，它本是战争期间创伤出的最非凡的德国诗歌之一。里斯选择了一个轻松欢快的旋律，与直白残酷的诗句搭配：

> 屠杀犹太人，
> 挺进俄罗斯，
> 咆哮的大军，
> 钳住人们的嘴，
> 浴血的军刀，
> 握在小丑手中，
> 我们是他的特使，
> 人人都知道他，
> 人人都在血海中挣扎。

参加过那么多次残酷的战斗并侥幸活下来后，里斯踌躇着，终于发现他为之战斗的理由。他在家书中完全无保留地说出了自己的信仰，谈到一种反纳粹的爱国主义：

> 我想为德国，为崇高的、秘密的德国生活和战斗，那样的德国只能失败之后，希特勒时代结束后，才能再次出现，并在世界上获得应有的地位。如果我战斗，那就是我的生活；如果我倒下，那就是我的命运。我也想为未来的、自由的、崇高的德国牺牲自己——但永远不会为了第三帝国这样做。

但他不知道一个穿着国防军制服、与战友们焚烧村庄并蹂躏俄罗斯妇女的“戴着狞笑面具的士兵”，如何能把他的战争变成为“自由、崇高的德国”而战。当里斯于1944年2月在多伊士堡要完成手稿，准备第五次上前线时，用另一个对自己生命力的肯定作为回忆录的结尾：“战争在继续，我再次漫游其中。对于生活，我曾经爱过”。

恩斯特·荣格的存在主义与荷尔德林给有文艺思想的德国人揭示的经典命运之所以有一定的感染力，在于他们回避了责任和原因的问题：他们把战争变成天生的暴力、自然的灾害，超越了人类的道德和力量。丽萨·德·波尔、厄休拉·冯·卡尔多夫和威利·里斯都自认是反纳粹的，但与绍尔或施陶芬贝格不同，他们不希望德国战败，虽然他们日益有极虚弱的感觉。

汉堡大火后的危机感迫使很多德国人谈到他们自己在屠杀犹太人的行动中犯下的罪过，但这只是政治性的，与外界带来的震动和末日感有关。德国受教育阶层在他们的文学和音乐作品中寻求的是从时间中解放出来，与他们内心的道德信念相联系的答案。德国人明白，外界的“犹太战争”并未缓和，不过性质有了变化。屠杀犹太人已经是铁的事实，再也无法挽回，对此只能进行接受和理解，如果不可能这样，就把它放在一边。

维克多·克兰普勒被派到德累斯顿的纸板箱厂生产线工作，他学会克服自己的保守派恐惧和对工人阶级的鄙夷，发现很多“雅利安”新工友更爱批评，纳粹思想更少，对待他比以前的学术同僚更大方。工头有旧时代的工会派头，曾在1944年3月对克兰普勒因为是犹太人就丢掉学术工作表示同情。一个星期后，这个人无助地谈及美军对汉堡最新发动的无差别轰炸的原因时，又说起犹太亿万富翁观。对他这样的人来说，抽象的“犹太财阀统治”思想是一种解释，与他们对个别德国犹太人的好感完全相左。为了让德国人民了解盟军对平民的空中大屠杀有多残暴，“恐怖轰炸”需要一种阴谋论，把敌人描绘成对德国和德国人充满深仇大恨。

1944年春，德国人比较空袭和屠杀犹太人时，与去年秋天的语气有所不同。汉堡轰炸后的震惊和痛苦已经过去，也不再希望双方的冲突不要交替升级——这种想法好像可以用某种手段让时间倒转，使屠杀犹太人的事件不再发生，从而免遭轰炸。德国各城市连续遭受12个月的大规模空袭后，他们已经习惯了这种生活，轰炸的“犹太”发生已经是不言自明。一些人没有自责，而是建议进一步加强攻击能力。1944年5月德军占领匈牙利首都布达佩斯后，强迫犹太人集中居住时有很多人出谋划策，他们并非为犹太人考虑，而是一心考虑如何使其对德国人有利。乌尔茨堡的工人听说犹太人被集中到紧靠布达佩斯工厂区的地方居住后，对这个消息表示欢迎，声称“匈牙利人领先一步了，他们处理这个问题的方法是对的”，他们也呼吁在德国各城市中把犹太人当人肉盾牌。1944年5月和6月，很多幸存者给戈培尔写信，建议纳粹政权通知“英国和美国政府，德国每次遭到有平民被杀的恐怖袭击，就要枪毙10倍的犹太人，无论男女老幼”。一些写信人明确主张，既然新武器和报复到目前为止都没有成功，这种手段对英国和美国应会产生效果。爱玛·J（Irma J.）“代表全体德国妇女、母亲和生活在帝国境内的家庭”，向戈培尔提出要求说，“恐怖飞行员卑劣残暴地屠杀我们手无寸铁却价值无限的德国人民，只要有一个德国人被杀，就应绞死20个犹太人”。她还坦白表示了自己的无助感：“因为我们没有其他能用的武器了。”他们对德国的防空力量明显已经极为悲观，但是抵抗意志也越来越坚强。

听许佩里翁的《命运之歌》，或者阅读荣格的作品，能让人瞥见深渊，并沉浸到幻想中，它们成为遮蔽——尽管是暂时的——读者的安全港湾，还能让他们整顿依然留存在内心的精神力量。这类文学经典用抒情的抽象面纱把战争笼罩起来，让“对政治不感兴趣的德国人”改头换面，他们不想听纳粹雇用文人的布道，但同时也失去了在战争中直接获得道德和政治选择的可能性。相反，他们为了承受沉重的压力，在文化遗产里翻箱倒柜。

第十三章

回光返照

德国人把盟军进入视为重获主动权，从而扭转战争局势的最有利机会：只要把英国人和美国人引诱到欧洲大陆上来，就能在地面战中对他们进行致命打击，就像1940年大败法国和英国一样。

到1944年5月底，第三帝国依然控制着北到挪威的北冰洋、南到罗马、东到黑海、西到英吉利海峡港口的欧洲大陆。1943年11月3日，希特勒发布第51号总命令（General Directive Number 51），要求东线自行采取军事行动，把新的部队和补充装备派到西线。自从去年夏天的库尔斯克突出部反攻开始以来，红军已经掌握了主动权，但是这次东线德军后撤的速度远比红军的进攻速度快，为了退到第聂伯河的天然屏障，放弃了乌克兰的大片区域。希特勒和他的将军们希望，这个新的堡垒化的"黑豹防线"（Panther Line）可以顶住红军，而宝贵的装甲和战斗师则可派到西线，粉碎盟军在意大利的登陆，保卫从希腊到法国的海岸线。希特勒在1943年9月告诉他的将军们说，顿涅波河防线是抵抗布尔什维克主义的最后屏障。撤退行动自9月15日开始。

德国人在后撤过程中，把沿途一切都变成火海，用宝贵的时间和弹药尽可能摧毁更多东西，威利·里斯感觉"被罪恶撕碎了"，惊恐地看到德国的"焦土政策"比1941～1942年那次更为恶劣。他喝着酒，看着村镇变成"荒无人烟、浓烟弥漫、全是废墟的焦土"。他同时还写道，在夜晚的天际线上，熊熊燃烧的村庄"形成神奇的画面，旧时的欢乐矛盾性的涌上心头，我把这场战争称为美学问题"。这些人到村子里掠夺食物，在德军仓库里争抢酒、香烟和新制服，把大撤军变成了狂欢盛宴，发表“关于战争与和平的怪论”，而心情却忧郁起来，诉说着思乡之情和爱情的烦恼。当他们一边喝酒跳舞一边乘着牲口车厢向戈梅利西撤时，发现一名女战俘，于是把她剥光了，逼着她为他们跳舞，用鞋油抹到她的乳房上，还让她“和我们一样醉倒”，他写道。

格特哈德·海因里希以高超的战术，把薄弱的兵力部署在德军防线的中央，顶住了敌人的大规模正面进攻，从秋天到冬天守住了新的第聂伯河防线。国防军指挥官们受到这一战线的鼓舞，相信苏联表面上无穷无尽的预备部队终于要用完了，而红军的将军们还不了解这一情况。除了固守着维捷布斯克（Vitebsk）、莫吉廖夫（Mogilev）和平斯克（Pinsk），德军还占据着白俄罗斯和乌克兰的大片土地，正为迎接沼泽地在夏季结束后被冻硬时红军必定发动的进攻做准备。希特勒在命令中确认，德国在东线还输得起，“如果遇到最坏情况，即使损失大面积土地，也不会对德国的生存构成致命威胁”。而在西线，就承担不起这样的失败。

德国把一些作战经验丰富的装甲部队放在法国警戒，为了加强法国和比利时海岸的防御工事，投入了无数钢铁、混凝土和劳动力资源，德军西线指挥官隆美尔和伦德施泰特上了新闻短片。新闻影片、电台和报纸一再重复“大西洋长城”“牢不可破”的话语—— 一些幽默的维也纳人开始讽刺说，他们的人造咖啡也是这样——就连习惯怀疑的德国观察家们也确信，宣传机构描绘出的海洋防线后的“欧洲堡垒”能抵挡住英国和美国海空“强盗”的进攻。隆美尔和伦德施泰特威名远扬，而且他们都不是纳粹党员，因此更加值得信赖。

1944年春季相对较为平静，一年多来头一次，人们谈论战争时，轰炸逐渐不再是中心话题；相反，牢骚集中在土豆和新鲜疏散的季节性短缺上。预期西线要遭到入侵，这时成为人们关注的焦点。盟军将选择入侵的时间和地点，但人们依旧坚信，能把盟军赶入大海，然后他们不大可能在1944年再发动进攻。德国人把盟军进入视为重获主动权，从而扭转战争局势的最有利机会：只要把英国人和美国人引诱到欧洲大陆上来，就能在地面战中对他们进行致命打击，就像1940年大败法国和英国一样。这将是对德国城市所受破坏的最合适报复。德国在1944年春天感到最焦急的是怕盟军不上钩，宁愿选择更安全的长期消耗战。德国人乐观期待着英吉利海峡沿岸即将发生战争的时候，也忧心忡忡，对帝国能否坚持无限期空战持悲观态度。

在大后方，帝国保安总局担心的不再是社会革命，而是性骚动，以至于该机构在1944年4月提交了一份关于“德国女人放荡行为”的特别报告。帝国保安总局的报告作者认为，这一问题源自漫长的战争，并谈到大批已婚和未婚的女人更喜欢沉迷于肉欲。现役军人的妻子显然引领潮流，每个城镇的著名酒吧里都有这样的女人在勾搭男人。未婚少女甚至女青少年也在学她们的样子：帝国保安总局指出，青少年怀孕率在上升，14~18岁的女孩开始染上性病。这些都是把女孩送入少年感化院的标准理由，帝国保安总局证实，一些城市的青年福利局（Youth Welfare Boards）正在这样做。帝国保安总局继续对德国妇女与外国男人发生性关系表示担忧，这种行为即使不违反种族法律，也有损民族荣誉。他们也担心，儿童本已缺少妇女照看并“变野”了，当他们看到母亲在狭窄的地窖里隔着薄薄的帘子（有时甚至只用一把伞）与过路的德国人做爱，会受到什么样的影响。妻子不忠的消息传到在军队里服役的丈夫耳朵里后，会对士气造成什么样的影响，帝国保安总局也很关注。

另外一些迹象也证实了这一情况。在库特·奥格尔的炮兵部队里，有个人接到妻子的绝情信，他找到库特寻求建议。这个女人在信中说，“休假被取消”：

> 谁知道你什么时候回来？可能仗不打完就永远不能回家。我不需要等你，如果我愿意，我能找四个男人。我已经够了，我想现在就找！最后，我也想马上找一两个健壮的男孩。此时我不知道还能写什么！

库特让这位士兵随她去，他向丽丝洛塔·伯普尔指出，“我们对他提什么要求，他就对妻子有什么样的期待”——即忠诚和坚贞。但如库特所承认的，失败的战争婚姻太多了，提起这个词语，他们都是带着讽刺的微笑和影射。库特问丽丝洛塔，是什么让他们两人的关系与众不同？是其他人把性吸引力误当成“真正的深爱”吗？是其他夫妇太年轻，或者只是他们没有时间了解彼此吗？但他不敢问战争对他和丽丝洛塔之间的事产生了什么样的改变。丽丝洛塔最近抱怨说，这6年来她的生活“就像修女”。她曾注意到，几乎没有人问她关于丈夫的事。在1944年，即使戴着婚戒在德国也不代表什么。“或许，”她想道，“大多数人都有不好的经历，宁愿‘不去问’。”死亡和不忠使一切都变得更为复杂。

帝国保安总局和天主教会里的德国卫道士们都对女人有恶感，他们一致认为出现了性混乱局面。帝国保安总局敦促对行为不端的军人妻子停发“家庭支持金”，用军人荣誉呼吁士兵不要与战友们的妻子睡觉。他们还要求宣传部让报纸、电台和电影“去色情化”，不要传播有“色情”内容的歌曲。不过纳粹和天主教的卫道士们手足无措，不知道该如何恢复自我克制。在1944年年初的背景下，他们除了感到挫折，实际上还表明德国社会依然在设法吸收总体战带来的压力和紧张。它的结构总体上还是完备的，人们对战后的未来生活还有着适度的期待和渴望，关心着有一天男人们从前线回来，在当地寻找住房、家庭和职业的问题。

官方鼓励少女给不认识的未婚年轻军人写信、寄包裹，这种爱的象征活动风靡一时，帝国保安总局提到它也带来的一个问题。“亲爱的素未谋面的吉赛拉小姐！收到陌生士兵的来信，你会非常惊讶，并会绞尽脑汁想了解我是怎么得到你的地址的。”有一封信在1943年10月以这样开头。海因茨是一名驻在挪威北冰洋的潜艇兵，吉赛拉是柏林的一位少女，仍然和父母生活在一起。他们书信往来整整有四年，好像只在海因茨1944年6月得到休假时见过一次面。但在其余时间，他们焦急地彼此等待，想商定何时重逢，并互相寄送照片。他把她的照片贴在铺位上，那是他的一点点私密空间，“这样我就能一年见到你，当我起床和晚上睡觉时，我必须见到你。然后我就能想着，‘吉赛拉现在也想我了’。”

库特·奥格尔和丽丝洛塔·伯普尔继续用书信互诉衷肠，随着他们对分离越来越感到沮丧，信里情色内容有了显著增加。他们重申山盟海誓，许诺等待团圆，继续把他们的真正生活搁在一旁。他们靠做梦和幻想度日，库特梦到夜里他漫步在丽丝洛塔所住的克拉姆克（Krumke）的街道上，她和哈达坐在摩托车的跨斗上过来了。他紧紧抱住她们，甚至使她们无法挣脱——“你能看到我是多么多么渴望爱！”他在信中解释道。库特向丽丝洛塔保证，他发现她远比哈达迷人，虽然他还没见过哈达。丽丝洛塔收到他的信后，回复说她正坐在乡村庭院的阳台上——晒着太阳，而且“半裸着”。她笑话他，对他说“你不必被人称为西格蒙德·弗洛伊德（Siegmund Freud）”，从梦里解析出非常多的意义，她还描述了自己做的一个梦：

> 我昨天夜里做的梦比坐在摩托跨斗里挥手更好……请你原谅，但是昨夜另一位男人把我抱在他的怀里，吻得我快透不过气，尽管我确实想保护自己，有礼貌地告诉他我已经结婚！！（我没忘记！）

后来在那一年，哈达和丽丝洛塔一起上夜班做完一个照片故事后，都给库特写信，假想着他能通过贴在墙上的他的照片的眼睛看到她们：丽丝洛塔正用火炉温暖着长长的光腿，哈达脱掉衣服准备睡觉——“你不应像丈夫看妻子那样看她，”丽丝洛塔写道，“下一次，你必须转过身去，或者用衣服把你那贼溜溜的眼睛遮起来。”

其他人试着用不同的方式表达自己。赖因哈德1926年出生在不来梅，1941年父亲被杀。他接受了两年无线电操作员的训练，之后被派到相对平静的匈牙利。他在那里与六位年轻妇女经常有书信往来，这些妇女相互都认识，都爱给他写信。她们在信中说起她们的“很多仰慕者”，她们的失望，她们与其他人的调情，并且想象着他起来有多么潇洒：“我太喜欢看你穿着制服的样子了”。爱娃奉承他说。伊娜想象着赖因哈德戴着钢盔的可爱形象。她们引用浪漫电影的歌曲片断：正在柯尼斯堡接受护士训练的汉娜萝蕾听到电台播放“女孩，我直接回来了，当被敌人击入，我会永远和你在一起”，就会想到他。对她们来说，战争即使在1944年也更像是冒险，而非真实威胁——她们因战争得到了更大的个人自由。16岁的伊娜是六个人中年纪最小的，还住在家里，不过现在已经工作了，正在学习当秘书。她们都抽烟——尽管温顺地接受他的批评——并且有主见。汉娜萝蕾本能地拒绝了一位法国战俘的主动追求：尽管这个人还是军官，她不需要明白拒绝，似乎想遵从禁令，保护德国妇女的荣誉。

赖因哈德和他的仰慕者们没有引用政治口号，也没有彼此鼓劲“坚持”，和贵肯夫妇及库特·奥格尔和丽丝洛塔·伯普尔这样的年纪较大的夫妻不一样。他们寻找私密情谊，对官方信息漠不关心，或许有“非政治性”，但他们确实也不反战。他们在信中接受了他们的责任和道德义务，用有感染力的流行电影和音乐这类“软”宣传塑造自我形象，并混杂着性欲和满足，这种情况一直持续到战争结束。他们在战争中长大，把战争视为正常的（几乎是自然的）国家事务：在1944年春，战争让他们享受到年轻的自由。他们的混乱关系会使他们的父母感到震惊——但与帝国保安总局描绘的道德崩溃的恐怖景象几乎没有相似之处。

1944年2月5日，星期六，阿舍斯莱本（Aschersleben）的小型空军基地收到邮件，这个小镇位于哈茨（Harz）东北部悬崖之下，汉斯·H（Hans H.）觉得它死气沉沉。23岁的汉斯爬到床铺上，偷偷读信。一遍读完后，他又从头再读。然后他扔掉大衣，走入冬季惨白的太阳照耀下的森林，穿行了一个小时，来到一个村庄车站，登上火车去另一个镇子。汉斯小心谨慎，避免与任何人谈话，他沉浸在自己的幻想里，找到一个安静的咖啡馆，在里面专心给女友写信。第二天他告诉玛丽亚，他能用自己的“内心的眼睛”看到她是怎样在天亮之前就起床，赶到米歇尔博伊恩（Michelbeuern）的村庄车站，她在那里的售票室工作，在车站上班的时候，还得把汉斯的信藏起来，以免被汉斯的父亲，也就是站长发现。“要是我只能用内心的眼睛观察世界，那么我每天看到的都是美。”他发誓说。这位铁路员工的儿子来自维也纳北部的一个村庄，他有一个诀窍，能用想象把玛丽亚活灵活现带到身边，让自己与她在一起，帮她签发车票。

汉斯需要用尽全力向她求爱，他们对彼此心里在都没底。和很多新结识的情侣一样，他们开始随时把记忆保存下来，山盟海誓：1月16日，是他们初吻的两星期纪念日；7月23日，距初吻已有29个星期。汉斯在1月份曾非常担心，初吻对玛丽亚来说意义可能没有对他那么大：尽管后来她和他深情相吻，但第一次的时候他只是抓住她，不让她挣脱。她没有把他推开，但很明显对他半心半意的道歉没有做回应。还有一个问题：不能让她的老板，即他的父亲知道他们的关系。然而，这事瞒不过他母亲和妹妹，到7月份，玛丽亚感觉他的母亲和父亲看到她时“表情都挺好笑”，说话“意味深长”。

他们在一起的日子没几天，都是在米歇尔博伊恩车站抓住机会见面，而汉斯的家人就住在车站楼上，往来信件传递的上千个吻让他们的关系更为真实。星期天下午电台播放的歌曲让汉斯很高兴，他希望玛丽亚也能听到扎瑞·朗德尔正在唱“我知道有一天奇迹会到来”。他在村里被人称为花心大少，这个名声让他感到担忧，于是向玛丽亚保证说，从军后他变得更好了。玛丽亚比他小两岁，在当地也有追求者。汉斯承认，一想到她可能被某个有路子躲掉兵役待在家里的人抢走，就感觉像是“灯火管制的时候遭人偷一样”，他还向玛丽亚发誓说，如果有人“把我的女孩抢走，我就杀了他，我会像俄罗斯人一样对待他”。尽管玛丽亚怀疑村里的女邮政局长嫉妒她，偷拆并私扣了汉斯的信，不过她还是成功避开这个奥地利小村里窥探的眼睛。玛丽亚坦白说，她以前也和另外9个小伙子通过信，而赖因哈德也有过6位女追求者，当他们的未来都没有确定时，这样做没有什么奇怪的。

汉斯曾在俄罗斯和意大利打过仗，他所在的第2空降师在1943年9月夺取了罗马的控制权，如今待在阿舍斯莱本的机场里，日子很无聊，而且他对战友们的音乐品味很是厌恶。这位年轻的老兵并不急着让手下的士兵去干清洁工作，要是去干，就得听平民工程师发号施令。1944年5月底，他们被调到科隆附近的另一个机场，汉斯在那里晒太阳，并对当地人的坚忍印象深刻。他对玛丽亚说，她远远看到过的维也纳空袭和莱茵兰地区的空袭差不多，那里三年来日日夜夜都遭到空袭。之后仅过一个星期，他与战友们到了莱茵河，他们的师被派往法国。

1944年5月，彼得·斯托尔腾中尉中途停留在巴黎，从香榭丽舍大街逛到蒙马特高地，参观圣母大学和煎饼磨坊，就着勃艮第葡萄酒大啖龙虾，然后还喝起天然咖啡。他是装甲教导师（Panzer-Lehr-Division）的成员，参加过占领匈牙利的战役后刚刚回到西欧。他们这个师的人员和装备用了17列火车才运完。斯托尔腾是个年轻、有抱负的画家，来自柏林，他看到巴黎人的时尚感和“优雅的世界”后感到很激动，这些东西在德国城市中早就消失了。斯托尔腾对连续不断的空袭警报毫不在乎，与朋友赫尔曼一起在这座首都探索了15个小时，之后才找地方睡觉。当他们进入梦乡后，不断大声重复着迷人的城市名字，“就像爱国主义影片中战场上的士兵们默默念叨爱人的名字一样。

彼得·斯托尔腾差不多比威利·里斯小两岁，后者此时也在开赴前线。他在朱可瓦斯腾诺（Jurkovasteno）村享受了几个月的平静生活，与一位俄罗斯女孩睡在一起。“离别很难”，第二天他给叔叔写信说：

> 一切都是这样。走之前的那天晚上，我和克拉拉（Klara）躺在床上，安慰着她，直到她好不容易睡着，但当我昨天早上向她吻别时，她还是哭了起来……她父亲祝我好运，母亲为我祈祷——这样的人，他们是敌人吗？永远不是。

威利·里斯的进军目标是维捷布斯克，那里的战线是他最不想去的。

斯托尔腾和里斯同时于1941年在东线从军。斯托尔腾在一个坦克师当摩托通信员，他两次因疮口化脓退役，之后获准参加军官训练，因表现出色，在很短的时间里从士官升为中尉。他在1943年掌握了操作歌利亚（Goliath）的技术，它其实是一种小型遥控车辆，装有高爆炸药，用于袭击堡垒建筑。彼得·斯托尔腾继续接受宝贵的“虎”式重型坦克训练，尽管缺乏实战经验，仍然加入了国防军最精锐的一个装甲师。斯托尔腾所在的是第316连，他在那里专门驾驶“歌利亚”和“虎”式坦克。他与战友们从巴黎被派到诺曼底的厄尔-卢瓦尔省（Département d’Eure-et-Loir），成为隆美尔的B集团军群的装甲预备队成员。如今他绘画时，背景里都是老磨坊、古城堡和开满花朵的树木，这让他有些怀旧，他的写生簿里没有了老拖船，只能适应现在的风景。

6月5日，英吉利海峡天气非常恶劣，德国人取消了空中和海上侦察。由于失去了远距离监控大西洋气象条件的能力，他们不知道风暴中有个短暂的时间窗口就要开启。盟军用6艘战列舰、23艘巡洋舰和80艘驱逐舰的强大兵力，从夜间开始向对岸进发。要想在诺曼底成功登陆，必须出其不意、行动迅速并集中兵力，才能击败德军部署的58个师的优势兵力。

盟军登陆两天后，彼得·斯托尔腾参加了与英国第2集团军争夺卡昂（Caen）控制权的激烈战斗。装甲教导师在巴约（Bayeux）前方遇到英国第7装甲师，遭到掩护英美军队登陆的舰炮、野战炮和无数轰炸机的狂轰滥炸。6月10日，斯托尔腾给家里写信，告诉父母说，他的为数不多的财产被敌机用机炮炸成了碎片，现在他满脸胡子茬，就像个强盗头。“职责重大，但到处都是死一般的寂静。”他写道。尽管已经入伍三年，但这是斯托尔腾首次全面参加的实战，面对着敌人的炮火，他很是镇定，从而有了守住防线的保证。在他们西面，第352步兵师在敌人的猛攻之下崩溃了，使德军战线出现一个漏洞，英军抓住这个机会，从侧翼插到德军后方，短暂占领了维莱博卡村（Villers-Bocage），不过很快就被一个党卫军重型坦克连击退。德军守住了阵地，但很勉强。

6月20日，斯托尔腾给家里写信说，“我们的压力依然极大，但我们镇定自若，只有在西线才会这样。我对什么事情都不感到紧张。”他还在这封信里说，前一天他参加了一次失败的反攻，当时他的车辆陷入一条沟渠，炮口抬不起来，只能无助地看着两个最好的朋友在他们的坦克里被烧死。他告诉父母，另一位好朋友五天前在他旁边的坦克里被炸死。

6月26日，美国第7军占领了受到严重破坏、暂时无法使用的瑟堡（Cherbourg）港。尽管如此，卡昂作为登陆部队的一个首要目标，还掌握在德军手中，使盟军无法从诺曼底半岛向内陆突破。德国人控制着卡昂运河、奥恩河（Orne）及一个道路枢纽，易守难攻，使盟军无法占领较为平坦、树木稀少的地区，没有地方建机场。7月2日，彼得·斯托尔腾了解到，他所属的师被上级从现在的阵地撤出来，调到西面加强圣洛（Saint-Lô）地区的防御，抵抗美军的进攻。他对半途中止战斗感到不满，很喜欢这种冒险生活，给家里人写信时，遣词造句简直能和恩斯特·荣格相比，宣称“对我们这样的非小资产阶级的人来说，缺乏激情的生活是无法忍受的”。

英军直到7月18日才把德军逐出卡昂，美军则在第二天才从装甲教导师手中夺取圣洛。这里高高矮矮的树林非常茂密，两方的机动力和观察力都受到限制。此时彼得·斯托尔腾已经不在前线：7月初，他的连队被撤下来，准备用于重新组织另一支部队——第302装甲营（302nd Panzer Abteilung）。斯托尔腾想和战友们并肩战斗，英勇抵抗到最后一刻，极力反对撤退，他跳上一辆摩托车，跑去力劝营长取消“我一生中见到的最没有意义、愚蠢和让人丧气的命令”。他没有成功。当他怒气冲冲往回赶时，摩托车出了车祸。“（你们的）儿子进了野战医院，很不幸不是负伤——而是车祸。”7月8日，他在勒芒（Le Mans）的军医院里伤心地给家里人写了一封短信。

斯托尔腾被车祸吓到了，害怕可能会失去左眼，还担心会因为鲁莽地一个人开摩托车而受到军法审判。住进勒芒军医院的第一个星期里，他躺在床上，想象着“从进惩戒营到入狱到降级的一切可能后果”。他也知道，要不是那场事故，他差不多已经死了。当上校把对他的指控扔到废纸篓里时，他并没有感到高兴。相反，他向多萝茜（Dorothee）说起他和一群同时受训的青年军官们在入侵行动开始之初是如何评价他们的军事形势的，并且说：

> 我们的结论简单明了，大家都解不开套在脖子上的绞索，我们的生命现已终结……如今这些中尉都不在了，所有的“虎”式都丢了，我知道只是遇到这次车祸……才摆脱已经预期到的命运。

他还发现，被迫中断战斗让人难以忍受，向多萝茜透露说，他需要前线才有的袍泽情谊、精神紧张和忘记一切的感觉。

斯托尔腾渐渐康复，不过他引以为骄的装甲师所余残部慢慢被14万占据绝对优势的盟军吃掉。7月25日，2000架盟军轰炸机来袭，展示了迄今为止战场上最强大的空中力量。装甲教导师正处在这些轰炸机的航线之下，遭到沉重打击的残余部队到8月5日终于接到撤向阿朗松（Alençon）休整补充的时候，作为一个师几乎已经不存在了：从诺曼底退下来时，只剩20辆还能使用的坦克。

德国第7集团军在科唐坦（Cotentin）半岛把美英军队阻挡了6个星期以后，发现自己几乎被包围在法莱斯（Falaise）巨大的孤立阵地中。

彼得·斯托尔腾的视力保住了，离开了勒芒的野战医院。他住在凡尔登的一个宾馆里慢慢康复，被战友阵亡而他独活的负罪感折磨着，对他为之战斗的事业不再那么确信。7月24日，他给多萝茜写信，说“世界”看上去“几乎不再有意思，到处都是一样的悲伤，混杂着难以名状的冷漠和紧张”。两天后，他说希望她把他忘掉，因为“那一个星期我什么也没做，为此感到羞耻，内心没有一点力量……我能给你的其实一点用也没有”。

他发现只有狂热地写到深夜，才能把痛苦释放出来，他选择的绘画职业却起不了什么用。他编写的不是日记或回忆录，而是三个年轻军人和两个少女的戏剧性对话。他把两位阵亡朋友的名字西奥和卡尔用到两个人物上，另一位少女活脱脱就是他的未婚妻多萝茜，他让自己的角色表达出自己遇到的困境，卡尔得到最佳表现，他宣称战争中既没有神也没有目的，人们慢慢走向自己的死亡，就像苍蝇朝着一个巨大的苍蝇拍飞。西奥观点相反，他坚信宗教，断言人应该敬畏神秘的神：

> “我的道路不是你的道路，因为天堂高高在上，远离尘世，所以我的思想也高于你的思想。”我们所见所说都带着人类局限的印记，但宗教敬畏是超越人类痛苦经验界限的第一步：要了解无限——只有先认识有限。

描写安吉莉卡这个角色时，斯托尔腾想到的是多萝茜：“想象你自己是一朵花，它开花、成熟、散播种子、枯萎，然后落到地上”。毫不奇怪，是安吉莉卡的爱把三个年轻军人带回正轨，使三个人中最安静的迈克尔激动地恳求让人类之爱的本质更加美好。只有爱能摆脱人类肉体所受的物质和死亡限制：“爱！它是吸引更好的东西的渴望，是融入美好事物的意愿。怀着这种感情，我们才会想着学习超越恩培多克勒（Empedocles）[①]的那种世界”。

斯托尔腾向多萝茜承认，在克服赋予战争意义的这个文学挑战时，他“把最后、最重要的词语给了荷尔德林（而非圣经），并使自己确保得到良好的机会，从而轻松解决了这个问题”。如果斯托尔腾从抒情诗人的戏剧《恩培多克勒》中寻找灵感，荷尔德林的《许佩里翁》就是比较的尺度，斯托尔腾曾想在诺曼底对它进行实践：“现在你正受到检验，必须证明出你是谁”。那时他所属的师已经被消灭，他的密友都已阵亡，斯托尔腾知道，盟军拥有技术优势，德军不可能将他们打败：“长期看来，获胜的是物质（优势）”。他给多萝茜写信说。他的那群高中同学曾在1939～1940年把战争当作冒险，生怕会错过去，如今这场战争已经发生深刻转变。不过在一个关键方面他还没有改变，他曾接受过“奉献”“英勇”“时刻准备”“自我牺牲”和“忠诚”等爱国主义价值教育，现在依然坚信着。

荷尔德林生长在德国虔信派家庭，18世纪80年代后期和18世纪90年代初期在图林根接受了神学教育，但后来失去信仰。威利·里斯和彼得·斯托尔腾也是如此，他们远离了幼时常去的天主教和新教教会，不过并未转变成唯物主义者或虚无主义者，尽管里斯对荣格不甚恭敬。“那是肯定的，”斯托尔腾在他的戏剧对话中写道，“有一种东西是不存在的：虚无。”这些后浪漫主义的“流浪者们”依然迷恋着他们自己的精神之旅。

6月19日，斯托尔腾还在野战医院里关注着诺曼底的战斗，白俄罗斯的苏联游击队开始行动了，他们在明斯克以西的铁路上埋设了1万多枚炸弹，在此后的4个黑夜晚，他们再度过来，对向德军前线运送补给的铁路造成严重破坏，从维捷布斯克到奥尔沙、从波拉茨克（Polotsk）到莫洛杰奇诺（Molodechno），以及通向明斯克、布列斯特和平斯克的铁路全部瘫痪。尽

① 古希腊哲学家和科学家，曾提出“四根”说，认为万物的本原不是某一种物质性的基质，而是火、水、土、气四种元素，它们是“化生万物的四个根”。他还认为，除了四种基本元素外，世界上还存在着两种对立的力量，即“爱”和“憎”。“爱”是促使元素结合，形成具体事物的力量；“憎”是促使元素分离，导致事物解体的力量。——译者注

管德军后卫部队击退了很多袭击，但还是有一千多个运输点被切断，德国人无法再把援军和补给送到前线。前线部队的横向调动及撤退也受到阻碍。

在白俄罗斯，有150支苏联游击队，总兵力达14万人，是德占欧洲地区最有战斗力的抵抗组织，德军曾在森林里发动过大规模清剿，但这些游击队没有被消灭。在争夺后方控制权的残酷战斗中，德国第9集团军整片地区地进行剿杀，把它们变成“死亡地带”，强迫成年人进入流动“工作营”，把儿童集中在孤立的村子里扣为人质。德国的占领变得越来越残暴，高潮是强行从儿童身上抽身救治自己的伤员，如此行径就连白俄罗斯合作分子和警察也无法忍受，纷纷转投游击队。德国使用这些残酷手段，也在军事上付出代价：投入重兵绥靖后方，导致本已战线过长的德军失去预备队，面对苏联进攻时再也没有多余兵力可用。

6月21～22日夜，掌握制空权的红空军开始轰炸德军后方。德军入侵苏联三周年纪念日的黎明刚出现，苏联侦察部队就开始渗入德军防线。国防军指挥官们正猜想红军会延至1944年冬季和早春时再发动进攻，此前这种战术已被证明极为成功：战线北方也是如此，列宁格勒之围已被解除，红军开始在6月10日向芬兰人发起反击；南方也是一样，德军已经被逐出克里米亚，并从第聂伯河远远后撤，现在已经没有赖以保护的自然屏障。德国意料中的事也在发生，苏联装甲部队重兵集结在南方。但是，红军的主要进攻方向却是德国最想不到的地方：中央集团军群，这支部队曾在1943年秋有效保护了自己。

这一次，苏军指挥官们没有像以前那样，冒着德军炮火发动人海战术。他们的兵力损失也很大，苏联将军们终于从德国人那里学到一些关键的战术教训。红军用特殊改装的坦克在德军雷场中开辟道路，这些坦克前面安装了犁耙，前进时能引爆地雷。步兵得到坦克、自行火炮、野战炮和轰炸机的保护和支援，形成合成兵力。德军曾经在1941年成功使用过这样的战术，但是现在苏军的装甲和火力更占绝对优势。这次进攻持续到夜间，天空被探照灯和照明弹染亮。

苏联在战略方面也学到基本教训。主要进攻方向经过了精心选择，完全出乎德国最高统帅部的意料。在波布鲁斯科（Bobruisk），罗科索夫斯基

（Rokossovsky）指挥的白俄罗斯第1方面军利用木桥和堤道，穿过都认为不可能通行的普里皮亚季沼泽，从侧翼突入德军后方。同时，苏联第3集团军在北方进一步突破德军的防线。这是红军第一次使用德军经典的“钳形”进攻，结果是德国第9集团军崩溃。这支部队被围在波布鲁斯科周围的一个口袋中，迅速被陷入争夺这个已成废墟的城市的战斗。该市于6月29日最终被红军控制，记者兼作家瓦西里·克罗斯曼（Vasily Grossman）目睹了这个结果：

> 人们踩在德国人的尸体上。到处是尸体，成千上万的德军尸体，覆盖在路上，倒在沟渠里，躺在松树下，死在绿色的大麦田里。在一些地方，车辆必须从尸体上开过去，地上的尸体层层叠叠……死亡的大锅正在这里烧开，复仇得到实现。

德军挤在狭小的地方，遭到狂轰滥炸，5万人死亡，还有2万人被俘，向西逃走的只有1.2万人，所有的武器几乎全被丢掉。

在北方，突破维捷布斯克和奥尔沙的行动没有那么顺利，苏联军队在6月24日夜才渡过德维纳河。27日，这两座城市都被红军掌握，苏联指挥官们有了把新的机械化部队从德军阵地中撕开的大缺口倾注进去的机会。红军迅速西向明斯克进军，掌握了河流渡口斯维洛奇（Svisloch），绕过德国第4集团军的主力，这支中央集团军群的王牌部队在明斯克以东被一系列战斗牵制着，无法动弹。到7月4日，它被困在一个大包围圈中，3年前它曾用同样的战术在白俄罗斯让苏联军队吃过大苦头。1941年，斯大林曾经一再发布“停止”命令，使红军无法撤退，困境雪上加霜，而在1944年6月27日，希特勒也发出坚守的命令，拒绝放弃波布鲁斯科、维捷布斯克、奥尔沙、莫吉廖夫或明斯克，等到不得不撤退时，大部分部队已经被消灭。即使希特勒不那么顽固——并且不像他的军队在1941年12月撤退时那样误判形势——中央集团军群能否得救也值得怀疑。从6月22日到7月4日，它损失了25个师，总兵力达30万人，在此后的数个星期里，它还要损失至少10万人，德军战斗死亡率首次突破每日5000人的大关，这一败绩让斯大林格勒战役也相形见绌。威利·里斯在维捷布斯克防区遇到苏军猛烈进攻，成为被官方列为战斗失踪的无数官兵中的一员；1944年下半年，东线德军阵亡740 821人，他们最终成为其中一分子。

缺少预备队，意味着德军不能阻止苏联利用他们的防线漏洞。罗科索夫斯基的部队沿着少数几条穿越白俄罗斯的重要道路，自明斯克向西南方的巴拉诺维奇（Baranovichi）和西北方的波罗的海国家进军。7月13日，红军解放了维尔纽斯，对孤立在波罗的海沿岸的北方集团军群构成威胁。那一天，科涅夫（Konev）在南方向两个德国集团军群发动了等待已久的攻击，把它们逼退到匈牙利和罗马尼亚，并让全部坦克部队向西部的利沃夫、拉布林和维斯图拉河推进。

7月17日，为了展示苏联的胜利，嘲弄敌人的种族主义傲慢，5.7万德国战俘在莫斯科被游街。那年夏天，很多德国被俘人员还没被登记为战俘，就被红军杀掉。多年以后，一位年轻的红军女兵回忆起她的部队里的男兵如何用刺刀把德国俘虏切成碎片。“我等着，”她回忆说，“长久地等待他们的眼里充满痛苦的那一刻。小学生们，你们听到这些害怕吗？这样残忍吗？要是你们亲眼看到大火在村子燃起，你们的妈妈被扔进去呢？你们的姐妹被扔进去呢？你们亲爱的老师被扔进去呢？”

7月27日，利沃夫最终得到解放。在其后的三天时间里，第47集团军在拉德兹耶夫斯基（Radzievsky）的指挥下，火速向东南方的华沙进军。这是一次艰苦的侧翼大纵深行动，拉德兹耶夫斯基最后派第8近卫坦克军和第3坦克军从东北方向华沙跃进，但当这两个军于7月30日到达沃沃明（Wołomin），被德军反攻部队缠住了。苏联军队距华沙仅有15公里之遥，但他们在5个星期时间里狂飙300公里，一路从第聂伯河与德维纳河打到维斯杜拉河①，已经精疲力竭，补给线也出现脱节。

8月1日，波兰地下抵抗组织在华沙发动叛乱，德国守备部队措手不及。事件发生在当天下午4点，不过火力薄弱的抵抗组织没能夺取重要目标。更糟的是，这次起义很快被证明在军事上时机不当。起义命令发布还没到一个

① 又译作维斯瓦河。——编者注

小时，本土军（Home Army）司令博尔-科莫罗夫斯基（Bór-Komorowski）就了解到，在沃沃明发现的苏联坦克不打算解放维斯杜拉河东岸的普拉加（Praga）区。实际上，红军直到9月13～14日才到达该地区。红军在桑多梅日（Sandomierz）和马格努谢夫（Magnuszew）建起了渡过维斯杜拉河的桥头堡，红军能够绕过华沙，不必为了把德军赶出这个城市而付出巨大代价。苏联强攻华沙，得不到什么明显利益。

博尔-科莫罗夫斯基的行动没有得到伦敦的波兰流亡政府授权，他在政治上也有误判。发动这次起义的目的是让波兰本土军成为武装解放者，而非充当苏联攻击行动的被动看客。但是，苏联人早已表明，不会容忍任何独立的、非共产主义的武装，他们于7月22日发现本土军部队在拉布林巡逻后，就立即将其拘捕。卡廷事件公开后，苏联已经与伦敦的波兰流亡政府断绝了一切关系，现在意欲不承认它的合法性，扶植起自己的傀儡政府"波兰民族解放委员会"，他们显然也不会容忍伦敦流亡政府的代表在华沙掌握局势。红军在起义刚发生的时候是否有能力在军事上进行有力援助是个毫无意义的问题，随着华沙的战斗拖到9月，苏联当然已有足够的力量干预。不过，苏联军队拿下普拉加区，占领维斯杜拉河东岸阵地，然后就开始等待，而斯大林则竭力回绝英美向波兰人空投补给的企图。

威尔姆·欧森菲德上尉在战争的大部分时间还待在这个波兰首都，他突然发现自己自1939年9月以后首次开始在参谋部服现役。1944年8月4日，他给家里写信说，"直到现在我还没见识过战争的恐怖，这也是为什么这些天的经历使我感到震惊"。两天后，他告诉家人说，他预计波兰人会顽强抵抗，提到"即使用上坦克和重炮轰炸，反叛者也没发生真正动摇。当街上的房屋被有意烧掉，老百姓四散奔逃时，叛军占据在废墟里继续开火。谁出现在大街上，就会被打死"。

作为军事情报官，欧森菲德的职责之一是审问波兰俘虏。在起义的第一个星期中，德国人没有抓到一个俘虏。8月8日，欧森菲德在日记中提到，德国人重新夺取了部分城区后，把平民从地下室清理出来："昨天只有男人，前几天杀掉的还有妇女和儿童"。在华沙的沃拉（Wola）区，由德国职业罪犯、偷猎者和试用期党卫军成员组成的特别部队“迭勒汪格行动队”（Dirlewanger Brigade）把抓到的平民全部处决，连医院的病人和年幼的孩子也不放过，受害者高达3万～4万。当欧森菲德在总部看到“平民排着长长的队伍”走向华沙西郊时，记下了一名德国警官对他说的话：“要对这些平民进行分类，据说希姆莱下令把男人全部杀掉。”党卫军部队的指挥官给第9集团军司令打电话，问道，“我该拿这些平民怎么办？我的子弹都没有囚犯多”。

欧森菲德第一次开始审查他给妻子和女儿所写的内容，删掉了这一细节，同时还想让她们对局势有个清晰了解：“这座城市时时刻刻被大火和爆炸吞没，已经成为废墟，街道上的房屋被有计划地烧掉。你必须闭上双眼，禁锢良心。平民正遭到无情消灭”。欧森菲德竭力想在道德上找到安慰，指出，“无数德国城市也成为废墟！”实际上，这种景象只能让他想起《圣经》里的大洪水，那是由“人类的罪恶和傲慢”招来的。他靠工作和吃饭时喝红酒（现在又开始喝烈酒）缓解眼下的压力：“不管结果如何，我的心情都不错”。与此同时，战斗进入僵局，双方都无力将对方击退。欧森菲德周围的大部分军官都预计能够把起义镇压下去，并让红军止步于维斯杜拉河，不过欧森菲德还是相信苏联很快将荡平德国脆弱的防线，他请一位回家的同僚军官把他珍贵的手表捎给妻子。

彼得·斯托尔腾的第302装甲营从诺曼底撤出来被调往东方后，于8月21日抵达华沙外围。对一个刚宣称“意愿与美融为一体”的年轻人来说，这不是一个理想任务。一到达驻地，他就给多萝茜写信说，“战斗肯定会特别艰苦——无法想象。明天，”他冷静地补充道，“我们就知道了。”斯托尔腾到华沙没几天，再次负伤，而他的部队有6人阵亡，他们的一辆小型“歌利亚”装的高爆炸弹在他的指挥车旁边发生爆炸。几天后，同样的事件再次发生，又有两人死亡。“敌人向我们开火，引爆了1000公斤炸药，距离我的车辆只有3米远。”斯托尔腾给家人写信说：

> 我没把它当成自己的错，不过没什么区别。如果你招来霉运，你就会受到诬蔑，好像你真的有罪。这是个诅咒，你能在每个人的脸上都看到

它。爆炸发生后，我躺了好几个小时，眼睛什么也看不见，旁边是呻吟的伤员。现在我安全了，也平静下来。我相信坏运气和责任能让一个人得到教育。

斯托尔腾忙着给手下死亡士兵家属写哀悼信，对这种信心的突然消逝感觉更敏锐。

逐屋战斗的暴虐和激烈让彼得前所未见，他在8月26日告诉多萝茜，就连德国城市遇到的空袭也无法相比。他在信中能写“华沙的战争，波兰人的英勇（讽刺地）战斗，但根本不能”。他又一次用撰写戏剧化解道德危机，虽然到华沙的最初几天战斗不断，遭受伤亡损失，并感到焦虑，但他竟然还抽出时间写了一本16页的作品，他起的标题是“讽刺——丛林战”。斯托尔腾把它寄给父亲，要求让给他母亲看到，严守原则，不让妇女接触他发现的真正让人感到不安的细节。

斯托尔腾的《讽刺》和他在5个星期前写的作品一样，都是伤感的对话体。主要角色是一群乌合之众，有全都受过伤的德国老兵，有“把没完全烧掉的临街房屋再烧一遍”的德国警察部队，有“胳膊上戴满项链和手表、宛如长颈鹿脖子的……哥萨克和辅助部队”。抢掠司空见惯，“各族裔的士兵都把能拿走的东西裹在床单里拖走”。他学到不要干涉“卡明斯基旅”士兵的活动，他们“强奸妇女，割掉她们的乳房，或者把她们活生生从窗户扔出去！”

斯大林格勒战役之后，布罗尼斯拉夫·卡明斯基（Bronislav Kaminski）的警察辅助部队扩充为旅，拥有1万到1.2万志愿者，主要是集中营里招来的战俘，装备着缴获的苏联坦克和火炮，1944年6月被编入武装党卫军。随着德国日益依赖外国战士接管残酷激烈的反游击战争，“东方军团”也出现类似变化。第1哥萨克师在1943年4月组建，爱沙尼亚党卫军师成立于1944年5月：到战争结束时，武装党卫军的一半部队都不是来自帝国，总兵力数约有50万。很多（但并非全部）发生在华沙的暴行都是由这类纪律涣散的部队干出来的。

斯托尔腾认识到，德国正在收复华沙，因为有“坦克、俯冲轰炸机、反坦克炮、平射防空炮、野战炮和火箭弹”的帮助，“尤其是逃兵供出了地下通道入口，德军打开总水管向里面灌满了水后”。德国人还向通道扔燃烧瓶，“诱发爆炸，把里面的人炸成碎片”。斯托尔腾在他的散文中模仿以死亡为主题的表现主义诗人戈特弗里德·贝恩（Gottfried Benn）①，但暴虐的程度让他也无法接受，《讽刺》再也写不下去。斯托尔腾感到极端震惊，极端羞耻，无法再维持轻松的语调，不能再用讽刺让自己置之度外，他同家里人谈到华沙时，完全不再自我审查，第一次原原本本描述了战斗情况。“那些投降的人（波兰战士）都被枪毙了——土匪！向后颈开枪——下一个趴下来——向后颈开枪！”和欧森菲德一样，斯托尔腾也目睹了被捕平民按性别分开，并被押走，他暗示还有更恶劣的暴行发生了这些平民身上：“有些人看到了其他事件——但那不关我们的事——感谢上帝！！！”

他不想让多萝茜、他母亲或妹妹看到他的“讽刺”，不过在这个被炸成废墟的城市打了5个星期的仗后，他于9月28日向未婚妻坦白说：

> 人们对男尸已经司空见惯，它们成为自然秩序的一部分。但你依然能从残缺不全的女尸中分辨出曾经的光艳美丽，那是一个完全不同的、充满爱心的、毫无害处的生命；还有，当你看到死去的儿童，即使在最黑暗的时候，他们的天真也触动我最强烈的爱心，这与他们的相貌和语言无关……你早就看到——并且说我不应或不该写这些东西。

他踌躇着，完全打破了自己信守的原则，对“男人独力承担，女人一般不要读与战争有关的书”这种主张表示反对，理由是“你们也需要睁开双眼，需要了解这种危险”，暗示德国在华沙干下的事可能也会由别人在柏林上演。当斯托尔腾对曾被灌输的男女战争角色观提出质疑时，第一次注意到这类有规定

---

① 出生于德国牧师家庭，母亲是法国人。贝恩初学神学，弃神学医，毕业于军医学院，在性病和皮肤科方面很有造诣，终生行医。20世纪30年代纳粹上台之初，贝恩出于愤世嫉俗，表示支持纳粹，后又反对。纳粹政权开始批判贝恩，查禁他的全部作品，把贝恩开除出了作协和医协。第二次世界大战后，贝恩重新创作，声望极高，成为当代德国最伟大的诗人。——译者注

必须遵守的原则的效力源自于“男性英雄主义的光环”，他本来在这种气氛中长大——并且在很多方面依然对它坚信不疑。

威尔姆·欧森菲德也采用官方的论调，把波兰抵抗者称为“匪徒”，认为他们逼迫平民当人肉盾牌。他比斯托尔腾还有过之而无不及，宣称国防军在华沙维护了荣誉，所有的坏事都是卡明斯基旅的俄罗斯“志愿者”干的，或者是党卫军和警察部队所为。但是，当他目睹德军大炮将一座教堂的圆顶轰成火海后，把曾经有1500人躲在里面的消息告诉了别人。他还对女囚犯受到的残暴待遇感到丧气。8月27日，三名顶多才上高中的女孩因为散发传单和地图，被带过来接受审讯。欧森菲德在家书中说，他希望使这三个女孩免遭枪毙。他没能让女孩们招供，断定自己不够“残酷，而这里需要残酷，应该残酷”。他注意到，三个女孩都有宗教徽章或者圣母像。

斯托尔腾有了一个短暂的喘息机会，曾经当过室内设计师的长官派在华沙市中心最好的公寓楼里寻找住处，他找到地方后，在里面摆上了“雕像、沙发、戈布兰挂毯等”。“很快，”斯托尔腾给多萝茜写信说，“一切都会被烧掉。”他想把这个临时住所按照父母在柏林策伦多夫区的公寓来布置，很快“用我们的餐厅风格装修了客厅”。他翻找收藏的唱片，一个人跳起狐步舞、探戈、华尔兹和波尔卡，陪伴他的只有一支1.5米长的黄蜡烛的火光映出的长长的身影。贝多芬也给他带来安慰：斯托尔腾听到贝多芬的埃格蒙特序曲时深为感动，给多萝茜写信说，电台应该用这首乐曲“代替所有的国家社会主义演说”——“它是力量的源泉”。在战斗间隙，他和上司在快要成为废墟的公寓里游荡，他们的靴子踩在玻璃上，发出嘎吱嘎吱的声音，空气里充斥着有刺激性的石灰味，非凡的艺术品默默挺立着。不止一次，他们两人捡到金发小孩的照片，发现两人都在不约而同地说，“希望他安好”。斯托尔腾发狂地将艺术史卷册中的插图撕下来，希望能从大火中抢救出一点华沙的文化遗产，他确信这是一种“德国真的无法与之相比”的都市文化。他否定了德国人曾经对波兰人持有的看法。

罗科索夫斯基将军夺取了位于城东维斯杜拉河边的普拉加后，于9月14~15日派遣波兰志愿部队渡河，但被德军消灭，彼得·斯托尔腾参加了这次行动。

余下的抵抗者得不到苏联的进一步帮助，缺少重武器，连步枪也没有多少支，弹药和食物都不够用，已经没有获胜希望。9月27日，莫科多夫（Mokotów）区失守，3天后索里伯兹（Zoliborz）也被德军占领。10月2日，为了争取德国对抵抗战士和平民做出让步而进行了一番急切的谈判后，市中心的波兰抵抗部队终于同意有条件投降。当天夜里结束一切战斗。

威尔姆·欧森菲德和彼得·斯托尔腾都目睹了波兰人的投降。欧森菲德站在一旁，看到“反叛者的队伍望不到头”，他感到震惊，因为这些人：

> 很骄傲……都很年轻，军官的年纪和我差不多，而且不止这些……10岁左右的男孩骄傲地戴着他们的军帽：他们当通信员，能和大人一起受到关押是个荣誉。男人60人为一队，后面跟的是小女孩和妇女……他们唱着爱国主义歌曲，没有一个人对他们的可怕经历做出过什么表示。

在这63天的平叛过程中，欧森菲德一直坚持使用官方话语，把抵抗者称为暴徒，认为他想挽救的年轻女犯是被蛊惑的，认为平民是在受到强迫的情况下才支持抵抗者。如今德军指挥官终于承认他们是合法武装，给予他们战俘地位，欧森菲德感觉可以自由表达他的深切敬佩之情：“在这里看到的民族精神，是一个民族遭受了五年不公正的痛苦后，真正自然迸发出来的”。

斯托尔腾看到波兰人走向监狱，也被他们表现出的“不屈不挠的民族精神”所感动，感觉他们完全赢得了他们的军事荣誉——“上帝为我做证，他们打得比我们好”。他在华沙打了42天的仗，觉得目睹的事件“使一部伟大悲剧的所有舞台效果相形见绌”。和欧森菲德一样，他之所以对波兰人产生认同，是因为波兰人表现出的价值也是他所信奉的，而且更纯粹，更有自我牺牲精神：“我们，”他把话题转到德国人身上，断言说，“仍然不是有担当、有民族主义思想、自我牺牲勇气和力量的民族。”他认识到一个被打败的民族仍然有能力发动英勇的抵抗后，很快第一次从另一个角度看待德国占领：“我也不想在德国人的统治下生活。”他写道。他在诺曼底的战场上看到德国人的“精神”被盟军的“物质”碾轧，而在这里，他确定是德国人的“物质”摧毁了波兰人的“精神”。他一直深信民族意志和不可动摇的信仰能够战胜物质上的困难，所以不能接受这一显而易见的教训。“历史真有公正可言吗？”他问多萝茜，几个月前他在勒芒并且拒绝神秘论，而现在却重新将它拾起来：“上帝的思想不是我们的思想”。

斯托尔腾的部队被派去防守东普鲁士的小村庄，威尔姆·欧森菲德则重返华沙市中心，他的老守备团收到命令，要把前线城市变成“堡垒”。国防军和党卫军立即忙碌起来，开始执行将华沙从地球表面抹掉的命令。所有的平民都被强制疏散，欧森菲德的第一项任务是带领德国和中立国媒体参观已成废墟的城市。这件小事让他切身感受到该城市遭受的破坏，比如，他曾在已成颓垣残壁的剧场里，跌跌撞撞地在成堆的破烂戏服和乐器上攀爬。当他在信中为这场大毁灭而忧伤时，问安妮米尔说，“家里可有任何不同？现在亚琛是什么样子？”

在寻找房屋当宿舍和团部新办公室的时候，欧森菲德遇到困难。11月17日，他在独立大道（Niepodległości Avenue）察看一所房子时，遇到一个在厨房找食物的瘦骨嶙峋的犹太人——他听了这个犹太人演奏肖邦的乐曲后，帮着把他藏到阁楼里。那天晚上他无法入睡，想象着与死去的战友对话。“和他们说话让人感到特别安慰，”他告诉妻子说，“我感到充满活力，与同伴紧密团结在一起……然后我看到自己深爱的人正在家里，就是你和孩子们。我看到小家伙睡着了，男孩子们都累了，大女儿和你却没有睡意，睁着大大的眼睛看着我，在夜里守望。”他小心翼翼，没有在信中提自己藏匿了一个犹太人，以防被审查人员发现。华沙起义发生前，欧森菲德曾在他管理的运动场掩护过犹太人；这次帮助的犹太人是著名钢琴家华洛迪·史匹曼（Władysław Szpilman），在此后的几个星期中，欧森菲德定期给他送食物，而楼下就是守备团的办公室。与此同时，欧森菲德又恢复了信心，自起义发生以来第一次开始觉得德国人能把苏联军队挡在维斯杜拉河一线。

7月25日，彼得·斯托尔腾的装甲教导师遭到地毯式轰炸，标志着美军从诺曼底半岛开始突破。经过三天的战斗后，兵力薄弱的德军无力填补防线上的缺口。和在白俄罗斯、苏联遇到反攻时一样，诺曼底的国防军也缺乏足够的机动兵力，阻挡不住美军的巨大攻势。美军在7月30日控制了阿夫朗什（Avranches），第二天，巴顿的美国第3集团军的装甲部队在蓬托博（Pontaubault）夺取了渡桥，大军直入布列塔尼。

8月7日，美国第8军包围了港口城市布列斯特（Brest），这里是潜艇停靠和维修基地，对德国有重要价值，汉斯・H就是守卫该市的4万德军中的一员。这位年轻的奥地利伞兵依然士气高昂，他给在米歇尔博伊恩车站售票室工作的玛丽亚写信说："现在英国兵想用炸弹和大炮消灭我们，但我们不在乎，因为我们都在深深的地下工事里"。他们饮食充足——虽然他在穿越布列塔尼的强行军中丢掉了帆布背包，包里有玛丽亚的全部来信，以及他的刮胡刀和六双袜子。在布列斯特，他很高兴又收到玛丽亚的6封信件。汉斯在回信中许诺，他们的爱和好运能保佑他渡过难关："我不会让自己意志消沉，运气跟随着我，你就是我的幸运使者，我知道你会继续给我带来好运"。他的信由潜艇从布列斯特送走，这是他的最后一封信。德军在布列斯特死守了6个星期，9月19日被盟军攻克，此时这座城市中几乎没有留下任何还能直立的东西。

8月15日，亚历山大・帕奇（Alexander Patch）少将指挥的美国第7集团军在马赛和土伦之间的地中海沿岸登陆，德军的精锐部队都集结在北方的B集团军群，在法国西南部防备盟军的是约翰内斯・布拉斯格维茨指挥的装备较差的G集团军群。希特勒立即同意，如果还有可能，布拉斯格维茨必须向东撤至阿尔萨斯-洛林，否则有受到巴顿和帕奇钳形包围的危险。

经过了一天的惊慌和莫名其妙的耽搁后，恩斯特・贵肯于8月17日驾驶着卡车出发，他们是运送第19集团军的第1089号野战医院的最后一批车队。到了阿维尼翁（Avignon）时，桥梁已遭到严重破坏，为了减轻重量，他不得不把半数搭载的物品扔掉，然后继续向奥兰治（Orange）继续前进。到处盛传盟军已经空投伞兵，而空中威胁也一直没有中断。8月18日，另一座长桥遭到空袭，他被困在桥中间，坐在驾驶室里看到炸弹落进水中。在去瓦朗斯（Valence）的路上，运载德军伤员的车队必须停下来，以便阻止"恐怖分子"的袭击，恩斯特在日记中这样称呼法国游击队。即使这时候受到占据绝对优势的美国空军的袭击，并且周围地区都被法国抵抗组织控制，贵肯依然没有丧失特有的自信。他第一次看到美军俘虏，了解到他们是从格勒诺布尔（Grenoble）打过来的，想切断德军撤向罗讷河（Rhône）的路线，不过还是很乐观：他们“只能用大炮朝山谷开火，”他写道，“步兵太胆小了，不敢正面较量。”

在北方，德国第7集团军正被困在法莱斯周围的孤立阵地中。这支西线战场上最有战斗力的德军部队三面被围，仅剩一条位于法莱斯和阿让唐（Argentan）之间的狭窄通道，有被彻底包围的危险。希特勒终于批准后撤，把刚刚在东方加强了维斯杜拉河防线的“救火队员”莫德尔（Model）调过来替换了克卢格。在英国和加拿大军队封住这个口袋之前，德军从那条通道撤出了半数部队，兵力约为4万～5万，几乎扔掉了所有的装甲车辆和重武器，阵亡者为1万到1.5万。这是西线盟军重返欧洲大陆之后，打的第一场包围战，惨烈程度让他们感到震惊。当同盟国远征军最高司令官德怀特·D. 艾森豪威尔徒步视察战场时，与在波布鲁斯科战场上的瓦西里·格罗斯曼心有戚戚，表示“每次走不了几百码，几乎都会踩到死人或腐肉”。4天后，即8月25日，巴黎获得解放。

在北方，美军试图阻止德军向东退却，布拉斯格维茨的集团军群只能依靠第11装甲师这一支装甲部队，掩护整个第1和第19集团军从蒙特利马（Montélimar）撤退。他们用坦克使足够长的道路保持畅通，让大部分德军部队通过。8月27日，恩斯特·贵肯在里昂开车把伤员送往野战医院，他在街道上要防备“恐怖分子”开枪射击，从一辆遭飞机扫射变成残骸的医院巴士上拆下能用的发动机配件。“这些猪根本不管红十字标志。”他写道，虽然实际上他在日记中记录的这种袭击仍然很少见。每天他在撤退时，都会遇到战斗轰炸机，但大多数时候这些飞机只是从头顶飞过。贵肯竟然找到机会给家里人寄了一包裹香烟和两封信，包裹是由一位可靠的休假士兵捎回去的，信件由正常的野战邮政局传递，在撤退过程中，它们至少在重要城镇还能工作。

9月3日，恩斯特·贵肯越过罗讷河，借着月光开车经过多勒镇（Dôle）——那里“恐怖分子横行”。此后他又路过贝桑松（Besançon）、沃苏勒（Vesoul）、香槟（Champagne）和埃皮纳勒（Épinal）。在勒米尔蒙（Remiremont），贵肯的汽车前轮轴承坏了，必须用废旧零件再做一个。9月10日，帕奇和巴顿的部队打通了联系，但第11装甲师继续掩护德军撤退。9月13日，贵肯的小型车队抵达孚日山脉（Vosges）西部的隘口，那里是法德边界，受到“希特勒青年团”的欢迎，贵肯和他的战友们招手致意。“现在我们站在德国领土上，”那天他在日记中匆匆写道，“可怕的感觉。”他们已被撤退行动折磨得筋疲力尽、意志消沉，终于回到了德国，都感到松了一口气，就在他们的车里睡着了。虽然盟军一直想从侧翼包围布拉斯格维茨的集团军群，但他们最后还是成功撤了出来。

在北方，B集团军群也撤了出来，最后一支部队于8月底渡过塞纳河。但它与1940年6月时力图在这条河流对岸重新集结的英法军队一样，无力踞河而守。9月3日，德国弃守布鲁塞尔，第二天又让出重要的港口城市安特卫浦。随着国防军开始向德国边境后退，德国最高统帅部现在急令重启比利时在安特卫浦和亚琛之间的阿尔贝特运河（Albert Canal）沿岸修建的防御工事，以及从亚琛一直到特里尔和萨尔布吕肯（Saarbrücken）的德国西部防线（West Wall）。德国军队没能保住从英吉利海峡到黑海的“欧洲堡垒”，反而退到原来的根特-蒙斯-色当停火线之后，那条战线德军在第一次世界大战中曾经一直坚守到1918年11月11日。

随着盟军挥兵安特卫浦，德国西部边境地区陷入恐慌。从亚琛到特里尔，整个边境突然变成前线。9月初，宣传部的每周舆情报告指出，德国民众的情绪降至有史以来最低点。对领导人所持的负面情绪和“含蓄批评”在增多，失败主义言论也是如此。士气如此低落，以至于戈培尔封锁了V-2火箭对伦敦的首次袭击，以免浪费掉它的宣传价值。同时，宣传部的记者们继续宣称，民众不准备“认输”或接受奴役，他们想知道能不能得到保护。远为强大的“大西洋长城”都没能在6月挡住盟军入侵，“西部防线”能达到什么目的？他们这样问道。在很多人看来，问题只是在英美或苏联两方中，看谁先侵入帝国。

9月11日，第一支美军部队在亚琛正南方越过德国边界。成千上万的德国人早已向东逃命，躲避正在逼近的战线。希特勒在那一天同意疏散亚琛，在此后两天中，又有2.5万人离开这座城市。起初还能勉强维持秩序，但很快乱成一团，到了深夜的时候，连当地纳粹党官员、警察、消防员甚至盖世太保官员都不再进行指挥，而是加入到逃难的大军。相似的情况也在卢森堡和特里尔上演。阿尔伯特·施佩尔到这一地区进行闪电式视察，发现纳粹党官员指着军人骂他们在法国的灾难性失败，说所有的军官都是叛徒。但如他在向希特勒报告时所说的，穿着破烂野战灰制服的疲倦的士兵和光鲜亮丽的纳粹党官员形成强烈对比，让他印象深刻。

在亚琛，恢复秩序的是国防军。曾经使德国感到骄傲的第116装甲师只剩下600人，12辆还能使用的坦克，没有一门火炮。9月12日，这支部队来到这里，及时制止了“疯狂的疏散”。他们指挥成千上万还留在这个城市中的平民进入地堡，等候进行正确疏散，并清理了街道，准备抵御美国第3装甲师。9月13日，特里尔和亚琛都已遭到炮击，此时德军还在紧急挖掘战壕。第二天，复职的西线总司令伦德施泰特宣布，必须坚守西部防线，“战到最后一颗子弹和防线被完全摧毁为止”。9月16日，希特勒把命令升级成西线所有部队都要执行的最高训令：“每个地堡、每个德国城镇的街区房屋、每个德国村庄都必须变成堡垒，要让敌人流血至死，或把占领者埋葬在肉搏战里。”

第三部分

彻底失败

第十四章

挖掘工事

1944年8月底到9月，德国人全都出动，开始挖掘工事。成千上万的平民被派出去挖战壕、修堡垒，这场群众运动由纳粹党地方长官指挥，他们现在是本地区的帝国国防委员。

1944年8月底到9月，德国人全都出动，开始挖掘工事。成千上万的平民被派出去挖战壕、修堡垒，这场群众运动由纳粹党地方长官指挥，他们现在是本地区的帝国国防委员。到9月10日，仅在西部防线就有21.1万平民干活，其中主要是妇女、青少年和不能服役的老年男子。另有137支希特勒青年团和帝国劳动服务队的队伍也被派去工作，青年男女都有义务参加。在东线，又征召了50万德国人和外国劳工参加挖掘工作。帝国各地的剧院9月份全部关闭，演员、乐师和舞台工作人员成为劳动力。虽然戈培尔想保护部分电影产业，希特勒也列出了自己的豁免艺术家名单，但在元首钟爱的城市林茨，演员和歌唱家都被编入党卫军，受命到附近的毛特豪森集中营担任警卫。

希特勒从苏联在斯大林格勒战役中的艰苦防御学到教训，在1944年3月指定把莫吉廖夫、波布鲁斯科和维捷布斯克建成堡垒，“要让它们受到包围，然后牵制住尽可能多的敌军，为成功反击创造条件”。这三座城市全都在夏季大溃败中丢掉了，但在西线，这种模式发挥了较为理想的作用。美军付出惨重的伤亡代价，才拿下布列斯特——而且这个港口受到极其严重的破坏——德国守备部队还控制着鲁瓦扬（Royan）、拉罗谢尔（La Rochelle）、圣纳泽尔和洛里昂（Lorient）等大西洋沿岸港口。在东线，随着国防军撤过维斯杜拉河，如今又有20个位于德国东部和波兰的城镇被指定为“堡垒”。在西里西亚、但泽-西普鲁士和瓦尔特兰，很多工事都是由波兰强迫劳工完成的。在东普鲁士，大量防御工事都是在第一次世界大战之前完成的，必须进行重修，如有可能，还要重新配备武器。为了赶在秋天雨季到来之前完成这项任务，20万德国人争分夺秒工作，他们抱怨受到了强迫。批评目标主要集中于地方纳粹党官员，这些人穿着整洁的制服进出各个工地，大声发号施令，自己连一把铁锹也不拿。吃得不好，睡在粮仓里的稻草上，劳动时间很长，这些都带来不良后果，德国平民变得不太在乎给他人带来负担。但是，随着饭店招待、学生、印刷工和大学教授都结队从柯尼斯堡等城市里出来拿起铲子参加劳役，也使一种共同奋斗的感觉得到恢复。

冬季筹赈的募捐活动、夏令营和社区大锅饭早就让德国人对这种活动有了准备，多年战争已经用共同牺牲对他们完成训练。在劳特巴赫（Lauterbach），伊琳·贵肯给丈夫恩斯特写信说，“我非常愿意当一个向前看的好模范，深信自己能让他人感到羞耻”。但是，有两个年幼的孩子需要照顾，她不禁疑惑道，“我应该做什么，才能不在这场总体战运动中靠边站”。德军从法国撤回来，至少意味着她丈夫不会再受到优雅的法国女人勾引了。在她的地图集上，乎日山脉看上去离得那么近，她每天都要凝视好几遍，心里沉思着，“再往东一点，你就会到防护边界后面了。你懂的，知道帝国边界就在附近，肯定是个有意思的感觉”。

这是采取非常举措之时。7月中旬的时候，希特勒还不愿意在大后方采取“总体战”政策，戈培尔对此备感挫折。但到1944年7月20日，希特勒在一次暗杀企图中死里逃生，态度发生了转变。克劳斯·申克·冯·施陶芬贝格在他的东普鲁士野战总部放置了一枚炸弹，当时屋子里有24个人，其中3名军官和一名速记员丧生，希特勒和其余大多数人一样，只是鼓膜被震破，并有一些爆炸伤，却保住了性命。这个刺杀阴谋有一个致命弱点，即缺乏高层支持。意大利在1943年7月发生政变时，军方内部已达成明确共识，同意必须推翻墨索里尼，而在国防军中，没有这种清晰的观点。大多数共谋者都是中级军官，尽管他们试探过很多高级军官，但并没有得到支持。

刺杀行动的主脑是海宁·冯·特莱斯科夫（Henning von Tresckow），1942～1943年，他利用担任中央集团军群参谋长的机会，把鲁道夫·克里斯多夫·冯·戈尔斯多夫（Rudolf Christoph von Gersdorff）、卡尔·汉斯·冯·哈登堡（Carl-Hans von Hardenberg）、海因里希·冯·伦道夫-斯坦诺特（Heinrich von Lehndorff-Steinort）、法比安·冯·施拉布伦多夫（Fabian von Schlabrendorff）、菲力普与乔治·冯·波塞拉格兄弟（Philipp and Georg von Boeselager）及伯恩特·冯·克莱斯特（Berndt von Kleist）等人安插到重要位置。这些青年军官都有贵族渊源，高级军官容忍了他们的活动，没有进行揭发，如博克是特莱斯科夫妻子的叔叔，接替博克担任中央集团军群司令的陆军元帅冈特·冯·克卢格（Günther von Kluge）知道他们想在1943年3月趁希特勒视察斯摩棱斯克的司令部时进行暗杀，但否定了这个计划。除了埃尔温·隆美尔和法国驻军总司令卡尔-海因里希·冯·斯图普纳格尔（Carl-Heinrich von Stülpnagel），策划者们没能赢得其他高级军官的支持。在指挥链的下层，这种缺乏支持和理解的现象更为明显：阴谋者们本应人脉广泛，但实际上他们一直是孤立的少数派。

他们为了避开弱点，制订了一个缺乏可行性的计划，代号“女武神”（Valkyrie），意欲通过命令后备军包围首都的政府建筑，平定内部混乱，如政变企图或外国劳动起义。这是一个极为脆弱的计划，仅仅忠心耿耿的奥托-恩斯特·雷默（Otto-Ernst Remer）少校这一个人对调兵原因提出质疑，就使计划破产。雷默不知道自己成为陈具，他准备执行逮捕戈培尔的命令时，与希特勒通上了电话，辨认出元首的声音，于是立刻接受了粉碎阴谋的任务。7月20日傍晚，其余的政变图谋都真相大白：主要策划者要么死了，要么被捕，或者正在疯狂毁灭可能牵涉到他们的证据。雷默和他的手下带着行刑队及时赶到班德勒大街（Bendlerstrasse），施陶芬贝格确信他的同代人不会理解他们的行动，表示他“知道将在德国历史上被写成叛徒”。在当时他的这个看法没有错。

广播在下午6：30发表简短公告，公开了这次政治企图。然后，午夜刚过，人们就听到了希特勒的男中音——他说话缓慢稳重，不过有一点气喘吁吁。“德意志民族同志们，我不知道如今已有多少次想置我于死地的企图得到策划和实施，”元首开始讲话，“如果我今天向你们讲话，首先，是为了让你们听到我的声音，你们应该知道我安然无恙；其次，是为了让你们了解一桩德国历史上前所未有的罪行。”他继续说，“一小撮野心勃勃、不负责任同时又愚蠢无知的军官策划了一个阴谋，想消灭我，还有与我在一起的德国国防军将领”，并向全国保证，“我自己完全未受到伤害，我把这个事件视为天授神命的确证，将像以前一样，继续走完生命中的道路”，他还发誓要消灭犯罪分子。希特勒的讲话只有6分钟，之后赫尔曼·戈林和海军司令卡尔·邓尼茨接着发表了讲话。第二天，电台又重播了这些演讲。它们带来的冲击宛如地震。

在柏林的策伦多夫区，彼得·斯托尔腾的父亲在给儿子的信中简单地表示了震惊，“他们怎能这样危害前线？”他在日记里更全面地表达了自己的看法：“看上去他们好像认为战争已经失败了，想拯救他们能得救或者可能有救的东西。但这整个事件……在此时刻只能导致内战和内部分裂，引发新的后背插刀的神话。”这是一种慎重反应，害怕失败甚至内战的人不止他一个。根据帝国保安总局在纽伦堡所做的报告，甚至那些对纳粹党持批评立场的人也深信，“只有元首能掌握局势，他如果死了，将导致混乱和内战”。这个地方性报告补充了一个坦率而有意思的记录：“即使在倾向于军事独裁的圈子中，人们也相信这次政变的准备和实施都很业余，参与的军人并没有在最危急的时刻接管国家政权的能力。”显然，1943年夏天信口开河谈论改换政权的事情已成过去。在柯尼斯堡和柏林的大街上和商店里，妇女们听到希特勒幸运逃生的消息后，据说都流下了眼泪，“感谢上帝，元首还活着”是安慰话语。

宣传部和纳粹党匆忙组织自发集会和感恩祈祷，庆祝希特勒获得“神意拯救”。不过，参加活动的民众多得惊人，他们表达感激时流露的都是真情，说明他们是真心实意的。纳粹党以前很难在帕德伯恩和弗赖堡这些天主教核心区组织集会，现在参加活动的人数却创了纪录。家家户户都相互写信，对希特勒的奇迹逃生表达宽慰和兴奋之情：没有军事审查员或宣传家强迫他们这样做。

同盟国使用科学技术调查他们的宣传对德国战俘产生的作用，发现信任希特勒领导的人从7月中旬的57%上升到8月初的68%，这让他们很是丧气。在这一阶段，纳粹政权并未把这种信任与宽慰与德国军事地位的信心错搅在一起。正如纽伦堡州法院院长所报告的，“人民的心情非常低落，毫不意外是东线形势所致”。但这次危机产生了一个刺激效应，所有的报告都证实，人们认为所有进行总体战全面动员的障碍“现在终于”被清扫到一边了。

很多刺杀阴谋参与者都来自中央集团军群，这支部队刚在白俄罗斯的大规模包围战中折损了一半兵力。纳粹政权立即把失败归咎于那些叛乱军官。帝国中央保安总局报告说，“民族同志们”现在都对斯大林在1937～1938年清洗红军军官团表示敬仰，认为“斯大林是所有领袖中唯一清醒的人，想背叛他根本不可能，因为他已经预先清除了那些虽然很重要却靠不住的人”。非常粗俗的罗伯特·莱伊很快放大了这种感情，他在“德国劳工阵线”的机关报上发表文章，激动地使用了以前只形容犹太人的词语：

> 他们堕落到了骨子里，是纯种的白痴，腐败得令人厌恶，并且胆小如鼠，是犹太人派来拿着炸弹破坏国家社会主义的门阀贵族，现在成了凶手和罪犯……必须斩草除根，消灭这些寄生虫。

莱伊的长篇大论是个例外，戈培尔命令媒体谨慎报道，不要对整个军官团进行攻击。希特勒把这些刺杀者称为“一小撮”——而他们确实也是这样。他们在德国政府中没有赢得任何重要力量的支持：尽管很多策划者来自军队或外交部，但这两个机构中的高层官员在危机中始终保持着坚定的忠诚。

此后，希特勒不仅完全依赖北方集团军群新任司令费迪南德·舍纳尔（Ferdinand Schörner）将军这样的纳粹将领，也更看重“不关心政治”的军人，如他在7月21日立即任命经验丰富的坦克指挥官海因茨·古德里安为新的总参谋长。年纪已老的保守派民族主义者格尔德·冯·伦德施泰特也被召了回来，先是坐镇清洗军官团中的同僚，然后在9月又一次到西线担任总司令——他在7月初曾告诉最高统帅部，盟军入侵无法阻止，当时被希特勒免职。希特勒虽然对整个军官团都不信任，尤其反感总参谋部，但他还是知道怎样利用这些人的忠诚和能力。此时对约翰内斯·布拉斯科维茨将军来说是个好机会，他在1940年曾因一再反对党卫军实施暴行而被解除驻波兰德军总司令职务。7月暗杀事件发生后，布拉斯科维茨发誓说，“这个卑鄙的罪行发生后，我们要更加紧密地团结在（元首）周围”。他在法国南部的撤退行动中证明了自己的才能，被任命为驻荷兰的H集团军群司令：英军已经进入比利时，他的重要任务是防止英军绕过莱茵兰防线，从荷兰南部攻入德国北部。布拉斯科维茨将全力报答希特勒的信任。

当舍纳尔在爱沙尼亚和拉脱维亚接掌兵力50万的北方集团军群时，发布了反映希特勒末日观的命令，坚称阻止布尔什维克主义的“亚洲洪水”是完全必需的。为了制止德军后退和拉脱维亚辅助部队脱逃，并以恐怖手段灌输忠诚思想，舍纳尔对怯战者、失败主义者和脱逃者做出的死刑判决数量创造了纪录。处决德军士兵不再局限于行刑队，舍纳尔在越来越多的命令中要求执行绞刑，还要把写明罪行的羞辱性牌子挂到囚犯身上：此前“不荣誉”的死亡只保留给犹太人和斯拉夫人。德国军队日益崩溃，国防军指挥官们都在竭力阻止这一趋势，舍纳尔只是其中的一个极端代表。甚至虔诚的新教徒布拉斯科维茨也开始以严厉手段打击大溃逃的行为，在接下来的数月时间里，他还将下令枪毙更多脱逃士兵。10月31日，伦德施泰特建议把脱逃者的亲属关进集中营，并没收他们的财产——这种措施以前只对少数7月刺杀阴谋者的家人实行过，而且这些人的妻子和孩子没过几个星期就获释了。

尽管其他高级将领也建议实行这种亲属连坐的手段，但没能大规模推行起来，而且持反对意义的竟然是最意想不到的部门。帝国中央保安总局是获准抓捕逃兵亲属的机构，但它拒绝对德国人实行集体报复制度。盖世太保和帝国中央保安总局没有立即在大后方采取这种措施，而是继续以个案性质为基础斟酌其决定。例如在乌尔茨堡，盖世太保不愿意对一名在意大利前线脱逃的士兵的父母进行惩罚，因为它发现没有证据表明他们是反民族社会主义分子；拖拖拉拉调查了九个月后，盖世太保结束了这个案件。纳粹政权尽管把强制手段推到新的水平，不过仍然不准备在后方使用无差别的大规模恐怖政策，而在欧洲占领区却肆无忌惮这样干过。

在其他方面，暗杀事件发生后纳粹领导层的心情更为迫切，最冷酷和最有效率的领导群体形成了一种实质上的“四人帮”。德国各地的防务职责日益交给地方长官，而马丁·鲍曼控制着纳粹党，所以地位更为重要。希姆莱除了掌握内政部、警察和党卫军，又成了后备军司令，几乎垄断了帝国的强力机构。戈培尔终于当上了总体战全权代表，他从1942年年初就在谋求这个位子。现在他至少在理论上能够撇开为了帝国国防而进行的无限制动员，有了确定民用经济需求和文化消费的新动力。这个内部小圈子的第四号人物是军备部长阿尔伯特·施佩尔，其获取最稀缺资源的能力受到前所未有的检验。希特勒的注意力更多放在微调军队指挥官方面，而这四个人都想插手对方的势力范围，在管理大后方时不得不既竞争又合作。

8月份，希特勒青年团领袖阿图尔·阿克斯曼（Artur Axmann）发出号召，呼吁1928年出生的男孩志愿加入国防军。各地的“希特勒青年团”群起响应，不到6个星期，70%的这个年龄段的男孩都报名参军。父母们对这个号召或许感到恐惧，但基本上没有人阻止青少年从军。在战争刚开始的那几年，特别是在西线获得大胜后，青少年围住征兵办公室，急切想入伍，以便为国奉献；在很多人看来，这种爱国冒险的感觉在1945年仍然没有消失。9月25日，新的民兵组织人民冲锋队（Volkssturm）宣告成立，它的名字由1813年反抗拿破仑的“解放战争”和普鲁士传统民兵组织“国民军”（Landsturm）浪漫糅合而成的。20世纪20年代，军事战略家们研究德国在1918年没能背水一战的原因时，就曾呼吁对平民进行全面动员。阿克斯曼起初要求自愿参加，然而“人民冲锋队”招人并非依靠自愿，家长们在1944年年底受到威胁说，如果不让他们的儿子报名参加，就要受到法律制裁。不过只有一小部分人受到这样的威胁：当时大多数希特勒青年团成员早已自愿报名了。随着征召目标扩展到16岁到60岁的男子，地方长官们受命利用这次最后的征召活动组织起600万民兵。而潜在的预备人员数量更大：如果把每一个体格健全的德国男子都征召起来，“人民冲锋队”总兵力可达1350万——德国武装部队官兵总数才有1120万。

征召人民冲锋队本来是为了弥补军队在夏季战事中遭受的损失，但这个民兵组织太过庞大，德国无力对其进行装备。实际上，国防军自己在1944年10月就缺少71.4万支步枪。德国兵工厂每月生产的标准步兵卡宾枪只有18.6万支，已经无力适应雄心勃勃的“人民的崛起”。到1945年1月底，人民冲锋队只弄到4.05万支步枪和2900挺机枪：而且主要都是外国货和过时装备，能用的弹药很少甚至没有，招来的民兵很少有机会进行实弹练习。当局为了把青少年训练成未来的士兵，倾注了非常多的精力，建立了专门的训练营，而对中年人则不大关心，简直把他们当炮灰，训练时间很少超过10到14天。因为装备不足，临时凑合是家常便饭：4管20毫米口径防空炮屡屡被改作步兵使用，从飞机上拆下来的机枪被装到三脚架上，甚至用发令枪发射手榴弹。

高射炮辅助部队早就招收了1万名纳粹妇女组织的女志愿者，她们负责传递信息、操作探照灯和重炮的雷达指示系统。随着男孩们去接受人民冲锋队训练，他们的防空岗位经常由德国少女联盟和帝国劳工服务队中的女孩接替。与此前在军队里担任电话接线员和打字员的妇女穿着的得体制服不同，新招募的女成员只能捡男性前任留下的肥大制服穿。现在随着德国妇女拿起手枪保卫炮兵阵地，德国男人主外，保护家里的妇女儿童的神话完全破灭了。1941年的时候，大后方听众都毫不迟疑地认为布尔什维克女枪手是违反女人天性的怪物。如今德国妇女也打破了这个最后的文化障碍，已经没有人再感到惊奇了。

创建人民冲锋队也把纳粹保护德国儿童的措施置于尴尬地位：把儿童从城市中疏散出去的意义在哪里，只是派他们骑着把手上捆着反坦克手榴弹的自行车去打坦克吗？国家的未来危在旦夕，奉献和牺牲成为压倒一切的要求。后备军和人民冲锋队新任总司令海因里希·希姆莱向军队的征兵人员解释为何他们应该听从自己的决定，“把15岁的人派上前线”：“牺牲年轻一代，保住整个民族，总比保住年轻一代，却牺牲全民族8000万～9000万人强。”希特勒在建立人民冲锋队的命令中警告说，敌人的“最终目的是灭绝德国人民”，现在他的“1918年11月绝对不能重复”的政治信条受到检验。

男孩和女孩们都举行入伍宣誓，在练兵场上举行过仪式后，立即遇到的问题是如何获得制服和装备。在莱茵兰，15岁的雨果·斯特卡姆普（Hugo Stehkämper）与他的战友得到的是战前的黑色党卫军制服、棕色的托特组织（Organisation Todt）大衣、蓝色的空军辅助部队帽子和法国钢盔。为了给“人民冲锋队”成员发制服，德国各地的国防军、警察、铁路、边防军、邮局、冲锋队、国家社会主义卡车司机、帝国劳工服务队、党卫军、希特勒青年团和德国劳工阵线等机构的仓库都被翻了个底朝天。之所以如此重视配发制服，原因是害怕“人民冲锋队”成员会被敌方当成“非正规军”枪杀，德军曾在1939年以此理由处决波兰志愿兵。

纳粹政权也认识到，国防军可以向红军学习意识形态控制，德国版的政治委员“国家社会主义督导官”（National Socialist Leadership Officer）尽管作用不是太大，1944年秋也在迅速增加。这些人都是志愿者，在履行正常军事职责的同时，兼职进行鼓舞士气和教导的工作，不过没有撤销上级命令的权力。其中一个新志愿者是奥古斯都·托波韦恩，尽管这位来自索林根的高中教师厌恶纳粹主义的反基督教本质，并且对屠杀犹太人感到震惊，但他和其他很多新教保守主义者一样，依然认为犹太世界是德国的一个敌人。早在1939年10月，他就把欧洲分为三个地区，“西方民主区、中部国家社会主义区和东部布尔什维克区”，并断定只有德国才拥有保卫欧洲文化不受“亚洲野蛮人”侵犯的决心——当时德国和苏联仍然是盟国。托波韦恩相信犹太世界腐蚀了西方民主国家，他的分析预示了戈培尔后来的宣传，但他并不是纳粹党员，其观点源自反自由主义、反犹和反社会主义的保守民族主义。此外，托波韦恩和很多国防军高级军官一样，都是一战老兵，他们都有一个基本原则：坚决不让1918年的革命崩溃再次上演。1944年10月，随着德国的防线再次稳定下来，他在日记中骄傲地写道，“但是感谢上帝，革命精神依然很遥远！”托波韦恩经常对希特勒的领导表示怀疑，但在11月初，他向自己承认，“越认识到希特勒不是人们祈祷的那个神，我就越觉得与他命运相连”。随着托波韦恩担心民众对德国的事业产生动摇，他认识到没有任何人能代替希特勒的领导地位：他可能不是弥赛亚式的救世主，但现在除了他，谁也救不了德国。

另一个不同寻常的志愿者是彼得·斯托尔腾，他也在国防军里从事新的宣传工作。他打趣地告诉母亲，自己已经成为“（戈培尔）博士的一个男孩”。到1944年年底，已有4.7万名军官成为“国家社会主义督导官”，这些兼职“政委”的主要任务是教育手下人用“不可阻挡的意志消灭和仇恨”敌人。斯托尔腾确信，必须不惜一切代价阻止苏联前进。虽然他日益明白，这场战争要输了，但他不许自己推波助澜。相反，他敬重华沙的波兰战士，从那些人身上学到了英勇的自我牺牲。他向未婚妻多萝茜保证说，他仍然“从心里厌恶国家社会主义没完没了地空喊口号”，“一张信息传单”也没看过，“刚刚临时准备”，不过他的谈话没有陈词滥调，可能更为可信，毕竟它们出自一名在前线有过杰出功绩的坦克指挥官之口。

把波兰人当成模范的不仅是斯托尔腾，甚至得到希特勒授权、要把华沙从地图上抹掉的海因里希·希姆莱现在也用波兰的“劣等人”来激励他人，他告诉纳粹党、军队和商业领袖说：

> 没有哪个大城市或被打成废墟的战场像这样英勇抵抗过……我们必须保卫……祖国……“直到最后一颗弹药”的话绝不能是空谈，而要成为事实。我们的神圣职责就是确保国防军和“人民冲锋队”在每个不幸受到围困的德国城市中，都把悲伤且代价高昂的华沙作为榜样。

这种比较并非夸张。那年秋天，在古德里安的指导下，德国的东线军事战略发生转变，不再挖掘连绵不绝的堑壕，不久前放弃的沿着第聂伯河而建的阵地不会再重现。相反，军事工程人员利用征来的平民劳工，把华沙、柯尼斯堡、布列斯劳、屈斯特林[①]（Küstrin）和布达佩斯特等城市变成强化要塞。他们要成为抵抗苏联的“堡垒”，就像苏联用莫斯科和斯大林格勒阻挡德军一样。

出乎所有人的意料，新的防线在1944年10月守住了，苏军和盟军向帝国推

① 科斯琴的旧称。——编者注

进的步伐受到阻挡。之所以如此，部分原因在于德军的孚日山脉南部的阵地很坚固，巴顿的部队不容易穿过萨尔地区与阿尔萨斯的帕奇部队取得联系。英美军队也因后勤能力已达瓶颈而头痛：所有的补给还是要从诺曼底和马赛通过陆路运输。尽管盟军已经在9月4日拿下安特卫浦，但德军一直把该市的港口控制到11月，然后将其炸掉。盟军集中力量重开安特卫浦港口并缩短补给线时，德国人也对西部防线进行了重新装备，并开始在西线集结兵力。

在东线，红军原来在北方的波罗的海地区与凭借沼泽、河流和坚强工事固守的北方集团军群，10月初突然挥兵向西。随着苏联军队首次越过战前的德国边界，突入东普鲁士的贡宾嫩地区，占领了格尔达佩（Gołdap）镇和内莫斯多夫（Nemmersdorf）村，并且切断了梅默尔[①]（Memel）半岛上30个德国师的退路。新组建的东普鲁士人民冲锋队匆忙上阵，在特罗伊堡[②]（Treuburg）、贡宾嫩和安格拉普河（Angerapp）一线努力挡住了俄罗斯人的攻势，直到机动预备队赶来支援。10月初，国防军在东普鲁士发动反攻，苏军面临被包围的危险，被迫撤回自己的边界。柏林还在600公里以外，红军的夏季攻势在维斯杜拉河和喀尔巴阡山脉一带停住了。

西线的很多德军部队曾在9月陷入大恐慌，不过一个月后，像是换了个人。盟军指挥官被敌人的顽强抵抗所震惊，他们本以为德军已处在崩溃的边缘。艾森豪威尔于11月在同盟国远征军最高司令部召开危机峰会，询问为什么没有摧毁“国防军的抵抗意志”，负责盘问德军战俘及评估其信念的心理战专家们无言以对。那一年早些时候，盟军在意大利半岛艰难向前推进时，也产生相似的困惑：在那里俘获的德军士气也很高，与他们曾经预计和希望的完全相反。盟军询问德军战俘是否相信新武器时，在1943年10月只有43%的俘虏给出肯定回答，但到1944年2月，这个比例上升到58%。盟军在意大利南部登陆曾让德军感到惊慌，但他们的士气很快就稳定了下来。如今艾森豪威尔得到报告说，在西线至少有一半俘虏依然表示“忠诚于元首”，并自信地说红军是手下

① 克莱佩达的旧称。——编者注

② 奥莱茨科的旧称。——编者注

败将，没有多少战斗力。

8月底和9月初，普通德国步兵虽然感到气馁，但作为骨干的下级军官依然士气高昂，更不用说伞兵和武装党卫军等精锐部队了。但是，前线德军的抵抗变得更为顽强之前，大多数受到讯问的俘虏都断然肯定完全有必要保卫国家，并认为他们从事的是正义事业。同盟国坚持要求德国无条件投降，而且剥夺德国一切工业能力的“摩根索计划”（Morgenthau Plan）被泄露出来，是德军战斗意志更为高涨的一个原因，但现在和以前一样，最重要的因素还在于害怕遭到俄罗斯人占领。流亡作家克劳斯·曼恩是美军的德语翻译之一，受命盘问在意大利战场抓获的俘虏。1944年下半年，他问他的纽约出版人说：“为什么他们不最终停止？他们在等什么，是灾难吗？我不仅在问你和我自己这个问题，而且一直也在问他们。”其他西方专家也感到迷惑。塔维斯托克诊所（Tavistock Clinic）的资深医生、英军的主要精神科医生亨利·迪克斯（Henry Dicks）曾经访问了数百名德军战俘，曾对他们的态度撰写过标准分析，现在只能用“德国人的抑制现实能力”这种模糊概念牵强附会进行解释。克劳斯·曼恩和亨利·迪克斯都没有想到，由于不能与西方单独媾和，德军认为抵挡英美军队进攻和在东方阻挡苏联人都是必需的。

1944年10月中旬，西方盟国搞不清德国人的顽强抵抗是暂时停止，还是力量对比出现了实质性变化。军事历史学家们现在知道，夏季失败使国防军出现分裂，其战斗力元气大伤，无法得到恢复。从7月到9月底的三个月时间里，德军阵亡人数达到每天5750人的新纪录。对于夏季灾难的情况，陆军总司令部有一定的了解——古德里安首先建议组建东普鲁士国民军（East Prussian Landsturm）。即使在西线战事最激烈的时候，真正的致命打击还是在东线：1944年，东线德军死亡123.3万人，几乎占东线自1941年开战以来全部阵亡人数的一半。

在后方，戈培尔作为总体战全权代表，最优先考虑的是把男人从民用经济梳理出来，进入军队服役。到9月底，又征召了50万男性；12月底，这个数字翻了一番。希姆莱行使后备军总司令的新权力，命令已离开原单位的一切男子都要加入后备军，不管他们属于国防军、警察、武装党卫军、托特组织或帝国劳动服务队。同时，纳粹党城镇、地区和大区领导人都忙碌起来，他们把散兵游勇集中起来，送回原来的部队：到9月中旬，通过这种方式网罗了16万人。虽然这些手段都弥补不了夏季战事的损失，但增援的确发挥了作用。国防军依然是一支坚强的军队，日益依靠严峻的纪律和团队精神（esprit de corps）绑在一起。

新“四人帮”戈培尔、希姆莱、施佩尔和鲍曼的权力都来源于希特勒，这位元首高高在上，他进行干预（如果有的话），减缓最终动员对社会的冲击：元首询问，巴伐利亚人的“神经”能不能适应削减啤酒配给；他让戈培尔把一些名单增补“诺亚方舟”计划，保护德国音乐家和演员免服兵役。但即使在这时，实行此类总体战措施仍然要靠群众参与，以及让民众相信他们有一定程度的合法性。

尽管纳粹政权自上台之初就着手重塑其公民的价值观和忠诚，在这一过程中，发挥作用的既不是宣传，也不是希特勒的声望。希特勒在20世纪30年代甚或20世纪40年代时都认为，不能把他的激进反犹主义或战争观当作大国的精神需求。相反，纳粹主义在许诺和平、繁荣和轻易就能取胜时，才最为成功和受欢迎。1943年的大轰炸和1944年的军事失败让相当多的德国人接受了元首的“胜利或毁灭”的末日观。1944年秋，随着德国人认识到他们必须亲身保卫国家，同事之间不再相互谴责，有些人匆忙加入纳粹党。德国人对很多纳粹党官员甚是反感，而且更加频繁地批评领导人，但对这些人没能保卫大后方还是感到震惊，于是他们开始更为主动地保家卫国。这是纳粹政权的失败，而非成功，那些自认不是纳粹党徒的人把纳粹核心价值的道德残忍性铭刻在心。

不惜一切代价将敌人阻挡在国门之外成为人们的信条，受其影响，新一波残暴行为蔓延开来。1944年10月14日，杜伊斯堡遭遇空袭之后，人民冲锋队抓到一名从事清理工作的“形迹可疑”的俄罗斯人。他们让他当街靠墙站立，然后执行了枪决，理由仅仅是听到有人说一些俄罗斯战俘在附近一所毁损房屋的地下室里偷吃果酱。暴力活动之所以出现上升，原因是他们的无助感和恐惧感越来越强。厄休拉·冯·卡尔多夫在柏林弗里德里希大街穿过一条长长的地下通道时，脑子里甩不开她在这个“柏林上海”看到的说着多种外语的世界，而且感到害怕。当系着鲜亮围巾、留着长发的年轻男子又笑又唱，在大啤酒馆里交换东西，她就想起听到的关于这些人私藏武器的谣言。“德国有1200万外国劳工”，她沉思着（实际数字被夸张了一倍），“他们本身已经成为一支军队，有人称他们是这场战争中的特洛伊木马”。谣言确实在四处流传，说为了防止外国劳工叛乱，要把他们都送进集中营。

丽丝洛塔·伯普尔从克拉姆克来到首都，看到柏林弥漫着无忧无虑的气氛，感到高兴。“柏林就是柏林。”她告诉库特。作为纳粹政权的忠实支持者，这对夫妻觉得应该把自己的态度表达出来。丽丝洛塔告诉库特，她发现戈培尔所说的“我们将会胜利，因为我们必须胜利”在逻辑上不能让人信服，她提出一个更积极的说法：“我们能掌握自己的命运”。库特也对戈培尔在11月发表的演讲不以为然，在他看来，武器比语言更有力。

不过语言依然重要，能把德国人陷入这样的解释模式中无法自拔。戈培尔的新口号是“以空间换时间”：发誓说军队日益严重的伤亡率和1943～1944年的惨烈防守战为“新武器”的生产赢取了时间。8月30日，《人民观察家报》发表著名战地记者约阿希姆·费尔诺（Joachim Fernau）的文章《战争最后阶段的秘密》。费尔诺声称新武器威力空前，让渴望听到这种消息的读者大为振奋。他引用温斯顿·丘吉尔的话说，“我们必须在秋天结束战争，否则就是另一种结局”。德国必须坚持到秋天。“胜利”，费尔诺宛如向读者泄密般地透露说，“真的就快到了。”在一些学校，他的文章被人在班级里大声朗读；在柏林，费尔诺披露德国准备使用新武器后，人们感到极度兴奋，对此厄休拉·冯·卡尔多夫很是惊讶。当维克多·克兰普勒在德累斯顿读到这篇文章时，既像以往那样感到怀疑，又对其宣传价值很是好奇，他悄悄在日记里说，“然而它是最活灵活现的消息。广受欢迎的机密信息……一贯如此：利用‘以空间换时间’的口号和秘密武器，能让人民坚持下去”。但是，即使克兰普勒也搞不清什么是真实的，什么是宣传：“德国在打扑克牌，到底是虚张声势，还是手里真有王牌？”从夏末到秋季，其他德国人也在问同样的问题。

同时，大后方要求顽强保卫住边疆。库特·奥格尔的部队沿着波罗的海沿岸撤退时，他的手肆无忌惮地当着拉脱维亚农民的面打死他们的牲口，虽然他们知道这样做会使当地人转而支持红军。丽丝洛塔的反应迅速而干脆：

> 我很愤怒！我必须告诉你：不要再对外国人滥用你柔软的德国心肠，强硬起来。在这个世界上，没有谁比德国人更珍视或关心温柔细腻的感情，但一想到你的家乡遭受的残忍打击，如果……想一想我们将遭到野蛮的强奸和屠杀，想一想恐怖悲惨的境遇，只用恐怖空袭已经使我们的国家痛不欲生了。不，如果你们必须杀掉他们的牲口，就让那些农民哀号去吧。谁关心你给我们招致的痛苦？——对，就是你和你那真诚的德国温柔细腻的感情。不，你要尽其可能地打击敌人，这是你在那里的缘由，不要使他打击你们的难度得到降低。

10月24日，库特和第18集团军的其余部队撤到梅默尔半岛，他明白，遭受痛苦的不只是拉脱维亚农民：他们现在发射的每一枚炮弹炸到的都是德意志村庄或农场。他向丽丝洛塔写信说，感觉最糟糕的重担落到了他们的肩上。尽管过去三年中库特有过带领部队炮击列宁格勒的经历，但这是他第一次提到战争的人道损失。

彼得·斯托尔腾如今也在德国领土上战斗。为了抵达一个东普鲁士农场宿营地，他必须穿过德国疏散者的洪流。他的车碾死了有人赶着的鹅，路过一个戴着毛皮帽子随时东张西望担心飞机袭击的女孩，看到赶着马车的孩子，还有绵延数公里的哞哞叫的牲口。经历过诺曼底的战斗和波兰起义后，斯托尔腾想用文学来表达和解决自己的道德危机。他捡起逃难的平民丢下的书籍，翻找着他喜爱的作家——利希滕贝格（Lichtenberg）、奥斯卡·王尔德（Oscar Wilde）、陀思妥也夫斯基（Dostoevsky）、霍夫曼史塔尔（Hoffmannsthal）、拜丁（Binding）、埃德加·爱伦·坡（Edgar Allan Poe）和赫塞（Hesse）——但他觉得这些人不是和他说话，心情反而更为压抑，觉得“我是多么可怜”，甚至里尔克与荷尔德林也不能再感动到他。在相对平静的东普鲁士农庄里，他被累倒了。“要是你知道每个人都有多累。”他告诉多萝茜。但当新的袭击一来临，斯托尔腾的疲惫就不见了，重新焕发出活力。在行动间隙，他的感觉敏锐起来，“看到更多晨曦的美丽”，然而，另一个他则带着超然的冷漠：“我看到死亡和毁灭，看到欧洲遭到大屠杀”。斯托尔腾越来越想让自己拥有信仰，自从在诺曼底参加战斗以来，他已经陷入迷茫；他还想记住“一切命运都出自上帝的安排，要安于现状——然而还要去爱，去筹划，去建设”。他接受了自己的职责，但把未来寄托在多萝茜身上。有一次在梦中，他看到多萝茜在柏林的快速列车上等着见他，她穿着修长洁白的羊毛大衣，在隧道入口极为显眼，与她的黑发、眼睛、嘴唇和白皙的皮肤形成强烈对比——“美丽的画面”，他告诉她。

进入12月，斯托尔腾意外获得休假，突然与多萝茜团聚了。回到心爱的策伦多夫阁楼上的工作室，感觉很是奇怪，虽然父母一直使它保持着原样。他还想绘画，即使“画笔变得像爱斯基摩人的渔叉一样陌生”。他也痛苦地意识到，此前一年他的艺术知识和技巧基本上没有什么进步。他知道，“我的目标与我多年来被迫走的道路并不一致”。见到多萝茜，让他再次确信生活是有意义的，但当他首次考虑战后解甲归田时，也遇到新的危机。他如何能让多萝茜在未来与一个一文不名的艺术家一起生活呢？他们将会“毫无希望，穷困潦倒”。斯托尔腾似乎是第一次认真思考德国的失败。“这场战争结束后，下一场很快就会到来，可能只要20年吧，这种结局现在已经依稀可见了”。他返回前线后在第一封家书中就警告多萝茜说，“无论如何，在我看来，这一代人的生活似乎是以灾难来衡量的。”然而，想象着大难临头，并非意味着他准备认输。

随着盟军于1944年秋重新轰炸德国城市，丽萨·德·波尔在德国文化中找到了力量。当她听说歌德出生的房屋已被炸毁时，告诉自己说，那位作家“只能从他奉献给这个世界的《浮士德》《威廉·迈斯特》《诗与真》（*Poetry and Truth*）和《西东诗集》（*West-East Divan*）等作品中寻找和发现。当人们已经与它们融为一体，珍视着它们，给它们赋予生命，恐怖飞行员也无法将其摧毁”。她和1939年时一样，希望德国快点失败，纳粹主义尽快终结，在鲁道夫·斯坦纳（Rudolf Steiner）身上寻找精神指引，这位奥地利哲学家对歌德的作品进行了神秘解读后，创建了他的“人智学学会”（Anthroposophical

Society）。她从自己的人道国际主义观点出发，感到斯坦纳的话非常有德国民族主义特点：“它属于最神奇的命运，当外面的世界大势最不友善的时候，总会让德国人内心的力量——他们的精神力量——开花结果。”德·波尔崇敬荷尔德林和恩斯特·荣格，所以她在一位与纳粹主义没有关系的作家的话中也发现了一种民族认同。11月25日，她终于完成了纪念“阵亡将士日”的诗篇，这首纪念德国战殁者的诗已经计划良久了：

现在聚集到那边，
年轻的、深爱着的死者，
他们坐在黑船上静静地行进，
沉穆地回望这边，
回望着燃烧在我们岸边的熊熊火焰。

没有一句抱怨，静静地他们行进。
但他们明亮的足印还在，
话语——他们的遗迹——飘荡在耳边，
暗暗指引着深爱他们的人，
尽职至死。

尽管马堡还没遭到轰炸，丽萨·德·波尔知道她卷入战争只是时间问题。她重读托马斯·厄·肯培的作品，还有在俄罗斯作战时失踪的一位画家的最后一封信。她依然很实际，忙着做干果，为不断从西部逃难来的朋友打造床铺。波尔等待被盖世太保关押的女儿的消息，并且遇到一位女儿在高射炮部队服役时被杀的母亲，她问自己，“神界给德国人民规定了什么计划，要让他们受到如此沉重的考验？”

当伊琳·贵肯给恩斯特写信时，所用的话语更为简朴：“这场战争让我们受到如此艰难的考验。”深为无法团聚而苦，她在诗句中找到了安慰：“让他得到检验，他才能永远管住自己”。白天，两个孩子让她忙得不可开交，但到夜里上床后，她就知道对他是多么想念。她回想着他们的求婚时期，心中稍感舒适，但恐惧仍然得不到隐藏：“我那么爱你，但正因为这样，我心中才充满痛苦的思念。你是一个男人。你爱我胜过一切，但是尽管如此，你怎么能抚平萦绕于心的渴望？我不敢再想下去了。你毕竟是一个男人”。与之相比，当她把他们在吉森的公寓已被炸掉的消息告诉恩斯特时，语气要轻松许多：她和孩子们早已搬到劳特巴赫的娘家，那比较安全。

1944年11月4日和5日，奥古斯都·托波韦恩的家乡索林根遭到空袭，其中第二轮袭击摧毁了市中心。玛格丽特给丈夫写信说，她相信有6000人被炸死；他们家的房子和家具大都完好无损。她和16岁的儿子卡尔·克里斯托弗把家里的东西塞进被子、背包、手提箱和口袋里，挤上严重满员的火车，穿过到处是筋疲力尽的士兵和老百姓的候车室，想办法去了安全的下萨克森乡下。一想到“该死的西部”已在身后，她就感到宽慰，并发现“人们长期以来已经成为惊弓之鸟——午饭没到的时候我们必须躲进地下室”，她有点难以理解，“然而生活还在继续”。

丽丝洛塔·伯普尔数着“珍宝”，也就是被盟军空袭摧毁的德国城市——斯特拉斯堡、弗赖堡、维也纳、慕尼黑、纽伦堡、不伦瑞克、斯图加特，“更不用提我们的汉堡了”——她对“全球犯罪阴谋”满怀怒火，却又深感无力，认为这种阴谋展示出“如此无底线的仇恨、史无前例的疯狂的破坏意志。他们不知道他们在干什么！……总有一天——如果他们的眼中也涌出这种无力的愤怒——他们对他们的所作所为追悔莫及”。这封信的语调与9月份的信中表达出的顽强精神不一样，她宣称“柏林还是柏林”，“而我们呢？”她问道，“我们骄傲，却虚弱无力。如果我们能再长出翅膀……”

9月12日夜，英国空军重返斯图加特。在31分钟的空袭中，他们在老城区投下75枚重型炸弹、4300枚高爆炸弹和180 000枚燃烧弹，把5平方公里的区域夷为平地。这次袭击和7月29日时一样，斯图加特很多房屋的屋顶在那次空袭中被炸掉，并引发大火。而在这次袭击中，经由夏末干燥的空气助威，陡峭的山谷里发生了火风暴。与罗斯托克（Rostock）、汉堡和卡塞尔发生大火时一样，很多人在逃生途中被烈火吞噬。该市很多防空掩体也被烧到极度炎热，估计有1000人因此丧生，其中很多人躲在地下室时，死于一氧化碳中毒。

法国和比利时丢掉后，意味着德国的前进战斗机基地成了盟军的机场。由于英吉利海峡沿岸的高射炮阵地和警告系统已经不存在，英美轰炸机队现在可以随心所欲选择以前没有打击过的目标，而且能够出其不意。从战略观点看，1943年3月到1944年3月轰炸鲁尔区、汉堡和柏林的行动标志着空袭战进入严重的一边倒阶段。但是，英美轰炸机队继续得到扩充，使得他们的载弹量增加了14倍，精确度比1941～1942年时提高了6倍。在战争最后8个月中投掷的炸弹数量，占到整个战争期间空投总量的一半还多。

其结果是遇难者数量上升到前所未有的地步。在多特蒙德，1944年9月11日夜的空袭引发火风暴，致使8494人丧生：这次单个夜晚的死亡数量超过了埃森在整个战争期间的空袭遇难者数量。在海尔布隆（Heilbronn），12月5日夜有5092人死于空袭；12月16日，大约4000人在马德堡被空袭夺去性命。在德国死于空袭的平民中，一半以上是在1944年8月以后丧生的：战争期间空袭遇难者约为420 000，其中1944年8月之后为223 406人。

除了火风暴极端恐怖，这些空袭中平民死亡率多到不成比例，也出乎人们的意料。这些城市的居民是最频繁遇到轰炸的，如埃森、杜塞尔多夫、科隆、卡塞尔、汉堡和柏林的人多年来早就知道何时待在大街上有危险、上班路上在哪里能找到防空洞。在慕尼黑、奥格斯堡（Augsburg）、斯图加特、维也纳和萨尔茨堡（Salzburg），人们现在必须适应来袭速度更快、破坏力更强的轰炸。在那些首次遭到空袭的城市中，既没有时间，也没有物资去建新的防空堡垒。随着盟军将袭击目标指出此时还作为疏散安置中心的地区，德国人发现已找不到真正安全的地方。

随着战况恶化，关于新武器的流言都集中到德国明显最缺乏的武器——战斗机上了。"人们到处都认为，除非打破敌人的制空权，否则无法扭转战争局势。"宣传部在11月所做的一份全国性报告说。流言并非空穴来风：此时一个Me 262战斗机飞行员正在进行训练，甚至已在8月和11月偶尔进行了实战，但由于发动机经常出故障，新年之前无望进入现役。工程师们想尽一切办法，设计新型喷气式飞机，其中包括亚历山大·利皮施（Alexander Lippisch）的首款革命性的三角翼冲压喷气式飞机。但是，德国此时已经无法从土耳其和葡萄牙获得铬、钨和铝土等物资，只能依靠库存资源生产高等级合金钢和铝合金。9月初，美国空军对合成油设施发动了三次毁灭性的空袭，德国空军的生命线受到沉重打击，德国领空的战略控制权发生决定性转变。德国空军缺乏航空燃油，飞行时间受到极大制约，新飞行员得不到充足的训练，就被派去与数量占绝对优势的敌机作战。1944年下半年，德国空军实际上已被消灭，损失的飞机达到20 200架。

此时德国如同患上疟疾，气氛在希望和无助间剧烈变换，戈培尔发动了一场关于“布尔什维克恐怖”的新宣布攻势，与1943年4月和5月时的卡廷森林案宣传如出一辙，只是受害者不是波兰军官，而是德国平民。苏联军队在1944年10月突入东普鲁士时，曾用两个坦克营攻占了小村庄内莫斯多夫，在那里及其附近的桥梁驻守了两天，即10月21～23日，面临德国反攻时才撤退。这个村庄有637位居民，当时大多数人都逃走了，苏联军队到来后，朝留下来的人挥手。一些占领者和被占领者建立了正常关系——他们高兴地接受了食物，并且断断续续地进行对话——不过到处都发生德国人遭到殴打、抢劫、强奸或屠杀的事件。当德军收复这个村庄后，“人民冲锋队”成员发现了26具平民的尸体，把他们葬在村公墓的集体坟墓中。消息像野火一样传开，第二天，海因里希·希姆莱的私人医生卡尔·盖伯哈特（Karl Gebhardt）博士带着几个纳粹党、党卫军和警察方面的委员来到这里。10月25日，一队宪兵也到了，并且又进行了搜索，不过没有发现新的遇害者。他们把13具女尸、5具儿童尸体和8具男尸从集体坟墓中挖出来，放到地上让医务人员拍照、鉴别和检查。他们发现，除了村长，大多数被杀的男人和女人都是老人，死因是头部中枪。尽管他们怀疑只有一年轻女性生前曾遭强奸，摄影师却不这样看，拍下这些女受害者裙子掀起、长袜被褪下来的照片，而尸体至少已经被移动过两次了。此事可能是盖伯哈特在摄影师到达前命人这样做的，他既是德国红十字会主席，又用集中营女囚犯做实验。

这种屠杀与很多德国调查人员在苏联领土上的所作所为差不多，其中一位德国高级参观者在日记中宣称，曾看到妇女和儿童被钉死在谷仓大门上，尽管宪兵没有这类证据的记录，但妇女儿童在十字架上被钉死的故事成了德国媒体的大头条。记者们的报道缺乏细节，戈培尔让他们想办法弥补，以传达出“诗意的真实”。东普鲁士屠杀是第一次发生在德国领土上的此类事件，但非最后一次，它使德国人相信，无尽渲染的苏联威胁是实实在在的。和宣传卡廷事件时一样，取消了平时禁止展示暴行镜头的规定，报纸和新闻影片都采用了26具遗体的图片。《人民观察家报》把被杀儿童的照片刊登在头版，内莫斯多夫成为“亚洲野蛮”行为的同义词，激起德国人对“犹太政委”的狂热仇恨。

在东普鲁士，苏联军队的10月入侵和德军的成功反击都留下深深的印记。重新组建的中央集团军群司令莱因哈特中将给妻子写信说，“我们重新收复贡宾嫩南部地区以后，看到布尔什维克给那里带来的浩劫，心中充满了愤怒和仇恨”。在帝国其他地方，内莫斯多夫事件的影响多有不同。一些人怀疑消息的真实性，戈培尔在日记里承认，“关于内莫斯多夫的报道只有一部分人相信”。人们也指责纳粹党没有及时将那里的平民疏散到安全区域。在离内莫斯多夫更远的地方，人们疑问为何要担心俄罗斯人，就是“因为他们在东普鲁士杀了几个人吗？”

斯图加特位于德国西部边陲，那里的居民觉得贡宾嫩是战前帝国境内距他们最远的地方，而且属于传统的士瓦本地区，本就对普鲁士的一切都有敌意，随着战争拖延不决，这种敌意变得更为强烈。此外，斯图加特人仍然没有从9月12日的轰炸及其后的大火中恢复过来，对一切宣传信息都深为怀疑。根据态度极为悲观的斯图加特帝国中央保安总局办公室传递的舆情报告：

> 领导层应该认识到，看到这些受害者后，每一个有思考能力的人都会联想到我们在敌人的领土上犯下的暴行，甚至在我们德国也有。我们没有屠杀成千上万的犹太人吗？士兵们没有一而再、再而三地报告说波兰犹太人必须给自己挖坟墓吗？我们在阿尔萨斯的（茨维勒）集中营里是怎样对待犹太人的？犹太人也是人。我们干下这一切，也就向敌人表明，他们如果得胜了，也能这样对付我们。

这种声音和1943年时的议论差不多，当时戈培尔和希姆莱用警告和杀一儆百封住了人们的嘴。现在遇到新的危机，同样的言论又出现了。纳粹政权还想利用内莫斯多夫煽动对“犹太恐怖”毁灭的恐惧，以打击失败主义，却又一次因为它使冤冤相报的循环愈演愈烈而遭到批评。在这种狂热的气氛中，在电车里随便讲一句话，一些乘客立刻就会把话题转到这方面来，“人必须有慈悲之心，我们对犹太人和波兰人犯下的罪孽已经够多了，会遭到报应的”。陌生人公开议论“犹太战争”该怪罪谁，显示德国人的士气又出现周期性下降。与卡廷事件不同，内莫斯多夫的26具尸体不够残暴，没有引起国际关注。

1944年7月24日，苏联第2坦克集团军解放了拉布林外围的马伊达内克（Majdanek）集中营，这里的党卫军看守逃跑了，丢下1500名苏联战俘。囚犯们向解放者指示了指挥官的住所和建筑物资仓库；党卫军看守和囚犯们的营房；三个毒气室、焚尸炉和大规模枪决时用的壕沟；成堆的衣服、无数鞋子和小山一样的头发。这个集中营关押的主要是波兰和苏联战俘，用于为拉布林的工厂服务，但它也是一个灭绝营，有200 000波兰人、斯洛伐克人、罗姆人和红军俘虏在此被杀害。苏联的推进速度太快，党卫军没有时间把这个集中营毁掉。马伊达内克集中营是第一个获得解放的集中营，而且保存最为完好。苏联立即认识到其价值，外国记者被邀请到该集中营参观，照片和电影镜头传到了全世界。盟军散发传单，到8月底，马伊达内克毒气室和焚尸炉的详细报道传到德国各地。

在红军士兵看来，马伊达内克成为德国人如何对待他们的战友的标志，证实了他们曾经屠杀过很多民族的人，却把苏联公民挑了出来。除了伊利亚·爱伦堡（Ilya Ehrenburg）和其他作家写文章告诫俄罗斯人，要对德国在占领期间犯下的罪恶进行报复，马伊达内克的景象也让很多人铭记在心。苏联第5炮兵军的年轻军官尤里·乌斯宾斯基（Yuri Uspensky）认为，马伊达内克的恐惧景象并不亚于他在斯摩棱斯克地区被解放的村庄里目睹的德国暴行；当他随部队向东普鲁士进攻时，无法忘记“德国人在马伊达内克犯下的残忍行径”，认为它们比他的部队实施的最恶劣的行为“坏上100倍”，虽然他对自己人作的恶也感到震惊。

那年12月，厄休拉·冯·卡尔多夫把自己锁在朋友公寓的厕所里，阅读《日内瓦日报》（*Journal de Génève*），该报详细报道了成千上万妇女和儿童在奥斯威辛-比克瑙集中营被毒气杀死的事件，其内容是由两名4月间从该集中营逃出来的斯洛伐克囚犯提供的。尽管卡尔多夫已经知道大规模屠杀犹太人是事实——而且她自己还帮助犹太人躲藏过——但如此详细的报道还是使她一时间难以接受。“会有人相信这种恐怖的报道吗？”她在日记里问自己，“它不会是真的，哪怕最野蛮的狂热分子肯定也干不出这样残忍的暴行。”

很多人在承认那些事已经发生前，第一反应通常是不相信。受害者在灭绝营里被大规模电死或毒死的消息非但没有消失，在1944年反而越传越广，整个帝国都知道了，就连处在意大利的德国战俘的盟军观察员都听到有人在议论。好奇心促使人们打破在这些秘密地点究竟发生了什么的禁忌话题，他们说起像柱子一样站立的尸体，可能没有意识到受害者之所以如此，是因为在黑暗中挣扎着想靠近毒气室的天花板，呼吸残存的氧气。甚至真实的详情也受到误解，这样的谈话表明，人们试图把碎片信息拼成完整的故事时是多么困难，这也是可以想见的。就像有记号的钞票一样，大规模电杀的传说也表明，灭绝营的消息已经广泛流传，不过仍然不是每一个德国人都知道。

随着德国人把盟军轰炸与屠杀犹太人画等号，他们也把自己视为受害者，认为这两件事都给他们带来灾难。7月刺杀阴谋失败后，警察手段严厉起来，人们本来预想会谨言慎行。同情阴谋者的厄休拉·冯·卡尔多夫确实担心被抓起来，在公开场合说话时小心翼翼。但和斯图加特和柏林遭到轰炸时短暂出现的现象一样，人们不需要阴谋联系，很快就公开谈论起屠杀犹太人的事件。不管他们是被现实存在的恐惧推动，还是跟别人公开讨论有关媒体把“犹太恐怖”和大屠杀相提并论的报道，这种社会反应清楚表明一件事：这不是（至少还没发展到）一个只受独裁恐怖的逼迫而继续进行战争的“原子化”社会。很多德国人觉得有权利表达自己的观点，不管他们如何批评纳粹政权，他们都认为自己忠心耿耿，没有动摇。

然后，有人觉得能为纳粹政权出谋划策。1944年11月和12月，热心公民给宣传部写信提出建议，甚至在其中附上自己起草的传单，想让当局空投给盟军。“英国人、美国人、俄罗斯人，听听我们的声音，”凯撒斯劳滕（Kaiserslautern）工学院的一位主管起草的传单这样说：

> 不要再为犹太吸血鬼牺牲你们的生命，他们为了统治世界，把你们赶进屠宰场……基督徒们，你们永远不应为犹太人战斗！……帮我们创建一个没有犹太人的美国和欧洲。

这个传单草案很让宣传部某个人感兴趣，他把里面的关键措辞给画了出来。传单仿照马克思的著名口号结尾：“全欧洲国家团结起来！”戈培尔的记者们不再像1944年5月和6月初那样建议对同盟国进行集体惩罚，转而劝说英美的工人和士兵，想让他们明白受到了愚弄，与他们的天然盟友德国在作战。但如一位汉堡的老医生所哀叹的，英国人可能永远也不会明白：所以，传单必须“符合那些脑筋不太灵光的人的特点”，而且即使如此，他们也未必理解，因为“我们德意志人习惯和受过教育的民族讲话……说英语的人达不到这个层次”。

在帝国各地，为帝国中央保安总局、宣传部、党务府和各州高级法院院长监控民意的人忙碌起来，描绘着日益不满的民族同志的舆情变化。一些人总是极为悲观，记录了很多对纳粹政权的批评，如斯图加特的帝国中央保安总局分部；还有一些人却报告说形势一片大好，弗赖堡的帝国保安总局就是这样。国防军在9月份说服戈培尔让它加强自己的宣传行动，以监控并引导公众舆论。戈培尔容忍其他机构插手他的势力范围，说明虽然发生过7月刺杀阴谋，国防军在公众心目中的地位依然比纳粹党高。决定民众士气的还是军事形势。在西线，德军慢慢从法国败退中恢复过来。人们在9月初就公开宣称有些地方要失守了，但过了三个星期，他们还没听说这样的消息。于是他们定下心来，“忠顺地履行职责”。

12月15日，伊琳·贵肯给恩斯特写信，说到更多埃森遭到空袭的消息。所有躲在市政厅地下室的人都死了，伊琳听说2500人遇难，3万人无家可归。他们自己依据的受损情况比她预想的轻一些，一枚炸弹落到那栋建筑前面的院子里，虽然房屋已经没有办法居住，但里面的东西基本上都完好无损。只有恩斯特在战前买的纪念品草帽被炸飞了，正好落在外面街上的弹坑里。同时，他们的家具都安全存放在她姑妈家里，只有厨房用具、沙发和餐具柜因为太重了，还放在被炸的公寓里。在总结好运和霉运时，马上遇到的最大麻烦是要收留伊琳的姑妈住下来：虽然只需要3天，但对她来说已经太长了。姑妈终于在12月17日离开，这一天伊琳又听到其他的好消息。报纸转载了瑞士媒体的一篇报道，说大约500架敌机被德国新式战斗机击落。她一想到现在——终于——能够获得空军的保卫，精神就振作起来。

12月17日，德国遭受的空袭确实大幅度减少，原因是国防军在西线发动了一场大规模反攻。行动前夜，伦德施泰特在公告中激励手下官兵："西线将士们！你们的伟大时刻到来了，强大的攻击部队今天正对英国人和美国人发起反击。我无须多说什么，你们都感受到了：破釜沉舟！"戈培尔不敢贸然让民众期望过高，没有让媒体大肆宣传。国防军在12月18日发表广播公告时，简要提了一下这次行动，这是德国首次公开宣布。直到第二天，报纸才在头版进行报道。甚至《人民观察家报》也没像往常那样极尽吹嘘，只是宣布"西线在进攻"。国防军依然有能力发动大规模攻势，这让人们又惊又喜，很多人"如释重负"。塞普·迪特里希（Sepp Dietrich）的党卫军第6装甲集团军向北进攻，曼陀菲尔（Manteuffel）的第5装甲集团军突破美军防线，向南部的巴斯托涅（Bastogne）镇挺进，宣传部接到的报告说，民众对这个消息的反应恰如"久旱逢甘雨"。在柏林，为了庆祝很多人快乐所称的"元首的圣诞礼物"，几乎所有的圣诞季烈酒配给都被消费掉了。

与北方集团军群残部一同被困库尔兰（Courland）半岛的库特·奥格尔说，甚至冷漠的老兵也在激动地叫嚷，"嘿，我也想在那里参加战斗！"当他们在地图上查看行动进展时，库特发现他的炮兵连在1940年的进攻中就是沿着那条路线穿过卢森堡。12月21日，他听说在西线俘虏了2万美军。恩斯特·贵肯则描述俘虏数量达到6万，他马上还发现这场攻势解除了他和战友们在伊森海姆（Issenheim）坚守的阿尔萨斯桥头堡所受的袭击。随着乐观的报告不断涌过来，宣传部认识到把这次反攻与1940年迅速击败法国的行动相比是很危险的，戈培尔立即开始降温，派便衣人员到街上向民众宣传这是一场比较有限的胜利。然而，随着希望突然重新燃起，在赖兴贝格、勃兰登堡、德绍，甚至在比较消沉的汉堡和斯图加特，人们都想象着能迅速取得战略胜利，结束西线战事。德国人曾在5月份对“西部防线”寄予同样的希望，秋天的时候对于神奇武器也有过微弱的胜利企望。12月中旬，德国人又有了同样的心情，其战略考量基本上都是一样的：只要能迫使英国和美国提出和平，那么就能把国防军的全部力量调集到东线。

实际上，希特勒考虑发动这次大反攻时，也和德国民众的想法差不多。戈培尔和日本大使向他建议说，应该与苏联和谈了，而他的回应是东线战事必须有个终结，西线和平只能靠实力来实现。阿登高地（Ardennes）进攻的目标是从北方夺取安特卫浦，如果能够重新拿下这个港口，英军和美军将再次受困于陆上运输线。在这个乐观的计划中，德军西线部队或许能迫使西方盟国提出单独媾和。

德军于12月23日抵达比松维尔（Buissonville）和策勒，距默兹河不到8公里，但他们一直无法渡过这条大河。德国装甲部队曾经利用大雾掩护自己的行动，但到圣诞夜，浓雾已经消散，而安特卫浦依然遥不可及。甚至忠实的沃尔特·菲德尔也承认，这场攻势已经失败。英美盟军出动5000架飞机，对德军的坦克、机场、炮兵阵地和补给线进行狂轰滥炸，伦德施泰特在12月27日承认，已经没有援兵可用。进攻实际上已经结束，盟军损失了76 890，德军方面伤亡和被俘者为67 461人，两方相差不多，这表明德军此时依然是一支有战斗力的军队。但是，行动的损失已经无处弥补。

希特勒曾经告诉阿尔伯特·施佩尔说，一切都取决于阿登高地行动，他承认“如果这场攻势不成功，我看就没有其他获得有利战争结局的可能性了”。施佩尔知道，发电厂已经无法得到煤炭，失去法国、比利时和卢森堡后钢和铁也得不到补充：德国的军工生产已经出现不可逆转的下降。这位军备部长在铁路运输网络方面倾注的精力越来越多，以防其完全崩溃。他下令停止建造新一代的潜艇，力图提高弹药和坦克产量。现在的情况远比在战争的第一个冬天遇到的危机严重，虽然当时煤炭和钢铁也出现短缺。代表希特勒发声的阿尔弗雷德·约德尔在11月初向西线指挥官们承认，国防军缺乏“有效力量”发动反击，简单地指出，“在当前形势下，我们不能在一棵树上吊死”。

而现在德国就吊在一棵树上，希特勒和最高统帅部的最高战略回归到守住战线。随着英美军队在西线重新发动进攻，禁退令一道一道发出来，要求把城镇变成“堡垒”，坚守到最后一粒子弹。从西线休假回来的德军士兵还在激动地谈论新年到来之前打到巴黎，对此戈培尔的评价是“满口胡言”，命令媒体进行降温。12月29日，德国媒体承认这场攻势实际上已经停止。

新年夜的时候，著名演员海因里希·乔治（Heinrich George）通过电台朗诵现代军事理论创始人卡尔·冯·克劳塞维茨在1812年所写的著作：

> 我相信并且承认，一个人最宝贵的只能是尊严和自由地生存；为了保卫它，必须流尽最后一滴鲜血；除了它，没有更高的义务需要实现，没有更高的法律需要遵守；胆怯投降是可耻的，它的污点永远也抹不掉；一个民族的血液中要是有一滴这样的毒素，就会传给它的子孙后代，削弱和腐蚀未来世代的力量。

这些话是克劳塞维茨写给他的支持者和导师沙恩霍斯特（Scharnhorst）的，目的是解释为什么他从普鲁士军队中辞职，去俄罗斯参加反拿破仑战争。他在信中还预料会遇到失败，但他相信道德胜利更伟大，相信民族的未来，所以义无反顾。这封信被称为克劳塞维茨的悔改录，他在信中继续说：“经历了血腥而荣耀的斗争后，即使自由被摧毁，人们肯定也会重生。它是生活的种子，有一天会变成新的、生机勃勃的树木”。

当海因里希·乔治读到最后一句，小提琴开始演奏国歌，起初比较平静，不久乐曲愈加激越，然后12下钟声响起，宣告旧的一年过去。最后的乐声无疑是用莱茵铜钟奏响的，其后唱起19世纪普鲁士的士兵歌曲“哦，荣耀的德意志”，合唱队高呼“坚持！坚持！”，此时更是恰如其分。短暂播放了一会儿“巴登魏勒进行曲”（Badenweiler March）后，到0点05分，希特勒开始发表讲话。他的新年献辞很简短，大谈“犹太国际阴谋”，重复着自己的预言，说犹太人“摧毁欧洲，灭绝欧洲人民”的图谋会失败，结局只能是“他们自己的毁灭”。这些话没有新意，也无法使民众感到安慰；只是让很多人确信，战争不会以谈判而结束，或者如希特勒又一次肯定的，“11月9日在德意志帝国永远不会重演”。他许诺德国会时来运转，但没有具体说明，没有保证使用新式武器，也没有提及如何或者何时粉碎盟军的空袭。他没有谈西线的攻势，而是用惯常的阴郁和末日般的词语描述战争：“这是生死问题，生存或死亡，胜利属于我们，因为它就是我们的”。宣传部迅速发布指示说，这个演讲缺乏可能使听众感到安心的具体细节，对此应解释为安全预防措施。

库特·奥格尔在库尔兰前线收听广播时，心里想的是丽丝洛塔，就像战争开始那几年通过“点播音乐会”联系的情侣一样。“我想象着，”他在1945年1月1日给她写信说，“我们能同时听到一个人讲话，那是多么有趣啊！再次听到元首的声音，你也感到高兴吗？”在整个1944年，希特勒只发表过一次简短的公开讲话，那是在暗杀图谋失败后的7月20日。如今他又站在麦克风前，很多人确实感到安心；看到他再次出来，就好像已经赢得一场战斗一样。否则，人们会以1943～1944年的经历来猜想，他还将继续沉默。在德国各地，宣传部、司法部和国防军的报告撰写者们都这样认为。很多人在进入1945年的时候乐观而自信，又一次认为战争将以有利于德国的方式结束。

在马堡，丽萨和沃尔夫·德·波尔却有不同看法。丽萨认为，希特勒的声音听上去“既空洞又沉重”。他们坐在圣诞树旁，看着蜡烛在烛台上慢慢燃烧，喝着一杯苦艾酒，那是特别供应给60岁以上的老人的。他们的三个孩子都是卫生员，分散在各地。最小的汉斯在波罗的海沿岸，他在格赖夫斯瓦尔德（Greifswald）完成了国防军的医务训练。大儿子安东是医生，在一个坦克师服役，被包围在库尔兰。但这对老夫妇最担心的还是女儿莫妮卡，她已经在盖世太保的监狱里被关押了12个月，还在等候审判。让丽萨感到高兴的是莫妮卡在监禁期间开始信仰宗教，在单独囚禁期间阅读《圣经》和祈祷。丽萨和沃尔夫一起读她在圣诞节时写的信，担忧之情有所缓解，丽萨匆匆写道，女儿不仅利用这个思考的机会坚持反抗，而且还提高了自己的修养，他们对此“印象非常深刻”。

在劳特巴赫，伊琳·贵肯在元旦的早上5：30起床，恩斯特回家了。她听从了他的建议，发电报说家里“完全被炸没了”，结果真的起了作用。恩斯特获得10天的同情假，他用了一个下午加一个晚上的时间，从阿尔萨斯回到她的身边。战线正在逼近他们。

第十五章

崩溃

德国的坦克生产量在1944年年底达到新的高峰，不过每个人都日益明白盟军在武器方面拥有的巨大优势，美国和英国轰炸机队的攻势比一年前的大规模空袭还要猛烈，打击铁路网络、炼油厂和德国各城市。

国防军也被自己的那场大攻势削弱了实力，此后很快转入战略防御。他们的主要目标和1944年1月时一样，是顶住盟军的突击，不过有一点关键的不同。经历了12个月的以空间换时间后，战线从第聂伯河与大西洋退缩至德国边境。在东线，德军还控制着华沙和维斯杜拉河，在意大利战场还防守着波河（Po）一线。在西线，盟军被德国的防御工事西部防线挡住，萨尔河与摩泽尔河交汇的特里尔大三角区尤其难以攻克。在恐慌的1944年9月，特里尔看起来好像和亚琛一样不堪一击，然而在秋冬两季，那里经受住了多次攻击，构成堡垒三角区的北部支点。在这些防线之后就是莱茵河，那是英美军队面临的最后一道天然屏障。攻克波河、维斯杜拉河和莱茵河这几条大河，成为击败和占领第三帝国的关键。对盟军来说，这些地方仍然是难以拿下的障碍；对德国来说，它们是战略防御的最后阵地。

德国的坦克生产量在1944年年底达到新的高峰，不过每个人都日益明白盟军在武器方面拥有的巨大优势，美国和英国轰炸机队的攻势比一年前的大规模空袭还要猛烈，打击铁路网络、炼油厂和德国各城市。退到德国自己的边界进行防守，就可以扭转军事或技术上的劣势，已是显而易见的幻想。现在德国人把希望寄托在尽力拖延时间，等待同盟国因内部矛盾可能——或者正在——

发生的分裂。这种乐观态度也有历史根据。“七年战争”期间，俄罗斯沙皇皇后伊丽莎白突然于1762年去世，强大的法国-奥地利-俄罗斯联盟奇迹般地解体，几乎败局已定的腓特烈二世时来运转。德国拍摄了1942年的《伟大的国王》（The Great King）等电影，鼓励民众把他们的元首当作腓特烈二世的继承人。希特勒也自比腓特烈二世，他曾送给墨索里尼这部电影的拷贝。当他于1月15日从西部的大本营返回柏林后，把这位普鲁士国王的画像挂到总理府地下堡垒的书房中。期望资本主义西方与共产主义东方发生战争是毫无根据的，数十年的冷战将证明这一点。但当纳粹领导人绝望地想摆脱由他们一手造成的困境时，忘记了他们自己才是造成“神圣同盟”的最大威胁。希特勒把美国总统罗斯福视为得到犹太人帮助的复仇者，当罗斯福于4月12日去世后，他一度非常高兴，认为1762年的历史就要开始重演了。

幻想美国将追随德国，把欧洲从布尔什维克主义的威胁中解救出来，是德国顽固抵抗和不惜伤亡的最后一个原因。虽然国防军总司令部不再清楚自己的伤亡情况，但在1945年，每天在战斗中可能损失1万名德军士兵。只要能守住莱茵河，国防军保卫的领土就还算是完整的，虽然面积已经大大缩水，每个星期他们仍在寄望反对帝国的“大同盟”自己瓦解。而受命防守西部战线的是残余德军中最具战斗力的部队——沃尔特·莫德尔的B集团军群。

12月到次年3月，英军和美军从萨尔河打到莱茵河。从1945年1月到3月底，维斯杜拉河与莱茵河天险几乎同时遭到攻击。最大的突破来自东方，苏联军队在维斯杜拉河上架了桥，席卷波兰，攻占了德国东部省份，1月底夺取了奥德河的桥头堡。苏联直到3月底才把这条新战线巩固下来，此时距柏林只有80公里。显而易见，东线德军还会从奥德河退到易北河，但西线军队就没有这样的选择。越过莱茵河之后，就是一马平川的北德平原（North German Plain），直通易北河。德国工业核心地带都沿着莱茵河分布，这条大河是煤炭和其他商品的重要运输渠道。莱茵河是关键的屏障，德国的防御阵地都是根据这条河规划的，如果想坚守下去，这条河流更不能丢掉。

民族团结在1944年秋昙花一现，之后就在盟军进攻的压力之下土崩瓦解。帝国一个地区接一个地区落入盟军手中，自然增强了地方派性，戈培尔钟爱的

“命运共同体”不再受待见。甚至帝国最终遭到入侵之前，地方差别就在增长：7月炸弹刺杀阴谋动摇了中央政府的统治，地方长官扩充了权力，德国本土保卫战开始后，这一趋势更为明显。各个地方的战争经历并不相同，日益造成更大的影响。苏联、美国、英国和法国从不同的地方向帝国进攻，每个地区遇到的敌人不同，面临的风险各异。此外，德国各地纷纷被盟军控制后，家族和故乡（Heimat）的地位更加高于帝国和人民。在整个战争期间，男人们靠着以家庭和故乡为基础的爱国主义激励，才去履行兵役。城市居民大疏散，致使城乡之间、新旧基督教之间、南北和东西方之间发生矛盾，只是证明德国依然是由不同地区组合起来的。到1945年5月8日，德国已经成为一个移民和难民国家，上百万离乡背井的士兵和平民在遥远的他乡挣扎求生，自我牺牲和民族团结的号召最终成了虚幻。德意志民族国家不仅空间被即将到来的四国占领破坏，而且在战争的最后几个月已经瓦解。德意志民族主义并没有在战败后被摧毁，它的很多独特的仇恨难以轻易被切除。但它的积极意义、它的社会动员能力和为了民族事业而激发自我牺牲精神的能力很快没有了。就像鲁尔区的工人在1943年希望其他地方的人也挨炸一样，当战争在1945年1月延伸到帝国境内时，每一个人都想自顾自逃离战场。

威尔姆·欧森菲德自从在他的连队当上连长之后，就有返老还童的感觉。他的连队以小组形式分散在华沙各地，看守着七座仓库和两个电台，很难集合在一起。尽管连队里充斥着各种废物，欧森菲德仍然开始让这些中年人排好队参加早操和运动。他得心应手地做着从事后勤工作时就向往的那些事，甚至从被摧毁的运动学校里找到了脚踏风琴，用来给圣诞合唱团伴奏，并鼓励天主教和新教教士与他的手下谈话。在接管连队之前，他就给藏在华沙参谋总部冰冷的阁楼上的那位波兰钢琴家送去了食物、一件德国大衣和毯子。在安静的1月初，厚厚的积雪覆盖在这座被炸成废墟的城市上，欧森菲德给安妮米尔写信，诉说对返回塔劳的她和孩子们的担忧。国防军公报说，富尔达附近又遭到空袭。“那座城市里还有什么留下来了？”他在1月7日问道，担心塔劳也会遇到轰炸。

为了对德国发动冬季攻势，苏联最高统帅部集结了近650万兵力，比德国在1941年6月入侵苏联时投入的兵力多出一倍。在维斯杜拉河战线，225万红军对阵40万德军。朱可夫的部队在维努谢夫和普瓦维（Puławy）的维斯杜拉河桥头堡周围部署的火炮达到每公里250门，他们利用巨大的火力优势，在1月14日早上进行了长达25分钟的炮火准备，然后派步兵和装甲部队粉碎了德国第9集团军沿河设置的薄弱防线，并且完全绕过了华沙堡垒。1月16日，斯米洛·冯·吕特维茨将军命令第9集团军弃守华沙。欧森菲德带着他的连队向西撤退，走了30公里，第二天到达布沃涅（Błonie），不过发现那里已经有了红军。经过短暂的交火后，大部分德军投降，威尔姆·欧森菲德成为俘虏。之后的七年时间里，他一直被关押在苏联。同一天，波兰第1集团军结束了德国对华沙的占领。在5年零3个半月的占领中，35万犹太人被杀，大部分城区被毁，全市人口从130万下降到15.3万。其中一位从废墟中走出来的枯瘦的幸存者就是欧森菲德帮助过的那位钢琴家，他叫瓦拉迪斯劳·什皮尔曼（Władysław Szpiłman）。

科涅夫的乌克兰第1方面军两天前在南部已经发起强渡维斯杜拉河的战役，他从桑多梅日的桥头堡出发，穿越浓密的森林对德军进行打击，德国总参谋部本来以为德军在小波兰（Małopolska）高地构筑的阵地能依靠那片森林来掩护。苏联步兵利用本军炮火准备的间隙向德军防线推进，诱使德国人为了保护堑壕而离开碉堡，等到德军士兵完全暴露之后，苏联再用火炮进行轰击。第一天行动结束时，科涅夫的部队沿着35公里宽的战线向前推进了20公里。到1月13日午夜，苏联突破的防线达60公里宽，40公里深。他们的首要目标是斯大林所称的上西里西亚的“黑金”——即其煤炭和钢铁产业。为了完好无损地夺取这些工业设施，科涅夫的部队从东方、北方和南方对煤矿和工厂城镇进行大包围，德军只有一条狭窄的西撤通道。1月19日，克拉科夫易手，德军勉强退走，防御阵地和汉斯·弗兰克的总督府都完好无损地落入苏军手中。

此前一天夜里开始下雪，党卫军看守把奥斯威辛集中营的囚犯从大门带走：1.4万人被送到格莱维茨，2.5万人去63公里外的罗斯劳（Loslau）。党卫军极怕被红军抓到，所以前两夜一直没有停止行军，不断用棍棒殴打因疲惫而掉队的囚犯，对倒在雪地里的人直接枪毙。在去铁路末站的路上，至少有450名囚犯丧生。囚犯们很快发现，在途经的德意志村庄里什么也得不到，那里的人都从街上躲开，紧闭大门。与之对照，波兰村庄经常给囚犯一些面包和牛奶，有人甚至从队伍中逃走，闪入站在街道两旁的波兰人群中。

在罗斯劳的铁路站场，囚犯们每100人分一组，乘上敞篷货车，列车一开动，他们就不得不紧紧靠在一起，以抵挡刺骨的寒风。1月22～23日夜，科涅夫的军队抵达奥德河，在布里格（Brieg）建起桥头堡，切断了通向西部的铁路线，打通了进军柏林的最后一道自然屏障；现在德国的列车必须从南方的支线离开西里西亚。每天夜里，奥斯威辛集中营的囚犯就开始受冻，每天早上都有新的死者。15岁的高个子德国犹太男孩托马斯·格夫（Thomas Gève）在集中营里得到德国共产党囚犯的保护，加入了这些人的建筑队，没有被送进毒气室。当他们的敞篷货车从人潮拥挤的西里西亚火车站开出时，格夫被从未见过的事惊呆了。德国平民都看着身穿条纹集中营服装、瑟瑟发抖的囚犯，眼神中既妒忌又憎恨：因为他们在火车上的位置。

20多万德国人沿着冰封的道路逃难，希望在从拉蒂博尔（Ratibor）经施韦德尼茨[①]（Schweidnitz）到利格尼茨[②]（Liegnitz）沿途小站登上火车，很多人不得不等上好多天，才能爬上车。这些人的数量远远多于负责分发食物、热饮和毯子的“国家社会主义人民福利” 志愿者。1月20日，下西里西亚地方长官卡尔·汉克（Karl Hanke）终于命令在他的首府布列斯劳实行疏散，以便完成“堡垒”改造。10岁的约根·伊尔默（Jürgen Illmer）和母亲很走运，在离开布列斯劳的火车上找到了位置，来到相对安全的萨克森。在莱比锡，“希特勒青年团”成员和红十字会护士帮他们离开乱成一团的月台。当他离开火车躲避空袭时，瞥见铁轨那边有一些被积雪掩盖的穿条纹服装的人。他不知道那些人是不是被冻死了。当空袭警报响起，德国人躲入火车站大厅下面的防空洞，交谈的话题转向他们看到的那些囚犯。有人暗示那些人是犹太人，而一位妇女则

---

① 希维德尼察的旧称。——编者注

② 莱格尼茨的旧称。——编者注

冷冰冰地回答说，“他们不是犹太人，犹太人早就在波兰给枪毙掉了”。她错了，在火车上的那些囚犯中，有一个人可能就是托马斯·格夫。他也对莱比锡留有印象：邻近月台上的医疗列车旁站着一些德国红十字会护士，不管囚犯们如何呼喊，乞求那些护士施舍一些水，而她们则充耳不闻。

1月21日，布列斯劳的老迈教士伯特伦枢机主教启程前往摩拉维亚-西里西亚的尧尔尼希（Jauernig），该市教会的大部分珍贵物品已经被送到萨克森的卡门茨（Kamenz）。留下来的平民有15万多人。第二天，地方长官汉克号召“布列斯劳的男人都来保卫我们的堡垒布列斯劳”，发誓“这个堡垒要抵抗到最后一刻”。防守兵力有4.5万人，里面既有刚上阵的新兵，也有身经百战的伞兵和武装党卫军老兵。德军在布列斯劳西面又激烈战斗了两个星期，苏联军队渡过奥德河的行动受阻。2月9～11日，坎斯（Kanth）、格利尼茨和海瑙（Haynau）失守，2月15日，红军占领了苏台德山脉的隘口，切断了布列斯劳与西部的联系。第二天，这座城市被围，苏军突击部队迅速占领了外围郊区，不过由于德国防守部队进行逐屋巷战，进攻势头停了下来。从2月15日起，德国空军开始对这座城市进行空投，在76天内出去了2000架次飞行，投下1670吨补给——主要是弹药——撤出6600名伤员。

阿尔弗雷德·鲍迪茨（Alfred Bauditz）是留在布列斯劳的平民之一，他驾着一辆马车，负责清扫影响射界的建筑。他在1月底用马车把妻子、14岁的女儿莉欧妮和9岁的儿子温弗里德从布列斯劳送到马尔克维茨（Malkwitz），他的两位兄弟在那里有农场。2月9日，马尔克维茨被占领，一名说着流利德语的苏联军官对所有居民一一进行盘问，记录他们的个人细节。尽管德国人担心受到强奸和杀害，但红军士兵表现正常。当另一支装甲部队到来后，莉欧妮的磨难开始了。这支苏联部队有30名士兵，他们大多数很友好，不过有两个人恐吓妇女。莉欧妮虽然夜里躲进粮仓，还把头发剪短，白天打扮成男孩子，而是被发现了，并且遭到多次强奸。一位谈吐文雅的苏联中尉曾经保护过她们母女一段时间，但当他的部队离开后，这些妇女和女孩被征入工作队，到不同的农场给谷物脱粒、剥豌豆——她们躲不掉修筑工事、洗衣做饭等工作，还要被迫提供性服务。

苏联开始发起冬季进攻时，彼得·斯托尔腾驻在东普鲁士前线东端的普拉希尼兹（Praschnitz）附近，位于华沙以北100公里处。1月14日，他们的防线仍然很安静，斯托尔腾抽空给家里人写信：

> 俄罗斯人每天都会在一个新地点发动一次进攻……现在逐渐清楚了，我们正在等待他们在某个桥头堡进行总攻。我们坐在温暖的车里，在衣服里装满东西，猜测着各种理论，度过所剩无几的时光，我们正在等待——对，他来找我们了……现在那边传出一声巨响，我们喜笑颜开，心情非常平静，等的就是它。

在冬季攻势中，东普鲁士的战斗最为激烈，苏联最高统帅部知道，突破德军构筑的多层次堡垒化工事将会非常艰难，在行动准备期间，为前锋部队配备了最强大的火力。红军共动用167万人、28 360门大炮和重迫击炮、3000辆坦克和自行火炮，还有3000架飞机助阵，而德国中央集团军群只有41个师，而且实力都受到严重削弱，总兵力仅有58万人、700辆坦克和自行火炮，飞机只有515架。在第一个星期的进攻中，红军向西逐个攻克堡垒化阵地，进展缓慢，伤亡非常大。

朱可夫和科涅夫在波兰中部取得突破，使北部的攻势发生转变。红军向西直插克拉科夫和西里西亚，东普鲁士的南部侧翼门户洞开，使得罗科索夫斯基（Rokossowsky）的部队能够绕过东面的德军坚固防线。1月20日，第5近卫坦克集团军穿过东普鲁士中部，直接向北进军，第二天越过阿伦施泰因[①]（Allenstein）的堡垒阵地，于1月23日占领普鲁士的霍兰（Holland），并抵达托尔克米特（Tolkemit），它位于维斯杜拉河口的弗里舍湾（Frisches Haff）岸边。

红军把东普鲁士分割成两半后，立即扩大了走廊地带，以包围东半部分，

---

① 奥尔什丁的旧称。——编者注

攻取其首府柯尼斯堡。重新组建的德国第4集团军司令弗里德里希·霍斯巴赫（Friedrich Hossbach）没有遵从直接发给他的命令，弃守勒岑（Lötzen）周围极度强化过的东部防线，越过厚厚的积雪连续强行军西撤。彼得·斯托尔腾和他的坦克部队冲破苏联军队薄弱的防线向东方突围，撤到港口城市埃尔宾[①]（Elbing），没有遭到包围。东普鲁士的关键战役是由无数小规模战斗构成的。

1月24日早上，斯托尔腾的手下正在煮土豆，被红军从小村庄加登（Jadden）逐走。上级命令他们进行反击，他们只好丢下土豆等回来再吃。他们的4辆坦克在前面开道，引领着步兵穿过白雪皑皑的开阔地，经过一座小山丘进入村庄。一条沟渠被大雪所掩盖，3辆坦克被陷在里面，只有斯托尔腾的坦克开了过去，协助步兵夺回这个村子。战斗平静后，他们还在小村中央，一枚炮弹击中了他的坦克。斯托尔腾和他的组员没能从燃烧的坦克中逃出来。

第二天，红军再次拿下加登。到1月30日，斯托尔腾连队的幸存者与第4集团军的其余部队及第2集团军部分部队在弗里舍湾的海岸城市海利金贝尔（Heiligenbeil）和布劳恩斯贝格（Braunsberg）周围被包围。德军阵地的最大纵深不超过20公里，他们挖掘工事，频频受到敌机来袭，被苏联军队进攻的消息折磨得寝食不安，成千上万的难民涌入他们的孤立阵地，23个德国师在这里顽强抵抗了两个月。

东普鲁士地方长官埃里希·科赫一直到1月20日才允许疏散平民，此刻为时已晚，大部分计划已无法实行。苏联这时已在埃尔宾取得突破，截断了该地区250万居民基本上都要依赖的陆上疏散通道。现在只有两条路能逃出东普鲁士，难民们从北方向柯尼斯堡方向，走到其北部的扎姆兰（Samland）半岛，希望能从波罗的海的皮劳[②]（Pillau）港乘船离开。东南方和中部地区的人去弗里舍湾，他们要想办法穿越把维斯杜拉泻湖与波罗的海分开的狭窄漫长的冰冻沙嘴滩。

---

① 埃尔布隆格的旧称。——编者注

② 波罗的斯克的旧称。——编者注

萝拉·埃里奇（Lore Ehrich）领着两个年幼的孩子于2月12日离开布劳恩斯贝格，想去弗里奇湾，两名冲锋队员用枪威逼德国农民，才为她们母子在马车上找个位置。这个海湾处在红军炮火和飞机的打击范围之内，因此他们这群难民和其他大多数人一样，只能趁着漫长的冬夜潜行。第4集团军派工兵加固了冰上道路，但刚在冰上走了半个小时，跟着他们的马车走的小马就把腿全摔断了，只能把它丢下来。赶车的农民深恐拉车的马也会出事，他的全部家当都要靠这匹马来拉，于是小心拿斧头把马身上的羁绊砍掉。这时冰开始融化，冰冷的水慢慢升上来。难民们举着昏暗的火把慢慢往前挪，宛如长长的送葬队伍。寒冷侵袭过来，四肢被冻得僵硬，萝拉·埃里奇集中精力，盯着前面农民宽阔的后背防止掉队。天色微亮后，路上坏掉的卡车和马车显露出来，前面的人吃力地走在冰上。受伤的士兵躺在干草车上，任凭风吹雪打。

在冰冻的泻湖上行走的第二天夜晚，萝拉·埃里奇的两个孩子被冻得说不出话了。当他们到了位于沙嘴滩中的夏季度假景点卡尔伯格（Kahlberg）以后，都患上了“公路病”——慢性腹泻。萝拉·埃里奇绝望地在这个港口游荡，还去了地方纳粹党领袖办公室，那里已经被沮丧的惊恐的难民包围。他们不仅饥饿，渴得更厉害，因为怕染上伤寒，不敢喝水。难民们继续在沙嘴中狭窄泥泞的路上缓慢移动，前面掉进洞中或者倾覆的马车更多了。为了等待维修车轮或者货物重新装车，整个队伍不断停顿下来。路过的士兵们也没有面包给难民。第一天他们走的路程不超过4到5公里。他们的马车有橡胶轮胎、两匹马和坚固的车篷，是最结实的马车之一，但是那位农民担心他的马撑不住。当他们途经更多坏掉的车辆时，看到老人和母亲与年幼的孩子挤在一起，旁边躺着死掉的马。

他们的右边，是军用道路和阻挡波罗的海狂风的常绿树障，左边是泻湖耀眼的寒冰，不时还有炮弹落到那里炸开。在途中的一次长时间停顿中，一大队红军俘虏从旁边经过。萝拉·埃里奇看到很多俘虏走到死马旁，割下生肉吃。她很怕这些战俘会制服押送他们的士兵，并袭击难民队伍。她沿着沙嘴上的道路终于走到施图特霍夫（Stutthof）的一个大大营地，之后告别了那位农民。萝拉明白，不会有人愿意替她排队领汤和面包，她也不能把生病的孩子单独留下来。然后她的行李和手提包被人偷走了，她的首饰、存折和钱全都装在里面。虽然接连遇到不幸，但她连续得到党卫军军官、警察和铁路官员的帮助，终于到了但泽。人际关系在那里也发挥了作用，有熟人在抵达人员名单上看到萝拉母子的名字，把她们从难民营里接出来照顾，直到她们身体好起来，于3个星期后登上开向丹麦的轮船。

在2月底冰开始融化之前，有60多万难民冒险从海利金贝尔和布劳恩斯贝格逃往但泽。另外，还有1万到1.2万人经沙嘴去了东方的纽提夫（Neutief），泻湖在那里汇入大海。他们从这条路走时必须丢下马匹、车辆和大多数财产，走小路去扎姆兰半岛和皮劳港，地方长官科赫虽然早就从那里乘船跑掉，德国海军继续救援平民。

2月1日，丽丝洛塔·伯普尔接到电报说，她丈夫已经受伤，正在等待被送往皮劳。库特·奥格尔镇定迎击苏联的进攻，起初以为不过是一场小型局部行动。他站在防空洞外抽着烟斗，观察红空军轰炸他们的团部，坚信能守住梅默尔桥头堡。他看到俘获的红军女战俘后，再度认为苏联终于耗尽了后备兵源。只有等到苏联在埃尔宾附近海岸取得突破后，库特·奥格尔终于承认低估了苏联的进攻规模，并询问上司是否也感到意外。即使在这个时候，他还在安慰丽丝洛塔。阿登高地行动虽然失败了，但至少使德国免于在东西两线同时遭到进攻，他告诉她说——“我相信战争已经有了分晓”。此时他们必须坚持住，直到新式武器投入战场，“我可以告诉你，我很高兴地看到前线士气高昂！无论遇到什么情况！”1月24日，他带着部队冒着−13°C的严寒向东普鲁士海岸撤退时，臀部和右大腿受了伤。

2月12日，库特设法给丽丝洛塔草草写了一张便条，告诉她说，上个星期他已经登上了停靠在吕根岛（Rügen）附近的波美拉尼亚海岸的医疗船。第二天，他写的信详细了一些，说虽然渡过波罗的海的旅程很可怕，但他相信新近受的伤会在两天三个月里痊愈，并期望与她团聚。“让我们期待苦尽甘来，幸运之星会再次眷顾我们。”他安慰她说。2月14日，医疗船抵达哥本哈根，库特承认他的伤口在旅途中发生感染，到海军医院后已经瘦到皮包骨头。哥本哈根的食物“非常好，只是对我没有用，因为我没有胃口。我大部分时间都发着高烧”。他思虑万千，担心在自己最需要丽丝洛塔的时候，她却不能到丹麦看他；担心必须等到痊愈并返回德国之后，才能与她重逢。

丽丝洛塔在信中诉说邻里之间因为谁应该让出房间收留从西部涌过来的难民而产生的矛盾；她不愿意把库特的房间腾出来。2月22日，丽丝洛塔收到他从吕根寄来的信，从潦草的字迹中可以看出他为了给她写几行字，消耗了多少精力——“我的唯一，我的挚爱！”她开始写回信。在哥本哈根，她许诺说，他会获得“平静和秩序”，这是康复所必需的。她的思虑从安静的奥斯特堡（Osterburg）乡间别墅游移到遥远的丹麦，告诉他一定要吃饱，“那样在以后做爱时，我才不会被你的嶙嶙瘦骨擦伤”。然后她搁下笔去应门，把没写完的信放在桌子上。电报来了：“奥格尔上尉于1945年2月19日在哥本哈根去世。”

丽丝洛塔早在得到库特去世的消息之前，就已经失去了惯常的信心。她认为这是对1943年11月柏林轰炸的延迟反应。“自从那时候起，”她向库特解释说，“我就知道一切都是不安定的……倒霉的只有别人吗？为什么我没有挨炸弹？只是因为我不想挨，因为我有着最强的生命力吗？成千上万被炸弹炸到的人也有自信吗？”她引用歌德的名言，“有句话这样说，一个人只有战胜恐惧和死亡，才能完全赢得生命”。她想让自己振作起来，然而恐惧依然深藏在心里。“听到空中传来的魔鬼般的轰鸣，”她坦白说，“我感到孤立无助。我不再有自信，面对朋友和熟人时觉得羞耻，他们经历过一遍又一遍的恐怖袭击，却没受太大影响，或者很快就恢复了正常。他们坚信自己会平安无事。”丽丝洛塔在自己身上发现的孤寂和恐惧，以及在别人那里看到的现实适应力，在其他柏林人身上也越来越明显，这都是在长期遭遇轰炸后学会的。

2月3日，德国首都遇到开战以来最严重的空袭，至少3000人丧生。袭击结束后，厄休拉·冯·卡尔多夫出去查看编辑部的同事，发现房屋被炸毁的人们从深厚的尘土中走出来。她借着波茨坦广场（Potsdamer Platz）的火光，瞥见这些人脸色发灰，形容憔悴，被背负的财物压弯了腰，不久又消失在漫天尘土里。然而即使在这时，还有人在重复着老掉牙的口号：“坚持，一切词语中最愚蠢的一个”，那个漫长的一天快过去时，卡尔多夫在日记中怒气冲冲地说，

“哦，他们将坚持不懈，直到全部完蛋，没有其他任何得救的机会。”她的同事玛格丽特·博韦里不这样认为。这位身材瘦小的记者在编辑部办公室里以目光逼人、穿鞋实用和不事化妆而显眼，她无论去哪里，都会背着自己的帆布面包袋，她的所有重要文件和财产都在里面，其中包括一个很稀罕的崭新电灯泡。和卡尔多夫一样，她也去了位于滕珀尔霍夫（Tempelhof）的编辑部办公室，《帝国》周刊和《德意志汇报》都在那里。她决心要让新一期报纸按时出版，而且不能出现错误。博韦里在10个月前回到柏林，她在阳台上观看着夜间突袭，决意坚持下去，并积极享受更强烈的活着的感觉。

根据军方对首都平民士气的报告，柏林人同样出现分裂。有人在策伦多夫的大街上看到两位穿着得体的女士在争论有没有在1933年投纳粹党的票，好像这能决定她们在德国战败后的命运。一些柏林人准备战斗到“最后一滴血，挡住俄罗斯人”，另一些人传播悲观的谣言说，英美没有与政府签订单方面和平协议，不愿意与德国一起抵抗苏联。人们依然在指责外国劳工，外国战俘更成为替罪羊，这些人在公共场所闲逛，并且大声说着外语。

1945年2月13、14和15日，德累斯顿遇到空袭，2.5万人死于毁灭性大火。2月13日早上，维克多·克兰普勒给极少数依靠特许通婚依然生活在该市的犹太人送疏散通知。当全面警报响起时，一位和他们同住在市中心狭小的犹太房屋的妇女痛苦地叫道，“愿他们把一切都毁灭掉！”之后随着飞机轰鸣声越来越大、火光越来越强，他们跪在地下室里，把头埋在椅子底下。一扇窗户被炸破，燃烧的城市映入他们的眼帘，一阵阵强风也刮了进来。第二轮袭击到来时，维克多和爱娃·克兰普勒的房子着了火，他们夫妇分开了。维克多随着一群难民穿过公共花园——此前那里是犹太人的禁地——爬上布吕尔（Brühl）排房，屋顶上的空气没有那么炙热。克兰普勒背着帆布包，手里还紧抓着一个灰色提包，里面装着他的宝贵手稿和爱娃的首饰，外面裹着一张羊毛毯。那天夜里，他就在那里看着市中心变成熊熊火海。一些建筑被烧红了，另一个变成银白色。一位德国小女孩在40公里以外就被“那个剧院”所陶醉，她目不转睛地盯着血红的天空，而“那座城市看上去就像一滴白热的铁水，衬托着五颜六色的圣诞树”。

维克多·克兰普勒也在看着，但火光太强，无法直视。他从另一位德累斯顿犹太人手里接过一块餐巾，擦拭着脸上的伤痕，听着一位抓着他的腰带的荷兰年轻人讲述自己从警察监禁中逃脱的故事。在排房远处，借着冬日黎明的灰色光亮，维克多和爱娃重逢了。她用小刀把他衣服上的犹太星割掉，安慰他说警察总部和盖世太保的一切文件都被烧掉了，而且在这样的空袭中再戴着犹太星会有危险，他们夫妇和其他人一样的无家可归者。他们慢慢加入难民人群，朝易北河岸走去。这位写日记成癖的人记录了自己受到的震惊，注意到一具尸体看着就像一堆衣物，一只断手宛如“在理发店橱窗里见到的蜡做的模型”。后来，一位救护人员分发眼药水，擦掉了克兰普勒眼里的脏东西。在其后的空袭中，他们夫妇躲在阿尔贝提努（Albertinum）博物馆墓穴般的地下室里挺了过去，医生在那里救治伤员，士兵和急救人员进进出出，用担架带进来更多的人。“国家社会主义人民福利”终于送来三明治，然后有了光亮，有人借着烛光发动发电机，电灯和电扇开始工作，在墙上投下长长的影子。第二天，即2月15日，克兰普勒夫妇加入到疏散者的行列，乘卡车去了克罗兹彻（Klotzsche）的空军基地。

一个星期之后的2月22日，丽萨·德·波尔和丈夫坐在马堡家自家的地窖里躲避空袭，为女儿莫妮卡的命运而发愁。他们刚听到莫妮卡已经从科特布斯（Cottbus）转监到莱比锡，准备接受人民法庭的审判。但当柏林2月3日遇到空袭时，主审法官罗兰德·弗莱斯勒（Roland Freisler）在审判室里被掉下来的横梁砸死，她的案子再次推迟。同时，正在波罗的海前线服役的儿子安东的骨盆、肚子和大腿都受了伤。他接受了两次手术，伤口化了脓，还发着高烧，无疑是因为卫生条件太差并且缺少抗生素才恶化的。与库特·奥格尔不一样，他没有生命危险。马堡的空袭击中了火车站及其附近的一所军医院，丽萨·德·波尔听说很多患者藏在壕沟里时被炸死。他们接纳了一位在先前的科隆空袭中房子被烧掉的建筑师朋友，这个人的大儿子死时才18岁，二儿子据说在意大利失踪，老三如今也在西线被列为下落不明。他们在地窖里躲避的时候，西方传来的隆隆炮声更加清晰了。

2月23日，恩斯特·阿诺德·保卢斯比往常早一些从普福尔茨海姆的诊所回了家，希望能及时到车站送两个女儿。艾尔弗丽达和伊姆佳德已开始继承父业学医，他曾经希望儿子赫尔穆特也这样。赫尔穆特在1943年11月结束休假返回东线不久，就被报告失踪，此后一直没有消息。在1944年秋季的动员行动中，正在上大学的艾尔弗丽达和伊姆佳德都被征召进红十字会当护士，目前都在海尔布隆的一家军医院工作。她们的火车离开时，这位父亲还没赶到车站。此时距晚上7：50的空袭只有一点点时间，这个巧合使他们父女都保住了性命。当空袭开始时，保卢斯医生没在普福尔茨海姆市中心，而是刚驾车出城回家。袭击来得出乎意料地早，只持续了22分钟，368架飞机参与行动。敌机一走远，恩斯特·保卢斯就去设在普福尔茨海姆高中的急救点工作。当他去市中心时，被滚滚浓烟挡住，不得不改变方向。终于达到高中后，看到楼上已经着火。保卢斯没有害怕，在地下室设起急救中心，救治源源不断走进来的伤者，他从夜里一直忙到第二天，才有第二位医生赶来帮他。

恩斯特·保卢斯的诊所被炸到了，里面的人全部遇难，他妻子统计出里面包括14位他们认识的医生。消防栓没有发挥作用，消防队只能无助地看着老城被火焰吞没，里面狭窄的街道、家庭作坊和半木结构房屋都化为灰烬。一片长3公里、宽1.5公里的区域完全成了废墟，清理瓦砾和移走死者的工作持续了好几个月，直到仲夏时期才结束。起初警方统计遇难者为7000到8000人，但这个数字不断在上升，最终为1.7万人，占全市人口的20%：这是德国城市所遭受的致死率最高的袭击之一。

早上，当欧娜·保卢斯和女佣忙着修补灯火管制遮光罩、往洞开的窗户上钉纸板时，她丈夫在家里用高中急救点赞助的设备正在做开放性手术。没有商贩和商店，普福尔茨海姆就像一个死城。保卢斯一家靠家人、朋友和周围村庄与农场里的患者给的食物生活，还能得到珍贵的鸡蛋和肉。尽管盟军展示着毁灭性的空中优势，尽管赫尔穆特前途未卜，尽管他们还担心着同样在前线服役的二儿子鲁道夫，欧娜和恩斯特·保卢斯并没有失败主义情绪。欧娜忙着给在海尔布隆工作的女儿们改衣服，为家人补袜子，有电的时候抓紧时间熨烫。3月底的时候，他们还在急切地收听着德国军事公报：当供电中断时，他们只能用侄子的晶体管收音机收听。

欧娜·保卢斯的姐姐凯茜·沃斯特（Käthe Wurster）听到普福尔茨海姆的消息后非常害怕，她从柏林树木茂盛的西南郊写信说，尽管“几个星期以来我们柏林一到晚上准时遭到空袭，白天不时也有大轰炸，但柏林很大，很多很多次袭击都没炸到策伦多夫”。那个月在安全的“汤姆叔叔的小屋”地铁站里的当地电影院中，观众们拒绝观看新闻影片，要求直接播放正片。据一位军官向国防军报告说，“一群观众用跺脚、吹口哨、吼叫等极为粗俗的行为逼迫电影院换片子，人们想先看正片……谁还能对新闻影片感兴趣，它们都是欺骗、宣传，等等。”这种抗议并非政治异议的表现：观众不想让每天晚上来临的空袭打断故事片《独奏者安娜·阿尔特》（The Soloist Anna Alt）的首映，那是一部经典音乐爱情片，根据罗伯特和克拉拉·舒曼饱受磨难的关系所演绎。当空袭警报准时响起，必须暂停播放的新闻影片。在其他电影院，影片被长时间的空袭打断后，“观众骚动不安，其间不乏尖刻的言论”。

尽管空袭不断，电影票依然紧俏。总之，轰炸只让电影爱好者更加激烈地维护他们的应得权利，剧院自秋季关闭之后尤其如此。但是，新上映的影片很少。有一部反英影片《泰坦尼克》因空袭而流产。该影片在波罗的海的一艘豪华邮轮上精心拍摄，1943年发行，但只在法国占领区上映过，影片描绘了严格的阶级划分，三等舱乘客被抛在船上溺死，意欲激化仇英情绪。不过这部电影在德国上映前，戈培尔对剧中被困在三等舱的乘客陷入大恐慌的镜头产生担忧，认为可能会在遭空袭城市引发错误联想。这部电影被取消公映。

为了进行更为积极向上的宣传，以抵消夏季溃败的影响，戈培尔下令拍摄有史以来最豪华的彩色影片。这部电影的背景是拿破仑征服普鲁士期间，主要描写1807年的科尔贝格[①]（Kolberg）围城战，那座城市最终被法国占领。影片歌颂了在科尔贝格产生的新的反抗精神，它导致了1812～1813年的德意志“解放战争”。在电影中，科尔贝格市长告诉普鲁士军队司令冯·格奈泽瑙（von Gneisenau）将军说，他“宁愿废墟掩埋，也不会投降”，那位普鲁士传奇将军回答说：“我正想听你说这话，奈特尔贝克（Nettelbeck）。现在我们能够

① 科沃布热格的旧称。——编者注

同生死了。”市长听到他的话后，不禁站了起来。该电影在1945年1月30日首映，地点选在另一座很有象征意义的德国海岸堡垒——法国的拉罗谢尔港。德国人基本上都没看到这部电影，虽然片中弥漫着浪漫爱国主义思想，还使用了戈培尔在两年前的“总体战”演讲中引述的西奥多·科尔纳的浪漫主义诗句：“现在让民族崛起，让风暴降临！”在电影中，勇敢的波美拉尼亚农民为了对法国实行“焦土战”，点燃了自己的农舍，而现在从西里西亚、东普鲁士和波美拉尼亚逃出来的成千上万的德国农民却有不同的想法。

难民们在日渐缩小的帝国中艰难逃亡，导致另一部反英电影消亡。1945年1月，宣传部确定，1941年的大片《克鲁格总统》中描绘“（布尔）难民的镜头”“目前非常不适宜”。然而，当宣传部努力从银幕上删除反映平民痛苦和大规模死亡的镜头时，却忙着夸大德累斯顿的遇难数字，让德国外交部把空袭破坏的照片提供给中立国瑞典的媒体，包括严重烧伤儿童的特定镜头。德国人破天荒地也决定夸大人员伤亡，而不是隐瞒情况。2月17日，《瑞典早报》（*Svenska Morgonbladet*）向全世界报道说，“目前遇难者所说有10万人”；2月25日，《瑞典日报》（*Svenska Dagbladet*）称，“根据空袭后数日整理的信息，死亡数字接近20万，而非10万”。3月4日，《帝国》周刊登载了其总编撰写的一篇报道，标题是“德累斯顿之死：抵抗的灯塔”。这篇文章宣称，盟军的轰炸代表了“一个冷血设计的谋杀和毁灭计划的四种手段”。英军第二波飞机有意瞄准在易北河岸躲避的难民，制造出大屠杀。高伤亡率迅速成为德国的公众意识；保卢斯和德·波尔两家都有记录。

戈培尔的统计数字是胡诌出来的。军队和警方2月份刚刚开始逐街逐巷对遇难者进行精确统计，当地军方领导人卡尔·梅纳特（Karl Mehnert）将军向他们施压，要求找出更多尸体。拥挤的内城遭到的打击极为严重，尸体分布很集中，他和很多人一样，以为破坏程度会超出预期。党卫军派来一支特殊部队，监督集中营囚犯在老集市广场火化6865具遗体。特遣队（Sonderkommando）来到这个帝国美丽的巴洛克城市，使用特雷布林卡灭绝营开创的处理遭毒杀的犹太人的技术，使德国人不知不觉又把他们的受害感与他们对犹太人犯下的罪恶联系起来。

但是，实际死亡数字并不符合梅纳特和戈培尔的猜想。到3月10日，警方找到18 375具尸体；5天后，他们的“最终报告”证实了这一数字，并预言全部遇难者可能会上升到2.5万人。3月22日，又报告说实际死亡人数为20 204人，并重申最多不超过2.5万人。这是战时的最终报告。为了让先前夸张的数字自圆其说，宣传随便在这些数字后面加了一个0，向全世界宣布遇难者达到前所未有的202 000人，并可能上升到25万人；它解释说，伤亡数字之所以如此之高，是因为大量难民从东部地区来到德累斯顿，致使其人口增长了三倍。然而战争过去20年后，新发现的尸体只有1858具，证明当地警察最初的估计是准确的。不过在德国和世界其他地方，戈培尔杜撰出来的数字依然被很多人的相信。

这个影响国际舆论——尤其是英国和美国公众——的行动成效显著。德国得到意外支持，记者们在艾森豪威尔的司令部参加新闻发布会时，听到盟军说德累斯顿空袭可以算作恐怖轰炸，英国和美国本来一直拒绝公开使用这个词语，如今就连丘吉尔私下里也这样说。英国媒体受到压力，消除了这个口误，然而美国通过美联社知道了这件事，引发出一场关于区域轰炸伦理的大争论。《曼彻斯特卫报》（*Manchester Guardian*）跟着发表文章，3月6日，工党议员理查德·斯托克斯（Richard Stokes）在下议院利用一个质询机会，把他获得的所有关于德累斯顿轰炸的信息写入官方记录。3月28日，丘吉尔屈从于公众压力，叫停对德国城市的轰炸。当英国没有其他有效武器反击德国时，轰炸机司令部的英雄主义受到人们的赞扬，但是现在民众有一种不安的感觉，认为越过了道德底线。

美军在孚日山脉进行了三个月的战斗后，逼迫德军退到莱茵河的科尔玛。恩斯特·贵肯还在保卫着位于上莱茵的阿尔萨斯西岸阵地，此后的几个星期里，他的妻子伊琳既为丈夫的安危担忧，又害怕盟军可能会越过这条大河。她坦承自己最热切的梦想就是他可以变成一只鼹鼠，掘个洞钻到劳特巴赫与她团圆：“我在洗衣房里给你洗澡，把你身上的土都洗干净，然后，对，然后我再把你埋在土里，或者把他藏在其他什么地方，直到不再有危险威胁着你。”2月4日，恩斯特终于有机会给她写信说，他的部队已经从诺伊恩堡（Neuenburg）过了莱茵河，来到巴登尼斯，现在驻守在相对安全的黑森林。他们还在参加战斗，不过他在家书中用军事公报式的语言平静地谈到有计划撤退，向伊琳保证说：“对，我们很有远见，已经按最佳次序对桥头堡进行了清理，他们可能在那里叫嚷又取得一次胜利，但对我方来说，一切早已提前做好安排”。

伊琳可能不是《帝国》周刊的忠实读者，但随着战线日益逼近，这位年轻的女花匠不得不考虑政治问题。她认真研读戈培尔写的一篇文章：

> 毫无疑问，我们将在瞬间粉碎来自东方的全球威胁。何时反击、如何反击只是具体方法问题，而且已经开始付诸实践。大草原（的游牧部落）将受到遏制，当危机达到最严重的时刻，每个人也都会清楚明白。头脑保持冷静，等待那个时刻。

伊琳对这篇文章半信半疑，她禁不住问恩斯特，是否觉得“国防军中还有某些分子”，想“再策划一个7月20日阴谋”。“希姆莱关注的够不够？”她还问道，不明白为什么还有“那么多年轻健康的小伙子到处闲逛”，他们本应该上前线。劳特巴赫还是比较平静，虽然偶尔有炸弹落在附近的车站，但伊琳最关心的是到森林里采到足够的木柴，好度过这个冬天。

贵肯所在的上莱茵防线依然相对安静，很多激烈的战斗发生在北方。2月8日，加拿大和英国军队沿着宽阔的下莱茵，向奈梅亨（Nijmegen）推进。由于德军工兵打开大坝淹没了河谷，美军渡过鲁尔河（Roer）进攻科隆平原的行动被阻滞了12天。德军在伦德施泰特指挥下，在莱茵河西岸顽强抵抗，盟军的伤亡要比德军惨重。双方实力已经极度不平衡，德军依然保持着战斗力，给人们留下深刻印象：到2月，盟军兵力达到350万人，德军只有46.2万人。情况更糟的是，在很多德军部队中，新兵比例非常高，虽然莫德尔、布拉斯科维茨和豪塞尔（Hausser）等指挥官擅长防守，但新入伍的士兵还没有在后卫战斗中受过磨炼。他们的火炮和装甲车辆也比不上对手。为了在阿登高地发动反攻，希特勒和凯特尔曾在12月和1月间将坦克和大炮调往西线，如今又开始将这些重装备东调，急于把红军封锁在西里西亚和匈牙利。3月2日，美军攻取了莱茵河西岸的南部和杜塞尔多夫的北部，并占领了克雷费尔德（Krefeld）。三天后，他们突破了科隆周围的脆弱防线，只用一天就拿下这座城市，国防军一退到东岸，就匆忙炸掉了霍亨索伦桥这条要道。

德军在整个冬天都牢牢控制着萨尔河-摩泽尔河三角区，它的南边得到欧尔绍尔茨（Orscholz）防线的保护。美军在大雪中战斗了几个月后，终于在2月22日突破了这个地区的西部防线，美军第302步兵团的攻击部队在黎明前借着浓雾从塔本（Taben）渡过萨尔河。德军急着抵挡多支美军部队的进攻，致使特里尔无人防守，经历了5个月的围困后，这座城市于3月2日几乎未经过战斗就落入盟军手中。美国第3集团军终于获得进展后，利用这一胜利迅速向摩泽尔河谷进军，这条河在河谷中的科布伦茨汇入莱茵河。

2月底到3月，德军在西线撤退的时候，没有再像1944年9月初那样引起平民大恐慌。这一次，当地民众拒绝逃走。人们在房子上挂出白旗，以防村庄遭战火摧毁。在一些地方，民众不让德军部队射击；其中在一个村庄，当地农民拿着干草叉狂殴想引燃导火索的士兵。一群士兵从包围圈中逃出来，回到德军防线时，有人冲着他们喊道，“你们在拖延战争！”2月底，德军重新夺回弗尔克林根（Völklingen）附近的吉斯劳滕（Geislautern）以后，当地党卫军指挥官了解到，经过敌人的短暂占领后，美国人更受当地人的欢迎，因为他们比德军更尊重借宿的房东，而且会把他们的配给、巧克力、果酱和香烟分享给忍饥挨饿的当地人。他报告说，美军名声在该地区比他们好。一位坦克指挥官从迈恩（Mayen）附近报告说老百姓想破坏当地指挥部的防御措施，还给士兵提供便装，帮助他们脱逃。

人们很快就明白，现在的形势与去年秋天相比有很大的不同。西线德军总司令收到报告说，“士兵们从法国蜂拥后撤，对局势态度悲观，给老百姓带来负面效应”，同时，“老百姓也对德军士兵的战斗士气和态度造成不良影响”。2月15日，司法部发布命令，要求设立简易军事法庭审判平民，将他们与脱逃或破坏军队士气的士兵按同样的刑罚治罪。3月11日，戈培尔认识到，只用宣传手段无法阻挡士气崩溃，他在日记中说，“在西线，有些东西只有依靠严刑峻法才能实现”。从西岸退败的士兵告诉人们说，纳粹党官员们已经乘飞机逃走，诺伊斯（Neuss）和克雷费尔德成了白旗的海洋，都在迎接美国人，于是失败主义沿着莱茵河进一步扩散。他们说敌人的火力强大到难以置信，还掌握着制空权，他们无力抵抗。在波鸿，当地纳粹党宣传部门承认，根本没有办法强迫工人们听身穿制服的纳粹党官员发表长篇大论，于是他们在3月中旬派出30名受过训练的公共演说家，穿着便衣到火车站、列车里和防空洞中进行“口头宣传”——而人们聚集在那些地方，吵吵嚷嚷地交换不同意见。3月21日，宣传部接到的莱茵河右岸的每周报告承认，即使这种温和的方式“也不再有多大用处”。

科布伦茨在3月17日失守，不到一个星期，经济重镇萨尔工业区被包围。随着德军后撤，戈培尔注意到，“成千上万的士兵据说都待在帝国的大城市里，他们宣称掉队了，但实际上是不想上前线”。军方指挥官加倍进行即决裁判，费迪南德·舍纳尔等纳粹分子率先把士兵吊死在路灯柱上，还给死者挂上诸如“我不信任元首”或“我是个胆小鬼”等羞辱性的牌子。这样做的不止他一人。3月5日，甚至虔诚的新教徒约翰内斯·布拉斯格维茨也警告H集团军群的手下说，谁胆敢擅离职守，将“就地受到审判和处决”。伦德施泰特在第三次——也是最后一次——被希特勒解职前不久，又发布一道决死抵抗命令：“敌人在德国的土地上每前进一步，都必须付出最高昂的血的代价。”3月10日，阿尔贝特·凯塞林（Albert Kesselring）接替伦德施泰特任西线德军总司令之后，立即设立了一支摩托化特种宪兵队，围捕掉队人员。数天前，一个新的飞行军事法庭处决了四名军官，因为他们没有在美军过去之前炸掉雷马根（Remagen）的莱茵河大桥。第五名军官已经被美军俘虏，3月25日，凯塞林亲自下令将这名军官的家人抓起来。但是，当地盖世太保和柏林的帝国中央保安总局继续反对这类措施，其理由如武装党卫军将军保罗·豪塞尔所说，让亲属连坐没有用，因为“那位军人的家属已经在敌占区了”。

德累斯顿空袭刚结束，希特勒和戈培尔就想在西线废除《日内瓦公约》，处决英美战俘，以报复德国平民受到的袭击。希特勒想以此刺激盟军也处决德军俘虏，希望把东线军人心中充斥的恐惧和顽强的自我牺牲精神复制到西线。然而，这个命令在起草时受到约德尔和凯特尔的一致反对，他们成功说服元首放弃这个想法：这样做可能会鼓励民众对盟军飞行员动私刑——现在这种现象甚至在1944年以前很少遭到轰炸的地方也习以为常了，如奥地利——另外，如果对德军逃兵家属进行报复，可能会让德国战俘处于危险境地。这有违他们的某些职业道德准则。

戈培尔和宣传部想跟上军事形势的步伐，他们重新修正信息：对于美军前线部队在摩泽尔-萨尔边境地区军纪良好的传言，他们发出警告说，当犹太人控制局势后，美军后卫部队就会进行大屠杀——好像美军也会配备他们自己的犹太特别行动队。德国人越来越把希望寄托于敌人的同盟可能分裂，被英军俘虏的德国军官互相说，“英国人和美国人有一天……会明白真正的形势，并追随德国遏制俄罗斯”。国防军装备参谋长库特·波莱克斯（Kurt Pollex）上校了解他的武器储备已消耗到何种程度，对于神奇武器不抱幻想；但他也希望，美国和俄罗斯的矛盾仍会给德国一个机会。正如他所说，这就像一场汽车比赛，距终点还有100米，轮胎却被扎破了。这种站不住脚的比喻和戈培尔在2月28日发表的一次全国讲话有点相似，当时他把德国比作一名马拉松选手，已经跑了35公里，前面还剩8公里。

维克多·克兰普勒把衣服上的犹太星割掉之后，很害怕被盖世太保发现后会遭到处决。为了避免与纳粹党的群众组织发生接触，他和妻子去投奔以前他们家的佣人艾格尼丝（Agnes），她住在一个说文德语（Wendish）的村庄，位于萨克森地区的皮斯克沃茨（Piskowitz）。克兰普勒在那里听到宣传部长通过广播抑扬顿挫地说：“只有最强的意志力才能让他继续前行，对他进行鞭策，或许他将在终点昏倒崩溃，但他必须到达终点！……我们遭遇最严重的恐怖袭击，几乎已经无法承受——但是我们必须坚定前行。”戈培尔的讲话既有对历史意义的抽象比喻，也有“我们的敌人和我们一样疲惫不堪”的实际安慰，他暗示德国要进行大反攻，威胁说“谁敢妨害我们，就要冷酷无情地把绳子套到他的脖子上”，戈培尔没有宣称战争会持续更长时间。一直很警觉的克兰普勒发现戈培尔的讲话透露出彻底的绝望，他对此深感震动。他的心中重新燃起希望，认为他和爱娃能活着看到解放。

戈培尔在1943年和1944年一再建议希特勒与苏联或英美进行谈判，以确保在某条战线实现和平。他或许是唯一一个私下里甘冒风险频频提出这种建议的纳粹领袖：尽管希特勒一直认为和谈时机未到，但并未禁止这个话题。不过戈培尔认识到，正在失去谈判机会：如果想让西方盟国相信，谈判比继续遭受人员伤亡好，就得守住莱茵河。为了保卫莱茵河西部的德国，德军已经损失了西线兵力的一半：6万官兵负伤或阵亡，29.3万人被俘，其中5.3万人是在韦瑟尔（Wesel）的一次包围战中成为俘虏的。

希特勒的“大德意志帝国”残存的领土以两条大河为界，即奥德河与莱茵河，而它们已经被敌人的桥头堡撕裂。在540公里宽的北德平原上，只有一道自然屏障：易北河。一位德军总参谋部官员在3月中旬被俘后，告诉盟军说，德国最高统帅部：

> 相信，只要有必要，东部的易北河防线和西部的莱茵河防线就可以一直守住。他们想象美英方面和苏联方面迟早会发生分裂，德国能够借机恢复地位。

为了确保让德国空军重新崛起，让喷气式战斗机参加下一阶段的战斗，炼油厂和其他关键设施都配备了严密的防空力量。3月20日，希特勒用哥特哈德·海因里希将军接替希姆莱指挥奥德河前线，他认为丢掉波美拉尼亚的原因就是希姆莱的失败主义和军事无能。海因里希曾在战术防御中一再证明过自己的能力，他也相信只要德军守住莱茵河，他在奥德河的抵抗就有战略意义。

阿尔伯特·施佩尔也鼓起勇气警告希特勒说，再过四个星期德国经济就要解体；但他也发表乐观性言论，并迅速把意大利和挪威的部队调回来，防守莱茵河与奥德河战线。装备部队在3月18日提交给希特勒的一份备忘录中说，“在当前的防线上顽强坚守几个星期，能够赢得敌人的敬意，或许由此还能以有利的方式结束战争”。他们两人在那天见面，希特勒断言战争会继续下去，军队要实行焦土政策，不会考虑德国的未来需要：“如果战争失败了，那么人民也失败了。”他宣称，如果德国人民被证明过于脆弱，那么“未来只属于东方更强的人”。希特勒在1941～1942年对溃败一度绝望时，最先产生这种想法，后来成为他的执念。他在2月24日向地方长官私下发表讲话时又这样说，当几个星期之后起草政治遗言时，又重复了这一言论。但是，希特勒和戈培尔只在领导人的内部圈子详细叙述了这个观点，他们认为这些人有充分的责任以英勇自杀的方式结束最后的时刻。

希特勒向地方长官做过演讲之后，身体太过疲倦，无法再像往常一样在2月24日向德国人民发表广播讲话，本来全国讲话是纳粹党的纪念宣传活动。他的讲稿只好由党内老同志赫尔曼·埃塞尔（Hermann Esser）代为宣读，语句有着明显希特勒风格：“犹太-布尔什维克民族的覆灭，西欧和美国是皮条客”；“德意志民族自由”；战斗到“历史转折点”。“我们在余下的生命中只能从事一项工作，”元首在讲话末尾要求道，“那就是补救国际犹太罪犯及其党羽给我们的人民造成的伤害。”即使吕讷堡（Lüneburg）纳粹党地方领袖听到这番话后也尖刻地讽刺说，“元首又在预言了”。

大多数给戈培尔写信的人还在寄希望于向英美军队散发传单，规劝他们不要成为犹太世界的爪牙。他们提出把信息传递给敌军士兵的方法，说敌军士兵要为犹太布尔什维克主义和犹太财阀付出血的代价，都强调西方文明命悬一线，唯一的希望在于英美与德国结成联盟，对抗斯大林。一封寄到宣传部的信用仿马克思主义的口号结尾：“非犹太人醒来！非犹太世界团结起来！”

恩斯特·贵肯给伊琳写信，谈起即将到来的春季反攻，建议她准备好掩体，把家具放到安全的地方，储备充足的物资。他确信他们能顶住盟军的攻击。“如果我们能挺过这个夏天，”恩斯特在3月9日给伊琳写信说，“那么我们也就胜利了。”恩斯特向她保证，德国依然拥有一个神奇武器，即使柏林被盟军占领，也能改变战争局势，他严正指出，那些怀疑德国的事业的人不再“是我们中的一员”。恩斯特和伊琳继续谈着他们的希望，并首次开始考虑战后的未来。实际上恩斯特上次休假时，注意到很多年轻人将再也不会返回他父亲所住的阿尔滕伯希拉村了。看到农场可能荒芜，他建议伊琳用攒下的钱买一小块地。“如果我们赢得战争，”他解释说，“那么我们就有了最需要的东西，即土地。如果我们的钱打了水漂，那么一切也会变得一文不名。”

3月22日和23日，美国第6步兵师在巴顿指挥下，在尼尔施泰因（Nierstein）和奥彭海姆（Oppenheim）渡过莱茵河。美军只遇到微弱抵抗，不过发现这场胜利价值不大，因为在那个农村地区，几乎没有道路通往南方的美茵河。盟军3月7日在雷马根建了一个桥头堡，想要进一步渡河，只能经过莱茵河中游的圣戈尔（St Goar）峡谷。北方的主攻不出意料地发生在下莱茵，英军于3月23日在韦瑟尔和里斯强渡莱茵河。第二天，工兵在宽阔的河流和沼泽地上架起桥梁。德国第1空降集团军兵力不足，没有预备队和空中支援，坦克和火炮也极少，无法抵挡蒙哥马利指挥的12.5万大军进攻。德军指挥官冈特·布鲁门特里特（Günther Blumentritt）将军与他的上司布拉斯科维茨意见一致，都认为他们既没有力量进行反攻，也守不住支离破碎的战线：他于4月1日脱离战场，把部队撤到多特蒙德-埃姆运河（Dortmund-Ems Canal）的另一端，从北方通向鲁尔区的道路已经洞开。

美军在南部的进展更为迅速，3月25日和26日夺取了阿沙芬堡和法兰克福的马恩河大桥，使得刚刚渡过上莱茵和中莱茵的部队联成一体。在此前的两个星期中，莫德尔想利用宝贵的火炮和装甲部队夺回雷马根桥头堡的控制权。霍奇斯（Hodges）的美国第1集团军从3月25日起在这里发动进攻，不过美军没有向北攻击莫德尔建立的强大的鲁尔防线，而是遂行大包围，直插东方。第二天午夜，他们已经突破德军阵地，急速向兰河与吉森和马堡等城市进军。

3月25日传出盟军首次强渡莱茵河的消息后，约瑟夫·戈培尔只在日记中说，“西线形势进入极端危急关头，明显几乎已无力回天”。在明斯特，记者保罗海因茨·旺泽听到美军在雷马根有了桥头堡之后感到绝望：“每个人都希望他们能顶住美国人和英国人；如果不能完全顶住，至少坚持的时间也应该长一些，用某种方式支援前线。这些希望现在都破灭了”。他在日记中一页页记下明斯特及其周围城镇遇到的空袭，写到盟军渡河的消息时感觉“一直在发抖”。然而，旺泽竟然还有力气记录一则政治笑话：“元首怀孕了，他肚子里有个小德国。”好像军事溃败的灾难太过沉重，除此之外找不到其他方式来表达。在劳特巴赫，伊琳·贵肯告诉恩斯特，她不再相信战争，尽管她知道他还相信，而且害怕他有过激反应："英国人和美国人已经强行攻入德国内部，你知道我们都盼望我们这边的反攻不要成功吗？要是成功了，那么就得进行总体战了。那不仅只有空袭：在德国领土上打仗，后果更严重。"劳特巴赫位于吉森和富尔达之间：伊琳还不知道，美军的坦克很快就要开到这里了。

在学院小镇马堡，天气转暖后，丽萨和沃尔夫·德·波尔开垦花园，开始春播。不管发生了什么，他们仍旧需要吃饭，丽萨接纳了一些难民和朋友之后更是如此。当镇上兵营的水、电供应中断后，她给士兵们煮咖啡。一位地方政府的朋友安慰她说，那些军人既没有弹药，也没有大炮，无力抵抗盟军。但他们夫妇最担心的还是女儿莫妮卡，时下得不到她的消息：他们在2月6日收到最后一张寄自科特布兹监狱的明信片，现在已经过去好几个星期了，而且只收到明信片无法使人放心。莫妮卡已经瘦到皮包骨头，她开玩笑说自己是"骨科研究物品"。

3月26日，马堡驻军受命出去迎击从林堡沿着兰河河谷前进的美军。丽萨已经从BBC听到丘吉尔随英军渡过了莱茵河，苏格兰风笛已经在东岸奏响。第二天，她注意到当地报纸刊登了很多英语培训的分类广告。当她坐在阳光里享受春天的第一抹嫩芽时，看到"汽车、马车、自行车、军人和平民的洪流"从通往吉森的路上涌过来。马堡好像"窝被捅了的一大群蜜蜂"。那天夜里，德·波尔夫妇听到BBC报道说，美军已经越过吉森，他们相信第二天就能来到马堡。

3月28日早上，丽萨正在花园里摘野苣时，听到隆隆的炮声。她很激动，没有找地方躲起来，反而跑到楼上观察美军的坦克。丽萨抓着姐姐多年前去美国时给她的星条旗，穿过空荡荡的大街跑到巴福塞特街（Barfüssertor），与在附近煤炭厂工作的波兰工人一起迎接美军。最先过来的是一长队红十字车辆，他们喊着几个自己会说的英语单词来问候，法国战俘、意大利军事拘留者和更多波兰人也来了。美国人把成堆的德国大衣、毯子和衣服发给强迫劳工。回到家后，丽萨发现一队美国步兵和德国俘虏站在她家前面，她给这些人拿了食物和水。下午5点，德·波尔夫妇在城里散步，阅读张贴在墙上的新命令，它们宣布取缔一切纳粹组织、关闭中小学和大学，更让他们高兴的是允许举行宗教仪式。他们可以立即着手为斯坦纳派“基督教社区”设立聚会房间，那是他们的教派。黄昏时刻，当丽萨·德·波尔走到阳台时，看到云雾已经消散，红色的月亮自马堡东面黑暗的森林升起，显得很大。她在那个重要的一天结束时写道：“这是春天的满月，接下来就是复活节。我们知道接下来的岁月是非常艰难的，然而，在这个夜晚，我心花怒放”。

伊琳·贵肯的家乡劳特巴赫在同一天被美国第3集团军的先锋坦克部队占领，恩斯特被分割在战线的另一方，他在南方的巴特基辛根（Bad Kissingen）附近，离此地不到90公里。4月3日，他采取预防措施，伊琳寄了生日贺信，希望它能到达到“另一个世界观的地区”。他也希望“你和小家伙都没事，你一切安好，心情愉快”。他向她许诺，“我知道一件事，伊琳：我们都能渡过难关。”第二天，他确信自己如果不被俘，就可能被打死，于是又想办法寄了一张便条：“这是最后一封信，请你，请你，一定要勇敢。你会得到我的消息的，通过国际红十字会”。

美军进展神速，令人惊讶。3月29日，美国第1和第3集团军在吉森和马堡之间会师。巴顿的坦克部队继续向东攻入图林根，霍奇斯则转向东北方的帕德伯恩（Paderborn），意欲和正在从北方包围鲁尔区的辛普森的第9集团军会合。尽管一支武装党卫军部队依靠6辆坦克在帕德伯恩附近做过激烈抵抗，但这两个集团军还是迅速合拢到一起。4月1日下午3：30，美军坦克在利普施塔特（Lippstadt）会师，封闭了包围圈。这一天正好是复活节。

在不伦瑞克、波鸿和汉诺威，早在英美军队渡过莱茵河之前，人们就忙着把值钱的东西埋藏起来，为接受占领做准备。宣传部明白，一旦鲁尔区落入盟军手中，没有人会相信战争还能坚持下去。即使很多企业搬迁到其他地区也没有用：德国战争经济依赖的是上西里西亚、萨尔区和鲁尔区的煤矿和钢铁厂。当美军从东面收紧鲁尔包围圈之后，40万德军就被钉在他们曾竭力保卫的鲁尔堡垒中了。他们没有大炮和装甲车辆用于突围，各个城市日益陷入骚乱和绝望之中。

纳粹在这个战略要地的最后几天统治和丽萨·德·波尔在马堡目睹的倾倒

蜂巢般的乱象差不多。哈姆和多特蒙德坚持反抗盟军的占领，“希特勒青年团”组成的部队直到被完全打垮才停止战斗，城市几乎被飞机和大炮完全摧毁。波鸿、米尔海姆和杜伊斯堡投降，企业领袖和旧时的工会会员及劳工活动分子一道向纳粹市长和军方指挥官施压，要求他们把战火中留存下来的东西保护好。在奥伯豪森（Oberhausen），溃退的德军部队开始抢劫，他们把能找到的酒全喝掉，肆意用希特勒的焦土命令破坏设备。在鲁尔区其他地方，德国矿工、工程师和管理人员悄悄合作起来，经常待在井下或者看守着水泵，防止德军在撤退时把矿井淹掉。在腓特烈大帝煤矿，80人拿着猎枪和老式比利时步枪，不许执行地区领袖发出的破坏矿井的命令。这些人本能地与1941年的基辅金属工人不谋而合，当时那些人没有执行斯大林的焦土命令，而是把机器藏了起来。1945年1月，上西里西亚的煤炭和钢铁工人是极少数没有在红军来临之时逃走的人：他们见识过波兰同事在1939～1940年的德意志化，认为自己在生产中发挥着关键作用，占领者会更注重他们的实际价值，而非民族身份。在这些情形各异的占领中，工人和管理人员都认为他们的专业知识最有价值，在占据绝对优势的敌军到来时，可以将其当作合理保障。只有基辅人错估了形势，遇到德国实践残忍的种族主义意识形态。

1945年，帝国境内还有770万名强迫劳工。2月7日和10日，盖世太保在杜伊斯堡枪毙了24名涉嫌为帮派成员的东方工人，在这些人中，有的曾在科隆、埃森、杜塞尔多夫和杜伊斯堡等地的基本无人居住的废墟里与警察打游击。这些帮派是盟军于1944年9月重启空袭之后崛起的，当兵营和工作场所被摧毁后，德国人及西欧工人一般都获得帮助并移住新居，很多东方工人只是成为流浪者，极少数人开始小偷小摸或者在黑市谋生。随着帮派规模壮大，他们躲入废品场，搞到了钱和军用武器，有时还与德国帮派合作。组织比较严密的帮派吸纳了前红军士兵，对前来围捕他们的盖世太保行动队造成重大杀伤。

从1944年秋天开始，柏林的“帝国保安总局”将处决权下放给单独的盖世太保办公室，进一步增加了地方自主权。早在盟军还没达到莱茵河西岸时，盖世太保就开始枪毙在押苏联劳工。随着盟军占领西岸地区，处决数量进一步增加。在埃森，当地盖世太保头目在准备枪毙35名囚犯之前，挑选从未参加过处决行动的军官组成行刑队，确保每个人手上都要沾血。3月20日，30名囚犯在伍珀塔尔附近被处决；3月28日，11名囚犯在盖尔森吉兴遭枪杀；第二天，29名囚犯在杜伊斯堡的瓦德弗里德霍夫（Waldfriedhof）公墓里的一个炸弹坑里被打死：这些囚犯的罪名顶多是窝藏帮派分子。多特蒙德的东鲁尔区盖世太保本部官员更加积极，他们在2月到4月处决的囚犯估计有230～240人，其中包括一个法国剧团。但是，绝大多数受害者都是苏联民工或战俘。在多特蒙德·波鸿和其他地方，随着盟军收紧包围圈，盖世太保于4月7日和8日进行了最后一轮疯狂屠杀，之后没过几个小时，这些秘密警察就从各城镇中撤走，到海默（Hemer）的一所中学集合。他们在海默又打死9名囚犯，并再次指派几个最近才调入盖世太保、之前没枪毙过犯人的侦探执行。然后他们待在那所学校里，互相戒备，谁也不许逃走，等候美军到来。

杜塞尔多夫横跨莱茵河，3月3日，美军占领了河流左岸的一个社区，但是德军炸掉了桥梁，并且在东岸修筑了工事。正巧，犹太年轻妇女玛丽安·施特劳斯在2月份来到这座城市，自从家人于1943年10月从埃森被驱逐之后，她就一直在东躲西藏。当盟军抵近莱茵河时，小型社会主义抵抗组织“联盟”决定把她送到杜塞尔多夫，希望她在那里会很快得到解放。玛丽安拿着一封介绍信，到一位素未谋面的教师家落脚。她很走运，哈尼·冈泽（Hanni Ganzer）毫不犹豫地接纳了她。美军占领了西岸地区后，在接下来的6个星期中每天都用飞机和大炮轰炸杜塞尔多夫，煤气、电力和供水一个接一个被切断。玛丽安虽然没有身份证明文件，但已磨炼出在大街上通行的技巧，她和哈尼一起进入防空洞。在拥挤、幽闭的水泥房间里，他们睡在椅子上，有时一天只能出去放风一个小时，而外面的空气充满刺激性味道，到处是倒塌建筑的尘灰。尽管当局强制监控的目标大多为逃兵和外国劳工帮派，但并未忘记可能有犹太漏网之鱼。4月15日，一支部队发现一名72岁的犹太男子：他很快被吊死在奥贝比克（Oberbilker）集市广场。

仅在埃森就有300多个外国劳工营地，占重工业劳动力的70%。盟军渡过莱茵河之前10天的时候，6名年轻妇女在空袭期间从克虏伯工厂中逃走。她们是匈牙利犹太人，1944年夏天被驱逐到奥斯威辛-比克瑙集中营，然后被挑选出来送回“旧”帝国，到克虏伯的钢铁厂劳动。德国的一些地区已经在1942年和1943年扬扬得意地宣布为“无犹太区”，她们是第一批回到那里的犹太人。然后在1945年3月15日，挺过冬天的犹太劳工了解到，她们又要被驱逐走了，这一次是去布痕瓦尔德集中营。党卫军看守威胁这6名妇女活不到战争结束，于是她们趁着空袭来临街上无人时逃走了。她们藏在犹太公墓的太平间废墟里——在没有水和食物的情况下坚持了好几天。终于，她们中的一个人找到途径来到欧娜和格哈德·马夸特的公寓。这对夫妇把克虏伯工厂的食物给了她们，马夸特还找到一个党卫军熟人，借了一套制服。他们两人一身党卫军装扮，毫无阻碍地把两袋面包搬到这6名犹太人藏身的公墓。马夸特夫妇找来各种各样的人掩护这几名妇女：一位同事、一位杂货店老板，甚至还有一名冲锋队员。每个帮忙者都有一种或几种不同的动机，或者是反纳粹同情者，或者出于人道怜悯，或者想在盟军到来时能找到掩藏党卫军或冲锋队员身份的借口。

4月初，成千上万的集中营囚犯在帝国各地开始强行军。几乎已经没有机会再剥削他们的劳动：大多数囚犯已没有工作能力，此外，希特勒已下令不能让囚犯活着落入敌人手中，而希姆莱还想拿囚犯当人质，通过斯堪的那维亚人牵线搭桥与美国进行秘密和谈，于是工厂需要已经不在他的考虑之列。随着本已没有多大影响的中央控制力在被美军包围的地区土崩瓦解，这类生杀大权日益由各地党卫军看守掌握，4月4～5日，所有在米特堡-朵拉（Mittelbau-Dora）集中营的地下工厂生产V-2火箭的囚犯从哈茨西部被撤走，当美军于4月11日到达这里的时候，只找到700名囚犯，都是因为生病或瘦弱无法行走才被留下，他们还在哈茨的岩石中发现了隧道，那是利用囚犯挖掘的，用于在空袭时继续生产火箭。两天后，在马德堡以北大约40公里处，一群由军人、希特勒青年团成员、人民冲锋队成员和地方消防队员拼凑成的看守队伍把1000名米特堡-朵拉集中营的囚犯锁到米斯特村（Mieste）的一个谷仓里，活活将他们烧死。那里的纳粹党地方领袖已经决定，把这些囚犯消灭掉，比等铁路修好再把他们送到贝尔根-贝尔森（Bergen-Belsen）、萨克森豪森和诺因加默等集中营要容易。

随着第三帝国的版图不断缩小，囚犯的强行军变得更加漫无目的和血腥。

此时很多看守是老年冲锋队员、地面防空人员、人民冲锋队和希特勒青年团成员，他们都没有什么经验，而且决心遵守命令，不让囚犯逃跑。多年来，选派集中营囚犯到德国各城镇劳动已经成为平常现象，如今的疏解行军揭掉了他们所受待遇的最后一层神秘面纱。很多旁观者看到形容枯槁、步履蹒跚的囚犯和凶狠残酷的看守后，都感到非常震惊，他们被吓得说不出话，紧闭家门。但是，他们心中更多的是恐惧感，而非怜悯感或负罪感。德国人甚至对囚犯的痛苦表示厌烦，他们对自己说，“这些人受到如此虐待，必定犯了大罪！”奥斯威辛的囚犯1月份路过西里西亚的波兰城镇时，有时得到当地人的掩护，经常能得到食物和饮料；但当枯瘦力竭的囚犯在1945年春季排着蜿蜒的长队经过德国的村镇时，当地人的总体反应是极其厌恶和恐惧。很多人嘲弄他们，朝他们吐口水、扔石头，而非出手帮助。4月8～9日夜，一列火车在策勒附近遭到轰炸后，车上的囚犯逃进森林，当地老百姓帮助党卫军、人民冲锋队、冲锋队、地方警察、军队和希特勒青年团成员追捕和枪杀了200多名囚犯。

随着纳粹秩序在鲁尔区崩溃，德国人用暴力伤害的人依然是纳粹的敌对标准：德国逃兵、法国战俘和数量庞大的“东方”劳工。当饥饿不堪、衣衫褴褛的强迫劳工为了躲避空袭成群结队往东逃时，有时只要隐约觉得他们有威胁，就足够有理由将他们杀害掉了。苏特罗普（Suttrop）附近的V-2火箭阵地指挥官、党卫军将军卡姆勒（Kammler）的车辆在开往绍尔兰（Sauerland）的路上被劳工堵住后，他决定“这些垃圾应该予以消灭”，以防他们在德国制造恐怖活动。3月底，他的ZV2师在三次大屠杀中处决了200多名男人、女人和儿童：这些受害者根本不具备恐怖威胁，他们是去响应一个义务劳动要求的。

这种暴力活动不限于军队、党卫军、警察和盖世太保，很多德国男性和女性都在纳粹党的群众组织里扮演了积极角色，在政权和社会之间没有明确界限。盖世太保从鲁尔区撤到海默的中学以后，他们的屠夫角色被其他人接了过来。1945年4月初，有人在奥伯豪森看到4名东方工人在一次空袭中离开一栋房屋，一群担任空袭警戒的德国男人就出来追捕，抓到其中一个人，对其进行殴打，直到此人承认偷了一些土豆，然后他又遭到一群德国青少年的殴打。一名电话接线员先把这个劳工带到警察局，之后又带到国防军办公室，并借了一把手枪。一群人又拿着大棒和木板条暴殴这个不幸的“东方”工人，并把他带到一个体育场的弹坑里，那名电话接线员朝他的肚子开枪，群众继续对他进行围殴，直到他被打死。

4月18日，奥古斯都·托波韦恩的儿子卡尔·克里斯托弗17岁了。巧合的是，那天他写的一封信寄到了父亲的手上，他正驻在捷克的僻静城市彼得斯多夫（Petersdorf）。卡尔·克里斯托弗描述了他和他的战友应征加入人民冲锋队，举行了军人宣誓，正在先前的一个帝国劳工服务队营地接受为期14天的训练。他想表明自己真心遵从了父亲的宗教和道德标准，哪怕因此受到战友们的孤立。“想得到内心的平静并不容易，不过它是实现理想的唯一手段，”他写道，“成功并不会掉到我们手上。但是，歌德毫无疑问是正确的：‘凡是自强不息者，到头来我辈皆能救’。” 卡尔·克里斯托弗哀叹他的战友不信仰宗教，而且喜爱“爵士乐——或者说是狂热的黑人音乐”——他这样称呼爵士乐——不过他觉得有必要表明战友们是爱国的：

> 在关于祖国的问题上，我相信实际情况是很多人出于傲慢和无知才想上前线，他们完全不知道前线是什么样子。然而，他们是怀着一定的爱国主义的。除此之外，还能用什么来解释1927和1928世代及年龄更大一些的人做出的模范事迹呢。

他承认，“有些人不太乐意做这些事”，然后又赶紧向父亲保证说：“我没有这种疑虑。但是都一样，我得做出真正的努力……上帝的指引！我们还能再向自己企求什么，我们的祖国由上帝指引。你的卡尔·克里斯托弗。”

奥古斯都·托波韦恩现在终于不再相信元首和他的预言了。4月15日，美军抵近索林根，他向自己承认，“现在坚持武装抵抗只能得到一个结果，即荣誉失败！”为了向卡尔·克里斯托弗祝贺生日，他寄了约瑟夫·冯·艾兴多尔夫的诗《士兵》，其结尾这样写道：

当最黑暗的时刻来临，

我累倒在地……

我们将猛冲进天国之门。

这些诗句莫名其妙使奥古斯都·托波韦恩忽略了现实，即儿子就要在一场势不可当且毫无胜利希望的战争中面对危险和恐怖。

当美军在3月底快打到普福尔茨海姆时，恩斯特·阿诺德和欧娜·保卢斯还在哀悼着自从1943年11月在行动中失踪的儿子赫尔穆特。欧娜承认，“一想念赫尔穆特就让人感到害怕”：他的牺牲对她不再有什么意义，她的丈夫终于认识到，战争已不可挽回地失败了。“我们想在这里静静等待，看看会遇到什么命运，我们没有放弃有一天会再次相见的希望，而且我们的漂亮房子还完好无损。”她给在海尔布隆急救总站工作的两个女儿写信说。她没有得到女儿们的消息，不过电台一遍又一遍地报道说，那座城市正在遭到轰炸。

约根·海特曼（Jürgen Heitmann）的人民冲锋队在富尔达北部接受训练的时候，看到美军坦克朝他们的营地开火。这17名男孩立刻带着武器逃跑了，在第二天午后来到一座帝国劳工服务队的营地。当地人不断给他们提供食物和甜品，但急着让他们赶紧走，对他们说美军坦克已经来到他们的村庄了。约根的连队分成小组，躲开敌人进入图林根森林，他们在那里遇到一群强行军的集中营囚犯。沟渠里有一些尸体，约根能看出那是党卫军枪毙的掉队者，当他们经过时，还目睹了另一起屠杀。约根的小组从路过的国防军部队那里要食物，在农场里、学校教室地板上和森林中睡觉，就这样硬是坚持了10天。最后，他们从附近超级公路上美军卡车的轰鸣声中认识到，美军已经超越他们了。虽然还有一名戴着骑士十字勋章的少校组织其他团体进行最后抵抗，但他们自己的领导人的4月16日早上命令把武器和制服埋在森林里。他解除了这些男孩的服役誓言，让他们尽力想办法回家。

到4月中旬，B集团军群的三分之二部队都缺乏武器和弹药，士兵们很快消失在森林和鲁尔区的城市里。在奥古斯都·托波韦恩的家乡索林根，当地民众于4月15日清除坦克路障，第二天，几乎所有驻军都得到了便装。甚至高级指挥官也扔掉少校制服，换上一套不合身的西装和运动帽，放弃了指挥职责。沃尔特·莫德尔不愿向美军实际投降，命令他的部队在4月17日解散，那一天索林根受到盟军占领：31.7万人被俘，其中包括30名将军。莫德尔在常识和高傲的忠诚之间无法取舍，走上了希特勒曾希望保卢斯应在斯大林格勒所走的道路：他在森林中开枪自杀。那一天，美军第97步兵师进入杜塞尔多夫。玛丽安·施特劳斯已经习惯了随时可能被抓的危险生活，一直过了10天，她才认识到自己终于安全了。

第十六章

终结

> 但维克多心中还残存着一点民族主义，他痛苦地感到，解放多么像失败："我的内心处于奇怪的矛盾之中：我很高兴看到上帝报复了第三帝国的党徒……然而看到胜利者和复仇者在这个遭到他们残酷破坏的城市中横冲直撞，我感到极为痛苦"。

1945年4月9日，戈培尔把帝国形容为从挪威绵延到意大利北部的亚得里亚海岸的一条细带。海因里希的军队在奥德河一线等待苏联重新发动攻势。德军挖掘了三道深深的防御阵线，部署了100万人、1500辆坦克和装甲车、10 400门大炮和3300架战斗机。这支防御部队很强大，但敌人的兵力比他们多出三倍，拥有6000多辆坦克、41 000门火炮和7500架飞机。当消息传来，称英美军队已渡过莱茵河并在鲁尔区围困了德国最精锐的部队之后，奥德河也就失去了保卫帝国的战略价值：西面已经没有明确的防线，把红军挡在奥德河也保不住第三帝国的残余领土。英军越过北德平原挥师汉堡和易北河，美军和法军进入了鲁尔、赫塞和南方。这些严峻的军事现实极大激化了德国失败的地方特色，这种区别在欧洲战争的最后三个星期显露出来。

在西部，采取的是拖延战术，试图尽力守住关键地点，或者反之，躲避盟军的追击，撤到其他安全地方。G集团军群在新任司令弗里德里希·舒尔茨（Friedrich Schulz）的指挥下，想守住马恩河南岸的阿沙芬堡，不过虽然进行了顽强抵抗，还是迅速被美国第3集团军自东面迂回包抄，只好一路向南匆忙撤退。国防军和人民冲锋队在海尔布隆抵抗了一个星期，而卡尔斯鲁厄一枪未发就易手了。到4月中旬，美军在东面已进入图林根，夺取了爱尔福特（Erfurt）、魏玛和耶拿；在南面，已到达萨克森和巴伐利亚：哈雷（Halle）、开姆尼茨（Chemnitz）、莱比锡、科堡（Coburg）和拜伊罗特（Bayreuth）都一个接一个地迅速被美军占领。4月11日，美军到达易北河。4月16日纽伦堡成为战场，《先锋报》（*Der Stürmer*）前主编、兰克尼亚地方长官卡尔·霍尔兹（Karl Holz）组织抵抗。甚至在老城已遭包围和轰炸的情况下，一群由德国和俄罗斯“志愿者”拼凑成的部队还是在美军火炮猛烈的打击下坚持了5天。

在这种躁动不安的气氛中，党卫军的部队经常是最后投降的，而且他们对囚犯和德国平民犯下的暴行越来越多，此时希姆莱却悄悄开始与美国秘密和谈。他在2月和3月会见瑞典红十字会副会长、王室成员福尔克·贝纳多特伯爵（Count Folke Bernadotte），同意释放集中营里的斯堪地纳维亚囚犯，包括少数犹太人。希姆莱急切想找到与艾森豪威尔接触的途径，力图当中间人谈判停火，4月20日没在柏林参加希特勒的生日庆祝会，而是与“世界犹太人会议”（World Jewish Congress）的瑞典代表诺伯特·马祖尔（Norbert Masur）举行会谈，它是一个美国的犹太组织，这位党卫军无疑高估了其影响力。里宾特洛甫也变得越来越积极，首先通过德国驻斯德哥尔摩大使馆向西方国家建议组织反布尔什维克联盟，碰了一鼻子灰后，又要求代理大使去接触苏联。与继续搞秘密策划的希姆莱不一样，里宾特洛甫想得到希特勒的授权，却被迫停止。戈培尔也希望希特勒可能与某一方面达成单独和平，自1941年8月以来就定期向元首提出这个建议。莱茵河防线失守以后，他也很现实地放弃了这个念头。在公开场合，他继续为德国打气，宣称同盟国的内斗依然可能挽救帝国，但他明显已不再相信纳粹领袖有能力操纵出这样的结果。他追随希特勒，重新用悲情英雄主义粉饰即将到来的失败，企图以此激励后代。他们最关切的是必须不惜一切代价，阻止1918年11月的胆怯投降再次上演。虽然戈林、施佩尔和希姆莱等纳粹高级领导人想尽力从全面溃败中挽回一点东西，但希特勒和戈培尔这样的人并不是少数：很多国防军将领虽然不是纳粹分子，却准备进行决战，他们相信1918年时就本该如此。

盟军在西线已经开始进行大扫尾，不过只要奥德河还未失守，德国人依然希望海因里希的军队能顶住来自大草原的亚洲游牧部落。即使军事地图上已经找不到在西线能够保卫的“帝国”，这种要求依然存在：在战争的最后几个星期中，德国军人以不同的动机在作战——因为机械性举动，因为他们得到的命令就是抵抗，因为他们还想击退“红色浪潮”，或者因为他们败于西方盟国，做他们的俘虏。在东方的奥德河战线，被包围的堡垒城市一个接一个地失守。在上西里西亚，奥珀伦[①]（Oppeln）于1月24日被红军占领，拉蒂博尔又坚持了两个月。在西普鲁士，格劳登茨和波森于3月的第一个星期被苏联控制。但泽是这场战争的始发地，德国在1939年9月1日从这里入侵波兰，当苏联攻入东波美拉尼亚时，这个城市坚持到3月。东普鲁士首府柯尼斯堡进行了三天的顽强抵抗后，于4月9日投降。3月5日，赫尔曼·尼霍夫（Hermann Niehoff）被派到下西里西亚首府布列斯劳，以鼓舞防守部队的抵抗精神。尼霍夫动用数千强迫劳工，把恺撒大街（Kaiserstrasse）改建成临时飞机跑道，如果郊区陷落，德国空军还是能向城内运送补给。为了执行这个工程，他们不顾红军飞机的袭击，拆掉教堂和大学建筑，德国空军也冒着风险天天飞往布列斯劳。城中的德国装甲部队使用小型遥控自爆车“歌利亚”，袭击被苏联进攻部队占领的建筑。经验不足、战斗力不强的德军部队伏在战线后方的堑壕中担任预备队，伞兵和武装党卫军等精英部队继续发动反攻，把红军的攻势挡在南郊：为了争夺位于霍夫臣广场（Höfchenplatz）和奥皮兹大街（Opitzstrasse）角落里的一栋公寓楼，双方血战了8天。

要求坚守阵地的不仅有疯狂的纳粹分子和在东线被磨砺得冷酷无情的军方将领，在快速列车上，可以听到柏林的工人谈论三名逃兵和地方纳粹党领导人被吊死在奥德河畔城市菲尔斯滕瓦尔德（Fürstenwalde）的电话线柱子上，身上还挂着牌子称他们从前线脱逃，这些工人都持赞同态度。还有人号召报纸把处决的逃兵数量报道出来。战争在德国领土上持续数月之后，已经使边境地区卷入战争的平民和内地受到保护的平民出现分歧。随着征服帝国的战斗进入最后和最关键的阶段，这些分歧变得更为尖锐和激烈。

---

① 奥波莱的旧称。——编者注

女教师艾格尼丝·赛德尔（Agnes Seidel）从1944年3月起就和学生一起被疏散到僻静的“吕讷堡灌丛”（Lüneburg Heath），这里出奇地平静，赛德尔没见过战线在逐步逼近的明显标志，尽管她从国防军报告中知道，英军和加拿大军队已经越过下莱茵，布鲁门特里特的第1空降集团军一边顽强抵抗，一边向东慢慢撤退。她儿子克劳斯曾在汉堡大火期间负责操作高射炮，3月1日在去前线的途中，在波美拉尼亚给她寄来最后一封信。4月1日，星期天，鲁尔区被包围，而她的学生还像往常一样寻找复活节蛋。但是几天后的5日，汉堡教育部门招架不住家长们的游说，开始允许他们把孩子领回家。没过两天，村子里只剩下5个孩子。要不是东普鲁士和波美拉尼亚难民又带来了16个孩子，艾格尼丝·赛德尔就没有学生可教了。4月11日，1500名英军俘虏来到艾格尼斯居住的农场，他们和之前的难民们一样，在继续开拔之前得到土豆和牛奶。那天夜里，艾格尼丝和农场主的家人一起为一位教师庆祝生日，喝的酒远超平时的数量。帝国保安总局在3月底最后一次尝试编撰的全国性报告中说，在帝国各地，只要遇到什么事，看来都成为打开酒瓶盖的机会，那些酒本来是留了好长时间准备庆祝“最后的胜利”的。

艾格尼丝已经得到命令，要求把她的东西收拾好装箱，不过直到4月12日，她才意识到情况的严重性，士兵们在那天把附近国防军基地中储存的弹药炸掉了。人们拖着布料、锅碗瓢盆、水桶和成捆的衣物，开始来农场集合。那天夜里她几乎无法入睡，第二天，警察收下她送的香烟，用卡车替她把两英担土豆送到汉堡——那是她的战后口粮。4月16日，一位当地养母找她抱怨说，自己没有黄油和肉，甚至连面包也几乎没有，无力让收留的汉堡儿童吃饭。过去两年来发挥作用的支付系统明显已不能让人再信任下去。艾格尼丝劳累不堪，对头顶上频频掠过的飞机发出的噪音已经没有感觉，睡了个午觉。下午4点钟，她被一种异样的声音吵醒—— 一眼看不到头的英军卡车和坦克轰鸣着，涌入这个村庄。当彬彬有礼的英国军官和一名态度挑衅的美国“半黑鬼”在后半晌来到农场逮捕德国军官（其中包括两名17岁的党卫军）时，她感到很是愤慨。艾格尼丝追上汽车，给那两个男孩递上一些食物，并再次和他们握手。新占领者征用了农舍里最好的房间，她只能搬到楼上住。在此后的两个多星期时间里，一拨又一拨占领者经过这里，英国预备役军人被不友善的美国人替换下来，艾格尼丝认为，大多数美军都是波兰血统。在寂静的夜里，她坐在屋子里就能听到谷仓中传过来的唱歌跳舞的声音，紧张的波兰农场工人还睡在那里。

当索林根失守时，玛格丽特·托波韦恩没在城里。去年秋天她就把房子租了出去，带着女儿巴贝尔（Bärbel）去了奥斯特罗德[①]（Osterode）的哈茨镇投奔公婆。3月初，她依然在书信中写道，“尽管天空中不断有飞机经过，尽管到处是难民，但我们在这里的生活不可思议地平静”。不过她和艾格尼丝·赛德尔一样，也觉得“洪水正在涌起”。她把信念寄托在上帝身上，认为一切都会好起来，安慰丈夫奥古斯都说，“相比保留在外表的东西，内心的正直更为重要”。奥古斯都驻在遥远的捷克僻静城市彼得斯多夫，他正日益焦急地关注着美军在德国西部攻城略地：“我所拥有的一切都陷入战火，而我——作为一名士兵——好像正在享受最大的和平！”

克兰普勒夫妇从德累斯顿疏散出去以后，从2月底到3月都待在皮斯克沃茨的文德语小村庄，住在前女佣艾格尼丝楼上楼下都只有一个房间的家里。由于能吃到很好的黑麦面包，黄油、凝乳奶酪和蜂蜜很充足，甚至每天都有肉，他们渐渐恢复了体重，力气也增加了。当这个村庄为了安顿军队而清除难民时，他们就去了皮尔纳，有个老朋友在那里留他们过夜，还给了维克多鞋子和裤子。接下来，他们又到福格特兰（Vogtland）地区的法尔肯施泰因（Falkenstein），住到老药剂师朋友汉斯·夏尔乃（Hans Scherner）家里，但到4月1日，他们的房间又被征用了。

直到此时，克兰普勒夫妇使用的都是真名。爱娃有雅利安护照和身份证，出面当导游，与地方当局打交道，去火车站买票。维克多把他的犹太护照藏了起来，只给人看德累斯顿空袭后获发的雅利安配给卡。他们都明白，他们的名字听上去有犹太味。在离开法尔肯施泰因之前，他们决定伪造身份文件。说来颇有讽刺意味，这个主意源自一位药剂师，那个人一年前曾经误把他们的名字

---

① 奥斯特鲁达的旧称。——编者注

说成“克莱恩皮特”（Kleinpeter）。爱娃知道，她只在把“m”上加个点，并把“r”拉长一些，就能改好。他们改好警察签发的离乡记录和配给卡，4月2日又开始上路，对全世界来说，他们现在只是另一对疲倦的六旬老夫妻，家园在德累斯顿空袭中被炸毁了，维克多成了瓦泽河畔兰茨贝格（Landsberg an der Warthe）的一个中学老师，那里其实是他的出生地。兰茨贝格已经被苏联控制，所以他们编造的故事没有条件进行验证。不过他们还是决定把真实护照和维克多的一个犹太星藏在一个包的底层。这样做风险很大，但他们想一直保留着等待盟军到来，“因为我们都需要用这个证据拯救自己，就像我们需要雅利安证明一样”。

“克莱恩皮特”夫妇去了慕尼黑，他们发现无意中去的是第三帝国腹地。在马克特雷德维茨（Marktredwitz）的候车室过夜时，“给我留下极为深刻的印象，”维克多写道，“因为人们挤在一楼，各种不同的人员和物品混杂在一起：士兵、平民、男人、女人、儿童、毯子、行李箱、帆布袋、背包、大腿、脑袋掺杂在的起，最引人注目的画面是一个女孩和一个年轻的士兵轻轻背靠背睡在一起。”他们在慢腾腾的火车上或站或坐，有时遇到铁路线被炸坏，不得不下车走一段路，在埃格尔（Eger）、雷根斯堡和慕尼黑情况都差不多，只不过人更多。克兰普勒夫妇多年来曾经一直受到区别对待，现在终于混入“民族同志”的行列，他们现在不仅能旁观普通德国人如何相互交谈，也亲身参与进来。4月4～5日夜，他记录下黑暗的二等车厢里的谈话：

> 一位坐在我旁边的年轻男子：我父亲还相信能获胜，总是不听我的。但是，现在连他也不再相信了……布尔什维克主义和国际犹太人是胜利者……一位坐得稍远的年轻妇女：她还相信胜利，她相信元首，她丈夫在布列斯劳打仗，她相信了。

克兰普勒一直想知道人们对戈培尔的宣传相信多少，他们的战争常识是否与宣传相一致或者受其影响，所以对人们的谈话更感兴趣。当他匆匆记下人们日益频繁变换的希望和绝望时，对于这些人希望与绝望奇异并存和思想两极分裂的状态更为留心，不知道那些正在说话的人是准备放弃战争，还是想继续坚持下去。

此后的一个星期中，“克莱恩皮特”夫妇到了巴伐利亚首府，然后又离开，他们发现自己越来越离不开公共协助，本来为了避开纳粹官员的注意，他们一直极力避免与其发生牵扯。他们在慕尼黑时，睡在由“国家社会主义人民福利”管理的火车总站巨大的地下防空洞：爱娃戴着厚厚的眼镜，留着灰色短发，穿的是在德累斯顿空袭中被飞溅的火花烧掉不少皮毛的裘皮大衣；维克多的短发刚开始变白，裹着一件厚厚的破旧外套。当他们在1945年4月初努力适应着慕尼黑时，发现在表面的混乱之下，有着一种自发的社会秩序。他们看到国家社会主义人民福利向人们发放汤、面包和咖啡，大规模空袭过后有临时电车服务：“轨道就铺在街上，小型车头冒着黑烟，拉着一节节车厢，简陋的客车厢是用货车厢加上纸板改的，座位上坐满了人，还有成群的人挤在两个车厢之间的空隙里”。在慕尼黑，爱娃和维克多设法寻找纳粹时代之前的朋友和熟人网的最后一点联系：克兰普勒的博士导师卡尔·浮士勒（Karl Vossler）教授，这位天主教徒在他的宽敞的公寓里吃午饭时，热切宣扬自己的反纳粹观点，不愿意给从前的学生再提供任何帮助。

见过浮士勒以后，克兰普勒夫妇的私人关系就用尽了，除了去人民福利办公室，他们已没有其他选择，只好寄望于没有人对他们太过好奇。1945年4月初，巴伐利亚的重新安置体系还在发挥着惊人的效力。火车尽管变得没有规则和严重超载，不过还在保持运行，人们在黑暗的车厢里勉强互相挤出一些空间，旅途在诉说着各自的故事。在接纳他们的小村庄，当地警察和官员尽力提供帮助，尽管想找个房间并不容易。不过每一次“克莱恩皮特”夫妇垂头丧气地回到艾夏赫（Aichach）镇的人民福利办公室，就能得到工作人员充满歉意的帮助；志愿工作人员显然想解决他们的问题，给他们找地方住宿，而非把他们推给其他什么人。4月12日晚上，他们到了琥珀巴赫（Unterbernbach）村，高大、憔悴、头发灰白的当地农民领袖弗拉门斯贝克（Flammensbeck）和妻子“立即带着感人的善意照顾起我们（他是贵格派，爱娃说）”。筋疲力尽的维克多和爱娃大为宽慰：“打地铺理所当然，他们给我们枕头和毯子，让我们睡在客厅地板上”。不过他们很快在村头分到一间阁楼。

他们继续在弗拉门斯贝克家吃饭，食物很健康，量也足。在接下来的几天里，维克多了解到弗拉门斯贝克是村里第一个也是最忠实的纳粹党员；现在他的一个儿子在俄罗斯失踪，一个女婿阵亡，另一个儿子五次负伤，已经带着妻子和婴儿回村了。“克莱恩皮特”夫妇来到琥珀巴赫村没几天，美国第3集团军占领了福格特兰的大部分城区，那个城市他们不久前才路过。美军已经到达第三帝国仍然掌握的核心地区之一。

爱娃和维克多到琥珀巴赫村的那天，传来消息说美国总统罗斯福于4月12日去世。戈培尔兴冲冲地和希特勒一起庆祝，指出这与1762年沙皇皇后伊丽莎白去世和反腓特烈大帝联盟解体奇迹般地相似。这位宣传部长通常对报道好消息有控制，命令媒体不要说得太明确，以防引了“不成熟的希望和过多的期待”。同时，在柏林的前共产主义者居住区，开始出现苏联红星涂鸦。一般来说，大多数陷于困境的柏林人都向纳粹党发泄不满，但他们依然大声要求希特勒甚或戈培尔“在此最重要的时候”出来讲话。逃跑没有意义：“应该往哪里逃？”唯一的希望寄托在上个星期美军向易北河推进的速度，人们深入讨论“英美联军依然能赶在苏联之前达到柏林”的可能性。

4月16日凌晨3：30，苏联开始用重炮对泽洛高地（Seelow Heights）的德军阵地进行轰击，这座低矮却陡峭的小山俯看着奥德河谷的沼泽，德国第9集团军在上面构筑了堑壕工事。德军既缺乏坦克和大炮，也没有预备队和有战斗经验的部队，为了躲避炮击退到了后防线，让红军的炮弹在空无一人的战壕中爆炸。海因里希在1943～1944年曾经使用这样的战术，坚守第聂伯防线达7个月。但这一次他只守了3天，苏联军队在南方突破了费迪南德·舍纳尔的第7装甲集团军阵地，海因里希的部队有受到包围的危险。4月20日是希特勒的生日，相当多的德国人都相信国防军会发动反攻，然而这一天朱可夫的白俄罗斯第1方面军却突入了首都的外围防线。同时，乌克兰第1方面军在科涅夫的指挥下，正从南面逼近柏林。

大约8.5万德国军人在首都试图抵挡从三面压过来的150万苏联军队，而作家赫莎·冯·盖伯哈特（Hertha von Gebhardt）和女儿莱娜在维尔默斯多夫区角落的面包房里喝咖啡。店老板穿着冲锋队制服，佩戴着勋章，正与顾客侃侃而谈，聚集在外面的“人民冲锋队”的“伤心队伍”引起盖伯哈特的注意。她所住的公寓区没有燃气供应，邻居们都在阳台上架起摇摇晃晃的炉子；住在那里的20个人在地下室里都有双层床睡。在此后的一个星期中，盖伯哈特记录了形形色色的邻居如何转变成地下室社会，他们日益与一切大规模的“民族社会”隔绝开来。

4月22日，星期天，商店重新开门，人们能够在空袭和俯冲轰炸机的袭击间歇囤积一些东西。那一天，供电也恢复了，他们能用收音机听莫扎特的《魔笛》。新闻报道说，战斗已经发展到北郊的柏林白湖（Berlin-Weissensee）。星期一，有传言说工人在城里的老“红色”地区与党卫军发生战斗，男街坊们开始轮流进行警戒。还有谣言在排队购物的人群中来回传播，说马上就会停火，德国与英国和美国结成新的联盟，共同抵抗俄罗斯。轰炸暂停时，赫莎和莱娜坐在楼上的餐桌旁喝面条汤，然后再去面包店喝咖啡。她们很快有了新的焦虑：军队进入他们的街区了，他们架起高射炮，筑起路障，并在街角建了一个指挥所。“这一切，太不吉利了。”盖伯哈特干巴巴地说。她估计着他们的防御阵地能支持多久，突然觉得不值得增加每周的肉类配给，于是她和莱娜在晚饭时把一半配给都填进肚子。这位49岁的作家相信，年老的人民冲锋队成员只要找到机会，就会扔掉武器，但她看着14到16岁的孩子拿着和自己差不多高的步枪，长长的大衣拖在身后，不确定会不会也这样。“美国人看来赶不到了，难以置信。”她在日记中忧愁地说。

控制区越小，命令越严厉。凯特尔、鲍曼和希姆莱命令军队、纳粹党官员和党卫军在每个城镇都要战斗到最后一个人，拒绝一切撤退要求。希姆莱一改原来不愿对德国人实行连坐的想法，要求党卫军把挂白旗的房子里的男人全部枪毙。在西线，德军先撤向马恩河，然后又退至多瑙河，沿途各城镇的命运都取决于不同的地方官员：有军方领导人，有纳粹党领袖，有其他民政官员，有时当地民众也能做出决定。战争如何结束，在每个城市、集镇和村庄都各有不同。4月20日，施瓦本格明德（Schwäbisch Gmünd）的纳粹党领导人和军方指挥官在美军到来之前数小时处决了两名男子。在附近的斯图加特，当地名流撇开符腾堡地方长官，力劝市长和国防军指挥官秘密谈判，确保实现和平移交政权。在下弗兰克尼亚的巴特温莰海姆（Bad Windsheim），人们出来掌握自己的命运。大约200到300名妇女上街示威，有的还带着孩子，当地司令官不得不做出让步，同意不在这个镇上抵抗——不过在此之前，一支纽伦堡的盖世太保部队处决了其中一位妇女，称她是头目。

在最后的几个星期时间里，很多席卷士瓦本、巴伐利亚和巴登的恐怖并非由当地纳粹党制造，而是源自一些突然到来的部门，如马克斯·西蒙（Max Simon）的党卫军第13军，它先撤向多瑙河，然后又去了慕尼黑，还有欧文·赫尔姆斯（Erwin Helms ）少校指挥的“飞行军事法庭”，他乘着灰色奔驰车在南方巡逻，搜寻逃兵。在采林根村（Zellingen），赫尔姆斯把一名60岁的农民兼“人民冲锋队”成员吊死在他家的梨树上，罪名只是因为这个人对继续坚持军事抵抗语出不敬。在布里特海姆村（Brettheim），西蒙处决了三名居民，其中包括一名纳粹党领袖和村长，还挂出牌子威胁说，不管谁犯下失败主义罪行，其家人都会受到牵连。

在琥珀巴赫，维克多·克兰普勒也听到传言说，德国将在4月20日发动反攻。第二天，这个说法并未成为现实，一位上了年纪的人民冲锋队成员坚称，军事战略“不能靠计算尺和常识来掌握：那根本没用——人们必须相信元首，相信胜利！听到这样的话，我真的感到非常灰心。”克兰普勒补充说。他也注意到，德国现在“基本上只剩下一个宽泛定义的大柏林区和巴伐利亚的一部分”。4月22日，就连老纳粹党员弗拉门斯贝克读到戈培尔在元首生日那天发表的文章以后，也变得灰心丧气了。在餐桌旁讨论这篇文章时，克兰普勒对这位农民的观点转变感到惊讶：“新式武器、进攻、转折点——他曾经全都相信，但是，现在他什么也不再相信了。必须实现和平，现在的政府必须下台。我认为我们都会遭到驱逐。”

与此同时，正常的政府管理职能还在继续运转。尽管巴伐利亚财政部已经自行印发钞票，公共部门雇员的薪水还在按时发放，从军方将领到慕尼黑警察局里的清洁工都没遇到拖欠工资。4月23日，拜仁慕尼黑队在一场比赛中以

3：2击败慕尼黑1860队。尽管巴伐利亚在1945年4月被纳粹政权的恐怖统治所笼罩，但人们还在表达着支持或反对战争的观点。随着战线逼近每个城镇和村庄，人们越来越明白，直接威胁并不是美军，而是德军。当一部分“希特勒青年团”组成的部队来到琥珀巴赫时，克兰普勒不知道他们究竟是像“30年战争”时期的强盗，还是像“儿童十字军”。4月23日，雷根斯堡投降，美军从多瑙河南部向奥格斯堡推进。4月27日，一位来自蒂罗尔的老人问维克多·克兰普勒，“美国人和俄罗斯人碰到一起后，他们会打起来吗？”克兰普勒想，这是戈培尔的宣传留下的最后影响，它让人们以为德国可能获得美国的拯救：然而此时琥珀巴赫的人还不知道，两天前俄罗斯人和美国人已在易北河畔的托尔高（Torgau）会师。

4月25日，柏林战役进入第6天，赫莎·冯·盖伯哈特听说挨着维尔默斯多夫南面的斯坦格里茨已经被苏联攻占。她感到非常害怕：如果有人愚蠢地决定保卫他们所住的街区，会招致什么后果？她能相信所有的住宅社会不会试试看吗？一位从外面回来的邻居说，他看到五位妇女躺在街上，尸体被弹片撕碎，购物袋就掉在她们身边。从斯坦格里茨传来的消息让人更为宽慰：他们听说俄罗斯人“对平民非常友好”。红军想扭转在东普鲁士和西里西亚得到的坏名声，同意让平民甚至德军战俘越过战线，想让柏林人相信会得到比较好的待遇。同时，维尔默斯多夫的商店开门抛售所有库存：长期稀缺的男式内衣突然能买到了。

那天夜里，15枚炸弹和炮弹落在他们的街区。这个小小的住宅社会时睡时醒，等待袭击到来，盖伯哈特早上6点钟起床，正好是喀秋莎火箭爆炸之前。她劝邻居们转移到邻近的地下室，那里更安全。中午的时候，他们把剩下的杜松子酒和香烟都分掉了，然后在公寓楼中搜寻武器、制服、纳粹徽章和军用地图，任何可能刺激俄罗斯人的东西都要处理掉。这个住宅社会也首次遭受伤亡。一名男子和一名19岁的女孩到街角排队取水回来时，被弹片击中。邻近居民楼中的两名护士和一位女牙医赶过来给他们处理伤口，然后把他们送到最近的医院。女孩动了手术，保住了性命，男子在医院的走廊里因失血过多而死。午夜，他们坐在邻近楼房的地下室里，有人告诉赫莎，炸伤他们邻居的炸弹也把他们的公寓楼摧毁了。不过这些已经无关紧要——或者还顾不上。她所能想到的回答就是，“然后呢？”

4月27日早上5点，星期天，赫莎·冯·盖伯哈特听到坦克炸弹在附近爆炸。男人们不断出去给驻守在公寓楼入口的人民冲锋队士兵送去酒，并要求他们撤走。那些人收下了酒，不情愿地离开了。很多上了年纪的男人把臂章和花名山都销毁了，并扔掉武器和装备，然后回家，不过守在泰尔托运河（Teltow Canal）的人却进行了决死抵抗。再往西去，希特勒青年团组成的战斗部队继续保卫着哈弗尔河上的皮切尔斯多夫（Pichelsdorf）桥和夏洛特（Charlotte）桥。在柏林其他地方，抢劫已成为平常现象，士兵、平民和人民冲锋队成员赶在苏联人到来之前，涌入无人看管的商店和仓库为非作歹。在克莱斯特大街（Kleiststrasse）的地下室中，他们的脚底下扔的全是酒瓶，还把酒和酒精倒进带来的脏桶里。那天午夜，柏林彻底被包围，与现在构成帝国的一个个孤立领土失去了联系。

在维尔默斯多夫区，那天下午盖伯哈特所住的公寓楼外的街道上传来枪声，打破了寂静。“俄罗斯人到这里了。”邻居们在地下室里互相小声说道。以前吵过架的妇女们现在开始亲吻拥抱，一位几个星期以来一直不和盖伯哈特搭腔的邻居甚至走过来给她递烟，好像他们长久担心着的事情终于到来了。每个人都翻着自己的包，想找到白色的东西——毛巾、餐巾、手帕等。然后，一名俄罗斯士兵只身进入这个地下室，他平静地用德语问士兵和武器的情况，然后离开了。随着战斗移向费赫伯林诺广场（Fehrberliner Platz），一些妇女冒险走出去，到面包房外面的压水井取水。对赫莎·冯·盖伯哈特和格罗尔德大街（Geroldstrasse）8号的住宅社会来说，战争在那个星期五的下午结束了。

当阿道夫·希特勒在4月30日自杀时，柏林已经没有什么值得防守的了。虽然水兵、“希特勒青年团”和党卫军部队还在国会大厦战斗，并且控制了动物园堡垒，戈培尔却主动与斯大林格勒战役的胜利者瓦西里·朱可夫首次谈判帝国首都投降事宜。巧合的是，美军就在那天也进入了慕尼黑摄政王广场（Prinzregentenplatz）的希特勒私人公寓；在此前的一个星期中，《人民观察家报》还在头条中宣称，“巴伐利亚堡垒”和“德国坚定忠诚于元首”。

4月29日，美国第45“雷鸟”师从西北方抵近慕尼黑，并进入达豪集中营，它是党卫军的一个重要训练设施和仓库的核心，也是希姆莱的第一个模范集中营。在集中营外面，美军遇到一列被抛弃的有40节牲口车厢的火车，里面装着自布痕瓦尔德集中营疏散过来的2000名囚犯。走出车门的囚犯都被党卫军枪杀了，车厢里只有17名囚犯还有生命迹象。达豪集中营成为囚犯们从一个集中营转到另一个集中营的最终目的地。除了垂死和已死的囚犯，美军发现3.2万名幸存者。一些美军士兵看到这些景象后，既惊又怒，立即枪杀了党卫军看守，或者朝他们腿上开枪，然后任由囚犯结果掉他们。

在获得解放的第一个晚上，囚犯们领着比尔·瓦尔斯（Bill Wals）上校参观这座集中营。他看到猎犬住的狗舍，进入了黑暗拥挤的牢房，目睹了病房外成排摆放的尸体，最后还在焚尸炉周围发现数千具尸体像木柴一般整齐堆了两米高，而焚尸炉里积满了烟灰。美军根本没想到会看到这些情况。在此后数天中，当地居民推着自行车沿着集中营的道路过来，到党卫军的仓库中抢掠，他们从装满死尸的货物列车旁边经过，却不怎么关心，美军对此感到吃惊。

柏林在5月1～2日夜有条件投降，当地居民在和平的第一天也忙着抢劫剩余的商店和军用仓库。党卫军把设在平思劳雅堡（Prenzlauerberg）区的舒尔特海斯酿酒厂（Schultheiss Brewery）里的中央仓库烧掉了，但平民还是涌到那里，急于抢救出剩余物品，希望搞点东西存起来，因为他们预计战败后会出现物资短缺的情况。儿童目睹了这些混乱和突然发生的暴力活动后，都被吓到了。在平思劳雅堡区的水塔外，一位12岁的儿童看到抢掠者也遭到其他土狼般的平民抢劫。另一位男孩看到红军士兵拿着相机对着争斗的群众拍摄后，感到羞耻，“德国的征服者们没有得到好印象”，他评论说。

与先后在2月13日及4月13日解放的大都市布达佩斯和维也纳一样，柏林的征服也伴随着大规模强奸，多达10%～20%的妇女都成为受害者。在5月份第一个星期的柏林战役中，妇女们在地下室、公寓城和大街上，当着邻居、丈夫、孩子和陌生人的面遭到强奸。在维尔默斯多夫，红军士兵到来的那天夜里，强奸也开始了。赫莎·冯·盖伯哈特努力把女儿莱娜藏在身后，希望俄罗斯人每次进来时，带走的是其他妇女。在策伦多夫，厄休拉·冯·卡尔多夫的一位朋友起初藏在煤堆里，却被一位急着保护自己女儿的邻居出卖，受到23名士兵的轮奸。和很多受害者一样，她因大出血被送进医院。她在4个月后告诉卡尔多夫，“我再也不想和任何男人发生任何关系”。记者玛格丽特·博韦里曾在自己的阳台上津津有味地观看空袭，现在却极其焦虑，只能靠吃安眠药才能在夜里睡着。

恐惧在柏林弥漫了好几个星期，深深烙进公众意识中，优雅、有教养的中产阶级中年妇女放下矜持，讨论如何才能自保，哪些事必须忍受。一位共产主义武装分子希尔德·拉杜切（Hilde Radusch）报告说，一些妇女为了防止受到强奸，把水管里的铜栓拆下来塞进阴道。非礼者如果强行与她们发生性关系，阴茎会被铜栓割伤。“然后俄罗斯人就会号叫着把那东西抽出来，”36年后，拉杜切带着幸灾乐祸的意味回忆说，“不知道怎么会这样。自那以后，这样的妇女所住的房子就被叫作疯女人的房子。”母亲们为了保护青春期的女儿，把她们头发剪短，打扮成男孩模样。一名女医生为了保护几个年轻妇女，用德语和俄语在门上贴出标志，警告有伤寒，妇女聚集在街上的压水井打水时，关于这个避风港的消息像野火一样传开了。这种生存计谋之所以成为传奇，完全是因为妇女普遍很柔弱，并害怕受到强奸或暴力侵害。

苏联军官决心恢复秩序，为安全提供了最大保障，却最不为人知。在最初几个夜晚，一位俄罗斯军官为了保护赫莎和莱娜·冯·盖伯哈特，同意睡在地下室中陪伴她们。在什未林（Schwerin），战地记者瓦西里·格罗斯曼注意到，“一位犹太裔军官的全部家人都被德国人杀害，不过他却住在一名逃亡的盖世太保成员家中。这个人的妻子和孩子有他保护都很安全，当他走时，这家人全都哭着求他留下来”。这种保护部分出于善心，部分源于中央指示。在强渡奥德前不久，苏联的宣传方式出现急剧变化：不再煽动部队屠杀德国人，而是强调把纳粹分子和普通德国人区分开来。征服德国的最后阶段应该更有秩序。与1944年冬占领东普鲁士和西里西来时的混乱和对平民的屠杀相比，确实是这样。然而，苏联还是用了好几个星期，才把柏林、维也纳和布达佩斯的部队控制住。

克丽斯塔·J（Christa J.）后来回忆说，在平思劳雅堡区，很多和她差不多的14到15岁的女孩都受到强奸。一些青少年女孩不能说出来，就构建出其他女孩和妇女被强奸，而她平安的故事。“我也被藏起来了，在地下室的什么地方。”克丽丝塔解释说。在维也纳，14岁的赫玛因（Hermine）说起一名苏联士兵突然闯入他家公寓，她和一位朋友躲在窗帘后，却被发现。赫玛因的母亲把她的婴儿交给女儿，希望这样能使女儿免受侵犯。“那个士兵打着手势，表明我应该把女儿递给妈妈。”15年后，赫玛因回忆说。又争论了一番后，那名士兵难以置信地离开了。很多成年妇女如实谈论遭到强奸的经历，而十多岁的女孩们即使多年以后也感觉难以启齿。

1945年2月，加布里耶拉·考普（Gabriele Köpp）从西普鲁士的皮瓦逃出来，不过却被红军超过。这位15岁的女孩多次遭到强奸。即使后来她和堂兄弟一起待在波美拉尼亚的一个农场里的时候，每次只要苏联兵过来，她就得躲起来，因为农场主妻子为了保护自己，总是把加布里耶拉指给他们看。在此后的数月时间里，她为了寻求安慰，给母亲写了一封信。“我没有那么高那么大，我真的不能把一切随便和任何人说，”她写道，“我非常孤独，非常害怕，因为我没有自己的时间，感觉不好。很快就有10个星期了（自从我上次疏散）。你肯定能帮我。”她一直没能把信寄出去，直到58年后，她才能叙述1945年的遭遇。

4月底，琥珀巴赫成了一种无人地带，周围不断发生战斗，这个尚未被盟军占领的村子成了想回家的德国掉队军人的中转站。4月28日，德国进行了短暂抵抗后，弃守设在草地和森林中的阵地逃跑，尽管还有几个党卫军驻在村里，村长已经撤掉了挂在地区办公室山墙上的纳粹万字符标志。弗莱门贝克忙着去除他的纳粹身份，重拾天主教传统。维克多·克兰普勒注意到，这位农民领袖现在指责纳粹党“一直太激进，他们偏离了他们的轨道，没有体谅对待宗教”。为了避开燥热的氛围，维克多和爱娃搬到村子北面的一个小木屋独居，他们在那里可以大声为对方阅读。当三名从树林里走出来的士兵问他们美军有没有到琥珀巴赫时，克兰普勒夫妇建议他们换上便衣，并告诉他们不要去哪些地方。这对老夫妇对年轻士兵的无助感印象深刻：“这三个人都很英俊，无疑出身好人家，或许还是学生……虽然我们热烈希望德国战败，虽然德国（也是为了全人类）必须战败——然而我们对这些男孩感到难过。”维克多·克兰普勒认为，他们就是战败的象征。

卡尔·邓尼茨海军元帅在弗伦斯堡受到盟军包围，他得知自己竟是希特勒最终选定的继承人之后，和所有人一样感到惊讶。邓尼茨还记得元首最后一个举动就是下令逮捕戈林和希姆莱，以使与西方盟国谈判，他在亲自与英国和美国接触前，决定慎重等待，直到鲍曼在5月1日下午给他发电报，证实“遗言已经生效”。被分割包围在库尔兰的德军有希望撤到哥本哈根，那里依然在德国占领之下，或者撤到德国的北海港口。但当英军越过易北河，进入石勒苏益格-荷尔斯泰因（Schleswig-Holstein）之后，与丹麦的联系就被切断了，从波罗的海到北海的狭窄通道也不复存在。不来梅经历了一个星期的点火，已被彻底摧毁，据守北海港口不再有任何用处。邓尼茨坚持要求布列斯劳及其自1月份就被围困的4万平民继续“坚持”抵抗苏联，但他在5月3日同意汉堡向英国投降。

第二天，英军司令伯纳德·蒙哥马利元帅同意接受德国北部、丹麦和荷兰的国防军投降，协议于5月5日生效。同日G集团军群也在南方向美军有条件投降。邓尼茨、约德尔、凯特尔和什未林·冯·科洛希克（Schwerin von Krosigk）等第三帝国的残存军政领袖依然希望，他们能与西方达成单独和平，所以下令在东线边撤边战，尽可能减少向苏联投降的军队数量。这一策略既复杂又危险，不过在5月的第一个星期中，还是有180万德国军人设法摆脱红军，投降了西方国家。

在布列斯劳，一个新教和天主教的教士代表团于5月4日拜访尼霍夫将军，问他说：“继续在布列斯劳抵抗，你能向上帝证明什么吗？”尼霍夫听从了劝告，不顾邓尼茨要求坚持的压力，开始谈判停火——邓尼茨的话是新任国防军总司令舍纳尔陆军元帅和党卫军新头目兼地方长官汉克传达的。尼霍夫在5月5日向他的部队发表公告，指出“希特勒死了，柏林已经陷落，东西线盟军已在德国的心脏地带握了手。因此，在布列斯劳继续战斗的条件已不存在，要是继续遭受牺牲，就是犯罪”。他仿照西摩尼德斯为温泉关战役300勇士写的墓志铭，在结尾中说，“我们遵照法律的要求，忠实履行了职责”。第二天，德军交出阵地。

奥古斯都·托波韦恩没有参与布列斯劳的战斗，他在上西里西亚的彼得斯多夫继续管理战俘营，5月2日，他听到邓尼茨呼吁德国人民继续与英国和美国战斗，只要他们还与布尔什维克主义结盟。托波韦恩终于承认，希特勒的可怕失误——他在日记本中用红笔加了下划线——在于“他的真正敌人是布尔什维克主义，却与英美开战！？”对于德国即将面临的失败，他感到失望，这位体育老师又一次求诸自己的信仰，认为“这样进行战争的人是不敬神的，俄罗斯人在德国东部的野蛮行为——英美的恐怖袭击——我们对犹太人的迫害（把健康妇女绝育，从婴儿到老妇全部枪毙，用流动列车毒杀犹太人）！”

托波韦恩早在1943年11月就全面了解到德国的犹太灭绝行动，然而不管他获得多少有关运输犹太人的列车和毒气室等方面的消息，都将它们搁置一旁，直到德国最终战败，他才不得不再次回想自己知道的情况。但是，他把屠杀犹太人与盟军的轰炸和布尔什维克的恐怖相提并论，把它们都谴责为极端不道德的不敬神行为，通过这样比较和弱化，他既承认了德国的罪恶，同时又为其开脱。他从自己的民族主义信仰出发，相信德国人的“文明使命”，意味着他永远不会对犯过这类罪恶的民族一视同仁。5月3日，他在收音机中听到新任德国外交部部长什未林·冯·科洛希克呼吁西方国家与德国一起抵抗布尔什维克主义，他问自己：“无视自由主义和犹太世界，让英国和美国加入到反布尔什维克阵线，这样可能吗？”奥古斯都·托波韦恩不管在道德上对屠杀犹太人感到多么恐惧，依然认定犹太人是德国最强大的敌人。5月6日，即布列斯劳投降的那一天，奥古斯都·托波韦恩上尉成为苏联军队的俘虏，他把日记丢在一座房子的阁楼里，50年后被波兰学童发现。

5月2日下午，琥珀巴赫的农民们忙着杀自己养的猪，以防被美国人带走，维克多·克兰普勒走到另一个村子买东西。在教堂广场上，他第一次看见美国人，是一支汽修队，其成员大多是黑人。他在一条小巷里和一位德国年轻妇女谈过话后，了解到美军除了在第一天洗劫了商店，“举止总体而言比较得体。

‘黑人也是这样吗？’她几乎笑了起来，回答说，‘他们甚至比其他人都友好，没什么好怕的’。”因为商店可能得关门一个星期，她就告诉他如何到面包店的后门去买面包。

回到琥珀巴赫之后，克兰普勒在弗拉门斯贝克家的桌子旁又发现两名掉队士兵，他们都是20出头的小伙子，其中一个是法律学生。他们想回家乡苏台德，现在确实知道希特勒已经死了，柏林也投降了。和往常一样，克兰普勒想判断出他们的信仰：

> 那个学生宣布：“要是四个星期前有人告诉我这些事，我会把他击毙——但是现在我什么也不再相信了……”他们想得太多，发生了那么多暴行，波兰人和俄罗斯人受到的待遇，毫无人性！“但是元首可能一点也不知道”……他们也不太相信“转折点”，不相信美国和俄罗斯很快就会发生战争，但尽管如此，他们基本上都听从全盘接受。

克兰普勒明白，这些士兵想象不出没有战争和德国失败后的生活。弗拉门斯贝克开始说“希特勒主义本来好像是普鲁士的、军国主义的、非天主教的、非巴伐利亚的运动”。克兰普勒不得不提醒他说，这场运动肇始于慕尼黑。他仍然不愿在这个传统上反犹的天主教村庄公开自己的犹太身份，于是平静地告诉当地教师和弗拉门斯贝克说，“或许我能提供一些帮助……我的名字在某种程度上受到尊重，纳粹曾经强迫我离开我的职位”。同时，这个村子里的人“正在疯狂吃肉，疯狂吃掉每一种多出来的食物”。

5月6日，西线德军总司令凯塞林交出贝希特斯加登的阿尔卑斯山要塞（Alpine Redoubt），盟军曾经担心纳粹领袖会在那里顽抗到底。同一天，邓尼茨派约德尔去莱姆斯（Reims），与艾森豪威尔谈判全面停战。与蒙哥马利不同，艾森豪威尔直截了当地拒绝谈判任何可能涉及单方面和平的事项，他威胁重新轰炸德国城市，要求彻底投降。5月7日凌晨2：41，约德尔签署协议。那天晚些时候，德国残存守军在法国港口圣纳泽尔、洛里昂和拉罗谢尔投降。只有布拉格的德军还在抵抗，其原因部分在于想冲破苏军战线，向美军投降。停火协议在5月8—9日夜生效之后16分钟，在设于柏林城外的卡尔霍尔斯特（Karlshorst）的朱可夫司令部，又举行了一次投降仪式。这一次，起草了全面投降文件，国防军三军代表和所有的同盟国（这是最重要的）在上面签了字。第二天夜里，在正常的8点钟时段，国防军从弗伦斯堡播发了最后一次战争公报：

> 自午夜起，所有战线的武器都停止开火。根据海军元帅的命令，国防军放弃了已经没有希望的战斗。因此，持续六年的英勇斗争结束了……
>
> 德国士兵忠实遵守了他们的誓言，全身心做出奉献，他们的事迹永远不会被忘怀。大后方直到最后一刻，还尽全力支持着他们，并受到了最大的牺牲。
>
> 对于前线和后方的独特成就，历史在未来会进行公正审判，并给出最终评价。

这一次，大后方经受住了考验：1918年11月的历史没有重演。在吕讷堡灌丛的农场里，艾格尼丝·塞德尔一整天都在整理和缝补自己的破旧衣服，因为盟军在为“外国人、犹太人和集中营囚犯”强制征收。她没在日记中提过那些接受这些衣物的人。自从英军开始占领以后，这座农场中的22名波兰人和30名德国人（其中20名是儿童）就处于一种不稳定的和平状态。原来的强迫劳工越来越不愿意工作，到4月底的时候，艾格尼斯还得为他们的面包抹黄油，这让她非常气愤。不过，这里并没有发生什么意外，相比之下，邻近农场中就传出武装袭击和抢劫的事件。和其他地方一样，德国人迅速向征服者寻求安全保证。5月8日，艾格尼丝·塞德尔在占领开始后首次带着孩子们登山，英军士兵向他们扔巧克力糖果当礼物。5月14日，这个上年纪的纳粹学校教师借了一些英语课本，开始学习德国敌人的语言。

14岁的莉欧妮·鲍迪茨和她妈妈听说，劳动营里的所有妇女都要被送到俄罗斯的西伯利亚，她们得到俄罗斯看守的帮助，设法逃了出去。之后她们回到布列斯劳，穿过被12个星期的战争彻底摧毁的街道，回到以前住的街区。她们的房子还在，而且莉欧妮父亲储存的准备应付艰难岁月的布料的羊毛也完好无损。这位小女孩虽然有过可怕经历，不过很快还是和一位想学习德语的苏联年轻军官建立了友谊。天气晴朗的时候，他们一起坐在板凳上学习，如果下雨，就在楼道里；不过只有莉欧妮的妈妈在家时，才允许他进入她们的屋子里。

苏联军事当局迅速恢复了食品供应，并着手清理街道、维修电车和地铁线路，重新开始供应燃气、电力和自来水，柏林人对其效率感到惊讶。5月3日，安娜丽丝·H看到俄罗斯人已经开始向“长长的队伍”分发“面粉、土豆、面包和匈牙利式炖牛肉”。作家兼战地记者瓦西里·格罗斯曼到柏林后，发现妇女们已经开始打扫人行道，清理废墟，并注意到一条穿着鞋子和长袜的小女孩的断腿还在路上。剧院管理者古斯塔夫·格鲁根斯的音乐家卡拉·霍克（Karla Höcker）也帮忙拆除数星期前由强迫劳工设起的路障。5月初的日子晴朗安静，霍克注意到“非常情况：我们音乐家、艺术家、小资产阶级……都在清除毫无意义的路障……而亚洲人是胜利者！”5月中旬，赫莎·冯·盖伯哈特白天一个人上街时不再感觉恐惧，夜里苏联士兵闯进来的情况也不多了。她的街区只会受到自己的民族同志抢劫，现在德国面临新一轮的犯罪浪潮，作恶者是自己人。盖伯哈特发现，俄罗斯人只要想找女朋友，现在都找到了，她用讽刺又惊讶的语气写道，“很多人手挽着手闲逛……总体而言，人人都很高兴，俄罗斯人非常友好”。

盖伯哈特是作家，因此在苏联军队驻柏林司令部制定的配给政策中享有特权，她又通过德国的熟人关系，在一个从前的艺术家聚居地中找到一套没人居住的公寓。赫赫莎和莱娜保存在格罗尔德大街旧公寓和地下室里的大部分财产都没有受损，只有一把小提琴被偷了，她们把这些东西搬到新居，包括两把藤椅、很多手提箱、一英担煤饼、木柴、手稿和一个小图书馆——新公寓只遭到一些德国人闯入盗抢。这对母女学会绕过海德堡广场上的死马和依旧躺在街道上的苏联与德国士兵尸体走路，她们注意到花园里有很多草草建起的坟墓。总水管还没连接到住宅楼，新法令允许犹太人和外国人在压水井取水时排在前头。盖伯哈特在5月12日写道，“可怜的犹太人！突然间每个人都得到同情，突然间没有一个人是纳粹分子了！

5月18日，克兰普勒夫妇终于离开琥珀巴赫，他们依靠维克多的黄色大卫星、犹太身份证和美军地方管理当局签发的文件，证明他是一位著名并且受到迫害的教授。他们请人帮助搭便车到了慕尼黑郊区，在那里发现一切比6个星期前还要混乱。一个星期六的下午，白色的城市废墟映衬在灰色的雷雨天气下，让维克多感觉宛如末日审判。美军的卡车和吉普车轰鸣着，“完全构成地狱的画面；他们是审判天使”，他写道。克兰普勒夫妇被摩托车辆搅起的尘土和瓦砾熏得简直透不过气，在炎热的夏日里汗流浃背，他们背负着行李箱和厚重的冬衣蹒跚而行，寻找落脚点、食物和进入苏占区新边界的许可。他们希望重新要回德累斯顿城外的房产，还有维克多的学术职位。出乎意料的是，他们成功了，但维克多心中还残存着一点民族主义，他痛苦地感到，解放多么像失败：“我的内心处于奇怪的矛盾之中：我很高兴看到上帝报复了第三帝国的党徒……然而看到胜利者和复仇者在这个遭到他们残酷破坏的城市中横冲直撞，我感到极为痛苦”。

尾声

越过深渊

1945年5月9日，德国人明白已经战败。这一天出奇地寂静，没有大炮声，没有炸弹，没有封锁。这既不是长久以来期望的和平，也不是可怕的毁灭。

1945年5月9日，德国人明白已经战败。这一天出奇地寂静，没有大炮声，没有炸弹，没有封锁。这既不是长久以来期望的和平，也不是可怕的毁灭。16岁的威尔姆·克尔纳很难领会这一些，此后的一个星期中他没有记下一个字的日记。当他再次拿起日记本时，是为了发泄痛苦：

> 5月9日绝对是德国历史上最黑暗的一个日子。投降！如今我们青年人要把这个词语从我们的词汇表中删掉，如今我们必须体验德国人民经受了几乎六年的围困之后如何被迫放下武器。而我们的人民是多么勇敢地承受了一切困难和牺牲。

“现在，我们的职责是不能放弃根植在我们记忆中的精神，记住我们是德国人，”他继续写道，“如果我们忘记了，那么我们也就背叛了那些为了祖国的利益而倒下的烈上。”这位不来梅校长的儿了参加过希特勒青年团、高射炮部队，最后是冲锋队，他还很年轻，虽然德国已经彻底战败，但相信自己能坚持战时的爱国主义。

帝国保安总局在1945年3月底做出最后一份关于士气的报告，开始提及失败主义问题，称人们都相信，战败已经无可挽回。他们根本没有发现纳粹党一直害怕的革命反应，而是看到“对所信非人的深深失望、悲痛、辛酸和越来越愤怒的情绪，那些在战争中除了做出牺牲和奉献什么也不知道的人尤其如此”。人们的第一反应不是造反，而是深深的自怜，据称人们在说，“我们不应陷入这样的大灾难”。这种感情并非反纳粹的，而是自以为是的，“对于战争中犯下的罪行，”各阶层的民众都为自己开脱，坚称“战争指挥和政治决策的责任不该由他们承担”。如今罪责问题被系到德国的最大灾难的代理人身上。戈培尔曾在《帝国》杂志上每周都发表文章，号召德国人要在一切战争危机中信任纳粹领导层，对那些记得这些文章的人来说，德国战败的责任明显应该归结于他们。

4月底，柏林市中心的战斗还没有停歇，丽丝洛塔·冈泽尔在腓特烈斯哈根东郊听到人们的谈话时都在诅咒希特勒，惊异于他们的政治忠诚这么快就发生了变化。“时间过得好快，起先他们都是纳粹分子，现在突然成了共产党员。原来是棕色皮肤，现在是赤色分子”，这位17岁的少女在日记中说，她还决定，“我将明确拥戴纳粹党，最多退让为我父母那样的社会民主党”。随着希特勒和戈培尔自杀的消息传开，人们感觉被自己的领袖抛弃，愤怒感迅速上升；生活在独裁统治之下的个人可以不用对一切事件承担责任的感觉也烟消云散了。

德国人首次接触到胜利者后，不同类型的罪责暴露出来。1944年10月中旬，亚琛的战斗还未结束，一支美军心理战部队自德国领土发出第一批报告。这支部队发现“潜在的负罪感，这种感觉甚至根植在德国人心里，原因是德国军队在欧洲犯下的残暴行为，尤其是在东线屠杀犹太人的行为”，报告补充说，“德国人已经做好了接受惩罚的准备，只希望美国人能平复那些执行者的怒气。但是，他们接受惩罚的观念。”

盟军胜利者和德国失败者在1945年初夏发生个人接触时，偶尔有一个不寻常的现象，即试图引导德国人进行道德清算。作家和出版人赫尔曼·卡萨克（Hermann Kasack）描述了1945年6月在他的波茨坦别墅发生的一次这样的会面，当时一位苏联军官开始说起自己的姐姐：

她17岁的时候，已经……受到一名德国士兵的折磨和蹂躏；那名士兵，如他所说，长着“红头发，眼睛像牛”。当这位格鲁吉亚军官激动地大声说，他一想到这件事，就想拧人的脖子，我们坐在那里，感到极为痛苦。“但是，”他停顿了一下补充说，“你们——好，你们——好。”他暗示知道该如何行事，我们不得不承认他的确如此。他再次对妹妹的不幸遭遇感到愤怒，我们在这些天，实际上在整个纳粹统治时期，我们经常体会到身为德国人的耻辱。这段时间很可能不超过一个半小时，但是我们觉得难以置信的漫长，之后他起身告辞，答应明天再来，然后就走了……与德国人为伍，多么让人感到丢脸和耻辱啊。

1945年夏天，值得瞩目的是胜利者频频需要与被征服的敌人开始某种对话，强迫每个德国人理解他们曾经干过的事。在赫莎·冯·盖伯哈特的地下室里，一位苏联士兵把他的俘虏当成听众，交谈了好几个小时，一再威胁要杀掉她们。在另一个案例中，一位29岁的护士记录了一位对她的孩子“一直友好疼爱”的军官进入她的房间，把最小的孩子抱在他怀里，还向另两个孩子打招呼，嘴里说，‘漂亮的宝贝！——我也有妻子和孩子，一岁（大）！德国人把他们母子都杀了，就像这样！’”他模仿着把肚子切开的动作！！“党卫军？”我问道。他点点头（他是一位犹太人）。

虽然用暴力威胁能迫使德国人把自己视为集体犯罪的成员，但也创造出新的障碍，使他们决定不去反思自己扮演的独特角色和应负的责任。1945年4月12日，美军和英军渡过了莱茵河，红军也到了奥德河，厄休拉·冯·卡尔多夫对自己的恐惧和负罪感都非常清楚：“当其他人（盟军）带着无尽的仇恨和可怕的谴责来到这里时，我们必须保持平静，因为那都是真的”。但对很多德国人来说，这种诚实公开只是昙花一现，只存在于战败的最初时日。当汉娜·阿伦特（Hannah Arendt）在1949年访问德国时，对于她的前同胞缺乏感情投入、不愿意谈论曾经发生过的事件，感到很是惊讶。而当厄休拉·冯·卡尔多夫准备在1962年出版她的日记时，平静地删掉了承认德国罪责的内容。

甚至早在1945年，关于罪责问题在德国也有种截然不同的论调。一种与战败及谁该为德国的大灾难负责有关：这是一种德国民族共同体内部的自怜式谈话，帝国保安总局在最后几个星期中就曾经提到；另一种涉及德国的战争罪，并有一种道德清算意味，德国人预料同盟国胜利者会将这种思维强加给他们。戈林在1943年10月就曾发出警告：

> 谁也不要幻想，觉得自己能躲过去，并且还说：在这些可怕的纳粹分子统治时期，我一直是个优秀的民主派。不管你说自己最为仰慕犹太人，或者最仇恨犹太人，他都会对你一视同仁。他的复仇渴望针对的是德意志民族。

战争结束后，这种不兼容的德国罪责二元论——迫害犹太人的罪行和输掉战争的更大罪行——没有得到缓和，反而变得更为根深蒂固。尽管各占领国的“再教育”方法在意识形态上有着显著区别，不过第三帝国的三个继承政权于1949年成立后，他们都觉得自己是受害者，面对遭到德国迫害的人，却回避应承担的共同责任。战败的最初年月里，德国人遇到大死亡、无家可归、遭到驱逐和饥饿，战争期间他们也未曾经历过这些痛苦。而且现在已经没有更伟大的民族事业能够让他们心甘情愿忍受痛苦，也没有什么能再给他们带来补偿。

随着盟国在战后欧洲划定边界，苏维埃乌克兰和波兰都向西移了，敞篷列车继续为东欧地区的人口再调整服务。苏联安置了810 415波兰人，他们很多来自东普鲁士的历史中心区、利沃夫和里夫内（Rivne）。同时，482 880乌克兰人向东迁入新扩大的苏维埃乌克兰。在上西里西亚这个深度“混居”的波兰-德意志地区，波兰定居者从东方蜂拥而来，促使当局以很有序的方式驱逐了当地的德意志人。在其他地方，驱逐行动更具惩罚性，更象征着压迫。捷克最大的犹太区泰雷津（Terezín）——即特莱西恩施塔特（Theresienstadt）集中营——获得解放后，住在那里的德国人被拘留，他们害怕捷克人会把他们全部杀掉，请求当地俄军指挥官不要撤走。当遭到驱逐的德国平民等候乘坐牲口列车去德国时，捷克人逼迫他们唱歌跳舞、在地上爬或做体操。1945年5月30日，住在布尔诺3万德国人被捷克人从床上赤着脚赶出来，他们走向奥地利边境的营地时，一路上不断受到殴打，大约1700人死亡，德国人很快称之为“布伦死亡行军”。1946年1月，莉欧妮·鲍迪茨和她的家人在大雪中被人从布列斯劳驱走，她们乘坐的牲口车开了5天，才到奥德河畔法兰克福。到1947年，四个盟军占领区控制的德国残余土地已经吸收了10 096 000名从波兰、捷克斯洛伐克、匈牙利和罗马尼亚赶出来的德意志难民。此后，直到1946年，还有300多万名战时疏散人员生活在农村地区，无法或者不愿冒险返回两三年前离开的遭到严重破坏的城市，如果返回故地需要穿越受到严密控制的不同占领区边界时，他们尤其不想还乡。

1945年5月，800万外国人在德国获得解放。起初与盟军接触时，德国农民经常请强迫劳工当中间人与入侵者打交道。不出几个星期，德国人开始转向征服者寻求保护，因为外国劳工团伙四处流窜，夜里会突然闯入偏僻的农场索要食物、衣服和钱财，或者只是想报复多年来受到的虐待。盟军实施遣返“流离失所者”（Displaced Persons）计划之后，他们的数量持续减少。到1947年年初，德国境内的外国人还有不到100万人，大多数在德国西部，其中美占区有575 000人，英战区有275 000人。犹太人为了躲避战后席卷波兰的大屠杀而向西逃亡，外国人的数量得到增加：最严重的暴行发生在克拉科夫和凯尔采（Kielce），1946年7月初在一个200来人的犹太社区中有42人被杀。到1946年10月，16万名犹太人到了德国西部。美国军事管理当局的总体政策虽然是把东欧人全部从德国遣送回去，却允许这个群体向西部移民，美国占领区还专门为犹太人建立了独立的难民营。在法国和英国占领区，难民按不同的民族身份分开居住，这导致一个苦痛的结果，即犹太人和以前与德国合作的人住到一起，后者因有历史污点，也抗拒遣返。

不过即使在美占区，犹太难民们的日子也不轻松。随着剩余难民中犹太人的比例越来越高，把犹太人视为骗子原形的旧观念又复活了。1946年3月29日，180名德国警察带着警犬袭击了位于斯图加特市雷因斯堡大街（Reinsburg Strasse）的一个犹太难民营，搜寻黑市物资。他们只找到几个鸡蛋，却与犹太难民发生了全面冲突，一名不久前刚与妻子和两个孩子团聚的集中营幸存者被打死。美国军事占领当局立即做出反应，禁止德国警察进入犹太难民营。

第三帝国崩溃之后，黑市得到大发展，使得战时的那种黑市相形见绌。德国经济一片混乱，重工业陷于停顿。在柏林，黑市迅速在亚历山大广场（Alexanderplatz）和特伽斯坦大街集中发展，缝纫针、钉子和螺丝成了奢侈品。和战争期间的波兰德占区一样，如今德国工厂开始部分以实物支付工资，工人自己却做易货交易。儿童的游戏很快反映出现实，当他们成群结队到铁路线上偷煤时，以前玩的警察和小偷变成了“偷煤贼和火车司机”。西方盟国争论是否应该按照“摩根索计划”将德国农业化，以防止其在未来构成任何威胁，对于是否重启鲁尔区的工业生产也有不同看法。苏联在自己的占领区拆除了工业设施，运回本国作为赔偿。随着货币经济四分五裂，企业相互以实物进行批发贸易，进一步消除了恢复统一市场的任何机会。食品供应也出现危机。同盟国于1945年在波茨坦划定国家边界时，德国的一些最富饶的农业区成了波兰领土。在战后的最初三年中，危机在运输、食品、供热燃料和衣物等领域一个接一个地发生，德国人遇到的饥饿问题比战争时期严重得多——其原因主要在于纳粹从其他欧洲国家征用食物分给德国人。

1946年的新年夜，大主教弗林斯在科隆布道时，准许偷盗日常生活必需品，他的这一举动在当地为盗窃造就了一个新词：弗林贼（fringsen）。没有一个群体对黑市负责：它的根源在于战败和占领。德国警察和地方政治家把1945～1948年席卷德国的敲诈勒索和暴力犯罪归结于难民，好像他们拥有经济和制度性权力，能把黑市掌握在自己手里。然而定罪的犯人身份与这种论调并不相符，即使在受到西德未改革的司法体系控制的法院也是如此，虽然它们对穷困、遭压迫的外国人很不友好。

四个盟国占领区都处于半无法无天状态，有两类犯罪行为成了时代的象征，使弗赖堡的州首席检察官卡尔·巴德尔（Karl Bader）深受震动：抢劫和重婚。1945年夏季，840万名德国男子被关在战俘营，因此造成巨大的性别失衡。在萨克森-安哈尔特地区（Sachsen-Anhalt），20～30岁年龄段的女性比男性多出三倍，30～40多岁年龄段的女性比男性多两倍。在因战争而流离失所或者与原来的家人失散的男人中，重婚是最常见的现象。有时他们只是想让战争期间出生的孩子有合法地位，还有的男人是想利用重婚掩盖过去的身份。萨克森地区一个城镇的前纳粹市长宣称自己已经死亡，他拿着伪造的文件，与现在已经寡居的妻子重新结婚，不必担心会因自己的纳粹活动而被捕。他甚至在英占区找到了工作，做起跨地区贸易，利用贿赂和黑市获利。

在一个急需道德标准和责任的社会，冒牌医生和教士的出现特别让人担忧。前国防军卫生员把自己打扮成内外科医生和产科医生，利用职业便利把吗啡等药物挪作私用，或者转卖到黑市。一位前机械工设法使梅克伦堡主教相信自己对宗教的忠诚，在什未林附近的一个教区当起了牧师，一直混到1945年年底。德国各地算命者横行，有人在1947年7月说：

> 在柏林，每1000个人里就有一个算命者，他们的顾客99%是女人，她们之所以仰赖占卜，是想知道下落不明的亲人的消息。一位新克尔恩区的算命者日入5000马克，为了接待每天在门前排成长队的客户，不得不雇了四个助手。

柏林的新教"内省布道会"（Inner Mission）的一位牧师被寻求指导的信徒所包围，他在1946年说："以前这些人总有个目标，或者至少有计划或希望。现在他们没有了，适应不了环境；他们不再想要什么东西，不再有任何希望，只是什么也不再知道。"

在普福尔茨海姆，赫尔穆特·保卢斯自1943年11月1日起就杳无音讯。他的指挥官两次给欧娜和恩斯特·阿诺德·保卢斯写信，叙述他们的大儿子是怎样在参加行动时失踪。他当时刚结束休假返回部队，结果遇到了伏击；部队两次派人搜寻，但没有发现任何线索，他有可能被俄罗斯人俘虏。1945年5月赫尔穆特的两个妹妹艾尔弗丽达和伊姆佳德一同回了家，她们在争夺海尔布隆的12天战斗期间照顾伤员，累得筋疲力尽。她们的弟弟鲁道夫驻守在多瑙河岸边的莱普海姆（Leipheim），他想办法临阵脱逃，利用一位农民给他的便衣回来了。只有赫尔穆特下落不明，欧娜和恩斯特给苏联红十字会、柏林的戴贝里斯（Dibelius）主教与赫尔穆特以前的战友写信，都毫无效果。直到1947年9月，德国红十字会的寻人服务机构终于证实，赫尔穆特已在1943年11月被杀。

1945年7月1日，住在图林根的高尔马的希尔德嘉德·普罗斯特承认，“我不想再写下去了，因为我每天都在热切盼望你回来。每天都有士兵返家”。她的丈夫弗里茨自斯大林格勒战役之后据报在行动中失踪，她从那时起开始写日记，现在仍然不打算停止记述。他们的儿子卡尔-海因茨也曾下落不明：不过他回来了，他父亲却没有。

家人们把照片贴到火车站的公告板上，希望返家的战友能给他们带来亲人的消息。教士们在教区通讯上为失踪者发表祷辞，1947年9月，新教内省布道会为他们做了一个星期的祈祷。这场仪式以诵读“耶利米书”第29章第14节开始，最后几句诗文这样说：

> 耶和华说：“我必被你们寻见，我也必使你们被掳的人归回，将你们从各国中和我所赶你们到的各处招聚了来，又将你们带回我使你们被掳掠离开的地方。”

一些教士允许为没有回来的男人建空墓并立墓碑，包括那些失踪状态一直未得到澄清的人。1947年9月2日，希尔德斯海姆（Hildesheim）的R太太在等候儿子回家时给一位天主教神父写信，谈起她与一位已经回来的男子的对话。她已经确信，苏联给战俘的待遇比“德国的集中营”要“糟得多”。“无辜者只是在前线尽了自己的职责”，却不得不忍受这么长时间的痛苦，“而集中营里的人则干脆痛快地在毒气室里被麻痹了”，虽然这样说，她还是补充道，“那样处理人是可怕的，不好”。

在1730万德国军人中，大多数曾在东线服役，不过只有306万人被苏联俘虏。大多数人在战争的最后几个星期中转换战线投降了西方国家：美军俘虏了310万人，英军俘获364万人，法国为94万人。在美国和英国，俘虏被派去从事农业生产；在法国和苏联，他们负责重建遭到破坏的基础设施。尽管让他们劳动违反《日内瓦公约》，但胜利者在战争结束后还是让他们服务了好几年。然而到1948年年底，西方和苏联对大多数战俘不再囚禁，允许他们回家。

1949年12月，奥古斯都·托波韦恩博士自波兰战俘营返回索林根。他的家遭到轰炸，不过玛格丽特和他们的两个孩子在战争中幸免于难。托波韦恩回到以前的文法学校工作，他被征召加入国防军之前，作为一位高级中学教师（Studienrat）在那里工作了14年。

返家的战俘很快成为医院和心理医生关注的对象，德国的精神病医生使用“营养不良”描述他们的状况。由于营养失调，而且俄罗斯幅员太过辽阔，使得很多获释的战俘变得冷漠、抑郁，并在道德上毫无顾忌。明显可以看出，德国战俘甚至“在个性和表情上也俄罗斯化了”，他们“失去了很多真实的人性”。德国心理学家们不久前还在热烈鼓吹德国男子的气概和美德比苏联的愚昧野蛮更优越，如今担心曾在东线被俘的德国军人可能丧失性本能。对德国军队的伤病员做诊断是一回事，听他们诉说又是一回事。从病历中可以看出，这些前军人仍对战争有极度的痛苦和内疚，通常是源于战友的被杀。赫尔穆特·G（Helmut G.）的医生说，这位前军人“有着强烈的负罪感”。赫尔穆特在1945年5月战争即将结束时首次上前线，他和战友们的任务是撤到易北河向美军投降，不能让苏联人抓到。这位19岁的男子觉得没能带好他的老少混杂的部队，只救出跟得上强行军的手下。他感觉自己破坏了“袍泽情谊”的第一条规则。

鲁道夫·B（Rudolf B.）在1949年去看心理医生，他曾签署合同成为职业军人，上臂在1943年初受过伤。身在医院病床上时，他不断梦到自己受伤的经历，还会喊出军事命令的梦话。他与接诊的精神科医生交谈时，断断续续透露出强迫症般难以割舍的心结：“我不得不认为都结束了，这并非出于我的自愿。我想象过这一切吗？为什么会遇到这些牺牲和损失？一切都毫无意义。背叛、破坏。我不能……”过了一会儿，鲁道夫气愤地提高嗓门：“这样就算结束了，一切都毫无意义，对，对，我疯了还是快要疯了？……（人们有变化吗？）人，屁都不算。而且我告诉你，医生，事实就是这样，我们的确的秘密武器。”最后，他不再谈戈培尔的口号，而是说起“十诫”，“对，对，你不可杀人”，然后他陷入沉默。战争已经结束四年了，但他相信着一切——忠诚牺牲的价值、军官刺杀阴谋的背叛、战友情谊和德国拥有的秘密武器、每一个牺牲和冲突的升级都有助于获得最终胜利。与德国社会中的其他人不同，鲁道夫·B无法打消自1939年起就获得的思想和信仰。

威尔姆·欧林菲德在1945年1月17日被俘，当年5月，他被送到明斯克的一个军官战俘营，在几个月的时间中，他在那里三次受到内务人民委员会的审讯。他在华沙完备军参谋部担任过情报官，苏联认为他可能参与执行了反苏情报活动；他们不相信他只组织过体育运动和教育项目。他遭到6个月的单独监禁，健康状况急剧恶化。1945年年底，他被解除单独监禁，与该战俘营的其他2000名囚犯处在一起，能够定期给家里人写信。当他被转移到波布鲁斯科的一个新战俘营时，身体状况有了改善。

他妻子安妮米尔想请那些得到过她丈夫帮助和保护的人帮忙，找到一位前集中营的共产党员囚犯卡尔·霍勒（Karl Hörle），这个人曾于1943年12月接受过她丈夫的管理，能够证明欧森菲德虽然是纳粹党员，却持反纳粹的政治观点。1947年10月，霍勒利用自己的“纳粹迫害受难者联盟”地方主席的地位，游说东德向其苏联支持者说情。与欧森菲德帮助过的波兰人联系花了很长时间，1950年11月，被欧森菲德藏在华沙体育场里保护起来的犹太人利昂·瓦姆瓦津斯基利用访问西部的机会，向救命恩人表示感谢。他惊讶地发现欧森菲德还被关押着，于是给战后在华沙重获作曲家和钢琴家地位的华洛迪·史匹曼（Władysław Szpilman）写信。史匹曼亲自向很多人害怕的波兰秘密警察头子雅库伯·贝尔曼（Jakub Berman）求援，但是贝尔曼表示“无能为力，因为他在苏联同志手上”。

苏联将欧森菲德这样的国防军情报官与盖世太保和“帝国保安总局”的人员同样对待，1950年5月27日，军事法庭没有举行听证就对欧森菲德的案子做出行政复议，判处他在劳动营接受25年的监禁，罪名主要是因为他在华沙起义期间参与讯问囚犯。1947年7月，欧森菲德重度中风，尽管他很快得到医疗并且康复了，但从那时起就出现血压不稳、眩晕、头痛和多次轻度中风。1950年8月，他被送到斯大林格勒服刑，2000名德国囚犯住在那里的石屋中，在地堡里挖土用于城市重建，还要去挖伏尔加-顿河运河。1952年6月，欧森菲德的书写能力急剧退化，寄明信片时只能写自己的名字，其余内容唯有口述下来请别人帮着写。他寄给妻子的最后一封信件在结尾还安慰说：“不要担心我，我在目前的情况下一切安好，随信寄给你我全部的爱，一切顺利！你的威尔姆。”8月13日，欧森菲德死于主动脉破裂。

1950年10月26日，新成立的西德国会为被苏联关押的德国战俘举行了一个纪念日，康拉德·阿登纳（Konrad Adenauer）总理在正式演说中问道，“以往在历史上是否发生过几百万人被如此冷酷无情地判处遭受这样的痛苦和不幸？” 他说的并不是屠杀犹太人，而是被苏联关押的德国囚犯，尽管当时只有3万名俘虏还在苏联。红军在战争期间俘获的军人大都已经返回德国和奥地利，大约有75万人因疾病和劳累死亡：斯大林格勒战役中俘虏的11万德国军人基本上都死于过度劳累，只有5000人幸存。当苏联部分地区在1946～1947年遇到灾荒时，德国囚犯也和苏联民众一样经历了艰难的生活：然而苏联并未有意用饥饿报复德国囚犯，而国防军却曾故意不让1941年俘虏的390万苏联军人吃饱，到1942年年初有280万苏联俘虏因此丧生。1953年年底，又有2万德国俘虏获得释放，留在苏联的只剩下1万人。不过他们的数量虽然在减少，但在新成立的联邦德国，民众对苏联继续扣押俘虏越来越感到愤怒。他们举行静默示威，忙碌的交通和城市生活陷于停顿。还有人进行守夜和游行，而教会据说还为战俘和失踪者举行特别祈祷。

之所以出现这种问题，部分原因在于国防军在战争的最后阶段已搞不清自己的损失：到1944年夏季，德军报告的阵亡人数比实际数量少了50万人。在夏季溃退中，整个集团军群都被歼灭，这意味着阵亡者和负伤者都被丢下了。国防军在12月的内部统计是100万人与部队失去了联系。1945年前四个月的情况更加严峻，国防军报告说有20万人阵亡，而实际数字是120万人：前四个月中每个月平均有30万～40万名德国军人死亡，而在1944年6月之前，单月损失兵力最高为18.5万人，发生在1943年1月的斯大林格勒战役期间。结果德国认为，死亡的士兵数量为300万人，而实际情况是480万人，另有30万名武装党卫军丧生。因为太多军人死于战争的最后阶段——并且因为军事邮政系统直到1944年年底还在继续运转，致使家属和专家都认为，苏联拘押的战俘数量要比实际公布的多。当苏联于1947年在莫斯科会议上宣布，当时只有890 532名德国俘虏时，引起极大震动。德国人普遍认为，苏联战俘营中至少还关着250万俘虏，专家意见更是火上浇油：1947年，黑森州的一位统计学家判断，肯定还有另外70万名俘虏被苏联扣押着，这个统计迎合了西德历史中的正常国防军低估的损失数字。

同样的统计错误还夸大了在逃亡和遭驱逐时死亡的东部地区平民数量：1958年，联邦统计局根据人口统计数据，估计有200万名德国人死亡，其中50万名是军人：直到1944年才搞清楚，在东方占领区和省份死亡的德国军人为140万人，因此，遇难平民数量降至60万人。与之类似，死于盟军轰炸的估计数字也是到20世纪90年代才得到修正，一位德国著名历史学家当时判断，空袭中丧生的德国人约在37万人～39万人，另有4万人～5万人外国强迫劳工和战俘遇难。与军人的死亡情况差不多，大多数平民也是在战争的最后阶段丧生。

在20世纪50年代的冷战氛围中，很多人认为苏联设有秘密战俘营，德国俘虏在那里遭到杀害，或者被有意累死。1958年上映的《针叶林》（Taiga）和《斯大林格勒医生》（The Doctor of Stalingrad）都在海报中使用了憔悴的面孔、空洞的眼神和光秃的脑袋等形象，1961年拍摄的《魔鬼演奏三角琴》（The Devil Played Balalaika）描写的不是纳粹受害者，而是德国战俘。美国曾让一些德国居民参观过纳粹集中营，而德国举办特别巡回展览，以德国的真正集中营为范本制造出苏联战俘营，里面有铁丝网和瞭望塔供人参观。左右分开关押的是德国的男男女女，临时停尸间里堆放的是德国人的遗体，埋入苏联战俘营中的集体坟墓之前，尸体的金牙也被拔出来。20世纪50年代，西德政府精心编辑和出版了多本描写德国战俘和被驱逐者故事的书籍，得到广泛传播，极少有德国人想讨论对犹太人的屠杀，而那些大屠杀的细节却悄悄被德国人借走，套用到他们自己的痛苦故事中。

1945年11月20日，在纽伦堡国际军事法庭开始审判重要战争罪犯，吸引了空前的国际关注。那一天，一位带着三个小孩的母亲给被关押在美国战俘营中的丈夫写信：

没有哪个国家——不管它觉得自己多么清白（而这是不可能的——双方永远都有罪责！）——只凭借胜利者的权力，就有权对一个国家从整体上进行谴责，剥夺其全部自由。失败者活该倒霉！对于战争、集中营里的一切恐怖事件以及以我们的名义实行的可耻行为，我过去从不觉得有罪，以后也不会——你、妈妈、我的兄弟和很多很多我们的同胞都没有罪。这也是为什么我明确反对集体犯罪！

她唯一的遗憾是丈夫擢升到将军之后，没能在自己的家乡与他一起在街上漫步。现在她成了生活不能自立的疏散母亲，要想弥补失去的地位，还有很长的路要走。不过更重要的是她相信，“一个国家没有军队就是缴械投降，这也意味着没有荣誉”。

在西占区，民众对纽伦堡审判的焦虑不安首先表现在英美占领区和苏占区的冲突上，对此戈培尔早已有把握地做了预言。在西占区，带头的是德国教会。纳粹党及其群众组织被同盟国取缔后，教会获得空前的公共影响力。丘吉尔在1946年3月发表铁幕演说，之后不到两个星期，西占区的主教们就利用他们的自由攻击同盟国的非纳粹化和占领的基本政策。弗林斯大主教发表了一封牧函，宣称“认为全体人民都犯下集体罪行，并因此进行惩罚，是篡夺上帝的权力”。明斯特记者保罗海因茨·旺泽在日记连续不断记下纳粹官员在同盟国集中营里死亡的消息，称他们在那里“受到的待遇和从前的集中营囚犯没有什么区别”。他说，“同情纽伦堡被告的人与日俱增”。恐怖统治已经消失不见，无力感却依然存在，在这种氛围中，人们看到教会出来为德国人争取权益。1946年7月4日，弗林斯大主教直接给纽伦堡国际法庭写信，贬低其任务，对“有人只因为是冲锋队或其他国家社会主义组织成员就值得考虑进行惩罚”的观点提出挑战。在地方上，科隆代理主教等著名教士声称，“冲锋队的男子气概行为规则符合基督教理念，获得主教们的支持”。

早在1945年6月，明斯特主教加伦就重申，尊敬德国军人确立的爱国主义典范。“我们也想深深地感谢我们的基督教士兵，”他宣布，“他们怀着良心做正确的事，为了民族和祖国不惜牺牲生命，即使在混乱的战争中也不让自己的心灵和双手沾染上仇恨、不去劫掠、不参与非正义的暴力活动。”同盟国不仅拆除了第三帝国的明确象征物品，而且禁止了曾经长期盛行的献祭死亡的纪念文化。“德国必须生存，哪怕我们必须死亡”的铭文从兰格马克的军人公墓消失了，与之一同拆掉的还有纳粹为第一次世界大战阵亡者精心设立的纪念碑。1945年10月，加伦提醒天主教会众说，“军人的死亡是荣耀的，其价值仅次于烈士之死”。1946年2月，教皇庇护十二世把加伦、科隆弗林斯和柏林的康拉德·冯·普拉辛提升进红衣主教团，进一步加强了他们的国内和国际地位。次月，民众用鲜花拱门和花环欢迎重病中的加伦返回明斯特，自从元首访问这个城市以后，保罗海因茨·旺泽还没见到过这样的盛况。病痛缠身的这位大主教再一次就德国军人的牺牲进行布道，他宣称，德国的失败可能源于国家社会主义的内在劣根性，但其军人的荣耀不容玷污：“尽管如此，我们的军人忠实履行了职责，忠诚遵循了良心，其事迹永远不会被磨灭，永远是英雄主义的象征，我们崇敬他们，感谢他们”。

1946年9月，弗林斯大主教登上威斯敏斯特大教堂的讲坛，成为战后第一个在伦敦发表讲话的德国人。弗林斯利用这个机会郑重表示，“我们德国天主教徒不是国家社会主义分子，但我们爱自己的祖国。我们现在更加爱她，这是最深切的需要，我们为维护她的不可剥夺的权利而战”。几个星期之后，一个由英国各教派教士组成的普世教会代表团访问莱茵兰和威斯特伐利亚，其中包括奇切斯特（Chichester）主教贝尔和诺丁汉罗马天主教主教。他们主张同盟国必须支持教会重建德国的努力，对他们宣称的已经“抗拒了（纳粹政权的）残暴行为”的说法背书。同时，天主教和新教领袖们成为战争罪犯的调解人，受到这些人的热烈欢迎，马丁·尼莫拉这类曾被纳粹囚禁过的教士尤其如此。

保罗·阿尔托依兹作为重要的新教神学家也觉得有义务在理性上进行引导，并发表了一篇短文，谈论“罪责”问题。他和其他人一样，曾经迅速在战后初期的布道中把“可怕的错误”和“严重的不公”归罪于纳粹“领导层”，而现在则寻找理由，想解释为什么那个领导层不应在纽伦堡受审。阿尔托依兹关注的不是战争犯罪及其后果，认为他们只不过是人性的展现，宣称“所有在我国的某个地方发生的罪恶，对，在人性的某个地方，都与人类的灵魂有着相同的根源，所有地方的人都是如此，无论老幼”。他用抽象、普遍和永恒的人的罪恶感取代了具体行为，轻而易举地得出结论说，只有上帝自己才能判断这些行为的罪过，因为“这个罪恶的社会在深度和广度上都超出了人类法庭的理解和裁判能力”。

阿尔托依兹是民族主义新教的领军人物，他曾在第一次世界大战结束后警告其国人说，1918年不仅意味着战败：上帝对他们做出了裁判，发现他们想要这样的结果，虽然阿尔托依兹在上一次大战后描绘的上帝是《旧约》中冷酷严厉的神，1945年以后却强调神的“仁慈”。“对于已经发生的可怕事件，我们不能用其他任何方式赎罪，”他在1946年写道：

> 我们德国基督徒唯有在耶稣的十字架下谦卑恭顺，用我们的需要和耻辱代表我们的全体人民：“基督啊，上帝的羔羊，你带走了世上的罪，宽恕了我们，解除了我们土地上的诅咒”。

阿尔托依兹重新发现仁慈可能完全是真诚的：他的残疾女儿很幸运，逃脱了对精神病患者的医疗屠杀。然而在1945年的其余时间里，这位神学家提醒他的会众不要忘记“数百万德国阵亡军人”的“血祭”，而对于德国人杀害的上百万军人和平民只字未提。当他在布道中谈到“东方的600万人”时，说的是德意志难民，尽管这个数字与被屠杀的犹太人相同。他说1939年在托伦枪杀18名德意志人的波兰人是“刽子手”，却无视数百万被德国占领者屠杀的波兰人。他谈起美英轰炸的罪恶，却不说德国人如何发动起战争。美国人授权阿尔托依兹在埃朗根主持法庭的去纳粹化工作：尽管那时美国曾因他缺乏行动而暂停了其教授职务，但在1948年又恢复了他的地位。在这段骚动的时期，没有同事打破禁忌，出来谴责阿尔托依兹是 “雅利安篇章”的一个主要作者，而那篇文章皈依犹太人排除在新教教会之外。也没有哪个人暗示，他的秩序神学和创造神学为纳粹主义和反犹主义提供了知识合法性。相反，阿尔托依兹虽然于1956年退休，但依然长期是德国新教中的重要人物。

1946年1月，马丁·尼莫拉在埃良根问一位学生，为什么没有德国教士在布道时会谈论“我们，我们德国人，给其他民族带来的可怕痛苦，在波兰的所作所为，使俄罗斯人口发生急剧减少，让560万名犹太人遇害”，他被底下的观众大声喝止了。尼莫拉依然激进且直言不讳，他在宣信会中成为纳粹宗教政策的最尖锐批评者；他因此在1937年7月被捕，并被送入达豪集中营。尼莫拉也是一位德意志民族主义者，第二次世界大战爆发时，曾自愿再次加入德国海军。1945年获释后，尼莫拉在那不勒斯举行的一个记者会上承认，他“从来没有在政治问题上与希特勒争吵，只是完全出于宗教原因”。然而，他在1945年10月劝说德国福音教会理事会的其他十位成员签署《斯图加特悔罪书》（*Stuttgart Declaration of Guilt*），这份文件承认：

> 我们给很多民族和国家带来无尽罪恶，对此我们曾在我们的社会中证实过，现在以整个教会的名义表示：为了反对以国家社会主义政权的暴力为表现形式的可怕思想，我们确实用耶稣基督之名进行了很多年的斗争；但是，我们没有更勇敢地坚持我们的信仰、没有更虔诚地祈祷、没有更快乐地信奉、没有更热烈地去爱，对此我们感到自责。

这份文件极具争议，参加讨论会的荷兰、瑞士、法国、英国和美国的新教教会代表坚持说，除非德国新教教会的同道们承认负有道德连带责任，否则拒绝与之恢复联系，这才使他们都签了字。这份悔罪书除了一般性忏悔，完全没有提及战争，即便如此，大多数德国新教徒还是觉得太过分了，认为它比得上1919年的《凡尔赛和约》中关于德国战争罪的条款对同盟国做出的屈辱退让。直到1950年，教会会议才承认，德国新教徒“以疏忽和沉默的方式”，“在仁慈的上帝面前对我们的民族同胞迫害犹太人的邪恶行为负有罪责”。几十年之后，德国人才在认罪问题上更坦白和更公开地进行自我批评。

尽管政治左派在东、西部占领区都顺势获得群众支持，甚至在鲁尔区、萨克森和柏林等传统根据地建立了与1933年之前完全不同的文化基础，不过加入社会民主党、共产党和工会的新一代成员与从流亡或监禁中归来的领袖们也有极大区别，他们参加过希特勒青年团、德国少女联盟、帝国劳工服务队和高射炮部队，或者曾在德国军队服役。旧式的左派社团生活无法重现，其原有的道德价值也不能恢复。

1945年4月，美军占领了杜塞尔多夫之后，玛丽安·施特劳斯不再东躲西藏。她立即投身政治活动，晚上和周末都去参加聚会，急于抓住机会改变德国社会，她和自1943年8月就掩护她的那个小型社会主义组织的其他成员已经对此期待已久了。1946年4月，她开始为共产主义报纸《自由》（*Freiheit*）撰写艺术方面的文章，并在英占区为BBC德语广播工作。不过她在给英国一位表亲的信中已经承认，“可以看出，我们对德国发展和变化的能力所抱的希望都是泡影，有时我觉得德国人什么教训也没得到”。1945年5月，玛丽安自认是德国人，没有向盟军表露自己的犹太身份，不到一年，她对德国人不再有认同，开始考虑离开德国。

战时的信仰并未随着纳粹政权的崩溃而消失。1945年6月，一位明斯特的天主教神父向同盟国调查人员表示，在他的教区，人们依然相信盟军的战时轰炸代表着世界犹太人的报复。8月，驻德美军情报机构报告说，德国人最恨的是俄罗斯人，其次就是美国人。英国和法国被迫参加战争，德国人对此愿意接受，但他们不理解美国为何出手干预。似乎他们都忘了，向美国宣战的是希特勒。采访者们发现，对于美国为什么反对德国这个问题，犹太战争依然是主要解释，而德国的失败看来只证实了犹太世界的力量。几乎没有人认为德国人民应对犹太人的苦难负集体责任，尽管64%的人都同意，迫害犹太人是导致德国输掉战争的关键因素。即使在同盟国占领期间，还有不算少数的人——37%——倾向于赞同“灭绝犹太人、波兰人和其他非雅利安人”是必要的这种观点，理由是“为了德国人的安全”。很明显，大多数德国人还相信，他们参加的是一场合法的民族保卫战。

获胜的同盟国根本不愿看到这种结果。美国人在1945和1946年执行了最有雄心的再教育和去纳粹化政策，强迫德国人参观获得解放的集中营，有时德国人在获发配给卡之前，还要观看在布痕瓦尔德和达豪集中营拍摄的影片。很多人把脸转向一边，不愿意或者不能够观看。还有人开始贬损这类电影和照片是同盟国的宣传。甚至“再教育”这个词在德国人听来也带有冒犯性，它让德国人联想起把不良少年送进感化院或把反社会分子送进集中营的往事。美国人发现，他们虽然费尽心机，却几乎一事无成。从1945年11月到1946年12月，他们做了11次民意测验，发现47%的人认同国家社会主义“是个好思想，却没执行好”的主张；1947年8月，赞成这个说法的受访者达到55%。在30岁以下人群、高中教育水平人群和新教徒中，持这种观点的人甚至更多，而在西柏林和黑森的调查结果更为惊人，支持者甚至达到60%～68%——要知道在那个时候，如果公开宣扬国家社会主义，依然有可能被判处死刑。

在苏占区，执行的是极为不同的政治和意识形态路线，威廉·皮克（Wilhelm Pieck）和瓦尔特·乌布利希（Walter Ulbricht）等共产党领导人从苏联结束流亡回来后，决心以反抗法西斯主义的共产主义英雄模范为基础，创建新的仪式和规范，改造这个国家，防止法西斯主义重现。1945年4月，皮克断言德国人民深深涉入了纳粹犯罪，1946年拍摄了一部有关德累斯顿大轰炸的纪录短片，宣称德国人的痛苦是自作自受。他一直希望德国人民会接受反法西斯抵抗战士的英雄模范，并且重点强调对德国战俘进行教育和宣传。然而，皮克为了在苏占区建立有效统治，现在开始欢迎回来的战俘，没有再对他们进行谴责，明确把德国的罪责归结于一个小圈子，即希特勒小集团。早在1946年，他就把“上百万德国人民”“在战场和故乡因希特勒政府而死”等同于“上百万人”——他没明确说什么国家或族裔——“在集中营遭到非人恐怖屠杀或折磨至死”。

在这里，集体罪责的转移比西占区远为顺利。从1947年起，当局就鼓励东德人在“休战纪念日”（Remembrance Sunday）把他们的战争死者当作“反法西斯受害者”来祭奠，声称希特勒小集团利用了他们，把他们引入死亡。德国社会主义者不需要强调英勇的反法西斯抵抗运动，他们生来如此。共产党用滥了牺牲、重生、乐观和集体奉献等词语，很多话与纳粹的“民族共同体”宣传差不了多少，尽管他们的目标是更为平凡和可行的和平重建。这时候，德国犹太共产党员等在西班牙的国际纵队战斗过、真正参加过反法西斯抵抗运动的老兵从英国结束流亡回来后，看到这些是必有疑虑的。

奥地利民众从施害者转向受害者的速度更快。奥地利受到同盟国在1943年发表的《莫斯科宣言》提示，于1945年4月27日宣布脱离帝国独立，声称1938

年3月的联合使奥地利成为纳粹侵略的第一个受害者。10年后，奥地利国家条约签订，同盟国正式承认了这个不结盟的“第二共和国”，条约中一款铭记了重建的神话。1978年，奥地利在奥斯威辛集中营开启了一个永久性展览，又一次把自己描绘成纳粹主义的彻底受害者。

1949年，两个德国正式成立，但这件事很快被1950年6月爆发的朝鲜战争掩盖住了，此时苏联和美国都催促他们的德国代理人重新武装。东德的官方声明出现急剧转变。1949年2月，统一社会党的机关报《新德国》（*Neues Deutschland*）曾用星期日增刊的一半版面纪念4年前的德累斯顿大轰炸，该报刊登出遇难者遗体堆在老集市广场火化的照片，很快成为象征，还登载了目击者的叙述和市长的一篇文章。第一次，英国和美国被谴责进行了肆无忌惮的过度破坏。它为新的冷战对抗定下基调，“英美恐怖袭击”的说法再度泛起——只是去掉了戈培尔原文中的“犹太”词语。1964年，一座新的纪念碑在安葬德累斯顿轰炸遇难者的海德公墓（Heide Cemetery）揭幕，它用14个石碑象征贝克对纳粹迫害遇难者和德国战争死者的划分，七块石碑上刻着集中营的名称，另七块石碑上刻着世界各地遭轰炸的城市名称。穿开阔的石碑阵，德累斯顿与奥斯威辛遥遥相对。

1951年，西德总理阿登纳为了回应美国要求重新武装的压力，在联邦议会宣称“不会污损前德国国防军的荣誉”。议员们对这个机会大为欢迎，声称“集体罪责的时代如今已成历史”。这个新的民主国家向他们需要的士官和高级军官团大献殷勤，利用这些人组建自己的武装部队，对于“牺牲”“责任”和“荣誉”的崇拜死灰复燃。同时，西德也欢迎其他旧时代的职业精英们回国。1951～1953年，西德国会批准向前公务员和军方人员的就业权，并向他们支付养老金，曾经调入盖世太保和武装党卫军的人也不例外。英格堡·T（Ingeborg T.）遗憾的是丈夫在1945年被提升为国防军将军后，在那几个月的时间里一直能享受到挽着他的手臂在索斯特（Soest）街头漫步的喜悦，不过她丈夫的确享受到将军级别的养老金。在职业精英阶层，强有力的旧时关系网得到检验。在西德外交团中，43%的人很快都是前党卫军成员，另外17%曾经在帝国中央保安总局或盖世太保工作。在巴西利亚，美国的去纳粹化努力比其他西占区更深入，然而那里的77%的州财政部官员和94%的法官与州检察官都是前纳粹分子。联邦共和国接受了同盟国的法令，承认政治犯和犹太人所受的迫害，法院和行政部门不情愿地遵守了幸存者的赔偿要求：玛丽安·施特劳斯从1945年9月开始提出合法要求，其后根据联邦法律和裁定一再重新界定，官司一直持续到20世纪70年代。同盟国没有对罗姆人、耶和华见证会成员和同性恋者的问题进行过裁决，数十年来西德法院拒不承认他们的权利，在第三帝国时期曾经把这些人当作“反社会分子”或“和平主义者”迫害的公务员和法官继续审理着他们的案子，直到20世纪50年代末和20世纪60年代初退休才结束。共产党员在前政治犯中受到独特对待，他们的要求一再被驳回，理由是他们支持“独裁”政权。冷战也改变了东德索赔者的地位：弗丽达·里姆普尔（Frieda Rimpl）的丈夫约瑟夫是耶和华见证会成员，因为拒绝进入国防军服役而在1939年12月被处决。她只被承认为纳粹主义迫害的受害者，萨达森社会安全办公室向她支付的是遗孀抚恤金；1950年11月，她接到一封信，说她已不被承认，抚恤金停止发放。

尽管冷战论辩非常激烈，但两方面都很难说服年轻人从军，两个德国未来可能发生战争，更是增添了难度。东德呼吁95万共产主义青年运动成员加入新成立的国家人民军，而他们的回应方式是大规模退出组织：他们不愿意放弃民主和平思想。尽管大多数西德人还以积极态度看待加入国防军，但在1956年进行重新武装和重新实行征兵制时，社会民主党员、基督教和平主义者和保守主义者组织松散的联盟进行反对。一些人从阿登纳的政府中辞职以示抗议，如古斯塔夫·海涅曼（Gustav Heinemann），而马丁·尼莫拉想让德国保持非武装和中立，希望这样能实现国家统一。此后数年中，这个联盟在反对美国在德国领土上部署核武器时获得进一步发展。

培养德国的受害情结具有民族主义特点，不过现在对“逝去者”的崇拜并没有造就新的军国主义，而是充满了缺少好战性的悲情。1943年2月，戈培尔让第6集团军的宣传家海因茨·施罗特尔负责选编在斯大林格勒战斗的德国军人的家书，他曾期望创造出能够媲美尼伯龙根神话的“斯大林格勒英雄史诗”，不过当他认识到这样粉饰败仗可能使德国公众做出负责回应后，突然搁置了整个计划。1950年，施罗特尔把他挑选出来的书信结集出版，书名叫作"斯大林格勒的最后来信"（*Last Letters from Stalingrad*）。这本书是由西德的一家小出版商出的，不过当它摆进贝塔斯曼书屋后，获得热销。该书中有39封信件，和施罗特尔当初交给戈培尔的版本一样。有些信有捏造的迹象：写信人的表达方式太统一了，事实不够准确，内容有太多冲突，老套熟练的故事太多。虽然如此，这本书信集很快被人当作阵亡勇士的真实声音，信中挽歌式、悲情式的英雄主义论调备受青睐，非常适合在纪念仪式上诵读。但它们从来没有符合戈培尔的原本目的。

没有斯大林格勒综合征，没有想对失败者进行报复的真正意愿。相反，这些信件成为文化和解的一部分，被翻译成多种语言，再穿过铁幕进入俄罗斯和东德，它们甚至成为日本学校的必读物。就在施罗特尔的书问世的那一年，老兵海因里希·伯尔出版了一个短篇小说，描写了一位重伤士兵被送到临时医院接受手术，这位垂死者慢慢认出这座医院就是他以前的学校。最后他发现自己的手出现在美术课上，拿着粉笔断断续续在黑板上写道："流浪者来到温泉……"，这是席勒版的温泉关300斯巴达战士墓志铭——戈林曾经用这些诗句为斯大林格勒的战士祈祷，伯尔一直受到感动。这位年轻的作家从根子上刺破了这个神话，批评人道主义的中学被误用于向青年人灌输爱国主义：埃里希·玛利亚·雷马克（Erich Maria Remarque）或维尔浮莱德·欧文（Wilfred Owen）曾在上一次世界大战中对此进行过严厉谴责，现在伯尔进行了重复。"奉献"（Opfer）从来没有完全失掉积极的"牺牲"和消极的"受害"这两层含义，但是，就算提到"逝去"依然回响着积极的、爱国的牺牲之义，纪念战争时，倾向于把军人视为不自觉的、被动的和无辜的受害者。这种情况是必然的：战败导致所有的战时希望破灭，留下的只有痛苦，比起任何将军在战后宣扬的东线战事本可以获胜的言论，徒劳的英雄主义更能引起共鸣。因此，德国人听闻了所有的末世预言以后，发现自己并没有遇到末日，不知怎么地就到了荷尔德林的无尽的深渊的对岸。

战争结束时，丽丝洛塔·伯普尔还很年轻，是一位33岁的寡妇。红军于

1945年5月占领克拉姆克的庄园后，她一直很低调，在庄园里当起牙科助理，以免被人认出她曾是纳粹宣传机构的摄影师。1946年，她搬到西柏林，再次从事摄影师的职业，而且首次在职业生涯中使用起婚后的姓氏奥格尔。她在战后初期曾经拍摄过柏林康复中心奥斯卡·海伦家园（Oskar Helene Home）里的男人，其中一位她拍过照片的男人失去了右前臂，当时正在学习使用锉刀搞金属加工。恩斯特·弗里德里希曾在1924年发表的强硬反战的小册子《以战反战》（*War against War*）里展示过恐怖的战损伤，他强调生命遭受的可怕伤害，因此招致纳粹党的极端仇恨。现在丽丝洛塔·奥格尔利用战时的取景技巧，用仰拍的手法强调这个男人的力量和决心，传递出积极向上的信息：简单的手工劳动不仅能重建德国的破碎家园，而且能弥补德国人残缺不全的身体。

恩斯特·贵肯福星高照。他作为战俘被监禁了几个星期，就获释回到劳特巴赫的岳父母家，找到了伊琳和他们的两个孩子。她有花匠技术，他小时候在农场生活，他们并肩渡过了战后的难关：他们开始在房屋旁边的一块土地上种花和蔬菜。1949年，伊琳实现了战前的梦想，在镇上开了一家不太大的花店。当她在2003年被问到，她和恩斯特是否曾经给孩子们说过战争，伊琳回答说："我不想说，我不想说，不。我不愿意想起战争，不。而且那时候我们在市场花园和店里从早忙到晚。"她没有想起她和恩斯特曾在1942年年初写的有关驱逐犹太人和东线犹太人遭遇的信，也忘记了他们曾在1945年年初认为德国应该坚持住的焦虑。伊琳的确想谈的是爱，这是她想看到他们的战时通信结集出版的主要原因。

随着贵肯这样的家庭重启曾在战争时期停顿的私人生活，他们还履行了那个时期曾经互相许下的一个诺言。在20世纪50年代模式的父权制小家庭中，西德人急于补偿受到长期拖延的个人生活。他们终于为家人的欢乐赢得了经济基础，然而父母不知道该和孩子说什么的情况并不罕见。他们可能依然相信，他们的所作所为是正当的，但在很多家庭中，新的沉默障碍横立在代沟之间。当下一代人开始问德国为什么给世界带来这样的灾难时，老一代依然受困于这个使他们倍感痛苦的灾难之中。